KB145134

SOCIAL WORKER

사회복지사 1급

핵심노트+실전동형모의고사

SD에듀

(주)시대고시기획

머리말

사회복지사 제도란 모든 사람이 차별 없이 인간답게 살아갈 수 있도록 노력하는 다양한 실천활동과 그런 활동을 보장·지원하기 위한 것입니다. 지난 2003년 사회복지사 1급 자격시험이 시행되면서 사회복지사 자격제도의 전문화를 이루고자 하는 노력이 가속화되고 있으며, 사회복지 분야에서 가장 인기 있는 자격증으로 사회복지사 자격증이 꼽히고 있습니다.

사회복지사는 여러 분야에서 다양한 활동을 하고 있습니다. 아동, 장애인, 노인생활시설에서 거동이 불편한 사람들을 대상으로 돌보기 및 상담, 후원 업무 등의 사업을 진행하는 생활시설 내 사회복지사들이 있으며, 지역 내 저소득 계층의 심리적·경제적인 문제 해결을 위해 지역사회복지관을 중심으로 활동하기도 합니다.

학교에서는 학교사회사업가로서 부적응 학생들을 위한 전문적인 상담을 통해 문제 해결 및 예방에 도움을 주고 있습니다. 그 외에도 병원에서 의료사회복지사로 참여하여 병원 내 환자들과 가족들의 심리적·경제적 문제해결을 위해 노력하고 있습니다.

국제통화기금(IMF)에 따르면 2020년 기준 대한민국의 GDP 규모는 1조 5868억 달러로 세계 10위를 기록했습니다. 하지만 통계청에 따르면 2021년 기준 노인빈곤율 38.9%로 경제협력개발기구(OECD) 국가 중 최고 수준으로 사회복지가 부족한 실정입니다. 사회 취약 분야의 사각지대 해소와 촘촘한 복지 안전망 구축을 위하여 사회복지의 필요성이 강조되고 있습니다.

이 책의 특징

첫째 중요한 부분을 놓치지 않도록 정리한 영역별 핵심암기노트에 기출표시까지 더하여 실전을 앞두고 이론을 완벽하게 정리할 수 있도록 하였습니다.

둘째 최근의 출제경향을 한눈에 파악하고, 마지막 마무리를 할 수 있는 실전동형모의고사를 구성하여 자격시험에 대한 집중도를 높이고, 학습효과를 배로 거둘 수 있도록 하였습니다.

셋째 각 문제마다 상세한 해설을 덧붙여 따로 기본서를 찾아보는 수고를 줄이고, 문제와 해설만으로도 충분히 이해가 가능하게 구성하였습니다.

SD에듀는 원하는 분야에서 자신의 역량을 발휘할 수 있는 전문인을 희망하며 사회복지사에 도전하는 모든 수험생들의 합격을 진심으로 기원합니다.

사회복지사 수험연구소 씀

시험안내

시험정보

관련부처	시행기관	자격관리
보건복지부	한국산업인력공단	한국산업인력공단

시험과목 및 시험방법

구 분	시험과목	문제형식	시험영역	시험시간(일반)
1교시	사회복지기초(50문항)	객관식 5지선다형	• 인간행동과 사회환경 • 사회복지조사론	50분
2교시	사회복지실천(75문항)		• 사회복지실천론 • 사회복지실천기술론 • 지역사회복지론	75분
3교시	사회복지정책과 제도(75문항)		• 사회복지정책론 • 사회복지행정론 • 사회복지법제론	75분

합격자 결정기준

❶ 매 과목 4할 이상, 전 과목 총점의 6할 이상을 득점한 자를 합격예정자로 결정함

❷ 합격예정자에 대해서는 한국사회복지사협회에서 응시자격 서류심사를 실시하며 심사결과 부적격 사유에 해당되거나, 응시자격서류를 정해진 기한 내에 제출하지 않은 경우에는 합격 예정을 취소함

  ※ 필기시험에 합격하고 응시자격 서류심사에 통과한 자를 최종합격자로 결정

❸ 최종합격자 발표 후라도 제출된 서류 등의 기재사항이 사실과 다르거나 응시자격 부적격 사유가 발견될 때에는 합격을 취소함

시험일정

원서접수	시험시행	합격예정자 발표	응시자격서류제출	최종합격자 발표
2024년 12월 중	2025년 1월 중	2025년 2월 중	2025년 2 ~ 3월 중	2025년 3월 중

※ 정확한 시험일정은 시행처인 한국산업인력공단(Q-net)의 확정공고를 필히 확인하시기 바랍니다.

이 책의 구성과 특징

※〈SD에듀 사회복지사 1급 핵심노트+실전동형모의고사〉는 자격시험 마무리 점검을 위해 효과적으로 구성되었습니다. 다음의 특징을 충분히 활용한다면 방대한 양의 사회복지사 1급 자격시험도 차근차근 완벽하게 학습할 수 있습니다.

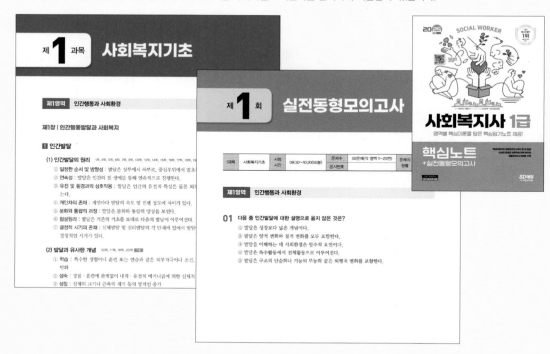

핵심암기노트&문제편과 해설 분권으로 구성

빠른 학습과 편한 문제 풀이를 위해 분권으로 구성했습니다. 모의고사 문제를 풀어본 후 옆에 해설편을 두고 바로 복습할 수 있도록 하였고, 단시간 내에 빠르고 편한 학습을 할 수 있도록 준비하였습니다.

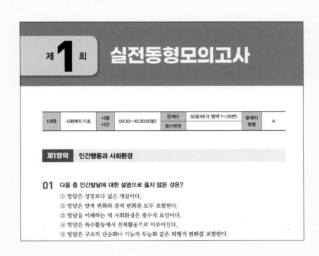

핵심만 잡는 핵심암기노트

꼭 알아야 하는 핵심이론만 담았습니다. 시험에 자주 출제되는 내용만을 압축 정리해 효율적인 이론학습 마무리를 할 수 있고, 짧은 시간에 빠른 회독을 할 수 있어 이론의 뼈대를 세울 수 있습니다.

실전동형모의고사

출제경향과 흐름에 딱 맞춰 준비했습니다. 출제를 예상하는 문제로 자신의 실력을 파악하고, 부족한 부분을 찾아낼 수 있습니다. 또한 실제시험과 유사한 실전동형모의고사 학습을 통해 합격의 기쁨을 미리 맛볼 수 있습니다.

상세한 해설

많은 문제를 푸는 것보다 중요한 것은 1문제를 정확히 파악하고 이해하는 것입니다. 한 문제, 한 문제마다 완벽한 해설, 상세한 해설을 수록했습니다. 해설을 통해 효율적인 마무리 학습을 할 수 있습니다.

이 책의 구성과 특징

② 표집방법

(1) 확률표본추출

① 의의 : 무작위적인 방법을 통해 표본을 추출하는 방법으로, 모집단의 각 표집단위가 모두 추출의

❶ ② 방 법 ★ 매회 기출

단순무작위표집	난수표, 제비뽑기, 컴퓨터를 이용한 난수의 추출방법 등을 사용하여 추출하는 방법
계통표집 (체계적 표집)	모집단 목록에서 구성요소에 대해 일정한 순서에 따라 매 K번째 요소를 추출하는 방법
층화표집	모집단을 집단 내 구성이 동질적인 몇 개의 층으로 나눈 후 각 층으로부터 단순무작위 또는 체계적인 표집을 하는 방법(집단 내 동질적, 집단 간 이질적)
집락표집 (군집표집)	모집단 목록에서 구성요소에 대해 여러 가지 이질적인 구성요소를 포함하는 여러 개의 집락 또는 군집으로 구분한 후 집락을 표집단위로 하여 무작위로 몇 개의 집락을 표본으로 추출한 다음 표본으로 추출된 집락에 대해 그 구성요소를 전수조사 하는 방법(집단 내 이질적, 집단 간 동질적)

(2) 비확률표본추출

① 의 의
  ㉠ 조사자나 면접자의 주관적인 판단에 의하여 모집단에서 표본의 구성원들을 추출하는 것이다.
  ㉡ 모집단 구성원이 표본에 포함될 확률을 사전에 알 수 없기 때문에 표본이 모집단을 어떻게 대표
     하는

② 방 법   2회, 3회, 5회, 7회, 9회, 11회, 12회, 16회, 17회, 19회, 20회, 21회, 22회 기출 **❷**

편의표집 (임의표집)	• 표본선정의 편리성에 기준을 두고 임의로 표본을 선정하는 방법이다. • 비용이 적게 들고 시간을 절약할 수 있으나, 표본의 대표성이 떨어진다.
판단표집 (유의표집)	• 연구자의 주관적 판단의 기준에 따라 연구목적 달성에 도움이 될 수 있는 구성요소를 의도적으로 추출하는 방법이다. • 연구자의 주관적 판단의 타당성 여부가 표집의 질을 결정한다.
할당표집	• 연구자의 모집단에 대한 사전지식을 기초로 하여 모집단의 특성을 나타내는 하위집단별로 표본수를 할당한 다음 표본을 추출하는 방법이다. • 모집단의 대표성이 비교적 높으나, 분류의 과정에서 편견이 개입될 소지가 많다.
누적표집 (눈덩이표집)	• 연속적인 추천과정을 통해 표본을 선정하는 방법이다. • 일반화의 가능성이 적고 계량화가 곤란하므로 질적 조사에 적합하다.

❶ 불필요한 내용을 빼고 표를 이용해 핵심 내용 정리!

❷ 최신 출제경향 반영 및 핵심 내용 체크!

04 마르시아의 자아정체감 범주

정체감 성취	정체감 성취단계에 도달하기 위해 일정 기간 격렬한 결정과정을 겪으며, 많은 노력으로 각자 개별화된 가치를 발달시키고 직업을 결정한다.
정체감 유실	정체감 위기를 경험하지 않은 사람들의 범주로 어린 나이에 부모의 가치나 생각을 기반으로 직업과 가치를 결정한다.
정체감 유예	정체성 위기 동안 격렬한 불안을 경험한 사람으로 개인의 가치나 직업을 정하지 못한 가운데 이들은 끊임없이 결정의 문제를 제기하면서 자신이 믿어야 할 것에 대해 강하게 갈등한다.
정체감 혼란	확고한 견해와 방향성이 없는 상태로 유실이나 부정적 정체감 형성보다 더욱 문제가 있다. 이 범주의 사람들은 정체감 위기를 겪을지라도 이를 해결하지 못하며 자신의 역할을 통합하지 못한다.

05 부적 처벌은 유쾌한 자극을 철회함으로써 부적 행동의 재현 가능성을 감소시키는 것이다. 아이는 컴퓨터(유쾌한 자극)를 하고 싶은 마음에 방청소를 하게 된다.

06 ⑤ 길리건(Gilligan)의 여성도덕성 발달이론의 내용에 해당한다. 길리건은 추상적 도덕원리를 강조하는 콜버그(Kohlberg)의 정의지향적 도덕성에 반발하여 인간관계의 보살핌, 상호의존성, 책임, 유대, 애착, 동정심, 희생, 사랑을 강조하는 대인지향적 도덕성을 제시하였다. 길리건은 남성의 경우 사회적 관계를 위계적으로 해석하여 권리의 도덕성에 초점을 두는 반면, 여성의 경우 인간관계의 배려, 보살핌, 민감성, 타인에 대한 책임에 비중을 둔다고 보았다. 그는 이와 같은 보살핌의 윤리를 소홀히 다룬 과거의 이론을 비판하면서, 여성 특유의 도덕성이 성장 과정에서부터 남성들과 구분되는 특수한 성 역할에서 비롯된다고 주장하였다.

07 ③ 학습장애는 실제적인 학습기능이 낮아 기초적인 학습기능이 낮은 경우의 장애이다.

❸

08 ② 인간이 환경적 자극에 능동적으로 반응하여 나타나는 행동인 조작적 행동을 설명한 학자는 스키너(Skinner)이다. 인간이 환경적 자극에 수동적으로 반응하여 형성되는 행동인 반응적 행동에 몰두한 파블로프(Pavlov)의 고전적 조건형성과 달리 스키너의 조작적 조건형성은 행동이 발생한 이후의 결과에 관심을 가진다.
   ③ 파블로프는 인간의 인지, 감각, 의지 등 주관적·관념적 특성을 나타내는 것들을 과학적인 연구에서 제외시키고자 하였다. 직접적으로 관찰이 가능한 인간의 행동에 연구의 초점을 맞춘 것이다.
   ④ 강화와 처벌을 통한 학습을 강조한 학자는 조작적 조건형성을 제시한 스키너이다.
   ⑤ 쥐 실험을 통해 고전적 조건형성에 의한 공포 반응을 확립하고자 한 학자는 왓슨(Watson)이다.

   ② 미시체계, ③·⑤ 외체계(외부체계), ④ 거시체계

10 반두라의 사회학습이론은 다양한 사회학습경험이 성격을 형성하는 데 중요한 축을 이루지만 동시에 유전적인 소질, 보상, 벌 등도 성격을 형성하는 데 영향을 미친다는 이론이다.

❸ 제대로 암기되었는지 확인하고 넘어가기!

2024년 제22회 시험분석

1교시 — 사회복지기초

'1영역 인간행동과 사회환경'은 이전 시험과 마찬가지로 비교적 평이한 문항들이 주를 이루었습니다. 특징적인 것은 인간발달이론, 사회체계이론 등 다양한 학자들을 중심으로 한 이론적인 내용을 다루는 문항들과 각 발달단계별 특성을 묻는 문항들이 비교적 균등하게 출제되었다는 점입니다. 물론 일부 문항, 예를 들어 체계이론의 주요 개념이나 태내기의 발달적 특징을 묻는 문항 등은 수험생들의 혼란을 일으킬만한 것으로 보이나, 대다수 문항들이 그동안 사회복지사 자격시험에서 다루어 온 내용들을 충실히 반영하고 있는 것으로 보입니다.

'2영역 사회복지조사론'은 수험생들이 가장 어렵게 생각하는 영역인데, 그 이유는 단순히 이론의 구체적인 내용을 제시하기보다는 이를 응용하는 방식으로 출제되기 때문입니다. 다만, 이번 시험에서는 사례문제의 비중이 줄어든 반면, 이론 진술이나 개념의 진위를 판별하는 방식의 문항들이 상대적으로 증가하였는데, 출제자가 각 선지의 내용들을 교묘하게 변경하여 오답을 유도하는 방식의 문항들이 제법 눈에 띄었습니다. 그로 인해 실험설계, 표본조사 등 까다로운 내용들이 비교적 무난하게 출제되었음에도 이전과 비슷한 난이도를 유지한 것으로 보입니다.

2교시 — 사회복지실천

'3영역 사회복지실천론'은 사회복지사 시험에서 주로 출제되는 내용들이 문제로 제시되었으나, 특히 사회복지실천의 윤리와 전문적 관계에 관한 내용이 비중 있게 다루어졌습니다. 예를 들어, 사회복지실천의 윤리와 관련하여 윤리적 쟁점, 윤리적 원칙, 윤리강령 등이 출제되었고, 전문적 관계와 관련하여 전문적 관계의 특성, 기본 요소, 장애요인 등이 출제되었습니다. 난이도는 전반적으로 예전과 비슷한 듯 보이나, 한국 사회복지사 윤리강령의 '클라이언트에 대한 윤리기준'이나 밀포드(Milford) 회의에서 발표된 사회복지실천의 공통요소와 같이 암기를 필요로 하는 문항도 보였습니다.

'4영역 사회복지실천기술론'은 클라이언트 개인이나 가족, 집단을 중심으로 한 여러 가지 모델들이 고르게 출제되었습니다. 정신역동모델, 심리사회모델, 과제중심모델, 위기개입모델, 행동주의모델, 인지행동모델, 해결중심모델 등을 비롯하여 다세대적 가족치료모델, 경험적 가족치료모델, 전략적 가족치료모델 등이 다루어졌습니다. 또한 집단 대상 사회복지실천에서는 집단 모델의 분류와 집단 사회복지실천의 사정단계, 중간단계, 종결단계 등이 고르게 출제되었습니다. 이와 같이 이 영역에서는 출제자가 문제를 고르게 출제하기 위해 고심한 흔적이 보이는데, 이는 다양한 이론 모델에 대한 체계적인 학습의 필요성을 강조합니다.

'5영역 지역사회복지론'은 전반적으로 고른 영역에서 다양한 내용들이 출제되었습니다. 이전에는 지역사회복지 실천모델 중 로스만(Rothman), 웨일과 갬블(Weil & Gamble)의 모델에서 다수의 문항이 출제되었다면, 이번에는 특히 포플(Popple)의 모델이 눈에 띄었으며, 지역사회복지실천모델과 관련하여 로스(Ross), 샌더스(Sanders) 등이 제안한 사회복지사의 역할에 관한 문항도 비교적 무난하게 출제되었습니다. 그 밖에 교환이론, 다원주의이론 등 지역사회복지 관련 이론을 비롯하여 지역사회복지실천의 원칙 및 과정에 관한 문제가 이번 시험에도 어김없이 출제되었습니다.

3교시   사회복지정책과 제도

'6영역 사회복지정책론'은 이번 시험에서 다소 까다롭게 출제되었습니다. 사회복지의 잔여적 개념과 보편적 개념, 선별주의와 보편주의 등 매해 출제되는 기본적인 문제도 있으나, 길버트와 테렐(Gilbert & Terrell)의 전달체계 재구조화 전략이나 미국의 공공부조제도인 TANF와 관련하여 세부적인 내용을 묻는 문제도 출제되었습니다. 그러나 수험생들을 더욱 곤혹스럽게 한 것은 올해 국민기초생활보장제도 수급자 선정 소득기준이나 긴급복지지원제도의 주요 지원 횟수와 같이 최근 정책 경향을 묻는 문제가 출제되었다는 점입니다. 또한 사립학교 교직원의 건강보험료 부담비율을 묻는 문항에서 출제오류가 인정되었습니다.

'7영역 사회복지행정론'도 전반적으로 고른 영역에서 다양한 내용들이 출제되었습니다. 문항들 중에는 굳이 학습을 하지 않고도 맞힐 수 있을 정도로 쉬운 문항도 있으나, 관련 내용을 충분히 학습해야 답안을 명확히 선택할 수 있는 문항도 있었습니다. 또한 직무수행평가나 사회복지서비스 마케팅과 같이 기존에 출제된 내용에 대해서도 그 구체적인 순서나 과정을 묻는 방식으로 출제되었고, 사회복지조직 혁신의 방해 요인에 관한 문제와 같이 사회복지사 시험에 처음 출제된 문제도 보였습니다. 따라서 수험생들 입장에서는 쉬운 듯하면서도 결코 쉽지만은 않았던 것으로 보입니다.

'8영역 사회복지법제론'은 문제 출제가 예상된 범위 내에서 이루어진 만큼 「건강가정기본법」이나 「정신건강증진 및 정신질환자 복지서비스 지원에 관한 법률」 등 초출이 이루어지기도 했던 지난 제21회 시험에 비해 비교적 무난했다고 볼 수 있습니다. 또한 「사회복지사업법」, 「사회보장기본법」 등에서 다수의 문제가 출제된 만큼 과거의 출제패턴으로 되돌아온 것으로 보입니다. 다만, 일부 문항들에서 처음 선보인 법률조항과 함께 출제자의 의도적인 함정 지문이 시험의 난이도를 유지시켰다고 볼 수 있습니다.

총 평

사회복지사 1급 자격시험의 2022년 제20회 합격률이 '36.1%', 2023년 제21회 합격률이 '40.7%'를 기록하는 등 비교적 높은 합격률을 보인 반면, 2024년 제22회 예비합격률은 '29.98%'로 상대적으로 낮은 예비합격률을 보이고 있습니다. 이는 이번 시험의 전반적인 난이도를 고려했을 때 예상보다 낮은 수치로 볼 수 있습니다.

사실 지난 시험에서 주된 감점 요인은 제20회 시험의 경우 신출문제의 상대적으로 높은 비중에서, 제21회 시험의 경우 확대된 출제범위에서 찾을 수 있습니다. 그러나 이번 시험은 신출문제의 비중도 그리 높지 않은 데다가 출제범위 또한 비교적 예상된 범위 내에 있었습니다. 다만, 이번 시험에서는 2024년도 기준 정책이나 최근 개정된 법령 관련 구체적인 수치를 묻는 문항과 같이 최신의 정보들을 직접 찾아 학습해야만 맞힐 수 있는 어려운 문항들도 일부 있었으므로 비교적 낮은 예비합격률의 수치를 어느 정도 이해할 수 있겠습니다.

요컨대, 이번 시험은 출제자의 의도와는 상관없이 수험생으로서 올바른 기본자세를 갖추었는지를 시험하는 장이 되었습니다. 보통 사회복지사 자격시험이 1월 말이나 2월 초 경 있었던 사실을 고려했을 때 너무도 이른 시험일시(1월 13일)는 연말연시의 들뜬 분위기에 휩쓸린 수험생들에게 채찍을 가하고, 평소 사회복지에 관한 최신 정보에 둔감한 수험생들에게 불합격의 수모를 안겼다고 볼 수 있습니다. 즉, 벼락치기로 요령을 피운다거나 기본지식만으로 대충 시험을 치르려고 한다면 결코 성공할 수 없습니다. 결국 시험의 성패 여부는 자기 자신의 노력 여하에 달려있음을 유념해야 할 것입니다.

출제경향

사회복지사 1급, 역대 시험은 어떻게 출제되었나?

2024년 제22회

접수자	응시자	최종합격자	응시율	합격률
31,608명	25,458명	7,633명	76.3%	29.98%

2023년 제21회는 '40.7%'의 비교적 높은 합격률을 보인 반면, 2024년 제22회 예비합격률은 '29.98%'로 상대적으로 낮은 예비합격률을 보이고 있습니다. 사실 지난 시험에서 주된 감점 요인은 제20회 시험의 경우 신출문제의 상대적으로 높은 비중에서, 제21회 시험의 경우 확대된 출제범위에서 찾을 수 있습니다. 그러나 이번 시험은 신출문제의 비중도 그리 높지 않은데다가 출제범위 또한 비교적 예상된 범위 내에 있었습니다. 다만, 이번 시험에서는 2024년도 기준 정책이나 최근 개정된 법령 관련 구체적인 수치를 묻는 문항과 같이 최신의 정보들을 직접 찾아 학습해야만 맞힐 수 있는 어려운 문항들도 일부 있었으므로 비교적 낮은 예비합격률의 수치를 어느 정도 이해할 수 있겠습니다.

2023년 제21회

접수자	응시자	최종합격자	응시율	합격률
30,544명	24,119명	9,826명	79.0%	40.7%

2022년 제20회 합격률이 '36.62%'를 기록한 반면 2023년 제21회 합격률은 그보다 높은 '40.7%'를 기록하였습니다. 사실 지난 제20회 시험의 주된 감점 요인이 신출문제에 있었다면, 이번 제21회 시험에서는 앞선 시험들과 비교해 볼 때 체감상 보다 확대된 출제범위에 있는 것으로 보입니다. 특히 눈여겨보아야 할 것은 최근 자격시험의 문항들이 그와 유사한 다른 자격시험의 문항들(에 청소년상담사 등)을 그대로 가져오거나 이를 약간 변형하여 제시하는 경우들을 종종 볼 수 있다는 점입니다.

2022년 제20회

접수자	응시자	최종합격자	응시율	합격률
31,018명	24,248명	8,753명	78.2%	36.1%

2021년 제19회 합격률이 '60.4%'를 기록한 반면 2022년 제20회 합격률이 '36.1%'를 기록했다는 것은, 제20회 시험이 제19회 시험에 비해 상대적으로 어려웠음을 보여줍니다. 사실 제19회 시험의 경우 일부 문항들에서 수험생들의 혼란을 유발하는 의도적인 함정문제들이 감점의 주요 원인이었다면, 제20회 시험에서는 신출문제와 함께 보다 세부적인 내용을 묻는 문제가 감점의 주요 원인이었다고 볼 수 있습니다.

2021년 제19회

접수자	응시자	최종합격자	응시율	합격률
35,598명	28,391명	17,158명	79.8%	60.4%

전반적인 난이도 측면에서 이전 시험에 비해 쉬웠던 것으로 보입니다. 사례형 문항의 보기 내용도 비교적 짧았고, 선택지의 내용도 심화된 양상을 보이지는 않았습니다. 다만, 일부 문항들의 선택지들이 수험생들의 혼란을 유발하고 있는데, 간간이 출제자가 의도적으로 만들어놓은 함정도 눈에 띕니다. 사실 이와 같은 문제들은 평소 충분한 학습으로 해결할 수 있는데, 막상 시험장에서는 알고 있는 문제도 틀릴 수 있는 만큼 섣불리 답안을 선택하기보다는 선택지를 끝까지 살펴본 후 최종적으로 가장 적합한 답안을 선택하여야 합니다.

2020년 제18회

접수자	응시자	최종합격자	응시율	합격률
33,787명	25,462명	8,388명	75.4%	32.9%

전반적인 난이도 측면에서 이전 시험에 비해 쉬웠던 것으로 보입니다. 물론 초창기 시험에 비해 사례형 문항이나 심화된 지문내용으로 인해 문항 내용이 다소 까다로운 것처럼 보일 수 있겠으나, 이론학습이 충실히 이루어졌다면 약간의 응용으로 충분히 풀 수 있을 것으로 보입니다. 다만, 각 영역별 구분이 모호한 경우도 볼 수 있는데, 특히 5영역 지역사회복지론, 6영역 사회복지정책론, 8영역 사회복지법제론은 이를 별개의 영역으로 구분하여 학습하기보다는 서로 연관된 내용들을 교차하여 학습할 필요가 있습니다.

2019년 제17회

접수자	응시자	최종합격자	응시율	합격률
28,271명	22,646명	7,734명	80.1%	34.2%

전반적인 난이도 측면에서 이전 연도와 비슷하고, 실제 필기시험 합격률도 비슷한 수준을 나타내 보였습니다. 사례형 문항이나 심화된 지문내용으로 인해 체계적인 학습을 수행하지 않은 수험생들에게는 약간 어렵게 느껴졌을 것으로 보이나, 일부 영역을 제외하고 출제범위가 과년도와 거의 유사하며, 전반적으로 출제범위 안에서 고르게 출제되었습니다.

생생 합격수기

불필요한 부분은 과감히 생략하고
중요부분은 세밀하게!

사회복지사 1급 합격자 김 경 태

오랜 대학 강단에서의 생활을 뒤로한 채 사회복지로의 새로운 길을 나섰을 때, 저는 따뜻한 봉사에의 열정과 냉정한 현실에의 인식 속에서 방황하였습니다. 이는 과거 시민사회단체에 몸담고 있을 당시 느꼈던 젊은 날의 패기와는 사뭇 다른 것이었습니다. 사회봉사의 막연한 즐거움을 위해 제가 가진 많은 것들을 내려놓아야 한다는 것이 그리 쉽지는 않았습니다. 그로 인해 사회복지사라는 새로운 인생의 명함을 가져야겠다는 굳은 결심을 가지지는 않았습니다. 그러나 사회복지학을 공부하면서 '나'에 대한 관심이 '우리'와 '사회'로 확장하고 있음을 느꼈을 때, 이제는 막연한 행동이 아닌 보다 전문적이고 체계적인 수행의 과정이 필요함을 깨달았습니다. 그것이 바로 제가 사회복지사 1급 자격시험에 도전한 이유였습니다.

언제나 시작에는 시행착오가 따라오기 마련입니다. 더욱이 저는 뒤늦게 시험 준비를 하게 되어 과연 어디서부터 시작해야 하는지 알 수 없었습니다. 이미 2학기 시작과 함께 시험 준비에 몰두하던 동기들을 생각할 때마다 뒤처진 제 자신의 모습이 안타까웠습니다. 그래도 일단 결심을 굳힌 만큼 작은 목표를 향해 돌진하기로 마음먹었습니다. 8영역이나 되는 방대한 분량이 부담스럽게 다가왔지만, 대학교재와 함께 전문 학습서를 함께 이용하여 나만의 체계적인 공부법을 개발하였습니다.

한 과목에 이틀의 시간을 부여하여, 하루는 학습서에 중요한 내용들을 정리하고, 다음 하루는 정리한 내용들을 숙지하는 방식이었습니다. 공부할 내용이 많으므로 최대한 불필요한 부분을 제외하는 과정이 필요했습니다. 중요한 부분에는 나만의 표시를 해두고, 대학교재에서 관련된 내용을 점검하는 것도 잊지 않았습니다. 따로 정리노트를 만들지는 않았지만, 학습서에 정리한 내용들로 그것을 대체하였습니다. 정리한 내용들을 숙지한 이후 예상문제들을 살펴보는 것도 잊지 않았습니다.

아무래도 학습서의 내용은 요약된 것이기에, 다른 중요한 사항들을 놓칠 수도 있기 때문입니다. 아마도 시험에 응시한 다른 분들도 대부분 비슷한 방법을 이용하지 않았을까 생각해봅니다. 하지만 이미 시험을 치른 경험자로서 사회복지사 1급 시험에 합격하기 위한 기본적인 자세에 대해 이야기하고 싶습니다.

첫째, 암기는 삼가라.

방대한 공부 분량을 암기로 소화한다는 것은 무리입니다. 그것은 오히려 공부에의 열의를 떨어뜨릴 수 있는 극약이 될 수 있습니다. 더욱이 최근 시험에서는(특히 사회복지법제론의 경우) 중요부분에 대한 집중적인 질문보다는 다양한 범위에서의 매우 포괄적인 질문이 많이 제시되었습니다.

둘째, 문제를 많이 풀어보라.

사실 저는 기출문제들을 많이 접하지는 못했습니다. 다만 학습서에 있는 문제들을 풀어보며, 내용 정리에서 놓친 부분들을 많이 보완할 수 있었습니다. 그리고 무엇보다도 문제를 많이 풀어봄으로써 시험에 대한 감각을 조율할 수 있었습니다.

셋째, 시간 사용에 유의하라.

이 말은 단지 학습 진도를 효율적으로 관리하라는 의미만은 아닙니다. 고사장에서 매 교시 주어지는 시간이 문제를 세심히 살피는 데 넉넉한 것은 아니므로, 문제풀이에 몰두하는 가운데 종종 시간을 확인하는 과정이 필요하다는 것입니다. 이는 시험을 보기 전날 실전상황을 가정하여 기출문제를 풀어보는 것으로 해결되리라 생각합니다.

선택의 결과에 대한 책임이 언제나 본인에게 있듯, 합격의 여부 또한 평소 자신이 얼마나 열심히 공부에 임했는가에 달려있는 듯합니다. 저와 마찬가지로 새로운 도전에 임하여 미래를 꿈꾸는 모든 분들께 좋은 결과가 있기를 진심으로 기원합니다.

새롭게 공부를 시작한다면...
그래, 이왕 하는 거 끝을 보자!

사회복지사 1급 합격자 최 소 은

3년 전 저는 가정주부로서 반복되는 일상에 이미 지친 상태였습니다. 그리고 아이를 낳은 이후에는 점점 '나'의 존재가 작아지는 듯한 느낌에 약간의 우울증을 앓기까지 하였습니다. 오후 시간 아이를 낮잠 재우고 잠시 집안일에서 벗어날 때면, 알 수 없는 우울한 감정이 가슴 깊숙한 곳에서 올라오는 것이었습니다. 더 이상 남편도 아이도 나의 생활에 활기를 북돋워주기에는 역부족이라는 사실을 깨닫게 되었습니다.

그러던 어느 날 학창시절 절친했던 한 친구의 전화를 받았습니다. 그 친구와 마지막으로 연락을 한 것도 이미 수년이 지났습니다. 전화상 친구의 목소리는 매우 밝았습니다. 오랜 기다림 끝에 만난 연인처럼, 우린 그동안에 일어났던 사소한 일들에 대해 수다를 나누었습니다. 그러던 중 그 친구도 저와 비슷하게 우울증을 앓았음을 알게 되었습니다. 그리고 결혼하기 직전 많은 조언을 건네주었듯이, 이번에도 그 친구는 제게 인생의 선배로서 자신의 경험담을 늘어놓았습니다. 자신의 삶을 찾기 위해 사회복지사를 공부하게 된 것, 그리고 지역아동센터에서 일을 하게 된 것 등… 저는 친구의 이야기를 들으면서 그것이 곧 나의 미래임을 직감하게 되었습니다. 제가 사회복지사 공부를 하기로 결심한 계기는 그와 같습니다.

오랫동안 책을 멀리 했기에 새롭게 공부를 시작한다는 것이 쉽지는 않았습니다. 더욱이 아이를 키우는 입장이라 일반대학은 생각도 할 수 없었습니다. 하지만 이미 결심을 굳힌 터라 사이버 온라인 강의를 신청하였고, 주경야독의 힘든 역경을 이겨내자고 스스로를 다독였습니다. 시험에 대한 엄청난 스트레스를 극복하고 한 학기를 무사히 마쳤습니다. 친정어머니의 도움으로 실습도 끝냈습니다. 하지만 문득 친구의 말이 떠올랐습니다. "시간만 있으면 1급 시험을 볼 텐데…"라는 아쉬움의 한숨과 함께… 저는 순간 지금의 도전을 끝까지 밀고 나가고 싶은 열의에 사로잡혔습니다.

시험에 대비하기 위해서는 대학교재보다 수험서를 이용하는 것이 낫다는 주위의 충고를 듣고, SD에듀의 수험서를 구매하였습니다. 확실히 시험에 나오는 것들을 중심으로 정리가 체계적으로 되어 있었고 중요한 부분에 대한 보충설명이 비교적 상세히 나와 있어, 공부를 하는 데 훨씬 수월하였습니다. 중요한 단어나 문장에 대해 등급을 나누어 형광펜으로 체크를 해두었고, 시험 전날을 대비하기 위해 암기용 노트를 작성하기도 하였습니다. 또한 어떤 문제들이 출제되고 있는지 기출문제를 점검하고, 공부한 내용들을 재확인하기 위해 수시로 예상문제들을 살펴보았습니다.

실제 시험문제들을 접해보니, 생각보다 쉬운 게 아님을 알게 되었습니다. 온라인 강의로 들었던 내용들에서 벗어나 시사 상식이라든지 사회적인 이슈 등이 매우 포괄적으로 다루어지고 있음을 확인하게 되었습니다. 그래서 수험서 한 쪽 귀퉁이에 신문에 게재된 사회복지관련 기사들을 붙여놓고는 이론적인 내용과 접목시켜 보는 것도 잊지 않았습니다.

시험 날 아이를 남편에게 맡기고는 비장한 각오로 시험장을 향했습니다. 아마도 1년에 단 한 번인 기회라, 더욱이 친정과 남편에게 양해를 구하며 어렵게 해왔던 공부라, 이번이 아니면 끝이라는 생각이 마음을 더욱 무겁게 만들었나봅니다. 무사히 모든 시험을 마치고 집으로 향하던 길… 저는 다시금 친구의 말을 되새겨 보며 가슴 속으로 이렇게 외쳤습니다.
"이제 시작이다!"

지역아동센터에서 사회복지사로 일을 시작하게 되었을 때, 저는 남편과 아이에 대한 미안함보다는 그동안 잃어버린 그 무엇을 되찾은 듯한 마음에 들떠있기까지 하였습니다. 아마도 센터를 찾는 아이들의 밝은 미소가 제 마음에 있던 어두운 그림자를 사라지게 만든 것 같습니다. 시작이 반이라는 말이 있는 것처럼, 제 인생의 절반도 이제부터 시작하게 된 것입니다.

이것이 궁금해요

Q 사회복지사는 무슨 일을 하나요?

A 사회복지사는 개인적, 가정적, 사회적으로 어려움을 겪고 있는 사람들이 스스로 문제를 해결하여 자신이 원하는 삶을 찾고, 안정된 생활을 할 수 있도록 돕는 전문인력입니다. 사회복지사는 과거 아동보육시설과 공공부문에서만 활동하던 것에서 최근에는 기업, 학교, 군대, 병원 등으로 활동영역이 확대되었으며, 다양한 분야에서 사회복지에 대한 수요가 증가하고 있는 만큼 향후 사회 전반에서 사회복지사의 업무가 요구될 것으로 보입니다.

Q 사회복지사 자격증을 취득하기 위해 어떤 조건이 필요한가요?

A 대학에서 사회복지학을 전공하거나, 학점은행제, 평생교육원 등에서 필요한 수업을 이수하여 자격을 취득할 수 있습니다. 일정 학점의 수업이수(14과목)와 현장실습(120시간) 요건이 충족되면 사회복지사 2급 자격을 취득할 수 있으며, 1급은 사회복지학 학사학위 취득자, 대학원에서 사회복지학 또는 사회사업학을 전공한 석사 또는 박사학위 취득자가 별도의 시험을 통해 자격을 취득하게 됩니다.

사회복지사 2급 자격증을 취득하는 인력이 많아지면서 기관에 따라서 1급 자격증 소지자에 대한 요구로 차별화가 있을 수 있으며, 장기적으로 사회복지현장에서 일하며 관리자급으로 승진 및 경력을 쌓고자 한다면 사회복지사 1급 자격증을 취득하는 것이 경쟁력이 있다고 할 수 있겠지요.

Q 사회복지사는 어떤 적성을 가진 사람에게 적합할까요?

A 투철한 소명의식과 봉사정신을 갖춘 사람에게 적합하며, 관련 분야에 대한 충분한 전문지식과 직업인으로서의 사명감이 있어야 사회복지사로 활동할 수 있습니다. 복지서비스 수요자를 직접 대면하는 일이 많은 만큼 사람에 대한 공감능력과 이해심, 사회성이 요구됩니다. 직무수행 과정에서 다양한 일이 발생하므로 직관적인 대처능력도 필요합니다. 복지서비스 대상자와의 관계를 수평적으로 설정하고 파트너십을 형성하며, 사람의 삶이 변화되는 과정에 대한 책임감과 대상자에 대한 진실성 있는 자세도 중요합니다.

또한, 국민의 세금으로 복지제도가 운영되는 만큼 최소 비용으로 최대의 효과를 낼 수 있는 복지 서비스를 기획할 수 있어야 하며, 복지 대상자를 결정할 합리적 기준도 마련해야 합니다. 따라서 냉철한 판단력이 요구됩니다.

사회복지 프로그램 및 서비스를 지속적으로 개발해야 하므로 다양한 분야에 대한 호기심과 높은 창의력도 필요합니다.

Q 사회복지사 1급 시험의 응시현황과 합격률이 궁금합니다. 알려주세요.

A 사회복지사 1급 연도별 현황

구 분	응시인원(명)	합격인원(명)	합격률(%)	시험과목	문항 수
22회(2024)	25,458	7,633	29	필수 8과목	200
21회(2023)	24,119	9,673	40		
20회(2022)	24,248	8,753	36		
19회(2021)	28,391	17,158	60		
18회(2020)	25,462	8,388	32		
17회(2019)	22,646	7,734	34		
16회(2018)	21,975	7,352	34		
15회(2017)	19,514	5,250	27		
14회(2016)	20,946	9,846	47		
13회(2015)	21,393	6,764	31		
12회(2014)	22,600	6,364	28		
11회(2013)	20,544	5,809	28		240
10회(2012)	23,627	10,254	43		
9회(2011)	21,868	3,119	14		
8회(2010)	23,050	9,700	42		
7회(2009)	22,753	7,081	31		
6회(2008)	19,493	9,034	46		
5회(2007)	16,166	4,006	25		
4회(2006)	12,151	5,056	42		
3회(2005)	8,635	3,731	43		
2회(2004)	7,233	4,543	63	필수 6과목 선택 2과목	300
1회(2003)	5,190	3,487	67		

Q 정신보건사회복지사 자격증을 취득하고 싶어요!

A 정신보건사회복지사는 사회복지사 1급 자격 소지자가 보건복지부장관이 지정한 전문요원수련기관에서 1년 이상의 수련을 마치고 자격시험에 통과하면 정신보건사회복지사 2급을 취득할 수 있습니다. 사회복지학 또는 사회사업학을 전공한 석사학위 이상 소지자가 전문요원수련기관에서 3년 이상의 수련을 마치면 정신보건사회복지사 1급 자격을 취득할 수 있습니다.

이 책의 목차

핵심암기노트

제1과목	사회복지기초
제2과목	사회복지실천
제3과목	사회복지정책과 제도

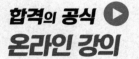

합격의 공식 ▶
온라인 강의

보다 깊이 있는 학습을 원하는 수험생들을 위한
SD에듀의 동영상 강의가 준비되어 있습니다.
www.sdedu.co.kr ➔ 회원가입(로그인) ➔ 강의 살펴보기

사회복지기초

제1장 | 인간행동발달과 사회복지

❶ 인간발달

(1) 인간발달의 원리 1회, 4회, 5회, 6회, 7회, 9회, 10회, 13회, 14회, 15회, 16회, 17회, 18회, 19회, 20회, 21회, 22회 기출

① **일정한 순서 및 방향성** : 발달은 상부에서 하부로, 중심부위에서 말초부위로 진행된다.

② **연속성** : 발달은 인간의 전 생애를 통해 연속적으로 진행된다.

③ **유전 및 환경과의 상호작용** : 발달은 인간의 유전적 특성은 물론 외부환경에 의해서도 영향을 받는다.

④ **개인차의 존재** : 개인마다 발달의 속도 및 진행 정도에 차이가 있다.

⑤ **분화와 통합의 과정** : 발달은 분화와 통합의 양상을 보인다.

⑥ **점성원리** : 발달은 기존의 기초를 토대로 다음의 발달이 이루어진다.

⑦ **결정적 시기의 존재** : 신체발달 및 심리발달의 각 단계에 있어서 발달이 가장 용이하게 이루어지는 결정적인 시기가 있다.

(2) 발달과 유사한 개념 10회, 11회, 18회, 20회 기출

① **학습** : 특수한 경험이나 훈련 또는 연습과 같은 외부자극이나 조건, 즉 환경에 의한 개인 내적인 변화

② **성숙** : 경험·훈련에 관계없이 내적·유전적 메커니즘에 의한 신체적·심리적 변화

③ **성장** : 신체의 크기나 근육의 세기 등의 양적인 증가

(3) 인간발달이론이 사회복지실천에 미친 영향(인간발달이론의 유용성)

6회, 11회, 12회, 13회, 14회, 17회, 21회 기출

① 인간의 전반적 생활주기를 이해할 수 있는 개념의 준거틀 제공
② 발달에 영향을 미치는 사회적 영향력 평가의 준거틀 제공
③ 인간과 환경 간의 상호작용 파악
④ 각 발달단계에서 수행해야 할 발달과업 제시
⑤ 개인의 발달에 영향을 주는 다양한 신체적 · 심리적 · 사회적 요인의 이해
⑥ 개인의 적응과 부적응을 판단하기 위한 기준틀 제공
⑦ 개인적인 발달상의 차이 파악
⑧ 개인의 성장 과정에서 나타나는 문제의 원인에 대한 이해
⑨ 특정 발달단계에서 특징적으로 나타나는 발달적 요인에 대한 설명
⑩ 이전 단계의 결과를 토대로 각 단계의 성공 및 실패 여부 설명
⑪ 생활상의 전환과정(생활전이)에 따른 안정성 및 변화 양상 파악
⑫ 다양한 연령층의 클라이언트를 이해할 수 있는 기반 제공

2 인간행동에 관한 주요이론 : 정신역동적 관점

(1) 프로이트의 정신분석이론

① 특 징 4회, 8회, 11회 기출
  ㉠ 정신적 결정론(심리결정론)
  ㉡ 무의식의 강조
  ㉢ 심리성적 욕구의 강조
  ㉣ 내적 갈등의 역동
  ㉤ 투쟁적 인간
② 주요개념 7회, 8회, 13회, 16회, 20회, 21회, 22회 기출
  ㉠ 리비도(Libido) : 성본능 · 성충동의 본능적인 성적 에너지를 말하는 것으로, 개인의 사고 및 행동에 지대한 영향을 미친다.
  ㉡ 자유연상 : 의식적인 검열의 과정에서 벗어나 마음속의 모든 생각을 떠오르는 대로 말하게 하는 방법이다.
  ㉢ 의식 : 어떤 순간에 우리가 알거나 느낄 수 있는 감각과 경험으로 특정 시점에 인식하는 모든 것을 말한다.
  ㉣ 전의식 : 의식과 무의식의 교량역할을 하는 것으로, 현재는 의식하지 못하지만 조금만 노력하면 의식으로 가져올 수 있는 것을 말한다.
  ㉤ 무의식 : 정신내용의 대부분에 해당하는 것으로, 의식적 사고의 행동을 전적으로 통제하는 힘을 말한다.

ⓗ 원초아(Id) : 성격의 기초가 되는 기본욕구와 충동으로서 쾌락의 원리에 따른다.
ⓢ 자아(Ego) : 현실원리에 따라 작동하는 성격의 의사결정요소로서, 원초아와 현실의 중재 역할을 한다.
ⓞ 초자아(Superego) : 사회의 가치와 관습, 양심과 자아이상의 두 측면을 지니며, 무엇이 옳고 그른가에 대한 사회적 기준을 통합하는 성격의 요소이다.

③ **성격발달단계** 2회, 3회, 5회, 6회, 13회, 16회, 19회 `기출`

구강기 (0~1세)	• 아동의 리비도는 입, 혀, 입술 등 구강에 집중되어 있으므로 먹는 행동을 통해 만족과 쾌감을 얻는다. • 구강기 전기에 빨기·삼키기에서 자애적 쾌락을 경험한다. • 구강기 후기에 이유(離乳)에 대한 불만에서 어머니에 대한 최초의 양가감정을 경험한다. • 이 시기에 고착되는 경우 손가락 빨기, 손톱 깨물기, 과음, 과식 등의 행동이 나타날 수 있다.
항문기 (1~3세)	• 아동의 리비도가 항문 부위에 모아지고 대소변을 통해 쾌락을 느끼며 배설물에 관심과 흥미를 갖게 되는 시기이다. • 배변훈련을 통한 사회화의 기대에 직면한다. • 이 시기에 고착되는 경우 결벽증, 인색함, 완벽주의 성향이 나타날 수 있다.
남근기 (3~6세)	• 아동이 이성 부모에게 관심을 갖는 시기다. • 아동은 자신을 부모와 동일시함으로써 적절한 역할을 습득하여 양심이나 자아이상을 발달시켜나가며, 이를 통해 초자아가 성립된다. • 남아는 오이디푸스 콤플렉스, 여아는 엘렉트라 콤플렉스를 경험하게 된다.
잠복기 (6~12세)	• 다른 단계에 비해 평온한 시기로 성적 욕구가 억압되어 성적 충동 등이 잠재되어 있는 시기이다. • 이 시기에 활발한 지적 탐색 및 신체적 활동이 이루어진다.
생식기 (12세 이후)	• 잠복되어 있던 성 에너지가 무의식에서 의식의 세계로 나오게 된다. • 이 시기에 사춘기를 경험하며, 2차 성징이 일어난다.

④ **주요 자아방어기제** 1회, 2회, 3회, 5회, 6회, 7회, 9회, 10회, 12회, 15회, 16회, 17회, 18회, 22회 `기출`

억 압 (Repression)	죄의식이나 괴로운 경험, 수치스러운 생각을 의식에서 무의식으로 밀어내는 것으로서 선택적인 망각을 의미한다. 예 자신의 애인을 빼앗아 결혼한 친구의 얼굴을 의식하지 못하는 경우
합리화 (Rationalization)	정당하지 못한 자기 행동에 그럴듯한 이유를 붙여 그 행동을 정당화하는 것이다. 예 여우와 신 포도
반동형성 (Reaction Formation)	자신이 갖고 있는 무의식적 소망이나 충동을 본래의 행동과 완전히 반대되는 방향으로 바꾸는 것이다. 예 미혼모가 아이를 가졌을 때 그 아이에 대해 과도한 애정을 가지는 경우
투 사 (Projection)	사회적으로 인정받을 수 없는 자신의 행동과 생각을 마치 다른 사람의 것인 양 생각하고 남을 탓하는 것이다. 예 어떤 일의 잘못된 결과에 대해 상사나 아랫사람에게 그 책임을 전가하는 경우
퇴 행 (Regression)	생의 초기에 성공적으로 사용했던 생각이나 감정, 행동에 의지하여 자기 자신의 불안이나 위협을 해소하려는 것이다. 예 대소변을 잘 가리던 아이가 동생이 태어난 후 밤에 오줌을 싸는 경우

전 치 (Displacement)	자신이 어떤 대상에 느낀 감정을 보다 덜 위협적인 다른 대상에게 표출하는 것이다. 예 종로에서 뺨 맞고 한강에서 눈 흘긴다.
보 상 (Compensation)	어떤 분야에서 탁월하게 능력을 발휘하여 인정을 받음으로써 다른 분야의 실패나 약점을 보충하여 자존심을 고양시키는 것이다. 예 작은 고추가 맵다.
억 제 (Suppression)	해롭고 바람직하지 못한 생각과 충동에 대해서 의식적으로 통제하는 것을 말한다. 예 시험에 대한 부담감에서 벗어나고자 의식적으로 신나게 노는 경우
대 치 (Substitution)	사람의 에너지를 원래의 목표에서 대용 목표로 전환시킴으로써 긴장을 해소하는 것이다. 예 꿩 대신 닭
승 화 (Sublimation)	정서적 긴장이나 원시적 에너지의 투입을 사회적으로 인정될 수 있는 행동방식으 로 표출하는 것을 말한다. 예 예술가가 자신의 성적 욕망을 예술로 승화하는 경우
신체화 (Somatization)	심리적인 불안이나 스트레스가 감각기관이나 수의근계통 이외의 신체증상으로 표출되어 나타나는 것이다. 예 실적이 낮은 영업사원이 실적 보고를 회피하고 싶을 때 배가 아픈 경우
동일시 (Identification)	자기가 좋아하거나 존경하는 대상과 자기 자신 또는 그 외의 대상을 같은 것으로 인식하는 것을 말한다. 예 자신이 좋아하는 연예인의 옷차림을 따라하는 경우

⑤ **자아방어기제의 특징** 2회, 5회, 9회, 13회 [기출]

㉠ 자아를 보호하기 위한 무의식적 과정이다.

㉡ 한 번에 한 가지 이상의 기제를 사용하기도 한다.

㉢ 여러 번 사용할 경우 심리적 문제를 일으킬 수 있다.

㉣ 방어기제의 이론을 정립한 사람은 안나 프로이트이다.

㉤ 방어기제의 정상성과 병리성의 판단기준으로는 철회가능성, 균형, 강도 및 연령의 적절성이다.

(2) 에릭슨의 심리사회이론 2회, 19회 [기출]

① **의 의**

㉠ 생물학적 요인과 개인의 심리 · 사회문화의 상호작용에 의해 성격이 결정된다고 보았다.

㉡ 에릭슨은 인간발달의 전 생애적 접근을 시도한 최초의 인물로서, 프로이트의 심리 성적 발달의
5단계를 8단계로 확장하였다.

② **특 징** 2회, 4회, 7회, 10회, 11회, 12회, 21회 [기출]

㉠ 인간의 전 생애에 걸친 발달과 변화를 강조한다.

㉡ 인간을 합리적이고, 이성적이며, 창조적인 존재로 간주한다.

㉢ 인간행동이 의식 수준에서 통제 가능한 자아에 의해 동기화된다고 본다.

㉣ 인간을 병리적인 측면이 아닌 정상적인 측면, 건강한 측면에서 접근한다.

㉤ 사회적 힘 또는 사회문화적 환경이 성격발달에 미치는 영향을 강조한다.

㉥ 문화적 · 역사적 요인과 성격구조의 관련성을 중시한다.

㉦ 개인의 생애주기에 따른 실천개입의 지표를 제시한다.

③ **주요개념** 1회, 6회, 13회, 14회, 18회 기출

㉠ 자아(Ego) : 인간이 신체적 · 심리적 · 사회적 발달과정에서 외부환경에 적응하는 과정을 통해 형성된다.

㉡ 자아정체감(Ego Identity) : 시간적 자기동일성과 자기연속성의 인식에 해당하는 내적 측면과 함께, 문화의 이상과 본질적 패턴에 대한 인식 및 동일시에 해당하는 외적 측면으로 나타난다.

㉢ 점성원칙(Epigenetic Principle) : 성장하는 모든 것은 기초안을 가지며, 이 기초안을 토대로 부분이 발생하여 점차적으로 기능하는 전체를 이룬다.

④ **성격발달단계** 2회, 3회, 5회, 6회, 7회, 8회, 9회, 12회, 15회, 16회, 17회, 19회, 20회, 22회 기출

유아기 (0~18개월)	• 기본적 신뢰감 대 불신감 – 희망 대 공포 • 프로이트의 구강기에 해당하며, 부모의 보살핌의 질이 결정적이다. • 부모의 자신감 결여에 의해 유아가 불신감을 느끼며, 이것이 이후 타인과의 신뢰관계 형성에 영향을 미친다.
초기아동기 (18개월~3세)	• 자율성 대 수치심 · 회의 – 의지력 대 의심 • 프로이트의 항문기에 해당하며, 배변훈련을 통해 자기통제 감각을 익힌다. • 이 시기의 발달은 독립심과 존중감을 기르는 데 기초가 된다.
학령전기 또는 유희기 (3~5세)	• 주도성 대 죄의식 – 목적의식 대 목적의식 상실 • 프로이트의 남근기에 해당하며, 기초적인 양심이 형성된다. • 이 시기에 계획을 세우고 목표를 달성하고자 하는 목적의식이 형성되기도 하지만, 지나친 처벌이나 의존성은 역의 효과를 가져오기도 한다.
학령기 (5~12세)	• 근면성 대 열등감 – 능력감 대 무능력감 • 프로이트의 잠복기에 해당하며, 또래집단과 교사 등 주위환경을 지지기반으로 한다. • 이 시기에 성취기회와 성취과업의 인정과 격려를 통해 성취감이 길러지지만, 반대의 경우 좌절감이나 열등감을 야기할 수 있다.
청소년기 (12~20세)	• 자아정체감 대 정체감 혼란 – 성실성 대 불확실성 • 프로이트의 생식기 이후에 해당하며, 심리사회적 유예기간의 특수한 상황을 통해 정체감을 형성한다. • 자아정체감 혼미가 직업 선택이나 성역할 등에 혼란을 가져오기도 하며, 나아가 인생관과 가치관의 확립에 심한 갈등을 야기하기도 한다.
성인 초기 (20~24세)	• 친밀감 대 고립감 – 사랑 대 난잡함 • 사회적 친밀감을 형성하며, 성적 · 사회적인 관계형성이 이루어진다. • 이 시기에 친밀감이 형성되지 못하면 대인관계를 기피하며 융통성이 없는 성격을 보인다.
성인기 (24~65세)	• 생산성 대 침체 – 배려 대 이기주의 • 가정과 사회에서 중요한 역할을 수행하며, 다른 사람을 보호하거나 양보하는 미덕을 보인다. • 이 시기에 생산성이 결핍되면 사회의 발전에 대한 헌신보다는 자기중심적인 성향을 가지게 된다.
노년기 (65세 이후)	• 자아통합 대 절망 – 지혜 대 인생의 무의미함 • 죽음을 앞둔 채 지나온 생을 반성한다. • 이 시기에는 삶에 대한 긍정적인 인식을 통해 죽음에 맞선 용기를 가지기도 하지만, 그것에 대한 부정적인 인식에 의해 절망에 이르기도 한다.

(3) 융의 분석심리이론

① 의의 및 특징 9회, 11회, 14회, 17회, 19회, 21회, 22회 `기출`

- ㉠ 인격을 의식과 무의식으로 구분하고 무의식을 다시 개인 무의식과 집단 무의식으로 구분하였다.
- ㉡ 전체적인 성격을 '정신(Psyche)'으로 보았으며, 성격의 발달을 '자기(Self)'실현의 과정으로 보았다.
- ㉢ 인간이 태어날 때 본질적으로 양성을 가지고 태어났다는 양성론적 입장을 취하였다.
- ㉣ 중년기의 성격발달을 중요하게 다루었으며, 중년기를 전환점으로 자아가 자기에 통합되면서 성격발달이 이루어진다고 보았다.
- ㉤ 인간은 역사적 존재인 동시에 미래를 향해 나아가는 성장지향적 존재이다.
- ㉥ 개성화(Individuation)는 모든 콤플렉스와 원형을 끌여들어 성격을 조화하고 안정성을 유지하는 것으로 개성화를 통한 자기실현과정을 중요시하였다.

② 주요개념 1회, 2회, 5회, 6회, 8회, 11회, 12회, 15회, 16회, 18회, 20회, 21회 `기출`

- ㉠ 자아(Ego) : 지각, 기억, 사고, 감정으로 구성되며, 의식의 개성화 과정에서 생긴다.
- ㉡ 자기(Self) : 성격의 모든 국면의 통일성·통합성·전체성을 향해 노력하는 것으로서, 인생의 궁극적 목표에 해당한다.
- ㉢ 집단무의식 : 조상 또는 종족 전체의 경험 및 생각과 관계가 있는 원시적 감정, 공포, 사고, 원시적 성향 등을 포함하는 무의식이다.
- ㉣ 원형 : 어떠한 것이 만들어지게 되는 기본모형으로서 심상들에 대한 하나의 모델 혹은 본보기이다.
- ㉤ 페르소나 : 개인이 외부에 표출하는 이미지 또는 가면을 말한다.
- ㉥ 음영 : 인간 내부의 동물적 본성이나 부정적 측면을 의미한다.
- ㉦ 콤플렉스 : 의식의 질서를 교란하는 무의식 속의 관념덩어리를 말한다.
- ㉧ 아니마 : 무의식에 존재하는 남성의 여성적인 측면을 말한다.
- ㉨ 아니무스 : 무의식에 존재하는 여성의 남성적인 측면을 말한다.

③ 프로이트와 융 이론의 차이 10회 `기출`

구 분	프로이트	융
리비도	성적 에너지에 국한	일반적인 생활에너지 및 정신에너지로 확장
성격형성	과거 사건에 의해 결정	과거는 물론 미래에 대한 열망을 통해서도 영향을 받음
정신구조	의식, 무의식, 전의식	의식, 무의식(개인무의식, 집단무의식)
발달단계	5단계 (구강기, 항문기, 남근기, 잠재기, 생식기)	4단계 (아동기, 청년기, 중년기, 노년기)

(4) 아들러의 개인심리이론

① 의의 및 특징 4회, 5회, 7회, 8회, 9회, 13회, 19회, 22회 `기출`

㉠ 무의식이 아닌 의식을 성격의 중심으로 보았다.

㉡ 인간을 전체적·통합적 유기체로 본다.

㉢ 인간은 창조적이고 책임감 있는 존재이다.

㉣ 인간은 성적 동기보다 사회적 동기에 의해 동기화된다.

㉤ 인간의 행동은 목적적이고 목표지향적이다.

㉥ 열등감과 보상이 개인의 발달에 동기가 된다.

㉦ 사회적 관심은 한 개인의 심리적 건강을 측정하는 유용한 척도이다.

㉧ 인간은 미래에 대한 기대로서 가상의 목표를 가진다.

㉨ 개인의 행동과 습관에서 타인 및 세상에 대한 태도 등 삶에 전반적으로 적용되고 상호작용하는 생활양식이 나타난다.

② 주요개념 3회, 10회, 11회, 12회, 13회, 14회, 16회, 18회, 20회 `기출`

㉠ 열등감과 보상 : 인간은 신체적·심리적·사회적인 열등감 또는 무능력감으로부터 생기는 주관적인 열등의식을 보상하고자 한다.

㉡ 우월성의 추구 : 인간은 자기 향상과 완성을 향해 나아가고자 하며, 여기에는 긍정적 경향과 부정적 경향이 모두 포함된다.

㉢ 사회적 관심 : 이상적인 공동사회의 목표를 달성하고자 개인의 목표를 사회적 목표로 전환하는 것이다.

㉣ 생활양식 : 개인의 행동과 습관에서 타인 및 세상에 대한 태도 등 삶에 전반적으로 적용되고 상호작용하는 통합된 양식을 의미하며, 문제들에 대처하는 방법, 목표를 추구하는 방법 등을 결정한다.

㉤ 창조적 자기 : 인간은 스스로 자신의 삶을 만들어나가는 존재이다.

㉥ 가상적 목표 : 개인이 추구하는 궁극적 목표는 현실에서는 검증되지 않는 것으로, 어떤 진실을 의미하는 것이 아닌 진실이라고 믿는 일종의 미래에 대한 기대를 말한다.

③ 생활양식의 4가지 유형 15회, 19회 `기출`

지배형	• 활동수준은 높으나 사회적 관심은 낮은 유형이다. • 독선적(독단적)이고 공격적이며 활동적이지만 사회적 관심이 거의 없다.
획득형	• 활동수준은 중간이고 사회적 관심은 낮은 유형이다. • 기생적인 방식으로 외부세계와 관계를 맺으며, 다른 사람에게 의존하여 자신의 욕구를 충족시킨다.
회피형	• 참여하려는 사회적 관심도 적고 활동수준도 낮은 유형이다. • 성공하고 싶은 욕구보다 실패에 대한 두려움이 더 강하기 때문에 도피하려는 행동을 자주 한다.
사회적으로 유용한 형	• 사회적 관심과 활동수준이 모두 높은 유형이다. • 사회적 관심이 크므로 자신과 타인의 욕구를 동시에 충족시키며, 인생과업을 완수하기 위해 다른 사람과 협력한다.

③ 인간행동에 관한 주요이론 : 행동 및 사회학습적 관점

(1) 스키너의 행동주의이론

① 의 의 11회 기출
- ㉠ 인간의 인지, 감각, 의지 등 주관적 또는 관념적 특성을 나타내는 것들을 과학적인 연구대상에서 제외시키고자 하였다.
- ㉡ 직접적으로 관찰 가능한 인간의 행동에 연구의 초점을 맞추었다.
- ㉢ 고전적 조건형성의 파블로프는 인간행동이 학습되거나 복습에 의해 수정된다고 가정하였다.

② 특 징
- ㉠ 인간행동은 내적 충동보다 외적 자극에 의해 동기화된다.
- ㉡ 인간행동은 결과에 따른 보상 혹은 처벌에 의해 유지된다.
- ㉢ 인간행동은 법칙적으로 결정되고, 예측이 가능하며, 통제될 수 있다.
- ㉣ 자아나 인지기능, 내면적인 동기로는 인간의 행동을 설명할 수 없다.

③ 조작적 조건형성 6회, 7회, 8회, 9회, 11회, 13회, 14회, 22회 기출
- ㉠ 인간이 환경의 자극에 능동적으로 반응하여 나타내는 행동인 조작적 행동을 설명한다.
- ㉡ 인간의 자극에 대한 수동적·반응적 행동에 몰두한 파블로프(Pavlov)의 고전적 조건형성과 달리 행동이 발생한 이후의 결과에 관심을 가진다.
- ㉢ 보상에 의한 강화를 통해 반응행동을 변화시키려는 방법이므로 '강화이론'이라고도 불린다.
- ㉣ 강화의 원리, 소거의 원리, 조형의 원리, 자발적 회복의 원리, 변별의 원리 등을 기본원리로 한다.

④ 주요개념 2회, 5회, 8회, 15회, 19회 기출

체계적 둔감법 (Systematic Desensitization)	• 특정한 상황이나 상상에 의해 조건 형성된 불안이나 공포를 극복하도록 하기 위한 행동치료기법이다. • 혐오스러운 느낌이나 불안 자극에 대한 위계목록을 작성한 후 낮은 수준의 자극에서 높은 수준의 자극으로 상상을 유도함으로써 불안이나 공포에서 서서히 벗어나도록 한다.
토큰경제 (Token Economy)	• 바람직한 행동들에 대한 체계적인 목록을 정해놓은 후, 그러한 행동이 이루어질 때 그에 상응하는 보상(토큰)을 하는 행동치료기법이다. • 물리적 강화물(토큰)과 사회적 강화물(칭찬)을 연합함으로써 내적 동기의 가치를 학습하도록 한다.
행동조성 (Shaping)	• 행동을 구체적으로 세분화하여 단계별로 구분한 후 각 단계마다 강화를 제공함으로써 복잡한 행동을 점진적으로 학습하도록 하는 행동치료기법이다. • 치료자가 원하는 방향 안에서 일어나는 다양한 반응들만을 강화하고, 원하지 않는 방향의 행동에 대해 강화하지 않음으로써 결국 원하는 방향의 행동을 유도한다.
소 거 (Extinction)	• 강화자극을 제거함으로써 내담자의 행동을 변화시키고 부적행동을 감소시키기 위한 행동치료기법이다. • 특정 행동의 발생을 억제하기 위해 이전의 강화를 철회하는 '타임아웃(Time-out)'이 대표적인 예이다.

⑤ **강화와 처벌**　6회, 7회, 8회, 9회, 11회, 13회, 22회 `기출`

구 분	제 시	철 회
유쾌 자극	㉠ 정적 강화	㉡ 부적 처벌
불쾌 자극	㉢ 정적 처벌	㉣ 부적 강화

㉠ 정적 강화 : 교실청소를 하는 학생에게 과자를 준다.

㉡ 부적 처벌 : 방청소를 소홀히 한 아이에게 컴퓨터를 못하게 한다.

㉢ 정적 처벌 : 장시간 컴퓨터를 하느라 공부를 소홀히 한 아이에게 매를 가한다.

㉣ 부적 강화 : 발표자에 대한 보충수업 면제를 통보하여 학생들의 발표를 유도한다.

⑥ **강화계획(강화스케줄)**　5회, 9회, 10회, 11회, 13회, 20회 `기출`

㉠ 계속적 강화계획 : 반응의 횟수나 시간에 상관없이 기대하는 반응이 나타날 때마다 강화를 부여하는 것으로, 강화가 중지될 경우 행동이 소거될 수 있다.

예 아이가 숙제를 모두 마치면 TV를 볼 수 있도록 허락한다.

㉡ 간헐적 강화계획 : 반응의 횟수나 시간을 고려하여 간헐적 또는 주기적으로 강화를 부여한다.

고정간격계획	• 요구되는 행동의 발생빈도에 상관없이 일정한 시간 간격에 따라 강화를 부여한다. • 지속성이 거의 없으며, 강화시간이 다가오면서 반응률이 증가하는 반면 강화 후 떨어진다. **예** 주급, 월급, 일당, 정기적 시험 등
가변(변수)간격 계획	• 일정한 시간 간격을 두지 않은 채 평균적으로 확인할 수 있는 시간 간격이 지난 후에 강화를 부여한다. • 느리고 완만한 반응률을 보이며, 강화 후에도 거의 쉬지 않는다. **예** 1시간에 3차례의 강화를 부여할 경우, 25분, 45분, 60분으로 나누어 강화를 부여
고정비율계획	• 일정한 횟수의 바람직한 반응이 나타난 후 강화를 부여한다. • 빠른 반응률을 보이지만 지속성이 약하다. **예** 옷 공장에서 옷 100벌을 만들 때마다 1인당 100만원의 성과급을 지급
가변(변수)비율 계획	• 반응행동에 변동적인 비율을 적용하여 불규칙한 횟수의 바람직한 행동이 나타난 후 강화를 부여한다. • 반응률이 높게 유지되며, 지속성도 높다. **예** 카지노의 슬롯머신, 복권 등

(2) 반두라의 사회학습이론　3회, 7회, 14회, 20회, 21회, 22회 `기출`

① **의의 및 특징**　1회, 6회, 9회, 13회 `기출`

㉠ 인간의 행동이 외부자극에 의해 통제된다는 행동주의이론에 반박하고 인간의 인지능력에 관심을 가졌다.

㉡ 직접경험에 의한 학습보다는 모델링을 통한 관찰학습과 모방학습을 강조한다.

㉢ 학습은 모델의 행동을 모방하거나 대리적 조건형성을 통해 이루어진다.

㉣ 관찰과 모방에 의한 사회학습을 통하여 클라이언트의 문제행동이 제거되는 것을 보여주었다.

② **주요개념** 3회, 8회, 10회, 16회, 17회 기출

자기강화 (Self-reinforcement)	스스로 통제할 수 있는 보상을 주어 자신의 행동을 유지하거나 변화시키는 과정이다.
자기효율성 (Self-efficacy)	내적 표준과 자기강화에 의해 형성되는 것으로서 어떤 행동을 성공적으로 수행할 수 있다는 신념이다.
자기조절 (Self-regulation)	수행과정, 판단과정, 자기반응과정을 통해 자신의 행동을 스스로 평가 · 감독하는 것이다.

③ **관찰학습의 과정** 1회, 2회, 5회, 11회, 12회, 18회, 19회 기출

주의집중과정	모델의 행동에 주의를 집중한다.
보존과정 (기억 · 파지과정)	모방한 행동을 상징적 형태로 기억 속에 담아둔다.
운동재생과정	모델을 모방하기 위해 심상 및 언어로 기호화된 표상을 외형적인 행동으로 전환한다.
동기화과정 (자기강화과정)	관찰을 통해 학습한 행동은 강화를 받아야 동기화가 이루어져 행동의 수행가능성을 높인다.

4 인간행동에 관한 주요이론 : 인지발달적 관점

(1) 피아제의 인지발달이론 21회 기출

① **의 의**

  ㉠ 피아제는 인간이 주관적인 존재로서 나름대로 의미를 부여하는 주관적인 현실만이 존재한다고 주장하였다.

  ㉡ 각 개인의 정서 · 행동 · 사고는 개인이 현실세계를 구성하는 방식에 따라 다르다.

  ㉢ 인간은 변화하고 성장하는 존재로서 인간의 의지 또한 환경과 상호작용하면서 변화하고 발달한다.

② **주요개념** 1회, 14회 기출

  ㉠ 도식 : 사물이나 사건에 대한 반응으로 나타나는 기본적인 인지구조 또는 그것에 대한 전체적인 윤곽이나 지각의 틀을 말한다.

  ㉡ 조직화 : 상이한 도식들을 자연스럽게 서로 결합하는 것을 말한다.

  ㉢ 적응 : 주위 환경의 조건을 조정하는 능력을 의미하며, 동화와 조절의 하위개념으로 구분된다.

   • 동화 : 새로운 경험에 대해 기존 도식의 관점에서 해석

   • 조절 : 새로운 경험에 대해 기존의 도식을 능동적으로 변경

③ **인지발달의 촉진요인(Piaget)** 19회 기출

  ㉠ 유전(내적 성숙)   ㉡ 신체적 경험(물리적 경험)

  ㉢ 사회적 전달(사회적 상호작용)   ㉣ 평형 혹은 평형화

④ 인지발달단계   1회, 2회, 3회, 4회, 5회, 6회, 9회, 10회, 12회, 13회, 14회, 15회, 16회, 17회, 20회, 22회 기출

감각운동기 (0~2세)	• 자신과 외부대상을 구분하지 못한다. • 대상영속성을 이해하기 시작한다. • 목적지향적인 행동을 한다.
전조작기 (2~7세)	• 사고는 가능하나 직관적인 수준이며, 아직 논리적이지 못하다. • 대상영속성을 완전히 획득한다. • 상징놀이, 물활론, 자아중심성을 특징으로 한다.
구체적 조작기 (7~12세)	• 구체적 사물을 중심으로 한 논리적 사고가 발달한다. • 자아중심성 및 비가역성을 극복한다. • 유목화 · 서열화 · 보존개념을 획득한다.
형식적 조작기 (12세 이상)	• 추상적 사고가 발달한다. • 가설의 설정, 연역적 사고가 가능하다. • 실제 경험하지 않은 영역에 대해 논리적인 활동계획을 수립한다.

⑤ 발달단계에 대한 비교 및 핵심내용   14회, 17회, 19회, 22회 기출

발달단계	프로이트	에릭슨	피아제
영아기 (출생~18개월 또는 2세)	구강기(0~1세) 최초의 양가감정	유아기(0~18개월) 기본적 신뢰감 대 불신감 – 희망 대 공포	감각운동기(0~2세) 자신과 외부대상에 대한 동일시
유아기 (18개월 또는 2~4세)	항문기(1~3세) 배변훈련, 사회화	초기아동기(18개월~3세) 자율성 대 수치심 · 회의 – 의지력 대 의심	전조작기(2~7세) 대상영속성의 확립, 상징 놀이, 자아중심성, 물활 론, 비가역성
전기아동기 (학령전기, 4~6세)	남근기(3~6세) 오이디푸스콤플렉스, 초자아	학령전기 또는 유희기 (3~5세) 주도성 대 죄의식 – 목적의식 대 목적의식 상실	
후기아동기 (학령기, 6세 또는 7~12세)	잠복기(6~12세) 지적 탐색	학령기(5~12세) 근면성 대 열등감 – 능력감 대 무능력감	구체적 조작기 (7~12세) 논리적 사고, 유목화 · 서열화 · 보존개념 획득
청소년기 (12~19세)	생식기(12세 이후) 2차 성징	청소년기(12~20세) 자아정체감 대 정체감혼란 – 성실성 대 불확실성	
청년기 (성인 초기, 19~29세)		성인 초기(20~24세) 친밀감 대 고립감 – 사랑 대 난잡함	형식적 조작기 (12세 이상~중년기) 추상적 · 연역적 사고
중년기 (장년기, 30~65세)	–	성인기(24~65세) 생산성 대 침체 – 배려 대 이기주의	
노년기 (65세 이후)		노년기(65세 이후) 자아통합 대 절망 – 지혜 대 인생의 무의미함	–

⑥ 피아제 인지발달이론의 평가 11회, 14회, 15회 기출
　　㉠ 개인의 사회적 · 정서적 발달이 일련의 고정된 과정을 거친다는 다소 결정론적인 양상을 보
　　　인다.
　　㉡ 아동이 교육이나 훈련 없이 자연적으로 자신의 인지구조를 발달시켜 나간다는 주장에 대해 비
　　　판적인 시각이 지배적이다.
　　㉢ 발달속도의 차이, 발달의 성차 및 개인차에 대해 구체적으로 언급하지 않았다.
　　㉣ 성인기 이후의 발달을 다루고 있지 않다.

(2) 콜버그의 도덕성 발달이론 13회, 20회 기출

① 의 의
　　㉠ 피아제의 도덕성 발달에 관한 이론을 청소년기와 성인기까지 확장하였다.
　　㉡ 인지발달 수준 및 도덕적 판단능력에 따라 도덕성 발달 수준을 3가지 수준의 총 6단계로 구분
　　　하였다.
② 도덕성 발달단계 7회, 10회, 11회, 16회, 17회 기출

전인습적 수준 (4~10세)	1단계	타율적 도덕성의 단계	처벌과 복종을 지향한다.
	2단계	개인적 · 도구적 도덕성의 단계	상대적 쾌락주의에 의한 욕구충족을 지향한다.
인습적 수준 (10~13세)	3단계	대인관계적 도덕성의 단계	개인 상호 간의 조화를 중시하며, 착한 소년 · 소녀를 지향한다.
	4단계	법 · 질서 · 사회체계적 도덕성의 단계	권위와 사회질서의 존중을 지향한다.
후인습적 수준 (13세 이상)	5단계	민주적 · 사회계약적 도덕성의 단계	민주적 절차로 수용된 법을 존중하는 한편 상호합의에 의한 변경 가능성을 인식한다.
	6단계	보편윤리적 도덕성의 단계	개인의 양심과 보편적인 윤리원칙에 따라 옳고 그름을 인식한다.

③ 콜버그 도덕성 발달이론의 평가 12회, 13회 기출
　　㉠ 도덕성의 단계적 발달과정이 과연 불변적인 순서로 진행되는가의 문제가 제기된다.
　　㉡ 퇴행에 대해 부정하고 있으나 일부 연구에서 퇴행이 발견되었다.
　　㉢ 도덕성 발달에 영향을 미칠 수 있는 교육이나 사회화의 상황적 · 환경적 영향력을 간과하였다.
　　㉣ 모든 문화권에 보편적으로 적용하기에 한계가 있다.
　　㉤ 도덕적 사고와 도덕적 행동 간의 일치성에 의문이 제기된다.
　　㉥ 도덕의 원천으로서 이타심이나 사랑 등의 정의적인 측면을 소홀히 다루고 있다.
　　㉦ 여성이 남성보다 도덕수준이 낮다는 성차별적 관점을 가지고 있다.

⑤ 인간행동에 관한 주요이론 : 인본주의적 관점

(1) 로저스의 현상학이론 7회, 8회, 15회 기출

① 의 의 10회, 11회, 16회, 20회, 21회, 22회 기출
  ㉠ 인간에게는 주관적 현실세계만이 존재한다.
  ㉡ 모든 인간행동은 개인이 세계를 지각하고 해석한 결과이다.
  ㉢ 인간은 스스로 자신의 삶의 의미를 능동적으로 창조하며 주관적 자유를 실천해나간다.
  ㉣ 인간은 유목적적 존재로서, 인간의 자기실현 경향, 즉 미래지향성은 인간행동의 가장 기본적인 동기이다.

② 주요개념 2회, 3회, 10회, 19회 기출
  ㉠ 현상학적 장(Phenomenal Field) : 경험적 세계 또는 주관적 경험과 연관된 것으로 특정 순간에 개인이 지각하고 경험하는 모든 것을 의미한다.
  ㉡ 자기(Self) : 자기 자신에 대한 자기상(Self Image)을 의미하는 것으로, 현재 자신의 모습에 대한 인식으로서의 현실적 자기(Real Self)와, 앞으로 자신이 어떤 존재가 되어야 하며 어떤 존재가 되기를 원하고 있는지에 대한 인식으로서의 이상적 자기(Ideal Self)로 구분된다.
  ㉢ 자기실현의 경향 : 인간은 성장지향적 유기체로서 자신을 창조해 나가는 자기실현의 욕구를 가진다.

③ '완전히 기능하는 사람'의 특징 1회, 5회, 7회, 14회 기출
  ㉠ 경험에 대해 개방적이다.
  ㉡ 실존적인 삶을 사는 사람이다.
  ㉢ '자신'이라는 유기체에 대해 신뢰한다.
  ㉣ 선택과 행동에 있어서 자유롭다.
  ㉤ 창조적으로 살아간다.

(2) 매슬로우의 욕구이론 5회, 12회, 21회 기출

① 의 의 1회, 7회, 9회, 11회, 14회 기출
  ㉠ 인간이 생존적 경향과 자아실현적 경향을 함께 가진 존재로 보았다.
  ㉡ 욕구가 행동을 일으키는 동기요인이라 주장하였다.
  ㉢ 연령에 따른 욕구발달단계를 제시하지 않았으나, 높은 연령의 성인이 낮은 연령의 유아에 비해 높은 단계의 욕구를 가진다고 보았다.
  ㉣ 매슬로우의 욕구단계에 관한 이론은 클라이언트의 욕구를 사정하는 데 유용하다.

② 기본전제 11회 기출
  ㉠ 각 개인은 통합된 전체로 간주된다.
  ㉡ 인간의 본성은 본질적으로 선하다.
  ㉢ 창조성이 인간의 잠재적 본성이다.

③ 매슬로우의 욕구단계   1회, 4회, 5회, 6회, 15회, 19회, 20회 [기출]

단 계	욕구 5단계	욕구 7단계	구 분
1단계	생리적 욕구	생리적 욕구	결핍 욕구
2단계	안전(안정)에 대한 욕구	안전(안정)에 대한 욕구	
3단계	애정과 소속에 대한 욕구	애정과 소속에 대한 욕구	
4단계	자기존중(존경)의 욕구	자기존중(존경)의 욕구	
5단계	자아실현의 욕구	인지적 욕구	성장 욕구
6단계	–	심미적 욕구	
7단계		자아실현의 욕구	

④ **욕구의 특성**   2회, 9회, 11회, 19회 [기출]

㉠ 하위에 있는 욕구가 더 강하고 우선적이다.

㉡ 상위욕구는 하위욕구가 일정 부분 충족되었을 때 나타날 수 있다.

㉢ 상위욕구의 만족은 지연될 수 있다.

㉣ 하위욕구는 생존에 필요한 반면, 상위욕구는 성장에 필요하다.

㉤ 욕구충족을 위한 행동은 선천적인 것이 아닌 학습에 의한 것이며, 사람마다 차이가 있다.

제2장 | 인간의 성장과 발달

1 태아기

(1) 특 징   7회, 13회, 16회 [기출]

① 임신 초기에 해당하는 1~3개월은 임산부의 영양상태, 약물복용에 가장 영향을 받기 쉽다.

② 임신 1개월에는 원초적 형태의 심장과 소화기관이 발달한다.

③ 임신 2개월에는 태아가 인간의 모습을 갖추기 시작한다.

④ 임신 3개월에는 팔, 다리, 손, 발의 형태가 나타난다.

⑤ 임신 중기에 해당하는 4~6개월은 손가락, 발가락, 피부, 지문, 머리털이 형성된다.

⑥ 임신 말기에 해당하는 7~9개월은 태아가 모체에서 분리되어도 생존이 가능하다.

(2) 태아에게 영향을 미치는 요인   1회, 2회, 3회, 7회, 12회, 15회, 17회 [기출]

① 임산부의 영양상태   ② 약물복용과 치료

③ 알코올 및 흡연   ④ 임산부의 나이

⑤ 질 병   ⑥ 분만횟수

⑦ 임산부의 정서상태   ⑧ 적은 수입, 낮은 사회 · 경제적 지위 등

(3) 태아 관련 질환   7회, 9회, 11회, 13회, 14회, 15회, 18회, 19회, 20회 `기출`

① 다운증후군(Down's Syndrome) : 몽고증이라고도 하며, 21번째 염색체가 3개(정상은 2개) 있어서 전체가 47개(정상은 46개)로 되어있는 기형이다. 나이가 많은 초산부(35세 이상)에서 주로 나타난다.

② 에드워드증후군(Edward's Syndrome) : 18번 염색체가 3개이며, 장기의 기형 및 정신지체장애를 보인다.

③ 클라인펠터증후군(Klinefelter's Syndrome) : 성염색체가 XXY, XXYY, XXXY 등의 여러 가지 이상한 형태를 보인다. 남성임에도 유방이 발달하는 등 여성의 신체적 특성을 보인다.

④ 터너증후군(Turner's Syndrome) : 성염색체 이상에 의하여 X염색체가 1개이며, 전체 염색체 수는 45개이다. 외견상 여성이지만 2차적 성적발달이.없고 목이 짧은 것이 특징이다.

⑤ 페닐케톤뇨증(Phenylketonuria) : 12번 염색체의 이상으로 인해 필수아미노산 중 하나인 '페닐알라닌(Phenylalanine)'을 분해하는 효소가 부족하여 발생한다.

2 영 · 유아기

(1) 영아기(출생~ 18개월 또는 2세)   5회, 6회, 8회, 9회, 10회, 12회, 13회, 14회, 15회, 17회, 18회, 19회, 21회, 22회 `기출`

① 특 징

㉠ 프로이트의 구강기, 에릭슨의 유아기, 피아제의 감각운동기에 해당한다.

㉡ 신체적 성장이 가장 빠른 속도로 이루어지는 '제1성장 급등기'에 해당한다.

㉢ 생후 6개월에서 1년 정도의 기간 동안 낯가림과 분리불안을 경험하게 된다.

㉣ 목적지향적인 행동을 하며, 대상영속성을 이해하기 시작한다.

② **주요 반사운동**   2회, 11회, 18회, 21회 `기출`

㉠ 생존반사

젖찾기반사 (탐색반사)	영아는 입 부근에 부드러운 자극을 주면 자극이 있는 쪽으로 입을 벌린다.
연하반사 (삼키기반사)	영아는 음식물이 목에 닿으면 식도를 통해 삼킨다.
빨기반사	영아는 입에 닿는 것은 무엇이든 빤다.

㉡ 원시반사

바빈스키 반사	영아의 발바닥을 간질이면 발가락을 발등을 향해 부채 모양으로 편 후 다시 오므린다.
모로반사 (경악반사)	영아는 큰 소리가 나면 팔과 다리를 벌리고 마치 무엇인가 껴안으려는 듯 몸 쪽으로 팔과 다리를 움츠린다.
걷기반사 (걸음마반사)	바닥에 영아의 발을 닿게 하여 바른 자세가 갖추어지면 영아는 걷는 것처럼 두 발을 번갈아 떼어놓는다.
쥐기반사 (파악반사)	영아의 손바닥에 무엇을 올려놓으면 손가락을 쥐는 것과 같은 반응을 한다.

(2) 유아기(18개월 또는 2~4세) 6회, 7회, 8회, 9회, 13회, 14회, 15회, 20회, 21회, 22회 기출

① 프로이트의 항문기, 에릭슨의 초기아동기, 피아제의 전조작기 초기에 해당한다.

② 발달이 머리 부분에서 점차 신체의 하부로 확산된다.

③ 대상영속성을 획득한다.

④ 정신적 표상에 의한 상징놀이가 가능하다.

⑤ 배변훈련을 통해 대소변을 가린다.

⑥ 자기중심적 사고와 인공론적 사고를 통해 사물이나 자연현상이 자신을 위해 존재한다고 생각한다.

⑦ 언어발달이 현저하게 이루어지는 시기이다.

3 아동기(전기, 후기) 22회 기출

(1) 전기아동기(4~6세) 5회, 9회, 12회, 14회, 20회 기출

① 프로이트의 남근기, 에릭슨의 학령전기, 피아제의 전조작기 중·후기에 해당한다.

② 초기적 형태의 양심인 초자아가 발달한다.

③ 오이디푸스 콤플렉스, 엘렉트라 콤플렉스의 경향을 보인다.

④ 성역할을 학습하며, 집단놀이를 통해 사회적 관계를 형성한다.

⑤ 약 5세경에 신장은 출생기의 약 2배가 되며, 약 6세에는 뇌의 무게가 성인의 90~95%에 달한다.

(2) 후기아동기(6세 또는 7~12세) 3회, 6회, 7회, 9회, 11회, 13회, 16회, 17회, 18회, 19회 기출

① 프로이트의 잠복기, 에릭슨의 학령기, 피아제의 구체적 조작기에 해당한다.

② 운동과 놀이를 통해 신체의 발달 및 사고력·추리력·판단력의 발달이 이루어진다.

③ 단체놀이를 통해 개인적 목표보다 집단적 목표를 우선시 한다.

④ 협동·경쟁·협상·분업의 원리를 체득한다.

⑤ 서열화, 유목화, 보존의 개념을 획득한다.

⑥ 10세 이전에는 남아가 여아보다 키와 몸무게에서 우세하지만, 11~12세경에는 여아의 발육이 남아보다 우세해진다.

4 청소년기와 청년기

(1) 청소년기(12~19세) 5회, 6회, 7회, 9회, 10회, 11회, 12회, 13회, 14회, 17회, 20회, 21회, 22회 기출

① 특 징

ㄱ 프로이트의 생식기, 에릭슨의 청소년기, 피아제의 형식적 조작기 초기에 해당한다.

ㄴ 질풍노도의 시기, 심리적 이유기, 심리사회적 유예시기에 해당한다.

ㄷ 어린이도 성인도 아니라는 점에서 주변인이라고 불린다.

ⓔ 제2성장 급등기로서 2차 성징과 함께 생식기관의 성숙이 뚜렷하다.

ⓜ 상상적 청중, 개인적 우화와 같은 자아중심성이 나타나기도 한다.

ⓗ 이상적 자아와 현실적 자아의 괴리로 인해 갈등한다.

ⓢ 신체의 성숙이 머리와 손발에서 팔과 다리, 마지막으로 몸통 순으로 이어진다.

ⓞ 11~13세에는 여자가 남자보다 키와 몸무게에서 우세하지만, 이후에는 남자가 여자보다 우세해진다.

② 마샤(Marcia)의 자아정체감 범주 2회, 3회, 5회, 7회, 8회, 12회, 16회, 18회 기출

구 분	㉠ 정체감 성취	㉡ 정체감 유예	㉢ 정체감 유실	㉣ 정체감 혼란
위 기	+	+	−	−
전 념	+	−	+	−

㉠ 정체감 성취 : 정체성 위기와 함께 정체감 성취에 도달하기 위한 격렬한 결정과정을 경험한다.

㉡ 정체감 유예 : 정체성 위기로 격렬한 불안을 경험하지만 아직 명확한 역할에 전념하지 못한다.

㉢ 정체감 유실 : 정체성 위기를 경험하지 않았음에도 사회나 부모의 요구와 결정에 따라 행동한다.

㉣ 정체감 혼란 : 정체성 위기를 경험하지 않았으며, 명확한 역할에 대한 노력도 없다.

(2) 청년기(19~29세) 7회, 8회, 9회, 10회, 11회, 14회, 20회, 22회 기출

① 에릭슨의 성인 초기, 피아제의 형식적 조작기 전기에 해당한다.

② 신체적 황금기로서 가장 건강한 시기에 해당한다.

③ 직업준비 등 다양한 역할 탐색과 선택을 하며, 부모에게서 독립하여 자율적인 삶을 모색한다.

④ 성역할에 대한 정체감이 확고해짐으로써 성적 사회화가 이루어진다.

⑤ 다른 사람을 사랑하고 보살피는 능력이 커진다.

⑥ 청년기의 가장 큰 변화는 직업과 결혼이다.

5 중년기와 노년기

(1) 중년기(장년기, 30~65세) 5회, 9회, 12회, 13회, 14회, 20회, 21회 기출

① 특 징

㉠ 에릭슨의 성인기, 피아제의 형식적 조작기 중·후기에 해당한다.

㉡ 갱년기를 경험하며, 남성의 갱년기가 여성의 갱년기에 비해 늦게 시작되어 서서히 진행된다.

㉢ 결정성 지능이 계속 발달하고 통합적 사고능력이 향상되며, 오랜 경험을 통해 얻은 지혜로 문제해결능력을 높인다.

㉣ 감각기관의 능력이 감소하며, 급격한 에너지 소모를 필요로 하는 일보다 지구력을 요하는 일에 더 유리하다.

② 개성화(Individuation) 18회, 22회 기출

   ⊙ 융의 분석심리이론 중 중년기(장년기)의 발달적 특징에 해당한다.

   ⊙ 개성화는 자기실현을 의미하는 것으로서, 모든 콤플렉스와 원형을 끌어들여 성격을 조화하고 안정성을 유지하는 것이다.

   ⊙ 중년기 성인들의 과제는 진정한 자기(Self)가 되어 내부세계를 형성하고 자신의 정체성을 확장한다.

   ⊙ 개성화를 통해 자아의 에너지를 외적·물질적인 차원에서 내적·정신적인 차원으로 전환한다.

③ 빈둥지증후군(Empty Nest Syndrome) 6회, 7회 기출

   직장에만 몰두하는 남편, 자녀의 독립으로 인해 여성이 홀로 빈집을 지키게 되는 경우 경험하게 되는 일종의 여성 갱년기 우울증의 한 양상이다.

④ 레빈슨(Levinson)이 제시한 중년기의 발달과업 11회 기출

   ⊙ 자신의 과거에 대해 재평가하기

   ⊙ 삶의 구조를 수정하기

   ⊙ 개성화에 이르기

(2) 노년기(65세 이후) 8회 기출

① 특 징 5회, 6회, 7회, 11회, 19회 기출

   ⊙ 내향성과 의존성이 증가하며, 우울증 경향이 두드러진다.

   ⊙ 노년기는 정년퇴직과 경제적 수입 감소에 적응하는 시기이며, 생물학적·심리적·사회적 측면에서 나타나는 점진적이고 퇴행적인 발달단계로서 노화(Aging)가 이루어진다.

   ⊙ 펙(Peck)은 '자아분화 대 직업역할 몰두'를 노년기의 주요 이슈로 보았다. 이는 개인의 직업역할에의 몰두가 은퇴나 실직 후 방향감 상실로 이어질 수 있음을 의미한다.

② 퀴블러-로스(Kübler-Ross)의 죽음의 직면(적응)단계 4회, 5회, 12회, 14회, 15회, 16회, 17회, 18회, 19회 기출

부 정 (제1단계)	• "그럴 리가 없어"라며, 자신이 곧 죽는다는 사실을 부인한다. • 이와 같은 반응은 갑작스런 심리적 충격에 대한 완충작용을 한다.
분 노 (제2단계)	• "왜 하필이면 나야"라며, 다른 사람들은 멀쩡한데 자신만 죽게 된다는 사실에 대해 분노한다. • 이와 같은 분노의 감정은 치료진이나 가족에게 투사된다.
타 협 (제3단계)	• "우리 딸 결혼식 날까지 살 수 있도록 해 주세요"라며, 죽음을 피할 수 없음을 깨달은 채 인생과업을 마칠 때까지 생이 지속되기를 희망한다. • 절대적인 존재나 초자연적인 힘에 의지하기도 하며, 치료진이나 가족에게 협력적인 태도를 보이기도 한다.
우 울 (제4단계)	• 병의 진행에 의한 절망감과 함께 세상의 모든 것들과의 결별에서 오는 상실감을 토로한다. • 이미 죽음을 실감하기 시작하면서 극심한 우울상태에 빠진다.
수 용 (제5단계)	• 죽음에 대해 담담하게 생각하고 이를 수용하게 된다. • 세상으로부터 초연해지면서 마치 마음의 평화를 회복한 듯한 모습을 보인다.

제3장 | 사회체계이론

1 사회체계 일반

(1) 사회체계이론

① 의 의   4회, 8회, 14회 기출

   ⊙ 체계는 상호의존적이고 상호작용하는 부분들의 전체에서 각 부분들이 관계를 맺고 있는 일련의 단위들을 말한다.

   ⓛ 사회체계이론은 기존의 인간에 대한 단선적인 견해에서 벗어나 인간을 둘러싼 다양한 환경을 고려한다.

   ⓒ 인간행동은 체계 간에 에너지를 주고받으면서 변화한다고 본다.

② 주요 개념   1회, 3회, 5회, 6회, 8회, 9회, 11회, 12회, 15회, 16회, 17회, 18회, 19회, 20회, 22회 기출

   ⊙ 균형 : 폐쇄체계적인 속성으로서 외부환경과의 에너지 소통 없이 현상을 유지하려는 상태를 의미한다.

   ⓛ 항상성 : 개방체계적인 속성으로서 환경과 지속적으로 소통하면서 역동적인 균형을 이루는 상태를 의미한다.

   ⓒ 안정상태 : 개방체계적인 속성으로 부분들 간에 관계를 유지하면서 체계가 붕괴되지 않도록 에너지를 계속 사용하는 상태를 의미한다.

   ⓔ 엔트로피(Entropy) : 폐쇄체계적인 속성으로서 체계 내부의 에너지만 소모함으로써 유용한 에너지가 감소하는 상태를 의미한다.

   ⓜ 역엔트로피 또는 넥엔트로피(Negentropy) : 개방체계적인 속성으로서 체계 외부로부터 에너지가 유입됨으로써 체계 내부의 불필요한 에너지가 감소하는 상태를 의미한다.

③ 체계의 순환적 과정 : 투입 - 전환 - 산출 - 환류

④ 파슨스(Parsons)의 사회체계의 4가지 기능

   ⊙ 적응기능   ⓛ 목표달성기능

   ⓒ 통합기능   ⓔ 형태유지기능(잠재적 유형유지기능)

(2) 생태체계이론   5회, 7회, 9회, 16회, 19회, 20회, 21회 기출

① 의 의

   ⊙ 인간과 환경을 서로 영향을 주고받는 단일체계로 간주한다.

   ⓛ 성격은 개인과 환경 사이의 상호작용의 산물로 이해한다.

   ⓒ 인간본성에 대한 정신적 · 환경적 결정론을 배척한다.

   ⓔ 환경과 상호작용하고 타인과 관계를 맺는 능력은 타고난 것이다.

② 브론펜브레너(Bronfenbrenner)가 제시한 5가지 체계　6회, 7회, 18회, 19회, 20회, 21회, 22회 `기출`

미시체계 (Microsystem)	개인의 가장 근접한 환경이다. 가족, 학교, 이웃 등의 물리적 환경과 사회적 환경, 그리고 그 환경 내에서 갖게 되는 지위, 역할, 활동, 대인관계 등을 의미한다.
중간체계 (Mesosystem)	서로 상호작용하는 두 가지 이상 미시체계들 간의 관계망을 말한다. 특히 개인이 다양한 역할을 동시에 수행한다는 의미가 내포된다.
외체계 또는 외부체계 (Exosystem)	개인이 직접 참여하거나 관여하지는 않지만 개인에게 영향을 미치는 환경체계이다.
거시체계 (Macrosystem)	개인이 속한 사회의 이념(신념)이나 제도, 즉 정치, 경제, 문화 등의 광범위한 사회적 맥락을 의미한다.
시간체계 (Chronosystem)	전 생애에 걸쳐 일어나는 변화를 비롯하여 사회역사적인 환경을 포함한다. 개인이 어느 시대에 출생하여 성장했는지에 따라 개인의 발달 및 삶의 양상이 크게 좌우될 수 있다는 것이다.

2 가족과 집단

(1) 가족

① 의 의　9회, 18회 `기출`

　㉠ 가족이란 서로에 대한 의무를 가지고 함께 거주하는 사람으로 구성된 1차 집단이다.

　㉡ 개인의 발달에 있어서 가장 친밀하고 영향력 있는 사회적 환경으로서 자녀를 출산하고 자녀의 사회화 및 의사소통 능력, 가치관 등을 학습시킨다.

　㉢ 체계관점에서 가족은 가족구성원의 사회화 및 사회통제를 주된 과업으로 하며, 이는 개인 성격 발달에 지대한 영향을 미친다.

　㉣ 가족체계 경계선의 침투성 정도가 가족구성원의 성격과 행동에 영향을 미친다.

　㉤ 핵가족, 확대가족, 한부모가족, 계부모가족, 혼합가족, 다문화가족 등 다양한 형태로 나타난다.

② 가족체계의 외부와의 경계　10회, 15회, 18회 `기출`

개방형	• 가족 내 경계는 유동적이며, 가족 외부와의 경계는 분명하면서도 침투력이 있다. • 대중매체에 대한 최소한의 검열, 외부활동의 참여, 지역사회와의 교류 확대, 손님의 빈번한 방문 등의 모습으로 나타난다.
폐쇄형	• 가족 안의 권위자가 가족공간에 명확한 경계를 설정하여 이웃 및 지역사회와의 소통을 통제한다. • 부모의 자녀에 대한 감시, 대중매체의 통제, 높은 담장과 굳게 닫힌 문 등의 모습으로 나타난다.
임의형	• 가족경계선을 중요하게 생각지 않으며, 외부와의 교류를 제한하지 않는다. • 외부활동의 무제한적 참여, 집안 내 갈등의 외부로의 표출, 제3자의 집안 출입 권리 확대 등의 모습으로 나타난다.

(2) 집단

① 성립요건

ㄱ 두 사람 혹은 그 이상의 사람으로 이루어진 집합체이다.

ㄴ 소속감과 집단의식을 가진다.

ㄷ 공동의 목적이나 관심사를 가진다.

ㄹ 지속적인 상호작용을 한다.

② 분류   3회, 4회, 5회, 9회, 15회, 18회 기출

ㄱ 치료집단 : 집단성원의 교육·성장·행동변화 또는 사회화에 대한 욕구를 충족시키기 위해 구성된 집단이다.

교육집단	청소년 성교육집단, 부모 역할 훈련집단
성장집단	청소년 대상의 가치명료화 집단, 잠재력 개발 집단, 부부를 위한 참만남집단
치유집단	심리치료를 받는 외래환자로 구성된 집단, 금연집단, 약물중독자집단
독자집단	사회화 집단, 정신장애인 사회복귀집단, 자기주장 훈련집단
지지집단	이혼가정의 취학아동모임, 한부모가족의 아동양육을 위한 모임

ㄴ 과업집단 : 의무사항의 이행, 조직 또는 집단의 과업성취를 위해 구성된 집단이다.

  • 조직욕구해결집단 : 위원회, 행정집단, 협의체

  • 성원욕구해결집단 : 팀, 치료회의, 사회행동집단

ㄷ 자조집단 : 비전문가들이 이끌어간다는 점에서 치료집단과 구분되며, 핵심적인 공동의 관심사가 있다는 점에서 과업집단과도 구분된다.

  예 단주모임, 단약모임, 참교육을 위한 학부모연대, 치매노인가족모임, 자폐아동 부모모임

③ 집단의 역동성   3회, 5회, 6회, 14회 기출

ㄱ 집단이 발달함에 따라 나타나는 속성을 말한다.

ㄴ 지위와 역할이 분화되고 하위집단이 형성된다.

ㄷ 집단규범은 집단이 기대하는 행동의 기준이다.

ㄹ 개인적 목적이 집단의 명시적 목적과 일치하지 않을 수 있다.

ㅁ 응집력은 구성원들이 상호 간에 그리고 집단에 대해 끌리는 정도이다.

ㅂ 긴장은 인간의 발달에 본질적인 요소이며, 갈등은 집단관계에서 건설적인 힘이 되고 상호작용의 자극과 토대가 되기도 한다.

ㅅ 구성원을 지지하고 자극시키는 힘이 항상 긍정적 기능만을 수행하는 것은 아니다.

③ 조직, 지역사회, 문화, 가상공간

(1) 조 직
① 특정 목적을 얻기 위해 발전되었거나 설립된 사회적 단위이다.
② 일정한 목적을 가진 개인들로 구성된 하나의 사회체계이다.
③ 조직체의 욕구 중 가장 중요한 것은 그 조직의 목적을 달성하는 것이다.

(2) 지역사회의 기능(Gilbert & Specht) 10회, 14회, 16회 기출
① 생산 · 분배 · 소비의 기능 – 경제제도
② 사회화의 기능 – 가족제도
③ 사회통제의 기능 – 정치제도
④ 사회통합의 기능 – 종교제도
⑤ 상부상조의 기능 – 사회복지제도

(3) 문 화 10회, 11회, 12회, 13회, 14회, 15회, 17회, 20회, 22회 기출
① 특징 : 공유성, 학습성, 축적성, 가변성(역동성), 상징성, 보편성, 다양성, 체계성
② 기능 : 사회화의 기능, 욕구충족의 기능, 사회통제의 기능, 사회존속의 기능
③ 문화변용의 양상(Berry) : 문화변용(Acculturation)은 둘 이상의 문화가 지속적으로 접촉하여 한 쪽이나 양쪽에 변화가 일어나는 현상이다.

차 원		고유문화의 정체감 및 특성 유지	
		예	아니요
주류문화의 유입 및 관계 유지	예	통합(Integration)	동화(Assimilation)
	아니요	분리(Separation)	주변화(Marginalization)

(4) 가상공간 17회 기출
① 의미 : 가상공간은 통신망으로 연결된 컴퓨터를 이용하여 상호 간에 정보나 메시지 등을 주고받는 눈에 보이지 않는 활동 공간을 의미한다. 최근에는 커뮤니티와 동호회 등 인간의 관계적 욕구 실현을 위한 가상공동체로도 나타나고 있다.
② 특 성
ㄱ 물리적인 제한이 없고, 현실적인 제약을 받지 않는다.
ㄴ 현실공간보다 더욱 빠른 속도로 변화하고 발전한다.
ㄷ 구성요소 간 상호작용이 활발하게 이루어진다.
ㄹ 고도의 편집성 및 조작성을 가지고 있다.
ㅁ 공동사회와 이익사회 모두를 포괄하는 총체적 생활공간이다.

제1장 | 조사연구일반

1 과학적 방법과 조사연구

(1) 과학적 지식 및 과학적 조사의 특징 4회, 5회, 9회, 10회, 11회, 15회, 22회 기출

① 과학적 지식의 특징 : 객관성, 간주관성, 경험성, 체계성, 재생가능성, 변화가능성

② 과학적 조사의 특징

㉠ 논리적 · 체계적　　　　　　　　　㉡ 일정한 규칙과 절차

㉢ 확률에 의한 인과성　　　　　　　　㉣ 일시적 · 잠정적 결론

㉤ 일반화를 통한 보편성 지향　　　　　㉥ 간결화를 통한 설명력 확보

㉦ 구체화를 통한 개념의 정확한 측정　　㉧ 수집한 자료에 대한 관찰

㉨ 경험적 검증가능성　　　　　　　　　㉩ 새로운 이론에 의한 수정가능성

(2) 과학적 조사의 논리전개방식 2회, 3회, 4회, 6회, 10회, 11회 기출

① 연역법과 귀납법의 의의 및 특징

연역법과 귀납법은 상호보완적인 관계를 형성한다.

연역법	• 참으로 인정된 보편적 원리를 현상에 연역시켜 설명하는 방법 • 법칙과 이론으로부터 어떤 현상에 대한 설명과 예측을 도출하는 방법 • 구체적인 대상이나 현상에 대한 관찰에 일정한 지침 제공 • 가설설정 → 조작화 → 관찰 · 경험 → 검증
귀납법	• 확률에 근거한 설명으로 과학이 관찰과 경험에서 시작한다고 보는 견해 • 관찰과 자료의 수집을 통해 보편성과 일반성을 가지는 하나의 결론을 도출하는 방법 • 경험적인 관찰을 통해 기존의 이론을 보충 또는 수정 • 주제선정 → 관찰 → 유형의 발견 → 임시결론(이론)

(3) 실증주의와 해석주의 3회, 10회, 11회, 13회, 20회 기출

실증주의	• 연구자와 연구대상을 분리하고 가치중립성을 확보함으로써 사회적 실재를 파악할 수 있다고 본다. • 측정 가능한 실험과 관찰을 통해 원인을 고립시켜 객관적으로 측정하거나 일반화를 이끌어내는 데 초점을 둔다.
해석주의	• 주로 언어를 분석 대상으로 활용하며, 사회적 행위의 주관적 의미에 대한 이해를 강조한다. • 내적 · 주관적 토대에서 사람들이 어떻게 세상을 인지하고 경험하는지를 발견하고 이해하는 데 관심을 가진다.

(4) 사회과학과 자연과학   7회, 8회, 19회 기출

사회과학	자연과학
• 인간 행위와 사회현상을 연구대상으로 한다. • 독창적인 성격을 가진 학문이다. • 연구자가 연구대상인 사회의 일부이다. • 연구자의 가치관이나 개인적 특성에 의해 영향을 받는다. • 명확한 결론에 도달하기 어렵다. • 새로운 이론이라도 기존의 이론과는 단절되지 않은 성격을 가진다. • 예측력이 상대적으로 낮다. • 실증적인 방법과 반실증적인 방법을 혼용한다. • 제한적 · 확률적 법칙이 존재한다. • 사회문화적 특성에 영향을 받는다.	• 자연현상을 연구대상으로 한다. • 누적적인 성격을 가진 학문이다. • 연구대상은 연구자와 외부에 존재한다. • 연구자의 가치관이나 개인적 특성에 의해 영향을 받지 않는다. • 명확한 결론에 도달할 수 있다. • 기존의 이론과는 전혀 다른 새로운 이론이 빈번히 탄생된다. • 예측력이 상대적으로 높다. • 실증적인 방법을 사용한다. • 보편적 · 결정론적 법칙이 존재한다. • 사회문화적 특성에 영향을 받지 않는다.

2 사회복지조사

(1) 목 적   20회 기출

① 사회적 욕구파악

② 사회복지실천방법의 기초 마련

③ 사회복지실천 효과의 측정

④ 사회복지 이론 및 실천의 과학화

⑤ 사회개량을 통한 사회적 약자 보호

(2) 필요성   9회, 10회, 14회 기출

① 개인 및 지역주민의 복지욕구와 사회적 문제에 대한 자료수집

② 클라이언트의 문제해결을 위한 유효한 정보 제공

③ 전문직 활동으로서 사회적 책임성 구현

④ 조사과정에서의 비윤리적 행위 예방

⑤ 서비스 프로그램의 효과성 및 효율성에 대한 평가 · 검증

⑥ 체계적인 업무수행, 사회복지실천 능력의 제고

⑦ 개입에 대한 효과성 평가기준 제시

⑧ 사회복지의 일반적 지식 확대에 공헌

(3) 윤리성 문제 3회, 6회, 9회, 11회, 13회, 16회, 18회, 21회, 22회 [기출]

① 조사대상자의 사생활을 보호하고 익명성을 보장해야 한다.

② 조사대상자에게 조사의 목적 및 내용을 알려주어야 한다.

③ 조사대상자의 자발적인 참여와 동의를 이끌어내야 한다.

④ 조사대상자에게 직간접적인 피해를 주지 않도록 해야 한다.

⑤ 조사대상자를 속이거나 특정 답변을 유도해서는 안 된다.

⑥ 조사연구에 있어서 인간을 수단으로 이용해서는 안 된다.

⑦ 동료조사자에 대한 정보개방을 통해 조사의 효율성을 기해야 한다.

⑧ 일반적으로 사회복지조사는 조사대상자(혹은 연구참여자)의 승낙을 얻어야 하는 것이 원칙이다. 다만, 조사연구의 의도를 숨겨야만 정확한 결과를 얻을 수 있는 경우 최소한의 범위에서 조사대상자의 승낙 없이 조사할 수 있다(예 갱집단 활동, 성매매행위 등). 이 경우 조사 후 조사대상자에게 간단히 그 과정을 설명하며, 그들에게 의견을 표현할 기회를 주어야 한다.

③ 조사연구의 요소

(1) 조사문제의 선정기준

① **독창성** : 기존의 결과와 다른 관점을 제시하거나 기존의 것들을 비교 또는 재구성해야 한다.

② **경험적 검증 가능성** : 해답이 가능하고 진위 여부를 경험적 차원에서 증명할 수 있어야 한다.

③ **윤리적인 배려** : 문제에 대한 답이 사회구성원의 행복을 증진시키면서 사생활을 침해하지 않아야 한다.

④ **현실적 제한** : 소요되는 비용이나 시간, 노력 등을 현실적으로 고려해야 한다.

(2) 가 설

① **의의 및 설정** 9회, 15회, 17회, 18회 [기출]

㉠ 둘 이상의 변수의 관계에 대한 잠정적인 진술이다.

㉡ 이론적인 근거를 토대로 해야 하며, 경험적인 검증이 가능해야 한다.

㉢ 구체적이어야 하고 현상과 관련성을 가져야 한다.

㉣ 간단명료하며 계량화가 가능해야 한다.

㉤ 광범위한 범위에 적용 가능해야 한다.

㉥ 조건문 형태의 복문으로 나타낸다.

② 특 징 4회, 9회, 10회 기출
  ㉠ 주목적은 문제의 해결이다.
  ㉡ 변수가 2개 이상으로 구성될 경우에는 변수들 간의 관계를 나타내고 있어야 한다.
  ㉢ 경험적으로 검증하기 위해 변수의 조작적 정의가 필요하다.
  ㉣ 가설내용의 명확성은 연구과정과 결과에 영향을 미친다.
  ㉤ 확률적으로 표현된다.

③ 유 형 2회, 4회, 10회, 14회, 18회, 21회, 22회 기출

연구가설	• 연구문제에 대한 잠정적 대답으로서, 연구자가 제시한 작업가설 • 보통 "A는 B와 관계(차이)가 있다"는 식으로 표현
영가설 (귀무가설)	• 연구가설과 논리적으로 반대의 입장을 취하는 처음부터 버릴 것을 예상하는 가설 • 변수 간 관계가 우연에서 비롯될 수 있는 확률, 즉 영가설이 참일 수 있는 확률을 의미 • 보통 "A는 B와 관계(차이)가 없다"는 식으로 표현
대립가설	• 영가설에 대립되는 가설로서, 영가설이 거짓일 때 채택하기 위해 설정하는 가설 • 보통 "A는 B와 관계(차이)가 있을 것이다"는 식으로 표현

④ 제1종 오류와 제2종 오류 15회, 16회 기출
  ㉠ 제1종 오류 : 영가설(귀무가설)이 참(True)인데도 이를 기각하는 경우
  ㉡ 제2종 오류 : 영가설(귀무가설)이 거짓(False)인데도 이를 채택하는 경우

(3) 개 념 6회, 7회, 8회, 11회, 14회, 16회 기출

① 구체화 과정
  개념 → 개념적 정의(개념화) → 조작적 정의(조작화) → 현실세계(변수의 측정)

② 개념적 정의와 조작적 정의

개념적 정의	• 개념에 대한 사전적 정의에 해당한다. • 상징적인 것으로서 의사소통을 가능하게 해준다. • 추상적 · 주관적인 양상을 보인다.
조작적 정의	• 개념적 정의를 측정이 가능하도록 정의하는 것이다. • 조작화 과정의 최종 산물은 수량화(계량화)이다. • 양적 조사에서 중요한 과정에 해당한다.

(4) 변 수

① 속성 정도에 따른 분류

이산변수	• 명목척도와 서열척도로 측정되는 변수 • 값과 값 사이가 서로 분리되어 있어 그 사이의 값이 아무런 의미를 갖지 않음
연속변수	• 등간척도와 비율척도로 측정되는 변수 • 값과 값 사이가 서로 연결되어 있어 그 사이의 값이 의미를 가짐

② 기능적 관계에 따른 분류   2회, 4회, 5회, 7회, 8회, 9회, 10회, 11회, 12회, 13회, 14회, 15회, 17회, 18회, 19회, 20회, 22회 `기출`

선행변수	독립변수 앞에서 독립변수에 영향을 주는 변수
독립변수	원인을 가져다주는 기능을 하는 변수
종속변수	결과를 나타내는 기능을 하는 변수
통제변수	제3의 변수를 통제하는 변수
매개변수	두 변수의 중간에서 매개자 역할을 하는 변수
외생변수	두 개의 변수 간에 마치 상관관계가 있는 것처럼 가식적인 관계를 만드는 제3의 변수
왜곡변수	두 개의 변수 간의 관계를 정반대의 관계로 나타나게 하는 제3의 변수
억압변수	두 개의 변수 간에 상관관계가 있으나 그와 같은 관계가 없는 것처럼 보이게 하는 제3의 변수
조절변수	독립변수의 인과관계를 조절할 수 있는 또 다른 독립변인

* 독립변수, 종속변수, 조절변수의 예

> 연령(조절변수)의 많고 적음에 따라서 지역사회응집력(종족변수)에 거주기간(독립변수)이 미치는 영향력은 다를 것이다.

제2장 | 조사연구의 구체적 내용 및 자료수집

1 조사연구

(1) 과 정   13회, 14회, 17회, 19회 `기출`

연구문제 형성(연구주제 선정) → 가설 설정(가설 구성) → 조사설계 → 자료수집 → 자료분석(해석) → 보고서 작성

(2) 유 형

① 조사의 목적에 따른 분류   2회, 4회, 6회, 7회, 9회, 12회, 18회 `기출`

탐색적 조사	• 예비조사, 형식적 조사라고도 한다. • 융통성 있게 운영될 수 있으며, 수정이 가능하다. 또한 가설을 설정할 필요가 없다. • 문헌조사, 경험자조사, 특례조사 등이 해당된다.
기술적 조사	• 현상이나 주제를 정확하게 기술하는 것을 주목적으로 한다. • 사회복지 문제에 대하여 정확하게 실태 파악을 하여 정책적 대안을 마련하기 위해 실시한다. • 횡단조사와 종단조사로 분류한다.
설명적 조사	• 변수 간의 인과관계를 규명하려는 조사, 즉 특정 변수에 영향을 미치는 요인에 대한 조사이다. • 가설을 검증하려는 조사로서, 실험조사설계 형태로 조사가 이루어진다. • 형상에 대한 단순한 기술이 아닌 인과론적 설명을 전개한다는 점에서 기술적 조사와 다르다.

② 시간적 차원에 따른 분류   1회, 5회, 6회, 8회, 9회, 10회, 11회, 12회, 15회, 16회, 20회, 21회 `기출`

횡단조사	종단조사

• 어느 한 시점에서 다수의 분석단위에 대한 자료를 수집하는 연구이다.
• 표본조사이다.
• 모집단을 대표할 수 있는 자료를 제공한다.
• 측정이 단 한 번 이루어진다.
• 정태적 조사이다.
• 조사대상의 특성에 따라 집단을 분류하여 비교분석하므로 표본의 크기가 클수록 좋다.
  예 인구조사, 여론조사 등
	• 둘 이상의 시점에서 동일한 분석단위를 연구하는 것을 말한다.
	• 현장조사이다.
	• 조사마다 새롭게 표집된 표본에 관한 자료를 제공한다.
	• 반복적으로 측정이 이루어진다.
	• 동태적 조사이다.
	• 유형에 따라 서로 다른 시점에서 동일 대상자를 추적해 조사해야 하므로 표본의 크기가 작을수록 좋다.
	  예 코호트조사(동류집단조사), 경향연구, 패널조사 등

③ 조사대상의 범위에 따른 분류   6회 `기출`

전수조사	표본조사
• 연구대상이 되는 모집단 전체를 조사한다. • 경제성과 신속성이 떨어진다. • 표본오차는 없으나 비표본오차가 크므로 표본조사에 비해 정확성이 떨어진다. • 대표적인 예로 인구조사가 해당된다.	• 조사대상 중에서 전체를 대표할 수 있는 선택된 일부를 조사한다. • 시간과 비용이 적게 든다는 점에서 경제성이 있으나, 표본추출의 오류가 연구결과에 영향을 미친다. • 표본오차가 있으나 비표본오차가 전수조사에 비해 작으므로, 전수조사보다 더 정확한 자료를 얻을 수 있다.

④ 자료수집의 성격에 따른 분류   2회, 3회, 4회, 8회, 11회, 19회, 20회 `기출`

양적 조사	질적 조사

• 대상의 속성을 계량적으로 표현하고 그들의 관계를 통계분석으로 밝힌다.
• 정형화된 측정도구를 사용하여 객관적인 조사를 수행한다.
• 연역법에 기초하며 조사결과의 일반화가 용이하다.
  예 질문지조사, 실험조사, 통계자료분석 등
	• 언어, 몸짓, 행동 등 상황과 환경적 요인을 조사한다.
	• 조사자의 개인적인 준거틀을 사용하여 비교적 주관적인 조사를 수행한다.
	• 귀납법에 기초하며 조사결과의 일반화에 어려움이 있다.
	  예 현지조사, 사례연구 등

⑤ 기타 조사의 유형   6회, 15회 `기출`

  ㉠ 사례조사 : 소수의 사례를 심층적으로 다루어 문제를 종합적으로 파악하는 방법이다.

  ㉡ 서베이조사 : 설문지 등의 표준화된 조사도구를 사용하여 질문함으로써 필요한 정보를 수집하는 방법이다.

  ㉢ 실험조사 : 독립변수가 종속변수에 영향을 미치는 인과관계에 대한 가설을 검증하는 조사방법이다.

② 조사설계

(1) 의의 및 특성

① **의의** : 실험설계는 연구에 사용된 독립변수를 조작해 그 결과가 종속변수에 어떤 영향을 미치는가를 평가하는 방법으로, 인과관계를 규명해 앞으로의 사건을 예측할 수 있도록 한다.

② **기본특성** 5회, 14회 `기출`

  ㉠ 비교 : 실험집단과 통제집단에 대한 비교

  ㉡ 조작 : 독립변수에 대한 의도적인 조작

  ㉢ 무작위할당 : 실험집단과 통제집단의 동질화에 의한 외재적 변수의 통제 및 경쟁가설의 제거(우연한 사건의 영향을 예방)

(2) 조사설계의 타당도(타당성)

① **내적 타당도와 외적 타당도** 12회, 14회, 17회 `기출`

  ㉠ 내적 타당도 : 종속변수의 변화가 독립변수에 의한 것이라고 확신할 수 있는 정도

  ㉡ 외적 타당도 : 연구결과를 연구대상 이외의 경우로 확대할 수 있는 정도

② **내적 타당도를 저해하는 요인** 1회, 2회, 4회, 5회, 6회, 9회, 11회, 12회, 13회, 18회, 22회 `기출`

  ㉠ 성숙(시간의 경과) : 시간의 흐름에 따른 연구대상 또는 현상의 변화

  ㉡ 우연한 사건(역사요인) : 조사기간 중 연구자의 의도와 상관없이 일어난 통제 불가능한 사건

  ㉢ 선별요인(선택요인) : 연구대상의 본질적 특성 차이를 고려하지 않은 선택

  ㉣ 상실요인(실험대상의 탈락) : 조사기간 중 관찰 대상 집단 일부의 탈락 또는 상실

  ㉤ 통계적 회귀요인 : 극단적인 측정값을 갖는 사례들을 재측정할 때 평균값으로 회귀하는 현상

  ㉥ 검사요인(테스트 효과) : 실험대상에 대해 동일한 측정을 반복적으로 실시함으로써 나타나는 친숙도

  ㉦ 도구요인 : 측정자의 측정기준 또는 측정수단의 변경

  ㉧ 모방(개입의 확산) : 실험집단과 통제집단에 대한 통제 결여로 인해 발생하는 두 집단 간 모방심리

  ㉨ 인과적 시간-순서(인과관계 방향의 모호성) : 시간적 우선성이 모호하여 원인변수와 결과변수 간의 인과관계방향 결정이 어려움

③ **외적 타당도를 저해하는 요인** 19회 `기출`

  ㉠ 연구표본의 대표성 : 연구의 제반 조건들이 모집단의 일반적인 상황과 유사한지 여부

  ㉡ 조사반응성(반응효과) : 실험대상자 스스로 실험의 대상이 되고 있음을 인식함으로써 나타나는 의식적 반응

(3) 순수실험설계(진실험설계) 2회, 20회 기출

① 의 의

㉠ 내적 타당도를 저해하는 요인들을 최대한 통제한 설계이다.

㉡ 연구대상을 무작위로 실험집단과 통제집단에 할당하고, 독립변수를 실험집단에만 도입한 후 양
집단의 종속변수에 있어서 특성을 비교하는 방법이다.

② 유 형 1회, 2회, 5회, 6회, 7회, 10회, 11회, 15회 기출

통제집단 전후 비교설계	• 무작위할당으로 실험집단과 통제집단을 구분한 후 실험집단에 대해서는 독립변수 조작을 가하고, 통제집단에 대해서는 아무런 조작을 가하지 않은 채 두 집단 간의 차이를 전후로 비교하는 방법이다. • 두 집단의 동질성을 확보할 수 있으며 외생변수를 통제할 수 있다. • 검사요인을 통제할 수 없으며, 내적 타당도는 높으나 외적 타당도가 낮다.
통제집단 후 비교설계	• 통제집단 전후 비교설계의 단점을 보완하기 위해 실험대상자를 무작위로 할당하며 사전조사 없이 실험집단에 대해서는 조작을 가하고 통제집단에 대해서는 아무런 조작을 가하지 않은 채 그 결과를 서로 비교하는 방법이다. • 사전검사의 영향을 제거할 수 있다. • 실험집단과 통제집단의 동질성을 확신할 수 없다.
솔로몬 4집단설계	• 연구대상을 4개의 집단으로 무작위할당한 것으로, 통제집단 전후 비교설계와 통제집단 후 비교설계를 혼합해 놓은 방법이다. • 사전검사의 영향을 제거하여 내적 타당도를 높일 수 있는 동시에, 사전검사와 실험처치의 상호작용의 영향을 배제하여 외적 타당도를 높일 수 있다. • 4개의 집단에 대한 무작위할당 및 관리에 어려움이 있으며 비경제적이다.
요인설계	• 독립변수가 복수인 경우 적용하는 방법으로 실험집단과 통제집단을 설정한 후 개별 독립변수와 종속변수, 복수의 독립변수와 종속변수의 인과관계를 검증한다. • 둘 이상의 독립변수가 상호작용에 의해 종속변수에 미치는 영향을 파악할 수 있다. • 독립변수가 많은 경우 시간 및 비용의 측면에서 비경제적이다.

(4) 유사실험설계(준실험설계) 4회, 8회, 9회, 14회, 20회 기출

① 실험설계의 실험적 조건에 해당하는 무작위할당, 독립변수의 조작, 통제집단, 사전·사후 검사 중
한두 가지가 결여된 설계유형이다.

② 무작위할당 대신 실험집단과 유사한 비교집단을 구성하는 방식으로, 내적 타당도가 낮지만 인위적
인 통제가 어려운 실제 연구 상황에서 더 많이 적용된다.

③ 비동일 통제집단(비교집단)설계, 단순시계열설계, 복수시계열설계(다중시계열설계), 회귀불연속설
계 등이 해당된다.

(5) 전실험설계 5회, 11회, 13회 기출

① 무작위할당에 의해 연구 대상을 나누지 않고, 비교집단 간의 동질성이 없으며, 독립변수의 조작에
따른 변화의 관찰이 제한된 경우에 실시하는 설계유형이다.

② 인과적 추론이 어려운 설계로서, 내적·외적 타당도를 거의 통제하지 못한다.

③ 1회 사례연구(일회검사 사례설계), 단일집단 전후 검사설계, 정태적 집단비교설계(고정집단비교설
계) 등이 해당된다.

3 단일사례연구(단일사례실험설계) 4회, 5회 [기출]

(1) 의의 및 특징

① 단일사례를 대상으로 하여 개입의 효과성을 측정하는 데 사용된다.

② 사례가 하나이며, 기본적으로 외적 타당도가 낮다.

③ 어떤 표적행동에 대한 개입의 효과를 관찰하여 분석한다.

④ 시계열적인 반복관찰을 통해 개입 전과 후의 상태를 비교한다.

(2) 유 형 1회, 2회, 7회, 8회, 9회, 12회, 17회, 19회, 20회, 21회, 22회 [기출]

① AB 설계 : 기초선 → 개입

기초선 단계에서는 표적행동의 빈도 등에 대한 반복측정이 이루어지며, 개입 단계에서 표적행동에 대한 개입활동과 함께 변화에 대한 관찰이 이루어진다.

② ABA 설계 : 제1기초선 → 개입 → 제2기초선

AB 설계에 제2기초선을 추가함으로써 AB 설계에서의 낮은 신뢰도 문제를 해결할 수 있다.

③ ABAB 설계 : 제1기초선 → 제1개입 → 제2기초선 → 제2개입

AB 설계에서 외생변수를 보다 효과적으로 통제하기 위해 제2기초선과 제2개입을 추가한 것이다.

④ BAB 설계 : 제1개입 → 기초선 → 제2개입

기초선 없이 바로 개입에 돌입하므로 위기상황에 처해 있는 클라이언트를 대상으로 한 즉각적인 개입에 유효하다.

⑤ ABCD 설계 또는 복수요인설계 : 기초선→ 제1개입 → 제2개입 → 제3개입

하나의 기초선에 대해 여러 가지 각기 다른 개입방법을 연속적으로 도입하는 것이다.

⑥ 복수기초선설계

특정 개입방법을 여러 사례, 여러 클라이언트, 여러 표적행동, 여러 다른 상황에 적용하는 것이다.

(3) 단일사례설계의 개입효과를 평가할 때 고려해야 할 기준 18회 [기출]

변화의 파동	• 표적행동이 시간의 경과에 따라 파동을 일으키면서 변화하는 정도를 말한다. • 특히 파동이 심한 경우 관찰 횟수가 많아야 변화의 일정한 유형을 파악할 수 있다.
변화의 경향	• 기초선 단계 변화의 경향을 개입 단계 변화의 경향과 연결시켜서 검토하는 것을 말한다. • 두 단계의 경향의 방향이 일치하면 개입의 효과를 판단하기 어려운 반면, 서로 상반되면 개입의 효과를 판단하기 쉽다.
변화의 수준	• 표적행동의 점수를 말한다. • 기초선 단계의 점수와 개입 단계의 점수 간 차이가 클수록 개입의 효과에 대해 확신할 수 있다.

4 측정과 척도

(1) 측 정

① 개 념 19회, 20회 기출

　㉠ 측정이란 일정한 규칙에 따라 측정 대상에 값을 부여하는 과정으로, 이론적 모델과 사건이나 현상을 연결하는 방법이다.

　㉡ 측정은 개념의 현상적 구조와 경험적 측정값들이 일치될수록 정확해진다.

　㉢ 사건이나 현상을 세분화하고 통계적 분석에 활용할 수 있는 정보를 제공한다.

　㉣ 측정의 수준에 따라 명목, 서열, 등간, 비율의 4가지 유형으로 분류한다.

② 측정의 타당도(타당성) 6회, 8회, 9회, 10회, 11회, 12회, 13회, 14회, 15회, 18회, 20회, 21회 기출

측정하고자 하는 개념이나 속성을 얼마나 실제에 가깝게 정확히 측정하고 있는가의 정도를 나타낸다.

내용타당도 (논리타당도)	• 측정항목이 연구자가 의도한 내용대로 실제 측정되고 있는가 하는 문제와 연관된다. • 논리적 사고에 입각한 주관적인 타당도로서, 학업성취도 검사의 타당도 검증을 위해 널리 사용된다.
기준타당도	• 경험적 근거에 의해 타당도를 확인하는 방법으로, 이미 전문가가 만들어 놓은 검증된 측정도구에 의한 측정결과를 기준으로 한다. • 평가의 기준변수가 현재의 상태로 향하는 '동시적 타당도', 미래의 시점을 향하는 '예측적 타당도'로 구분된다.
개념타당도 (구성타당도)	• 인간의 심리적 특성이나 성질을 심리적 개념으로 분석하여 조작적 정의를 부여한 후, 검사점수가 조작적 정의에서 규명한 심리적 개념들을 제대로 측정하였는가를 검증한다. • 측정되는 개념이 속한 이론 체계 내에서 다른 개념들과 논리적으로 어느 정도 관련성을 갖고 있는지를 경험적으로 검증하는 가장 수준이 높은 타당도이다. • 수렴타당도, 변별타당도, 요인분석 등의 방법으로 분석할 수 있다.

③ 측정의 신뢰도(신뢰성) 2회, 6회, 9회, 11회, 13회, 14회, 15회, 16회, 19회, 20회 기출

동일한 대상에 대하여 같거나 유사한 측정도구를 사용하여 반복 측정할 경우에 동일하거나 비슷한 결과를 얻을 수 있는 정도를 나타낸다.

검사-재검사 신뢰도 (재검사법)	• 동일한 대상에 동일한 측정도구를 서로 상이한 시간에 두 번 측정한 다음 그 결과를 비교하여 신뢰도를 평가하는 방법이다. • 반복검사로 인한 주시험효과(검사요인효과)의 문제점이 있다.
동형검사 신뢰도 (대안법)	• 유사한 형태의 둘 이상의 측정도구를 사용하여 동일한 표본에 적용한 결과를 서로 비교하여 신뢰도를 측정하는 방법이다. • 검사 개발 시 각각의 검사의 동등성을 보장하는 것이 중요하다.
반분신뢰도 (반분법)	• 검사를 한 번 실시한 후 이를 적절한 방법에 의해 두 부분의 점수로 분할하여 그 각각을 독립된 두 개의 척도로 사용함으로써 신뢰도를 측정하는 방법이다. • 반분하는 방식에 따라 각기 다른 신뢰도를 측정하므로 단일 측정치를 산출하지 못한다.
문항내적 합치도	• 단일의 신뢰도 계수를 계산할 수 없는 반분법의 단점을 고려하여, 가능한 한 모든 반분신뢰도를 구한 다음 그 평균값을 신뢰도로 추정하는 방법이다. • '크론바흐 알파계수'가 해당된다.

④ 타당도와 신뢰도의 관계 1회, 4회, 5회, 6회, 8회, 9회, 12회, 20회, 22회 `기출`

　　㉠ 신뢰도가 높다고 하여 반드시 타당도가 높은 것은 아니다.

　　㉡ 타당도가 낮다고 하여 반드시 신뢰도가 낮은 것은 아니다.

　　㉢ 타당도가 없어도 신뢰도를 가질 수 있다.

　　㉣ 타당도가 있으면 반드시 신뢰도가 있다.

　　㉤ 타당도는 신뢰도의 충분조건, 신뢰도는 타당도의 필요조건이다.

　　㉥ 타당도와 신뢰도는 비대칭적 관계이다.

⑤ 측정의 오류 3회, 9회, 14회, 15회, 16회, 21회 `기출`

체계적 오류	변수에 체계적인 영향을 미침으로써 측정결과가 항상 일정한 방향으로 편향되는 오류이며, 특히 측정의 타당도를 저해한다. 예 고정반응에 의한 편향, 사회적 적절성의 편향, 문화적 차이에 의한 편향
비체계적 오류	변수에 일관성이 없어 영향을 미침으로써 측정결과가 다양하게 나타나는 오류 예 측정자에 의한 오류, 응답자에 의한 오류, 측정과정에 의한 오류

(2) 척 도

① 의의 : 척도는 측정을 하기 위한 도구로서, 측정하고자 하는 대상에 수치나 기호를 부여하는 것이다.

② 기본 유형 ★ 매회 `기출`

명목척도	단순한 분류의 목적을 위한 것으로, 가장 낮은 수준의 측정에 해당한다. 예 성별, 인종, 종교, 결혼 여부, 직업 등
서열척도	서열이나 순위를 매길 수 있도록 수치를 부여한 척도로, 서열 간의 간격이 동일하지 않다. 예 사회계층, 선호도, 수여 받은 학위, 변화에 대한 평가, 서비스 효율성 평가, 사회복지사 자격등급 등
등간척도	서열을 정할 수 있을 뿐만 아니라 분류된 범주 간의 간격까지도 측정할 수 있는 척도이다. 예 지능, 온도, 시험점수 등
비율척도	척도를 나타내는 수가 등간일 뿐만 아니라 의미 있는 절대영점을 가지고 있는 경우에 이용되는 척도이다. 예 연령, 무게, 키, 수입, 출생률, 사망률, 이혼율, 가족 수, 사회복지학과 졸업생 수 등

③ 종 류 22회 `기출`

리커트척도	• '총화평정척도' 또는 '다문항척도'라고도 하며, 일련의 수 개 문항들을 하나의 척도로 사용한다. • 사회과학에서 널리 사용된다.
거트만척도	• 서열척도의 일종으로 '척도도식법'이라고도 하며, 단일차원적이고 예측성이 있다. • 두 개 이상의 변수를 동시에 측정하는 다차원적 척도로서 사용되기는 거의 불가능하다.
보가더스의 사회적 거리척도	• 서열척도이자 누적척도의 일종으로, 소수민족 · 사회계급 등에 대한 사회적 거리감의 정도를 측정하기 위해 연속적인 문항들을 동원한다. • 소시오메트리가 주로 집단 내 개인 간의 친근관계를 측정하는 데 반해, 사회적 거리척도는 주로 집단 간의 친근관계를 측정한다.

서스톤척도	• 등간–비율척도의 일종으로 가장 긍정적인 태도와 가장 부정적인 태도를 나타내는 양 극단을 등간적으로 구분하여 수치를 부여한다. • 리커트척도의 단점을 극복하기 위한 것으로 중요성이 있는 항목에 가중치를 부여한다.
요인척도	• 등간–비율척도의 일종으로 변수들 간에 존재하는 상호관계의 유형을 밝히고 상호 간에 밀접하게 연관되어 있는 변수들의 묶음을 발견하여 이를 보다 적은 수의 가설적 변수, 즉 요인들로 축소시키기 위한 방법이다. • 분석을 위한 분석이 될 수 있는 단점이 있다.
소시오메트리	• 집단 내의 선택, 커뮤니케이션 및 상호작용의 패턴에 관한 자료를 수집하고 분석하는 방법이다. • 한정된 집단성원 간의 관계를 도출함으로써 집단의 성질, 구조, 역동성, 상호관계를 분석하는 일련의 방법이다.
의의차별척도 (의미분화척도)	• 어떤 대상이 개인에게 주는 주관적인 의미를 측정하는 방법이다. • 척도의 양 극점에 서로 상반되는 형용사나 표현을 제시하여 정도의 차이에 의한 일련의 형용사 쌍을 만들며, 이에 응답자의 주관적인 판단이나 느낌을 반영하도록 한다.

④ **척도 구성의 기본원칙** 9회 `기출`

  ㉠ 척도의 각 범주들이 다른 범주와의 관계에서 상호배타적이어야 한다.

  ㉡ 척도의 각 범주들이 같은 범주 안에서 포괄적이어야 한다.

  ㉢ 응답 범주들은 응답 가능한 상황들을 모두 포함하고 있어야 한다.

  ㉣ 응답 범주들은 논리적 연관성을 가지고 있어야 한다.

  ㉤ 척도가 여러 개의 문항들로 구성된 경우 각각의 문항들 간에는 내적 일관성이 있어야 한다.

5 자료수집

(1) 자료수집 방법 2회, 4회, 5회, 6회, 7회, 8회, 9회, 11회, 12회, 13회, 16회, 18회, 19회, 21회 `기출`

관찰법	• 귀납적인 방법으로서 조사자가 현장에서 즉시 포착하는 방법이다. • 대상자가 비협조적이거나 면접을 거부하는 경우에도 가능하며, 대상자의 무의식적인 행동을 포착할 수 있다. • 관찰자의 선택적 관찰이 문제가 되며, 시간 · 비용 · 노력이 많이 소요된다.
면접법	• 면접자와 대상자 간의 질문과 대답에 의해 자료를 수집하는 방법으로, 다양한 조사내용을 비교적 장기간에 걸쳐 조사할 수 있다. • 질문지를 사용하며, 적절한 질문을 현장에서 결정할 수 있는 융통성이 있다. • 비용과 시간이 많이 소요되며, 응답자에 대한 편의가 제한적이다.
질문지법 (설문지법)	• 질문을 위해 제작된 설문지를 이용하여 응답자가 직접 작성하도록 하는 방법이다. • 시간과 비용이 절약되며, 조사자의 편견이 배제될 수 있다. • 융통성이 낮고 회수율이 떨어지며, 응답자의 비언어적인 행위를 기록할 수 없다.
전화조사법	• 전문 전화조사원이 전화를 이용하는 방법이다. • 비용과 신속성 측면에서 매우 경제적이며, 표본의 대표성과 넓은 분포성을 가진다. • 조사분량이 제한되며, 응답자의 주변상황이나 표정 그리고 태도를 확인할 수 없다.

우편조사법	• 조사자와 응답자가 우편으로 교류하는 방법이다. • 시간과 공간에 제약이 없고 조사자의 편견이 배제되며, 응답자의 익명성이 보장된다. • 낮은 회수율과 융통성이 부족한 것이 단점이다.
인터넷조사법	• 인터넷 네트워킹을 이용하여 정보를 수집하는 방법이다. • 조사가 신속히 이루어지며, 쌍방향 소통이 가능하다. • 고정비용이 발생하며, 표본의 대표성 문제가 제기될 수 있다.

(2) 자료수집 시 고려사항

① 관찰자의 역할 분류

구 분	완전참여자	관찰참여자	참여관찰자	완전관찰자
대장집단에 완전한 참여	+	+	−	−
참여에 대한 공개적 고지	−	+	+	−

② 면접의 유형 5회, 7회, 9회, 11회 기출

구조화된 면접 (표준화 면접)	면접자가 면접조사표를 가지고 질문을 함으로써 주관화의 오류를 최소화한다. 구조화된 면접은 비구조화된 면접에 비해 응답 결과에 있어서 상대적으로 신뢰도가 높다.
반구조화된 면접 (반표준화 면접)	면접자가 면접지침에 따라 면접대상자에게 상황에 적합한 변형 질문을 제시할 수 있다.
비구조화된 면접 (비표준화 면접)	면접자가 간단한 주제목록만을 가지고 자유롭게 질문을 전개한다. 비구조화된 면접은 구조화된 면접에 비해 응답 결과에 있어서 상대적으로 타당도가 높다.

③ 설문지 작성요령 4회, 6회, 8회, 9회, 13회, 14회, 16회, 18회, 20회 기출

ⓐ 하나의 질문에 두 가지 이상의 중복된 질문을 삼간다.

ⓑ 응답자가 이해하기 어려운 전문용어나 방언을 삼간다.

ⓒ 질문의 내용은 간단명료하고, 객관적이어야 한다.

ⓓ 부정적 질문이나 유도질문은 피한다.

ⓔ 답변하기 쉬운 질문이나 일반적인 질문은 앞쪽에 배치한다.

ⓕ 개방질문이나 특수한 질문은 뒤쪽에 배치한다.

ⓖ 신뢰도를 평가하는 질문들을 서로 떨어진 상태로 배치한다.

ⓗ 일정한 유형의 응답이 나오지 않도록 문항을 적절히 배치한다.

ⓘ 폐쇄형 질문의 응답범주는 총망라적이며, 상호배타적이어야 한다.

6 욕구조사와 평가조사

(1) 욕구조사

① 의의 : 한정된 지역 안에서 사람들의 욕구 수준을 확인해내고 이를 수량화한다.

② 목 적

ㄱ 주민들이 필요로 하는 각종 서비스 또는 프로그램을 식별해서 우선순위를 파악한다.

ㄴ 프로그램 운영에 필요한 예산할당기준을 마련한다.

ㄷ 현재 수행 중인 사업의 평가에 필요한 보조자료를 마련한다.

ㄹ 프로그램을 수행하는 지역사회 내 기관들 간의 상호의존 및 협동상황을 파악한다.

③ 욕구의 구분(Bradshaw) 1회, 5회, 7회, 8회, 10회, 13회 기출

규범적 욕구	전문가들에 의해 인식된 욕구
인지적 욕구	집단의 성원들이 느끼는 욕구
표현적 욕구	표적집단의 표현 또는 행위로 드러난 욕구
비교적 욕구	동일한 특성을 가지고 있는 사람들의 서비스 상태에 비교된 욕구

④ 자료수집방법 ★ 매회 기출

사회지표조사	일정 인구가 생활하는 지역의 지역적·생태적·사회적·경제적 및 인구적 특성에 근거하여 지역사회의 욕구를 추정할 수 있다는 전제하에 사회지표를 분석한다(소득 수준, 실업률, 주택보급률, 범죄율 등).
2차 자료분석	지역주민을 대상으로 직접 자료를 수집하는 것이 아닌 지역사회 내의 사회복지기관의 서비스 수혜자와 관련된 기록을 검토하여 욕구를 파악하는 비관여적 방법이다(인테이크 자료, 기관의 각 부서별 업무일지 등).
주요 정보 제공자 조사	지역사회 전반의 문제에 대해 잘 알고 있는 기관의 서비스 제공자, 인접 직종의 전문직 종사자, 공직자 등을 대상으로 질문하여 그 표적집단의 욕구 및 서비스 이용 실태 등을 파악하는 방법이다.
지역사회 서베이	지역사회의 일반 인구 또는 특정 인구의 욕구를 조사하기 위하여 이들 전체 인구를 대표할 수 있는 표본을 선정하고 이들이 생각하거나 느끼는 욕구를 조사하여 조사대상 전체의 욕구를 측정한다.
지역사회 공개토론회	지역사회의 욕구나 문제를 잘 알고 있는 지역사회구성원을 중심으로 공개적인 모임 및 자유로운 토론을 통해 욕구나 문제들을 파악하는 것이다.
델파이기법	전문가·관리자들로부터 우편으로 의견이나 정보를 수집하여 그 결과를 분석한 후 그것을 다시 응답자들에게 보내어 의견을 묻는 식으로 만족스러운 결과를 얻을 때까지 계속하는 방법이다.
초점집단기법	소수 이해관계자들의 인위적인 면접집단 또는 토론집단을 구성하여 특정한 토의 주제나 쟁점에 대해 여러 명이 동시에 질의·응답을 함으로써 지역사회 문제에 대한 공동의 관점을 확인하는 방법이다.

(2) 평가조사

① 의의 : 어떤 개입기술이나 프로그램의 개선, 계속적인 수행 여부를 결정하기 위해 개별적인 개입기술이나 프로그램이 그 목표하는 바를 어느 정도 달성했는지를 측정하는 응용조사이다.

② 목 적

    ㉠ 프로그램의 계획이나 운영과정에 필요한 피드백을 제공한다.

    ㉡ 사회복지조직이 사회에 대해 책임을 이행하는 과정이다.

    ㉢ 평가결과에 의해 이론을 발전시키거나 수정하는 등 이론의 형성에 기여한다.

③ 평가의 종류   4회, 5회, 6회, 7회, 8회, 9회, 16회 `기출`

총괄평가	• 연역적인 방법으로 프로그램 운영이 끝날 때 이루어진다. • 프로그램의 재시작 또는 종결 여부를 결정한다. • 효율성 평가와 효과성 평가가 대표적이다.
형성평가	• 귀납적인 방법으로 프로그램 운영 과정상에 이루어진다. • 진행 중인 프로그램을 수정·보완하기 위해 이루어진다.
메타평가	• 평가 자체에 대한 평가로 평가자 자신에 의하여 이루어질 수도 있으나 일반적으로는 상급자나 외부전문가들에 의해 이루어진다. • '2차적 평가' 또는 '평가의 평가'라고도 한다.

제3장 | 표집방법 및 내용분석

1 표집(표본추출)

(1) 의의 및 장단점

① 의의 : 표집은 모집단 가운데 자료를 수집할 일부의 대상을 표본으로 선택하는 과정이다.

② 장단점

장 점	단 점
• 시간과 비용의 절약 • 신속한 처리 • 전수조사의 한계 극복 • 정확도 증가 • 다량의 정보 확보	• 일반화의 가능성이 낮음 • 모집단 크기가 작은 경우 표집자체가 무의미함 • 표본설계가 복잡한 경우 시간과 비용의 낭비가 발생함

(2) 과 정   2회, 9회, 17회 `기출`

모집단 확정 → 표집틀 선정 → 표집방법 결정 → 표집크기 결정 → 표본추출

2 표집방법

(1) 확률표본추출

① 의의 : 무작위적인 방법을 통해 표본을 추출하는 방법으로, 모집단의 각 표집단위가 모두 추출의 기회를 가지고 있으며, 각 표집단위가 추출될 확률을 정확히 알고 있는 가운데 표집을 하는 방법에 해당한다.

② 방법 ★ 매회 기출

단순무작위표집	난수표, 제비뽑기, 컴퓨터를 이용한 난수의 추출방법 등을 사용하여 추출하는 방법
계통표집 (체계적 표집)	모집단 목록에서 구성요소에 대해 일정한 순서에 따라 매 K번째 요소를 추출하는 방법
층화표집	모집단을 집단 내 구성이 동질적인 몇 개의 층으로 나눈 후 각 층으로부터 단순무작위 또는 체계적인 표집을 하는 방법(집단 내 동질적, 집단 간 이질적)
집락표집 (군집표집)	모집단 목록에서 구성요소에 대해 여러 가지 이질적인 구성요소를 포함하는 여러 개의 집락 또는 군집으로 구분한 후 집락을 표집단위로 하여 무작위로 몇 개의 집락을 표본으로 추출한 다음 표본으로 추출된 집락에 대해 그 구성요소를 전수조사하는 방법(집단 내 이질적, 집단 간 동질적)

(2) 비확률표본추출

① 의 의

㉠ 조사자나 면접자의 주관적인 판단에 의하여 모집단에서 표본의 구성원들을 추출하는 것이다.

㉡ 모집단 구성원이 표본에 포함될 확률을 사전에 알 수 없기 때문에 표본이 모집단을 어떻게 대표하는지 알 수 없으며, 따라서 표본오차도 평가할 수 없다.

② 방법 2회, 3회, 5회, 7회, 9회, 11회, 12회, 16회, 17회, 19회, 20회, 21회, 22회 기출

편의표집 (임의표집)	• 표본선정의 편리성에 기준을 두고 임의로 표본을 선정하는 방법이다. • 비용이 적게 들고 시간을 절약할 수 있으나, 표본의 대표성이 떨어진다.
판단표집 (유의표집)	• 연구자의 주관적 판단의 기준에 따라 연구목적 달성에 도움이 될 수 있는 구성요소를 의도적으로 추출하는 방법이다. • 연구자의 주관적 판단의 타당성 여부가 표집의 질을 결정한다.
할당표집	• 연구자의 모집단에 대한 사전지식을 기초로 하여 모집단의 특성을 나타내는 하위집단별로 표본수를 할당한 다음 표본을 추출하는 방법이다. • 모집단의 대표성이 비교적 높으나, 분류의 과정에서 편견이 개입될 소지가 많다.
누적표집 (눈덩이표집)	• 연속적인 추천과정을 통해 표본을 선정하는 방법이다. • 일반화의 가능성이 적고 계량화가 곤란하므로 질적 조사에 적합하다.

❸ 내용분석법

(1) 의의 및 특징   7회, 11회, 12회, 13회, 14회, 16회, 17회, 18회, 22회 `기출`

① 의 의

   ㉠ 인간의 상징적 기호로 표시된 의사소통 기록물의 내용적 특성을 체계적으로 기술하고 나아가 그 동기와 원인, 결과나 영향을 체계적으로 추리하는 분석방법이다.

   ㉡ 문헌연구방법의 대표적인 유형의 하나로 서적, 신문, 문서 등 기록화된 것을 중심으로 그 연구 대상에 대한 필요한 자료를 수집 및 분석하여 객관적 · 체계적 · 계량적인 방법에 의해 측정 및 분석하는 기술이다.

① 특 징

   ㉠ 문헌연구의 일종이다.

   ㉡ 의사전달의 메시지 자체가 분석의 대상이다.

   ㉢ 메시지의 잠재적인 내용도 분석의 대상이 된다.

   ㉣ 과학적 연구방법의 요건을 갖추어야 한다.

   ㉤ 범주설정에 있어서는 포괄성과 상호배타성을 확보해야 한다.

   ㉥ 자료가 방대한 경우 내용분석법에서도 모집단 내에서 표본을 추출하여 분석할 수 있다.

   ㉦ 양적 분석방법과 질적 분석방법 모두 사용한다.

(2) 문서화된 자료를 분석하는 코딩기법   16회, 19회 `기출`

① **개방코딩** : 연구자가 인터뷰, 관찰, 각종 문서 등의 자료를 토대로 밝히고자 하는 어떠한 현상에 대해 최초로 범주화를 시키는 과정이다.

② **축코딩** : 수집된 자료에서 나타난 범주들 간의 관계를 파악하기 위해 범주들을 특정한 구조적 틀에 맞추어 연결하는 과정이다.

③ **선택코딩** : 핵심범주를 선택하며, 선택한 핵심범주를 다른 범주들과 연관지어 이들 간의 관련성을 확인하고 범주들을 연결시키는 과정이다.

(3) 축코딩에서 패러다임의 구성요소   20회 `기출`

조 건	• 인과적 조건 : 어떤 현상이 발생하거나 현상에 영향을 미치는 사건이나 일 • 맥락적 조건 : 어떤 현상에 영향을 미치는 상황이나 문제가 발생하도록 하는 구조적 조건 • 중재적 조건 : 중심현상을 매개하거나 변화시키는 조건들
작용/상호작용	어떠한 현상, 문제, 상황을 일상적으로 혹은 전략적으로 다루고, 조절하고, 반응하는 것
결 과	작용/상호작용의 산물로서 결과적으로 무엇이 일어났는가에 관한 것

(4) 분석단위 5회, 13회, 15회, 16회 기출

① 기록단위

㉠ 분석하고자 하는 내용의 특정 요소가 한 번 나타나는 것을 의미하는 분석의 최소단위이다.

㉡ 주요 기록단위로는 단어, 주제, 인물, 문장(문단 또는 단락), 항목(품목) 등이 있다.

② 맥락단위

㉠ 기록단위의 성격을 좀 더 명확히 하고자 검토하는 기록단위의 보다 상위개념이다.

㉡ 예를 들어, 하나의 단락 안에 두 개 이상의 주제가 들어 있는 경우 단락을 맥락단위로 한다.

(5) 장단점 9회, 12회 기출

장 점	• 조사담당직원 및 특별한 장비가 필요 없으므로 시간과 비용이 절약된다. • 다양한 심리적 변수에 대한 효과적인 측정이 가능하다. • 역사적 연구에 적용 가능하다. • 다른 조사방법에 비하여 안정적이다. • 타 연구방법과 병행이 가능하다. • 연구자나 조사자가 연구대상에 대하여 거의 영향을 미치지 않는다.
단 점	• 조사대상이 기록되어 있는 의사소통에 한정된다. • 신뢰도는 비교적 높으나 타당도가 낮다. • 기록된 자료에만 의존해야 하며, 연구에 필요한 자료를 입수하는 데 제한적이다. • 선정편향(Selection Bias)이 발생할 수 있다.

제4장 | 연구방법론(질적 연구와 양적 연구) 및 기타

1 질적 연구와 양적 연구

(1) 질적 연구방법론과 양적 연구방법론 2회, 5회, 6회, 8회, 12회, 13회, 14회, 15회, 18회, 19회, 20회, 21회, 22회 기출

질적 연구방법론	• 정성적 연구로서 상황과 환경적 요인들을 조사하는 방법이다. • 과정에 관심을 가지며, 귀납적 방법을 활용한다. • 일반화의 가능성이 낮다. • 연구의 엄격성을 위해 장기적 관여, 삼각측정(교차검증), 원주민화의 경계, 부정적 사례 분석 등을 활용한다.
양적 연구방법론	• 정량적 연구로서 질문지나 실험 등을 주로 사용한다. • 결과에 관심을 가지며, 연역적 방법을 활용한다. • 일반화의 가능성은 높으나 타당도 확보가 어렵다.

(2) 질적 연구 결과의 신뢰도 제고를 위한 삼각측정 13회 기출

① 하나의 개념을 측정하기 위해 두 개 이상 관련 자료를 수집하는 것이다.

② 다중적 접근을 통해 측정오류의 발생가능성을 낮춘다.

③ 측정에서 조사자 편견이 작용할 여지를 줄일 수 있다.

④ 자료의 객관성을 높일 수 있으며, 상호일치도가 높은 자료를 판별하여 사용할 수 있다.

2 혼합연구방법론 8회, 11회, 16회, 18회 기출

(1) 의의 및 특징

㉠ 양적 연구와 질적 연구의 제한점을 상호 보완하기 위한 것으로, 양적 자료원과 질적 자료원의 통합을 통해 연구대상에 대한 심층적인 이해를 도모하려는 시도이다.

㉡ 철학적, 개념적, 이론적 틀을 기반으로, 각각의 연구방법을 통해 얻은 결과가 서로 확증되는지 알아보기 위해 사용한다.

㉢ 양적 연구 결과와 질적 연구 결과가 서로 상반될 수도 있음을 염두에 두어야 한다.

(2) 혼합연구방법의 설계유형

삼각화 설계	정성적 자료와 정량적 자료가 대등한 위상을 가지는 설계방식이다.
내재적 설계	한쪽의 자료유형이 다른 쪽의 자료유형에 포섭된 설계방식이다.
설명적 설계	정량적 분석결과를 설명하기 위해 정성적 분석이 추가되는 설계방식이다.
탐색적 설계	첫 번째 분석이 완료된 후 다른 분석을 시작하는 2단계 설계방식이다.

사회복지실천

제1영역 **사회복지실천론**

제1장 | 사회복지실천일반

1 사회복지실천

(1) 의의와 목적

① **사회복지실천의 의미(NASW, 1973)** 2회, 4회, 5회, 10회 기출
  - ㉠ 인간과 사회환경 간의 생태체계적인 관점에 기초하여 자신들의 문제해결능력 및 대처능력을 향상시키도록 돕는 것
  - ㉡ 인간이 필요로 하는 환경체계가 원활하게 상호작용 할 수 있도록 돕는 것
  - ㉢ 사회복지기관이나 조직들이 클라이언트에게 보다 좋은 서비스를 제공하도록 효과적이고 효율적인 운영 추구하는 것

② **사회복지실천의 목적** 10회, 14회, 17회 기출
  - ㉠ 개인의 삶(Quality of Life)의 질을 향상시킨다.
  - ㉡ 개인의 문제해결능력과 대처능력을 향상시킨다.
  - ㉢ 개인과 환경 간의 상호작용에 초점을 두고 사회정책을 개발한다.
  - ㉣ 사회정의를 증진시킨다.

(2) 사회복지실천의 기능 및 주요 이념

① **기 능** 2회, 4회, 5회, 7회, 12회 기출
  - ㉠ 사람들의 역량을 확대하고 문제해결능력 및 대처능력을 향상하도록 돕는다.
  - ㉡ 사람들이 자원(서비스)을 획득하도록 원조한다.
  - ㉢ 조직이 개인의 요구에 부응하도록 돕는다.
  - ㉣ 개인과 환경 내의 다른 사람 및 조직과의 상호관계를 촉진시킨다.
  - ㉤ 조직 및 제도 간의 상호관계에 영향력을 행사한다.
  - ㉥ 사회정책과 환경정책에 영향을 미친다.

② **주요 이념**   9회, 10회, 11회, 16회, 19회, 20회, 22회 기출

  ㉠ 인도주의(박애주의) : 봉사정신과 이타주의에 의한 인도주의적 구호제공(자선조직협회)

  ㉡ 사회진화론 : 사회부적합 계층의 사회적합 계층으로의 변화 시도

  ㉢ 자유방임주의 : 개인의 자유 최우선, 경제성장과 부의 극대화 강조

  ㉣ 자유주의 : 개인의 자유 존중, 최저수준의 삶의 질에 대한 정부 책임의 인정

  ㉤ 민주주의(사회민주주의) : 평등과 공동체의식 강조, 빈곤이나 장애의 사회적 책임 인정

  ㉥ 다원주의 : 개인의 독특성 인정, 다양한 계층의 다양한 문제에 접근

② 사회복지실천의 가치와 윤리

(1) 사회복지실천의 가치   9회, 13회, 14회, 15회, 21회 기출

  ① 개 념

  ㉠ 어떤 행동의 좋고 나쁨을 판단하는 기준이다.

  ㉡ 신념이고 선호이며, 바람직한 것 혹은 좋은 것에 관한 가정이다.

  ㉢ 구체적인 행동 목표가 아닌 그 목표를 결정하는 기준이 된다.

  ② 레비(Levy)에 의한 사회복지전문직의 가치

사람 우선 가치	전문직 수행의 대상인 사람 자체에 대해 전문직이 갖추고 있어야 할 기본적인 가치 예 인간존엄성 존중, 개별성 인정 등
결과 우선 가치	개인이 성장할 기회를 제공하고, 욕구를 충족시킬 수 있는 서비스를 제공하는 것에 역점을 두는 가치 예 개인의 기본적 욕구 충족, 교육이나 주택문제 등의 사회문제 제거 등
수단 우선 가치	서비스를 수행하는 방법 및 수단과 도구에 대한 가치 예 클라이언트의 자기결정권 존중, 비심판적인 태도 등

(2) 사회복지실천의 윤리   9회, 14회 기출

  ① 개 념

  ㉠ 어떤 행동의 옳고 그름을 판단하는 기준이다.

  ㉡ 선악의 속성이나 도덕적 의무를 결정하는 일련의 지침에 해당한다.

  ㉢ 타인에 대한 책임감에서 우러나오는 인간에 대한 기대와 연관된다.

  ② 윤리적 절대주의와 윤리적 상대주의   11회 기출

윤리적 절대주의	• 보편타당한 행위규범으로서의 윤리가 절대적으로 존재한다. • 선과 악, 옳고 그름도 어떤 행위의 결과와 별개로 판단된다.
윤리적 상대주의	• 보편타당한 행위규범으로서의 윤리가 존재하지 않는다. • 어떤 행위의 결과가 얼마나 옳고 선한가의 정도에 따라 판단 및 결과의 기준이 정해진다.

(3) 사회복지사 윤리강령의 기능 11회, 15회, 20회 기출

① 비윤리적 실천으로부터 클라이언트 보호
② 사회복지사들의 윤리적 민감성 고양, 윤리적 실천 제고
③ 윤리적 갈등 발생 시 윤리적 실천수행을 위한 구체적인 지침 제공
④ 전문직으로서의 사명과 전문적 활동의 방법론에 관한 규범 수립의 기준 제시
⑤ 전문직으로서의 전문성 확보 및 이를 일반대중에게 널리 알리는 수단으로 활용

(4) 사회복지사 윤리강령의 주요 내용 3회, 6회, 15회 기출

① 사회복지사의 기본적 윤리기준 5회, 10회 기출
  ㉠ 전문가로서의 자세
    • 전문가로서의 품위와 자질 유지
    • 업무에 대한 책임성
    • 클라이언트에 대한 차별금지
    • 업무수행상 부당한 간섭 또는 압력의 배제
  ㉡ 전문성 개발을 위한 노력
    • 지식과 기술의 개발
    • 클라이언트의 비밀보장 및 신체적 · 정신적 위험으로부터의 보호
    • 제반교육에 적극적 참여
  ㉢ 경제적 이득에 대한 태도
    • 클라이언트의 지불능력과 상관없는 서비스 제공
    • 필요한 경우 공정하고 합리적인 이용료 책정
    • 업무와 관련한 부당이득의 취득 금지
② 사회복지사의 클라이언트에 대한 윤리기준
  ㉠ 클라이언트와의 관계
    • 클라이언트 권익 옹호
    • 클라이언트의 자기결정권 존중
    • 클라이언트의 사생활 존중 및 보호
    • 클라이언트의 알 권리 존중
    • 클라이언트와의 부적절한 성관계 금지
    • 클라이언트의 동반자로의 인정
  ㉡ 동료의 클라이언트와의 관계
    • 다른 기관 클라이언트와의 전문적 관계 형성에 있어서의 제한
    • 동료의 클라이언트에 대한 동등한 서비스 제공

③ 사회복지사의 사회에 대한 윤리기준 18회 기출
   ㉠ 인권존중과 인간평등을 위해 헌신해야 하며, 사회적 약자를 옹호하고 대변하는 일을 주도해야 함
   ㉡ 필요한 사회서비스를 개발하기 위한 사회정책의 수립·발전·입법·집행에 적극적으로 참여하고 지원해야 함
   ㉢ 사회환경을 개선하고 사회정의를 증진시키기 위한 사회정책의 수립·발전·입법·집행을 요구하고 옹호해야 함
   ㉣ 자신이 일하는 지역사회의 문제를 이해하고, 그것을 해결하는 일에 적극적으로 참여해야 함

3 사회복지실천의 역사적 발달과정

(1) 우리나라의 역사

① 일제시대 21회 기출
   ㉠ 일제의 구호정책은 식민정책의 일부로서 사회통제적인 목적으로 시행되었다.
   ㉡ 식민통치정책과 같이 무책임의 구조하에서 실시되었으며, 형식적·온정적·시혜적인 성격이 강하였다.
   ㉢ 우리나라 최초의 사회복지관인 태화여자관(1921년)이 설립되었다.
   ㉣ 지역 내 빈민의 생활상태를 조사하기 위해 방면위원제도(1927년)가 시행되었다.
   ㉤ 일본의 구호법을 기초로 모자보호법과 의료보호법을 부분적으로 합성한 조선구호령(1944년)이 시행되었다.

② 해방 이후 ~ 한국전쟁 이후
   ㉠ 미군정 당국은 일제시대의 유물인 조선구호령의 연장선상에서 무계획적·임기응변적인 정책을 펼쳤다.
   ㉡ 외국 민간원조단체의 한국연합회인 한국외원단체협의회(KAVA)가 구성되었다.

③ 근·현대 사회복지실천의 주요 발달과정 5회, 9회, 10회, 11회, 12회, 13회, 14회, 15회, 19회, 20회, 21회 기출
   • 1947년 이화여자대학교 기독교사회사업학과 개설
   • 1952년 한국사회사업연합회 창설
   • 1953년 강남사회복지학교 창설
   • 1957년 한국사회사업학회 창설
   • 1960년 공무원연금제도 시행
   • 1964년 산업재해보상보험제도 시행
   • 1967년 한국사회복지사협회의 전신인 한국사회사업가협회 창설
   • 1970년 사회복지사업법 제정
   • 1983년 사회복지사업법 개정에 따라 '사회복지사업종사자' 대신 '사회복지사'명칭 사용
   • 1985년 시·도 단위 종합사회복지관 설립
   • 1987년 사회복지전문요원 배치

- 1988년 국민연금제도 시행
- 1992년 재가복지봉사센터 전국적 설치, 운영
- 1995년 정신보건법 제정
- 1995년 사회보장기본법 제정 및 고용보험제도 시행
- 1997년 정신보건사회복지사 자격시험 도입
- 1998년 사회복지시설평가 법제화(사회복지사업법 개정)
- 1998년 16개 광역 시·도에 사회복지공동모금회 설립
- 1999년 사회복지의 날(9월 7일) 제정
- 2000년 일반직 사회복지전담공무원으로의 전환
- 2000년 국민건강보험제도 시행
- 2000년 국민기초생활보장제도 시행
- 2003년 사회복지사 1급 국가시험 실시
- 2004년 건강가정지원센터 시범사업 운영
- 2005년 저출산·고령사회기본법 제정
- 2006년 주민생활지원서비스 전달체계 개편
- 2007년 제1기 지역사회복지계획수립
- 2008년 노인장기요양보험제도 시행
- 2010년 사회복지통합관리망 '행복e음' 구축
- 2014년 기초연금제도 시행
- 2015년 「사회보장급여의 이용·제공 및 수급권자 발굴에 관한 법률(약칭 사회보장급여법)」 시행에 따른 공공사회복지 전달체계의 개편

(2) 영국의 역사 4회, 6회, 7회, 22회 기출

① 엘리자베스 구빈법(1601년)
㉠ 기존의 빈민법을 집대성하여 빈민을 통제하는 동시에 노동력을 확보하고자 하였다.
㉡ 구빈을 담당하는 행정기관을 설립하고 빈곤자를 위한 구빈세를 부과하였다.
㉢ 빈민을 노동능력이 있는 빈민, 노동능력이 없는 빈민, 요보호아동으로 분류하였다.
㉣ 빈곤을 개인의 결함에서 비롯된 것으로 간주하는 개인주의적 빈곤죄악관을 근거로 하였다.
㉤ 세계 최초의 구빈법과 공공부조로 근대적 사회복지의 출발점이 되었다.

② 길버트법(1782년) 22회 기출
㉠ 원내구제와 원외구제를 인정하여, 과거의 시설구호 원칙에서 거택보호의 원칙으로 전환되는 계기가 되었다.
㉡ 교구연합을 제도화함으로써 행정의 합리화와 빈민처우의 개선에 기여하였다.
㉢ 작업장에서의 빈민착취를 개선하고 원내·외의 구제를 관리하기 위해 과거의 명예직 민생위원에서 유급직 구빈사무원을 고용하였다.
㉣ 교구민의 구빈세부담이 가중되었다.

③ **스핀햄랜드법(1795년)** 10회, 22회 `기출`

㉠ 빈민의 노동에 대한 임금을 보충해주기 위한 제도로서, 최저생활기준에 미달되는 임금의 부족분을 구빈세로 보조하였다.

㉡ 오늘날 가족수당 또는 최저생활보장의 기반이 되었다.

㉢ 구빈세의 증가, 임금의 현저한 감소 및 독립심과 노동능력의 저하 등 부작용을 초래했다.

④ **개정구빈법(1834년)** 2회, 7회, 11회 `기출`

㉠ 스핀햄랜드법의 임금보조제를 철폐하고 전국균일처우의 원칙을 탄생시켰다.

㉡ 빈곤하지만 노동이 가능한 자는 작업장에 배치되었다.

㉢ 원외구제는 배제하되 노유병자를 거느린 과부에게만 허용하였다.

㉣ 교구단위의 구빈행정체제를 중앙집권화하여 전국적으로 통일된 구빈행정체제를 갖추었다.

㉤ 열등처우의 원칙 또는 최하위 자격의 원칙을 적용하였다.

⑤ **자선조직협회(1869년)** 2회, 3회, 4회, 5회, 9회, 10회, 13회, 14회, 15회, 18회 `기출`

㉠ 무계획적인 시여에서 벗어나 빈민에 대한 환경조사를 통해 중복구제를 방지함으로써 구제의 합리화와 조직화를 이루고자 하였다.

㉡ 피구호자와 구제자원 간의 중개적인 역할을 담당하였으며, 자선단체의 상호 간 업무연락을 통해 협력체계를 구축하였다.

㉢ 우애의 정신을 기초로 구제의 도덕적 개혁을 강조하였다.

㉣ 근대적 의미의 개별 사회사업과 지역사회조직사업을 확립하였다.

㉤ 공공의 구빈정책을 반대하고 자선, 기부, 자원봉사 등 순수민간의 구제노력을 지지하였다.

⑨ **인보관 운동(1884년)** 1회, 2회, 4회, 7회, 8회, 11회, 13회, 14회, 15회, 17회, 20회 `기출`

㉠ 빈민의 생활실태에 대한 분석을 통해 빈곤문제가 도덕성의 문제가 아닌 노동자들의 불규칙한 임금노동의 문제임을 확인하였다.

㉡ 지식인 및 대학생들이 빈민지구에 이주하여 생활조건의 개선과 교육을 통한 빈민의 인간적 성장을 돕고자 하였다.

㉢ 사회조사를 통한 다수의 통계자료를 법률 제정에 활용하도록 하였다.

㉣ 지역주민들에 대한 아동위생, 보건교육, 소년소녀들에 대한 기술교육, 문맹퇴치 및 성인교육 등의 교육적 사업을 실시하였다.

⑥ **베버리지 보고서(1942년)** 1회, 2회, 5회, 7회, 21회, 22회 `기출`

㉠ 영국 사회의 5대악 및 해결방안

- 불결(Squalor) → 주택정책
- 궁핍(Want) → 소득보장(연금)
- 무지(Ignorance) → 의무교육
- 나태(Idleness) → 노동정책
- 질병(Disease) → 의료보장

㉡ 베버리지보고서의 5가지 프로그램 : 사회보험, 공공부조, 아동수당, 포괄적 보건서비스, 완전고용

⑦ **대처리즘(1979년)** 8회 기출
  ㉠ 복지에 필요한 공공지출의 축소
  ㉡ 국영기업의 민영화
  ㉢ 노동조합의 활동 억제
  ㉣ 기업 및 민간의 자유로운 경제활동 보장
  ㉤ 금융규제 완화
⑧ **제3의 길(1990년대 후반)** 2회, 5회, 7회, 8회, 11회, 13회 기출
  ㉠ 제1의 길 : 베버리지보고서에 의한 분배의 강조
  ㉡ 제2의 길 : 대처 수상에 의한 경제성장 강조
  ㉢ 제3의 길 : 블레어 수상에 의한 경제안정 및 사회복지 향상을 위한 동시적 노력

(3) 미국의 역사

① **사회보장법(1935년)**
  ㉠ 최초로 사회보장이라는 용어를 공식화
  ㉡ 3R 정책 : 구제(Relief), 부흥(Recovery) 개혁(Reform)
② **레이거노믹스(1980년대)** 8회 기출
  ㉠ 소득세 및 법인세 감소
  ㉡ 연방정부차원의 복지기능 축소 및 지방정부로의 이양
  ㉢ 공공부조제도인 아동부양가족원조(AFDC)의 임시가족부조(TANF)로의 전환

(4) 독일의 역사

① **함부르크 구빈제도(1788년)**
  ㉠ 교회의 무질서한 자선을 배제
  ㉡ 시를 각 구로 분할하여 감독관이 자조의 도움을 주도록 함
  ㉢ 문전구걸 금지, 빈민직업학교, 병원 건립, 요보호자 구제 등 다양한 사업을 전개함
② **엘버펠트 제도(1852년)**
  ㉠ 함부르크 구빈제도의 수정 · 보완
  ㉡ 시를 각구로 분할하여 자원봉사자를 통해 구호물자를 분배 · 관리
  ㉢ 각 지구에 명예직 구빈위원을 임명함으로써 민생위원제도의 시초가 됨
  ㉣ 훗날 영국 자선조직협회의 설립에 영향을 줌
③ **비스마르크의 3대 사회입법** 1회, 11회 기출
  ㉠ 비스마르크가 지주계급과 노동자계급에 대한 견제를 목적으로 최초의 사회보험제도를 시행
  ㉡ 사회보험입법 추진 : 질병보험(1883년), 산업재해보험(1884년), 노령 및 폐질보험(1889년)

제2장 | 사회복지실천현장, 대상체계와 문제

1 사회복지실천현장

(1) 기관의 운영목적에 따른 분류   2회, 3회, 5회, 6회, 11회, 12회, 13회, 14회, 18회, 20회 기출

1차 현장	기관의 일차적인 기능이 사회복지서비스의 제공에 있으며, 사회복지가 중심이 되어 활동하는 실천현장 예 종합사회복지관, 노인복지관, 지역아동센터, 장애인복지관(장애인지역사회재활시설), 사회복귀시설, 지역자활센터(자활지원센터) 등
2차 현장	사회복지전문기관은 아니지만 사회복지사가 부가적인 역할을 수행하는 실천현장 예 병원, 학교, 교정시설, 보호관찰소, 정신보건시설(정신건강증진시설), 주민센터 등

(2) 주거 제공 여부에 따른 분류   1회, 2회, 13회, 14회, 15회, 16회, 18회, 19회, 21회, 22회 기출

생활시설	사회복지서비스에 주거서비스가 포함된 시설이다. 예 노인요양시설, 노인의료복지시설, 장애인생활시설(장애인거주시설), 자립지원시설, 그룹홈, 청소년쉼터, 아동보호치료시설, 정신요양시설 등
이용시설	사회복지서비스에 주거서비스가 포함되지 않으며, 자신의 집에 거주하는 클라이언트를 대상으로 서비스를 제공하는 시설이다. 예 종합사회복지관, 노인복지관, 장애인복지관(장애인지역재활시설), 장애인 직업재활시설, 영유아보육시설(어린이집), 지역아동센터, 아동보호전문기관, 노인보호전문기관, 재가복지봉사센터, 노인주간보호센터, 장애인주간보호센터, 지역자활센터(자활지원센터), 가정위탁지원센터, 다문화가족지원센터, 쪽방상담소 등

2 사회복지사의 기능 및 역할

(1) 기능 수준에 따른 사회복지사의 역할   3회, 12회, 13회 기출

① 직접 서비스 제공자의 역할

클라이언트의 욕구와 문제를 해결하기 위해 그들을 직접 만나서 서비스를 제공한다.

예 개별상담자, 집단상담자(지도자), 정보제공자, 교육자

② 체계와 연결하는 역할

클라이언트에게 필요한 사회자원을 연계하여 클라이언트로 하여금 해당 자원을 충분히 활용할 수 있도록 돕는다.

예 중개자, 사례관리자, 조정자, 중재자, 클라이언트 옹호자

③ 체계 유지 및 강화 역할

자신이 속한 기관의 정책, 서비스 전달체계 등을 평가하고 이를 개선하는 역할을 수행한다.

예 조직분석가, 촉진자, 팀 성원, 자문가

④ 연구자 및 조사활용자 역할

적절한 개입방법을 선택하고 해당 개입방법의 효과성 및 효율성을 평가하며, 클라이언트의 변화를 모니터링하기 위해 공적·사적 세팅 모두에 대한 평가를 수행한다.

[예] 프로그램 평가자, 조사자

⑤ 체계 개발 역할

기관의 서비스를 확대 혹은 개선하기 위해 체계를 개발하는 등 체계발전과 관련된 역할을 수행한다.

[예] 프로그램 개발자, 기획가(계획가), 정책 및 절차개발자

(2) 개입 수준 및 기능에 따른 사회복지사의 역할 분류(Miley et al.)

1회, 4회, 5회, 7회, 8회, 16회, 17회, 18회, 21회 기출

개입 수준	단 위	사회복지사의 역할
미시 차원	개인, 가족	조력자, 중개자, 옹호자, 교사
중범위 차원	조직, 공식적 집단	촉진자, 중재자, 훈련가
거시 차원	지역사회, 전체사회	계획가, 행동가, 현장개입가
전문가집단 차원	동료, 사회복지전문가 집단	동료, 촉매자, 연구자/학자

3 사회복지실천의 대상체계와 문제

(1) 개인과 사회복지 실천

① 개별사회사업(Casework)

㉠ 개인이 환경에 적응하도록 돕거나 그들에게 불리한 사회경제적 압박을 변화시키도록 돕는다.

㉡ 현재의 문제에 대처하는 개인의 능력을 향상시킨다.

㉢ 현재의 위기극복을 통해 클라이언트는 미래에도 더욱 효과적으로 문제를 다루어나가는 방법을 습득할 수 있다고 가정한다.

② 개별사회사업의 구성(4P) 11회, 15회, 20회 기출

㉠ 사람(Person) : 클라이언트 등

㉡ 문제(Problem) : 충족되지 못한 욕구불만 등

㉢ 장소(Place) : 사회시설, 사회복지기관 등

㉣ 과정(Process) : 문제해결의 과정

(2) 가족과 사회복지실천

① 가족체계 관련 용어 5회, 9회, 11회, 13회, 17회, 22회 `기출`

정적 환류 (Positive Feedback)	체계가 안정적인 상태를 거부한 채 체계 자체를 변화시키려는 방향으로 피드백이 이루어지는 것이다.
부적 환류 (Negative Feedback)	체계가 변화를 거부한 채 안정적인 상태를 유지하려는 방향으로 피드백이 이루어지는 것이다.
다중종결성 (Multifinality)	체계 구성요소들의 상호작용 성격에 따라 유사한 조건이라도 각기 다른 결과를 초래하는 경우이다.
동등종결성 (Equifinality)	체계 구성요소들의 상호작용 성격에 따라 서로 다른 조건이라도 유사한 결과를 초래하는 경우이다.
가족치료에서의 사이버네틱스 (Cybernetics)	1차 수준의 사이버네틱스는 치료자들이 전문가로서의 객관적 입장에서 가족체계를 진단할 수 있다고 보는 반면, 2차 수준의 사이버네틱스는 치료자와 클라이언트가 동등한 관계로서 상호교류를 통해 치료적 개입에 가담한다고 본다.

② 가족구성원 간의 경계 2회, 10회, 11회, 13회, 21회 `기출`

경직된 경계	• 부모와 자녀 간에 타협 또는 협상할 여지가 거의 없으며, 생각이나 감정을 표출하지 않는다. • 가족성원들은 독립적이고 자율적으로 기능할 수는 있으나 충성심 및 소속감이 부족하다.
애매한 경계	• 체계 간의 경계가 불분명하고 미분화되어 있으며, 가족성원들 간 구분이 모호하다. • 개별성원의 자율성이 침해되며, 자아의식 및 책임감의 발달에도 부정적인 영향을 미친다.
명확한 경계	• 가족성원들 간에 분명한 경계와 자율성이 있으며, 서로의 경계를 침범하지 않는다. • 경계는 융통성이 있어서 필요할 경우 서로 지지하고 개입하는 기능이 용이하게 이루어진다.

③ 가족체계의 외부와의 경계 5회, 8회, 10회, 11회, 15회 `기출`

개방형	• 가족성원들의 행위를 제한하는 규칙이 집단의 합의과정에서 도출된다. • 가족 내 경계는 유동적이며, 가족 외부와의 경계는 분명하면서도 침투력이 있다.
폐쇄형	• 가족성원들의 외부와의 상호작용과 출입을 엄격히 제한한다. • 가족 외부와의 경계가 모호하고 침투력이 없다.
방임형 (임의형)	• 가족성원들은 각자 자신의 영역과 가족의 영역을 확보하면서 개별적인 패턴을 구축한다. • 가족경계선을 중요하게 생각지 않으며, 외부와의 교류를 제한하지 않는다.

(3) 집단과 사회복지실천

① 집단사회사업(Group Work)

ⓒ 소단위인 개인과 개인들이 모인 소집단이 가지고 있는 문제들을 해결하는 목표지향적인 활동이며, 나아가 사회정의에 대한 욕구를 충족시키는 활동이다.

ⓛ 집단에 속한 개인이 프로그램 활동을 통해 타인과 관계를 맺고 성장하는 기회를 제공함으로써 집단은 물론 사회의 발전을 도모하고자 한다.

② **집단구성의 특징**　9회, 10회 기출
　ㄱ 동질성과 이질성　　　　　　　　ㄴ 집단의 크기
　ㄷ 집단유형　　　　　　　　　　　ㄹ 집단의 지속기간 및 회합의 빈도
　ㅁ 물리적 환경의 배려　　　　　　ㅂ 기관의 승인

③ **집단의 분류**
　※ '인간행동과 사회환경'의 제3장 '사회체계이론'을 살펴볼 것(21p)
　ㄱ 치료집단 : 교육집단, 성장집단, 치유집단, 사회화집단, 지지집단 등
　ㄴ 과업집단 : 위원회, 행정집단, 팀, 치료회의 등
　ㄷ 자조집단 : 단주모임, 단약모임, 참교육을 위한 학부모연대 등

4 사회복지실천의 관점

(1) 환경 속의 인간(Person-In-Environment)　10회, 11회, 13회 기출

① 인간과 환경을 분리된 실체가 아닌 하나의 총체로 이해하는 통합적인 관점이다.
② 개인이 경험하는 사회복지적 문제의 책임을 개인과 환경의 공동책임으로 간주한다.
③ 개인·환경 간 상호작용 증진을 위해 개인의 역량을 강화하는 것은 물론 환경의 변화를 시도한다.
④ 사회복지사는 '이중초점(Dual Focus)'으로 클라이언트의 개인 내적인 측면은 물론 가족, 학교, 직장 등 다양한 환경체계들에도 관심을 가져야 한다.

(2) 사회복지실천의 통합적 접근방법　4회, 5회, 6회, 7회, 9회, 10회, 15회, 18회, 19회, 20회, 21회, 22회 기출

① **등장배경**
　ㄱ 전통적인 방법(의료모델)은 주로 특정 문제를 중심으로 개입하여 다양한 문제에 효과적으로 대처할 수 없었다.
　ㄴ 전통적 방법이 너무 세분화·전문화되어 왔기 때문에 서비스의 파편화 현상을 초래하였다.
　ㄷ 전문화 중심의 교육훈련이 사회복지사들의 분야별 직장 이동에 도움이 되지 않았다.
　ㄹ 공통기반을 전제로 하지 않은 분화와 전문화가 각각 별개의 사고·언어·과정을 보여주어 사회사업 전문직의 정체성 확립에 장애가 되었다.

② **통합적 접근방법에 관한 사회복지실천의 특징**
　ㄱ 생태체계적 관점에 기초한다.
　ㄴ 개인과 체계 간의 양면적 상호작용에 초점을 둔다.
　ㄷ 다양한 체계에 개입하며, 경험적으로 검증된 개입방법을 우선 적용한다.
　ㄹ 클라이언트의 참여와 자기결정, 클라이언트와의 협동노력을 강조한다.

(3) 통합적 접근방법의 주요 이론

① 체계이론 13회, 19회 [기출]

㉠ 의 의

- 개인과 환경을 상호보완적인 전체로 파악한다.
- 사람과 자원 간의 상호작용, 개인과 체계가 기능을 효율적으로 발휘하는 데 있어서 당면하는 문제 등에 초점을 맞춘다.

㉡ 주요 개념 및 특성 1회, 3회, 6회, 8회, 9회, 11회, 12회, 20회 [기출]

경 계	체계를 구성하는 소단위로서 물리적 또는 개념적인 공간
균 형	외부환경으로부터 새로운 에너지의 투입 없이 현상을 유지하려는 속성
항상성	끊임없는 변화와 운동의 과정 속에서 균형을 회복하려는 경향
안정상태	부분들 간의 관계를 유지시키고, 쇠퇴로 인해 붕괴되지 않도록 에너지를 계속 사용하는 상태
엔트로피	체계 내부의 에너지만 소모함으로써 유용한 에너지가 감소하는 상태
역엔트로피 (네겐트로피)	체계의 외부로부터 에너지를 가져옴으로써 체계 내부의 불필요한 에너지가 감소하는 상태
홀 론	하나의 체계는 상위체계에 속한 하위체계인 동시에 다른 것의 상위체계가 됨(체계의 이중성)
투입 – 전환 – 산출 – 환류	체계가 환경으로부터 에너지와 정보 등을 받아들여 이를 처리하고, 전환 과정을 거쳐 결과물을 배출하며, 이를 환류하여 다음의 행동을 수정하는 전 과정

② 생태체계이론 5회, 7회, 9회 [기출]

㉠ 의 의

- 인간과 환경 간의 균형을 강조하며, 체계이론과 생태학적 관점을 통합한 것이다.
- 인간 생활상의 문제를 그 개인을 둘러싼 환경과 생활공간에서 이해하고자 한다.

㉡ 특 징

- '상황 속 인간'을 강조하며, 인간과 환경의 상호작용에 초점을 둔다.
- 일반체계 관점에서 부족했던 체계 간의 교류영역을 적응과 상호교류로 설명한다.
- 인간문제의 실생활에 관심을 가지고 실천적인 경향을 보완한다.
- 구체적인 실천모델이 없으므로 기존의 모델을 절충하는 입장을 취하고 있다.

(4) 통합적 접근의 주요 모델 4회, 8회, 10회, 14회, 18회, 19회, 22회 [기출]

① 핀커스와 미나한(Pincus & Minahan)의 4체계 모델

㉠ 표적체계 : 목표달성을 위해 변화시킬 필요가 있는 대상

㉡ 클라이언트체계 : 서비스나 도움을 필요로 하는 사람들

㉢ 변화매개체계 : 사회복지사와 사회복지사가 속한 기관 및 조직

㉣ 행동체계 : 변화매개인들이 변화노력을 달성하기 위해 서로 상호작용하는 사람들

② 콤튼과 갤러웨이(Compton & Galaway)의 6체계 모델

위의 4가지 체계＋2가지 체계(전문가체계, 문제인식체계)

　㉠ 전문가체계 : 전문가단체, 전문가를 육성하는 교육체계 등
　㉡ 문제인식체계(의뢰－응답체계) : 잠재적 클라이언트를 사회복지사의 관심 영역으로 끌어들이기
　　위해 행동하는 체계

제3장 | 면접의 방법 및 관계형성에 대한 이해

1 면접의 방법

(1) 면접의 목적
① 클라이언트에 관한 정보를 획득한다.
② 클라이언트에게 정보를 제공한다.
③ 원조과정에서 장애를 파악하고 제거한다.
④ 치료관계를 확립 · 유지한다.
⑤ 목표달성을 위한 활동을 파악 · 이행한다.
⑥ 원조관계를 촉진한다.

(2) 면접의 특성 5회, 12회, 18회, 20회 기출
① 면접을 위한 세팅과 맥락이 있다.
② 목적지향적인 활동이며, 개입 목적에 따라 의사소통 내용이 제한된다.
③ 한정적 · 계약적 활동이다.
④ 사회복지사와 클라이언트의 특정한 역할 관계가 있다.
⑤ 공식적 · 의도적인 차원에서 이루어지는 활동이다.

(3) 면접의 기술 1회, 2회, 4회, 5회, 8회, 11회, 18회, 21회 기출
① 경 청
　㉠ 클라이언트의 어려움을 공감하면서 잠재적인 감정 및 반응에 주목한다.
　㉡ 클라이언트의 이야기에 대해 집중하고 있음을 표시한다.
② 질 문
　㉠ 클라이언트로부터 필요한 정보를 얻기 위해, 클라이언트의 생각과 느낌을 표현하도록 돕기 위
　　해 사용되는 기술이다.
　㉡ 클라이언트의 표현이 모호할 때는 오해를 최소화하기 위해 구체적 표현을 요청한다.

③ 명료화(명확화)
  ㉠ 클라이언트의 반응으로 나타난 생각이나 감정 속에 내포된 관계 혹은 의미를 보다 분명하게 말해준다.
  ㉡ 클라이언트는 애매하게만 느끼던 내용을 사회복지사가 말로 표현해줌으로써 자신이 이해 받고 있다는 느낌을 가지게 된다.
④ 직 면
  ㉠ 클라이언트가 모르고 있거나 인정하기를 거부하는 생각이나 감정을 규명하는 것이다.
  ㉡ 과거와 현재의 연관성이나 행동과 감정 간의 유사점 및 차이점을 지적하고, 그것에 주목하도록 한다.
⑤ 해 석
  ㉠ 클라이언트가 이야기한 내용에 사회복지사가 새로운 의미와 관계성을 부여해 언급하는 것이다.
  ㉡ 클라이언트의 내면세계에 접근하는 깊이의 수준은 '반영 → 명료화 → 직면 → 해석' 순으로 볼 수 있다.
⑥ 초점화
  ㉠ 클라이언트가 말을 장황하게 하거나 어떤 주제를 회피하려고 할 때 간단한 질문을 하거나 문제를 다시 언급함으로써 초점을 맞춘다.
  ㉡ 제한된 시간에 최대의 효과를 이끌어내야 하는 전문적 관계에 있어서 불필요한 방황과 시간낭비를 방지한다.
⑦ 요 약
  ㉠ 면접을 시작하거나 마칠 때 혹은 새로운 주제로 전환하려고 할 때 이전 면접에서 언급된 내용을 간략히 요약하여 기술하는 것이다.
  ㉡ 지금까지 다뤄온 내용을 정확하고 간결하게 제시함으로써 면접 도중에 나타난 문제점, 진행 정도 및 다음 단계에 대한 계획을 파악하는데 도움을 준다.

(4) 면접 시 피해야 할 질문 15회, 19회, 20회, 21회 기출

유도질문	사회복지사는 클라이언트로 하여금 바람직한 결과를 나타내 보이도록 하려는 의도에서 간접적으로 특정한 방향으로의 응답을 유도할 수 있다. 이때 클라이언트는 자신의 진정한 의향과 달리 사회복지사가 원하거나 기대하는 방향으로 거짓응답을 할 수 있다. 예 "당신의 행동이 잘못됐다고 생각해보지는 않았나요?"
모호한 질문	클라이언트가 질문의 방향을 명확히 인지하지 못하거나 받아들이지 못하는 형태의 질문이다. 예 "당신은 어렸을 때 어땠나요?"
이중질문 (복합형 질문)	한 번에 두 가지 이상의 내용을 질문하는 것으로서, 클라이언트는 복수의 질문 가운데 어느 하나를 선택하여 답변할 수도, 아니면 어느 쪽에 답변을 해야 하는지 알 수 없어 머뭇거릴 수도 있다. 예 "당신은 선생님께는 어떻게 말했고, 부모님께는 어떻게 말했나요?"

왜(Why) 질문	'왜(Why)' 의문사를 남용함으로써 클라이언트로 하여금 비난을 받고 있다는 느낌을 갖도록 하는 질문이다. 예 "그 민감한 상황에서 왜 그런 말을 하셨지요?"
폭탄형 질문 (중첩형 질문)	클라이언트에게 한꺼번에 너무 많은 질문을 쏟아내는 것이다. 예 "당신은 친구에게 절교를 당했을 때 어떤 느낌이 들었나요? 혹시 당신이 친구에게 나쁜 행동을 했다고 생각해보진 않았나요? 그렇게 친구가 절교선언을 했을 때 당신은 어떤 반응을 보였나요?"

2 관계형성에 대한 이해

(1) 관계형성의 7대 원칙(Biestek) 1회, 2회, 3회, 4회, 5회, 8회, 9회, 10회, 11회, 13회, 14회, 15회, 20회 기출

① 개별화 : 개인으로서 처우 받고 싶은 욕구

② 의도적인 감정표현 : 감정을 표명하고 싶은 욕구

③ 통제된 정서적 관여 : 문제에 대한 공감을 얻고 싶은 욕구

④ 수용 : 가치 있는 개인으로 인정받고 싶은 욕구

⑤ 비심판적 태도 : 심판받지 않으려는 욕구

⑥ 자기결정 : 스스로 선택과 결정을 내리고 싶은 욕구

⑦ 비밀보장 : 자신의 비밀을 간직하려는 욕구

(2) 관계형성을 위한 사회복지사의 노력 11회 기출

① 감정이입 : 사회복지사는 클라이언트의 기분과 경험을 이해할 수 있어야 한다.

② 진실성 : 사회복지사는 자기 자신을 일관되고 솔직하게 드러내야 한다.

③ 온정 : 사회복지사는 클라이언트로 하여금 자신이 수용되고 이해되고 있음을 알 수 있도록 해야 한다.

④ 인정 : 사회복지사는 클라이언트의 외양이나 행동, 처한 환경 등과 무관하게 가치 있는 존엄한 존재로 대해야 한다.

제4장 | 사회복지실천과정

1 학자별 사회복지실천의 과정

(1) McMahon

관계형성 → 자료수집 → 사정 → 개입 → 평가 → 종결

(2) Sheafor et al.

접수와 관계형성 → 자료수집과 사정 → 계획과 계약 → 개입과 모니터링 → 평가와 종결

(3) 양옥경 外

접수 → 자료수집 및 사정 → 목표설정 및 계약 → 개입 → 평가와 종결

② 접수, 자료수집, 사정

(1) 접 수

① 내 용 5회, 6회, 7회, 9회, 10회, 12회 [기출]

㉠ 클라이언트의 문제와 욕구 확인

㉡ 클라이언트의 가족관계, 학교 및 직장생활, 주위환경 등에서의 적응상태 확인

㉢ 클라이언트가 기관을 찾게 된 상황 파악

㉣ 클라이언트가 문제를 보고 느끼는 방식 파악

㉤ 원조 목적과 원조에서 기대하는 바의 명확화

㉥ 기관의 기능에 대한 설명

㉦ 클라이언트의 욕구가 기관의 자원정책과 부합되는지의 여부에 대한 판단

② 접수단계에서 사회복지사의 과제 11회, 12회, 14회, 19회, 20회 [기출]

㉠ 클라이언트의 문제와 욕구를 확인한다.

㉡ 클라이언트와 라포(Rapport)를 형성하며, 원조관계를 수립한다.

㉢ 클라이언트를 동기화하며, 기관의 서비스와 원조과정에 대해 안내한다.

㉣ 클라이언트의 양가감정을 수용하고 저항감을 해소한다.

㉤ 서비스 제공 여부를 결정하며, 필요시 다른 기관으로 의뢰한다.

(2) 자료수집 15회, 20회 [기출]

① 내 용 12회 [기출]

㉠ 현재 상황 : 문제와 관련된 요인, 클라이언트의 과거 대처 방식, 문제와 관련된 중요한 타자에 대한 정보, 클라이언트와 영향을 주고받는 환경에 대한 정보, 사회적·경제적·심리적 요인이 클라이언트 및 가족에게 미치는 영향

㉡ 생활력 : 개인력, 가족력, 클라이언트의 기능, 클라이언트의 자원, 클라이언트의 한계 및 장점

② 자료수집의 정보원 5회, 6회, 10회, 13회, 21회 [기출]

㉠ 클라이언트의 이야기

㉡ 클라이언트의 심리검사 결과

㉢ 클라이언트에 대한 비언어적 행동관찰

㉣ 클라이언트가 직접 작성한 양식

㉤ 중요한 타자와의 상호작용 및 가정방문

㉥ 클라이언트에 대한 사회복지사의 개인적 경험

㉦ 부수정보(가족, 이웃, 친구, 친척, 학교, 다른 기관으로부터 얻게 되는 정보)

(3) 사 정

① **특 징** 9회, 11회, 12회, 13회, 14회, 22회 기출
  - ㉠ 클라이언트에 관한 정보를 수집·분석·종합화하면서 다면적으로 공식화하는 과정이다.
  - ㉡ 클라이언트와 사회복지사의 상호작용 과정이다.
  - ㉢ 시작시점부터 종결시점에 이르기까지 전 과정에 걸쳐 이루어지는 지속적인 과정이다.
  - ㉣ 정보의 수집, 상황에 대한 이해, 전체 과정으로의 통합적 사고로 이어지는 사고의 전개과정이 있다.
  - ㉤ 클라이언트를 사회적·환경적 맥락에서 이해하는 '이중초점(Dual Focus)'을 가진다.
  - ㉥ 사정에서는 수평적 탐색과 수직적 탐색이 적절히 이루어져야 한다.
  - ㉦ 인간의 상황은 모두 다르므로 사정 또한 개별화하는 것이 바람직하다.
  - ㉧ 사정을 통해 클라이언트를 완전히 이해하는 것은 불가능하다.

② **사정의 도구** ★ 매회 기출
  - ㉠ 가계도 : 클라이언트의 3세대 이상에 걸친 가족관계의 도표화
  - ㉡ 생태도 : 가족관계 및 가족의 자원, 가족과 외부환경의 상호작용 묘사
  - ㉢ 소시오그램 : 집단구성원 간의 견인과 반발, 선호도와 무관심의 형태를 분석
  - ㉣ 생활력도표 : 가족구성원에게 발생한 중요한 사건의 시계열적 도표화
  - ㉤ 사회적 관계망표 : 클라이언트의 환경 내에 영향을 미치는 중요한 사람이나 체계로부터 물질적·정서적 지지, 원조 방향, 충고와 비판, 접촉 빈도 및 시간 등에 관한 정보를 제공
  - ㉥ 생활주기표 : 클라이언트의 생활주기와 가족성원의 발달단계별 과업 도표화

③ 목표설정(계획), 계약

(1) 목표설정

① **목표설정 시 유의사항** 10회, 11회, 12회 기출
  - ㉠ 명시적이고 측정이 가능해야 한다.
  - ㉡ 목표달성이 가능해야 한다.
  - ㉢ 기관의 기능과 일치해야 한다.
  - ㉣ 사회복지사의 지식과 기술에 상응하는 것이어야 한다.
  - ㉤ 클라이언트가 바라는 바와 연결되어야 한다.
  - ㉥ 성장을 강조하는 긍정적 형태이어야 한다.
  - ㉦ 사회복지사의 중요한 권리나 가치에 부합해야 한다.

② **복합적인 문제를 가진 클라이언트 경우 목표설정 우선순위** 5회, 11회 기출
  - ㉠ 해결이 가장 시급한 문제
  - ㉡ 단기간 달성으로 성취감을 느낄 수 있는 문제
  - ㉢ 클라이언트가 목표달성에 전력을 다할 동기를 가지고 있는 문제
  - ㉣ 사회복지사와 기관의 기능상 무리 없이 달성할 수 있는 문제

(2) 계 약

① **계약요소** 2회, 3회, 7회 기출

　ㄱ 달성될 목표

　ㄴ 참여자의 역할

　ㄷ 사용될 개입방법

　ㄹ 세션의 길이, 빈도, 시간

　ㅁ 진행에 대한 평가방법(모니터링 방법)

　ㅂ 계약의 재협상에 대한 조항

　ㅅ 기타 클라이언트 관련 정보, 날짜, 서명, 비용 등

② **계약의 형식에 따른 장단점**

서면계약	• 클라이언트의 참여의지 공고화, 분쟁 및 오해의 소지 최소화 • 서면 작성에 따른 시간 소요, 분쟁 시 법적인 문제 야기
구두계약	• 서면계약에 비해 신속, 저항감·불신감을 가진 클라이언트와의 관계에서 유용 • 서면계약에 비해 결정적인 힘 부족, 자세한 합의 내용의 망각
암묵적 합의	사회복지사와 클라이언트 간의 계약 내용에 대한 이해 및 동의 여부 확신 곤란, 상호 간의 오해 가능성

4 개 입

(1) 개입방법

① **직접적 개입방법**

의사소통기법	자아인식 향상을 위한 기법, 지지적 기법, 지시적 기법
행동학습기법	강화와 처벌, 모방, 토큰강화, 타임아웃
대인관계 개선기법	행동시연, 역할교환

② **간접적 개입방법** 7회, 12회, 21회 기출

　ㄱ 서비스 조정 : 클라이언트의 욕구해결을 위한 서비스 연결 및 의뢰

　ㄴ 프로그램 계획 및 개발 : 클라이언트가 필요로 하는 새로운 서비스의 확보

　ㄷ 환경조작 : 클라이언트의 사회적 역량 강화를 위한 주위 환경에 영향력 행사

　ㄹ 옹호 : 클라이언트의 권익수호를 위한 개인 또는 집단의 영향력 행사

(2) 개인체계의 개입 10회, 18회, 22회 기출

① 정서 및 인지에 개입하는 기술 : 정서적 안정, 인지구조의 변화, 상황 인식 등
② 행동에 개입하는 기술 : 행동변화 혹은 행동수정, 대인관계의 개선
③ 문제해결기술 : 문제에 대한 구체적인 언급, 한 번에 한 가지 문제에 초점두기, 긍정적 · 건설적 방식으로의 문제공유
④ 사회기술훈련 : 다양한 기술의 훈련 또는 역할관계에서의 효과적인 기능수행을 위한 학습
   ㉠ 코칭(Coaching) : 치료자가 클라이언트에게 어떤 힌트나 신호를 줌으로써 특정 상황에서 필요로 하는 사항이나 기술을 쉽게 인지할 수 있도록 해 주는 기술
   ㉡ 과제제시(Task Presentation) : 치료자가 클라이언트와 상의 하에 실생활 장면에서 실행할 수 있는 과제를 제시하는 기술
   ㉢ 모델링(Modeling) : 모델의 행동을 관찰하고 모방하여 학습함으로써 의도했던 기술을 수행할 수 있도록 해 주는 기술
   ㉣ 자기옹호(Self-advocacy)는 클라이언트로 하여금 스스로 목소리를 내어 자신의 권리를 주장할 수 있도록 해 주는 기술
⑤ 스트레스 관리 : 불쾌스트레스(Distress)에의 적절한 대처, 유쾌스트레스(Eustress)에의 적절한 반응

(3) 가족체계의 개입

① 가족에 접근하는 관점 9회 기출

횡적 차원	• 가족을 공간적 · 체계적 차원에서 고려하는 관점 • 가족을 체계의 요소들이 각각의 부분으로서 상호작용하여 하나의 전체를 이루는 복합체로 간주
종적 차원	• 가족을 시간적 · 발달적 차원에서 고려하는 관점 • 여러 세대에 걸쳐 다양한 가치가 세대 간에 전수되어 조정 · 통합되는 과정을 강조

② 주요 개입방법 1회, 7회, 9회, 11회, 16회 기출
   ㉠ 가족조각 : 특정 시기의 정서적인 가족관계를 사람이나 대상물의 배열을 통해 나타내는 것으로 가족조각의 목적은 가족관계 및 가족의 역동성을 진단함으로써 치료적인 개입을 하는 데 있다.
   ㉡ 역할연습(역할극) : 가족의 문제 상황을 구체적으로 재현하거나 새로운 행동을 연습하는 데 활용되며, 과거 및 미래 사건에 대한 감정을 직접적으로 표현하여 가족성원들에게 생생하게 경험할 수 있는 기회를 제공한다.
   ㉢ 증상처방 : 가족이 그 가족 내에서 문제시해온 행동을 과장하여 계속하도록 하는 역설적 치료 상황을 조장하는 것으로 '치료적 이중구속'을 활용한 것이다.
   ㉣ 과제할당 : 가족성원들 간의 상호교류에서 자연스럽게 발전될 수 있는 행위를 실연하거나 가족이 수행할 필요가 있는 영역을 개발하도록 하기 위해 분명하고 구체적인 과업을 제공한다.
   ㉤ 실연 : 가족 갈등을 치료 상황으로 가져와 성원들이 갈등을 어떻게 처리하는 직접 관찰하며, 상호작용에서 나타나는 문제를 수정하고 이를 구조화하도록 한다.
   ㉥ 코칭 : 치료자가 가족문제를 가진 내담자에게 개방적이고 직접적으로 접근하는 기법이다.

(4) 집단체계의 개입

① 집단상담자로서 사회복지사의 기능
　㉠ 지도적 기능
　㉡ 자극적 기능
　㉢ 확장적 기능
　㉣ 해석적 기능

② 주요 개입기술 　17회 기출
　㉠ 집단과정 촉진기술 : 참여 촉진 기술, 상호작용 지도 기술, 주의집중 기술, 표현 및 반응기술, 의사소통의 초점 유지 기술, 집단 과정의 명료화 기술, 집단 의사소통의 명료화 기술 등
　㉡ 자료수집 및 사정기술 : 문제와 상황에 대한 확인 및 묘사기술, 질문 및 탐색 기술, 정보에 대한 분석 기술, 요약 및 세분화 기술 등
　㉢ 행동기술 : 심리적 지지 기술, 집단 활동의 지시 기술, 문제와 상황에의 재구성 및 재명명 기술, 자원 제공 기술, 갈등 해결 기술 등

(5) 지역사회의 개입

사회적 지지체계 개발	• 기존 사회적 지지체계의 활성화 및 새로운 지지체계의 개발 • 자원봉사 프로그램에 의한 지역사회복지에 관심 유도
서비스 조정	• 서비스 연결 또는 의뢰에 의한 특정 클라이언트 사례에 접근 • 사례관리를 통한 클라이언트의 욕구 파악 및 서비스 연결
프로그램 개발	• 클라이언트의 다양한 욕구충족을 위한 프로그램 및 지역자원 개발 • 프로그램 설계 및 집행 · 평가에 이르는 프로그램 개발활동 전개
옹호활동	• 클라이언트의 입장 대변, 사회행동 전개 • 사회적 불평등 및 제도 · 정책상의 문제에 대한 관심

5 종결 및 평가

(1) 평가 및 종결과정에서 사회복지사의 역할 　2회, 5회, 13회, 14회, 16회, 19회, 20회, 21회 기출

① 진전수준 검토 및 결과의 안정화 : 클라이언트의 진전수준을 검토하며, 클라이언트가 이룬 성과를 확인한다. 또한 클라이언트가 습득한 기술이나 이득이 유지될 수 있도록 돕는다.
② 정서적 반응 처리 : 클라이언트의 비언어적 메시지에 민감하게 반응하고 종결에 의한 상실감에 공감한다. 특히 종결에 따른 부정적인 정서적 반응을 해결하기 위해 노력한다.
③ 사후관리 계획 : 종결 이후의 사후세션에 대해 계획을 세운다. 사회복지사가 떠나는 경우 클라이언트가 이를 준비하고 받아들일 수 있도록 미리 배려한다.

(2) 종결 후 타 기관 또는 다른 사회복지사에게 의뢰할 때 주의사항 9회, 11회, 17회 기출

① 클라이언트에게 도움이 될 만한 곳을 추천한다.

② 의뢰에 대한 클라이언트의 준비상태를 확인한다.

③ 새로운 서비스에 대해 클라이언트가 느끼는 불신이나 걱정 등을 다룬다.

④ 의뢰하는 기관의 서비스에 대해 명확하게 설명한다.

⑤ 제공될 서비스에 대해 비현실적으로 보증하는 것을 삼간다.

⑥ 가능한 대안을 제시하고 클라이언트가 스스로 결정하도록 돕는다.

⑦ 지역사회 내 자원에 대한 정보를 클라이언트와 공유한다.

(3) 평가의 유형 7회, 10회 기출

① 형성 평가(과정평가) : 현재와 미래에 관련된 프로그램 수행상의 문제해결이나 결정을 내리기 위해 프로그램의 수행이나 전달과정 중에 실시하는 평가조사

② 성과 평가(총괄평가) : 프로그램이 달성하고자 했던 목표를 얼마나 잘 성취했는지 여부를 평가하기 위해 프로그램 운영이 끝날 때 행해지는 평가조사

③ 양적 평가 : 수량화된 자료를 가지고 적절한 통계적 방법을 활용하여 입수한 자료의 속성을 계량함으로써 그 결과를 기술·분석하는 평가조사

④ 질적 평가 : 자연스러운 상황에서의 관찰이나 사례연구 등의 방법으로 소수의 사례를 심도 있게 분석하는 평가조사

⑤ 만족도평가 : 프로그램 또는 서비스에 대한 클라이언트의 평가에 초점을 두는 평가조사

⑥ 실무자평가 : 프로그램 과정 중 실무자의 행동이나 태도가 개입에 어떠한 영향을 미쳤는지 클라이언트의 피드백에 의해 파악하는 평가조사

제5장 | 사례관리

1 사례관리의 목적 및 필요성

(1) 목 적 12회, 13회, 15회, 17회, 20회, 22회 기출

① 개인의 욕구충족, 삶의 질 개선

② 보호의 연속성·지속성 보장

③ 개인의 욕구를 지역의 공식적·비공식적 자원과 연계

④ 개별화된 서비스 제공 및 서비스의 조정을 통한 효과적인 서비스 제공

⑤ 개인의 잠재력 개발, 능력의 최대화

⑥ 가족 및 일차집단의 보호능력 극대화

⑦ 일차적 보호자원과 공적 보호체계의 통합

(2) 필요성(등장배경) 5회, 6회, 7회, 11회, 19회, 21회 기출

① 클라이언트 욕구의 다양화 · 복잡화
② 통합적인 서비스의 요구
③ 클라이언트 및 그 가족의 과도한 책임부담
④ 탈시설화 및 재가복지서비스의 경향
⑤ 서비스 공급의 중복 및 누수 방지에 대한 필요성
⑥ 사회복지서비스 공급주체의 다원화
⑦ 산업화에 따른 가족 기능의 약화
⑧ 사회적 지지체계의 중요성에 대한 인식
⑨ 노령화 등의 인구사회학적 변화

2 사례관리의 원칙과 사례관리자의 역할

(1) 사례관리의 개입 원칙 3회, 4회, 9회, 12회, 13회, 16회, 19회, 21회 기출

① **개별화** : 클라이언트의 특성에 맞는 서비스 제공
② **포괄성** : 클라이언트의 다양한 욕구충족
③ **지속성(연속성)** : 클라이언트 및 주위 환경에 대한 지속적인 점검
④ **연계성** : 분산된 서비스체계들의 상호연계
⑤ **접근성** : 기관 및 자원에의 접근성 확보
⑥ **자율성** : 클라이언트의 자율성 극대화
⑦ **체계성** : 서비스 간 중복 및 자원의 낭비방지

(2) 사례관리자의 역할 11회, 12회, 15회, 19회, 20회, 22회 기출

① **중개자** : 클라이언트를 다른 유용한 자원과 연결
② **옹호자** : 클라이언트의 입장을 대변, 옹호
③ **평가자** : 프로그램의 효과성 및 효율성 검토, 사례관리 과정 전반에 대한 평가
④ **조정자** : 클라이언트의 욕구와 자원과의 관계, 클라이언트와 원조자들 간의 관계에 대한 조정 및 타협
⑤ **계획가** : 사례계획, 치료, 서비스통합, 기관의 협력 및 서비스망 설계
⑥ **중재자** : 개인이나 집단의 갈등 파악과 조정 및 논쟁이나 갈등을 해결하고 중립의 입장에서 서로의 입장을 명확히 밝히도록 도움

3 사례관리의 과정 7회, 10회, 15회, 16회, 18회, 21회 기출

(1) 제1단계 - 접수(Intake) 11회 기출

① 클라이언트의 장애나 욕구를 개략적으로 파악하여 기관의 서비스에 부합하는지의 여부를 판단한다.

② 사례관리를 통해 제공할 수 있는 서비스의 내용을 클라이언트에게 상세히 설명하여 클라이언트가 그와 같은 서비스를 수령할 것인지의 여부를 확인하고 계약을 체결한다.

(2) 제2단계 - 사정(Assessment) 4회, 16회 기출

① 개입, 치료양식을 선택할 목적으로 클라이언트의 문제와 상황을 검토하기 위한 절차이다.

② 욕구와 문제의 사정, 자원의 사정, 장애물의 사정 등으로 이루어진다.

(3) 제3단계 - 계획(Service Plan) 22회 기출

① 클라이언트의 문제, 성취될 결과, 목표달성을 위해 추구되는 서비스 등에 관해 클라이언트, 사회적 관계망, 다른 전문가, 사례관리자가 합의를 발달시켜나가는 과정이다.

② 필요한 서비스에 대한 우선순위 영역, 장·단기의 구체적 측정목표, 목표성취를 위한 구체적인 행동, 의뢰가 이루어지는 기관, 구체적인 시간계획, 장애물의 해결방안 등이 포함된다.

(4) 제4단계 - 개입 또는 계획의 실행(Intervention)

① 개 념

㉠ 서비스 계획 및 확립된 절차에 따라 이루어진 업무를 수행하는 과정이다.

㉡ 계획 수정이 필요할 경우 재사정을 실시한다.

㉢ 클라이언트와 서비스 제공자 간의 갈등 발생 시 조정의 역할을 한다.

㉣ 필요한 양질의 서비스나 자원을 확보하여 이를 제공하는 것으로, 사례관리자에 의한 서비스 제공방식에 따라 직접적 개입과 간접적 개입으로 구분된다.

② 직접적 개입과 간접적 개입 16회, 18회, 20회 기출

직접적 개입	• 클라이언트의 서비스 접근과 활용기술 및 능력을 고양시키려는 노력과 관련된다. • 클라이언트를 교육시키는 것, 클라이언트의 결정 및 행동을 격려 · 지지하는 것, 위기동안 적절히 개입하는 것, 클라이언트를 동기화시키는 것 등이 있다. • 사례관리자는 주로 안내자, 교육자, 정보제공자로서의 역할을 수행한다. 예 예비부모를 대상으로 가족교육을 실시, 역기능적 가족을 대상으로 가족규칙 재구성 등
간접적 개입	• 클라이언트를 대신하여 클라이언트의 주변체계나 클라이언트와 체계 간의 관계를 변화시키려는 노력과 관련된다. • 클라이언트에게 필요한 자원체계를 연계 또는 서비스를 중개하는 것, 클라이언트를 대신하여 다양한 체계에 대한 클라이언트 욕구를 옹호하는 것 등이 있다. • 사례관리자는 주로 중개자, 연결자, 옹호자로서의 역할을 수행한다. 예 장애인 인식개선을 위한 지역사회 홍보활동, 가정폭력 피해여성을 위한 모금활동 등

(5) 제5단계 – 점검(Monitoring) 및 재사정(Reassessment) 7회, 11회 기출

① 개 념
  ㉠ 클라이언트에게 제공되는 서비스의 적시성, 적절성, 충분성, 연속성을 보장하기 위해 서비스 제공체계의 서비스 전달 및 실행을 추적하고 이를 점검 및 재사정하는 과정이다.
  ㉡ 점검에 의한 지속적인 재사정 과정을 통해 개입계획 또는 문제해결전략이 수정 · 보완되기도 한다.

② 점검의 주요 목적 17회, 21회 기출
  ㉠ 서비스 개입계획이 적절히 이행되고 있는지를 검토한다.
  ㉡ 서비스 지원계획의 목표 달성 정도를 검토한다.
  ㉢ 서비스와 지원의 산출결과를 검토한다.
  ㉣ 클라이언트의 욕구 변화 유무 및 서비스 계획 변경의 필요성에 따라 개입계획의 수정여부를 결정한다.

(6) 제6단계 – 평가(Evaluation) 및 종결(Disengagement)

① 서비스 계획, 서비스 구성요소, 사례관리자에 의해 동원 · 조정된 서비스 활동이 가치 있는 것인지의 여부를 결정하기 위한 과정이다.
② 클라이언트에 관한 서비스 및 개입계획에 대한 평가, 목적달성 여부에 대한 평가, 전반적인 사례관리 서비스 효과에 대한 평가, 클라이언트의 만족도에 대한 평가 등으로 구분된다.

제1장 | 사회복지실천기술 및 사회복지사의 역할

1 사회복지실천기술

(1) 사회복지실천기술의 의의

① 의 의
- ㉠ 클라이언트의 문제, 욕구, 능력, 등에 대한 사정을 비롯하여 자원개발, 사회구조 변화 등에 대한 숙련성을 의미
- ㉡ 사회복지실천의 지식, 가치, 윤리를 토대로 클라이언트의 문제 상황에 대한 변화를 위해 심리사회적으로 개입할 수 있는 사회복지사의 전반적인 능력
- ㉢ 지식과 기술을 한 데 모아 행동으로 옮기는 실천요소

② 실천지식의 차원　16회, 21회 기출

패러다임	추상적인 수준의 개념적 틀로서, 세계관과 현실에 대한 인식의 방향 결정
관점/시각	개념적 준거틀로서, 관심영역과 가치, 대상들을 규정하는 사고체계
이 론	특정 현상을 설명하기 위한 가설이나 개념 혹은 의미의 집합체
모 델	일관된 실천활동의 원칙 및 방식을 구조화 시킨 것
실천지혜	'직관/암묵적 지식'이라고도 하며, 실천현장에서 귀납적으로 만들어진 지식의 종류를 의미

(2) 사회복지실천의 전문성

① 사회복지실천을 위한 사회복지사의 전문지식　22회 기출
- ㉠ 인간행동과 발달에 관한 지식
- ㉡ 인간관계와 상호작용에 관한 지식
- ㉢ 실천이론과 모델에 관한 지식
- ㉣ 특정분야와 대상집단에 관한 지식
- ㉤ 사회정책과 서비스에 관한 지식
- ㉥ 사회복지사 자신에 관한 지식

② 사회복지전문직의 속성(Greenwood) 5회, 6회, 11회, 21회 기출

　　㉠ 기본적인 지식과 체계적인 이론체계

　　㉡ 클라이언트와의 관계에서 부여된 전문적(전문직) 권위와 신뢰

　　㉢ 전문가집단의 힘과 특권

　　㉣ 사회로부터의 승인

　　㉤ 명시적이며 체계화된 윤리강령

　　㉥ 전문직의 문화

③ 전문직으로서 사회복지사가 지녀야 할 요소 1회, 5회, 7회, 10회, 19회 기출

예술적 요소	과학적 요소
• 사랑(동정)과 용기 • 전문적 관계 형성 • 창의성과 상상력 • 희망과 에너지 • 판단력, 사고력, 직관적 능력 • 개인적인 가치관 • 자신만의 전문가로서의 스타일 • 감정이입적 의사소통, 진실성, 융통성	• 사회문제 · 사회현상에 대한 인식 • 사회복지전문직 · 사회복지실천방법에 대한 지식 (관찰, 자료수집, 분석, 실험조사 등) • 사회제도 및 정책, 사회서비스 및 프로그램에 대한 지식

④ 전문적 관계의 주요 요소(Compton & Galaway) 1회, 10회 기출

　　㉠ 타인에 대한 관심(배려)

　　㉡ 헌신과 의무

　　㉢ 권위와 권한

　　㉣ 진실성과 일치성

2 사회복지사의 기술과 역할

(1) 개입수준에 따른 실천기술(Miley et al.)

① **미시 차원** : 개별 클라이언트차원에서 문제해결과정에 참여한다.

　　예 조력자, 중개자, 옹호자, 교사

② **중범위 차원** : 기관 내부 상호작용이나 기관 사이의 연결망을 강화하며, 조직차원에서 전문성을 개발하기 위한 교육을 담당한다.

　　예 촉진자, 중재자, 훈련가

③ **거시 차원** : 지역사회문제를 해결하고 사회불평등을 줄여나가기 위한 역할이다.

　　예 계획가, 행동가, 현장개입가

④ **전문가집단 차원** : 이론적 · 실천적 측면에서 전문직으로 발전시키는 역할이다.

　　예 동료, 촉매자, 연구자/학자

(2) 사회복지사의 역할에 따른 기술 ★ 매회 기출

① **조력자(Enabler)** : 클라이언트의 문제해결능력을 발달시켜 줄 수 있는 기술
② **중개자(Broker)** : 클라이언트의 욕구에 부합하는 서비스를 연결시켜 줄 수 있는 기술
③ **중재자(Mediator)** : 이해당사자 간의 분쟁 상황을 파악하고 서로 타협에 이를 수 있도록 조정하는 기술
④ **옹호자(Advocate)** : 클라이언트의 욕구가 집단이나 사회로부터 거부당할 때 해당 서비스를 확보 · 확장할 수 있도록 원조하는 기술
⑤ **교육자(Educator)** : 클라이언트로 하여금 사실을 인식하도록 하고, 필요한 기술을 제공해 줄 수 있는 기술
⑥ **행동가(Activist)** : 클라이언트가 불평등, 박탈 등으로 심각한 권리 침해를 당하는 경우 이에 맞서 대항 · 협상할 수 있는 기술
⑦ **계획가(Planner)** : 지역사회구성원의 사회복지에 대한 욕구를 충족시킬 수 있도록 지역의 특성에 맞는 효과적인 계획을 수립할 수 있는 기술
⑧ **평가자(Evaluator)** : 서비스 자원과 욕구 충족의 정도를 평가하고, 새로운 대안을 모색할 수 있는 기술
⑨ **행동변화가(Behavior Changer)** : 클라이언트의 부적응 행동을 변화시킬 수 있는 기술
⑩ **행정가(Administrator)** : 계획된 프로그램을 체계적인 절차에 따라 수행할 수 있는 기술

3 사회복지실천에서의 가치와 윤리

(1) 사회복지 전문직의 가치체계 16회 기출

① 개인의 존엄성과 독특성에 대한 존중
② 자기결정의 원리
③ 사회적 형평성의 원리

(2) 윤리적인 딜레마 해결을 위한 준거틀(Loewenberg & Dolgoff) 3회, 6회, 8회, 9회, 14회, 17회, 20회 기출

① **윤리원칙1** : 생명보호의 원칙
② **윤리원칙2** : 평등과 불평등의 원칙
③ **윤리원칙3** : 자율과 자유의 원칙
④ **윤리원칙4** : 최소 해악 · 손실의 원칙
⑤ **윤리원칙5** : 삶의 질 원칙
⑥ **윤리원칙6** : 사생활보호와 비밀보장의 원칙
⑦ **윤리원칙7** : 진실성과 정보개방의 원칙

4 의사소통기술 및 상담면접기술

(1) 관 찰

① 클라이언트가 말하고 행동하는 것에 주의를 기울이는 기술이다.

② 사회복지사가 알고자 하는 것을 선택하여 관찰하는 의도적이고 계획적인 활동이다.

③ 클라이언트의 언어적 표현 및 비언어적 표현도 관찰 대상이 된다.

(2) 질 문 9회, 14회, 15회, 16회, 18회 기출

① 클라이언트의 생각과 느낌을 표현하도록 돕기 위해 사용되는 기술이다.

② 유도질문, 모호한 질문, 이중질문, '왜(why)' 질문, 폭탄형 질문 등은 삼가야 한다.

③ 개방형 질문과 폐쇄형 질문

개방형 질문	• 질문의 범위가 포괄적이다. • 클라이언트에게 가능한 많은 대답을 선택할 기회를 제공한다. • 면접 초기에 유용하게 사용될 수 있으나, 익숙지 않을 클라이언트에게 오히려 답변에 대한 부담감을 줄 수 있다. 例 "당신은 현재 상담 진행 중인 상담사에 대해 어떻게 생각합니까?"
폐쇄형 질문	• 질문의 범위가 매우 좁고 한정적이다. • 클라이언트가 대답할 수 있는 범위를 '예/아니요' 또는 다른 단답식 답변으로 제한한다. • 위기상황에서 클라이언트를 위한 신속한 대응에 유리하다. 例 "당신은 현재 상담 진행 중인 상담사에 대해 만족합니까?"

(3) 명료화 5회, 8회, 18회 기출

① 클라이언트의 말 속에 내포되어 있는 것을 명확하게 해 주는 것이다.

② 명료화의 자료는 내담자 자신이 미처 자각하지 못하는 관계나 의미이다.

(4) 직 면 14회, 15회 기출

① 클라이언트의 감정, 사고, 행동의 모순을 깨닫도록 하는 기술이다.

② 클라이언트에게 방어적 반응을 불러일으킬 수 있으므로, 클라이언트와의 신뢰관계가 충분히 형성된 후에 사용하는 것이 유용하다.

③ 클라이언트가 극심한 정서적 긴장 상태에 있을 때는 사용하지 않는 것이 좋다.

(5) 요 약 21회 기출

① 면접을 시작하거나 마칠 때 혹은 새로운 주제로 전환할 때 이전 면접에서 언급된 내용을 간략히 요약하여 기술하는 것이다.

② 지금까지 다뤄온 내용을 정확하고 간결하게 제시함으로써 면접 중에 나타난 문제점, 진행 정도 및 다음 단계에 대한 계획을 파악하는 데 도움을 준다.

(6) 자기노출 11회 기출

① 사회복지사가 면접을 효과적으로 전개하기 위해 클라이언트에게 자신의 경험이나 생각, 느낌 등을 노출하는 기술이다.

② 자기노출의 내용과 감정은 일치해야 하며, 클라이언트의 반응에 따라 자기노출의 양과 형태를 조절해야 한다.

③ 자기노출의 긍정적 측면과 부정적 측면을 균형 있게 사용하며, 지나치게 솔직한 자기노출은 자제해야 한다.

(7) 침묵 다루기 10회, 19회 기출

① 사회복지사는 '조용한 관찰자'의 태도로 클라이언트의 침묵을 섣불리 깨뜨리려 하지 말고, 인내심을 가지고 어느 정도 기다려보는 것이 바람직하다.

② 침묵은 저항의 유형으로도 볼 수 있으니, 이때 사회복지사는 침묵하는 이유를 파악하도록 한다. 다만, 침묵이 계속되면 면접을 중단할 수 있다.

(8) 환언 또는 바꾸어 말하기 16회 기출

① 클라이언트의 메시지 내용에 초점을 두고 클라이언트가 말한 바를 재진술하는 기술이다.

② 클라이언트가 한 말 가운데 핵심적인 말을 반복하여 말하는 부연설명기술이다.

제2장 | 개별사회복지실천

■ 개별사회복지실천 일반

(1) 특 징

① 1인 클라이언트 체계 중심

② 사회복지사와 클라이언트의 전문적 관계

③ 다양한 개입모델의 활용

(2) 개별사회복지실천의 과정

① 초기단계 : 사회복지사가 클라이언트를 처음 접촉하여 긍정적인 관계를 수립하는 데 초점을 두며, 클라이언트의 욕구가 기관의 자원이나 정책에 부합되는지를 우선적으로 고려해야 한다.

② 중기단계 : 사회복지사가 클라이언트를 구체적으로 돕는 활동이 중시되며, 개입 활동은 클라이언트로 하여금 문제에 대한 대처능력을 향상시키는 데 초점을 둔다.

③ 종결단계 : 사회복지사가 개입 활동을 마친 후 활동의 효과를 평가하는 데 초점을 두며, 클라이언트가 개입을 통해 이룬 변화를 유지 및 강화할 수 있도록 사후관리를 해주어야 한다.

② 개별사회복지실천모델 20회 기출

(1) 심리사회모델 2회, 3회, 4회, 6회, 10회, 11회, 22회 기출

① 해밀턴(Hamilton)과 홀리스(Hollis)가 체계화한 것으로 정신분석이론, 자아심리이론, 의사소통이론, 문화인류학, 체계이론, 역할이론, 대상관계이론, 생태체계이론 등에 영향을 받았으며, 진단의 중요성을 강조한다.

② 인간의 문제를 심리적·사회적 문제로 이해하는 동시에 사회적인 환경도 함께 고려한다.

③ 사회복지사와 클라이언트의 관계를 중요시하며, 사회복지사는 관계 형성을 위해 클라이언트를 수용하고 자기결정을 돕는다.

④ 클라이언트의 과거와 현재의 경험과 관련한 내적 갈등을 이해하고 통찰함으로써 클라이언트가 성장할 수 있다고 본다.

⑤ 사회복지사가 클라이언트 주변의 변화를 직접 행하기보다는 클라이언트 스스로 주변을 변화시킬 수 있도록 최대한 도움을 제공한다.

⑥ 개입기법으로는 직접적 개입기법과 간접적 개입기법이 있다.

　　㉠ 직접적 개입기법 4회, 5회, 6회, 7회, 8회, 10회, 11회, 14회, 18회, 20회, 21회, 22회 기출

지지하기	사회복지사가 클라이언트를 원조하려는 의사와 문제해결능력에 대한 확신을 표현하여 클라이언트의 불안을 줄이고 자기존중감을 증진시키는 과정
지시하기 (직접적 영향)	문제해결을 위해 사회복지사의 조언, 충고, 제안 등 클라이언트에게 사회복지사의 의견을 강조하여 클라이언트가 받아들이도록 하는 기법
탐색–기술–환기	클라이언트와 환경과의 상호작용에 대한 사실을 기술하고 감정을 표현하도록 하는 기법
인간–상황에 대한 고찰	사건에 대한 클라이언트의 지각방식 및 행동에 대한 신념, 외적 영향력 등을 평가하는 기법
유형–역동에 대한 고찰	클라이언트의 성격 혹은 행동의 유형과 심리 내적인 역동에 대해 고찰하는 기법
발달적 고찰	성인기 이전의 생애경험이 현재 기능에 미치는 영향에 대해 고찰하는 기법

　　㉡ 간접적 개입기법 7회 기출

　　　• 클라이언트가 필요로 하는 자원을 발굴하여 제공·연계한다.
　　　• 클라이언트에 대한 옹호 및 중재활동을 한다.
　　　• 클라이언트 스스로 주변을 변화시킬 수 있도록 원조한다.

(2) 문제해결모델 12회, 15회 기출

① 펄만(Perlman)이 진단주의의 입장에서 기능주의를 도입하였다.
② 문제해결의 과정을 강조하며, 개인의 문제해결능력 회복을 목표로 한다.
③ 사회복지사는 클라이언트를 문제해결이 부족한 사람으로 보고 잠재능력의 향상을 도모한다.
④ 문제해결모델의 구성요소인 4대 요소는 사람(Person), 문제(Problem), 장소(Place), 과정(Process) 이며, 6대 요소는 4P에 전문가(Professional Person), 제공(Provision)을 포함한다.

(3) 행동수정모델 7회, 15회 기출

① 토마스(Thomas)가 행동주의를 토대로 하여 실천모델로 발전시켰다.
② 인간의 행동은 학습되는 것이며, 인간의 사고 또한 학습의 결과라는 학습이론을 기초로 한다.
③ 구체적인 문제행동에서 특히 관찰 가능한 행동에 초점을 두며, 적응행동을 강화하고자 한다.
④ 행동의 변화를 기술의 문제로 인식하여 기계론적이고 조작적인 방법으로 접근한다.
⑤ 강화와 처벌, 토큰경제, 타임아웃, 소거 등을 이용한다.

(4) 과제중심모델(과업중심모델) 3회, 4회, 6회, 8회, 9회, 10회, 11회, 13회, 14회, 15회, 17회, 19회, 20회, 21회, 22회 기출

① 리드(Reid)와 엡스타인(Epstein)에 의해 체계화된 것으로, 시간제한적인 단기개입모델로서 구조화된 접근을 한다.
② 객관적인 조사연구를 강조하며, 통합적 접근을 통해 특정 이론이 아닌 다양한 접근방법을 활용한다.
③ 문제해결을 위한 계약관계가 이루어지며, 개입의 책무성이 강조된다.
④ 클라이언트의 참여증진 및 자기결정권의 극대화를 도모한다.
⑤ 개입과정 : 시작하기 → 문제규정 → 계약 → 실행 → 종결

(5) 위기개입모델 5회, 9회, 11회, 15회, 18회, 19회, 21회, 22회 기출

① 린드만(Lindeman)과 캐플란(Caplan)의 프로젝트에서 비롯된 것으로, 위기상황에 처해있는 개인이나 가족을 초기에 발견하여 초기단계에서 원조활동을 한다.
② 클라이언트가 최소한의 위기 이전의 기능수준으로 회복하도록 돕는 것을 목표로 한다.
③ 구체적이고 관찰 가능한 문제들에 대해 단기적으로 접근한다.
④ 만성적 클라이언트에게는 부적절한 방법으로, 사회복지사는 위기개입에 있어서 적극적이고 직접적인 역할을 수행한다.
⑤ 위기의 형태로는 실존적 위기, 상황적 위기, 발달적 위기, 사회·문화적 위기 등이 있다.
⑥ 위기반응의 단계(Golan)
  ㉠ 1단계 – 위험한 사건(Hazardous Event)
  ㉡ 2단계 – 취약 상태(Vulnerable State)
  ㉢ 3단계 – 위기촉진요인(Precipitating Factor)
  ㉣ 4단계 – 실제 위기 상태(Active Crisis)
  ㉤ 5단계 – 재통합(Reintegration)

(6) 정신역동모델 9회, 10회, 13회, 14회, 15회, 19회, 21회, 22회 기출

① 현재의 문제원인을 과거의 경험에서 찾는 장기개입모델이다.

② 인간을 병리적인 관점에서 바라본다.

③ 클라이언트의 불안과 무의식적 갈등을 의식화한 뒤, 현재의 행동에 어떠한 영향을 주고 있는지를 통찰하도록 돕는다.

④ 주요 기법

    ㉠ 전이 : 과거에 타인과의 관계에서 경험하였던 소망이나 두려움 등의 감정을 보이는 반응

    ㉡ 직면 : 문제해결과정에서 저항하는 모습을 보이거나 비순응적 태도를 보이는 것을 지적

    ㉢ 훈습 : 저항이나 전이에 대한 이해를 반복해서 심화, 확장

(7) 인지행동모델 4회, 7회, 10회, 11회, 13회, 15회, 16회, 17회, 19회, 21회 기출

① 잘못된 생각 또는 인지체계에 의한 역기능적인 사고를 수정하고자 한다.

② 문제에 초점을 둔 시간제한적 접근으로서 교육적 측면으로 접근한다.

③ 클라이언트의 주관적 경험과 인식을 강조하며, 인식체계의 변화를 위해 구조화된 접근을 한다.

④ 클라이언트의 정서가 어떻게 행동에 영향을 미치는지를 '사건-인지-정서적 결과'의 ABC 모델을 통해 설명한다.

⑤ 엘리스(Ellis)의 합리적·정서적 행동치료와 벡(Beck)의 인지치료가 대표적이다.

⑥ 엘리스가 개인이 가진 비합리적 신념을 문제의 초점으로 두었다면, 벡은 개인이 가진 정보처리 과정상의 인지적 왜곡에 초점을 두었다.

(8) 클라이언트 중심모델(인간중심모델) 6회, 15회, 17회, 21회 기출

① 로저스(Rogers)에 의해 체계화된 것으로, 치료자와 클라이언트의 위계적인 관계를 수평적·협력적인 관계로 전환시켰다.

② 인본주의적인 낙관적 관점에서 클라이언트에 대한 감정이입적이고 무조건적인 긍정적 관심을 강조한다.

③ 인간은 자기실현의 욕구를 가지고 있으며, 자신의 능력을 개발하고자 하는 타고난 성향이 있다.

④ '지금-여기'를 강조하며, 클라이언트의 자기성장을 위한 잠재력 발현을 목표로 한다.

⑤ **클라이언트와의 바람직한 관계형성 방법** : 일치성 또는 진실성, 감정이입적 이해와 경청, 무조건적인 긍정적 관심, 자기결정권 존중 및 수용 등

(9) 임파워먼트모델(권한부여모델, 역량강화모델)

2회, 8회, 9회, 11회, 12회, 13회, 14회, 15회, 16회, 17회, 18회, 19회, 21회, 22회 기출

① 일반체계이론과 생태체계적 관점을 이론적 기반으로 한 강점중심의 실천모델이다.

② 클라이언트를 개입의 주체로 보고 자기결정권을 강조한다.

③ 클라이언트를 자신의 생활과 경험에 있어서 전문가로 간주한다.

④ 사회복지사와 클라이언트 간의 상호 협력적 파트너십을 강조한다.

⑤ 개입의 초점을 '가능성'에 둠으로써 클라이언트의 이용 가능한 자원을 이끌어낸다.

(10) 해결중심모델 10회, 12회, 13회, 14회, 15회, 16회, 18회, 19회, 20회, 22회 기출

① 정신조사연구소(MRI)의 문제중심 단기치료와 사회구성주의적 관점의 영향을 받았다.
② 문제의 원인을 규명하기보다는 클라이언트가 가지고 있는 자원을 활용하여 해결방안을 마련하는 단기적 접근방법이다.
③ 클라이언트의 성공경험, 강점과 자원, 능력과 잠재력 등 주로 건강한 측면에 초점을 둔다.
④ 현재와 미래를 지향하며, 변화에 도움을 주는 자문가 역할을 한다.
⑤ 기적질문, 예외질문, 척도질문, 대처질문, 관계성 질문 등 다양한 질문기법들을 사용한다.

제3장 | 가족대상의 사회복지실천

① 가족대상실천 일반 7회 기출

(1) 가족대상 사회복지실천의 주요 개념 10회, 11회, 13회, 16회, 18회, 21회 기출

① **가족생태학** : 가족이 주변 환경과 상호작용을 하며, 이를 통해 가족의 기본적인 욕구를 충족시키기 위한 자원과 지지를 확보한다고 본다.
② **순환적 인과성** : 가족체계를 원인에 따른 선형적 유형으로 보는 것이 아닌 가족체계의 상호작용 패턴에 초점을 두는 순환적 반응으로 본다.
　㉠ 가족체계 내의 한 구성원의 변화는 다른 구성원들을 자극하여 가족 전체에 영향을 미치게 된다.
　㉡ 문제가 유지되는 가족의 상호작용 과정을 살펴보아야 한다. 즉, '왜(Why)'가 아닌 '무엇(What)'에 초점을 두어야 한다.
　㉢ 상호 영향을 주고받는 과정에서 나타나는 현상이므로, 가족구성원이 많을수록 더욱 복잡한 양상을 띤다.
③ **가족항상성** : 가족규칙을 활성화하여 지속적인 관계를 유지하도록 한다.
④ **가족규칙** : 가족성원들이 서로의 행동규칙을 규정하고 제한하는 관계상의 합의를 말하며, 가족규칙이 가족발달 단계에 따라 유연하게 변화할 때 기능적이다.
⑤ **가족신화** : 가족성원들이 모두 공유하고 있는 전체 가족 혹은 개별 가족원에 대한 잘못된 신념과 기대를 말하며, 가족신화는 보통 현실에 대한 왜곡이나 부정, 현실을 위장하는 요소를 가지고 있다.
⑥ **비합산의 원칙** : 전체는 부분들로 환원되지 않으므로 가족성원들 개개인에 대한 이해를 통해 가족의 전체적인 모습을 파악할 수는 없다.
⑦ **다중종결성** : 체계를 구성하는 요소들의 상호작용 성격에 따라 유사한 조건이라도 각기 다른 결과를 초래하는 경우를 말한다.
⑧ **동등종결성** : 체계를 구성하는 요소들의 상호작용 성격에 따라 서로 다른 조건이라도 유사한 결과를 초래하는 경우를 말한다.
⑨ **환류고리** : 가족체계는 규범에서 지나치게 벗어나는 행동을 부적 환류(Negative Feedback) 과정

76 | SD에듀 핵심암기노트

을 통해 저지함으로써 항상성을 유지하려는 한편, 정적 환류(Positive Feedback) 과정을 통해 체계 내외의 변화에 적응하려고 한다.

⑩ **의사소통의 이중구속** : 한 사람이 다른 사람에게 논리적으로 상호 모순되고 일치하지 않는 두 가지 메시지를 동시에 전달하는 것을 말한다.

⑪ **가족치료의 사이버네틱스** : 체계가 지속적으로 안정상태를 유지하기 위해 성공했던 기억과 실패했던 기억을 비교분석하는 자동적 메커니즘을 정교화하여 이후 전개되는 유사상황에도 이러한 메커니즘이 되풀이되도록 한다.

2 가족문제의 사정

(1) 가계도(Genogram) 1회, 2회, 7회, 8회, 11회, 16회, 18회 기출

① 클라이언트의 3세대 이상에 걸친 가족관계를 도표로 제시하여 현재 제시된 문제의 근원을 찾는다.

② 세대 간 전수되는 가족의 특징이나 반복되는 사건 등을 파악할 수 있다.

③ 가족의 구조, 가족 및 구성원의 관계, 동거가족 현황, 과거의 결혼관계 등에 대한 상세한 정보를 제공한다.

④ **가계도를 통해 알 수 있는 정보** 8회, 11회, 13회, 18회 기출

　㉠ 가족구성원에 대한 정보(성별, 나이, 출생 및 사망 시기, 직업 및 교육수준, 결혼 및 동거관계 등)

　㉡ 가족구조 및 가족관계의 양상(자연적 혈연관계 또는 인위적 혈연관계)

　㉢ 가족 내 하위체계 간 경계의 속성

　㉣ 가족성원 간의 단절 또는 밀착 정도

　㉤ 가족 내 삼각관계

　㉥ 가족성원의 역할 및 기능의 균형상태

　㉦ 가족양상의 다세대적 전이, 세대 간 반복되는 유형 등

(2) 생태도(Ecomap) 2회, 3회, 4회, 6회, 8회, 11회, 15회, 17회 기출

① 클라이언트의 상황에서 의미 있는 환경체계들과의 역동적 관계를 그림으로 표현한 것이다.

② 환경 속의 클라이언트에 초점을 두므로 클라이언트를 생태학적 관점에서 이해하는 데 도움을 준다.

③ 생태도 중앙에 클라이언트의 가족에 해당하는 원을 그린 후 클라이언트와 그의 가족성원을 표시한다.

④ **생태도의 작성지침**

　㉠ 생태도 중앙에 클라이언트의 가족에 해당하는 원을 그리고 클라이언트와 그의 가족성원을 표시한다.

　㉡ '원'은 일반적으로 자원의 양을 표시하고, 가족이 일상생활을 통해 상호작용하는 환경체계를 원을 중심으로 그 주변에 표시한다.

　㉢ '선'은 일반적으로 관계의 정도를 표시하고, 에너지의 흐름을 화살표로 나타내는데 실선은 긍정적인 관계를, 점선은 빈약하고 불확실한 관계를 의미한다.

(3) 생활력도표   2회, 5회, 7회, 12회, 17회 기출

① 각각의 가족구성원의 삶에 있어서 중요한 사건이나 시기별로 중요한 문제의 전개 상황을 시계열적으로 도표화한 것이다.

② 중요한 사건이나 시기를 중심으로 연대기적으로 작성한다.

③ 생태도나 가계도처럼 원이나 화살표 등 기호를 이용하지 않고 도표로 제시된다.

(4) 사회적 관계망 격자(사회관계망표)   9회, 10회, 14회 기출

① 클라이언트 개인이나 가족의 사회적 지지체계를 사정하기 위한 도구이다.

② 사회관계망은 클라이언트의 환경 내에 영향을 미치는 중요한 사람이나 체계를 지칭한다.

③ 사람이나 체계로부터의 물질적 · 정서적 지지, 원조 방향, 충고와 비판, 접촉 빈도 및 시간 등에 관한 정보를 제공한다.

3 가족치료

(1) 다세대적 가족치료모델(세대 간 가족치료모델)   8회, 11회, 12회, 15회, 22회 기출

① 의의 및 특징

   ⊙ 보웬(Bowen)은 현재 가족의 문제를 파악하기 위해 여러 세대에 걸친 가족체계를 분석해야 한다는 점을 강조하였다.

   ⓛ 개인이 가족자아로부터 분화되어 확고한 자신의 자아를 수립할 수 있도록 미분화된 가족자아집합체를 적절하게 분화하는 것을 목표로 한다.

② 주요 개념   10회, 11회, 12회, 13회, 14회, 15회, 16회, 17회, 20회, 22회 기출

   ⊙ 자아분화 : '0~100'까지의 분화지수로 표시하며, '0'은 가족으로부터의 완전한 구속을, '100'은 완전한 독립을 의미한다.

   ⓛ 삼각관계 : 두 사람 간의 상호작용체계에 다른 가족성원을 끌어들임으로써 갈등을 우회시키는 것이다.

   ⓒ 탈삼각화 : 가족 내 삼각관계를 교정하여 미분화된 가족자아집합체로부터 벗어나도록 돕는 기법이다.

(2) 구조적 가족치료모델   2회, 9회, 10회, 11회, 14회, 17회, 20회, 21회 기출

① 의의 및 특징

   ⊙ 미누친(Minuchin)은 가족을 하나의 체계로 보며, 문제해결을 위해 가족구조의 재구조화를 강조하였다.

   ⓛ 가족 간의 명확한 경계를 강조하고 특히 하위체계 간에 개방되고 명확한 경계를 수립하는 것을 목표로 한다.

② **주요 개념**　7회, 9회, 12회, 17회, 18회, 21회 기출

ㄱ 경계 만들기 : 하위체계 간의 경계를 명확히 하는 것으로, 밀착된 가족의 경우 독립성을 고양시키는 반면, 유리된(분리된) 가족의 경우 경직된 경계를 완화시킨다.

ㄴ 합류하기 : 치료자가 가족성원들과의 관계형성을 위해 기존의 가족구조에 참여하는 방법이다.

ㄷ 재구성 : 가족성원의 문제를 다른 시각에서 보거나 다른 방법으로 이해하도록 돕는 방법이다.

(3) 경험적 가족치료모델　9회, 12회, 15회, 21회 기출

① **의의 및 특징**

ㄱ 사티어(Satir)는 가족기능으로서 의사소통의 방식에 관심을 가졌으며, 올바른 의사소통방식의 학습을 강조하였다.

ㄴ 가족관계의 긍정적 측면에 초점을 두며, 가족의 안정보다는 성장을 목표로 한다.

② **주요 개념**　1회, 3회, 4회, 5회, 7회, 8회, 9회, 11회, 13회, 14회, 16회, 17회, 19회 기출

ㄱ 가족조각 : 가족성원이 말을 사용하지 않은 채 대상물의 공간적 관계나 몸짓 등으로 의미 있는 표상을 만드는 것이다.

ㄴ 가족그림 : 가족성원 각자에게 가족이 어떻게 조직되어 있는지 생각나는 대로 그리도록 하는 것이다.

ㄷ 역할연습(역할극) : 가족의 문제 상황을 구체적으로 재현하거나 새로운 행동을 연습하는 데 활용된다.

ㄹ 의사소통 유형　5회, 11회, 13회, 16회, 18회, 20회, 22회 기출

일치형	자신이 중심이 되어 타인과 관계를 맺음(바람직한 유형)
회유형	자신의 생각을 무시한 채 타인의 비위에 맞추려 함
비난형	자신만을 생각하며, 타인을 무시하고 비난함
초이성형(계산형)	자신 및 타인을 무시한 채 상황만을 중시함
산만형(혼란형)	자신 및 타인은 물론 상황까지 모두 무시함

(4) 전략적 가족치료모델

① **의의 및 특징**　22회 기출

ㄱ 헤일리(Haley)는 가족 문제와 관련하여 문제행동의 변화를 위한 해결방법에 초점을 두었다.

ㄴ 단기치료에 해당하며, 가족의 문제를 해결하기 위한 다양한 전략을 모색한다.

② **주요 개념**　5회, 8회, 9회, 11회, 13회, 14회, 15회, 17회 기출

ㄱ 증상처방 또는 역설적 지시 : 문제행동을 계속하도록 지시하여 역설적 치료 상황을 조장하는 것으로, 문제를 유지하는 순환고리를 끊도록 하기 위한 것이다.

ㄴ 순환적 질문 : 문제에 대한 제한적이고 단선적인 시각에서 벗어나 문제의 순환성을 깨닫도록 하기 위해 연속적으로 질문을 하는 것이다.

ⓒ 가장 기법 : 문제 증상을 나타내 보이는 자녀에게 증상을 가진 것처럼 행동하게 하고, 부모는 그런 자녀를 돕는 것처럼 행동하도록 지시하는 것이다.

(5) 해결중심적 가족치료모델 9회, 14회 기출

① 의의 및 특징

ㄱ 스티브 드 세이저(Steve de Shazer)와 인수 김 버그(Insoo Kim Berg)는 탈이론적 입장에서 가족의 견해를 중시하여 해결방법의 간략화를 추구하였다.

ㄴ 과거의 문제보다는 미래와 해결방안 구축에 관심을 기울임으로써 현재와 미래 상황에 적응하도록 돕는다.

② 해결중심모델에서 사용하는 질문기법 5회, 7회, 9회, 10회, 11회, 12회, 14회, 19회, 20회 기출

ㄱ 기적질문 : "잠자는 동안 기적이 일어나 당신을 여기에 오게 한 그 문제가 극적으로 해결됩니다. 아침에 일어나서 지난밤 기적이 일어나 모든 문제가 해결되었다는 것을 어떻게 알 수 있을까요?"

ㄴ 예외질문 : "문제가 일어나지 않을 때는 어떤 상황인가요?"

ㄷ 척도질문 : "치료를 받으러 왔을 때 스트레스 수준이 10점이라고 하고 스트레스가 완전히 해소된 상태를 0점이라고 한다면 지금 당신의 스트레스 상태는 몇 점인가요?"

ㄹ 대처질문 : "어려운 상황 속에서도 더 나빠지지 않고 견뎌낼 수 있었던 것은 무엇 때문이라고 생각하십니까?"

ㅁ 관계성 질문 : "만약 당신의 아버지가 지금 여기에 있다고 가정할 때, 당신의 아버지는 당신의 문제가 해결될 경우 무엇이 달라질거라 말씀하실까요?"

제4장 | 집단사회복지실천

1 집단사회복지실천일반

※ '인간행동과 사회환경'의 제3장 '사회체계이론'을 살펴볼 것(21p)

(1) 집단역동과 집단응집력 2회, 4회, 5회, 7회, 16회 기출

① 집단역동의 구성요소

ㄱ 의사소통 유형　　　　　　　　　ㄴ 집단목적

ㄷ 대인관계　　　　　　　　　　　ㄹ 지위와 역할

ㅁ 가치와 규범　　　　　　　　　　ㅂ 긴장과 갈등

ㅅ 집단응집력　　　　　　　　　　ㅇ 하위집단 등

② **집단역동을 증진시키기 위한 방안** 11회, 13회 `기출`

  ㉠ 집단성원들 간의 솔직한 의사소통이 이루어지도록 노력한다.

  ㉡ 집단성원들이 다양한 지위와 역할을 경험할 수 있도록 한다.

  ㉢ 집단의 규칙과 규범을 제정하고 이를 준수하도록 한다.

  ㉣ 집단성원들로 하여금 집단 중심적인 생각과 행동을 보이도록 촉진한다.

  ㉤ 집단성원들 간의 긴장과 갈등은 집단관계에서 오히려 건설적인 힘이 될 수도 있으므로 이를 바람직한 방향으로 해결하기 위해 노력한다.

③ **집단응집력 향상을 위한 방안**(Corey & Corey, Toseland et al.) 12회, 19회 `기출`

  ㉠ 집단토의와 프로그램 활동을 적극적으로 활용한다.

  ㉡ 개개인 스스로 가치 있고 능력 있는 존재임을 인식하도록 돕는다.

  ㉢ 자신들의 욕구가 집단 내에서 충족된 방법들을 파악하도록 돕는다.

  ㉣ 목표에 초점을 두고 목표를 달성할 수 있도록 돕는다.

  ㉤ 비경쟁적 · 상호협력적 관계를 형성하도록 돕는다.

  ㉥ 집단과정에 완전히 참여할 수 있는 규모의 집단을 형성한다.

  ㉦ 집단성원의 기대와 집단의 목적을 일치시킨다.

  ㉧ 집단에 참여함으로써 얻을 수 있는 자원이나 보상 등의 자극제를 제시한다.

  ㉨ 현재 참여하고 있는 집단에 대해 자부심을 느끼도록 돕는다.

  ㉩ 집단성원으로서의 책임성을 강조한다.

(2) 개방집단과 폐쇄집단 22회 `기출`

개방집단	폐쇄집단
• 새로운 성원의 아이디어나 자원을 활용할 수 있다. • 새로운 성원의 참여로 집단 전체의 분위기를 조성할 수 있다. • 성원 교체에 따른 안정성이나 집단정체성에 문제가 발생할 수 있다. • 새로운 성원의 참여가 기존 성원의 집단과업 과정에 방해요소가 될 수 있다. • 집단이 개방적일 경우 그 발달단계를 예측하기 어렵다.	• 같은 성원의 지속적인 유지로 인해 결속력이 매우 높다. • 안정적인 구성으로 집단성원의 역할행동을 예측할 수 있다. • 성원의 결석이나 탈락이 집단에 부정적인 영향을 미친다. • 새로운 정보의 유입이 이루어지지 않으므로 효율성이 떨어질 수 있다. • 소수 의견이 집단의 논리에 의해 무시될 수 있다.

(3) 집단의 치료적 효과(Yalom) 5회, 6회, 7회, 10회, 11회, 12회, 16회, 17회, 21회, 22회 `기출`

① **희망의 고취** : 희망 그 자체가 치료적인 효과를 가진다.

② **보편성(일반화)** : 자신의 문제가 다른 사람들에게도 공통적으로 나타나고 있음을 인식한다.

③ **정보전달** : 자신의 문제에 대해 보다 정확히 이해한다.

④ **이타심(이타성)** : 자신도 누군가에게 도움을 줄 수 있음을 알게 됨으로써 자존감을 높인다.

⑤ **1차 가족집단의 교정적 재현** : 집단 내 상호작용을 통해 클라이언트의 가족 갈등을 탐색한다.

⑥ **사회기술의 개발** : 사회기술 및 대인관계기술을 개발한다.

⑦ **모방행동** : 집단활동을 통해 새로운 행동을 배운다.

⑧ **대인관계학습** : 집단 내에서 대인관계형성의 새로운 방식을 시험한다.

⑨ **집단응집력** : 집단 내에서의 소속감을 통해 긍정적인 변화를 유도한다.

⑩ **정화** : 자신의 억압된 감정을 자유롭게 발산한다.

⑪ **실존적 요인들** : 자신의 인생에 대한 책임이 스스로에게 있음을 인식한다.

(4) 집단의 치료적 효과(Malekoff) 17회, 19회 기출

① **상호지지** : 집단성원들 간에 서로 지지해 줌으로써 도움을 주고 받는 것이 가능하다.

② **일반화** : 자신들의 문제를 집단 내에서 서로 공통된 관심사로 일반화시킬수 있다.

③ **희망증진** : 집단을 통해 문제의 해결점을 찾아갈 수 있고, 자신들에게 문제를 해결할 수 있는 능력이 있음을 깨닫도록 한다.

④ **이타성 향상** : 자기중심적인 상황에서 벗어나 타인을 위해 도움을 줄 수 있는 이타성을 기를 수 있다.

⑤ **새로운 지식과 기술 습득** : 서로 간에 새로운 정보를 교환하고 새로운 기술을 실험해 볼 수 있는 기회를 제공한다.

⑥ **집단의 통제감 및 소속감** : 집단성원 모두에게 동등한 기회를 제공하고 집단의 성장을 위해 공헌하게 함으로써 훌륭한 집단으로 성장할 수 있는 기회를 제공한다.

⑦ **정화의 기능** : 자신의 문제에 대한 감정, 생각, 희망, 꿈 등을 공유함으로써 자신의 문제를 보다 객관적으로 해결할 수 있는 기회를 제공한다.

⑧ **재경험의 기회 제공** : 집단 내 상호작용 과정에서 그 동안 해결되지 않은 역기능을 재경험하도록 함으로써 이를 수정하고 성장할 수 있는 기회를 제공한다.

⑨ **현실감각의 테스트 효과** : 서로 간의 잘못된 생각이나 가치를 서로에게 던져봄으로써 잘못된 생각을 수정할 수 있는 기회를 제공한다.

(5) 집단프로그램 구성 시 고려해야 할 사항 9회, 13회, 14회, 15회 기출

① 집단의 목적과 목표에 부합되어야 한다.

② 집단성원들의 사회적 상호작용을 위해 기본적인 욕구를 충족시킨다.

③ 비언어적 의사소통을 효과적으로 사용한다.

④ 집단성원들의 생활상 과업과 관련된 기술을 발전시킨다.

⑤ 어려운 토론에 앞서 집단성원들의 관심을 표출시키기 위해 사용한다.

⑥ 집단성원의 공유를 촉진시켜 집단응집력을 고양하도록 한다.

⑦ 집단성원의 안전을 보장해야 한다.

2 집단사회복지실천모델과 집단발달단계

(1) 집단사회복지실천모델

① **사회적 목표모델** 11회, 21회, 22회 기출

　　㉠ 인보관 운동에서 발전한 초기 집단사회사업의 전통적 모델로서, 사회적 인식 및 책임을 구성원
　　　들의 기본과업으로 한다.

　　㉡ 집단 내 개인의 성숙 및 사회의식 · 사회책임을 발전시킨다.

　　㉢ 민주시민의 역량 개발에 초점을 두며, 사회복지사는 민주적 절차를 개발하고 유지하는 역할이
　　　중시된다.

② **치료모델** 5회, 11회 기출

　　㉠ 집단을 통해 개인을 치료하는 것으로, 집단은 개인의 목표를 달성하기 위한 도구 또는 상황에
　　　해당한다.

　　㉡ 집단구성원의 개인적 욕구와 집단사회복지사의 허용 및 제한이 균형을 이룬다.

　　㉢ 사회복지사는 지시적이고 계획적인 활동을 통해 진단 · 평가 · 계획된 치료를 수행한다.

③ **상호작용모델** 11회, 13회, 21회 기출

　　㉠ 집단성원이나 집단의 문제를 해결하기 위한 상호원조체계 개발에 초점을 둔다.

　　㉡ 상호원조체계가 이루어지도록 집단성원과 집단 사이의 '중재자(Mediator)' 역할을 한다.

　　㉢ 집단활동 이전에 구체적인 목표를 정하지 않으며, 사회복지사와 집단성원 간의 협력을 통해 집
　　　단 목표를 설정한다.

(2) 노든(Northern)의 집단발달단계 7회 기출

준비단계	• 집단의 목적 설정 및 잠재적 성원 확보가 이루어지는 단계 • 구성원의 심리적 불안해소, 신뢰관계 · 집단의식 형성을 위한 환경조성
오리엔테이션 단계	• 구성원 간 유대관계가 생기고 투쟁적 리더를 중심으로 의사소통이 이루어지는 단계 • 불안과 긴장이 가장 높음 • 공통적인 가치와 태도를 집단의 규범과 행동방식으로 형성
탐색과 시험의 단계	• 하위집단이 생성되며, 집단의 규범과 가치를 위한 통제기제가 발달하는 단계 • 집단의 목적이 분명해지며 목표지향적인 활동이 나타남 • 조화와 갈등의 관계형성으로 갈등과 긴장이 존재
문제해결단계	• 구성원들 간의 상호의존성 · 응집력이 최고로 되는 단계 • 하위집단이 다양하게 출현 • 협동 및 문제해결능력이 고도화됨
종료단계	• 목적달성 시 또는 기한도래 시 종료되는 단계 • 응집력의 약화로 인한 분절, 내 · 외적 환경의 압력으로 인한 부적응 등이 문제시 됨

(3) 집단 단계별 사회복지실천   3회, 4회, 7회, 8회, 10회, 13회, 15회, 16회, 19회, 21회, 22회 `기출`

준비단계(계획단계)	• 집단이 형성되기 이전에 사회복지사가 집단에 대해 계획하고 구성하는 단계 • 집단 목적 및 목표 설정, 사전계획 수립 • 잠재적 성원 확인 및 집단 구성
초기단계(시작단계)	• 성원들의 소개 및 프로그램 활동 과정에 대한 정보를 공유하는 단계 • 불안감과 저항감을 감소시키기 위해 노력하며, 집단 활동의 장애물 또는 장애요인 예측 • 집단초기단계에는 대화 방향이 사회복지사로 집중되는 경향이 있음
사정단계	• 성원들이 반복적으로 나타내는 역기능적인 행동패턴과 인식에 초점을 두는 단계 • 성원 또는 사회복지사에 의한 관찰, 외부전문가에 의한 정보 활용, 표준화된 척도 또는 질문지 등의 사용 • 성원의 특성, 대인관계, 환경을 비롯하여 개별성원의 장단점을 모두 사정함
중간단계	• 신뢰감과 응집력이 커지면서 사회복지사의 개입 없이 성원들이 서로 원조하는 단계 • 성원들의 집단 목적에 대한 이해 및 자기 방식에 따른 통제가 이루어짐 • 집단성원의 저항을 다루며, 장애요소를 극복할 수 있도록 원조 • 집단 과정 및 프로그램 진행상황의 모니터링
종결단계	• 집단 과정을 통해 전개된 일들을 종합하는 단계 • 종결에 대한 감정적 반응 다루기 • 집단에 대한 의존성 감소시키기 • 변화의 유지 및 일반화, 미래에 대한 계획세우기, 의뢰하기, 평가하기

(4) 집단사정의 주요 도구

① 소시오그램(Sociogram)   6회, 9회, 10회, 18회, 20회 `기출`

   ㉠ 모레노(Moreno)가 제시한 것으로, 집단성원들 간의 견인과 반발의 형태를 분석하고 그 강도와 빈도를 측정하는 것이다.

   ㉡ 집단성원들 간의 영향관계, 의사소통관계, 지배관계 또는 친구관계를 기호를 사용하여 그림으로 표시한다.

   ㉢ 집단 활동 과정에서 집단 내의 소외자, 하위집단, 연합 등을 파악할 수 있다.

② 소시오메트리(Sociometry)   12회 `기출`

   ㉠ 특정 활동에 대해 개별성원들이 상호작용하기를 원하는 정도를 평가하도록 집단성원들에게 요청하는 것이다.

   ㉡ 각 성원에 대한 호감도를 5점 척도를 활용하여 1점(가장 선호하지 않음)에서 5점(가장 선호함)으로 평가하도록 한다.

   ㉢ 점수의 높고 낮음에 따라 집단성원들의 호감도 및 집단응집력을 측정할 수 있다.

(5) 집단지도 및 공동지도력

① **집단지도자로서 사회복지사의 역할** 12회, 15회 기출

  ㉠ 조력자 또는 조성자(Enabler) : 집단성원들이 자신의 장점과 자원을 발견하고 이를 활성화하도록 원조한다.

  ㉡ 중개자(Broker) : 집단성원들이 목표달성을 위해 필요로 하는 지역사회의 자원을 파악하여 이를 알려준다.

  ㉢ 중재자(Mediator) : 집단성원들 간의 갈등이나 상반되는 관점 등을 해결할 수 있도록 원조한다.

  ㉣ 옹호자(Advocate) : 집단성원들이 특정 서비스에의 접근을 거부당할 때 이를 확보할 수 있도록 원조하며, 그들의 관심과 욕구를 대변한다.

  ㉤ 교육자(Educator) : 집단성원들에게 다양한 정보와 교육프로그램을 제공한다.

② **집단 슈퍼비전의 장점** 6회 기출

  ㉠ 동료 사회복지사의 업무와 관련한 간접경험의 기회가 제공된다.

  ㉡ 일대일의 관계에서 발생할 수 있는 슈퍼바이저의 성격적 영향을 줄일 수 있다.

  ㉢ 공동의 관심사에 대해 더욱 많은 관심을 가지고 민감하게 반응할 수 있다.

  ㉣ 슈퍼바이저와 자유롭게 토론할 수 있는 분위기가 조성된다.

  ㉤ 사회복지사 개인의 고민, 좌절, 갈등상황을 토로할 수 있는 기회가 제공된다.

  ㉥ 개별 슈퍼비전에 비해 시간이 절약된다.

③ **공동지도력의 장단점** 2회, 5회, 7회, 8회, 11회 기출

장 점	• 지도자들 간 역할분담이 가능하다. • 지도자들 간 피드백을 통해 집단 내 전문성 향상을 가져올 수 있다. • 지도자들 간 상호작용을 통해 집단성원들에게 시범을 보임으로써 적절한 갈등해결방법의 모델이 될 수 있다. • 공동지도자가 참석해 있으므로 역전이를 어느 정도 방지할 수 있다. • 초보 지도자의 훈련에 가장 효과적인 방법이 될 수 있다. • 집단성원의 욕구를 충족시키기 위한 역할을 구조화하는 기회를 갖는다. • 지도자의 탈진을 예방할 수 있다.
단 점	• 지도자들 간 의견충돌로 인해 집단이 양극화될 수 있다. • 지도자들이 각자 자신의 역할과 기능을 제대로 발휘하지 못하는 경우 치료적 역할모델로서 기능할 수 없다. • 지도자들 간 권력다툼이나 갈등, 경쟁관계가 발생할 수 있다. • 한 지도자가 집단성원들과 결탁하여 다른 지도자에 대항할 수 있다. • 절친한 지도자들인 경우 자신들의 사적인 문제를 해결하기 위해 집단을 이용할 수 있다. • 집단의 유지 및 발전에 지장을 초래하기도 한다. • 비용이 많이 든다.

1 사회복지실천기록의 이해

(1) 기록의 목적 및 활용　2회, 4회, 9회, 13회, 14회, 16회, 19회 `기출`

① 클라이언트의 욕구를 확인한다.

② 서비스의 과정 및 효과를 점검한다.

③ 교육용 자료(슈퍼비전 도구)로 활용한다.

④ 지도감독, 자문, 동료검토를 활성화 한다.

⑤ 연구 · 조사 및 행정적 과업을 위한 자료를 제공한다.

⑥ 서비스의 연속성 혹은 사례의 지속성을 유지한다.

⑦ 학제 간 혹은 전문가 간 의사소통을 원활하게 한다.

⑧ 클라이언트의 정보를 공유하고 의사소통하는 도구로 활용한다.

⑨ 기관의 프로그램 수행 자료로 보고하며 기금을 조성하는 근거로 활용한다.

(2) 기록 시 유의사항　2회, 8회 `기출`

① 사전에 클라이언트의 동의를 얻어 기록한다.

② 면담이 끝난 직후 잊어버리기 쉬운 사실을 간단하게 기록한다.

③ 면담 중 메모하는 것은 최소한으로 줄인다.

④ 사실적인 내용이나 약속 등은 정확하게 메모하는 것이 더 유익하다.

⑤ 기록 중간이라도 클라이언트가 이를 불편하게 여기는 경우에는 중단한다.

⑥ 보관에 유의하여야 한다.

2 기록의 주요 유형　8회, 10회, 11회 `기출`

(1) 과정기록　2회, 7회, 12회, 15회 `기출`

① 사회복지사와 클라이언트의 상호작용과정을 구체적으로 기록한다.

② 대화 형태를 그대로 기록하며, 비언어적인 표현까지 포함한다.

③ 지도 · 감독 및 교육적 목적으로 유용하며, 초보 사회복지사나 실습생들을 위한 슈퍼비전이나 자문에 유용하다.

④ 기억의 복원에 의한 왜곡의 우려가 있으며, 시간과 비용이 많이 소요된다.

(2) 요약기록 4회, 20회 `기출`

① 사회복지기관에서 널리 사용되는 기록형태로서, 클라이언트와의 면담내용을 요약체로 기록한다.

② 세부적인 면담내용을 제외한 채 클라이언트에게 일어난 변화에 초점을 두어 기록한다.

③ 전체 서비스 과정을 보다 쉽게 이해할 수 있으며, 사례가 장기간에 걸쳐 진행되는 경우 유용하다.

④ 선택적인 기록으로 인해 면담 내용이 지나치게 단순화될 수 있다.

(3) 이야기체 기록 11회 `기출`

① 면담 내용이나 서비스 제공 과정에 대해 이야기하듯 서술체로 기록한다.

② 일정한 양식이나 틀이 없이 총괄적인 기록이 이루어진다.

③ 사례마다 주제를 정하여 정리함으로써 문서들을 조직화할 수 있으며, 보다 융통성 있는 기록이 가능하다.

④ 기록이 지나치게 단순화되거나 초점이 흐려질 수 있으며, 기록자의 관점에 의해 크게 좌우될 수 있다.

(4) 문제중심기록 6회, 17회 `기출`

① 의학 및 정신보건 분야에서 학제 간 협력을 증진시키기 위한 용도로 개발되었다.

② SOAP의 형태를 취하며, 클라이언트의 현재 문제에 초점을 두어 문제해결을 위한 계획 및 진행상황을 기록한다.

③ 타 전문직 간 효율적인 의사소통 및 원활한 정보교류가 가능하며, 전문직 간 책무성이 증가된다.

④ 기록이 지나치게 단순화되며, 클라이언트의 능력과 자원을 소홀히 하는 경향이 있다.

제1장 | 지역사회복지일반

1 지역사회일반

(1) 지역사회

① 관련 개념　6회, 12회 [기출]
- ㉠ 지역사회복지실천 : 지역사회의 복지증진을 위한 모든 전문적 · 비전문적 활동
- ㉡ 지역사회보호 : 기존의 시설보호 위주의 서비스에서 탈피하여 지역사회 내의 환경에서 서비스를 제공하는 활동
- ㉢ 지역사회개발 : 지역주민들의 공동참여와 자조적 노력에 의한 지역사회의 변화 및 지역주민의 욕구해결을 위한 과정이며, 지역사회를 대상으로 지역사회의 변화를 강조
- ㉣ 지역사회조직사업 : 공공 및 민간 사회복지기관의 전문사회복지사에 의한 계획적이고 전문적인 조직화 활동

② **지역사회의 구분**　6회, 7회, 13회, 15회, 17회, 19회 [기출]
- ㉠ 지리적인 의미의 지역사회
- ㉡ 사회적 동질성을 띤 지역사회
- ㉢ 지리적 · 사회적 동질성을 강조하는 지역사회
- ㉣ 기능적인 의미의 지역사회
- ㉤ 갈등의 장으로서의 지역사회

③ **지역사회의 기능**(Gilbert & Specht)　10회, 14회, 16회, 20회, 21회, 22회 [기출]
- ㉠ 생산 · 분배 · 소비의 기능 : 경제제도
- ㉡ 상부상조의 기능 : 사회복지제도
- ㉢ 사회화의 기능 : 가족제도
- ㉣ 사회통제의 기능 : 정치제도
- ㉤ 사회통합의 기능 : 종교제도

④ **좋은 지역사회의 기준**(Warren)　11회 [기출]
- ㉠ 구성원 사이에 인격적 관계가 이루어질 수 있어야 한다.
- ㉡ 권력이 폭넓게 분산되어 있어야 한다.
- ㉢ 다양한 소득, 인종, 종교, 이익집단이 포함되어 있어야 한다.
- ㉣ 지역주민들의 자율권이 충분히 보장되어야 한다.
- ㉤ 정책형성과정에서 갈등을 최소화하면서 협력을 최대화해야 한다.

⑤ 지역사회분석의 기능주의와 갈등주의 관점   14회 기출

구 분	기능주의 관점	갈등주의 관점
주요 내용	체계의 안정을 위한 구조적 적응	갈등의 긍정적 측면에 대한 인식 (사회발전의 요인)
사회의 형태	안정지향적	집단 간의 갈등
각 요소의 관계	조화, 적응, 안정, 균형	경쟁, 대립, 투쟁, 갈등
대상요인	사회부적응	사회불평등
중요 가치 결정	합의에 의한 결정	지배계급의 이데올로기
지위 배분	개인의 성취	지배계급에 유리
변 화	점진적, 누진적	급진적, 비약적

⑥ 지역사회분석의 자원동원론, 사회구성론, 사회교환론
  ㉠ 자원동원론적 관점   9회, 11회, 12회, 13회, 21회 기출
    • 힘 의존이론에 영향을 받아 사회운동조직들의 역할과 한계를 설명한다.
    • 사회운동의 발전은 사회의 구조적 불평등이나 약자의 권리옹호를 위한 자원동원의 가능성 여부에 의해 결정된다.
    • 자원에는 돈, 정보, 사람, 조직성원 간의 연대성, 사회운동의 목적과 방법에 대한 정당성 등이 포함된다.
  ㉡ 사회구성론적 관점   9회, 17회, 19회, 20회 기출
    • 모든 현상에 대한 객관적 진실이 존재한다는 점에 의구심을 던진다.
    • 문화적 규범, 가치, 언어 등을 통해 구성되는 일상행동의 재해석을 강조한다.
    • 사회적으로 구성된 지식을 절대적 지식으로 받아들여서는 안 된다는 한계가 있다.
  ㉢ 사회교환론적 관점   10회, 16회, 20회 기출
    • 지역사회에서 교환관계에 불균형이 발생하거나 교환자원이 고갈되는 경우 문제가 발생한다.
    • 지역사회의 교환자원으로는 상담, 기부금, 정보, 정치적 권력, 재정적 지원, 의미, 힘 등이 있다.
    • 지역사회에서 힘의 균형전략으로는 경쟁, 재평가, 호혜성, 연합, 강제 등이 있다.

(2) 지역사회조직   4회 기출

① 지역사회조직의 목적(Friedlander)
  ㉠ 사회적 욕구의 파악 및 우선순위 결정
  ㉡ 욕구충족을 위한 구체적인 계획의 수립
  ㉢ 목적달성을 위한 지역자원의 효율적 조정 및 동원
  ㉣ 지역주민의 적극적인 참여 권장

② **지역사회조직을 위한 추진회의 주요 원칙(Ross)** 10회 기출

　ㄱ 지역사회의 현 조건에 대한 지역주민들의 불만에 의해 결성된다.

　ㄴ 지역사회로부터 안정성과 신뢰성을 인정받아야 한다.

　ㄷ 공식적·비공식적 지도자들을 참여시켜야 한다.

　ㄹ 지역사회에 현존하는 현재적·잠재적 호의를 활용해야 한다.

　ㅁ 효과적인 대화통로를 개발해야 한다.

　ㅂ 정서적 내용을 지닌 활동들이 포함되어야 한다.

2 지역사회복지

(1) 특 성 11회 기출

① **연대성·공동성** : 주민의 욕구(문제)를 상호연대와 공동성으로 해결

② **예방성** : 주민의 욕구를 조기발견, 그에 대응하는 네트워크 형성

③ **지역성** : 주민의 생활권 영역에 해당하는 지리적 특성 파악

④ **통합성·전체성** : 공급자와 이용자 간 단절된 서비스를 통합하여 제공

(2) 이 념 2회, 7회, 9회, 11회, 14회, 21회 기출

① **정상화** : 지역주민이 사회의 다양한 문제에서 벗어나 사회적으로 가치 있는 역할을 수행(1950년대 덴마크를 비롯한 북유럽에서 시작)

② **탈시설화** : 기존의 대규모 시설 위주에서 그룹홈, 주간 보호시설 등 소규모로 확대·발전(무시설주의를 지향하는 것은 아님)

③ **주민참여** : 지역주민이 자신의 욕구와 문제를 주체적으로 해결

④ **사회통합** : 지역사회 내의 갈등이나 불평등을 초월한 사회전반의 통합

⑤ **네트워크** : 이용자 중심의 서비스를 위한 공급체계의 네트워크화 및 관련 기관 간의 연계

(3) 가족주의와 국가주의 9회 기출

가족주의	• 가족의 자율성과 독립성을 토대로 가족 중심의 보호 강조 • 사회복지서비스는 가족적 형태의 보호와 가장 근접하게 제공되어야 함
국가주의	• 모든 사회구성원에 대한 집합주의적 책임 강조 • 사회복지서비스는 각 개인의 기술과 재능을 개발할 수 있는 방향으로 전개되어야 함

3 지역사회복지실천

(1) 개 념

① 지역사회를 대상(Target) 또는 클라이언트(Client)로 하는 사회복지실천을 말한다.

② 지역사회복지 증진을 위한 모든 전문적 · 비전문적 활동을 포함하는 것으로, 지역주민 간 상생협력화와 지역사회 기관 간 협력관계 구축에 힘쓴다.

③ 지역사회 특성을 반영한 계획을 수립하며, 지역사회 변화에 초점을 둔 개입을 수행한다.

(2) 지역사회복지실천의 역사

① **영국의 경우**   7회, 16회, 17회, 20회, 21회 기출

　㉠ 태동기(1950~1960년대 후반) : 1959년 정신보건법 제정

　㉡ 형성기(1960년대 후반~1980년대 후반) : 1968년 시봄 보고서 발표, 1971년 하버트 보고서 발표, 1982년 바클레이 보고서 발표

　㉢ 발전기(1980년대 후반~현재) : 1988년 그리피스 보고서 발표, 복지다원주의

② **미국의 경우**   10회, 12회, 21회 기출

　㉠ 자선조직 활동시기(1865~1914년) : 1877년 자선조직협회 설립, 1886년 근린길드 설립

　㉡ 지역공동모금 및 협의회 발전시기(1914~1929년) : 지역공동모금제도 등장, 사회복지기관협의회 설립

　㉢ 공공복지사업 발전시기(1929~1954년) : 사회보장법 제정, 전국 최저임금제도 시행

　㉣ 지역사회복지 정착시기(1955년 이후) : 민권운동과 학생운동, 빈곤과의 전쟁

③ **우리나라의 경우**   10회, 11회, 12회, 14회, 15회, 16회, 17회, 20회, 21회 기출

　㉠ 1950년대 : 외국 민간원조단체의 한국연합회(KAVA) 구성

　㉡ 1970년대 : 새마을운동사업 전개

　㉢ 1980년대 : 사회복지관사업의 전국적 확대, 사회복지전문요원제도 시행

　㉣ 1990년대 : 1992년 재가복지봉사센터 설립, 1998년 사회복지공동모금회 설립 및 사회복지시설 평가 법제화

　㉤ 2000년대 이후 : 2000년 국민기초생활보장제도 시행, 2006년 주민생활지원서비스 실시, 2007년 제1기 지역사회복지계획 시행, 2015년 국민기초생활보장제도의 맞춤형 급여체계로의 개편

1 지역사회복지실천의 모델

(1) 로스만(Rothman)의 모델

2회, 3회, 4회, 6회, 7회, 8회, 9회, 10회, 11회, 12회, 13회, 15회, 16회, 17회, 18회, 20회, 21회, 22회 기출

지역사회개발모델	• 지역주민의 자조, 적극적인 참여, 강력한 주도권 강조 • 민주적인 절차, 자발적인 협동, 토착적인 지도자의 개발, 교육 등을 기초로 하며, 과정지향적인 활동목표를 가짐 • 사회복지사는 조력자, 조정자, 교육자, 능력부여자로서의 역할 수행 예 새마을운동, 지역사회복지관의 지역개발사업, 자원봉사운동 등
사회계획모델	• 실업, 비행, 범죄, 주거문제 등 사회문제를 해결하고자 하는 기술적인 과정 강조 • 고도의 숙련된 전문가를 중심으로, 합리적인 계획과 기술적인 통제를 강조 • 클라이언트 집단을 소비자로 봄 • 사회복지사는 분석가, 전문가, 계획가, 프로그램기획자로서의 역할 수행 예 정부 관련 부서, 도시계획국, 지역사회복지협의회 등
사회행동모델	• 사회정의와 민주주의에 입각하여 지역사회의 소외된 계층에 대한 처우개선을 목표로 함 • 권력이나 자원의 재분배, 지역사회정책 결정에의 참여를 주장 • 사회복지사는 옹호자, 행동가로서의 역할 수행 예 인권운동, 학생운동, 여권신장운동, 환경보호운동, 노동조합, 급진정당 등

(2) 테일러와 로버츠(Taylor & Roberts)의 모델 12회, 13회, 14회, 20회, 21회 기출

지역사회개발모델	• 자조적 활동, 시민역량 개발, 자체적 리더십 개발 등을 통한 지역사회개발을 추구한다. • 전문가는 조력자로서 지지 및 지원하는 데 초점을 둔다.
프로그램개발 및 조정모델	• 자선조직협회 및 인보관운동에 근거한다. • 후원자 중심의 모델로서, 합리성, 중립성, 협력의 가치를 토대로 지역사회의 모든 문제를 객관적인 입장에서 중재하며, 그 과정을 통해 협력을 이끌어 낸다.
계획모델	• 합리성 및 전문성을 토대로 보다 합리적이고 비용 효과적인 변화를 유도한다. • 조사연구, 과학적 분석 등 기술적 능력에 큰 비중을 두는 방식으로, 합리성, 중립성, 객관성의 원칙에 따라 공식적 구조 및 과정을 통해 지역사회의 문제를 해결해 나간다.
지역사회연계모델	지역사회의 문제를 해결하기 위해 클라이언트의 개별적인 문제와 지역사회의 문제를 연계하는 방식이다.
정치적 권력강화모델	• 로스만의 사회행동모델과 유사하며, 갈등이론과 다원주의 사회에서의 다양한 이익집단 간 경쟁원리에 기초한다. • 사회적으로 배제된 집단의 사회참여를 지원 및 지지하고, 자신들의 권리를 확보할 수 있도록 집단의 역량을 강화한다.

(3) 웨일과 갬블(Weil & Gamble)의 모델   4회, 5회, 8회, 10회, 11회, 13회, 15회, 17회, 18회, 19회, 20회, 21회 기출

구 분	목 표	사회복지사의 역할
근린지역사회조직모델	구성원의 조직 능력 개발, 범지역적 계획 및 외부 개발에 변화를 일으킬 수 있는 능력 개발	조직가, 교사, 코치, 촉진자
기능적 지역사회조직모델	행위와 태도의 옹호 및 변화에 초점을 둔 사회정의를 위한 행동 및 서비스 제공	조직가, 옹호자, 정보전달자, 촉진자
지역사회의 사회 · 경제개발모델	지역주민의 관점에 입각한 개발계획의 주도, 사회경제적 투자에 대한 지역주민의 활용 역량 제고	협상자, 촉진자(증진자), 교사, 계획가, 관리자
사회계획모델	선출된 기관이나 인간서비스계획 협의회가 지역복지계획을 마련하는 등의 행동을 하기 위한 제안	조사자, 관리자, 정보전달자, 제안서 작성자
프로그램개발 및 지역사회연계모델	지역사회서비스의 효과성 증진을 위한 새로운 프로그램의 개발 및 기존 프로그램의 확대 · 재조정	대변자, 계획가, 관리자, 제안서 작성자
정치적 · 사회적 행동모델	정책 및 정책입안자의 변화에 초점을 둔 사회정의 실현 활동 전개	옹호자, 조직가, 조사자, 조정자
연대활동모델 (연합모델)	연합의 공통된 이해관계에 대응하기 위한 자원동원, 영향력 행사를 위한 다조직적 권력기반 형성	중개자, 협상자, 대변자
사회운동모델	특정 집단이나 이슈에 대해 새로운 패러다임을 제공할 수 있는 사회정의 실현 행동화	옹호자, 촉진자

2 지역사회복지실천의 과정   15회, 20회 기출

(1) 지역사회복지실천의 일반적인 과정   11회, 13회, 22회 기출

① 제1단계 : 문제확인   ② 제2단계 : 지역사회 사정

③ 제3단계 : 계획 및 실행   ④ 제4단계 : 평가

(2) 지역사회복지실천 9단계 과정(Kettner, Daley & Nichol)   13회, 15회, 18회, 20회 기출

① 제1단계 : 변화기회 확인   ② 제2단계 : 변화기회 분석

③ 제3단계 : 목적 및 목표 설정   ④ 제4단계 : 변화노력 설계 및 구조화

⑤ 제5단계 : 자원계획   ⑥ 제6단계 : 변화노력 실행

⑦ 제7단계 : 변화노력 점검   ⑧ 제8단계 : 변화노력 평가

⑨ 제9단계 : 재사정 및 변화노력 안정화

(3) 지역사회사정의 유형 14회, 19회 기출

① **자원 사정** : 지역사회에서 이용할 수 있는 권력, 전문기술, 재정, 서비스 등을 조사
② **포괄적 사정** : 지역사회 전반을 대상으로 한 1차 자료의 생성
③ **협력적 사정** : 지역사회 참여자들이 완전한 파트너로서 역할 수행
④ **하위체계 사정** : 지역의 특정 부분이나 일면을 조사(지역사회의 하위체계에 초점)
⑤ **문제중심 사정** : 지역사회의 중요한 특정 문제에 초점

3 사회복지사의 역할

(1) 지역사회개발모델에서의 역할(M. Ross) 3회, 7회, 9회, 11회, 13회, 17회 기출

안내자	• 일차적인 역할 • 객관적인 입장 • 자기역할의 수용	• 주도능력 • 지역사회와의 동일시 • 역할에 대한 설명
조력가	• 불만의 집약 • 좋은 대인관계 육성	• 조직화 격려 • 공동목표 강조
전문가	• 지역사회진단 • 타 지역사회에 관한 정보제공 • 기술상의 정보제공	• 조사기술 • 방법에 대한 조언 제공 • 평 가
사회치료자	• 지역사회의 공동관심사를 저해하는 금기적 사고나 전통적인 태도에 대한 지역사회 수준에서의 진단 및 치료 • 지역사회의 문제에 대해 지역주민들의 인식을 재고하기 위한 노력	

(2) 사회계획모델에서의 역할 11회, 12회, 22회 기출

① 모리스와 빈스톡(Morris & Binstock) – 계획가
② 샌더스(Sanders) – 분석가, 계획가, 조직가, 행정가

(3) 사회행동모델에서의 역할 3회, 4회, 5회, 7회, 9회, 11회 기출

① 그로서(Grosser) – 조력자, 중개자, 옹호자(대변자), 행동가
② 그로스만(Grossman) – 조직가

1 사회복지사의 실천기술

(1) 옹호기술 4회, 11회, 12회, 13회, 16회, 18회, 19회 기출

① **의의** : 다양한 수준의 클라이언트로 하여금 문제해결에 적극적으로 참여할 수 있도록 돕고 그들의 이익을 대변하는 핵심 기술

② **유형** : 자기옹호, 개인옹호, 집단옹호, 지역사회옹호, 정치 또는 정책적 옹호, 체제변환적 옹호 등

③ **구체적 전술** : 설득, 공청회 또는 증언청취, 표적을 난처하게 하기, 정치적 압력, 미디어 활용, 탄원서 등

(2) 연계기술 7회, 9회, 10회, 13회, 14회, 17회, 19회, 21회, 22회 기출

① **의의** : 서비스의 중복 방지 및 자원의 효율적인 관리를 위해 관련 기관 간 서비스계획을 공동으로 수립한 후 개별기관들이 각각 서비스를 제공할 수 있도록 팀 접근을 시도하는 과정으로, 클라이언트 중심의 사회적 관계망을 강화시킬 수 있음

② **연계의 수준**

연락(Communication) < 조정(Coordination) < 협력(Collaboration) < 통합(Integration)

(3) 조직화 기술 6회, 9회, 10회, 17회, 20회 기출

① **의의** : 클라이언트의 문제해결을 위한 필요 인력 및 서비스를 규합하고 나아가 조직의 목표를 성취하도록 합당하게 운영해 나가는 과정

② **적용원칙** : 점진적으로 지역주민의 주도적인 역할수행 유도, 사적 이익에 대한 관심을 조직화에 활용, 갈등과 대결에 익숙해지는 방법 습득, 쟁점의 명확화 등

(4) 자원개발 · 동원기술 10회, 12회, 14회, 19회, 21회 기출

① **의의** : 지역주민의 욕구충족 및 문제해결을 위해 필요한 자원(인적 · 물적 자원)을 개발 및 동원하는 기술

② **인적 자원을 동원하는 기술** : 기존 조직의 활용, 개별적 접촉, 네트워크의 활용 등

③ **자원개발의 방법**

㉠ 지역사회 내 잠재적 자원의 적극적 개발

㉡ 지역사회 문제의 수집, 사정 및 인적 · 물적 자원의 파악

㉢ 기업의 기부 또는 봉사활동을 활용한 명분연계 마케팅 또는 기업연계 마케팅 등

㉣ 이벤트, 대중매체, 광고 등의 홍보, 자원의 모집 및 면접, 교육 · 훈련, 자원연결 또는 배치, 자원관리, 평가

(5) 임파워먼트기술 6회, 9회, 17회, 18회, 19회, 22회 기출

① **의의** : 지역주민들로 하여금 능력과 권한에 대한 확신을 심어줌으로써 더 많은 통제력과 자원에의 접근을 가능하게 하는 기술

② **실천원칙** : 클라이언트 스스로 역량 강화, 클라이언트와의 일대일 관계 정립, 클라이언트로 하여금 자신의 말로 이야기하도록 격려, 사회변화의 초점 유지 등

③ **임파워먼트를 높이기 위한 방법**

ⓐ 의식제고   ⓑ 자기주장(자기목소리)

ⓒ 공공의제의 틀 형성   ⓓ 권력 키우기

ⓔ 역량건설   ⓕ 사회자본의 창출

② 사회행동의 전략

(1) 상대집단을 이기기 위한 힘의 확보 전략 5회, 9회, 11회 기출

① 정보력   ② 힘의 과시

③ 잠재력   ④ 약점의 이용

⑤ 집단동원력

(2) 사회행동조직의 타 조직과의 협력 전략 4회, 5회, 11회, 13회 기출

협 조 (Cooperation)	• 타 조직과 최소한의 협력을 유지하는 유형 • 유사한 목표를 가진 조직들의 일시적인 연결 • 언제든지 한쪽에 의해 중단될 수 있음
연 합 (Coalition)	• 참여조직들 간에 이슈와 전략을 합동으로 선택하는 보다 조직적인 유형 • 계속적이나 느슨하게 구조화된 형식, 조직적 자율성을 최대화하면서 힘을 증대시킴 • 지속적인 협력구조 속에서 특정 캠페인에의 참여 여부 선택
동 맹 (Alliance)	• 대규모의 조직관계망을 가지는 고도의 조직적인 유형 • 전문가를 둔 영속적인 구조 • 중앙위원회나 전문직원에 의한 장기적인 활동 수행

③ 사회행동의 전술과 정치적 의사결정

(1) 정치적 압력에 의한 정책형성 과정

이슈의 정책 의제화 → 문제에 대한 해결방안 제시 → 법안 통과를 위한 압력행사 → 실천을 위한 영향력 행사

(2) 법적 행동과 사회적 대결   6회, 7회, 9회 기출

법적 행동	• 조직적 활동을 공적으로 합법화시킬 수 있다. • 제한된 수의 사람들이 참여하며, 참여자의 행동은 냉정하고 심각하다. • 극적인 면이 부족하며, 외부전문가에 의존하므로 성취감이 반감된다. • 오랜 시일이 걸리므로 참여자를 지루하게 만들 수 있다. 예 가처분 청구(금지명령의 요구), 법적 소송 등
사회적 대결	• 대중을 동원함으로써 세력을 과시할 수 있다. • 심각한 이슈문제에 대해서도 다소 유머러스한 진행이 이루어질 수 있다. • 조직의 세를 유지하는 것이 어려우며, 실천을 보장하지 못한다. • 폭력 행사 등 불법적인 방향으로 변질될 수 있다. 예 집회와 성토대회, 피케팅과 행진, 보이콧 등

(3) 정치적 의사결정 모델   14회, 15회 기출

① 엘리트주의 의사결정 모델 : 엘리트의 역할 강조
② 다원주의 의사결정 모델 : 이익집단들의 경쟁 강조
③ 공공선택 의사결정 모델 : 이익집단들이 정치가들에게 제공하는 자원의 크기 강조
④ 신엘리트주의 의사결정 모델 : 이익집단들의 엘리트층에의 지원을 통한 의사결정력 강조

제4장 | 지역사회복지실천의 체계와 환경

1 지방분권과 지역사회복지

(1) 지방분권이 지역사회복지에 미치는 영향   9회, 12회, 14회, 15회, 18회, 19회, 20회, 21회 기출

긍정적 영향	부정적 영향
• 효율적인 복지집행체계의 구축 • 지방정부의 지역복지에 대한 자율성 및 책임의식 증대 • 지방정부 간 경쟁을 통한 복지프로그램의 이전 및 확산 • 주민의 주체적 참여기회를 제공하며, 독자적이고 차별화된 복지정책 추진 • 분권형 복지사회의 실현	• 복지서비스의 지역 간 불균형 유발 • 중앙정부의 사회적 책임성 약화 • 지방정부의 정책우선순위에 따른 복지예산의 감소 가능성 • 지방정부 간 재정력 격차에 따른 복지수준의 차이 • 지방정부 간 경쟁의 심화에 따른 지역이기주의 • 복지행정의 전국적 통일성 저해

(2) 지방분권화에 따른 지역사회복지의 과제 10회 기출

① 공공부문의 서비스를 보완하는 서비스의 개발 및 강화
② 사회복지종사자들의 직무능력 개발 및 책임성 강화
③ 지역사회의 종교·시민단체 등과의 상호협조 강화
④ 복지관련 연계망 구축기반 마련
⑤ 공공부문에 대한 견제와 협력의 강화

② 지역사회보장협의체

(1) 등장배경 13회, 15회, 19회, 20회, 22회 기출

① 공공·민간 분야의 상호연계체계가 미흡하여 서비스의 중복 및 누락 발생
② 지역복지환경의 특성에 의한 연계 및 조직화의 필요성 제기
③ 지역사회의 공공·민간 분야의 네트워크 강화를 위한 시도
④ 2003년 7월 「사회복지사업법」 개정에 따른 지역사회복지계획수립의 의무화
⑤ 2014년 12월 「사회보장급여의 이용·제공 및 수급권자 발굴에 관한 법률」 제정에 따라 2015년 7월부터 기존 지역사회복지협의체는 '지역사회보장협의체'로, 지역사회복지계획은 '지역사회보장계획'으로 변경
⑥ 민관협력 기구의 구성·업무 범위를 보건·복지에서 사회보장(고용, 주거, 교육, 문화, 환경 등)으로 확대

(2) 협의체 구성·운영의 목적

① 민·관 협력의 구심점으로서 지역사회보호체계를 구축·운영한다.
② 수요자 중심의 통합적 사회보장급여 제공 기반을 마련한다.
③ 지역사회 내 사회보장급여 제공기관·법인·단체·시설 간 연계·협력으로 지역복지자원의 효율적 활용체계를 조성한다.
④ 민·관 협력을 통해 사각지대 발굴 및 지원 강화를 위한 읍·면·동 단위 주민 네트워크를 조직한다.

(3) 협의체 운영의 원칙(특성) 19회 기출

① **지역성** : 지역주민의 복지욕구, 복지자원 총량 등을 고려, 사회보장급여가 필요한 지원대상자에 대한 현장밀착형 서비스 제공기반을 마련한다.
② **참여성** : 협의체의 원활한 기능 수행을 위해서는 공공과 민간의 적극적이고 자발적인 참여가 필요하다.
③ **협력성** : 협의체는 네트워크형 조직 구조를 통해 당면한 지역사회 복지문제 등의 현안을 해결하는 민·관 협력기구이다.

④ **통합성** : 지역사회 내 복지자원 발굴 및 유기적인 연계와 협력을 통하여 수요자의 다양하고 복잡한 욕구에 부응하는 서비스를 통합적으로 제공한다.

⑤ **연대성** : 자체적으로 해결이 곤란한 복지문제는 지역주민 간 연대를 형성하거나 인근 지역과 연계 · 협력을 통하여 복지자원을 공유함으로써 해결한다.

⑥ **예방성** : 지역주민의 복합적인 복지문제를 조기에 발견하여 예방할 수 있도록 한다.

(4) 협의체 구성의 원칙 21회 기출

대표협의체	• 대표성 : 공공과 민간을 포함한 해당 시 · 군 · 구의 지역사회보장 이해관계자를 대표할 수 있도록 구성한다. • 포괄성 : 해당 시 · 군 · 구의 지역사회보장 영역 및 연계 분야의 이해관계자를 포괄할 수 있도록 구성한다. • 민주성 : 민주적인 절차와 방법에 의해 임명하거나 위촉한다.
실무협의체	• 포괄성 : 해당 시 · 군 · 구의 지역사회보장 주체를 모두 포함할 수 있도록 구성한다. • 전문성 : 해당 시 · 군 · 구의 지역사회보장 영역 업무에 종사하고 있는 실무자(현장전문가) 중심으로 구성한다.

(5) 지역사회보장계획의 수립 과정

① 시 · 군 · 구 지역사회보장계획의 수립

　㉠ 제1단계 : 시장 · 군수 · 구청장은 지역주민 등 이해관계인의 의견을 들어 지역의 복지욕구 및 복지자원을 조사한다.

　㉡ 제2단계 : 시 · 군 · 구 지역사회보장계획안을 마련한다.

　㉢ 제3단계 : 지역사회보장협의체의 심의를 받는다.

　㉣ 제4단계 : 시 · 군 · 구 의회에 보고한다.

　㉤ 제5단계 : 시 · 도지사에게 제출한다.

② 시 · 도 지역사회보장계획의 수립

　㉠ 제1단계 : 시 · 도지사는 제출받은 시 · 군 · 구 지역사회보장계획을 종합 · 조정한다.

　㉡ 제2단계 : 시 · 군 · 구 지역사회보장계획을 지원하는 내용 등을 포함한 시 · 도 지역사회보장계획안을 마련한다.

　㉢ 제3단계 : 시 · 도 사회보장위원회의 심의를 받는다.

　㉣ 제4단계 : 시 · 도 의회에 보고한다.

　㉤ 제5단계 : 보건복지부장관에게 제출한다.

　㉥ 제6단계 : 보건복지부장관은 제출된 계획을 사회보장위원회에 보고한다.

3 사회복지협의회 2회, 3회, 5회, 7회, 9회, 10회 [기출]

(1) 의 의 9회, 14회, 17회, 19회 [기출]

① 지역사회복지에 관심을 가진 민간단체 또는 개인의 연합체로서, 지역사회의 복지욕구를 효과적으로 달성하기 위한 상호협력 및 조정단체이자, 사회복지시설 및 기관 중심의 지역사회복지 증진을 위한 법정단체이다.

② 사회복지기관이나 시설 간의 상호연계 및 협력을 통해 민간복지의 역량을 강화하는 중간 조직으로서의 성격을 가진다.

③ 사회복지사업법에 설립 근거를 두고 있으며, 전국 단위의 한국사회복지협의회(중앙협의회), 시·도 단위의 시·도 사회복지협의회, 시·군·구 단위의 시·군·구 사회복지협의회를 2025년 1월부터 의무적으로 설치하도록 하고 있다.

④ 한국사회복지협의회는 공공기관의 운영에 관한 법률에 따라 '기타 공공기관'으로 지정되었다.

(2) 주요 원칙 2회, 8회 [기출]

① 주민욕구 중심의 원칙(주민욕구 기본의 원칙)

② 주민참여의 원칙(주민활동 주체의 원칙)

③ 전문성의 원칙

④ 민간비영리성의 원칙

⑤ 민관협력의 원칙(공사협동의 원칙)

⑥ 지역특성 존중의 원칙

(3) 한국사회복지협의회의 주요 업무 3회, 4회, 6회, 11회, 20회 [기출]

① 사회복지에 관한 조사·연구 및 정책 건의

② 사회복지 관련 기관·단체 간의 연계·협력·조정

③ 사회복지 소외계층 발굴 및 민간사회복지 자원과의 연계·협력

④ 사회복지에 관한 교육훈련

⑤ 사회복지에 관한 자료수집 및 간행물 발간

⑥ 사회복지에 관한 계몽 및 홍보

⑦ 자원봉사활동의 진흥

⑧ 사회복지사업에 관한 기부문화의 조성

⑨ 사회복지사업에 종사하는 사람의 교육훈련과 복지증진

⑩ 사회복지에 관한 학술도입과 국제사회복지단체와의 교류

⑪ 보건복지부장관이 위탁하는 사회복지에 관한 업무

4 지역사회복지관

(1) 의의 및 특징 15회, 19회 `기출`

① '사회복지관'이란 지역사회를 기반으로 일정한 시설과 전문 인력을 갖추고 지역주민과 협력하여 지역사회복지를 예방하고 해결하기 위해 복지서비스를 제공하는 시설이다.

② 사회복지서비스 욕구를 가지고 있는 모든 지역주민들을 대상으로 보호서비스, 재가복지서비스 등 필요로 하는 복지서비스를 제공 및 지역사회문제를 예방·치료하는 종합적인 복지서비스 전달기구이다.

③ 사회복지관의 설치 및 운영과 관련된 사항들은 사회복지사업법령에 근거한다.

(2) 지역사회복지관 운영의 기본원칙 2회, 5회, 6회, 9회, 11회 `기출`

① 지역성   ② 전문성
③ 책임성   ④ 자율성
⑤ 통합성   ⑥ 자원활용
⑦ 중립성   ⑧ 투명성

(3) 사회복지관 사업의 내용 3회, 4회, 5회, 6회, 7회, 10회, 12회, 17회, 20회, 21회, 22회 `기출`

① **사례관리 기능** : 사례발굴, 사례개입, 서비스연계

② **서비스제공 기능**

   ㉠ 가족기능강화 : 가족관계증진사업, 가족기능보완사업, 가정문제해결·치료사업, 부양가족지원사업, 다문화가정·북한이탈주민 등 지역 내 이용자 특성을 반영한 사업

   ㉡ 지역사회보호 : 급식서비스, 보건의료서비스, 경제적 지원, 일상생활 지원, 정서서비스, 일시보호서비스, 재가복지봉사서비스

   ㉢ 교육문화 : 아동·청소년 사회교육, 성인기능교실, 노인 여가·문화, 문화복지사업

   ㉣ 자활지원 등 기타 : 직업기능훈련, 취업알선, 직업능력개발, 그 밖의 특화사업

③ **지역조직화 기능**

   ㉠ 복지네트워크 구축 : 지역사회연계사업, 지역욕구조사, 실습지도

   ㉡ 주민조직화 : 주민복지증진사업, 주민조직화 사업, 주민교육

   ㉢ 자원개발 및 관리 : 자원봉사자 개발·관리, 후원자 개발·관리

5 사회복지공동모금회

(1) 공동모금의 특성 11회 기출

① 순수민간재원을 기초로 한 민간운동
② 지역사회 중심기반이며, 지역단위를 넘어선 전국적 협조를 도모함
③ 기부금 모집에 있어서의 효율성 · 일원화 추구 및 기부금 모집에 동원되는 시간 · 경비 절약
④ 기부금의 모집 및 관리, 배분의 내용 공표

(2) 공동모금의 모금방법 및 모금기간

① 모금방법 14회 기출

개별형	개인이나 가정의 헌금을 통해 모금하는 형태
기업중심형	회사, 공장 및 사업체 등과 그 근로자를 대상으로 모금하는 형태
단체형	재단, 협회 등의 단체를 대상으로 모금하는 형태
특별사업형	특별한 프로그램이나 사업(Special Events)을 통해 모금하는 형태 예 시민 걷기대회, 자선골프대회, 카드 발매 등

② 모금기간 13회 기출

연말집중모금	보통 연말연시 2개월 동안 방송, 신문, ARS, 은행지로, 사랑의 열매 등을 통해 집중모금 실시
연중모금	기간을 정하지 않고 연중 계속해서 모금을 하는 방식으로, 기업모금, 직장모금, 인터넷 모금, 그 밖의 기획모금 등 다양한 방법으로 실시

(3) 사회복지공동모금회의 의의 및 특성 11회, 13회, 19회 기출

① 지역사회의 재원을 동원하고 배분하는 전문기관이다.
② 사회복지 프로그램의 전문성 제고에 기여한다.
③ 민간자원의 동원을 통해 사회복지의 향상에 기여한다.
④ 전체 모금액 중 법인모금액이 차지하는 비중이 개인모금액보다 크다
⑤ 「사회복지공동모금회법」을 설립근거로 하는 민간운동적 특성의 법정기부금 모금단체이다.

(4) 사회복지공동모금회의 배분사업 10회, 17회 기출

① **신청사업** : 사회복지 증진을 위하여 자유주제 공모형태로 복지사업을 신청 받아 배분하는 사업
② **기획사업** : 모금회가 그 주제를 정하여 배분하는 사업 또는 배분대상자로부터 제안 받은 내용 중에서 선정하여 배분하는 시범적이고 전문적인 사업
③ **긴급지원사업** : 재난구호 및 긴급구호, 저소득층 응급지원 등 긴급히 지원해야 할 필요가 있는 경우에 배분하는 사업
④ **지정기탁사업** : 사회복지 증진을 위하여 기부자가 기부금품의 배분지역 · 배분대상자 또는 사용용도를 지정한 경우 그 지정취지에 따라 배분하는 사업

6 자원봉사

(1) 의 의

① 사회문제의 예방 및 해결 또는 국가의 공익사업을 수행하고 있는 공사조직에 자발적인 참여
② 영리적인 반대급부를 받지 아니하고 인간의 존엄성과 민주주의 원칙에 입각하여 타인에게 필요한 서비스를 제공
③ 사회의 공동선 고양, 이타심의 구현, 자기실현의 성취

(2) 자원봉사활동의 원칙(자원봉사활동기본법 제2조 제2호)   6회, 10회, 16회 기출

① 무보수성	② 자발성
③ 공익성	④ 비영리성
⑤ 비정파성	⑥ 비종파성

(3) 자원봉사활동기본법

① **주요 내용**   10회, 11회, 14회, 21회 기출

㉠ '자원봉사활동'이란 개인 또는 단체가 지역사회·국가 및 인류사회를 위하여 대가 없이 자발적으로 시간과 노력을 제공하는 행위를 말한다(법 제3조 제1호).

㉡ 국가와 지방자치단체는 자원봉사활동의 진흥에 관한 시책을 마련하여 국민의 자원봉사활동을 권장하고 지원하여야 한다(법 제4조).

㉢ 국가기관 및 지방자치단체는 자원봉사센터를 설치할 수 있다 이 경우 자원봉사센터를 법인으로 하여 운영하거나 비영리 법엔에 위탁하여 운영하여야 한다(법 제19조 제1항).

㉣ 국가는 자원봉사센터의 설치·운영이 활성화될 수 있도록 적극 노력하여야 하며, 지방자치단체는 자원봉사센터의 운영에 필요한 경비를 지원할 수 있다(법 제19조 제3항).

㉤ 국가 및 지방자치단체로부터 지원을 받는 자원봉사단체 및 자원봉사센터는 그 명의 또는 그 대표의 명의로 특정 정당이나 특정인의 선거운동을 하여서는 아니 된다(법 제5조 제1항).

㉥ 국가와 지방자치단체는 자원봉사활동의 진흥을 위하여 자원봉사단체 및 자원봉사센터가 대통령령으로 정하는 특정한 사업을 수행하기 위하여 국유·공유 재산이 필요하다고 인정하면 이를 무상으로 대여하거나 사용하게 할 수 있다(법 제16조).

㉦ 행정안전부장관은 관계 중앙행정기관의 장과 협의하여 자원봉사활동의 진흥을 위한 국가기본계획을 5년마다 수립하여야 한다(법 제9조 제1항).

㉧ 국가는 국민의 자원봉사활동에 대한 참여를 촉진하고 자원봉사자의 사기를 높이기 위하여 매년 12월 5일을 자원봉사자의 날로 하고 자원봉사자의 날부터 1주일간을 자원봉사주간으로 설정한다(법 제13조 제1항).

7 재가복지 6회, 11회, 14회 기출

(1) 재가복지봉사센터와 재가복지봉사서비스

① 지역사회에 일정한 시설을 갖추고 전문인력과 자원봉사자를 활용하여 재가복지서비스 제공

② 클라이언트의 기능 유지 · 강화 · 보호를 목적으로 가족기능의 약화된 부분을 보완하는 보충적 서비스

③ 가정봉사원을 가정으로 파견하거나 재가복지봉사센터로 통원하게 하여 일상생활을 위한 서비스와 자립을 위한 프로그램을 제공

④ 2010년 1월 1일부터 종합사회복지관부설 재가복지봉사센터가 종합사회복지관의 '재가복지봉사서비스'로 흡수 · 통합

(2) 재가복지봉사서비스의 기능 및 역할 11회 기출

① **조사 및 진단** : 서비스 대상자 및 가정의 욕구조사 및 문제진단

② **서비스 제공** : 서비스 대상자 및 가정에 대한 직 · 간접적인 서비스 제공

③ **자원동원 및 활용** : 지역사회 내의 인적 · 물적 자원의 동원 및 활용

④ **사업평가** : 서비스의 기능 및 분야별 효과, 자원동원 및 활용의 효과 등에 대한 평가

⑤ **교육기관의 역할** : 지역주민과 자원봉사자들을 대상으로 한 사회복지사업 및 취미 · 교양 등에 관한 교육

⑥ **연대의식 고취** : 지역사회 내 다양한 자원의 연계를 통한 계층 간 연대감 고취

(3) 재가복지봉사서비스의 운영원칙

① 자립성   ② 연계성

③ 능률성   ④ 적극성

(4) 재가복지봉사서비스의 종류

① **가사서비스** : 집안청소, 취사, 세탁 등

② **간병서비스** : 병간호, 병원안내, 병원동행, 신체운동 등

③ **정서서비스** : 상담, 말벗, 여가 및 취미활동 제공 등

④ **결연서비스** : 재정적 지원알선, 의부모 · 의형제 맺어주기 등

⑤ **의료서비스** : 지역보건의료기관과의 연계 · 결연, 수시방문진료 등

⑥ **자립지원서비스** : 직업보도, 기능훈련, 취업알선 등

⑦ **주민교육서비스** : 보호대상자의 가족, 이웃, 친지를 비롯한 지역주민을 위한 재가보호서비스 방법에 대한 교육

⑧ 그 밖에 사회복지관 내의 시설을 활용한 서비스 등

8 자활사업

(1) 의 의 12회 기출

① 2000년 10월 국민기초생활보장제도의 시행과 함께 본격적으로 실시된 노동연계복지 프로그램
② 국민기초생활보장제도가 지닌 근로유인의 문제를 해결
③ 저소득층의 자립과 가계소득에 기여할 수 있는 기능훈련을 실시
④ 근로의욕 및 동기가 낮은 주민의 취업욕구 증대 및 재취업을 위한 심리 · 사회적인 지원프로그램 실시
⑤ 지역봉사자를 위한 전문지도, 재활프로그램, 근로의욕 고취 프로그램, 공동창업을 통한 자립의 지원 등

(2) 참여 자격 9회, 12회, 14회 기출

① **조건부수급자** : 자활사업 참여를 조건으로 생계급여를 지급받는 수급자(의무참여)
② **자활급여특례자** : 생계 · 의료급여수급자가 자활근로, 자활기업 등 자활사업 및 국민취업지원제도에 참가하여 발생한 소득으로 인하여 소득인정액이 기준 중위소득의 40%를 초과한 자
③ **일반수급자** : 근로능력 없는 생계급여 수급권자 및 조건부과 유예자, 의료 · 주거 · 교육급여 수급(권)자 중 참여 희망자
④ **자활참여특례자** : 자활급여특례자에 해당하지 않는 조건부 또는 일반수급자로 자활참여로 발생한 소득으로 인하여 해당 급여 기준을 초과한 자
⑤ **특례수급가구의 가구원** : 의료급여특례, 이행급여특례가구의 근로능력 있는 가구원 중 자활사업 참여를 희망하는 자
⑥ **차상위자** : 근로능력이 있고, 소득인정액이 기준 중위소득 50% 이하인 사람 중 비수급권자
⑦ **근로능력이 있는 시설수급자**

(3) 자활근로사업 6회, 8회, 10회 기출

① **시장진입형 자활근로**
  ㉠ 시장진입 가능성이 높고 자활기업 창업이 용이한 사업으로서, 매출액이 총 투입예산의 30% 이상 발생하는 사업
  ㉡ 신규사업단은 사회서비스형으로의 추진을 원칙으로 하되, 시장 · 군수 · 구청장이 사업의 특성, 수익 창출 효과를 검토하여 제한적으로 시장진입형 신규사업단으로 설치 가능
② **사회서비스형 자활근로**
  ㉠ 사업의 수익성은 떨어지나 사회적으로 유용한 일자리 제공으로 참여자의 자활능력 개발과 의지를 고취하여 향후 시장진입을 준비하는 사업
  ㉡ 매출액은 총 사업비의 10% 이상 발생하여야 함
  ㉢ 매출액이 총 사업비의 30% 이상 발생하는 경우 시장진입형으로의 전환을 유도

③ 인턴 · 도우미형 자활근로

    ⊙ 지자체, 지역자활센터, 사회복지시설 및 일반기업체 등에서 자활사업대상자가 자활인턴사원으로 근로를 하면서 기술 · 경력을 쌓은 후 취업을 통한 자활을 도모하는 취업유도형 자활근로사업

    ⓒ 인턴형, 복지도우미형, 자활도우미형, 사회복지시설도우미형으로 구분

④ 근로유지형 자활근로

    ⊙ 현재의 근로능력 및 자활의지를 유지하면서 향후 상위 자활사업 참여를 준비하는 형태의 사업

    ⓒ 노동강도가 낮은 사업에의 참여가 필요한 자, 가구여건상 관내 사업 참여가 필요한 자, 근로의욕 증진대상자에 해당하는 자를 대상자로 선정

(4) 자활기업   3회, 8회 기출

① **기본 설립 및 인정 요건**   18회 기출

    ⊙ 자활근로사업단을 거친 2인 이상의 수급자 또는 차상위자로 구성(단, 친족만으로 구성은 불가함)

    ⓒ 조합 또는 부가가치세법상 사업자로 설립

② **지원 요건**

    ⊙ 자립형 자활기업

        인정요건을 충족하며 구성원 중 기초생활보장 수급자 및 차상위자가 1/3 이상이어야 지원 가능(단, 수급자는 반드시 1/5 이상이어야 함)

    ⓒ 사회형 자활기업

        전체 구성원이 5인 이상이고 사회적기업육성법령에 따른 취약계층을 전체 구성원의 30% 이상 고용하였으며, 설립 후 만 3년이 경과하였고, 법인인 경우에 지원 가능

③ **자활기업의 지원 내용**   22회 기출

    ⊙ 자활을 위한 사업자금 융자

    ⓒ 국유지 · 공유지 우선 임대

    ⓒ 국가나 지방자치단체가 실시하는 사업의 우선 위탁

    ⓔ 자활기업 운영에 필요한 경영 · 세무 등의 교육 및 컨설팅 지원

    ⓜ 그 밖에 수급자의 자활촉진을 위한 각종 사업

(5) 자활사업 지원체계

① **지역자활센터**   12회, 16회 기출

    ⊙ 목적 : 근로능력이 있는 저소득층에게 집중적 · 체계적인 자활지원서비스를 제공함으로써 자활의욕을 고취시키고 자립능력을 향상시킴

    ⓒ 주요 사업   22회 기출

        • 자활의욕 고취를 위한 교육   • 생업을 위한 자금융자 알선

        • 자영창업 지원 및 기술 · 경영 지도   • 자활기업의 설립 · 운영 지원

        • 자활을 위한 정보제공, 상담, 직업교육 및 취업알선

        • 그 밖에 자활을 위한 각종 사업

ⓒ 지역자활센터 운영원칙　7회 기출

- 참여주민 고유성·존엄성의 원칙
- 독립성의 원칙
- 전문가에 의한 사업수행의 원칙
- 사회적 가치 구현의 원칙
- 사업실행 평가의 원칙
- 주민자발성과 민주적 운영의 원칙
- 기준시설 확보의 원칙
- 교육·훈련의 원칙
- 지역사회와의 연대·협력의 원칙

② **광역자활센터**　11회 기출

ⓐ 목적 : 기초단위에서 단편적으로 추진되고 있는 자활지원체계를 광역단위의 자활사업 인프라 구축을 통해 종합적이고 효율적으로 자활사업을 추진함으로써 자활사업의 효과성을 제고하고 활성화를 도모

ⓑ 광역자활센터의 운영　12회 기출

- 광역자활센터는 보장기관으로부터 시·도 단위로 지정을 받은 사회복지법인, 사회적협동조합 등 비영리법인과 단체 등에 의해 운영
- 2021년 12월 30일 개소된 제주광역자활센터를 포함하여 2024년 2월 기준 총 16개소가 설치·운영 중에 있음

9 사회적 경제

(1) 개 념　12회, 16회, 19회, 20회 기출

① 사회적 재화와 서비스를 공급하는 경제활동을 말한다.
② 사회적 가치에 기반을 두고 공동 이익을 목적으로 하는 경제 시스템이다.
③ 사회적 경제의 주체는 사회적 기업, 마을기업, 협동조합, 자활기업 등을 포함한다.

(2) 구 분　14회, 15회, 16회, 17회, 18회, 21회, 22회 기출

사회적 기업	• 재화 및 서비스의 생산·판매 등 영업활동을 하는 기업이다. • 고용노동부장관의 인증을 받아야 하며, 고용정책심의회의 심의를 거쳐야 한다. • 취약계층에게 사회서비스 또는 일자리를 제공하거나 지역사회에 공헌함으로써 사회적 목적을 추구한다.
마을 기업	• 공동체성, 공공성, 기업성, 지역성 등을 운영원칙으로 한다. • 지역주민이 각종 지역자원을 활용한 수익사업을 통해 공동의 지역문제를 해결한다. • 지역주민 또는 지역 내 다양한 이해관계자 등의 참여와 의견 반영을 위해 노력한다.
협동 조합	• 조합원의 권익을 향상하고 지역사회에 공헌하고자 하는 사업조직이다. • 설립하려는 경우 5인 이상의 조합원 자격을 가진 자가 시·도지사에게 신고하여야 한다. 시·도지사는 즉시 기획재정부장관에게 그 사실을 통보하여야 한다. • 「협동조합기본법」에 따른 협동조합 중 지역주민들의 권익·복리 증진과 관련된 사업을 수행하거나 취약계층에게 사회서비스 또는 일자리를 제공하는 등 영리를 목적으로 하지 아니하는 협동조합을 '사회적 협동조합'이라고 한다.

제5장 | 지역사회복지운동

1 지역사회복지운동의 이해

(1) 의 의 9회, 15회, 19회, 20회 기출

① 지역주민의 주체성 및 역량을 강화하고 지역사회의 변화를 주도하는 조직적인 운동이다.
② 복지에 대한 권리의식과 시민의식을 배양하는 사회권 확립의 운동이다.
③ 지역사회복지의 확산과 발전을 위한 생활운동이다.
④ 지역사회의 다양한 자원 활용 및 관련 조직들 간의 유기적인 협력이 이루어지는 동원운동이다.
⑤ 사회복지가 추구하는 사회적 가치로서 사회정의를 실현한다.

(2) 주민운동으로서 지역사회복지운동의 특성 17회, 19회, 20회, 21회 기출

① 지역주민의 생활근거지로서 지역사회를 기반으로 한다.
② 지역주민의 삶의 질과 관련된 생활영역을 포함한다.
③ 지역주민, 지역사회활동가, 사회복지전문가는 물론 사회복지시설 종사자 및 지역사회복지서비스 이용자도 운동의 주체가 될 수 있다.
④ 지역사회문제를 해결하기 위한 목적지향성을 가진다.

2 주민참여

(1) 주민참여의 단계(Arnstein) 12회, 16회, 17회, 19회, 20회, 22회 기출

구 분	주민참여	참여의 효과
8단계	주민통제(Citizen Control)	주민권력 수준 (Degree of Citizen Power)
7단계	권한위임(Delegated Power)	
6단계	협동관계(Partnership)	
5단계	주민회유(Placation)	형식적 참여 (Degree of Tokenism)
4단계	주민상담(Consultation)	
3단계	정보제공(Informing)	
2단계	대책치료(Therapy)	비참여 (Non-participation)
1단계	여론조작(Manipulation)	

① **조작 또는 여론조작(제1단계)** : 행정과 주민이 서로 간의 관계를 확인한다는 점에서 의의를 찾을 수 있다. 다만, 공무원이 일방적으로 교육 및 설득을 하고 주민은 단순히 참석하는 데 그친다.
② **처방 또는 대책치료(제2단계)** : 주민의 욕구불만을 일정한 사업에 분출시켜 치료하는 단계이다. 다만, 이는 행정의 일방적인 지도에 그친다.

③ **정보제공(제3단계)** : 행정이 주민에게 일방적으로 정보를 제공한다. 다만, 이 과정에서 환류는 잘 일어나지 않는다.

④ **주민상담 또는 협의(제4단계)** : 공청회나 집회 등의 방법으로 주민으로 하여금 행정에의 참여를 유도한다. 다만, 이는 형식적인 수준에 그친다.

⑤ **회유 또는 주민회유(제5단계)** : 각종 위원회 등을 통해 주민의 참여범위가 확대된다. 다만, 최종적인 판단이 행정기관에 있다는 점에서 제한적이다.

⑥ **협동관계 또는 파트너십(제6단계)** : 행정기관이 최종적인 의사결정권을 가지고 있으나 주민들이 경우에 따라 자신들의 주장을 협상으로 유도할 수 있다.

⑦ **권한위임(제7단계)** : 주민들이 특정 계획에 대해 우월한 결정권을 행사하며, 집행단계에 있어서도 강력한 권한을 행사한다.

⑧ **주민통제(제8단계)** : 주민들이 스스로 입안하며, 결정에서부터 집행 그리고 평가단계에 이르기까지 통제한다.

(2) 주민참여 수준 21회 기출

브래거와 스펙트(Brager & Specht)의 주민참여 6가지 수준

참여수준	참여자 위상
높음 ↕ 낮음	기획과 집행에서 책임과 권한 부여
	의사결정권 보유 · 행사
	계획단계에 참여
	자문담당자
	조직대상자
	단순정보수혜자

제1장 | 사회복지정책일반

1 사회복지와 사회복지정책

(1) 사회복지의 개념

① 윌렌스키와 르보(Wilensky & Lebeaux)

　사회복지의 공급주체에 따라 잔여적(보충적) 개념과 제도적(보편적) 개념으로 구분

② 로마니쉰(Romanyshyn)

　사회복지의 객체의 범위에 따라 소극적(Negative) 및 적극적(Positive) 개념으로 구분

③ 던햄(Dunham)

　인구의 일부 혹은 전체의 경제적 조건, 건강, 대인적 경쟁의 개선·유지 등을 통해 사회적 복리를
　증진시키려는 조직적인 활동으로 정의

(2) 사회복지 개념의 변화　2회 기출

과 거	현 재
• 잔여적 · 보충적	• 제도적 · 보편적
• 시혜 · 자선	• 시민권
• 특수한 서비스 활동	• 보편적 서비스 활동
• 최저수준보장	• 최적수준달성
• 개인적 개혁(자발성)	• 사회적 개혁(공공성)
• 빈민구제의 성격	• 복지사회구현의 성격
• 중앙집중 경향	• 지방분권 경향
• 공사분리체제	• 공사협동체제
• 공급자 중심	• 이용자 중심
• 시설 위주	• 재가복지 확대
• 무료 서비스	• 이용자부담 서비스

(3) 사회복지정책의 목적 및 특징   9회, 14회, 15회, 19회 `기출`

① 국민최저수준 보장 및 삶의 질 향상을 목적으로 한다.

② 인간존엄성과 사회연대의식을 기초로 사회통합 및 질서유지를 목적으로 한다.

③ 소득재분배, 개인의 자립성 증진, 정상화 이념의 확대를 목표로 한다.

④ 사회연대의식에 기초하여 사회적 평등을 실현하며, 사회적 적절성을 확보한다.

⑤ 시장의 실패를 시정하여 자원배분의 효율화 기능을 수행한다.

⑥ 서비스의 주체는 정책을 형성·집행·제공하는 기관이며, 서비스의 객체는 서비스를 필요로 하는 사람, 나아가 전 국민이 해당된다.

⑦ 사회복지정책은 사실상 가치중립적일 수 없으며, 이를 연구하는 사회과학자도 연구주제의 선택이나 연구 결과의 해석에 있어서 가치를 배제할 수 없다.

⑧ 경기 상승 시 경기가 과열되지 않도록 막는 한편, 경기 하락 시 과도한 하락을 방지해 주는 경제의 자동안정장치(Built-in-stabilizer) 기능을 수행한다.

(4) 사회복지정책의 가치

① 평 등   3회, 4회, 5회, 9회, 10회, 11회, 12회, 13회, 14회, 17회, 19회 `기출`

   ㉠ 수량적 평등(결과의 평등) : 가장 적극적인 의미로서 사회적 자원을 똑같이 배분함

   ㉡ 비례적 평등 : 개인의 욕구, 능력, 기여에 따라 사회적 자원을 상이하게 배분함

   ㉢ 기회의 평등 : 가장 소극적인 의미로서 과정상의 기회만을 똑같이 제공함

② 효 율   18회, 21회 `기출`

   ㉠ 수단으로서의 효율 : 목표달성을 위해 적은 자원을 투입하여 최대한의 효과를 얻는 것(대상효율성, 운영효율성 등)

   ㉡ 파레토 효율(배분적 효율) : 더 이상 어떠한 개선이 불가능한 최적의 자원배분 상태로서 사회적 자원의 바람직한 배분에 초점

③ 자 유   11회, 18회, 20회 `기출`

소극적 자유	적극적 자유
• 기회의 측면을 강조 • 복지에 대한 국가의 개입에 부정적 입장 • 물리적이고 가시적인 침탈을 자유의 침해로 간주 • 개인의 행동에 대한 외적 강제가 없는 상태	• 능력의 측면을 강조 • 복지에 대한 국가의 개입에 긍정적 입장 • 개인에게 필요한 자원이나 개인이 수행할 수 있는 행위들의 선택지 집합으로서 기회를 박탈당한 것을 자유의 침해로 간주 • 임차인의 주거 안정을 위해 임대인의 자유를 제약할 수 있음

2 사회복지정책의 역사

(1) 영국의 구빈제도 2회, 6회, 7회, 9회, 10회, 11회, 12회, 16회, 18회, 19회, 20회, 21회, 22회 기출

구빈법(1601년)	• 기존의 빈민법을 집대성, 빈민의 통제 및 노동력 확보 • 빈민을 노동능력이 있는 빈민, 노동능력이 없는 빈민, 요보호 아동으로 분류 • 근대적 사회복지의 출발점으로서 국가책임주의 인식
정주법(1662년)	• 빈민의 도시유입 방지 • 빈민의 이동의 자유 및 주거선택의 자유 침해
작업장법(1722년)	• 노동능력이 있는 빈민에 대한 국가차원의 고용 • 오늘날 직업보도 프로그램의 효시
길버트법(1782년)	• 원내구제와 원외구제의 인정, 기존의 시설구호에서 거택보호로 전환 • 교구연합의 제도화 및 행정구역의 확대, 유급직 구빈사무원 고용
스핀햄랜드법(1795년)	• 빈민의 노동에 대한 임금 보충 • 오늘날의 가족수당 또는 최저생활보장의 기반
공장법(1833년)	• 아동의 노동조건 및 작업환경의 개선 • 최초의 아동복지법적 성격
개정구빈법 또는 신빈민법(1834년)	• 임금보조제 철폐, 원외구제 폐지 • 빈민을 가치 있는 빈민과 가치 없는 빈민으로 분류 • 구빈행정체계의 전국적 통일에 기여 • 열등처우의 원칙 및 전국 균일처우의 원칙 확립

(2) 독일의 구빈제도

① 함부르크(Hamburg) 구빈제도(1788년)

교회의 무질서한 자선의 배제, 시의 지구단위로의 분할, 구빈감독관 임명

② 엘버펠트(Elberfeld) 제도(1852년)

빈민구제의 지구 조직화, 민생위원제도의 시초, 영국의 자선조직협회에 영향을 미침

(3) 사회복지정책의 변화

① 독 일 1회, 2회, 11회, 12회, 20회 기출

㉠ 정부의 사회 안정을 위한 권위적 개입, 최초의 사회보험 제도 시행

㉡ 계급정책 및 노동정책의 일환으로서의 사회복지정책

㉢ 비스마르크의 사회보험입법 : 질병보험법(1883년), 산업재해보험법(1884년), 노령 및 폐질보험법(1889년) → 노동자의 충성심을 국가로 유도

② 영 국 1회, 2회, 5회, 9회, 10회, 11회, 13회, 22회 기출

㉠ 국민의 요구에 의한 탈권위적 개입

㉡ 시민권 및 사회서비스 일환으로서의 사회복지정책

㉢ 1942년 베버리지 보고서 등 사회보장제도의 발전 : 주택정책, 소득보장, 의무교육, 노동정책, 의료보장 강조

ⓐ 1948년 국민부조법의 도입에 따른 구빈법의 폐지

ⓑ 1979년 보수당 집권에 의한 사회보장제도의 침체(대처리즘)

ⓒ 1990년대 후반 블레어 수상에 의한 경제안정 및 사회복지 향상을 위한 동시적 노력(제3의 길)

③ 미 국 2회, 20회 [기출]

    ㉠ 1935년 사회보장법의 제정, '사회보장' 용어의 최초 사용

    ㉡ 사회보장 및 경제생활보장의 일환으로서의 사회복지정책

    ㉢ 구제, 부흥, 개혁을 위한 다양한 사회보험, 공공부조, 보건 및 복지 서비스 프로그램 실시

    ㉣ 1980년 '작은정부'에 의한 사회보장제도의 침체(레이거노믹스)

    ㉤ 2010년 오바마 대통령에 의한 건강보험개혁

③ 복지국가의 위기와 그 대응

(1) 복지국가 위기의 배경 13회 [기출]

① **경제적 배경**

    경기침체와 국가재정위기, 성장의 둔화, 실업의 증대, 지하경제 문제, 세금회피 및 탈세 등

② **정치적 · 행정적 배경**

    정부에 대한 신뢰도 하락, 관료 및 행정기구의 팽창과 비효율성, 이익집단 중심의 비효율적 다원주의 등

③ **사회 · 문화적 배경**

    급격한 사회변동에 따른 아노미 현상, 사회통합의 이완현상, 성별 · 계층별 갈등 현상 등

④ **그 밖의 보다 근본적인 변화**

    석유파동, 혼합경제와 포디즘적 생산체계의 붕괴, 전후 합의의 붕괴, 노동연대의 약화 등

(2) 복지혼합(Welfare Mix) 9회, 11회, 13회, 18회, 22회 [기출]

① 1980년대 영국의 대처리즘(Thatcherism)과 미국의 레이거노믹스(Reaganomics) 등으로 대표되는 신보수주의의 입장을 대변

② 한 사회에서 복지의 총량이 국가, 시장, 가족 및 비영리 민간복지기관에서 제공하는 다양한 복지의 혼합으로 구성 → 복지다원주의(Welfare Pluralism)

③ 사회복지서비스의 다양한 공급주체의 역할에 주목 → 전달체계의 복잡성 증가

④ 복지의 다양한 공급주체들 간의 기능적 재분배 강조

⑤ **복지혼합의 주요 유형**

    ㉠ 계약 또는 위탁계약 : 재화나 서비스의 배분이나 공급권을 일정기간 동안 특정 개인이나 집단에게 부여하는 것으로, 일종의 공급자 지원방식

    ㉡ 증서 또는 바우처 : 정부가 이용자로 하여금 재화나 서비스를 구매할 수 있도록 증서(바우처)를 지급하는 것으로, 일종의 수요자 지원방식

ⓒ 세제혜택 : 정부가 공급자나 수요자에게 세제혜택을 줌으로써 재화나 서비스의 제공 및 수혜의 폭이 넓어지도록 유도하는 간접지원방식

(3) 새로운 사회적 위험 10회, 15회, 16회, 19회 [기출]

① 사회복지의 정책적 측면에서 개인의 적극적인 참여 강조
② 사회적 취약계층을 표적으로 하는 선별주의적인 접근방식으로의 전환
③ 제조업에서 서비스업 중심으로의 전환, 산업의 고부가가치화
④ 계급이념의 쇠퇴로 인한 노동자계급의 세력 약화
⑤ 노동시장의 유연화(임시 · 일용직 등 비정규직 증가), 임금 및 근로조건의 불평등 확대
⑥ 소득양극화의 심화
⑦ 가족구조의 변화, 출산율의 감소, 인구의 고령화
⑧ 여성의 경제활동참여 증가, 일 · 가정 양립의 문제 대두 등

제2장 | 복지국가 및 복지정책의 발달

❶ 복지국가의 이념모델

(1) 윌렌스키와 르보(Wilensky & Lebeaux)의 모델 8회, 16회 [기출]

구 분	잔여적 모델	제도적 모델
대 상	특수 집단 혹은 특정 개인(사회적 취약계층)	지역사회 및 전 국민
목 표	수급자의 최저생활보장	사회환경 및 자원제공의 최적수준 지향
개 입	보충적 · 일시적 · 한정적인 보호 · 지원	항시적인 소득재분배 기능 수행
복지욕구 충족기제	가족이나 시장 우선	국가의 사회복지제도
실행주체	민간의 자발적인 주도	국가의 역할 강조
빈곤의 책임	개인이나 가족, 시장의 책임 강조	사회구조적 · 국가적 책임 강조
서비스의 성격	시혜, 자선의 성격, 낙인의 문제	시민권으로서의 성격, 평등사상에 입각
이 념	선별주의	보편주의

(2) 티트머스(Titmuss)의 모델

잔여적(보충적) 모델	• 가족이나 시장이 제 기능을 발휘하지 못할 때 국가가 일시적으로 개입 • 요보호자에 대한 최소한의 생활보장 • 공공부조 프로그램 강조
산업적 업적성취 모델	• 개인의 시장 및 사회에 대한 업적이나 기여도, 공헌 정도에 따라 급여 결정 • 사회복지를 경제성장의 수단으로 활용 • 사회보험 프로그램 강조
제도적 재분배 모델	• 재분배를 통한 사회적 · 보편적 형평 및 사회통합 지향 • 사회의 구조적 불평등 해소를 위해 보편적 급여 제공 • 보편적 프로그램 강조

(3) 조지와 윌딩(George & Wilding)의 모델   9회, 10회, 11회, 12회, 13회, 16회, 17회, 20회 `기출`

반집합주의	• 소극적 자유, 개인주의, 불평등의 가치 강조 • 복지에 대한 정부의 개입에 부정적인 입장 • 자발적 협동과 경쟁 강조, 경제성장과 부의 극대화 • 국가온정주의와 정치적 안정 유지를 위한 최소한의 복지급여
소극적 집합주의	• 소극적 자유, 개인주의, 실용주의의 가치 강조 • 복지에 대한 정부의 개입을 조건부로 인정 • 사회 안정과 질서의 유지 차원에서 복지국가를 제한적으로 지지 • 사회병리 개선과 사회결속 유지를 위한 복지정책의 필요성 주장
페이비언 사회주의	• 적극적 자유, 평등, 우애의 가치 강조 • 복지에 대한 정부의 적극적인 개입 주장 • 공공부문 강조, 자원의 재분배 도모 • 이타주의 증진, 사회통합을 위한 노력
마르크스주의	• 적극적 자유, 결과적 평등의 가치 강조 • 복지에 대한 정부의 적극적인 개입 주장 • 계급갈등을 자본주의의 필연적인 과정으로 보는 계급갈등론에 기초 • 복지국가를 자본주의의 산물로 간주하여 그러한 개념 자체를 부정
페미니즘	• 가부장적 복지국가에 대한 비판 • 양성평등을 위한 사회복지정책의 역할을 인정 • 복지국가에 대한 양면적 관점(성 평등에의 기여 또는 남성 중심의 정책 입안)
녹색주의	• 복지국가가 환경문제를 유발, 그에 대해 반대 입장 • 산업사회가 사회문제의 원인보다는 현상에 초점을 두고 있다고 비판 • 경제성장은 물론 정부의 복지 지출에 대해서도 반대 입장

② 복지국가의 유형

(1) 에스핑-안데르센(Esping-Andersen)의 유형

4회, 5회, 8회, 10회, 11회, 12회, 13회, 14회, 15회, 16회, 19회, 20회, 21회, 22회 기출

자유주의 복지국가	• 시장의 효율성, 노동력의 상품화, 근로의욕의 고취 강조 • 소득조사에 의한 공공부조 프로그램 강조 • 노동력의 탈상품화 정도 최소화 예 미국, 영국, 호주 등
보수주의(조합주의) 복지국가	• 전통적 가족과 교회의 기능 및 역할 강조(남성생계부양자 모델) • 사회보험 프로그램 강조 • 노동력의 탈상품화에 한계가 있음 예 프랑스, 독일, 오스트리아 등
사회민주주의(사민주의) 복지국가	• 보편주의에 입각, 평등 지향, 포괄적인 복지체계 구축 • 노동조합 권한 강화, 보편적 사회수당, 적극적 노동시장정책 강조 • 사회권을 통한 노동력의 탈상품화 효과 최대화 예 스웨덴, 덴마크, 노르웨이 등

(2) 퍼니스와 틸튼(Furniss & Tilton)의 유형 13회, 16회 기출

적극적 국가	• 정부의 경제정책에 대한 적극성 강조 • 사회복지가 경제성장의 걸림돌이 되는 것을 거부 • 사회보험 강조 예 미국 등
사회보장국가	• 경제와 연관된 복지, 국민의 최저생활보장 강조 • 사회보험의 한계 인식, 공공부조나 사회복지서비스 도입 • 개인의 책임과 함께 일정 수준의 사회적 평등 강조 예 영국 등
사회복지국가	• 노동조합의 활성화, 노동자 · 여성 · 장애인 등의 정치 참여 촉진 • 평등과 공동체의식 강조하며, 보편적 사회복지서비스 제공 • 경제정책보다 사회복지에 역점 예 스웨덴 등

(3) 미쉬라(Mishra)의 유형 13회, 16회 기출

분화된 복지국가	• 사회복지와 경제에 대한 대립적 관점 • 경제에 부정적인 영향을 미치는 사회복지를 제한 • 복지정책이 이익집단들의 다양한 이익추구에 의해 단편화되는 경향 예 미국, 영국 등
통합된 복지국가	• 사회복지와 경제에 대한 상호적 관점 • 사회구성원들의 이익이 통합되는 복지정책을 추구 • 복지정책은 경제집단들 혹은 계급들 간의 상호 협력에 의해 추진 예 오스트리아, 스웨덴 등

3 사회복지정책 관련 이론

(1) 사회양심이론 2회, 5회, 6회, 8회 기출

① 인도주의에 입각한 사회적 의무감이 복지정책을 확대할 수 있다고 본다.
② 사회구성원들의 집단양심을 사회복지의 변수로 본다.
③ 사회복지정책을 국가의 자선활동으로 간주한다(동정주의적 관점).
④ 사회진화론적 관점에서 개선의 역전을 부정한다.

(2) 산업화이론(수렴이론) 4회, 8회, 10회, 13회, 14회, 16회, 20회, 22회 기출

① 경제발전이 상당한 수준에 도달하게 되면 사회복지가 유사한 형태로 수렴된다고 본다.
② 사회복지제도의 수렴에 있어서 중요한 요인으로 기술발전을 든다.
③ 복지국가를 산업화에 의해 발생된 사회적 욕구에 대한 대응으로 본다.
④ 복지국가의 발전을 산업화로 인한 경제성장과 함께 이루어지는 것으로 본다.

(3) 시민권이론 4회, 6회, 8회, 9회, 10회, 12회, 19회, 22회 기출

① 마샬(Marshall)은 18C 이래로 '공민권', '정치권', '사회권'으로 시민권이 확대되었다고 주장하였다.
② 사회복지정책이 시민권의 확립이라는 진화적 과정에 따라 개선 및 확대될 수 있다고 본다.
③ 불평등한 계급구조와 평등주의적 시민권이 양립할 수 있다고 보며, 오히려 이들 간의 긴장이 사회발전의 동력이 된다고 주장한다.

(4) 음모이론(사회통제이론) 5회, 6회 기출

① 피븐과 클라워드(Piven & Cloward)는 심각한 사회문제가 나타날 때 공적 복지제도가 확대되는 반면, 사회가 안정될 때 복지가 위축되는 현상에 주목하였다.
② 사회복지의 확대는 서민의 궁핍화에 따른 저항과 투쟁에 대한 지배계급의 대응책일 뿐이다.
③ 노동자 집단에의 통제를 통해 재생산을 촉진하고 노동자계급을 계층화하고자 한다.
④ 노동자에 의한 위협이 사라지고 사회가 보수화됨으로써 사회복지정책은 후퇴할 수 있다고 본다.

(5) 권력자원이론(사회민주주의이론) 5회, 6회, 11회, 21회, 22회 기출

① 사회복지정책의 발달을 노동자계급 혹은 노동조합의 정치적 세력의 확대 결과로 본다.
② 국가의 상대적 자율성, 노동계급의 정치적 세력화, 시장실패 교정·보완 등을 특징으로 한다.
③ 사회복지의 확대에 있어서 좌파정당과 노동조합의 영향을 강조한다.

(6) 확산이론(전파이론) 1회, 3회, 8회, 11회 기출

① 사회복지정책의 발달이 국가 간 교류 및 소통의 과정에서 이루어진다고 본다.
② 사회복지정책의 도입을 선구적인 복지국가에 대한 모방의 과정으로 인식한다.
③ '위계적 확산'은 새로운 기술이나 제도가 선진국에서 후진국으로 확산되는 것이고, '공간적 확산'은 한 나라에서 주변국으로 확산되는 것이다.

(7) 이익집단이론(다원주의이론) 13회, 22회 기출

① 복지국가의 사회복지정책들을 다양한 관련 이익단체들 간의 대립과 타협의 산물로 해석한다.
② 다양한 비계급적 집단들의 이해의 조정을 통해 복지국가가 발전한다고 본다.
③ 이 이론은 권력의 분산을 토대로 하므로, 이익집단들 간의 이익상충에 대한 정부 역할의 중요성을 각인시킨다.

(8) 엘리트이론 3회, 5회, 6회, 18회 기출

① 사회는 엘리트와 대중으로 구분되며, 정책결정에 있어서 대중의 의견은 무시된다.
② 정책은 엘리트들이 사회의 개량과 개선을 위해 대중에게 일방적 · 하향적으로 전달 · 집행한다.
③ 역사는 계급투쟁이 아닌 엘리트의 교체과정으로 나타나므로, 계급 간 투쟁보다 엘리트들 간의 갈등을 중시한다.

4 복지 이데올로기

(1) 조합주의(코포라티즘)

① 일종의 다원주의이론의 변종으로서, 노사정의 삼자협동체제를 말한다.
② 노조와 자본가단체는 평범한 압력집단에서 거대한 힘을 가진 통치기구로 변모한다.
③ 국가는 전체의 이익을 확대하고 사회질서를 유지하기 위해 의도적으로 사회집단과 개인의 이익을 통제 · 조정하는 수단을 갖는다.

(2) 케인즈주의(Keynesianism) 9회, 13회, 17회 기출

① 시장실패에 대해 국가가 적절히 개입해야 한다고 주장한다.
② 국가의 시장개입을 통한 재정지출의 증대, 금융정책 및 사회재분배정책 확대, 경기 활성화를 통한 유효수요 증대를 목표로 한다.
③ 1935년 미국의 사회보장법(Social Security Act)은 케인즈식 국가개입주의를 반영하고 있다.

(3) 신자유주의 5회, 7회, 11회, 13회, 14회 기출

① 복지지출의 확대가 경제성장을 저해하며, 복지수혜자들의 근로동기를 감소시킨다고 본다.
② 경제위기를 극복하기 위해 국가개입을 축소시키고 자유주의적 시장경제의 원리를 복원하고자 한다.
③ 시장자유화, 탈규제화, 민영화, 개방화, 노동시장의 유연화, 초국적 생산체계 확대 등과 함께 '작은 정부(Small Government)'를 지향한다.

(4) 신마르크스주의 13회 기출

① 복지국가의 발전을 독점자본주의의 속성과 관련시켜 분석한다.

② 복지정책을 자본축적의 위기나 정치적 도전을 수정하기 위한 수단으로 본다.

③ 국가의 자율적 역할 정도에 따라 도구주의 관점과 구조주의 관점으로 대별된다.

④ 도구주의 관점은 국가가 자본가들의 이익을 위한 도구로서의 역할을 수행한다고 보는 반면, 구조주의 관점은 경제구조 자체의 특성상 국가의 기능이 곧 자본가의 이익과 합치된다고 본다.

제3장 | 사회복지정책과정

1 사회복지정책의 형성

(1) 사회복지정책 형성 과정상의 주요 개념

① **아젠다 혹은 정책의제(Agenda)** : 어떤 문제나 이슈가 공공정책으로 전환되기 위하여 정책결정자들의 관심을 불러일으키고 논의될 수 있는 상태에 놓일 때 그 문제나 이슈의 목록을 의미한다.

② **이슈(Issue)** : 어떤 문제나 요구가 공공의 관심을 끌게 되어 공공정책상의 논점으로 제시되는 경우 혹은 그로 인해 이해갈등이 나타나는 경우를 말한다.

③ **대안(Alternative)** : 어떤 문제나 이슈가 정책의제로 채택되어 논의되고 정의되는 과정에서 나타나는 여러 가지 해결방안들을 말한다.

④ **정책(Policy)** : 권위를 가진 정책결정자에 의해 선택된 대안을 말한다.

(2) 사회복지정책의 형성과정 11회 기출

문제형성 → 아젠다형성(의제형성) → 대안형성 및 정책입안 → 정책결정 → 정책집행 → 정책평가

(3) 아젠다의 형성과정 4회, 9회 기출

문제인식과정 → 이슈화 과정 → 공공아젠다(체제아젠다) → 정부아젠다(제도아젠다)

(4) 사회복지정책 대안의 비교분석기준 10회, 11회 기출

① **효과성** : 정책의 목표달성 정도

② **효율성** : 투입에 대한 산출의 비율(비용대비편익)

③ **사회적 형평성** : 공평하고 공정한 배분

④ **기술적 실현가능성** : 기술적 · 방법적 실현가능성

⑤ **정치적 실현가능성** : 관련 이해집단이나 일반국민으로부터의 지지수준

(5) 사회복지정책의 평가   5회, 14회, 15회, 17회 기출

① 정책평가의 필요성

㉠ 정책프로그램의 효과성 증진

㉡ 정책 활동에 대한 책임성 확보

㉢ 정책 활동 통제 및 감사의 필요성

㉣ 정책개선에 필요한 정보획득 등

② 정책평가의 일반적인 단계

㉠ 제1단계 : 정책평가 목표 및 평가대상 결정

㉡ 제2단계 : 정책의 내용 및 구조 파악

㉢ 제3단계 : 평가설계(평가기준결정)

㉣ 제4단계 : 자료의 수집 · 분석 · 해석

㉤ 제5단계 : 평가보고서 작성 및 제출

(6) 사회복지 정책결정에 관한 주요 이론모형   5회, 7회, 10회, 11회, 12회, 13회, 14회, 16회, 17회, 20회, 21회 기출

① **합리모형** : 인간 이성의 합리성을 강조하며, 정책결정자에 의한 최선의 정책대안이 가능하다고 본다.

② **만족모형** : 인간 이성의 제한적 합리성을 강조하며, 정책결정자에 의한 만족스러운 정책대안이 가능하다고 본다.

③ **점증모형** : 인간 이성의 비합리성을 강조하며, 부분적인 수정에 의해 정책결정이 이루어진다고 본다.

④ **혼합모형** : 합리모형과 점증모형의 혼합으로서 정책결정의 기본틀은 합리모형으로, 세부적인 내용은 점증모형으로 접근한다.

⑤ **최적모형** : 정책결정에 있어서 합리적인 요소와 초합리적인 요소(직관력, 창의력 등)를 동시에 고려한다.

⑥ **쓰레기통모형** : 정책결정이 조직화된 혼란상태에서 이루어진다고 본다.

2 사회복지정책의 분석틀

(1) 정책분석의 3P   9회, 10회, 11회, 12회, 14회, 18회, 19회 기출

① **과정분석** : 정책형성 과정에 대한 사회정치적 · 기술적 · 방법적 분석이다.

② **산물분석** : 정책선택의 형태와 내용에 대한 분석이다.

③ **성과분석** : 정책 프로그램의 집행결과에 대한 평가 분석이다.

(2) 할당의 기본원칙으로서 선별주의와 보편주의 5회, 9회, 10회, 11회, 14회, 17회, 19회, 20회, 22회 기출

선별주의	보편주의
• 개인적 욕구에 근거, 자산조사 실시 • 높은 목표(대상)효율성, 비용효과성 • 요보호자에 국한된 서비스 집중 • 낙인감, 불필요한 의존심 발생 예 자활사업, 기초연금, 장애인연금, 의료급여 등	• 사회적 권리에 근거, 전 국민에 확대 • 사회적 통합 효과(사회적 효과성) • 최저소득 보장, 빈곤 예방 • 낮은 목표(대상)효율성, 운영비용 증가 예 아동수당, 누리과정, 실업급여 등

(3) 사회복지정책의 수급조건으로서 할당의 세부원칙 3회, 11회, 12회, 13회, 14회, 19회 기출

귀속적 욕구	욕구의 규범적 준거, 집단적 할당 예 65세 이상의 노인에 대한 경로우대제도, 고등학교까지의 무상교육 등
보 상	형평의 규범적 준거, 집단적 할당 예 국가유공자에 대한 처우 및 국민연금, 국민건강보험 등의 사회보험
진 단	욕구의 기술적 진단, 개인적 할당 예 장애인에 대한 장애등급 판정, 치매나 중풍 노인들에 대한 의료서비스 등
자산조사	욕구의 경제적 기준, 개인적 할당 예 국민기초생활보장제도 등의 공공부조

(4) 사회복지정책 급여 형태 ★ 매회 기출

현금급여	• 수급자의 효용을 극대화하고 자기결정권을 보장 • 문제욕구에 사용되지 않는 등 오 · 남용의 위험 예 국민연금의 노령연금, 산재보험의 장해급여, 고용보험의 구직급여, 국민건강보험의 장애인 보조기에 대한 보험급여 등
현물급여	• 규모의 경제효과에 의한 정책의 목표효율성에 유리 • 수급자의 개인적인 선택에 제약, 관리에 따른 행정비용 발생 예 국민건강보험의 건강검진, 산재보험의 요양급여, 노인장기요양보험의 재가급여 등
이용권(증서)	현금급여와 현물급여의 중간형태 예 Food Stamp, 국민행복카드(구 고운맘 카드) 등
기 회	사회 불이익 집단에 유리한 기회 제공, 수급자의 의존도 최소화 예 장애인 의무고용제도, 농어촌 특별전형제도 등
권 력	• 정책결정의 권력을 수급자에게 부여 • 정책결정에 있어서 수급자의 이익을 최대한 반영

(5) 사회복지정책의 재원 5회, 6회, 7회, 9회, 11회, 18회, 20회, 22회 기출

① 공공재원과 민간재원

공공재원	소득세	소득능력에 따른 부과, 고소득자에 대한 누진세율 적용, 저소득자에 대한 감면 혜택 등으로 일반세 중 소득계층 간 소득재분배 효과가 가장 큼
	소비세	일반적으로 모든 상품에 대한 단일 세율 부과로 인해 기본적으로 역진성이 큼
	재산세	지방정부의 재원으로서, 보통 단일세율이 적용되며 재산의 가치평가액이 실질 시장가격의 변화에 대응하지 못하여 역진성이 있음
	목적세	특정 목적에 충당하기 위해 거두어들이는 조세 예 교육세, 농어촌특별세 등
	사회보장성 조세	사회보장의 목적을 위해 거두어들이는 보험료가 해당되며, 세금은 아니지만 세금과 같은 기능을 함
	조세비용	'조세지출'이라고도 하며, 특정 집단에게 조세를 감면하여 조세 부과 및 수혜대상자 선별에 드는 시간적·인적 비용을 줄일 수 있는 반면, 주로 조세를 많이 납부한 자에게 혜택이 돌아가므로 역진적이라 할 수 있음
민간재원	사용자부담	사회복지급여를 받는 대가로 금전을 지불함으로써 사회복지서비스의 오남용을 방지할 수 있고 수급자의 낙인감을 줄일 수 있는 반면, 소득재분배에 있어서 역진적이라 할 수 있음
	자발적 기여	기부금과 같이 자발적인 기여를 하는 것으로서, 체계적인 사업의 수립 및 집행에 불리하며, 자발적 기여에 따른 세금 감면 등의 혜택으로 오히려 역진성을 띠기도 함
	기업복지	고용주가 피고용자들에게 임금 상승의 효과 대신 복지형태의 혜택을 주는 것으로서, 피고용자의 기업에 대한 소속감 확보에 유리한 반면, 실업자나 비정규직이 대상에서 제외됨으로써 역진성을 띠기도 함
	가족 간 이전	가족이나 친지, 이웃을 통한 비공식적 지원이 이루어지는 것으로서, 복지욕구의 빠른 해결을 장점으로 하지만, 특히 빈곤한 가족의 경우 이를 해결하는 데 한계가 있음

② 직접세와 간접세 11회 기출

직접세	• 납세의무자와 실제 그 세금을 부담하는 자가 일치하고 조세부담의 전가가 예정되어 있지 않은 조세이다. • 소득이나 재산에 따라 과세되므로 합리적이나 조세저항의 우려가 있다. 예 소득세, 법인세, 증여세, 상속세, 재산세, 주민세, 취득세, 등록세, 부당이득세 등
간접세	• 납세의무자와 실제 그 세금을 부담하는 자가 일치하지 않고 조세부담의 전가가 예정되어 있는 조세이다. • 조세가 물품의 가격에 포함되어 있으므로, 간접세의 인상이 물가상승의 요인이 된다. 예 부가가치세, 개별소비세, 주세(酒稅), 인지세(印紙稅), 증권거래세 등

(6) 사회복지정책의 전달체계   5회, 6회, 11회 _{기출}

공공전달체계	중앙정부	• 통일성, 지속성, 안정성 • 규모의 경제, 평등지향적 서비스 공급, 프로그램 포괄 · 조정 • 수급자 욕구 반영의 한계, 접근성 결여 • 공급의 독점성으로 인한 서비스 질 저하
	지방정부	• 지역적 특수성 및 지역주민의 욕구 반영 • 지방정부 간 경쟁에 따른 가격 및 질적 측면에서의 유리 • 지역 간 불평등 야기 • 지속성, 안정성, 프로그램의 지역 간 연계에 있어서의 불리
민간전달체계		• 신속성, 접근성, 창의성, 융통성, 서비스의 다양성 및 전문성 • 비수급자에게까지 서비스 확대 적용 가능 • 자원봉사 등 민간의 사회복지에 참여 욕구 반영 • 중앙정부나 지방정부의 사회복지 활동에 대한 압력단체로서의 역할 수행

(7) 사회복지재화 및 서비스의 국가 제공의 필요성   6회, 10회, 11회, 12회, 17회, 18회, 19회, 20회, 22회 _{기출}

① 공공재 성격
② 소득분배의 불공평
③ 불완전한 시장정보
④ 시장의 불완전성
⑤ 외부효과
⑥ 규모의 경제
⑦ 도덕적 해이
⑧ 역의 선택
⑨ 위험발생의 비독립성

제4장 | 사회보장론

1 사회보장

(1) 의 의   5회, 11회, 12회, 13회, 14회 _{기출}

우리 실정법상 사회보장의 정의 규정은 '사회보장기본법'에 있다.

> '사회보장'이란 출산, 양육, 실업, 노령, 장애, 질병, 빈곤 및 사망 등의 사회적 위험으로부터 모든 국민을 보호
> 하고 국민 삶의 질을 향상시키는 데 필요한 소득 · 서비스를 보장하는 사회보험, 공공부조, 사회서비스를 말
> 한다(법 제3조 제1호).

(2) 사회보장제도의 구분 3회, 7회, 11회, 12회, 17회, 22회 [기출]

구 분	사회보험	공공부조	사회서비스
주 체	정 부	정부 및 지방자치단체	정부 및 지방자치단체, 민간단체 및 사회복지법인
객 체	전 국민	저소득층	요보호자
목 적	빈곤 예방	빈곤 치료	사회적 적응
내 용	• 국민연금 • 국민건강보험 • 산업재해보상보험 • 고용보험 • 노인장기요양보험	• 국민기초생활보장제도 • 의료급여제도 • 긴급복지지원제도 • 기초연금제도 • 장애인연금제도	• 아동복지 • 노인복지 • 장애인복지 • 모자복지 • 재가복지
재 정	• 기여금(근로자) • 부담금(사용자) • 지원금(정부)	조 세	• 국가보조금 • 민간재원

(3) 사회보장제도의 기능

긍정적 기능	• 각종 사회적 위험의 대비에 따른 국민의 생활안정 도모 • 노사문제 해소에 따른 생산성 증진 • 국민경제의 조절능력향상과 소득재분배에 기여 • 국민의 기본욕구 수요 충족 및 빈곤 · 질병 · 실업 등의 사회적 문제 해소
부정적 기능	• 근로자의 근로의욕 저하와 오용 및 악용 발생 • 국민의 사회보장 비용부담 증가에 따른 조세저항 초래 • 이미 증대된 급부의 정도를 감소시키기 곤란함 • 방대한 사회보장제도의 유지에 따른 국민경제발전의 압박요인 증가

(4) 사회보장제도의 목적으로서 소득재분배 2회, 9회, 13회, 19회, 20회, 22회 [기출]

수직적 재분배	소득이 높은 계층으로부터 소득이 낮은 계층으로 재분배하는 형태 예 공공부조, 누진적 소득세 등
수평적 재분배	소득수준과 관계없이 특정한 사회적 기준을 토대로 해당 조건을 갖춘 사람들에게 재분배하는 형태 예 가족수당, 건강보험 등
세대 간 재분배	현 근로세대와 노령세대 또는 현 세대와 미래세대 간의 소득을 재분배하는 형태 예 부과방식의 연금제도 등
세대 내 재분배	동일한 세대 내에서 소득을 재분배하는 형태 예 적립방식의 연금제도 등
단기적 재분배	현재의 자원을 동원하여 사회적 욕구를 충족시키는 재분배 형태 예 공공부조 등
장기적 재분배	여러 세대에 걸친 자원의 동원 및 소득재분배가 동시에 이루어지는 재분배 형태 예 국민연금 등

(5) 사회보장제도의 기본원칙

① 베버리지의 사회보험 원칙 6회, 9회 기출

    ㉠ 정액급여의 원칙(균일급여의 원칙)

    ㉡ 정액기여의 원칙(균일갹출의 원칙)

    ㉢ 행정통합의 원칙(행정책임의 통합화 원칙)

    ㉣ 급여 충분성의 원칙(급여 적절성의 원칙)

    ㉤ 포괄성의 원칙(위험과 대상의 포괄성의 원칙)

    ㉥ 피보험자 구분의 원칙(가입대상 분류의 원칙)

② 사회보장기본법상 사회보장제도의 운영원칙(사회보장기본법 제25조) 6회, 11회, 14회 기출

    ㉠ 적용범위의 보편성

    ㉡ 급여수준 및 비용부담의 형평성

    ㉢ 운영의 민주성

    ㉣ 효율성 · 연계성 · 전문성

    ㉤ 시행의 책임성

2 사회보험제도

※ '사회복지법제론'의 제3장 '사회보험법'의 해당부분을 살펴볼 것(176p)

(1) 사회보험 일반

① 특 징 11회, 19회, 21회 기출

    ㉠ 강제적 프로그램으로서, 강제 가입을 원칙으로 한다.

    ㉡ 사회적 위험에 대비하기 위한 최저소득보장제도이다.

    ㉢ 개인적 형평성(공평성)보다는 사회적 충분성(적절성)을 중시한다.

    ㉣ 기여금이 주요 운영재원이 된다.

    ㉤ 소득수준과 급여수준이 항상 정비례하는 것은 아니다.

    ㉥ 급여는 권리이며, 자산조사를 필요로 하지 않는다.

    ㉦ 사전에 규정된 욕구에 따라 급여가 제공된다.

    ㉧ 사회보험급여는 법으로 규정된다.

    ㉨ 기금 또는 재정관리에 정부가 개입한다.

    ㉩ 공공기관이 관리운영을 담당한다.

    ㉪ 사회보험재정의 완전적립이 불필요하다.

    ㉫ 보험료율은 개인이 선택할 수 없다.

② 기 능

    ㉠ 국민생활의 안정, 경제적 문제 완화

    ㉡ 소득재분배에 의한 구매력 지속성 유지 및 경제 안정화

    ㉢ 빈곤의 예방, 노동력의 회복과 유지 및 발전의 수단

    ㉣ 기여금 등에 의한 사회적 투자 및 국가 생산투자 재원 확보

    ㉤ 국민의 최저생활보장, 인간의 존엄 및 가치 보존, 자립정신 고취

    ㉥ 사회연대의식 고양, 사회질서 유지, 합리적인 산업생활에 기여

③ 사회보험과 민간보험의 비교   2회, 3회, 6회, 8회, 10회, 17회, 20회 기출

구 분	사회보험	민간보험
원 리	사회적 충분성(적절성)	개인적 형평성
참 여	강제적 · 비선택적	임의적 · 선택적 · 자발적
보험료 · 기여금 부과 기준	평균적 위험정도, 소득수준	개별적 위험정도, 급여수준
보호수준	최저보호수준	요구와 능력에 의해 결정
급여 근거	법	계 약
운 영	정부독점	보험시장에서의 경쟁
비용예측	비교적 어려움	비교적 용이함
인플레이션	인플레이션에 대한 대책 가능	인플레이션에 취약

④ 사회보험과 공공부조의 비교   16회, 17회 기출

구 분	사회보험	공공부조
기 원	공제조합	빈민법
목 적	빈곤의 예방	빈곤의 완화
대 상	모든 국민(보편적)	빈곤층(선별적)
대상효율성	상대적으로 낮음	상대적으로 높음
재 원	기여금과 부담금(일부는 조세)	조 세
재정 예측성	예측이 비교적 용이함	예측이 비교적 어려움
자산조사	불필요함	필요함
낙 인	사회적 낙인이 아닌 권리로 인정	낙인감 유발
재분배 효과	수평적 · 수직적 재분배 효과 모두 있음 (수직적 재분배 효과는 상대적으로 작음)	수직적 재분배 효과가 큼

(2) 연금보험의 분류

① 기여 또는 급여의 확정 방식에 따른 분류 10회, 13회, 17회 기출

확정급여식	• 개인이 부담한 보험료의 크기에 상관없이 사전에 확정된 금액으로 급여를 지급하는 방식 • 경기침체 등의 위험에 대응하여 안정적인 노후소득 보장
확정기여식	• 사전에 확정된 보험료를 부담하되 급여액은 적립한 기여금의 운영결과에 따라 추후 결정되는 방식 • 연금재정의 유지에 유리하나 투자위험이 개인에게 전가됨

② 연금재정 운용 방식에 따른 분류 5회, 6회, 10회, 12회, 13회, 19회 기출

적립방식	• 장래에 지급하게 될 연금급여를 제도에 가입하고 있는 동안 보험료, 국고 출연금, 누적기금 등으로 적립하는 방식(세대 내 재분배) • 투자위험에 취약하나 자본축적효과와 기금확보에 용이
부과방식	• 한 해의 지출액 정도에 해당하는 미미한 보유잔고만을 남겨두고 그 해 연금보험료 수입을 그 해 급여의 지출로 써버리는 방식(세대 간 재분배) • 인구 구성 변동에 취약하여 재정운영의 불안정성으로 기금확보가 불리

(3) 국민연금

① 우리나라 국민연금 적용의 확대과정 14회, 21회 기출

- ㉠ 1988년 1월 우선적으로 10명 이상 사업장에 실시
- ㉡ 1992년 1월 상시근로자 5명 이상 사업장으로 확대
- ㉢ 1995년 7월 농어촌지역주민으로 확대
- ㉣ 1999년 4월 도시지역주민으로 확대(전 국민 국민연금달성)
- ㉤ 2003년 7월부터 시작하여 2006년 1월 근로자 1명 이상 모든 사업장으로 확대

② 특 징 15회, 16회, 20회 기출

- ㉠ 가입의 강제성
- ㉡ 세대 내 소득재분배 기능과 세대 간 소득재분배 기능 포함
- ㉢ 국가가 최종적으로 연금지급 보장
- ㉣ 물가가 오르더라도 실질가치 보장

③ 가입자의 종류 : 사업장가입자, 지역가입자, 임의가입자, 임의계속가입자

④ 급여의 종류 : 노령연금, 장애인금, 유족연금, 반환일시금, 사망일시금

(4) 국민건강보험 2회, 11회 기출

① 우리나라 국민건강보험 적용의 확대과정 14회, 16회, 19회 기출

- ㉠ 1977년 7월 500인 이상 사업장에 의료보험 실시
- ㉡ 1981년 1월 100인 이상, 1988년 7월 5인 이상 사업장으로 확대
- ㉢ 1988년 1월 농어촌 지역의료보험으로 확대
- ㉣ 1989년 7월 도시지역 의료보험으로 확대(전 국민 의료보험 달성)

ⓑ 1999년 2월 국민건강보험법 제정

ⓗ 2003년 7월 직장재정과 지역재정의 통합(건강보험통합달성)

ⓢ 2011년 1월 사회보험 징수 통합

ⓞ 2019년 7월 6개월 이상 국내 거주하는 외국인 지역 가입자 당연적용 실시

② **특 징**

ㄱ 가입의 강제성

ㄴ 부담능력에 따른 보험료 차등 부담, 균등한 보험급여

ㄷ 단기보험

③ **가입자의 종류** : 직장가입자, 지역가입자, 임의계속가입자

④ **보험급여의 종류**

ㄱ 현물급여 : 요양급여, 건강검진

ㄴ 현금급여 : 요양비, 장애인 보조기기 급여비, 본인부담액 상한제

ㄷ 이용권(Voucher) : 임신 · 출산 진료비(부가급여)

⑤ **국민건강보장제도의 유형** 12회 `기출`

사회보험 방식 (SHI ; Social Health Insurance)	• 국가가 의료보장에 대한 책임을 지지만, 의료비에 대한 국민의 자기 책임을 일정 부분 인정함 • 정부기관이 아닌 보험자가 보험료로써 재원을 마련하여 의료를 보장하는 방식 예 독일, 프랑스 등
국민건강보험 방식 (NHI ; National Health Insurance)	• 사회보험의 운영원리를 자국의 사회적 · 경제적 실정에 맞게 적용함 • 다수 보험자를 통해 운영되는 전통적인 사회보험 방식과 달리 단일한 보험자가 국가 전체의 건강보험을 관리 · 운영 예 우리나라, 대만 등
국민보건서비스 방식 (NHS ; National Health Service)	• 국민의 의료문제는 국가가 모두 책임져야 한다는 관점을 토대로 의료의 사회화를 이루고자 함 • 정부가 일반조세로 재원을 마련하며, 모든 국민에게 무상으로 의료를 제공하여 직접적으로 의료를 관장하는 방식 예 영국, 스웨덴 등

⑥ **질병군별 포괄수가제도(DRG ; Diagnosis Related Group)** 9회, 11회, 16회, 20회, 21회 `기출`

ㄱ 의의 : 의료공급자의 개별서비스 행위에 대해 개별가격으로 환산하는 방식인 행위별 수가제와 달리, 환자에게 제공되는 의료서비스의 양과 질에 관계없이 수술, 처치명, 연령, 진료결과 등에 따라 유사한 질병군 또는 환자군으로 분류하여 일정한 기준에 따라 일정액의 진료비를 건강보험공단이 해당 의료기관에 지급하는 지불보상방식이다.

ㄴ 장단점

장 점	• 과잉진료 방지 및 적정진료 유도 • 진료비 지급에 소요되는 비용의 절감 • 진료비의 사전 예측에 따른 의료서비스의 적정 소비 유도
단 점	• DRG 코드 조작에 따른 허위 · 부당청구의 가능성 • 의료기관의 비용 최소화에 따른 의료서비스의 질적 저하 • 병원의 경영수지에 부합하지 않는 중증도 시술의 회피

(5) 고용보험 2회, 5회 기출

① 의의

ㄱ. 실업의 예방과 고용의 촉진 및 근로자의 직업능력의 개발·향상을 도모하고 국가의 직업지도 및 직업소개기능을 강화한다.

ㄴ. 근로자가 실업한 경우에 생활에 필요한 급여를 실시함으로써 근로자의 생활안정과 구직활동을 촉진하여 경제·사회를 발전시키고자 한다.

② 필요성

ㄱ. 사회보장적 측면 : 사회적 빈곤증대 완화

ㄴ. 사회적 측면 : 실직근로자의 생활안정과 재취업의 촉진으로 사회연대성취

ㄷ. 경제적 측면 : 실직자들의 노동력 보존, 경기조절 기제, 인력수급 원활화, 직업능력개발 활성화

ㄹ. 정치적 측면 : 노사 간 갈등완화

③ 급여의 종류 11회, 13회 기출

ㄱ. 고용안정·직업능력개발 사업

ㄴ. 실업급여(구직급여, 취업촉진 수당)

ㄷ. 모성보호급여(육아휴직 급여, 육아기 근로시간 단축급여, 출산전후휴가급여)

(6) 산업재해보상보험 3회, 6회, 15회 기출

① 의의

ㄱ. 1964년 도입된 우리나라 최초의 사회보험제도이다.

ㄴ. 산업재해의 발생으로 인해 피해근로자 및 그 가족을 보호 내지 보상해주기 위한 제도이다.

ㄷ. 산재근로자 및 그 가족의 생활보장을 국가가 책임지는 의무보험이다.

ㄹ. 근로기준법상 사용자의 재해보상 책임을 보장하기 위해 국가가 사업주로부터 소정의 보험료를 징수하여 그 기금을 마련한다.

② 특징 15회, 17회 기출

ㄱ. 구체적인 사회입법은 근로기준법이다.

ㄴ. 고용노동부장관이 관장하며, 근로복지공단이 위탁을 받아 사업을 수행한다.

ㄷ. 사업주는 보험가입자이고, 근로자는 피보험자의 개념이 성립되지 않으며, 사용자의 무과실책임 원칙이 적용된다.

ㄹ. 근로자를 사용하는 모든 사업 또는 사업장이 적용대상이다.

ㅁ. 비용은 전액 사업주가 부담한다.

ㅂ. 자진신고, 자진납부의 원칙이 적용된다.

ㅅ. 개별노동자단위가 아닌 사업장 단위로 산재보험관리가 운영된다.

③ 업무상 재해의 인정 기준 중 업무상 질병(산업재해보상보험법 제37조 제1항 참조) 18회 기출

ㄱ. 업무수행 과정에서 물리적 인자, 화학물질, 분진, 병원체, 신체에 부담을 주는 업무 등 근로자의 건강에 장해를 일으킬 수 있는 요인을 취급하거나 그에 노출되어 발생한 질병

ⓒ 업무상 부상이 원인이 되어 발생한 질병

ⓔ 직장 내 괴롭힘, 고객의 폭언 등으로 인한 업무상 정신적 스트레스가 원인이 되어 발생한 질병

ⓖ 그 밖에 업무와 관련하여 발생한 질병

④ **급여의 종류** 20회 `기출`

　ⓐ 요양급여　　　　　　　　　　　ⓑ 휴업급여
　ⓒ 장해급여　　　　　　　　　　　ⓓ 간병급여
　ⓔ 유족급여　　　　　　　　　　　ⓕ 상병보상연금
　ⓖ 장례비　　　　　　　　　　　　ⓗ 직업재활급여

3 공공부조제도

※ '사회복지법제론'의 제4장 '공공부조법'의 해당부분을 살펴볼 것(187p)

(1) 공공부조의 기본원리와 운영의 기본원칙

① 기본원리

　ⓐ 국가책임의 원리　　　　　　　　ⓑ 생존권 보장의 원리
　ⓒ 최저생활보장의 원리　　　　　　ⓓ 무차별 평등의 원리
　ⓔ 보충성의 원리　　　　　　　　　ⓕ 자립조장의 원리

② 운영의 기본원칙　11회, 15회 `기출`

　ⓐ 선 신청보호, 후 직권보호의 원칙　ⓑ 급여기준과 정도의 원칙
　ⓒ 필요즉응의 원칙　　　　　　　　ⓓ 개별가구 단위의 원칙
　ⓔ 현금부조의 원칙　　　　　　　　ⓕ 거택보호의 원칙

(2) 근로장려세제(EITC)　12회, 16회, 18회, 21회, 22회 `기출`

① 의 의

　ⓐ 근로빈곤층의 근로유인을 제고하고 실질소득을 지원하기 위한 근로연계형 소득지원제도이다.

　ⓑ 능동적 · 예방적 복지제도이며, 환급형 세액공제 원리에 따라 운영되는 조세환급제도이다.

　ⓒ 2008년부터 시행되었으며, 2008년 근로소득을 기준으로 2009년부터 최초 지급하였다.

② 특 징

　ⓐ 소득세법에 따른 근로소득이나 사업소득 또는 종교인소득이 있는 가구로서 거주자의 연간 총소득의 합계액이 총소득기준금액 미만인 일하는 저소득 가구에 대해 현금급여로서 근로장려금을 지급한다.

　ⓑ 거주자와 배우자의 연간 총소득의 합계액 등을 감안하여 점증구간, 평탄구간, 점감구간 등 3개 구간으로 구분하여 산정한다.

　ⓒ 근로장려세제의 주무 부처는 기획재정부이며, 근로장려금 신청 접수는 관할 세무서에서 담당한다.

4 빈곤의 이해

(1) 빈곤의 개념 5회, 10회, 11회, 18회, 19회, 20회, 22회 기출

① 절대적 빈곤(Absolute Poverty) : 빈곤을 최소한의 수준, 즉 최저생활 유지를 위한 수준에조차 미치지 못하는 생활상태로 본다.

② 상대적 빈곤(Relative Poverty) : 한 사회의 소득수준을 계층별로 비교하여 소득의 고저 수준에 따라 상대적으로 소득이 낮은 계층을 빈곤층으로 간주한다(→ 우리나라의 국민기초생활보장제도의 기준 중위소득).

③ 주관적 빈곤(Subjective Poverty) : 사람들의 주관적 평가에 기초하여 빈곤여부를 판단한다.

(2) 빈곤선 설정의 접근 방식 2회, 4회, 8회, 16회, 19회, 21회 기출

① 예산 기준(Budget Standard) – 절대적 측정 방식

재화의 장바구니 측면에서 욕구를 확인한 다음 이를 구매하기 위한 비용이 얼마인지를 추정하는 방식, 절대적 빈곤의 개념에 근거한다. 예 전물량 방식, 반물량 방식 등

② 저소득 기준(Low Income Standard) – 상대적 측정 방식

중위소득의 특정 비율과 같은 상대적 방식으로 기준을 설정하는 방식, 상대적 빈곤의 개념에 근거한다. 예 타운센드 방식, 소득과 지출을 이용한 상대적 추정 방식 등

③ 주관적 기준(Subjective Standard) – 주관적 측정 방식

최소소득기준에 대한 공동체적 인식에 기초하는 방식으로서, 주관적 빈곤의 개념에 근거한다. 예 라이덴 방식 등

(3) 빈곤선 계측 방식 2회, 4회, 8회, 16회, 19회, 22회 기출

① 전물량 방식 – 마켓바스켓(Market Basket) 방식 또는 라운트리(Rountree) 방식

인간생활에 필수적인 모든 품목에 대하여 최저한의 수준을 정하고, 이를 화폐가치로 환산하여 빈곤선을 구하는 방식

② 반물량 방식 – 엥겔(Engel) 방식 또는 오산스키(Orshansky) 방식

영양학자에 의해 계측된 최저식품비에 엥겔계수(식료품비/총소득)의 역수를 곱한 금액을 빈곤선으로 보는 방식

③ 박탈지표 방식 – 타운젠드(Townsend) 방식

객관적 박탈을 측정할 수 있는 지표 항목과 주관적 박탈을 측정할 수 있는 지표 항목을 선정하여 소득계층별로 이들 항목들을 보유하거나 누리고 있는 양태를 비교하는 방식

④ 소득과 지출을 이용한 상대적 추정 방식

평균소득이나 중위소득 혹은 지출의 몇 % 이하에 해당하느냐에 따라 빈곤선을 결정하는 방식

⑤ 라이덴(Leyden) 방식

사람들이 판단하는 최소소득과 그들의 실제소득 간의 관계를 분석하여 그 일치점을 빈곤의 기준선으로 결정하는 주관적 빈곤 측정방식

(4) 빈곤율과 빈곤갭　9회, 10회, 22회 기출

① 빈곤율(Poverty Rate) : 개인의 소득차이를 반영하지 않고 단순히 빈곤선 소득 이하에 살고 있는 사람들의 숫자가 얼마인가를 통해 빈곤한 사람의 규모를 나타낸다.

② 빈곤갭(Poverty Gap) : 빈곤층의 소득을 빈곤선까지 상향시키는 데 필요한 총비용을 말하는 것으로서, 빈곤의 심도를 나타낸다.

(5) 불평등 지수　3회, 4회, 8회, 10회, 11회, 12회, 16회, 17회, 18회, 20회, 22회 기출

① 십분위 분배율(10분위 분배지수) – 값이 클수록 평등

> 십분위 분배율＝하위 40% 가구 소득의 합 / 상위 20% 가구 소득의 합

② 오분위 분배율(5분위 분배지수) – 값이 클수록 불평등

> 오분위 분배율＝상위 20% 가구 소득의 합 / 하위 20% 가구 소득의 합

③ 로렌츠 곡선 – 아래로 볼록할수록 불평등
　　소득금액의 누적백분율과 소득자의 누적백분율을 대비시킨 것

④ 지니계수 – 값이 클수록 불평등
　　소득분배의 불평등 정도를 0~1까지의 값으로 표현한 것

⑤ 센 지수(Sen Index)
　　㉠ 기존의 빈곤율과 빈곤갭 개념의 단점을 보완하고자 새롭게 고안된 것
　　㉡ 빈곤율, 빈곤갭 비율(소득갭 비율), 그리고 빈곤선에 있는 계층들 간의 소득불평등 정도를 의미하는 저소득층 지니계수로 구성된 지수
　　㉢ 0~1까지의 값을 가지며, 그 값이 1에 가까워질수록 빈곤의 정도가 심한 상태

(6) 사회적 배제(Social Exclusion)　18회, 22회 기출

① 빈곤 · 박탈과 관련된 사회문제를 나타내는 새로운 접근법으로, 관례적인 사회적 규범으로부터 완전히 차단된 사람들을 묘사한다.

② 배제의 개념은 사람들을 온전히 사회에 참여할 수 없도록 하는 상황들(예 장애로 인한 낙인, 인종적 불이익 등)과 함께 빈곤문제를 사회통합문제의 일부로 파악하도록 하는 한편, 주로 물질적 자원의 제공에 관심을 기울이던 기존의 빈곤정책과 달리 사회적 관계의 중요성을 고려하면서 사회에 진입시키기 위한 정책들을 강조한다.

제1장 | 사회복지행정

1 사회복지행정 일반

(1) 개 념   18회 기출

① **광의의 개념** : 사회정책을 사회복지서비스(구체적인 재화 또는 서비스)로 전환시키는 데 필요한 사회복지조직에서의 활동을 의미하며, 공공 및 민간기관을 포함한 사회복지조직 구성원들의 총체적인 활동을 말한다.

② **협의의 개념** : 개별사회복지, 집단사회복지, 지역사회조직사업과 같은 하나의 실천방법으로 보는 것으로 사회복지조직의 목표달성을 위해 주로 관리자에 의해 수행되는 상호의존적인 과업을 의미한다.

(2) 사회복지행정과 일반행정의 주요 차이점   5회, 9회, 12회, 16회, 17회, 21회, 22회 기출

① 사회복지행정은 인간의 가치와 관계성을 기반으로 한다.

② 일반행정에 비해 도덕적·윤리적 가치판단이 강조된다.

③ 공공복리보다는 지역사회 내 인지된 욕구를 충족함으로써 사회문제를 해결하고자 한다.

④ 클라이언트의 욕구충족을 기본으로, 자원을 제공하고 손상된 사회적 기능을 회복하며, 사회적 역기능을 예방한다.

⑤ 사회복지행정가는 휴먼서비스 조직 관리에 필요한 사회과학적 지식을 가지며, 조직운영에서 지역사회 협력의 중요성을 인식해야 한다.

⑥ 자원의 외부의존도가 높으며, 전문인력인 사회복지사에 대한 의존도 또한 높다.

⑦ 일선 직원과 수혜자와의 관계가 조직의 효과성을 좌우한다.

⑧ 목표달성의 효과성 및 효율성을 측정하기 어려우며, 조직성과의 객관적 증명이 쉽지 않다.

(3) 사회복지행정의 과정(POSDCoRBE)   6회, 7회, 16회, 20회, 21회 기출

기획(Planning)	목표의 설정과 목표를 달성하기 위한 과업 및 활동, 과업을 수행하기 위해 사용되는 방법을 결정하는 단계
조직(Organization)	조직 구조를 설정하는 과정으로 과업이 할당·조정됨
인사(Staffing)	직원의 채용과 해고, 직원의 훈련, 우호적인 근무조건의 유지 등이 포함되는 활동
지시(Directing)	기관의 효과적인 목표달성을 위한 행정책임자의 관리·감독의 과정
조정(Coordinating)	조직 활동에서 구성원들을 상호 연관 짓는 중요한 기능으로, 사회복지행정가는 부서 간, 직원들 간의 효과적인 의사소통의 망을 만들어 유지하고 조정해야 함

보고(Reporting)	사회복지행정가가 직원, 지역사회, 이사회, 행정기관, 후원자 등에게 조직에서 일어나는 상황을 알려주는 과정
재정(Budgeting)	조직의 재정행정가는 현재를 포함하여 중장기적인 재정계획을 수립하고 회계 규정에 따라 재정 운영에 대한 책임을 짐
평가(Evaluating)	클라이언트의 욕구나 문제의 해결이 적절했는지에 대한 서비스의 효과성 평가, 자원의 투입 및 산출과 관련된 효율성 평가

(4) 사회복지행정의 책임성

① 사회복지행정의 책임성 기준 10회 기출

㉠ 법적 기준 : 명문화된 법적 기준이 있어야 한다.

㉡ 이념적 기준 : 사회복지행정 이념이 전제되어야 한다.

㉢ 공익성 기준 : 공익이 고려되어야 한다.

㉣ 욕구충족 기준 : 고객의 요구를 반영해야 한다.

② 사회복지조직의 책임성 20회 기출

㉠ 업무수행 결과에 대한 책임뿐만 아니라 업무과정에 대한 정당성을 의미한다.

㉡ 지역사회와의 관계뿐만 아니라 조직 내 상호작용에서도 정당성을 확보해야 한다.

㉢ 정부 및 재정자원제공자, 사회복지조직, 사회복지전문직, 클라이언트 등에게 책임성을 입증해야 한다.

㉣ 클라이언트 집단의 욕구를 충족시키고 당면한 사회문제를 해결하고 있다는 증거를 보여줘야 한다.

㉤ 책임의 내용에는 서비스 효과성, 효율성, 조직 내부의 유지관리 등이 포함된다.

2 사회복지행정의 이론적 배경

(1) 고전적 이론 2회, 12회, 16회, 21회 기출

① 관료제이론(Weber)

㉠ 특 징

- 위계적 권위구조 : 지위에 따른 권위를 규정하는 규칙의 체계로서 하급직위나 하급기관은 상급직위나 상급기관의 통제와 감독을 받는다.
- 엄격한 규칙 : 공식적인 규칙체계를 통해 직무를 배분하고 인력을 배치함으로써 조직의 안정성과 계속성을 유지한다.
- 사적인 감정의 배제 : 합리적인 결정을 위해 개인의 감정은 무시된다.
- 분업화와 전문화 : 명확하고 고도로 전문화된 업무 분업이 이루어진다.
- 기술적 자격 : 전문적 능력과 기술이 중시되며, 직무에 대한 전문성과 경력을 필요로 한다.
- 능률성 : 합리적인 의사결정과 함께 행정의 능률성을 강조한다.

ⓛ 관료제의 역기능

- 관료의 특권계층화
- 경직성 · 창조성 결여
- 형식주의 · 서면주의
- 선례주의 · 무사안일주의
- 비민주성 · 비인간성
- 할거주의
- 동조과잉 및 목적전도
- 크리밍 현상발생

② **과학적 관리론(Taylor)** 7회, 12회, 15회, 19회, 20회, 22회 기출

ⓖ 특 징

- 객관적 기준 및 목표 : 조직이 적정수준으로 달성하고자 하는 객관적인 기준과 목표를 규정한다.
- 분업의 강조 : 조직의 효율성과 생산성을 극대화하기 위해 노동의 분업, 작업유인 및 시간의 효율적인 사용이 강조된다.
- 시간 및 동작연구 : 과업의 수행에 있어서 가장 빠르고 가장 효율적인 작업방법을 찾아내어 이를 기준으로 개인의 동작에 대한 소요시간을 표준화한다.
- 이율 성과급제 : 과업을 달성한 정도에 따라 임금을 차등적으로 지불한다.
- 객관성 및 통제성 : 표준 생산을 위한 지도표를 작성하는 등 기획 및 관리에 있어서 객관성을 강조하며, 권한과 책임을 행정관리자에게 집중시킨다.

ⓛ 과학적 관리론의 역기능

- 경제적 · 기계적 인간관
- 인간의 감정적 · 정서적 · 심리적 요소 경시
- 조직에 영향을 미치는 외적 요소에 대한 경시
- 조직구성원 간 교류문제 소홀

(2) 인간관계이론 2회, 4회, 6회, 9회, 17회, 22회 기출

① 메이요(Mayo)의 인간관계이론

ⓖ 메이요 등 하버드 대학의 경영학교수들이 미국의 Western Electric 회사 호손(Hawthorne) 공장에서 수행한 일련의 실험에 의해 이론적 틀이 마련되었다.

ⓛ 기본적으로 조직구성원들의 사회적 · 심리적 욕구와 조직 내 비공식 집단 등을 중시한다.

ⓒ 인간관계가 작업능률과 생산성을 좌우하며, 조직 내 비공식 집단이 개인의 생산성에 영향을 미친다고 본다.

ⓔ 조직의 목표와 조직구성원들의 목표 간의 균형유지를 위한 민주적 · 참여적 관리방식을 지향한다.

② X · Y 이론(McGregor), Z 이론(Lundstedt) 5회 기출

X 이론	• 사람은 본래 일하는 것을 싫어하며 가능하면 일을 하지 않으려고 한다. • 조직의 목표를 성취하려면 통제와 지시가 필요하다. • 고전적 관리이론과 상통한다.
Y 이론	• 사람은 본래 일하기 좋아하는 존재이다. • 육체적 · 정신적 노력의 지출은 놀이나 휴식과 같이 자연스러운 것으로, 조직의 목표가 주어지면 스스로 자기통제와 자기지시를 할 수 있다. • 인간은 일을 스스로 할 능력과 창의성이 있으므로 적절한 자기책임을 부여한다.
Z 이론	• X · Y 이론의 결함을 보완하기 위해 제시된 이론이다. • 과학자나 학자 등은 자율적인 분위기에서 효율적인 업무수행이 이루어지므로, 관리자는 조직구성원이 자유의지에 따라 행동하도록 분위기만 조성한다.

(3) 상황이론 19회, 20회, 22회 기출

① 특 징

ㄱ 효과적인 조직관리 방법은 조직이 처한 환경과 조건에 따라 달라진다.

ㄴ 조직의 구조와 환경의 적합성이 조직의 능률성을 확보하는 데 있어서 매우 중요하다.

ㄷ 모든 문제를 해결하기 위한 한 가지 최선의 방법은 존재하지 않는다.

ㄹ 어떤 상황에서 어떤 조직구조가 적합한지에 대한 일정한 원칙을 제시하지 못하며, 환경결정론적 시각에서 조직 내부 변화의 능동성을 간과하고 있다.

ㅁ 조직을 개방체계로 보고 상황에 적합한 조직구조와 형태를 유지하는 것이 바람직하다는 입장을 보인다.

② 상황을 구성하는 3가지 요소 : 환경, 규모, 기술

(4) 체계이론 4회 기출

① 특 징

ㄱ 고전이론, 인간관계이론, 구조주의이론을 하나로 통합한 것이다.

ㄴ 조직은 각각의 기능을 수행하는 하위체계로 구성된 복합체에 해당한다.

ㄷ 체계이론은 조직의 문제를 체계로써 분석할 수 있으므로 관리자에게 유리한 이론이다(고전주의 관점).

ㄹ 하위체계 간의 업적을 비교 · 평가할 수 있다(고전주의 관점).

ㅁ 하위체계는 역동적이며 하위체계 간의 갈등은 불가피하다(구조주의 관점).

ㅂ 관리체계가 하위체계들을 조정한다.

② 체계이론에서의 하위체계 3회, 15회 기출

생산하위체계	• 모든 조직은 생산과 관련된 과업을 수행한다. • 모든 조직은 결과물로서 '생산품'을 생산하기 위해 조직 · 운영된다.
유지하위체계	• 보상체계를 확립하고 교육, 훈련 등을 통해 조직의 안정을 추구한다. • 조직의 계속성을 확보하고 조직을 안정상태로 유지한다.

경계하위체계	• 조직과 환경적인 요인을 강조한다. • 외부환경의 변화에 대한 적절한 반응과 대응이 목표이다.
적응하위체계	• 실제 조직변화를 위한 최적의 대안을 찾기 위해 연구ㆍ평가한다. • 조직의 업무수행 능력평가 및 조직 변화의 방향을 제시한다.
관리하위체계	• 다른 4가지의 하위체계를 조정하고 통합하기 위한 리더십을 제공한다. • 갈등의 해결과 조정, 적절한 업무환경의 제공, 외부환경의 영향에 대한 조직의 대응 책을 모색한다.

(5) 목표관리이론(MBO ; Management By Objectives) 3회, 11회, 13회 기출

① 의 의

ㄱ 목표 중심의 참여적 관리기법이다.

ㄴ 단기적 목표에 따라 생산활동을 수행하며, 활동의 결과를 평가ㆍ환류한다.

ㄷ 참여의 과정을 통해 조직단위와 구성원들이 실천해야 할 생산활동의 단기적 목표를 명확하고 체계적으로 설정한다.

② 특 징

ㄱ 목표는 직원들과 함께 설정한다.

ㄴ 계획, 피드백, 보상은 목표달성을 위해 필수적이다.

ㄷ 목표를 향한 진행상황에 대해 정기적인 검토가 요구된다.

ㄹ 목표는 직원들이 실시한 수행에 기반한 과업분석과 연관된다.

ㅁ 목표는 성과지향적이고, 긍정적이고 현실적이며, 측정이 가능하다.

(6) 총체적 품질관리론(TQM ; Total Quality Management)

8회, 10회, 11회, 13회, 14회, 15회, 18회, 20회, 21회, 22회 기출

① 의 의

ㄱ 품질에 중점을 둔 관리기법이다.

ㄴ 전원참여에 의해 고객만족과 조직구성원 및 사회에 대한 이익창출로 장기적인 성공에 목표를 두는 조직 전체의 체계적 노력이다.

② 특 성

ㄱ 품질은 고객에 의해 정의된다.

ㄴ 품질은 초기단계부터 고려된다.

ㄷ 고품질의 서비스는 조직 구성원 간 협력의 결과이다.

ㄹ 품질 개선을 위한 지속적인 개선의 노력과 전 직원의 적극적인 참여가 요구된다.

ㅁ 결과보다 과정을 중시하며 인간 위주의 경영시스템을 지향한다.

③ 기본요소(Martin)

ㄱ 서비스의 질(Quality)

ㄴ 고객(Customers)

ㄷ 고객만족(Customers Satisfaction)

ⓔ 변이(Variation) - 문제를 일으키는 요인(원인)

ⓜ 변화(Change) - 지속적인 개선

ⓗ 최고관리층의 절대적 관심(Top Management Commitment)

3 사회복지행정의 역사

(1) 미국 사회복지행정의 역사 7회, 9회, 10회, 12회 기출

① 형성기(1900~1935년) - 명목상의 인정단계

ㄱ 1914년 : 사회사업의 교과과정에 최초로 사회복지행정이 등장함

ㄴ 1923년 : 미국 사회사업대학협의회가 채택한 교과과정에 사회복지행정이 선택영역으로 포함됨

② 발전기(1935~1960년) - 사실상의 인정단계

ㄱ 1935년 : 사회보장에 대한 국가의 책임을 인정하는 내용의 사회보장법이 제정됨

ㄴ 1952년 : 미국 사회복지교육협의회(CSWE)에서 대학원 교과과정으로 사회복지행정이 인정됨

ㄷ 1960년 : 미국 사회복지사협회(NASW)에 의해 사회복지행정 보고서가 발간됨

③ 정체기(1960~1970년) - 정체단계

ㄱ 1960년대 : 경제적 풍요와 정치적·제도적 혁신을 통해 빈곤문제를 해결하고자 하였으나 막대한 재원의 투자에도 불구하고 실효성을 거두지 못함. 또한 행정에 대한 대안으로서 지역사회조직사업의 발달이 상대적으로 행정발달의 저하를 초래함

ㄴ 1963년 : 미국 사회복지사협회(NASW) 산하에 사회복지행정위원회가 설립됨

④ 확립기(1970~1990년) - 도전과 발전의 단계

ㄱ 1970년대 : 사회복지 프로그램의 다양화·세분화로 인해 사회복지사의 행정가로서의 역할이 증대됨. 재정적 부담으로 인해 가장 큰 효과를 낼 수 있는 사회복지프로그램만을 선정하여 지원함

ㄴ 1980년대 : 사회복지서비스의 민영화와 상업화가 가속화되면서 민간 사회복지조직에서 재원조달의 문제와 책임성의 문제가 강조됨

ㄷ 1990년대 : 재정관리와 마케팅 등 민간 사회복지조직의 자원 확보를 위한 경영기법이 강조됨. 영세한 민간 사회복지조직들이 경쟁력 있는 대규모 조직에 합병되거나 상호협력으로 클라이언트를 확보하기 위해 노력함

(2) 우리나라 사회복지행정의 역사 6회, 10회, 12회, 14회, 22회 기출

① 사회복지 전문활동의 태동(1900~1945년)

ㄱ 자선 및 시혜의 성격이 강했으며, 종교단체의 박애정신과 민간단체의 봉사정신에 의해 사회복지기관이 설립·운영됨

ㄴ 1927년 방면위원제도 도입에 따라 지역사회 빈민들을 대상으로 한 개별사회사업이 시행됨

ㄷ 1944년 일본의 구호법을 기초로 한 조선구호령(朝鮮救護令)이 제정·시행됨

② **외원기관의 원조활동 및 사회복지행정의 시작(1946~1970년대)**

- ㉠ 전쟁고아나 부랑인 등을 대상으로 한 긴급구호 및 수용시설에서의 보호가 주를 이루었으며, 외국으로부터의 구호물자를 효율적으로 배분하는 것과 함께 수용시설을 적절하게 유지 · 운영하는 것에 초점을 둠
- ㉡ 1947년 이화여자대학교에 기독교사회사업학과 개설, 1957년 한국사회사업학회 창설, 1967년 한국사회복지사협회의 전신인 한국사회사업가협회 창설, 1970년 사회복지사업법 제정
- ㉢ 1970년대에는 외원기관의 원조 감소 및 철수에 따라, 민간 사회복지시설의 경우 자원부족현상이 나타남
- ㉣ 외국민간원조기관협의회(KAVA ; Korea Association of Voluntary Agency)
  - 한국전쟁을 계기로 우리나라에 들어온 외국민간원조기관 간의 정보교환 및 사업협력 등을 목적으로 구성된 협의회
  - 일선기관들이 사업을 수행하는 데 필요한 정보교환, 사업평가, 사업조정 등을 위해 협력체계 구축
  - 구호물자 및 양곡 배급, 의료서비스 제공, 학교 및 병원 설립, 후생시설 운영 등 특히 구호 활동과 관련된 조직관리 기술을 도입하였으며, 당시 사회복지기관들도 수용 · 보호에 바탕을 둔 행정관리 기술을 주로 사용
  - 일부 회원단체들이 정착사업이나 농촌개발사업, 지도자 훈련사업 등을 실시하였으나 지역사회 조직화나 공동체 형성 등 보다 체계적인 형태의 조직관리 기술이 활용되지는 못함

③ **사회복지행정의 체계화(1980~1990년대)** 11회, 17회, 18회 `기출`

- ㉠ 다양한 사회문제의 증가와 함께 사회복지 관련 법률 및 정책들이 등장하였으며, 사회복지기관들이 급속히 증가함
- ㉡ 1990년대에 사회복지공동모금제도를 실시하였으며, 재가복지가 정부 차원의 지원을 받아 종합적인 프로그램으로 발전하게 됨. 특히 1991년 '재가복지봉사센터의 설치 · 운영계획'이 마련되어, 이듬해 1992년 '재가복지봉사센터 설치 · 운영지침' 제정
- ㉢ 1990년대 지방자치제도의 시행과 함께 사회복지행정에 대한 연구활동이 활발히 전개되었으며, 사회복지학과가 설치된 거의 모든 대학에서 사회복지행정을 필수영역으로 책정함
- ㉣ 1987년 사회복지전문요원제도 시행, 1998년 사회복지시설평가 법제화 및 사회복지시설 설치 신고제, 1999년 사회복지행정학회 창설

④ **사회복지행정의 확립(2000년대 이후)** 18회, 20회 `기출`

- ㉠ 지방분권화의 강화에 의해 중앙정부와 지방정부 간의 적절한 역할분담이 강조되었으며, 사회복지행정에 있어서 지역적 특수성, 전문성, 책임성 등이 요구됨
- ㉡ 2000년대 지역사회복지계획 수립의 법제화
- ㉢ 2000년 국민기초생활보장법 시행, 2003년 사회복지사 1급 국가시험 실시, 2004년 사회복지사무소 시범실시
- ㉣ 2005년 지역사회복지협의체 운영, 2010년 사회복지통합관리망 '행복e음' 구축
- ㉤ 2012년 사회복지법인의 사회복지시설정보시스템(www.w4c.go.kr) 사용 의무화

ⓑ 2016년 민·관 협력에 의한 맞춤형 통합서비스 제공을 목적으로 하는 '읍·면·동 복지허브화' 사업계획 마련

ⓐ 2019년부터 사회서비스원을 설립·운영

ⓞ 2020년 차세대 사회보장정보시스템 구축을 위한 사업 착수

제2장 | 사회복지 전달체계

1 사회복지 전달체계의 이해

(1) 개 념 20회 기출

① 사회복지정책을 사회복지서비스로 전환하기 위해 사회복지서비스의 공급자와 소비자를 연결시키는 조직적 장치이다.

② 추상적이고 일반적인 사회복지정책을 구체적이고 개별적인 사회복지서비스로 전환하는 과정에 있는 조직들의 연결구조이다.

③ 전달체계의 특성은 사회복지서비스 급여의 유형과 관련이 있다.

(2) 전달체계의 구분

① 구조·기능적 구분 13회 기출

㉠ 구조·기능을 중심으로 의사결정을 하며, 정책을 결정하는 행정체계와 행정체계가 결정한 내용을 실행에 옮기는 집행체계로 구분된다.

행정체계	서비스 전달을 기획, 지시, 지원, 관리하는 기능 담당
집행체계	전달자가 소비자에게 직접적인 대면관계를 통해 서비스를 전달하는 기행

㉡ 행정체계는 행정기능만 수행하며, 집행체계는 서비스 전달기능과 행정기능도 병행한다.

② 운영주체별 구분

공적 전달체계	• 정부(중앙 및 지방)나 공공기관이 직접 관리·운영한다. • 정부조직의 관련 부서들 간 위계적인 체계망으로 연결되어 있다. • 재정적으로 안정적이지만 경직되어 있으며, 복잡한 체계를 지닌다.
사적 전달체계	• 민간(또는 민간단체)이 직접 관리·운영한다. • 민간복지단체, 자원봉사단체, 사회복지협의회 등 단체와 개인의 기관들이 수평적인 체계망으로 연결되어 있다. • 재정적으로 불안정하지만 융통성이 있으며, 클라이언트와 밀접하게 연결되어 있다.

(3) 사회복지서비스 전달체계 구축의 원칙 4회, 10회, 11회, 12회, 13회, 14회, 15회, 16회, 17회, 19회, 22회 기출

① **전문성** : 사회복지서비스의 핵심적인 업무는 반드시 자격요건이 객관적으로 인정되고 전문적 업무에 대한 권위와 자율적 책임성을 지닌 전문가가 담당해야 한다.

② **적절성(충분성)** : 사회복지서비스는 그 양과 질, 제공하는 기간이 클라이언트나 소비자의 욕구충족과 서비스의 목표달성에 충분해야 한다.

③ **포괄성** : 사람들의 욕구와 문제는 다양하고 복잡하기 때문에 이러한 문제들을 동시에 또는 순서적으로 해결하기 위해 포괄적인 서비스를 제공해야 한다.

④ **지속성** : 한 개인이 필요로 하는 다양한 서비스를 지역사회 내에서 계속받을 수 있도록 상호연계한다.

⑤ **통합성** : 클라이언트의 문제는 매우 복합적이고 상호 연관되어 있기 때문에 이러한 문제를 해결하기 위해 기관 간의 서비스를 통합화한다.

⑥ **평등성** : 사회복지서비스는 기본적으로 성별, 연령, 소득, 지역, 종교, 지위에 관계없이 모든 국민에게 평등하게 제공되어야 한다.

⑦ **책임성** : 사회복지조직은 복지국가가 시민의 권리로 인정한 사회복지서비스를 전달하도록 위임 받은 조직이므로 사회복지서비스의 전달에 대하여 책임을 져야 한다.

⑧ **접근 용이성** : 사회복지서비스는 그것을 필요로 하는 사람들이면 누구나 쉽게 받을 수 있어야 한다.

⑨ **경쟁성** : 사회복지서비스는 여러 공급자의 경쟁을 통해 소비자에게 유리한 방식으로 공급이 이루어져야 한다.

⑩ **비파편성** : 서비스 편중이나 누락이 발생하지 않도록 해야 한다.

(4) 전달체계 개선에 의한 서비스 통합 방법 3회, 9회, 11회 기출

종합서비스센터	장애인종합복지관, 지역종합복지관처럼 하나의 서비스 분야를 두고서 복수의 서비스가 제공될 수 있도록 함
인테이크의 단일화	클라이언트의 다양한 욕구를 종합적으로 평가하여 적절한 서비스계획을 개발하도록 인테이크를 전담하는 창구를 개발함
종합적인 정보와 의뢰시스템	전달체계들을 단순 조정하는 방식으로 각기 독립성을 유지하면서 서비스 제공을 강화함
사례관리	사례관리자가 중심이 되어 조직들 간의 네트워크를 이용하여 클라이언트를 관리하고 욕구를 충족시킴
트래킹	서로 다른 각각의 기관과 프로그램에서 다루었던 클라이언트에 대한 정보를 서로 공유할 수 있게 하는 시스템으로서, 이 시스템을 통해 클라이언트가 받은 서비스의 경로와 행적을 추적하여 정보를 획득함

제3장 | 사회복지조직의 구조와 조직화

1 사회복지조직의 구조

(1) 조직구조의 구성요소 12회, 14회, 17회 기출

① 복잡성(Complexity) : 수직적 · 수평적 · 공간적 분화의 수준을 의미한다.

② 공식화(Formalization) : 조직 내 직무에 대한 표준화 정도를 의미하는 것으로, 조직 내 직무와 수행과정을 명문화하는 것이다.

③ 집권화(Centralization) 및 분권화(Decentralization) : 의사결정의 공식적 권한이 분산되거나 이양된 것을 말한다.

(2) 공식조직과 비공식조직

① 공식조직

㉠ 의의 : 법령 등에 의해 공식적으로 업무와 역할을 할당하고 권한과 책임을 부여하는 조직을 말한다.

㉡ 특징 : 분업, 위계질서, 통제범위, 조직구조 등

② 비공식조직

㉠ 의의 : 구성원 상호 간의 접촉이나 친근 관계로 인해 형성되는 조직으로서 구조가 명확하지 않은 조직을 말한다.

㉡ 특징 : 의사소통의 통로, 응집력의 유지, 성원의 자존감 향상 등

㉢ 순기능과 역기능 3회, 18회 기출

순기능	역기능
• 귀속감, 심리적 안정감, 사기양양 • 공식조직의 능력보완, 쇄신적 분위기 조성 • 구성원 간 협조, 지식 · 경험 공유 • 공식조직의 경직성 완화, 적응성 증진 • 의사소통 원활화	• 적대감정 및 심리적 불안감 조성 • 비생산적 규범 형성 • 공식적 권위 약화, 파벌 조성 • 정보의 공식적 이용 곤란 • 비공식적 의사소통에 의한 부작용

(3) 수직조직, 수평조직, 행렬조직, 프로젝트 조직

① 수직조직 1회 기출

㉠ 의의 : 명령과 복종 관계를 가진 수직적 구조를 형성하여 조직의 목표달성에 중심이 되는 구조이다.

㉡ 특 징

• 책임자가 조직의 목표달성에 대한 결정권을 가진다.

• 임무에 대한 책임의 한계가 명확하고 통제력을 발휘한다.

- 정책결정이 신속하며, 조직의 안정성을 확보할 수 있다.
- 책임자에게 부여되는 과중한 업무량 및 독단적 의사결정, 조직의 경직화 등이 우려된다.

② **수평조직**

　⊙ 의의 : 수직조직이 원활하게 기능을 수행할 수 있도록 지원하고 촉진하여 조직의 목표달성에 간접적으로 공헌하는 구조이다.

　ⓒ 특 징

- 자문, 협의, 조정, 정보수집, 기획, 인사, 회계, 연구 등의 기능을 수행한다.
- 전문적인 지식과 경험을 활용하며, 합리적인 지시와 명령이 가능하다.
- 수평적인 업무의 조정이 이루어지며, 신축성이 있어 대규모 조직에 유리하다.
- 책임소재에 의한 갈등, 운영과 행정의 지연, 의사소통경로의 혼란 등이 우려된다.

③ **행렬조직**　5회, 6회, 10회, 17회, 20회 `기출`

　⊙ 의의 : 매트릭스조직(Matrix Organization)이라고도 하며 조직의 일상적 기능은 상급자의 명령을 통해 수행하지만, 문제 해결 및 전문성이 필요한 기능은 상하가 아닌 수평으로 그 분야 전문가의 명령을 받아 수행하는 조직이다.

　ⓒ 특 징

- 두 개 이상의 권한계통이 중첩되는 이중의 권한구조를 가진다.
- 조직 내 기능별 부문에서 차출된 인력으로 매트릭스 조직 내의 과업집단을 구성한다.
- 매트릭스 조직 내에서 기능별 부문은 그대로 존속하며, 해당 기능 내 인력개발 등 본연의 업무를 계속 수행한다.
- 분업과 통합이 가능한 구조로서 안정성과 탄력성을 가진다.
- 역할 및 권한 관계, 책임소재 등이 모호하며 업무수행 평가에 어려움이 있다.

　ⓒ 행렬조직(매트릭스조직)의 장단점　5회, 6회, 10회 `기출`

장 점	- 분업과 통합이 가능한 구조로서 안정성과 탄력성을 가진다. - 전문인력의 이동활동이 용이하다. - 전문지식의 축적 및 기술의 개발이 용이하다. - 지식 및 기술의 전사적 이전과 활용이 용이하다.
단 점	- 이중의 권한구조로 인해 명령계통 간 권력다툼이 발생할 수 있다. - 조정 과정을 필요로 하므로 의사결정이 지연될 수 있다. - 책임소재가 모호하다. - 업무자가 역할긴장이나 갈등을 경험할 수 있다.

④ **프로젝트 조직**

　⊙ 의의 : 태스크포스(Task Force)라고도 하며 특정 업무 해결을 위해 각 부서로부터 인력을 뽑아 프로젝트 팀을 만들고 업무가 해결되면 다시 해당 부서에 복귀시킨다.

　ⓒ 특징 : 환경의 변화에 대응하기 위한 것으로 팀 형식으로 운영하는 조직이다.

(5) 조직의 유형

① 수혜자의 종류에 따른 분류(Blau & Scott)

호혜조직	조직의 주된 수혜자가 조직의 일반구성원이 되는 조직 예 정당, 노동조합, 공제회, 재향군인회, 전문직업인회, 종파 등
사업조직	조직의 주된 수혜자가 조직원 관리자나 소유자가 되는 조직 예 회사, 은행, 보험회사 등
서비스조직	조직의 주된 수혜자가 조직과 직접 접촉하는 일반대중이 되는 조직 예 사회복지기관, 병원, 학교, 법률상담소, 정신병원 등
공공조직	조직의 주된 수혜자가 대중 전체가 되는 조직 예 정부기관, 경찰, 소방서, 대학의 연구기관 등

② 업무의 통제성에 따른 분류(Smith) 3회, 16회 기출

관료조직	• 공식적인 조직과 규정 • 계층적인 권위구조 • 문서에 의한 업무처리 • 명확하고 전문화된 분업 • 기술에 의한 신분보장 • 합리적인 통제조직
일선조직	• 주도권이 일선에 있는 조직 • 각 업무단위는 독립적으로 상호 업무를 수행함 • 업무단위의 직접적인 통제가 어려움
전면통제조직	관리자가 전면적으로 강한 통제권을 행사하는 조직 예 정신병원, 기숙사, 교도소 등
투과성조직	• 조직구성원, 클라이언트의 자발적인 참여 • 업무와 사적 활동에 구분이 있어 사적 활동을 침해하지 않음 • 조직의 통제가 약하며 활동이 노출됨 • 영역의 유지구조가 매우 약하며 역할구조가 복잡함 예 자원봉사활동조직 등

(6) 부문화

① 의 의

㉠ 업무의 분화는 부서와 직무의 수를 증가시키며, 이는 업무의 효율성을 저해하고 부서 간 갈등을 증폭시킬 수 있다.

㉡ 수평적 분화의 형태로서, 분업화가 분업의 원리에 따라 과업을 세분화하여 개인에게 할당하는 것인 반면, 부문화는 분업화의 결과로 양산된 많은 전문가들을 업무의 유사성에 의해 묶어주는 것이다.

② 부문화의 방법(Weinbach) 1회, 9회, 15회 기출

㉠ 수(數) 기준 부문화 : 동일 역할을 하는 사람들을 한 명의 슈퍼바이저 밑에 소속시키는 방법으로 수에 의해 업무를 부문화한다.

㉡ 시간 기준 부문화 : 업무시간을 2교대 또는 3교대로 하여 사회복지 생활시설이나 요양원, 의료 및 보건서비스 조직 등에서 24시간의 서비스가 이루어지도록 업무를 부문화한다.

ⓒ 기능 기준 부문화 : 조직요원의 능력, 선호도, 관심 등에 근거하여 직무상 적성에 맞는 분야에 사람을 배치한다.

ⓔ 지리적 영역 기준 부문화 : 클라이언트의 거주 지역, 즉 잠정적 고객(클라이언트)에 따라 업무를 부문화한다.

ⓜ 서비스 기준 부문화 : 개별사회사업, 집단사회사업, 지역사회조직사업 등 사회사업 실천방법에 따라 부문화한다.

ⓗ 고객 기준 부문화 : 클라이언트의 특성에 따라 아동복지, 청소년복지, 노인복지 등으로 업무를 부문화한다.

ⓢ 서비스 접근통로 기준 부문화 : 클라이언트가 서비스에 접근할 수 있는 통로별로 업무를 부문화한다.

(7) 사회복지조직의 효과성 평가 모형 9회 기출

① 목표달성모형

ⓐ 조직을 특정한 목표달성을 위한 합리적인 도구로 본다.

ⓑ 조직의 활동이나 과업의 지향점을 구체화 한다.

ⓒ 조직의 효과성은 동원되는 수단보다는 목표달성 여부에 따라 평가된다.

② 체계모형

ⓐ 목표달성모형에 대비되는 것으로서, 투입 및 자원 획득 등의 과정을 강조한다.

ⓑ 조직의 목표 자체보다 조직의 하위체계 간의 관계와 과정에 초점을 둔다.

ⓒ 조직에 영향을 미치는 다양한 요인들을 고려하며, 조직의 환경적응력에 관심을 둔다.

2 조직과 환경

(1) 사회복지조직의 환경 2회, 4회, 10회, 11회, 15회, 16회, 17회, 19회 기출

① **일반환경** : 조직의 거시적인 사회환경으로서 업무환경을 통해 간접적으로 조직에 영향을 미치는 영역

ⓐ 경제적 조건 : 경기호황 또는 불황, 경제성장률, 실업률 등

ⓑ 사회인구 통계학적 조건 : 연령과 성별분포, 가족구성, 거주지역, 사회적 계급 등

ⓒ 문화적 조건 : 사회의 우세한 문화적 가치 및 규범

ⓓ 정치적 조건 : 선 성장 후 분배 또는 성장과 분배의 균형 등 정부정책기조

ⓔ 법적 조건 : 법률, 명령, 규칙, 특히 사회복지관계법 등

ⓕ 기술적 조건 : 의료, 정신건강, 교육, 사회개혁분야 등의 기술개발 정도

② **과업환경** : 조직이 업무활동을 통해 직접적으로 관련을 맺고 있는 영역

ⓐ 재정자원의 제공자 : 중앙정부 및 지방정부, 공적·사적단체, 외국단체, 개인, 법인 등

ⓑ 합법성과 권위의 제공자 : 정부, 의회, 시민단체, 사회복지사업법, 한국사회복지협의회 등

ⓒ 클라이언트 제공자 : 개인, 가족, 의뢰기관, 정부기관 등

ⓔ 보충적 서비스 제공자 : 학교, 병원, 종교단체, 청소년단체, 사회복지조직, 사회복지전담공무원 등

ⓜ 조직이 산출한 것을 소비·인수하는 자 : 클라이언트 자신, 가족, 지역사회 등

ⓗ 경쟁조직 : 자원과 클라이언트를 놓고 경쟁하거나 자원에 대한 접근에 영향을 미치는 조직

(2) 환경에 대한 체계적 관점 10회, 14회 기출

폐쇄체계적 관점	조직의 엄격한 경계 내에서 합리적인 의사결정 및 체계적인 관리 강조 예 관료제이론, 과학적 관리론, 인간관계이론, 맥그리거(McGregor)의 X·Y이론, 룬트슈테트(Lundstedt)의 Z이론, 공공행정이론 등
개방체계적 관점	조직의 외부환경에 대한 관심, 조직들 상호 간의 의존적 성격 강조 예 상황이론(상황적합이론, 경로-목표이론), 조직환경이론(정치경제이론, 자원의존이론, 조직군생태이론), (신)제도이론 등

(3) 조직환경에 적응하는 방식에 대한 조직이론 9회, 10회 기출

① 상황적합이론

ㄱ 체계론적 관점에서 조직의 능률성에 영향을 미치는 환경적 요소를 고려한다.

ㄴ 불확실하고 예측하기 어려운 환경에서 그와 같은 불확실성을 줄이고 환경에 대한 정보를 수집·분석함으로써 환경 특성에 적합한 조직구조를 갖출 수 있다고 주장한다.

② 조직군생태이론

ㄱ 환경적 요인에 가장 적합한 조직이 생존한다는 환경결정론적인 관점을 기초로 한다.

ㄴ 변이, 선택, 보전의 조직변동 과정을 장기적인 관점에서 파악한다.

③ 정치경제이론 18회 기출

ㄱ 조직은 합법성이나 세력 등의 정치적 자원과 함께 인적·물적 자원 등의 경제적 자원을 통해 서비스활동을 수행하며 생존한다.

ㄴ 외부환경적 요소가 조직의 내부에 영향을 미치게 되어 조직 내부의 권력관계와 조직 외부의 이익집단 간의 역학관계에 의해 조직의 의사결정에 영향을 미친다고 주장한다.

④ (신)제도이론 13회, 14회 기출

ㄱ 조직이 제도적 환경에 부합하는 행동을 통해 사회로부터 정당성을 인정받는 경우 생존가능성이 증가한다고 본다.

ㄴ 제도적 환경을 조직의 행동과 구조에 영향을 미치는 핵심적 원천으로 간주하면서 조직이 법률, 규칙, 사회적 여론 등의 제도적 규칙을 받아들이며, 동조 또는 모방의 방식을 통해 성공적인 조직의 관행 및 절차를 수용하는 것으로 본다.

(4) 사회복지조직에서 권력관계를 변화시키기 위한 환경전략 8회, 16회 [기출]

① **권위주의 전략** : 명령에 대해 동의하도록 효과적인 제재를 가할 수 있는 능력을 향상시킨다.

② **경쟁적 전략** : 서비스의 질과 절차 및 관련된 행정절차 등을 더욱 바람직하고 매력적으로 하기 위해 다른 사회복지조직들과 경쟁하여 세력을 증가시킨다.

③ **협동적 전략** : 과업환경 내 다른 조직에게 필요한 서비스를 제공하여 그 조직이 그러한 서비스를 획득하는 데 대한 불안감을 해소시킨다.

④ **방해 전략** : 조직의 자원 생산 능력을 위협하는 행동을 의도적으로 하는 전략이다.

(5) 사회복지조직의 관련 용어 1회, 2회, 11회, 12회, 18회 [기출]

① **레드 테이프** : 불필요하게 지나친 형식이나 절차를 만드는 것을 말한다.

② **목적전치** : 조직의 규칙과 규정이 전체 목표달성을 위한 수단으로 간주되지 않고, 규칙과 규정 그 자체가 목적이 되거나 원래 목적이 다른 목적으로 변질·대치되는 현상이다.

③ **크리밍 현상** : 서비스 조직들이 접근성 메커니즘을 조정함으로써 보다 유순하고 성공 가능성이 높은 클라이언트를 선별하고자 하는 현상이다.

④ **피터의 원리** : 무능력이 개인보다는 위계조직의 메커니즘에서 발생한다는 것이다.

⑤ **소진** : 과도한 스트레스에 대한 노출로 신체적·정신적 기력이 고갈되어 직무수행능력이 떨어지고 단순업무에만 치중하게 되는 현상이다. 직무에 만족하지 못한 직원들은 감정의 고갈과 목적의식의 상실, 자신의 업무와 클라이언트에 대한 관심 상실 등 부정적인 태도를 보이기 쉽다. 소진은 클라이언트 중심의 실천, 감정이입적 업무 특성, 급속한 변화와 비현실적 기대, 저임금과 열악한 환경 등 다양한 원인에서 비롯된다.

제4장 | 리더십과 의사소통

1 리더십

(1) 리더십의 유형 2회, 4회, 7회, 10회, 19회, 20회 [기출]

지시적 리더십	• 명령과 복종을 강조하고 독선적이며 조직성원들을 보상·처벌의 연속선에서 통제한다. • 정책에 일관성이 있고 신속한 결정이 가능하여 위기 시에 기여한다. • 조직성원들의 사기저하와 경직성의 단점이 있다.
참여적 리더십	• 민주적 리더십으로 결정의 과정에 부하직원을 참여시킨다. • 동기유발적이며 집단의 지식과 기술을 활용하는 데 용이하다. • 책임이 분산되고 긴급한 결정이 어려운 단점이 있다.
자율적 리더십	• 방임적 리더십으로 대부분의 의사결정권을 부하직원에게 위임한다. • 전문가조직에 적합하고, 집단의 지식과 기술을 활용하는데 용이하다. • 업무처리에 대한 정보제공이 부족하며, 내부 갈등에의 개입이 어려워 혼란을 야기할 수 있다.

(2) 리더십의 수준 4회 기출

① **최고관리층의 리더십** : 조직의 기본적인 임무를 설정하고 변화를 주도 · 수행하며, 내부구조를 발전 · 유지시킨다.

② **중간관리층의 리더십** : 최고관리층의 지시를 구체적인 프로그램으로 전환하고, 필요한 인적 · 물적 자원을 확보하여 프로그램을 관리, 감독, 조정, 평가하는 일을 담당한다.

③ **하위관리층의 리더십** : 일선 요원들의 프로그램 수행을 감독하고 업무를 위임하거나 분담하며, 일선 요원들에게 충고와 지침을 제공하는 한편 개인적인 성과를 평가한다.

(3) 리더십이론 2회, 5회, 7회, 10회, 12회, 14회 기출

① **특성이론(자질이론)**

㉠ 리더십이 어떤 사람은 갖고 또다른 사람은 갖지 못하는 개인적 특성에서 나타나는 것이라고 가정하며, 리더들이 가지는 공통요소를 규명하고자 한다.

㉡ 리더로서 개별적인 동시에 공통적인 요소를 가지고 있다면, 그가 처해 있는 상황이나 환경이 바뀌더라도 항상 리더가 될 수 있다.

㉢ 효과적인 지도자의 자질로는 활력 및 인내성, 설득력, 결단력, 지적능력, 책임성 등이 있다.

㉣ 지도자는 신체적 · 사회적 배경(선천적)과 함께 인지적 · 정서적 · 사회적 · 과업적 특성(후천적)을 가진다.

② **행동이론** 3회, 6회, 14회, 18회 기출

㉠ 조직의 성과와 이러한 성과를 내는 리더의 지속적인 행동양식, 즉 리더십 스타일 간의 관계를 규명하고자 한다.

㉡ 효과적인 지도자는 비효과적인 지도자보다 구성원의 자존감을 높여주며, 그들과 상호 협력적인 관계를 맺는다. 또한 구성원들의 입장을 고려한 의사결정을 하며, 과업수행의 목표를 구체적으로 설정한다.

㉢ 아이오와(Iowa) 대학, 오하이오(Ohio) 대학, 미시간(Michigan) 대학의 연구, 블레이크와 머튼(Blake & Mouton)의 관리망 연구 등이 대표적이다.

• 아이오와 연구 : 지도자의 행위 유형을 집단의 태도 및 생산성의 관점에서 '권위적 리더', '민주적 리더', '자유방임적 리더'로 구분

• 오하이오 연구 : 리더십 행동의 구성요소로서 구조성(구조주도)과 배려성(배려의 수준)을 제시

• 미시간 연구 : 리더십의 유형으로 '직무 중심적 리더십'과 '구성원 중심적 리더십'을 제시

• 블레이크와 머튼의 연구 : 횡축과 종축을 따라 각각 9단계로 이루어진 관리망을 통해 총 81종의 합성적 리더십을 제시하며, 기본적인 5가지 리더십유형으로 방임형(무기력형), 인간중심형(컨트리클럽형), 생산지향형(과업형), 중도형, 이상형(팀형)을 강조

③ **상황이론** 2회, 5회, 10회, 11회, 14회, 16회, 20회 기출

㉠ 리더십은 리더 개인의 자질과는 상관없이 리더가 속한 집단, 조직목표, 구조, 성격, 사회문화적 요인, 시간적 · 공간적 요인 등 상황적 조건에 따라 결정된다는 이론이다.

ⓒ 피들러(Fiedler)의 상황적합이론, 하우스(House)의 목표-경로이론(경로-목표이론), 첼라두라이(Chelladurai)의 다차원이론, 허시와 블랑샤르(Hersey & Blanchard)의 상황적 리더십이론 등이 대표적이다.

- 상황적합이론 : 리더십 유형을 '과업지향적 리더십'과 '관계지향적 리더십'으로 구분
- 목표-경로이론 : 리더십 유형을 '지시적 리더십', '지지적(후원적) 리더십', '참여적 리더십', '성취지향적 리더십'으로 구분
- 다차원이론 : 리더의 행동을 '상황이 요구하는 행동(요구된 행동)', '실제 리더가 취하는 행동(인지된 행동)', '조직성원이 좋아하는 리더의 행동(선호된 행동)'으로 구분
- 상황적 리더십이론 : 리더의 행동을 '과업지향적 행동'과 '관계지향적 행동'으로 구분하고 상황변수로서 조직성원이나 부하의 '심리적 성숙도'를 강조한 3차원적 유형의 리더십을 제시

④ 거래적-변혁적 리더십이론 14회, 18회, 20회, 21회 기출

거래적 리더십	• 구성원은 이기적이므로 개인적인 관심에 주의를 기울인다. • 리더는 조직성원의 보수나 지위를 보상하는 것과 같이 거래를 통해 조직성원의 동기 수준을 높이며, 리더는 조직성원의 역할과 임무를 명확히 제시하고, 복종과 그에 대한 보상을 강조한다.
변혁적 리더십	• 리더십은 높은 도덕적 가치와 이상에 호소하여 조직성원의 의식을 변화시킨다. • 리더는 추종자들에게 권한부여(Empowerment)를 통해 개혁적·변화지향적인 모습과 함께 비전을 제시함으로써 그들에게 높은 수준의 동기를 부여한다. • 변혁적 리더는 구성원 스스로 업무에 대한 확신감을 가질 수 있도록 동기를 부여하고 업무 결과에 대한 욕구를 자극함으로써, 구성원 스스로 추가적인 노력을 통해 기대 이상의 성과를 가져오도록 유도한다.

2 기획과 의사소통

(1) 기 획

① 의의 : 기획은 목표를 달성하기 위해 장래 행동에 관한 일련의 결정을 내리는 과정이다.

② 필요성 5회, 9회, 10회, 12회, 14회 기출
  ㉠ 미래의 불확실성 감소 ㉡ 합리성 증진
  ㉢ 효율성 증진 ㉣ 효과성 증진
  ㉤ 책임성 증진 ㉥ 조직성원의 사기진작

(2) 스키드모어(Skidmore)의 7단계 기획 과정 14회, 16회, 20회 기출

목표설정 → 자원 고려 → 대안 모색 → 결과 예측 → 계획 결정 → 구체적 프로그램 수립 → 개방성 유지

(3) 프로그램 기획의 기법 2회, 5회, 7회 기출

① 시간별 활동계획 도표(Gantt Chart) 4회, 8회, 13회, 16회, 18회 기출

- ㉠ 1910년 미국의 기술공학자이자 사업가인 헨리 간트(Henry L. Gantt)에 의해 최초로 개발되었다.
- ㉡ 세로 바에는 세부 목표와 활동 및 프로그램을 기입하고 가로 바에는 시간을 기입하여 사업의 소요시간을 막대로 나타내는 도표이다.
- ㉢ 상대적으로 복잡하지 않은 사업을 기획할 때 사용되며, 단순 명료하다는 장점이 있다.
- ㉣ 세부적인 활동을 포함하지 않고, 과업이나 활동 간의 연결과정도 표시되지 않는다. 따라서 복잡한 작업단계들 간의 상관관계를 나타낼 수 없으므로, 활동과 활동 사이의 상관관계를 파악하기 어렵다.

② 프로그램 평가 검토기법(PERT) 3회, 5회, 8회, 10회, 11회, 13회, 15회, 22회 기출

- ㉠ 목표달성을 위해 설정된 주요 세부목표와 프로그램의 상호관계 및 시간계획을 연결시켜 도표화한 것이다.
- ㉡ 프로그램을 명확한 목표들로 조직화하고 진행일정표를 작성하며, 프로그램 진행사항을 추적하는 데 활용된다.
- ㉢ 프로그램 시작부터 종료에 이르기까지 활동 수행을 위해 최소한 확보해야 할 시간으로써 임계경로(Critical Path)를 찾는다.
- ㉣ 기획된 활동의 실행을 위해 필요한 과업의 선행·후행관계 및 소요시간 등을 일목요연하게 파악할 수 있다.

③ 월별 활동계획카드(Shed-U Graph)

- ㉠ 바탕종이 위쪽 가로에는 월별이 기록되어 있고 특정 활동이나 업무를 작은카드에 기입하여 월별 아래 공간에 삽입하거나 붙인다.
- ㉡ 이 카드는 업무의 시간에 따라 변경하여 이동시키는 데 편리하다.

④ 방침관리기획(PDCA Cycle) 19회 기출

- ㉠ '계획(Plan) – 실행(Do) – 확인(Check) – 조정(Act)'의 일련의 절차를 프로그램 기획과정으로 본다.
- ㉡ 계획을 실행한 후 발견되는 문제점을 즉각적인 수정을 거쳐 보완해 나간다.

(4) 기획의사결정을 위한 기관의 환경분석(SWOT 분석) 6회, 9회 기출

- ① 강점(Strength) : 조직력, 자원확보력 등
- ② 약점(Weakness) : 내부 자원부족, 외부환경의 열악 등
- ③ 기회(Opportunity) : 사회적 욕구증가, 여론형성 등
- ④ 위협(Threat) : 저출산·고령화, 실업률 증가 등

(5) 의사결정기법 　1회, 9회, 14회, 15회, 20회 기출

① 개인적 의사 결정기법
ㄱ 의사결정나무분석기법 : 개인이 가능한 한 여러 대안을 발견하여 나열하고, 선택했을 때와 선택하지 않았을 때를 연속적으로 그려가면서 최종적인 결과를 예상한다.
ㄴ 대안선택흐름도표 : Yes와 No로 답할 수 있는 질문을 연속적으로 만들어 예상되는 결과를 결정하도록 한다.

② 집단적 의사결정기법 　21회, 22회 기출
ㄱ 델파이기법 : 전문가 · 관리자들로부터 우편으로 의견이나 정보를 수집하여 그 결과를 분석한 후 그것을 다시 응답자들에게 보내어 의견을 묻는다.
ㄴ 명목집단기법 : 대화나 토론 없이 어떠한 비판이나 이의제기가 허용되지 않는 가운데 각자 아이디어를 서면으로 제시하도록 하여 우선순위를 결정한 후 최종합의를 도출한다.
ㄷ 브레인스토밍(Brainstorming) : 집단성원들 간의 대화나 토론을 통한 자유발언의 기회를 제공하는 것으로, 특히 아이디어의 양과 능동적 참여가 중요하다.
ㄹ 변증법적 토의 : 상반된 의견이나 견해를 가진 사람들로 두 집단을 구성하여 서로 반대의 대안을 제시하도록 하는 것으로, 특히 사안의 찬성과 반대를 이해함을 기본으로 한다.

(6) 공식적 의사전달과 비공식적 의사전달 　7회 기출

구 분	공식적 의사전달	비공식적 의사전달
유 형	• 하향적 : 명령, 지시, 훈령, 편람, 핸드북, 구내방송, 직원수첩, 게시판 등 • 상향적 : 보고, 제안, 의견 · 설문조사, 면접, 면담 등	직접적 · 간접적 접촉, 소문, 풍문, 메모, 유언비어 등
장 점	• 책임소재의 명확성 • 상관의 권위 유지 • 정보의 정확성, 정책결정에 활용 • 객관적인 의사소통 가능	• 융통성, 행동의 통일성에 기여 • 배후사정 이해의 용이 • 신속한 전달, 탁월한 적응성 • 구성원의 긴장 · 소외감 극복
단 점	• 형식주의로의 변질 가능성 • 배후사정 파악 곤란 • 복잡하고 다양한 의사 표현의 어려움	• 융통성, 신축성 결여 • 책임소재 불분명, 통제 곤란 • 공식적 의사전달의 왜곡, 마비 우려 • 상관의 권위 손상 가능성 • 의사결정 활용의 어려움

1 인적자원관리와 슈퍼비전

(1) 인적자원관리의 의의 및 과정 10회, 19회, 20회 기출

① '인사관리'라고도 부르는 것으로, 조직의 유지를 위해 조직이 필요로 하는 인사를 채용, 개발, 유지, 활용하는 일련의 관리활동체계를 말한다.

② 과정 : 모집 · 충원 → 선발 → 임용 → 오리엔테이션 → 배치 → 활용

③ 모집의 절차

㉠ 절차 : 충원계획 수립 → 직위에 대한 직무분석 → 직무기술서 및 직무명세서 작성

㉡ 직무기술서와 직무명세서 2회, 5회, 6회, 19회, 20회 기출

직무기술서	• 직무분석의 결과에 의거하여 직무수행과 관련된 과업 및 직무행동을 일정한 양식에 기술한 문서 • 직무 명칭 및 내용, 직무수행 과제 및 방법과 작업조건을 기술한 것
직무명세서	• 직무분석의 결과를 인사관리의 특정한 목적에 맞게 직무의 내용과 직무에 요구되는 자격요건에 중점을 두어 정리한 문서 • 직무수행에 요구되는 지식 · 기술 · 능력 수준 등의 인적요건을 기술한 것

(2) 슈퍼비전(Supervision)

① 의 의

사회복지조직에서 활동하고 있는 직원들이 전문성과 능력을 발휘할 수 있도록 교육 및 지도 · 원조하는 과정

② 슈퍼비전의 기능 3회, 5회, 9회, 11회 기출

㉠ 교육적 기능 : 사회복지사의 지식과 기술 향상

㉡ 행정적 기능 : 기관의 규정과 절차에 맞는 서비스 제공

㉢ 지지적 기능 : 사회복지사의 개별적 욕구에 관심

③ 슈퍼비전의 모형(Watson) 10회, 21회 기출

㉠ 개인교습모형 : 슈퍼바이저와 슈퍼바이지 간의 일대일 관계

㉡ 사례상담 : 슈퍼바이저가 상담자로서 슈퍼바이지의 학습을 도움

㉢ 슈퍼비전 집단 : 개인교습모형이 확대된 형태

㉣ 동료집단 슈퍼비전 : 특정한 슈퍼바이저 없이 모든 집단성원들이 동등한 자격으로 참여

㉤ 직렬 슈퍼비전 : 두 업무자가 동등한 입장에서 서로에게 슈퍼비전을 제공

㉥ 팀 슈퍼비전 : 다양한 성격을 가진 팀동료들 간의 상호작용을 강조

④ 슈퍼바이저의 역할(Kadushin) 9회 기출
  ㉠ 행정적인 상급자로서의 역할
  ㉡ 교육자로서의 역할
  ㉢ 상담자로서의 역할
⑤ 슈퍼바이저의 조건 12회 기출
  ㉠ 지식구비
  ㉡ 실천기술과 경험 구비
  ㉢ 개방적 접근의 허용
  ㉣ 헌신적인 사명감
  ㉤ 솔직한 태도
  ㉥ 감사와 칭찬의 태도

2 동기부여 9회, 15회 기출

(1) 내용이론

① 허즈버그(Herzberg)의 동기-위생이론 3회, 14회, 22회 기출
  ㉠ 의의 : 인간이 이원적 욕구구조, 즉 불만을 일으키는 요인(위생요인)과 만족을 일으키는 요인(동기부여요인)을 가진다는 욕구충족요인 이원론을 제시하였다.
  ㉡ 욕구충족요인 이원론

위생요인	• 인간의 본능적 측면으로서 하위욕구와 연관 • 조직의 정책과 관리, 감독, 보수, 대인관계, 근무조건 등
동기부여요인	• 인간의 정신적 측면으로서 상위욕구와 연관 • 직무 그 자체, 직무상의 성취, 직무성취에 대한 인정 · 승진 · 책임 · 성장 및 발달 등

② 알더퍼(Alderfer)의 ERG이론 4회, 20회 기출
  ㉠ 의의 : '좌절-퇴행'의 욕구전개를 토대로 매슬로우의 5단계 욕구를 세 가지 범주, 즉 '존재욕구', '인간관계욕구', '성장욕구'로 구분하였다. 특히 고차원 욕구가 좌절되었을 때 오히려 저차원 욕구의 중요성이 커진다고 주장하였다.
  ㉡ 욕구의 3가지 범주

존재욕구	생리적 욕구 + 안전에 대한 욕구
인간관계욕구	애정과 소속에 대한 욕구 + 자기존중의 욕구 일부
성장욕구	자기존중의 욕구 일부 + 자아실현의 욕구

③ 맥클리랜드(McClelland)의 성취동기이론 9회, 15회, 17회 기출
  ㉠ 의의 : 개인의 성격이 행위를 유발하는 잠재적인 요소들, 즉 성취욕구, 권력욕구, 친교욕구(친화욕구)로 구성되어 있다고 보았다.

ⓒ 욕구의 3가지 범주

성취욕구	• 어려운 일을 성취하려는 욕구, 목표를 달성하고 그것을 능가하려는 욕구 • 일을 신속하고 독자적으로 처리하여 자신의 능력에 의한 성공으로 자긍심을 높이려고 함
권력욕구	• 조직의 지도자가 되어 다른 사람을 통제 · 지시하려는 욕구 • 다른 사람에 대해 영향력을 행사하여 자기가 바라는 대로 이끌고자 함
친교욕구 (친화욕구)	• 다른 사람과 친근하고 밀접한 관계를 맺으려는 욕구 • 친절하고 동정심이 많으며, 친밀한 대인관계를 유지하려고 노력함

(2) 과정이론

① 브룸(Vroom)의 기대이론

ⓐ 인간이 행동하는 방향과 강도는 그 행동이 일정한 성과로 이어진다는 기대와 강도, 실제로 이어진 결과에 대해 느끼는 매력에 달려있다.

ⓑ 일정한 행동을 작동시키는 동기는 성과에 대한 유의성과 자신의 행동이 그런 성과를 초래하리라는 기대감에 의해 결정된다.

② 아담스(Adams)의 형평성 · 공정성이론　18회 기출

ⓐ 개인의 행위는 타인과의 관계에서 공평성을 유지하는 방향으로 동기부여가 되며, 업무에서 공평하게 취급받으려고 하는 욕망이 개인으로 하여금 동기를 갖게 한다.

ⓑ 투입, 산출, 준거인물을 요소로 하여 자신의 '산출/투입'보다 준거가 되는 다른 사람의 '산출/투입'이 클 때 비형평성을 자각하고, 형평성 추구행동을 작동시키는 동기가 유발된다.

제6장 | 재정관리와 재무관리

1 사회복지재정

(1) 사회복지조직의 재정관리　10회, 13회, 22회 기출

① 물적자원의 동원 및 활용과 관련하여 세입 및 지출로 구분된다.

② 재무계획, 기금조성, 예산편성, 지출통제, 부채관리 등 여러 활동으로 이루어진다.

③ 기관의 목표달성은 물론 전문직의 윤리 확보와 지역사회 복지욕구 충족을 위해 재원을 계획적으로 활용한다.

④ 예산, 기부금, 급료, 세금, 여비 등과 관련하여 사회복지기관의 기본적인 활동에 영향을 미친다.

⑤ 기금조성, 예산수립, 지출조정, 평가 등의 연속적인 과정으로 순환된다.

⑥ 사회복지재정은 민주성 · 공공성 · 합리성 · 형평성과 함께 기획기능이 강조된다.

⑦ 법인의 회계는 법인회계, 해당 법인이 설치 · 운영하는 시설의 시설회계 및 수익사업회계로 구분하여야 하며, 시설의 회계는 해당 시설의 시설회계로 한다.

(2) 복지재정의 이전체계 12회 기출

① **범주적 보조금** : 보조금의 지급 및 사용 목적이 상세히 규정되어 있으므로 재정 사용에 관한 지방정부의 재량권이 작다.

② **포괄 보조금** : 보조금의 지급 및 사용목적이 포괄적으로 규정되어 있다.

③ **일반교부세** : 보조금의 지급 및 사용목적이 별도로 규정되어 있으므로 재정 사용에 관한 지방정부의 재량권이 크다.

(3) 사회복지재정의 확충 방안

① 사회복지부문 정부예산의 획기적인 증액

② 목적세로서 복지세 신설

③ 지방복지재정 확충, 지자체 간 재정격차 완화

④ 사회복지사업 기금 및 공동모금의 활성화

⑤ 사회복지사업에 대한 세제상 혜택 확대

⑥ 수익자부담의 적정성 확대

⑦ 사회복지법인의 자체재원 육성

2 예산의 형식

(1) 항목별(품목별) 예산(LIB) 2회, 7회, 9회, 14회, 18회, 21회 기출

① 의 의

㉠ 가장 고전적인 예산제도로서 지출의 대상, 성질을 기준으로 하여 세출예산의 금액을 분류하는 것이다.

㉡ 예산 집행에 대한 회계책임의 명확성, 경비사용의 적정성을 강조한다.

㉢ 투입중심의 예산으로서 회계자에게 유리한 방식이다.

② 장단점

장 점	단 점
• 행정재량 범위의 제한 및 통제의 용이성 • 회계 책임의 명확성 • 회계 검사 및 예산 편성의 용이성	• 예산의 신축성 저해 • 예산 증대의 정당성에 대한 근거 불명확 • 신규사업 위축, 답습사업 확대

(2) 성과주의 예산(PB) 3회, 5회, 6회, 7회, 14회, 15회 기출

① 의 의

㉠ 각 기관이 예산사업의 성과 목표와 달성 방법을 제시하고, 예산당국이 매년 성과 결과를 평가해 다음 회계연도에 반영하는 것이다.

ⓒ 성과주의 예산을 편성하기 위해서는 각 업무의 성과를 측정할 수 있는 업무 단위를 개발하는 것이 관건이며, 과정중심의 예산으로서 관리자에게 유리한 방식이다.

② 장단점

장 점	단 점
• 목표와 프로그램에 대한 명확한 이해 • 정책 및 사업계획 수립의 용이 • 효율적 관리수단 제공 및 자금배분의 합리화 • 예산집행의 신축성	• 예산통제의 곤란 • 회계책임의 불명확성 • 비용 산출의 단위 설정의 어려움

(3) 계획예산(PPBS) 12회, 19회 기출

① 의 의

ⓐ 장기적인 계획수립과 단기적인 예산편성을 프로그램 작성을 통해 유기적으로 결합시키는 방식이다.

ⓑ 목표설정 및 개발 – 실시계획 입안 – 예산 배정

ⓒ 중장기 계획이 필요하고 실시계획이 구체적으로 기술되어야 하며, 비용-효과 분석 및 비용-편익 분석과 같은 수량적 분석기법이 필요하다.

② 장단점

장 점	단 점
• 사업계획과 예산편성 간 불일치 해소 • 자원배분의 합리화 및 능률의 절약 • 정책결정과정의 일원화 • 조직체의 통합적 운영에서의 효과성 • 장기적 시계, 장기계획의 신뢰성	• 간접비의 배분문제 • 지나친 중앙집권화 초래 • 달성 성과의 계량화 곤란 • 목표설정의 곤란 • 환산작업의 곤란

(4) 영기준 예산(ZBB) 1회, 2회, 4회, 10회 기출

① 의 의

ⓐ 전년도 예산을 기준으로 하여 점증적으로 예산을 책정하는 것을 탈피하여 조직의 모든 사업활동에 대해 영기준을 적용한다.

ⓑ 프로그램 각각의 효율성, 효과성, 중요성 등을 체계적으로 분석하고 사업의 존속, 축소, 확대 여부를 분석·검토하며, 우선순위가 높은 사업을 선택하여 실행예산을 결정한다.

ⓒ 매년 목표달성을 위해 새로운 프로그램을 고려하는 것으로 소비자에게 유리한 방식이다.

② 장단점

장 점	단 점
• 사업의 전면적 평가, 자원배분의 합리화 • 하의상달, 각 수준 관리자의 참여 • 재정운영의 효율성 및 탄력성 • 적절한 정보 제시 및 계층 간 단절 방지	• 전면적 평가 곤란 및 능력 부족 • 우선순위 결정에서의 주관적 편견 개입 • 장기계획에 의한 프로그램 수행 곤란 • 시간 및 노력의 과중

1 마케팅

(1) 마케팅의 특성

① 사회복지기관에서 마케팅의 중요성이 대두되는 배경 11회 기출

ㄱ 서비스 이용자의 선택권 확대

ㄴ 서비스 제공 조직들 간 경쟁 증가

ㄷ 고객중심의 서비스 제공 요구 증가

ㄹ 사회적 돌봄서비스의 시장방식 공급 확대

② **사회복지마케팅의 특성** 10회, 16회, 19회, 21회 기출

ㄱ 사회복지기관으로부터 서비스를 제공받는 소비자(이용자)들로 구성된 시장과 함께 사회복지기 관의 활동을 지원해 주는 후원자들로 구성된 시장으로 이루어진다.

ㄴ 이윤추구를 목표로 하는 것이 아닌 해당 조직체가 추구하는 목표를 얼마나 효과적으로 달성하는가에 중점을 둔다.

ㄷ 무형의 서비스로 이루어지는 경우가 많다.

ㄹ 소비자의 개별적인 욕구를 중시하므로 다양한 형태로 제공되며, 서비스와 관련된 이해집단들의 요구에 따라 복잡한 양상을 보인다.

ㅁ 대상자 선정, 후원자 개발, 후원금의 전달과정 등과 관련하여 윤리성과 투명성을 강조한다.

ㅂ 사회복지기관의 서비스는 소멸성을 가지고 있다.

ㅅ 정부나 관련 단체들에게서 보조금 및 후원금 등을 받아 운영하게 되므로 소비자들의 평가에 의해 지배되기 쉽다.

(2) 마케팅의 전략과 기법

① 마케팅 전략의 4P, 7P(Marketing Mix) 5회, 6회, 14회, 17회, 19회 기출

ㄱ 4P : 상품(Product), 가격(Price), 유통(Place), 촉진(Promotion)

ㄴ 7P : 4P + 생산자(Producer), 구매자(Purchaser), 조사(Probing)

② **마케팅기법** 5회, 6회, 12회, 15회, 16회, 18회, 20회, 22회 기출

다이렉트 마케팅 (DM)	후원을 요청하는 편지를 잠재적 후원자들에게 발송함으로써 후원자를 개발하는 가장 전통적인 마케팅 방법
고객관계관리 마케팅 (CRM)	고객과 관련된 자료를 분석하여 고객 특성에 기초한 맞춤서비스를 지속적으로 제공함으로써 가치 있는 고객을 파악 · 획득 · 유지하는 활동
기업연계 마케팅 (CRM)	기업의 기부 또는 봉사활동을 사회복지와 연계하여 기업의 이윤을 사회에 환원함으로써 긍정적 기업이미지 확보와 함께 사회복지조직의 프로그램 운영효율성을 동시에 달성하고자 하는 방법

데이터베이스 마케팅 (DBM)	고객정보, 경쟁사정보, 산업정보 등 시장에 관한 각종 정보를 직접 수집·분석하고 이를 데이터베이스화하여 마케팅전략을 수립하는 기법
인터넷 마케팅	정보화 시대에 적합한 마케팅기법으로서, 인터넷의 홈페이지 등을 통해 기관을 홍보하고 모금하는 방법
사회 마케팅	사회문제로부터 도출된 사회적 목표를 달성하기 위해 사회적 아이디어를 개발하고 이를 일반인들에게 수용시키기 위한 마케팅

2 정보관리시스템(MIS) 14회 기출

(1) 정보관리시스템의 주요 유형 10회, 12회 기출

① 전산자료처리체계(EDPS)

  ㉠ 컴퓨터를 통해 복잡한 계산을 수행하며, 대량의 자료를 처리하기 위한 시스템이다.

  ㉡ 사무적 업무처리에 있어서 시간 및 비용을 줄임으로써 능률을 향상시키는 데 역점을 둔다.

② 관리정보체계(MIS)

  ㉠ 기업이 경영에 관한 정보를 효과적으로 제공하기 위해 컴퓨터를 통한 통합시스템을 활용한다.

  ㉡ 주로 중간관리층을 지원하기 위한 시스템으로서 경영관리의 효율성을 도모한다.

③ 지식기반체계(KBS)

  ㉠ 정보자원 및 정보시스템자원을 경영의 전략적 자원으로 활용하기 위해 구축하는 시스템으로서, 전문가 시스템(Expert System) – 사례기반추론(CBR) – 자연음성처리(NLP)의 단계로 구분된다.

  ㉡ 클라이언트와 직접 서비스 제공자의 상호작용을 지원하기 위해 복잡하고 어려운 처리기술을 동원한다.

④ 의사결정지원체계(DSS)

  ㉠ 상위관리층의 비구조적·비정형적 업무 또는 전략적 문제해결을 위한 의사결정을 지원하는 대화식 시스템이다.

  ㉡ 의사결정 및 프로그램의 집행을 지원함으로써 효과적인 의사결정이 이루어지도록 하며, 관리능률을 향상시키는 데 역점을 둔다.

⑤ 업무수행지원체계(PSS)

  ㉠ 현장에서 업무수행에 필요한 정보를 지원하고 필요한 정보를 통합함으로써 업무수행능력을 향상시키기 위한 시스템이다.

  ㉡ 직접 서비스를 제공하는 서비스 제공자로 하여금 최소한의 도움을 받아 문제를 즉각적으로 해결할 수 있도록 함으로써 업무성과를 높이는 데 역점을 둔다.

(2) 정보관리시스템 도입에 따른 위계별 활용 시스템

① 전략적 경영정보시스템
전략적 목표의 방침 설정, 장기 기업모델 작성 등 주로 최고경영자에 의해 활용된다.

② 관리적 경영정보시스템
내부정보, 기간정보 등을 다루어 종합적인 관리를 수행하는 중간관리자에 의해 활용된다.

③ 작업적 경영정보시스템
정형화된 관리의 자동화 등에 사용하며 현장관리자에 의해 활용된다.

③ 프로그램의 개발과 평가

(1) 프로그램의 기획 및 개발의 과정

① 프로그램의 기획과정　7회, 8회 기출
문제확인 → 욕구사정 → 목적과 목표의 설정 → 개입전략 선정 → 프로그램설계 → 예산편성 → 평가계획

② 프로그램 목표설정의 원칙(SMART 원칙)　11회, 13회 기출
- ㉠ 구체적일 것(Specific)
- ㉡ 측정 가능할 것(Measurable)
- ㉢ 달성 가능할 것(Attainable)
- ㉣ 결과지향적일 것(Result-oriented)
- ㉤ 시간제한적일 것(Time Bounded)

③ 과정목표와 성과목표　18회 기출
- ㉠ 과정목표(Process Objectives)
  - 프로그램 수행단계별로 이루어지거나 설정될 수 있는 목표
  - 무엇으로 어떻게 결과에 도달할 것인지에 대한 목표 진술과 함께 과정목표에 의해 실행되어야 할 구체적인 행동들이 포함됨
    예 10대 미혼모를 대상으로 월 4회 1시간씩 육아교실을 진행한다.
- ㉡ 성과목표(Outcome Objectives)
  - 일련의 프로그램이 수행된 결과 클라이언트체계의 변화를 나타내는 최종목표
  - 프로그램의 결과 표적대상이 변화하게 될 행동이나 태도를 기술하는 것으로, 변화 정도는 어떠하며, 언제 변화가 나타날 것인지 등을 표현
    예 중장년 실직자를 대상으로 자아존중감을 10% 이상 향상시킨다.

(2) 프로그램 평가의 목적   22회 `기출`

① 환류기능(정책개발)
② 책임성 이행(재무 · 회계적, 전문적 책임 이행)
③ 이론 형성

(3) 프로그램 평가의 기준   2회, 5회, 11회, 12회, 13회, 15회, 16회, 17회, 19회, 20회, 21회 `기출`

① **노력성(Effort)** : 서비스 제공을 위해 양질의 물리적 공간과 인력, 기타 자원을 어느 정도 사용했는 가를 평가한다.
② **효과성(Effectiveness)** : 서비스의 목표달성 정도를 평가한다.
③ **효율성(Efficiency)** : 시간, 비용, 노력 등의 투입에 대한 산출의 비율을 평가한다.
④ **서비스의 질(Quality of Service)** : 서비스의 우월성과 관련된 클라이언트의 전반적인 평가나 태도를 평가한다.
⑤ **영향(Impact)** : 서비스제공 이전과 이후를 비교하여 프로그램의 순효과를 평가한다.
⑥ **공평성(Justice)** : 프로그램의 효과와 비용이 사회집단 또는 지역 간에 공평하게 배분되었는지를 평가한다.
⑦ **과정(Process)** : 노력이 산출로 옮겨지는 중간 과정(혹은 절차)을 의미한다.

(4) 프로그램 평가의 논리모형   9회, 10회, 11회, 12회, 13회, 14회, 15회, 17회, 19회 `기출`

투 입	프로그램에 투여되거나 프로그램에 의해 소비되는 인적 · 물적 · 기술적 자원 예 이용자, 직원, 봉사자, 자금, 예산, 시설, 장비, 소모품 등
전환(활동)	임무를 수행하기 위해 프로그램에서 투입으로 활동하는 것 예 상담, 직업훈련, 치료 및 교육, 보호, 청소년 대인관계지도 등
산 출	프로그램 활동의 직접적인 산물(실적) 예 상담 수, 서비스에 참여한 참여자 수, 취업인원, 서비스 시간, 분배된 교육적 자료의 수, 지도한 집단 수 등
성과(결과)	프로그램 활동 중 또는 활동 이후의 참여자들이 얻은 이익 예 새로운 지식, 향상된 기술, 태도 및 가치의 변화, 행동의 수정, 향상된 조건, 변화된 지위, 생활만족도 등
영 향	프로그램 활동의 결과로 인한 변화 양상 예 관심분야의 확대, 바람직한 관계의 지속 등

제1장 | 사회복지법제 총론

1 법 일반

(1) 법의 의의 및 목적

① 의 의
　㉠ 사회가 유지되기 위해 사회구성원들의 행동을 규율할 수 있는 일련의 행위준칙이다.
　㉡ 법은 사회규범, 문화규범, 행위규범, 강제규범이며 상대적 규범인 동시에 절대적 규범이다.

② 목적 : 사회정의실현, 공공복지, 사회질서유지

(2) 법원(法源) 및 법의 분류

① 법 원
　㉠ 성문법으로서의 법원　10회, 11회, 13회, 14회, 16회, 17회, 19회, 20회, 22회 기출

- 헌법 : 국가의 최상위법으로서 국가와 국민 간의 권리 및 의무를 규정한 기본법
- 법률 : 국회에서 의결되어 대통령이 공포한 법
- 명령 : 국회의 의결을 거치지 않고 대통령 이하의 행정기관이 제정한 법규
예 대통령령, 총리령, 부령 등
- 자치법규 : 지방자치단체가 법령의 범위 안에서 자기의 사무 또는 주민의 권리와 의무에 관하여 제정한 자치에 관한 법규
예 조례, 규칙
- 국제조약 : 국제법 주체 간에 국제적 권리의무의 발생 및 국제법률 관계의 설정을 위해 문서로써 명시적으로 합의한 것
예 조약, 협정, 협약, 의정서, 헌장 등
- 국제법규 : 우리나라가 당사국이 아닌 조약으로, 국제사회에 의해 그 규범성이 인정된 것과 국제관습법을 포괄한 것

　㉡ 불문법으로서의 법원
- 관습법 : 사회인의 사실상 관행이 계속적이고 일반적으로 행해짐에 따라 법으로서의 효력을 가지는 불문법
- 판례법 : 법원이 내리는 판결로서 대법원의 판례에 의해 형성
- 조리 : 사물의 도리, 합리성, 본질적 법칙을 의미

② **법의 분류방법** 13회 기출

  ㉠ 상위법과 하위법 : 헌법, 법률, 시행령, 시행규칙, 자치법규 순

  ㉡ 강행법과 임의법 : 공법은 강행법, 사법은 임의법, 사회법은 그 성격에 따라 구별

  ㉢ 일반법과 특별법 : 특별법이 일반법에 우선

  ㉣ 신법과 구법 : 신법이 구법에 우선

③ **법 적용의 우선순위** 13회 기출

  신법인 특별법 > 구법인 특별법 > 신법인 일반법 > 구법인 일반법

2 사회복지법 일반

(1) 사회복지법의 법적 성격 13회, 15회 기출

① 사회복지의 조직과 작용으로서 급여 및 재정에 관한 법이자 권리구제에 관한 법

② 생존권 보장을 이념으로 하는 사회법

③ 사회복지현상을 다루는 국내법규범의 총체

(2) 우리나라 사회복지법의 체계

헌법 – 사회법 – 사회복지법 – 사회보장기본법 – 사회보험법, 공공부조법, 사회서비스법

(3) 우리나라 사회복지법의 분류

※ 사회복지법의 분류에 대해서는 학자에 따라 차이가 있습니다.

① **사회보험법** : 국민연금법, 국민건강보험법, 고용보험법, 산업재해보상보험법, 노인장기요양보험법, 군인연금법, 공무원연금법, 사립학교교직원 연금법 등

② **공공부조법** : 국민기초생활보장법, 의료급여법, 기초연금법, 긴급복지지원법, 장애인연금법 등

③ **사회서비스법** : 노인복지법, 아동복지법, 영유아보육법, 장애인복지법, 한부모가족지원법, 다문화가족지원법, 입양특례법, 정신건강증진 및 정신질환자 복지서비스 지원에 관한 법률, 성매매방지 및 피해자보호 등에 관한 법률, 성폭력방지 및 피해자보호 등에 관한 법률, 가정폭력방지 및 피해자보호 등에 관한 법률, 농어촌주민의 보건복지증진을 위한 특별법, 노숙인 등의 복지 및 자립지원에 관한 법률, 장애인활동지원에 관한 법률, 장애아동복지지원법 등

(4) 우리나라 사회복지 관련 주요 입법 역사 10회, 13회, 14회, 15회, 17회, 18회, 19회, 20회, 21회, 22회 기출

시 기	사회복지 관련법	제정(개정)	시 행
1960년대	공무원연금법	1960. 1. 1.(제정)	1960. 1. 1.
	생활보호법	1961. 12. 30.(제정)	1962. 1. 1.
	아동복리법	1961. 12. 30.(제정)	1962. 1. 1.
	재해구호법	1962. 3. 20.(제정)	1962. 3. 20.
	군인연금법	1963. 1. 28.(제정)	1963. 1. 1.
	산업재해보상보험법	1963. 11. 5.(제정)	1964. 1. 1.
	의료보험법	1963. 12. 16.(제정)	1964. 3. 17.
1970년대	사회복지사업법	1970. 1. 1.(제정)	1970. 4. 2.
	의료보호법	1977. 12. 31.(제정)	1977. 12. 31.
	공무원 및 사립학교교직원 의료보험법	1977. 12. 31.(제정)	1978. 7. 1.
1980년대	아동복지법	1981. 4. 13.(전부개정)	1981. 4. 13.
	심신장애자복지법	1981. 6. 5.(제정)	1981. 6. 5.
	노인복지법	1981. 6. 5.(제정)	1981. 6. 5.
	국민연금법	1986. 12. 31.(전부개정)	1988. 1. 1.
	최저임금법	1986. 12. 31.(제정)	1986. 12. 31.
	보호관찰법	1988. 12. 31.(제정)	1989. 7. 1.
	모자복지법	1989. 4. 1.(제정)	1989. 7. 1.
	장애인복지법	1989. 12. 30.(전부개정)	1989. 12. 30.
1990년대	장애인고용촉진 등에 관한 법률	1990. 1. 13.(제정)	1991. 1. 1.
	영유아보육법	1991. 1. 14.(제정)	1991. 1. 14.
	청소년기본법	1991. 12. 31.(제정)	1993. 1. 1.
	고용보험법	1993. 12. 27.(제정)	1995. 7. 1.
	사회보장기본법	1995. 12. 30.(제정)	1996. 7. 1.
	청소년보호법	1997. 3. 7.(제정)	1997. 7. 1.
	가정폭력방지 및 피해자보호 등에 관한 법률	1997. 12. 31.(제정)	1998. 7. 1.
	국민건강보험법	1999. 2. 8.(제정)	2000. 1. 1.
	사회복지공동모금회법	1999. 3. 31.(전부개정)	1999. 4. 1.
	국민기초생활보장법	1999. 9. 7.(제정)	2000. 10. 1.

연대	법률	제정/개정	시행
2000년대	장애인고용촉진 및 직업재활법	2000. 1. 12.(전부개정)	2000. 7. 1.
	의료급여법	2001. 5. 24.(전부개정)	2001. 10. 1.
	건강가정기본법	2004. 2. 9.(제정)	2005. 1. 1.
	저출산·고령사회기본법	2005. 5. 18.(제정)	2005. 9. 1.
	자원봉사활동기본법	2005. 8. 4.(제정)	2006. 2. 5.
	긴급복지지원법	2005. 12. 23.(제정)	2006. 3. 24.
	노인장기요양보험법	2007. 4. 27.(제정)	2008. 7. 1.
	한부모가족지원법	2007. 10. 17.(일부개정)	2008. 1. 18.
	다문화가족지원법	2008. 3. 21.(제정)	2008. 9. 22.
	국민연금과 직역연금의 연계에 관한 법률	2009. 2. 6.(제정)	2009. 8. 7.
2010년대	장애인연금법	2010. 4. 12.(제정)	2010. 7. 1.
	성폭력방지 및 피해자보호 등에 관한 법률	2010. 4. 15.(제정)	2011. 1. 1.
	장애인활동 지원에 관한 법률	2011. 1. 4.(제정)	2011. 10. 5.
	노숙인 등의 복지 및 자립지원에 관한 법률	2011. 6. 7.(제정)	2012. 6. 8.
	장애아동 복지지원법	2011. 8. 4.(제정)	2012. 8. 5.
	기초연금법	2014. 5. 20.(제정)	2014. 7. 1.
	사회보장급여의 이용·제공 및 수급권자 발굴에 관한 법률	2014. 12. 30.(제정)	2015. 7. 1.
	정신건강증진 및 정신질환자 복지서비스 지원에 관한 법률	2016. 5. 29.(전부개정)	2017. 5. 30.
	아동수당법	2018. 3. 7.(제정)	2018. 9. 1.
2020년대	사회서비스 지원 및 사회서비스원 설립·운영에 관한 법률	2021. 9. 24.(제정)	2022. 3. 25.

3 사회복지의 권리성

(1) 기본권

① **포괄적 기본권** : 인간의 존엄과 가치, 행복추구권, 평등권
② **자유권적 기본권** : 신체의 자유, 언론 · 출판 · 집회 · 결사의 자유, 학문과 예술의 자유
③ **사회권적 기본권** : 인간다운 생활을 할 권리(독일 바이마르 헌법 제151조 "경제생활의 질서는 모든 사람으로 하여금 인간다운 생활을 보장하는 것을 목적으로 하는 정의의 원칙에 합치하여야 한다.")

(2) 우리나라 헌법상의 기본권   4회, 5회, 9회, 15회, 20회, 22회 기출

① **제10조(행복추구권)**
국민이 인간으로서의 행복을 추구할 권리, 국가의 개인에 대한 기본적 인권보장의 의무
② **제31조(교육권)**
국민이 능력에 따라 균등하게 교육을 받을 권리, 초등교육 등에 대한 무상 의무교육, 교육의 자주성 · 전문성 · 정치적 중립성 및 대학의 자율성 보장, 평생교육의 진흥
③ **제32조(근로권)**
국민의 근로에 대한 권리 및 의무, 최저임금제 시행, 근로조건의 인간존엄성 보장, 근로에 있어서 여성 및 연소자에 대한 특별한 보호, 국가유공자 및 유가족 등에 대한 우선적 근로의 기회부여
④ **제33조(근로3권)**
근로자의 근로3권 보장(자주적 단결권, 단체교섭권, 단체행동권)
⑤ **제34조(복지권)**
모든 국민이 인간다운 생활을 할 권리, 국가의 사회보장 · 사회복지의 증진을 위한 노력, 여성 · 노인 · 청소년의 복지와 권익 향상을 위한 노력, 신체장애자 및 생계 곤란자에 대한 보호, 재해 예방 및 국민의 위험으로부터의 보호
⑥ **제35조(환경권)**
국민이 건강하고 쾌적한 환경에서 생활할 권리, 국가와 국민의 환경보전을 위한 노력, 국민의 쾌적한 주거생활을 위한 국가의 노력
⑦ **제36조(혼인 · 가족생활 · 모성보호 · 보건권)**
혼인과 가족생활이 개인의 존엄과 양성의 평등에 기초하여 성립 · 유지되도록 하기 위한 국가의 노력, 모성보호와 보건에 대한 노력

(3) 사회권적 기본권의 규범적 구조   6회 기출

① **실체적 권리** : 공공부조청구권, 사회보험청구권, 사회서비스청구권 등
② **절차적 권리** : 사회복지행정참여권, 사회복지입법청구권, 사회복지급여쟁송권 등
③ **수속적 권리** : 홍보 및 정보 제공 요구권, 상담 및 조언 제공 요구권, 사회복지기관 이용 요구권, 그 밖의 권리실현의 적절한 진행을 요구할 수 있는 권리 등

제2장 | 사회보장 및 사회복지사업에 관한 법률

1 사회보장기본법

(1) 법의 목적 및 기본이념 11회, 12회, 14회, 19회 기출

① **목적** : 사회보장에 관한 국민의 권리와 국가 및 지방자치단체의 책임을 정하고 사회보장정책의 수립·추진과 관련 제도에 관한 기본적인 사항을 규정함으로써 국민의 복지증진에 이바지한다.

② **기본이념**
  ㉠ 모든 국민이 다양한 사회적 위험으로부터 벗어나 행복하고 인간다운 생활을 향유할 수 있도록 자립을 지원한다.
  ㉡ 사회참여·자아실현에 필요한 제도와 여건을 조성한다.
  ㉢ 사회통합과 행복한 복지사회를 실현한다.

(2) 용어 정의 11회, 12회, 19회, 20회, 22회 기출

① **사회보장** : 출산, 양육, 실업, 노령, 장애, 질병, 빈곤 및 사망 등의 사회적 위험으로부터 모든 국민을 보호하고 국민 삶의 질을 향상시키는 데 필요한 소득·서비스를 보장하는 사회보험, 공공부조, 사회서비스를 말한다.

② **사회보험** : 국민에게 발생하는 사회적 위험을 보험의 방식으로 대처함으로써 국민의 건강과 소득을 보장하는 제도를 말한다.

③ **공공부조** : 국가와 지방자치단체의 책임 하에 생활 유지 능력이 없거나 생활이 어려운 국민의 최저생활을 보장하고 자립을 지원하는 제도를 말한다.

④ **사회서비스** : 국가·지방자치단체 및 민간부문의 도움이 필요한 모든 국민에게 복지, 보건의료, 교육, 고용, 주거, 문화, 환경 등의 분야에서 인간다운 생활을 보장하고 상담, 재활, 돌봄, 정보의 제공, 관련 시설의 이용, 역량 개발, 사회참여 지원 등을 통하여 국민의 삶의 질이 향상되도록 지원하는 제도를 말한다.

⑤ **평생사회안전망** : 생애주기에 걸쳐 보편적으로 충족되어야 하는 기본욕구와 특정한 사회위험에 의하여 발생하는 특수욕구를 동시에 고려하여 소득·서비스를 보장하는 맞춤형 사회보장제도를 말한다.

(3) 사회보장의 주체와 객체 5회, 6회, 14회 기출

① **사회보장의 주체** : 국가 및 지방자치단체, 민간(복지다원주의 지향)
② **사회보장의 객체**
  ㉠ 원칙 : 전 국민이 사회보장의 대상(국내에 거주하는 외국인 포함)
  ㉡ 사회보험은 보편주의에 입각하며, 공공부조는 자산조사에 의한 선별주의를 토대로 한다.

③ 사회보장의 대인적 효력

　㉠ 원칙 : 속인주의

　㉡ 외국인의 경우 해당국과 상호주의에 입각한 사회보장협약 등 조약을 체결한 경우 속지주의가
　　적용되어 체류국인 대한민국 사회보장법의 적용을 받는다. 단, 공공부조의 경우 원칙상 예외로
　　한다.

(4) 사회보장수급권　5회, 10회, 12회, 13회, 14회, 17회, 19회, 21회, 22회 `기출`

① 모든 국민은 사회보장 관계 법령에서 정하는 바에 따라 사회보장수급권을 가진다(법 제9조).

② 사회보장수급권은 관계 법령에서 정하는 바에 따라 다른 사람에게 양도하거나 담보로 제공할 수
　 없으며, 이를 압류할 수 없다(법 제12조).

③ 사회보장수급권은 제한되거나 정지될 수 없다. 다만, 관계 법령에서 따로 정하고 있는 경우에는
　 그러하지 아니하다(법 제13조 제1항).

④ 사회보장수급권이 제한되거나 정지되는 경우에는 제한 또는 정지하는 목적에 필요한 최소한의 범
　 위에 그쳐야 한다(법 제13조 제2항).

⑤ 사회보장수급권은 정당한 권한이 있는 기관에 서면으로 통지하여 포기할 수 있다(법 제14조 제1항).

⑥ 사회보장수급권의 포기는 취소할 수 있다. 다만, 사회보장수급권을 포기하는 것이 다른 사람에게
　 피해를 주거나 사회보장에 관한 관계 법령에 위반되는 경우에는 사회보장수급권을 포기할 수 없다
　 (법 제14조 제2항 및 제3항).

⑦ 사회보장수급권이 행정청의 위법한 처분에 의해 침해된 경우에는 행정심판법에 따른 행정심판이
　 나 행정소송법에 따른 행정소송을 통하여 다투어야 한다(법 제39조 참조).

(5) 사회보장 비용의 부담　6회, 10회 `기출`

① 사회보험에 드는 비용은 사용자, 피용자 및 자영업자가 부담하는 것을 원칙으로 하되, 국가가 그
　 비용의 일부를 부담할 수 있다.

② 공공부조 및 관계 법령에서 정하는 일정 소득 수준 이하의 국민에 대한 사회서비스에 드는 비용의
　 전부 또는 일부는 국가와 지방자치단체가 부담한다.

③ 부담 능력이 있는 국민에 대한 사회서비스에 드는 비용은 그 수익자가 부담함을 원칙으로 하되, 국
　 가와 지방자치단체가 그 비용의 일부를 부담할 수 있다.

(6) 사회보장위원회 5회, 9회, 16회, 18회, 20회, 22회 기출

① **목적** : 사회보장에 관한 주요 시책의 심의 · 조정(국무총리 소속)

② **구 성**

  ㉠ 위원장 1명, 부위원장 3명과 행정안전부장관, 고용노동부장관, 여성가족부장관, 국토교통부장관을 포함한 30명 이내의 위원

  ㉡ 위원장은 국무총리, 부위원장은 기획재정부장관, 교육부장관 및 보건복지부장관

  ㉢ 위원은 근로자를 대표하는 사람, 사용자를 대표하는 사람, 사회보장에 관한 학식과 경험이 풍부한 사람, 변호사 자격이 있는 사람으로서 대통령이 위촉하는 사람을 포함

③ **위원의 임기** : 2년(단, 공무원인 위원의 임기는 재임기간)

④ **심의 · 조정사항** 17회, 21회 기출

  ㉠ 사회보장증진을 위한 기본계획

  ㉡ 사회보장 관련 주요계획

  ㉢ 사회보장제도의 평가 및 개선

  ㉣ 사회보장제도의 신설 또는 변경에 따른 우선순위

  ㉤ 둘 이상의 중앙행정기관이 관련된 주요 사회보장정책

  ㉥ 사회보장급여 및 비용부담

  ㉦ 국가와 지방자치단체의 역할 및 비용분담

  ㉧ 사회보장의 재정 추계 및 재원조달 방안

  ㉨ 사회보장 전달체계 운영 및 개선

  ㉩ 사회보장통계

  ㉪ 사회보장정보의 보호 및 관리

  ㉫ 사회보장제도의 신설 또는 변경에 따른 조정

  ㉬ 그 밖에 위원장이 심의에 부치는 사항

2 사회복지사업법

(1) 목 적

사회복지사업에 관한 기본적 사항을 규정하여 사회복지를 필요로 하는 사람에 대하여 인간의 존엄성과 인간다운 생활을 할 권리를 보장하고 사회복지의 전문성을 높이며, 사회복지사업의 공정 · 투명 · 적정을 도모하고, 지역사회복지의 체계를 구축하고 사회복지서비스의 질을 높여 사회복지의 증진에 이바지함을 목적으로 한다.

(2) 기본이념 12회, 19회 [기출]

① 사회복지를 필요로 하는 사람은 누구든지 자신의 의사에 따라 서비스를 신청하고 제공받을 수 있다.

② 사회복지법인 및 사회복지시설은 공공성을 가지며 사회복지사업을 시행하는 데 있어서 공공성을 확보하여야 한다.

③ 사회복지사업을 시행하는 데 있어서 사회복지를 제공하는 자는 사회복지를 필요로 하는 사람의 인권을 보장하여야 한다.

④ 사회복지서비스를 제공하는 자는 필요한 정보를 제공하는 등 사회복지서비스를 이용하는 사람의 선택권을 보장하여야 한다.

(3) 사회복지사

① 사회복지사의 자격 7회 [기출]

㉠ 자격증교부권자 : 보건복지부장관

㉡ 교부대상자 : 사회복지에 관한 전문지식과 기술을 가진 사람으로서 다음의 결격사유에 해당하지 아니한 자

- 피성년후견인
- 금고 이상의 형을 선고받고 그 집행이 끝나지 아니하였거나 그 집행을 받지 아니하기로 확정되지 아니한 사람
- 법원의 판결에 따라 자격이 상실되거나 정지된 사람
- 마약 · 대마 또는 향정신성 의약품의 중독자
- 정신건강증진 및 정신질환자 복지서비스 지원에 관한 법률에 따른 정신질환자. 다만, 전문의가 사회복지사로서 적합하다고 인정하는 사람은 그러하지 아니함

② 사회복지사의 등급 : 1급 · 2급

③ 사회복지사의 자격취소 21회 [기출]

보건복지부장관은 사회복지사가 다음의 어느 하나에 해당하는 경우 그 자격을 취소하거나 1년의 범위에서 정지시킬 수 있다.

㉠ 거짓이나 그 밖의 부정한 방법으로 자격을 취득한 경우(반드시 취소)

㉡ 사회복지사의 결격사유의 어느 하나에 해당하게 된 경우(반드시 취소)

㉢ 자격증을 대여 · 양도 또는 위조 · 변조한 경우(반드시 취소)

㉣ 사회복지사의 업무수행 중 그 자격과 관련하여 고의나 중대한 과실로 다른 사람에게 손해를 입힌 경우

㉤ 자격정지 처분을 3회 이상 받았거나, 정지 기간 종료 후 3년 이내에 다시 자격정지 처분에 해당하는 행위를 한 경우

㉥ 자격정지 처분 기간에 자격증을 사용하여 자격 관련 업무를 수행한 경우

④ **사회복지사 의무채용 예외시설** 7회, 10회, 15회 `기출`
  ㉠ 노인복지법에 따른 노인여가복지시설(단, 노인복지관은 의무채용)
  ㉡ 장애인복지법에 따른 장애인 지역사회재활시설 중 수화통역센터, 점자도서관, 점자도서 및 녹음서 출판시설
  ㉢ 영유아보육법에 따른 어린이집
  ㉣ 성매매방지 및 피해자보호 등에 관한 법률에 따른 성매매피해자 등을 위한 지원시설 및 성매매피해상담소
  ㉤ 정신건강증진 및 정신질환자 복지서비스지원에 관한 법률에 따른 정신요양시설 및 정신재활시설
  ㉥ 성폭력방지 및 피해자보호 등에 관한 법률에 따른 성폭력피해상담소

(4) 사회복지법인 5회, 6회, 8회, 9회, 10회, 11회, 12회, 20회 `기출`

① **법인의 설립**
  ㉠ 사회복지법인을 설립하려는 자는 대통령령으로 정하는 바에 따라 시·도지사의 허가를 받아야 한다.
  ㉡ 설립허가를 받은 자는 주된 사무소의 소재지에서 설립등기를 하여야 한다.
  ㉢ 법인이 정관을 변경하려는 경우에는 시·도지사의 인가를 받아야 한다. 다만, 보건복지부령으로 정하는 경미한 사항의 경우에는 그러하지 아니한다.

② **법인의 임원** 3회, 6회, 10회, 12회, 14회, 16회, 17회, 20회 `기출`
  ㉠ 임원의 구성
    • 대표이사를 포함한 이사 7명 이상과 감사 2명 이상
    • 이사회 구성에 있어서 대통령령으로 정하는 특별한 관계에 있는 사람의 경우 이사 현원의 5분의 1 초과 금지
    • 외국인이사의 경우 이사 현원의 2분의 1 미만
  ㉡ 임원의 임기
    • 이사의 임기는 3년, 감사의 임기는 2년, 각각 연임할 수 있음
    • 법인이 임원을 임면하는 경우 지체 없이 시·도지사에게 보고하여야 함
  ㉢ 임원의 겸직금지 18회, 20회 `기출`
    • 이사는 법인이 설치한 사회복지시설의 장을 제외한 그 시설의 직원을 겸할 수 없음
    • 감사는 법인의 이사, 법인이 설치한 사회복지시설의 장 또는 그 직원을 겸할 수 없음

③ **법인의 재산** 6회, 8회, 9회, 14회, 17회 `기출`
  ㉠ 기본재산과 보통재산으로 구분하며, 기본재산은 그 목록과 가액을 정관에 적어야 한다.
  ㉡ 기본재산의 매도·증여·교환·임대·담보제공·용도변경 또는 일정 금액 이상 장기차입의 경우 시·도지사의 허가를 받아야 한다.
  ㉢ 해산한 법인의 남은 재산은 정관으로 정하는 바에 따라 국가 또는 지방자치단체에 귀속된다.

④ **설립허가의 취소** : 시 · 도지사는 법인이 다음의 어느 하나에 해당할 때에는 기간을 정하여 시정명령을 하거나 설립허가를 취소할 수 있다.

ㄱ 거짓이나 그 밖의 부정한 방법으로 설립허가를 받았을 때(반드시 취소)

ㄴ 설립허가조건을 위반하였을 때

ㄷ 목적달성이 불가능하게 되었을 때

ㄹ 목적사업 외의 사업을 하였을 때

ㅁ 정당한 사유 없이 설립허가를 받은 날부터 6개월 이내에 목적사업을 시작하지 아니하거나 1년 이상 사업실적이 없을 때

ㅂ 법인이 운영하는 시설에서 반복적 또는 집단적 성폭력 범죄 및 학대 관련 범죄자가 발생한 때

ㅅ 법인이 운영하는 시설에서 중대하고 반복적인 회계부정이나 불법행위가 발생한 때

ㅇ 법인 설립 후 기본재산을 출연하지 아니한 때(반드시 취소)

ㅈ 임원정수를 위반한 때

ㅊ 임원선임 관련규정을 위반하여 이사를 선임한 때

ㅋ 임원의 해임명령을 이행하지 아니한 때

ㅌ 그 밖에 사회복지사업법령이나 정관을 위반하였을 때

(5) 사회복지시설

① **시설의 설치**   12회, 17회 기출

ㄱ 국가나 지방자치단체는 사회복지시설을 설치 · 운영할 수 있다.

ㄴ 국가 또는 지방자치단체외의 자가시설을 설치 · 운영하려는 경우에는 시장 · 군수 · 구청장에게 신고하여야 한다.

② **사회복지시설의 운영상 의무**   5회, 7회, 14회, 20회 기출

ㄱ 보험 또는 공제 가입 : 화재 또는 화재 외의 안전사고로 인한 손해배상책임을 이행하기 위해 손해보험회사의 책임보험에 가입하거나 한국사회복지공제회의 책임공제에 가입

ㄴ 안전점검 : 정기 및 수시 안전점검을 실시하며, 해당결과를 시장 · 군수 · 구청장에게 제출

ㄷ 시설장의 상근

ㄹ 사회복지서비스의 우선 제공 : 기초생활수급자 및 차상위계층, 장애인과 노인, 한부모가족 및 다문화가족, 직업 및 취업 알선이 필요한 사람, 보호와 교육이 필요한 유아 · 아동 · 청소년 등에 대한 서비스의 우선 제공

ⓑ 시설서류의 비치
  - 법인의 정관 및 법인설립허가증사본(법인의 경우)
  - 사회복지시설신고증
  - 시설거주자 및 퇴소자의 명부
  - 시설거주자 및 퇴소자의 상담기록부
  - 시설의 운영계획서 및 예산 · 결산서
  - 후원금품대장
  - 시설의 건축물관리대장
  - 시설의 장과 종사자의 명부
ⓗ 시설수용인원의 제한 : 수용인원 300명 초과금지(단, 노인주거복지시설 중 양로시설과 노인복지주택, 노인의료복지시설 중 노인요양시설 예외)

③ **운영위원회** 8회, 11회, 18회 기출
  ㉠ 운영위원회의 구성 : 위원장을 포함하여 5명 이상 15명 이하의 위원
  ㉡ 위원의 임명 및 위촉 : 다음의 어느 하나에 해당하는 사람 중 관할 시장 · 군수 · 구청장이 임명 또는 위촉
    - 시설의 장
    - 시설 거주자 대표
    - 시설 거주자의 보호자 대표
    - 시설 종사자의 대표
    - 해당 시 · 군 · 구 소속의 사회복지업무를 담당하는 공무원
    - 후원자 대표 또는 지역주민
    - 공익단체에서 추천한 사람
    - 그 밖에 시설의 운영 또는 사회복지에 관하여 전문적인 지식과 경험이 풍부한 사람
  ㉢ 위원의 임기 : 3년
  ㉣ 운영위원회의 심의사항
    - 시설운영계획의 수립 · 평가에 관한 사항
    - 사회복지 프로그램의 개발 · 평가에 관한 사항
    - 시설 종사자의 근무환경 개선에 관한 사항
    - 시설 거주자의 생활환경 개선 및 고충 처리 등에 관한 사항
    - 시설 종사자와 거주자의 인권보호 및 권익증진에 관한 사항
    - 시설과 지역사회의 협력에 관한 사항
    - 그 밖에 시설의 장이 운영위원회의 회의에 부치는 사항

④ **시설의 평가**　8회, 13회, 20회 기출

　　㉠ 보건복지부장관 및 시·도지사가 3년마다 평가실시

　　㉡ 시설의 평가기준으로서 서비스 최저기준

　　　• 시설 이용자의 인권　　　　　　　• 시설의 환경

　　　• 시설의 운영　　　　　　　　　　• 시설의 안전관리

　　　• 시설의 인력관리　　　　　　　　• 지역사회 연계

　　　• 서비스의 과정 및 결과　　　　　• 그 밖에 서비스 최저기준 유지에 필요한 사항

(6) 한국사회복지사협회와 한국사회복지협의회

① **한국사회복지협의회의 업무**　3회, 4회, 6회, 11회, 20회 기출

　　㉠ 사회복지에 관한 교육훈련

　　㉡ 사회복지에 관한 자료수집 및 간행물 발간

　　㉢ 사회복지에 관한 계몽 및 홍보

　　㉣ 자원봉사활동의 진흥

　　㉤ 사회복지사업에 관한 기부문화의 조성

　　㉥ 사회복지사업에 종사하는 사람의 교육훈련과 복지증진

　　㉦ 사회복지에 관한 학술 도입과 국제사회복지단체와의 교류

　　㉧ 보건복지부 장관이 위탁하는 사회복지에 관한 업무

　　㉨ 시·도지사 및 중앙협의회가 위탁하는 사회복지에 관한 업무

　　㉩ 시·도지사, 시장·군수·구청장, 중앙협의회 및 시·도협의회가 위탁하는 사회복지에 관한 업무

　　㉪ 그 밖에 중앙협의회, 시·도협의회, 시·군·구협의회의 목적 달성에 필요하여 각각의 정관에
　　　 서 정하는 사항

② **사회복지사협회의 업무**　6회, 11회 기출

　　㉠ 사회복지사에 대한 전문지식 및 기술의 개발·보급

　　㉡ 사회복지사의 전문성 향상을 위한 교육훈련

　　㉢ 사회복지사제도에 대한 조사연구·학술대회개최 및 홍보·출판사업

　　㉣ 국제사회복지사단체와의 교류·협력

　　㉤ 보건복지부장관이 위탁하는 사회복지사업에 관한 업무

　　㉥ 기타 협회의 목적달성에 필요한 사항

3 사회보장급여의 이용·제공 및 수급권자 발굴에 관한 법률 _{20회 기출}

(1) 목 적 _{22회 기출}

사회보장기본법에 따른 사회보장급여의 이용 및 제공에 관한 기준과 절차 등 기본적 사항을 규정하고 지원을 받지 못하는 지원대상자를 발굴하여 지원함으로써 사회보장급여를 필요로 하는 사람의 인간다운 생활을 할 권리를 최대한 보장하고, 사회보장급여가 공정하고 효과적으로 제공되도록 하며, 사회보장제도가 지역사회에서 통합적으로 시행될 수 있도록 그 기반을 구축한다.

(2) 용어 정의 _{17회, 19회 기출}

① **사회보장급여** : 보장기관이 사회보장기본법에 따라 제공하는 현금, 현물, 서비스 및 그 이용권을 말한다.
② **수급권자** : 사회보장급여를 제공받을 권리를 가진 사람을 말한다.
③ **수급자** : 사회보장급여를 받고 있는 사람을 말한다.
④ **지원대상자** : 사회보장급여를 필요로 하는 사람을 말한다.
⑤ **보장기관** : 국가기관과 지방자치단체를 말한다.

(3) 기본원칙

① 사회보장급여를 필요로 하는 사람의 자발적인 급여 신청 및 안내·상담 등의 지원을 충분히 제공받을 권리 보장
② 지원대상자의 적극 발굴
③ 사회보장급여의 공정·투명·적정 제공
④ 사회보장 관련 민간 법인·단체·시설이 제공하는 복지혜택 또는 서비스와의 효과적인 연계
⑤ 사회보장급여의 편리한 이용을 위한 사회보장 정책 및 관련 제도의 수립·시행
⑥ 지역의 사회보장수준의 균등 실현

(4) 사회보장급여의 신청

① **신청권자**
  ㉠ 지원대상자와 그 친족
  ㉡ 민법에 따른 후견인
  ㉢ 청소년기본법에 따른 청소년상담사, 청소년지도사
  ㉣ 지원대상자를 사실상 보호하고 있는 자(관련 기관 및 단체의 장 포함)
② **직권에 의한 신청**
  보장기관의 업무담당자가 지원대상자의 누락 방지를 위해 관할 지역에 거주하는 지원대상자에 대한 사회보장급여의 제공을 직권으로 신청(단, 지원대상자의 동의 필수)

(5) 지역사회보장협의체와 시 · 도 사회보장위원회 _{18회, 20회} 기출

① 지역사회보장협의체의 심의 · 자문 업무

⊙ 시 · 군 · 구의 지역사회보장계획수립 · 시행 및 평가에 관한 사항

⊙ 시 · 군 · 구의 지역사회보장조사 및 지역사회보장지표에 관한 사항

⊙ 시 · 군 · 구의 사회보장급여 제공에 관한 사항

⊙ 시 · 군 · 구의 사회보장추진에 관한 사항

⊙ 읍 · 면 · 동단위 지역사회보장협의체의 구성 및 운영에 관한 사항

⊙ 그 밖에 위원장이 필요하다고 인정하는 사항

② 시 · 도 사회보장위원회의 심의 · 자문 업무

⊙ 시 · 도의 지역사회보장계획 수립 · 시행 및 평가에 관한 사항

⊙ 시 · 도의 지역사회보장조사 및 지역사회보장지표에 관한 사항

⊙ 시 · 도의 사회보장급여 제공에 관한 사항

⊙ 시 · 도의 사회보장 추진과 관련한 중요사항

⊙ 읍 · 면 · 동단위 지역사회보장협의체의 구성 및 운영에 관한 사항(특별자치시에 한정)

⊙ 사회보장과 관련된 서비스를 제공하는 관계 기관 · 법인 · 단체 · 시설과의 연계 · 협력강화에 관한 사항(특별자치시에 한정)

⊙ 그 밖에 위원장이 필요하다고 인정되는 사항

(6) 사회복지전담공무원 _{18회} 기출

① **의의** : 시 · 도, 시 · 군 · 구, 읍 · 면 · 동 또는 사회보장사무 전담기구에서 사회복지사업에 관한 업무담당

② **자격** : 사회복지사의 자격을 가진 사람으로서 그 임용 등에 필요한 사항은 대통령령으로 정함

③ **주요 업무** : 사회보장급여에 관한 업무 중 취약계층에 대한 상담과 지도, 생활실태의 조사 등 사회복지에 관한 전문적 업무

제3장 | 사회보험법

1 국민연금법

(1) 국민연금의 목적 및 관장 22회 기출

① 목적 : 국민의 노령, 장애 또는 사망에 대하여 연금급여를 실시함으로써 국민의 생활안정과 복지증진에 이바지한다.

② 관장 : 보건복지부장관

(2) 용어 정의 13회 기출

① 근로자 : 직업의 종류가 무엇이든 사업장에서 노무를 제공하고 그 대가로 임금을 받아 생활하는 자를 말한다.

② 평균소득월액 : 매년 사업장가입자 및 지역가입자 전원의 기준소득월액의 평균금액을 말한다.

③ 부담금 : 사업장가입자의 사용자가 부담하는 금액을 말한다.

④ 기여금 : 사업장가입자가 부담하는 금액을 말한다.

(3) 가입자 자격의 취득 및 상실 5회 기출

① 사업장가입자의 자격 취득 및 상실 시기

자격취득 시기	• 국민연금 적용 사업장에 고용된 날 • 국민연금 적용 사업장의 사용자가 된 날 • 사업장이 당연적용사업장으로 된 날
자격상실 시기	• 사망한 날의 다음날 • 국적을 상실하거나 국외로 이주한 날의 다음날 • 사용관계가 끝난 날의 다음날 • 60세가 된 날의 다음날 • 국민연금 가입 대상 제외자에 해당하게 된 날

② 지역가입자의 자격 취득 및 상실 시기

자격취득 시기	• 사업장가입자의 자격을 상실한 날 • 국민연금 가입 대상 제외자에 해당하지 아니하게 된 날 • 배우자가 별도의 소득이 있게 된 날 • 18세 이상 27세 미만인 자가 소득이 있게 된 날
자격상실 시기	• 사망한 날의 다음날 • 국적을 상실하거나 국외로 이주한 날의 다음날 • 국민연금 가입 대상 제외자에 해당하게 된 날 • 사업장가입자의 자격을 취득한 날 • 배우자로서 별도의 소득이 없게 된 날의 다음날 • 60세가 된 날의 다음날

③ 임의가입자의 자격 취득 및 상실 시기

자격취득 시기	임의가입자 가입 신청이 수리된 날
자격상실 시기	• 사망한 날의 다음날 • 국적을 상실하거나 국외로 이주한 날의 다음날 • 탈퇴 신청이 수리된 날의 다음날 • 60세가 된 날의 다음날 • 6개월 이상 계속하여 연금보험료를 체납한 날의 다음날(단, 천재지변이나 그 밖에 부득이한 사유인 경우 제외) • 사업장가입자 또는 지역가입자의 자격을 취득한 날 • 국민연금 가입 대상 제외자에 해당하게 된 날

④ 임의계속가입자의 자격 취득 및 상실 시기

자격취득 시기	임의계속가입자 가입 신청이 수리된 날
자격상실 시기	• 사망한 날의 다음날 • 국적을 상실하거나 국외로 이주한 날의 다음날 • 탈퇴 신청이 수리된 날의 다음날 • 6개월 이상 계속하여 연금보험료를 체납한 날의 다음날(단, 천재지변이나 그 밖에 부득이한 사유인 경우 제외)

(4) 연금보험료 및 보험급여

① 급여의 유형 4회, 5회, 12회, 15회, 16회, 19회, 20회 기출

  ㉠ 노령연금(조기노령연금, 분할연금)

  ㉡ 장애연금

  ㉢ 유족연금

  ㉣ 반환일시금

  ㉤ 사망일시금

(5) 연금보험료의 부과·징수

① 보건복지부장관은 국민연금사업 중 연금보험료의 징수에 관하여 국민연금법에서 정하는 사항을 국민건강보험공단에 위탁한다.

② 국민연금공단은 국민연금사업에 드는 비용에 충당하기 위하여 가입자와 사용자에게 가입기간 동안 매월 연금보험료를 부과하고, 국민건강보험공단이 이를 징수한다.

③ 사업장가입자의 연금보험료 중 기여금은 사업장가입자 본인이, 부담금은 사용자가 각각 부담하되, 그 금액은 각각 기준소득월액의 1천분의 45에 해당하는 금액으로 한다.

④ 지역가입자, 임의가입자 및 임의계속가입자의 연금보험료는 지역가입자, 임의가입자 또는 임의계속가입자 본인이 부담하되, 그 금액은 기준소득월액의 1천분의 90으로 한다.

(6) 노령연금을 받을 수 있는 요건   11회 기출

① **노령연금** : 가입기간 10년 이상, 60세(특수직종근로자는 55세)에 도달한 자
② **조기노령연금** : 가입기간 10년 이상, 55세 이상인 자가 소득이 있는 업무에 종사하지 아니하고 60세 도달 전에 청구한 경우
③ **분할연금** : 가입기간 중 혼인기간이 5년 이상인 노령연금 수급권자의 이혼한 배우자가 60세가 된 경우(단, 수급요건을 모두 갖추게 된 때부터 5년 이내에 청구)

2 국민건강보험법   3회 기출

(1) 국민건강보험의 목적 및 관장   22회 기출

① **목적** : 국민의 질병·부상에 대한 예방·진단·치료·재활과 출산·사망 및 건강증진에 대하여 보험급여를 실시함으로써 국민보건 향상과 사회보장 증진에 이바지한다.
② **관장** : 보건복지부장관

(2) 용어 정의   13회 기출

① **근로자** : 직업의 종류와 관계없이 근로의 대가로 보수를 받아 생활하는 사람(법인의 이사와 그 밖의 임원을 포함한다)으로서 공무원 및 교직원을 제외한 사람을 말한다.
② **사용자** : 다음 각 목의 어느 하나에 해당하는 자를 말한다.
   ㉠ 근로자가 소속되어 있는 사업장의 사업주
   ㉡ 공무원이 소속되어 있는 기관의 장으로서 대통령령으로 정하는 사람
   ㉢ 교직원이 소속되어 있는 사립학교를 설립·운영하는 자
③ **사업장** : 사업소나 사무소를 말한다.
④ **공무원** : 국가나 지방자치단체에서 상시 공무에 종사하는 사람을 말한다.
⑤ **교직원** : 사립학교나 사립학교의 경영기관에서 근무하는 교원과 직원을 말한다.

(3) 국민건강보험 가입자   3회 기출

① **가입자의 종류** : 직장가입자, 지역가입자, 임의계속가입자
② **직장가입자의 피부양자가 될 수 있는 사람**   14회 기출
   ㉠ 직장가입자의 배우자
   ㉡ 직장가입자의 직계존속(배우자의 직계존속 포함)
   ㉢ 직장가입자의 직계비속(배우자의 직계비속 포함)과 그 배우자
   ㉣ 직장가입자의 형제·자매

(4) 가입자 자격의 취득 및 상실 시기　8회, 13회, 17회, 22회 기출

자격취득 시기	• 국내에 거주하게 된 날 • 의료급여 수급권자이었던 사람은 그 대상자에서 제외된 날 • 직장가입자의 피부양자이었던 사람은 그 자격을 잃은 날 • 유공자 등 의료보호대상자이었던 사람은 그 대상자에서 제외된 날 • 보험자에게 건강보험의 적용을 신청한 유공자 등 의료보호대상자는 그 신청한 날
자격상실 시기	• 사망한 날의 다음 날 • 국적을 잃은 날의 다음 날 • 국내에 거주하지 아니하게 된 날의 다음 날 • 직장가입자의 피부양자가 된 날 • 의료급여 수급권자가 된 날 • 건강보험을 적용받고 있던 사람이 유공자 등 의료보호대상자가 되어 건강보험의 적용 배제신청을 한 날

(5) 보험료

① 직장가입자의 보험료 부담(법 제76조)　6회, 22회 기출

보수월액 보험료	• 직장가입자가 근로자인 경우 : 해당 근로자와 그가 소속되어 있는 사업장의 사업주가 보험료액의 100분의 50씩 부담한다. • 직장가입자가 공무원인 경우 : 해당 공무원과 그가 소속되어 있는 국가 또는 지방자치단체가 100분의 50씩 부담한다. • 직장가입자가 교직원(사립학교에 근무하는 교원은 제외)인 경우 : 해당 교직원과 그가 소속되어 있는 사립학교의 사용자가 100분의 50씩 부담한다. • 직장가입자가 교직원으로서 사립학교에 근무하는 교원인 경우 : 해당 교원이 100분의 50을, 그가 소속되어 있는 사립학교의 사용자가 100분의 30을, 국가가 100분의 20을 각각 부담한다.
보수 외 소득월액보험료	직장가입자가 전액을 부담한다.

② 지역가입자의 보험료 부담(법 제76조)

그 가입자가 속한 세대의 지역가입자 전원이 연대하여 부담한다.

③ 보험료 납부(법 제78조)　6회 기출

㉠ 보험료 납부의무가 있는 자는 가입자에 대한 그 달의 보험료를 그 다음 달 10일까지 납부하여야 한다.

㉡ 직장가입자의 보수 외 소득월액보험료 및 지역가입자의 보험료는 보건복지부령으로 정하는 바에 따라 분기별로 납부할 수 있다.

(6) 보험급여

① **현물급여** : 요양급여, 건강검진

② **현금급여** : 요양비, 장애인 보조기기 구급여비, 본인부담액 상한제

③ **이용권** : 임신 · 출산 진료비(부가급여)

(7) 요양급여　18회 기출

① 진찰 · 검사　　　　　　　　② 약제 · 치료재료의 지급

③ 처치 · 수술 및 그 밖의 치료　④ 예방 · 재활

⑤ 입 원　　　　　　　　　　　⑥ 간 호

⑦ 이 송

3 고용보험법　5회, 20회 기출

(1) 고용보험의 목적 및 관장　22회 기출

① **목적** : 실업의 예방, 고용의 촉진 및 근로자의 직업능력의 개발과 향상을 꾀하고, 국가의 직업지도와 직업소개 기능을 강화하며, 근로자가 실업한 경우에 생활에 필요한 급여를 실시하여 근로자의 생활안정과 구직 활동을 촉진함으로써 경제 · 사회발전에 이바지한다.

② **관장** : 고용노동부장관

(2) 용어 정의　17회, 20회 기출

① **이직** : 피보험자와 사업주 사이의 고용관계가 끝나게 되는 것을 말한다.

② **실업** : 근로의 의사와 능력이 있음에도 불구하고 취업하지 못한 상태를 말한다.

③ **일용근로자** : 1개월 미만 동안 고용되는 사람을 말한다.

④ **피보험자** : 고용보험 및 산업재해보상보험의 보험료징수 등에 관한 법률에 따라 보험에 가입되거나 가입된 것으로 보는 근로자, 예술인, 노무제공자 및 자영업자

(3) 보험료 및 보험료율

① 근로자 부담 보험료 및 사업주 부담 보험료(고용산재보험료징수법 제13조)

> • 근로자 부담 보험료 = 자기보수총액 × 실업급여의 보험료율 × 1/2
> • 사업주 부담 보험료 = 근로자의 개인별 보수총액 × [실업급여의 보험료율 × 1/2 + 고용안정 · 직업능력개발사업의 보험료율]

② 고용보험료율

구 분		근로자	사업주
실업급여		0.90%	0.90%
고용안정 · 직업 능력개발 사업	150명 미만인 사업주의 사업		0.25%
	150명 이상인 사업주의 사업 (우선지원대상기업)		0.45%
	150명 이상~1,000명 미만인 사업주의 사업 (우선지원대상기업 제외)	–	0.65%
	1,000명 이상인 사업주의 사업(우선지원대상기업 제외) 및 국가 · 지방자치단체가 직접 하는 사업		0.85%

(4) 보험급여 2회, 5회, 10회, 11회, 13회, 14회, 16회, 17회, 18회, 20회, 22회 `기출`

① 고용안정 · 직업능력개발 사업

　㉠ 고용노동부장관은 피보험자 및 피보험자였던 사람, 그 밖에 취업할 의사를 가진 사람(이하 "피보험자 등"이라 한다)에 대한 실업의 예방, 취업의 촉진, 고용기회의 확대, 직업능력개발 · 향상의 기회 제공 및 지원, 그 밖에 고용안정과 사업주에 대한 인력 확보를 지원하기 위하여 고용안정 · 직업능력개발 사업을 실시한다.

　㉡ 고용노동부장관은 고용안정 · 직업능력개발 사업을 실시할 때에는 근로자의 수, 고용안정 · 직업능력개발을 위하여 취한 조치 및 실적 등에 따라 산업별로 상시 사용하는 근로자 수를 기준으로 다음에 해당하는 기업(이하 "우선지원대상기업"이라 한다)을 우선적으로 고려하여야 한다.

② 실업급여

　㉠ 실업급여는 구직급여와 취업촉진 수당으로 구분한다. 취업촉진 수당의 종류로 조기재취업 수당, 직업능력개발 수당, 광역 구직활동비, 이주비가 있다.

　㉡ 실업급여를 받을 권리는 양도 또는 압류하거나 담보로 제공할 수 없다.

　㉢ 구직급여는 원칙적으로 수급자격과 관련된 이직일의 다음 날부터 계산하기 시작하여 12개월 내에 다음의 소정급여일수를 한도로 하여 지급한다.

구 분		피보험기간				
		1년 미만	1년 이상 3년 미만	3년 이상 5년 미만	5년 이상 10년 미만	10년 이상
이직일 현재 연령	50세 미만	120일	150일	180일	210일	240일
	50세 이상 및 장애인	120일	180일	210일	240일	270일

(5) 모성보호지원 14회 기출

① 육아휴직급여

고용노동부장관은 남녀고용평등과 일·가정 양립 지원에 관한 법률에 따른 육아휴직을 30일 이상 부여받은 피보험자 중 육아휴직을 시작한 날 이전에 피보험 단위기간이 합산하여 180일 이상인 피보험자에게 육아휴직 급여를 지급한다.

② 출산전후휴가급여

고용노동부장관은 남녀고용평등과 일·가정 양립 지원에 관한 법률에 따라 피보험자가 출산전후휴가 또는 유산·사산휴가를 받은 경우와 배우자 출산휴가를 받은 경우로서 다음의 요건을 모두 갖춘 경우에 출산전후휴가 급여 등을 지급한다.

㉠ 휴가가 끝난 날 이전에 피보험 단위기간이 합산하여 180일 이상일 것

㉡ 휴가를 시작한 날 이후 1개월부터 휴가가 끝난 날 이후 12개월 이내에 신청할 것

4 산업재해보상보험법 6회, 10회, 11회, 20회 기출

(1) 산업재해보상보험의 목적 및 관장 22회 기출

① 목적 : 근로자의 업무상의 재해를 신속하고 공정하게 보상하며, 재해근로자의 재활 및 사회 복귀를 촉진하기 위하여 이에 필요한 보험시설을 설치·운영하고, 재해 예방과 그 밖에 근로자의 복지증진을 위한 사업을 시행하여 근로자 보호에 이바지한다.

② 관장 : 고용노동부장관

(2) 용어 정의 14회, 15회 기출

① 업무상의 재해 : 업무상의 사유에 따른 근로자의 부상·질병 또는 사망

② 치유 : 부상 또는 질병이 완치되거나 치료의 효과를 더 이상 기대할 수 없고 그 증상이 고정된 상태에 이르게 된 것

③ 장해 : 부상 또는 질병이 치유되었으나 노동능력이 상실되거나 감소된 상태

④ 중증요양상태 : 부상 또는 질병이 치유되지 않은 상태

⑤ 진폐 : 분진을 흡입하여 폐에 생기는 섬유증식성 변화가 나타나는 질병

(3) 산업재해보상보험의 적용범위 10회 기출

① 적용대상 : 근로자를 사용하는 모든 사업 또는 사업장

② 적용제외사업

㉠ 공무원 재해보상법 또는 군인 재해보상법에 따라 재해보상이 되는 사업

㉡ 선원법, 어선원 및 어선 재해보상보험법 또는 사립학교교직원 연금법에 따라 재해보상이 되는 사업

㉢ 가구 내 고용활동

② 농업, 임업(벌목업 제외), 어업 및 수렵업 중 법인이 아닌 자의 사업으로서 상시근로자 수가 5명 미만인 사업

(4) 보험료 10회 기출

① 사업주가 전액 부담한다(단, 특수형태근로종사자의 경우 사업주와 근로자가 보험료의 1/2을 각각 부담).

② **사업종류별 산재보험료율** : 매년 6월 30일 현재 과거 3년 동안의 보수총액에 대한 산재보험급여총액의 비율을 기초로 하여, 산업재해보상보험법에 따른 연금 등 산재보험급여에 드는 금액, 재해예방 및 재해근로자의 복지증진에 드는 비용 등을 고려하여 사업의 종류별로 구분하여 정한다.

③ **출퇴근재해 산재보험료율** : 사업의 종류를 구분하지 아니하고 그 재해로 인하여 산업재해보상보험법에 따른 연금 등 산재보험급여에 드는 금액, 재해예방 및 재해근로자의 복지증진에 드는 비용 등을 고려하여 정한다.

(5) 급여의 종류 4회, 5회, 8회, 11회, 13회, 16회, 17회, 20회 기출

① **요양급여**
　㉠ 의의 : 근로자가 업무상의 사유로 부상을 당하거나 질병에 걸린 경우 그 근로자에게 지급한다.
　㉡ 지급범위
　　• 진찰 및 검사
　　• 약제 또는 진료재료와 의지 그 밖의 보조기의 지급
　　• 처치, 수술, 그 밖의 치료
　　• 재활치료
　　• 입 원
　　• 간호 및 간병
　　• 이 송
　　• 그 밖에 고용노동부령으로 정하는 사항

② **휴업급여**
　㉠ 의의 : 업무상 사유로 부상을 당하거나 질병에 걸린 근로자에게 요양으로 취업하지 못한 기간에 대하여 지급한다.
　㉡ 급여방식 : 1일당 지급액은 평균임금의 100분의 70에 상당하는 금액으로 한다(단, 취업하지 못한 기간이 3일 이내인 경우 제외).

③ **장해급여** 15회 기출
　㉠ 의의 : 업무상의 사유로 부상을 당하거나 질병에 걸려 치유된 후 신체 등에 장해가 있는 경우에 그 근로자에게 지급한다.
　㉡ 급여방식 : 장해등급에 따라 장해보상연금 또는 장해보상일시금으로 한다.

④ **간병급여**

　　㉠ 의의 : 요양급여를 받은 자 중 치유 후 의학적으로 상시 또는 수시로 간병이 필요한 경우 실제로 간병을 받는 자에게 지급한다.

　　㉡ 급여방식 : 상시간병급여, 수시간병급여

⑤ **유족급여**

　　㉠ 의의 : 근로자가 업무상 사유로 사망한 경우 그 근로자와 생계를 같이하고 있던 유족들의 생활보장을 위해 지급한다.

　　㉡ 급여방식 : 유족보상연금, 유족보상일시금

⑥ **상병보상연금** 12회 기출

　　㉠ 의의 : 요양급여를 받는 근로자가 요양을 시작한 지 2년이 지난 날 이후에도 그 부상이나 질병이 치유되지 아니하고 요양이 장기화됨에 따라 해당 피해근로자와 그 가족의 생활안정을 도모하기 위해 휴업급여 대신 지급한다.

　　㉡ 급여방식 : 중증요양상태등급에 따라 1급은 평균임금의 329일분, 2급은 291일분, 3급은 257일분을 지급한다.

⑦ **장례비** 14회, 16회 기출

　　㉠ 의의 : 근로자가 업무상의 사유로 사망한 경우 장례를 지낸 유족에게 지급한다.

　　㉡ 급여방식 : 평균임금의 120일분에 상당하는 금액을 지급한다.

⑧ **직업재활급여**

　　㉠ 의 의

　　　• 장해급여 또는 진폐보상연금을 받은 자나 장해급여를 받을 것이 명백한 자로서 취업을 위하여 직업훈련이 필요한 자에 대해 실시하는 직업훈련에 드는 비용 및 직업훈련수당

　　　• 업무상의 재해가 발생할 당시의 사업에 복귀한 장해급여자에 대해 사업주가 고용을 유지하거나 직장적응훈련 또는 재활운동을 실시하는 경우 각각 지급하는 직장복귀지원금, 직장적응훈련비 및 재활운동비

　　㉡ 급여방식 : 장해정도(1~12급의 장해등급) 및 연령 등을 고려하여 대통령령으로 정한다.

⑨ **예 외** 18회 기출

근로자가 사업주의 지시를 받아 사업장 밖에서 업무를 수행하던 중에 발생한 사고는 법령에 따른 업무상 사고로 본다. 다만, 사업주의 구체적인 지시를 위반한 행위, 근로자의 사적 행위 또는 정상적인 출장 경로를 벗어났을 때 발생한 사고는 업무상 사고로 보지 않는다.

5 노인장기요양보험법 8회, 20회 기출

(1) 노인장기요양보험법의 목적 및 관장 22회 기출

① **목적** : 고령이나 노인성 질병 등의 사유로 일상생활을 혼자서 수행하기 어려운 노인 등에게 제공하는 신체활동 또는 가사활동 지원 등의 장기요양급여에 관한 사항을 규정하여 노후의 건강증진 및 생활안정을 도모하고 그 가족의 부담을 덜어줌으로써 국민의 삶의 질을 향상하도록 한다.

② **관장** : 보건복지부장관

(2) 용어 정의 16회 기출

① **보험자** : 장기요양보험사업의 보험자는 국민건강보험공단으로 한다.

② **가입자** : 장기요양보험의 가입자는 국민건강보험법에 따른 가입자로 한다.

③ **노인 등** : 65세 이상의 노인 또는 65세 미만의 자로서 치매·뇌혈관성질환 등 대통령령으로 정하는 노인성 질병을 가진 자를 말한다.

④ **장기요양급여** : 6개월 이상 동안 혼자서 일상생활을 수행하기 어렵다고 인정되는 자에게 신체활동·가사활동의 지원 또는 간병 등의 서비스나 이에 갈음하여 지급하는 현금 등을 말한다.

(3) 장기요양급여 제공의 기본원칙 18회 기출

① 장기요양급여는 노인 등이 자신의 의사와 능력에 따라 최대한 자립적으로 일상생활을 수행할 수 있도록 제공하여야 한다.

② 장기요양급여는 노인 등의 심신상태·생활환경과 노인 등 및 그 가족의 욕구·선택을 종합적으로 고려하여 필요한 범위 안에서 이를 적정하게 제공하여야 한다.

③ 장기요양급여는 노인 등이 가족과 함께 생활하면서 가정에서 장기요양을 받는 재가급여를 우선적으로 제공하여야 한다.

④ 장기요양급여는 노인 등의 심신 상태나 건강 등이 악화되지 아니하도록 의료서비스와 연계하여 이를 제공하여야 한다.

(4) 보험료 10회 기출

① **보험료의 징수** 12회, 18회 기출

장기요양보험료는 국민건강보험법에 따른 건강보험료와 통합하여 징수한다. 국민건강보험공단은 통합 징수한 장기요양보험료와 건강보험료를 구분하여 고지하며, 각각 독립회계로 관리하여야 한다.

② **보험료의 산정**

장기요양보험료는 국민건강보험법에 따라 산정한 보험료액(직장가입자 및 지역가입자의 월별 보험료액)에서 법령에 따라 경감 또는 면제되는 비용을 공제한 금액에 건강보험료율 대비 장기요양보험료율의 비율을 곱하여 산정한 금액으로 한다. 장기요양보험료율은 장기요양위원회의 심의를 거쳐 대통령령으로 정한다.

③ 장애인 등에 대한 장기요양보험료의 감면

국민건강보험공단은 장애인복지법에 따라 등록한 장애인 중 장애의 정도가 심한 장애인 또는 보건복지부장관이 정하여 고시하는 희귀난치성질환자가 장기요양보험가입자 또는 그 피부양자인 경우 장기요양급여수급자로 결정되지 못한 때 장기요양보험료의 전부 또는 그 일부로서 100분의 30을 감면할 수 있다.

(5) 등급판정 기준

① **장기요양 1등급** : 일상생활에서 전적으로 다른사람의 도움이 필요한 자로서 장기요양인정 점수가 95점 이상인 자

② **장기요양 2등급** : 일상생활에서 상당 부분 다른 사람의 도움이 필요한 자로서 장기요양인정 점수가 75점 이상 95점 미만인 자

③ **장기요양 3등급** : 일상생활에서 부분적으로 다른 사람의 도움이 필요한 자로서 장기요양인정 점수가 60점 이상 75점 미만인 자

④ **장기요양 4등급** : 일상생활에서 일정부분 다른 사람의 도움이 필요한 자로서 장기요양인정 점수가 51점 이상 60점 미만인 자

⑤ **장기요양 5등급** : 노인성 치매환자로서 장기요양인정 점수가 45점 이상 51점 미만인 자

⑥ **장기요양 인지지원등급** : 치매환자로서 장기요양인정 점수가 45점 미만인 자

(6) 장기요양급여의 종류 8회, 11회, 14회, 15회, 16회, 22회 기출

① **재가급여** : 방문요양, 방문목욕, 방문간호, 주 · 야간보호, 단기보호, 기타 재가급여

② **특별현금급여** : 가족요양비, 특례요양비, 요양병원간병비

③ **시설급여** : 장기요양기관에서 장기간 입소한 수급자에게 신체활동 지원 및 심신기능의 유지 · 향상을 위한 교육 · 훈련 등을 제공하는 장기요양급여

제4장 | 공공부조법

1 국민기초생활보장법   3회, 9회, 20회 `기출`

(1) 목 적

생활이 어려운 사람에게 필요한 급여를 실시하여 이들의 최저생활을 보장하고 자활을 돕는다.

(2) 용어 정의   4회, 10회, 11회, 17회, 18회 `기출`

① **부양의무자** : 수급권자를 부양할 책임이 있는 사람으로서 수급권자의 1촌의 직계혈족 및 그 배우자
② **최저생계비** : 국민이 건강하고 문화적인 생활을 유지하기 위해 필요한 최소한의 비용으로서 보건복지부장관이 계측하는 금액
③ **소득인정액** : 개별가구의 소득평가액과 재산의 소득환산액을 합산한 금액
④ **차상위계층** : 수급권자에 해당하지 아니하는 계층으로서 소득인정액이 기준 중위소득의 100분의 50 이하인 사람
⑤ **기준 중위소득** : 보건복지부장관이 급여의 기준 등에 활용하기 위하여 중앙생활보장위원회의 심의·의결을 거쳐 고시하는 국민 가구소득의 중위값

(3) 급여의 종류   4회, 8회, 10회, 12회, 14회, 17회, 22회 `기출`

① **생계급여**
  ㉠ 내용 : 의복, 음식물 및 연료비와 그 밖에 일상생활에 기본적으로 필요한 금품을 지급
  ㉡ 선정기준 : 기준 중위소득의 100분의 30 이상
  ㉢ 급여 방법 : 원칙적으로 금전을 지급, 수급품은 매월 정기적으로 수급자에게 직접 지급
② **주거급여**
  ㉠ 내용 : 주거안정에 필요한 임차료, 수선유지비, 그 밖의 수급품 등
  ㉡ 선정기준 : 기준 중위소득의 100분의 43 이상
  ㉢ 급여방법 : 주거급여법에서 정함
③ **교육급여**
  ㉠ 내용 : 입학금, 수업료, 학용품비, 그 밖의 수급품 등
  ㉡ 선정기준 : 기준 중위소득의 100분의 50 이상
  ㉢ 급여방법 : 교육부장관의 소관
④ **의료급여**
  ㉠ 내용 : 건강한 생활을 유지하는 데 필요한 각종 검사 및 치료 등
  ㉡ 선정기준 : 기준 중위소득의 100분의 40 이상
  ㉢ 급여방법 : 의료급여법에서 정함

⑤ **해산급여**
  ㉠ 내용 : 조산, 분만 전과 분만 후에 필요한 조치와 보호 등
  ㉡ 급여방법 : 수급자나 그 세대주 또는 세대주에 준하는 사람에게 지급
⑥ **장제급여**
  ㉠ 내용 : 수급자가 사망한 경우 사체의 검안 · 운반 · 화장 또는 매장, 그 밖의 장제조치 등
  ㉡ 급여방법 : 실제로 장제를 실시하는 사람에게 장제에 필요한 비용을 지급
⑦ **자활급여**
  ㉠ 내용 : 자활에 필요한 금품의 지급 또는 대여, 근로능력의 향상 및 기능습득의 지원, 정보 및 근로기회의 제공, 시설 및 장비의 대여, 창업지원, 자산형성지원 등
  ㉡ 급여방법 : 관련 공공기관 · 비영리법인 · 시설과 그 밖에 대통령령으로 정하는 기관에 위탁하여 실시

(4) 맞춤형 급여체계 18회, 22회 기출

① 국민기초생활보장법 개정에 따라 2015년 7월 1일부터 이른바 '맞춤형 급여체계'가 운영되고 있다.
② 수급자 선정을 위한 기준은 '기준 중위소득'을 적용한다. '기준 중위소득'은 맞춤형 급여체계 도입 이전의 '최저생계비'를 대체하는 개념으로서, 국민 가구소득의 중위값을 말한다. 이러한 기준 중위소득은 급여 종류별 선정기준과 생계급여 지급액을 정하는 기준이자 부양의무자의 부양능력을 판단하는 기준이 된다.
③ 급여 종류별 운영 주체가 전문화되어 주거급여는 국토교통부, 교육급여는 교육부가 주관 보장기관이 되었다. 또한 급여의 종류별 수급자 선정기준 및 최저보장수준을 보건복지부장관을 비롯한 소관 중앙행정기관의 장이 결정하게 되었다.
④ **급여 종류별 수급자 선정기준선** 22회 기출

급여 종류	2024년도 수급자 선정기준선
생계급여	기준 중위소득 32%
의료급여	기준 중위소득 40%
주거급여	기준 중위소득 48%
교육급여	기준 중위소득 50%

(5) 수급자의 권리와 의무 8회 기출

① **급여 변경의 금지** : 급여는 정당한 사유 없이 수급자에게 불리하게 변경할 수 없다.
② **압류금지** : 수급자에게 지급된 수급품과 이를 받을 권리는 압류할 수 없다.
③ **양도금지** : 수급자는 급여를 받을 권리를 타인에게 양도할 수 없다.
④ **신고의 의무** : 수급자는 거주지역, 세대의 구성 또는 임대차 계약내용이 변동되거나 신청에 의한 조사사항이 현저하게 변동되었을 때에는 지체 없이 관할 보장기관에 신고하여야 한다.

2 의료급여법 8회, 11회, 20회 기출

(1) 목 적

생활이 어려운 사람에게 의료급여를 함으로써 국민보건의 향상과 사회복지의 증진에 이바지한다.

(2) 용어 정의

① 수급권자 : 의료급여를 받을 수 있는 자격을 가진 사람
② 의료급여기관 : 수급권자에 대한 진료·조제 등을 담당하는 의료기관 및 약국

(3) 수급권자 또는 수급권자격자 3회, 4회, 11회 기출

① 국민기초생활 보장법에 따른 의료급여수급자
② 재해구호법에 따른 이재민
③ 의상자 및 의사자 유족
④ 국내에 입양된 18세 미만의 아동
⑤ 독립유공자, 국가유공자, 보훈보상대상자 및 그 가족
⑥ 국가무형문화재의 보유자 및 그 가족
⑦ 북한이탈주민 및 그 가족
⑧ 5·18 민주화운동 관련자 및 그 가족
⑨ 노숙인 등의 복지 및 자립지원에 관한 법률에 따른 노숙인
⑩ 그 밖에 생활유지 능력이 없거나 생활이 어려운 사람으로서 대통령령으로 정하는 사람

(4) 급여의 내용 9회, 10회, 20회 기출

① 진찰·검사
② 약제·치료재료의 지급
③ 처치·수술과 그 밖의 치료
④ 예방·재활
⑤ 입 원
⑥ 간 호
⑦ 이송과 그 밖의 의료목적 달성을 위한 조치

(5) 의료급여기관의 범위 14회 기출

① 의료법에 따라 개설된 의료기관
② 지역보건법에 따라 설치된 보건소·보건의료원 및 보건지소
③ 농어촌 등 보건의료를 위한 특별조치법에 따라 설치된 보건진료소
④ 약사법에 따라 개설등록된 약국 및 같은 법에 따라 설립된 한국희귀·필수의약품센터

(6) 의료급여심의위원회(중앙의료급여심의위원회) 22회 기출

의료급여사업의 기본방향 및 대책 수립에 관한 사항, 의료급여의 기준 및 수가에 관한 사항, 그 밖에 보건복지부장관 또는 위원장이 부의하는 사항을 심의한다.

3 기초연금법

(1) 기초연금제도의 목적 및 대상

① **목적** : 노인에게 기초연금을 지급하여 안정적인 소득기반을 제공함으로써 노인의 생활안정을 지원하고 복지를 증진한다.

② **연금 지급대상** : 만 65세 이상인 사람으로서 소득인정액이 선정기준액 이하인 사람에게 지급하며, 보건복지부장관은 선정기준액을 정하는 경우 65세 이상인 사람 중 기초연금수급자가 100분의 70 수준이 되도록 한다.

(2) 연금액 22회 기출

① **선정기준액**

ⓐ 65세 이상인 사람 및 그 배우자의 소득·재산 수준과 생활실태, 물가상승률 등을 고려하여 산정

ⓑ 2024년 기준 선정기준액
- 배우자가 없는 노인가구(단독가구) : 2,130,000원
- 배우자가 있는 노인가구(부부가구) : 3,408,000원

② **소득인정액의 산정** 17회 기출

■ 소득인정액 = 소득평가액 + 재산의 소득환산액

- 소득평가액 = {0.7 × (근로소득 − 110만원)} + 기타소득
- 재산의 소득환산액 = [{(일반재산 − 기본재산액) + (금융재산 − 2,000만원) − 부채} × 0.04(재산의 소득환산율, 연 4%) ÷ 12개월] + 고급자동차 및 회원권의 가액

③ **기초연금액 산정**

■ 기초연금액 = {기준연금액 − (2/3 × A급여액)} + 부가연금액

- {기준연금액 − (2/3 × A급여액)} 안의 금액이 음의 값일 경우 '0'으로 처리함

④ **기초연금액의 감액** 18회, 22회 기출

본인과 그 배우자가 모두 기초연금수급권자인 경우 각각의 기초연금액에서 기초연금액의 20%에 해당하는 금액을 감액

(3) 기초연금 지급의 정지 및 수급권의 상실

① **지급의 정지** 20회, 22회 기출

ⓐ 기초연금 수급자가 금고 이상의 형을 선고받고 교정시설 또는 치료감호시설에 수용되어 있는 경우

ⓑ 기초연금 수급자가 행방불명되거나 실종되는 등 대통령령으로 정하는 바에 따라 사망한 것으로 추정되는 경우

ⓒ 기초연금 수급자의 국외 체류기간이 60일 이상 지속되는 경우(단, 이 경우 국외 체류 60일이 되는 날을 지급 정지의 사유가 발생한 날로 간주함)

ⓔ 기초연금 수급자가 주민등록법에 따라 거주불명자로 등록된 경우(단, 기초연금 수급자의 실제 거주지를 알 수 있는 경우는 제외)

② **수급권의 상실** 13회, 20회 기출

ⓐ 사망한 때

ⓑ 국적을 상실하거나 국외로 이주한 때

ⓒ 기초연금 수급권자에 해당하지 아니하게 된 때

4 긴급복지지원법 8회, 19회 기출

(1) 긴급복지지원제도의 목적 및 위기상황

① **목적** : 생계곤란 등의 위기상황에 처하여 도움이 필요한 사람을 신속하게 지원함으로써 이들이 위기상황에서 벗어나 건강하고 인간다운 생활을 하게 한다.

② **위기상황** 7회, 11회, 21회 기출

ⓐ 주소득자가 사망, 가출, 행방불명, 구금시설에 수용되는 등의 사유로 소득을 상실한 경우

ⓑ 중한 질병 또는 부상을 당한 경우

ⓒ 가구구성원으로부터 방임 또는 유기되거나 학대 등을 당한 경우

ⓓ 가정폭력을 당하여 가구구성원과 함께 원만한 가정생활을 하기 곤란하거나 가구구성원으로부터 성폭력을 당한 경우

ⓔ 화재 또는 자연재해 등으로 인하여 거주하는 주택 또는 건물에서 생활하기 곤란하게 된 경우

ⓕ 주소득자 또는 부소득자의 휴업, 폐업 또는 사업장의 화재 등으로 인하여 실질적인 영업이 곤란하게 된 경우

ⓖ 주소득자 또는 부소득자의 실직으로 소득을 상실한 경우

ⓗ 보건복지부령으로 정하는 기준에 따라 지방자치단체의 조례로 정한 사유가 발생한 경우

ⓘ 그밖에 보건복지부장관이 정하여 고시하는 사유가 발생한 경우

(2) 긴급복지지원의 기본원칙 11회, 12회, 19회, 22회 기출

① 선지원 후처리 원칙

② 단기 지원의 원칙

③ 타법률 중복지원 금지의 원칙

④ 가구단위 지원의 원칙

(3) 긴급지원대상자 및 긴급지원기관 18회 기출

① **긴급지원대상자** : 위기상황에 처한 사람으로서 지원이 긴급하게 필요한 사람 및 법령에서 정한 국내 체류 외국인

② **긴급지원기관** : 긴급지원대상자의 거주지를 관할하는 시장·군수·구청장(단, 거주지가 분명하지 아니한 경우 지원요청 또는 신고를 받은 시장·군수·구청장)

(4) 긴급지원의 종류 및 내용   14회, 17회 [기출]

① 금전 또는 현물 등의 직접지원

ㄱ 생계지원   ㄴ 의료지원

ㄷ 주거지원   ㄹ 사회복지시설 이용 지원

ㅁ 교육지원   ㅂ 그 밖의 지원(연료비 등)

② 민간기관·단체와의 연계 등의 지원

ㄱ 대한적십자사, 사회복지공동모금회 등의 사회복지기관·단체와의 연계 지원

ㄴ 상담·정보제공, 그 밖의 지원

제5장 | 사회서비스법

1 노인복지법   4회, 8회, 20회 [기출]

(1) 목 적

노인의 질환을 사전예방 또는 조기발견하고 질환상태에 따른 적절한 치료·요양으로 심신의 건강을 유지하고, 노후의 생활안정을 위하여 필요한 조치를 강구함으로써 노인의 보건복지증진에 기여한다.

(2) 노인복지시설   3회, 11회, 12회, 13회, 19회, 20회 [기출]

노인주거복지시설	양로시설, 노인공동생활가정, 노인복지주택
노인의료복지시설	노인요양시설, 노인요양공동생활가정
노인여가복지시설	노인복지관, 경로당, 노인교실
재가노인복지시설	방문요양서비스, 주·야간보호서비스, 단기보호서비스, 방문목욕서비스, 복지용구지원서비스, 그 밖의 재가노인지원서비스
노인보호전문기관	노인인권보호 및 노인학대에 관한 업무 담당
노인일자리지원기관	노인일자리의 개발·지원, 창업·육성 및 노인에 의한 재화의 생산·판매
학대피해노인 전용쉼터	학대피해노인의 쉼터생활 지원, 치유프로그램 제공, 학대로 인한 신체적·정신적 치료를 위한 기본적인 의료비 지원, 노인학대행위자 등에 대한 전문상담서비스 제공 등 학대피해 노인을 일정기간 보호하고 심신 치유 프로그램을 제공하기 위한 시설

(3) 요양보호사와 요양보호사교육기관

① 요양보호사   9회, 10회, 11회, 20회 [기출]

ㄱ 노인복지시설의 설치·운영자는 노인 등의 신체활동 또는 가사활동지원 등의 업무를 전문적으로 수행하는 요양보호사를 두어야 한다.

ㄴ 시·도지사는 요양보호사의 양성을 위하여 보건복지부령으로 정하는 지정기준에 적합한 시설을 요양보호사교육기관으로 지정·운영하여야 한다.

ⓒ 요양보호사가 되려는 사람은 요양보호사교육기관에서 교육과정을 마치고 시·도지사가 실시하는 요양보호사 자격시험에 합격하여야 한다.

② **요양보호사교육기관**

시·도지사는 요양보호사의 양성을 위하여 보건복지부령으로 정하는 지정기준에 적합한 시설을 요양보호사교육기관으로 지정·운영하여야 한다.

(4) 노인학대 신고의무　18회, 20회 `기출`

누구든지 노인학대를 알게 된 때에는 노인보호전문기관 또는 수사기관에 신고할 수 있다.

① 의료기관에서 의료업을 행하는 의료인 및 의료기관의 장

② 방문요양과 돌봄이나 안전 확인 등의 서비스 종사자, 노인복지시설의 장과 그 종사자 및 노인복지상담원

③ 장애인복지시설에서 장애노인에 대한 상담·치료·훈련 또는 요양업무를 수행하는 사람

④ 가정폭력 관련 상담소 및 가정폭력피해자 보호시설의 장과 그 종사자

⑤ 사회복지전담공무원 및 사회복지관, 부랑인 및 노숙인 보호를 위한 시설의 장과 그 종사자

⑥ 장기요양기관의 장과 그 종사자

⑦ 119구급대의 구급대원

⑧ 건강가정지원센터의 장과 그 종사자

⑨ 다문화가족지원센터의 장과 그 종사자

⑩ 성폭력피해상담소 및 성폭력피해자보호시설의 장과 그 종사자

⑪ 응급구조사

⑫ 의료기사

⑬ 국민건강보험공단 소속 요양직 직원

⑭ 지역보건의료기관의 장과 종사자

⑮ 노인복지시설 설치 및 관리 업무 담당 공무원

⑯ 병역법에 따른 사회복지시설에서 복무하는 사회복무요원(노인을 직접 대면하는 업무에 복무하는 사람으로 한정)

(5) 노인실태조사

보건복지부장관은 노인의 보건 및 복지에 관한 실태조사를 3년마다 실시하고 그 결과를 공표하여야 한다.

2 아동복지법 4회, 8회, 18회, 20회 기출

(1) 목 적
아동이 건강하게 출생하여 행복하고 안전하게 자랄 수 있도록 아동의 복지를 보장한다.

(2) 용어 정의 14회 기출
① **아동** : 18세 미만인 사람
② **아동학대** : 보호자를 포함한 성인이 아동의 건강 또는 복지를 해치거나 정상적 발달을 저해할 수 있는 신체적 · 정신적 · 성적 폭력이나 가혹행위를 하는 것과 아동의 보호자가 아동을 유기하거나 방임하는 것

(3) 아동복지시설
① 시설의 설치
　㉠ 국가 또는 지방자치단체는 아동복지시설을 설치할 수 있다.
　㉡ 국가 또는 지방자치단체 외의 자는 관할 시장 · 군수 · 구청장에게 신고하고 아동복지시설을 설치할 수 있다.
② 시설의 종류 6회 기출

㉠ 아동양육시설	㉡ 아동일시보호시설
㉢ 아동보호치료시설	㉣ 공동생활가정
㉤ 자립지원시설	㉥ 아동상담소
㉦ 아동전용시설	㉧ 지역아동센터
㉨ 아동보호전문기관	㉩ 가정위탁지원센터
㉪ 아동권리보장원	㉫ 자립지원전담기관
㉬ 학대피해아동쉼터	

(4) 아동정책조정위원회, 아동권리보장원, 아동복지심의위원회 18회 기출
① 아동정책조정위원회
아동의 권리증진과 건강한 출생 및 성장을 위하여 종합적인 아동정책을 수립하고 관계 부처의 의견을 조정하며 그 정책의 이행을 감독하고 평가하기 위하여 국무총리 소속으로 아동정책조정위원회를 둔다.
② 아동권리보장원
보건복지부장관은 아동정책에 대한 종합적인 수행과 아동복지 관련 사업의 효과적인 추진을 위하여 필요한 정책의 수립을 지원하고 사업평가 등의 업무를 수행할 수 있도록 아동권리보장원을 설립한다.

③ 아동복지심의위원회

시·도지사, 시장·군수·구청장은 법령에 따른 아동의 보호 및 지원서비스에 대해 필요하다고
인정하는 사항을 심의하기 위하여 그 소속으로 아동복지심의위원회를 각각 둔다.

(5) 아동학대의 예방 및 재발 방지

① 아동학대 예방교육의 실시　17회　기출

국가기관과 지방자치단체의 장, 공공기관의 운영에 관한 법률에 따른 공공기관과 대통령령으로
정하는 공공단체의 장은 아동학대의 예방과 방지를 위하여 필요한 교육을 연 1회 이상 실시하고,
그 결과를 보건복지부장관에게 제출하여야 한다.

② 아동학대의 재발 여부 확인　20회　기출

아동권리보장원의 장 또는 아동보호전문기관의 장은 아동학대가 종료된 이후에도 가정방문, 전화
상담 등을 통하여 아동학대의 재발 여부를 확인하여야 한다.

③ 긴급전화의 설치·운영　19회　기출

시·도지사 또는 시장·군수·구청장은 아동학대전담공무원이 근무하는 기관에 긴급전화를 설치
해야 한다. 이 경우 긴급전화는 전용회선으로 설치·운영해야 한다.

❸ 영유아보육법

(1) 목 적

영유아의 심신을 보호하고 건전하게 교육하여 건강한 사회구성원으로 육성함과 아울러 보호자의 경
제적·사회적 활동이 원활하게 이루어지도록 함으로써 영유아 및 가정의 복지증진에 이바지한다.

(2) 어린이집의 설치　7회, 8회, 13회　기출

① 국가나 지방자치단체는 국공립어린이집을 설치·운영하여야 한다.

② 국공립어린이집 외의 어린이집을 설치·운영하려는 자는 특별자치시장·특별자치도지사·시장·
군수·구청장의 인가를 받아야 한다.

③ 상시 여성근로자 300명 이상 또는 상시근로자 500명 이상을 고용하고 있는 사업장의 사업주는 직
장어린이집을 설치하여야 한다.

(3) 어린이집을 설치·운영할 수 없는 사람　10회　기출

① 미성년자·피성년후견인 또는 피한정후견인

② 정신질환자

③ 마약류에 중독된 자

④ 파산선고를 받고 복권되지 아니한 자

⑤ 금고 이상의 실형을 선고받고 그 집행이 종료(집행이 종료된 것으로 보는 경우를 포함)되거나 집행이 면제된 날부터 5년(단, 아동복지법에 따른 아동학대관련범죄를 저지른 경우에는 20년)이 경과되지 아니한 자

⑥ 금고 이상의 형의 집행유예를 선고받고 그 유예기간 중에 있는 사람(단, 아동복지법에 따른 아동학대관련범죄로 금고 이상의 형의 집행유예를 선고받은 경우에는 그 집행유예가 확정된 날부터 20년이 지나지 아니한 사람)

⑦ 어린이집의 폐쇄명령을 받고 5년이 경과되지 아니한 자 또는 유아교육법에 따라 폐쇄명령을 받고 5년이 경과되지 아니한 자

⑧ 영유아보육법에 따라 300만 원 이상의 벌금형이 확정된 날부터 2년이 지나지 아니한 사람 또는 아동복지법에 따른 아동학대관련범죄로 벌금형이 확정된 날부터 10년이 지나지 아니한 사람

⑨ 교육부장관의 교육명령을 이행하지 아니한 자

(4) 실태조사

① 보육 실태 조사

교육부장관은 이 법의 적절한 시행을 위하여 보육 실태 조사를 3년마다 실시하고 그 결과를 공표하여야 한다.

② 직장어린이집 설치 등 의무 이행에 관한 실태 조사

교육부장관 및 대통령령으로 정하는 조사기관의 장은 직장어린이집 설치 등 의무 이행에 관한 실태 조사를 매년 실시하여야 한다.

4 장애인복지법

(1) 목 적

① 장애인의 인간다운 삶과 권리보장을 위한 국가와 지방자치단체 등의 책임을 명백히 하고, 장애발생 예방과 장애인의 의료 · 교육 · 직업재활 · 생활환경개선 등에 관한 사업을 정하여 장애인복지대책을 종합적으로 추진한다.

② 장애인의 자립생활 · 보호 및 수당지급 등에 관하여 필요한 사항을 정하여 장애인의 생활안정에 기여하는 등 장애인의 복지와 사회활동 참여증진을 통하여 사회통합에 이바지한다.

(2) 용어 정의 5회, 19회 기출

① **신체적 장애** : 주요 외부 신체 기능의 장애, 내부기관의 장애 등

② **정신적 장애** : 발달장애 또는 정신질환으로 발생하는 장애

③ **장애인학대** : 장애인에 대하여 신체적 · 정신적 · 정서적 · 언어적 · 성적 폭력이나 가혹행위, 경제적 착취, 유기 또는 방임하는 것

(3) 장애인정책종합계획 및 장애실태조사 14회, 20회 기출

① **장애인정책종합계획** : 보건복지부장관은 장애인의 권익과 복지증진을 위하여 관계 중앙행정기관의 장과 협의하여 5년마다 장애인정책종합계획을 수립·시행하여야 한다.

② **장애실태조사** : 보건복지부장관은 장애인 복지정책의 수립에 필요한 기초 자료로 활용하기 위하여 3년마다 장애실태조사를 실시하여야 한다.

(4) 재외동포 및 외국인의 장애인 등록 15회, 16회, 20회 기출

① 재외동포의 출입국과 법적 지위에 관한 법률에 따라 국내거소신고를 한 사람

② 주민등록법에 따라 재외국민으로 주민등록을 한 사람

③ 출입국관리법에 따라 외국인등록을 한 사람으로서 대한민국에 영주할 수 있는 체류자격을 가진 사람

④ 재한외국인 처우 기본법에 따른 결혼이민자

⑤ 난민법에 따른 난민인정자

(5) 장애인복지전문인력 13회 기출

① 의지·보조기 기사   ② 언어재활사

③ 장애인재활상담사   ④ 한국수어 통역사

⑤ 점역·교정사(點譯·矯正士)

5 한부모가족지원법

(1) 목 적

한부모가족이 안정적인 가족 기능을 유지하고 자립할 수 있도록 지원함으로써 한부모가족의 생활안정과 복지 증진에 이바지한다.

(2) 용어 정의 10회, 14회, 19회, 20회, 22회 기출

① **모 또는 부** : 다음의 어느 하나에 해당하는 자로서 아동인 자녀를 양육하는 자

    ㉠ 배우자와 사별 또는 이혼하거나 배우자로부터 유기된 자

    ㉡ 정신이나 신체의 장애로 장기간 노동능력을 상실한 배우자를 가진 자

    ㉢ 교정시설·치료감호시설에 입소한 배우자 또는 병역복무 중인 배우자를 가진 사람

    ㉣ 미혼자(사실혼 관계에 있는 자는 제외)

    ㉤ 배우자의 생사가 분명하지 아니한 자

    ㉥ 배우자 또는 배우자 가족과의 불화 등으로 인하여 가출한 자

② **청소년 한부모** : 24세 이하의 모 또는 부

③ **한부모가족** : 모자가족 또는 부자가족

④ **아동** : 18세 미만(취학 중인 경우에는 22세 미만)

(3) 한부모가족복지시설

① 시설의 설치

　⊙ 국가나 지방자치단체는 한부모가족복지시설을 설치할 수 있다.

　ⓒ 국가나 지방자치단체 외의 자가 한부모가족복지시설을 설치 · 운영하려면 특별자치시장 · 특별
　　자치도지사 · 시장 · 군수 · 구청장에게 신고하여야 한다.

② 시설의 종류　6회, 11회, 21회 기출

　⊙ 출산지원시설　　　　　　　　　ⓒ 양육지원시설

　ⓒ 생활지원시설　　　　　　　　　ⓔ 일시지원시설

　ⓜ 한부모가족 복지상담소

(4) 한부모가족 실태조사　17회 기출

여성가족부장관은 한부모가족 지원을 위한 정책수립에 활용하기 위하여 3년마다 한부모가족에 대한
실태조사를 실시하고 그 결과를 공표하여야 한다.

6 다문화가족지원법　8회 기출

(1) 목 적

다문화가족 구성원이 안정적인 가족생활을 영위하고 사회구성원으로서의 역할과 책임을 다할 수 있
도록 함으로써 이들의 삶의 질 향상과 사회통합에 이바지한다.

(2) 용어 정의　18회 기출

① 다문화 가족 : 다음의 어느 하나에 해당하는 가족

　⊙ 재한외국인 처우 기본법에 따른 결혼이민자와 국적법에 따라 출생, 인지, 귀화에 의해 대한민국
　　국적을 취득한 자로 이루어진 가족

　ⓒ 인지, 귀화에 의해 대한민국 국적을 취득한 자와 출생, 인지, 귀화에 따라 대한민국 국적을 취
　　득한 자로 이루어진 가족

② 결혼이민자 등 : 다문화 가족의 구성원으로서 다음의 어느 하나에 해당하는 자

　⊙ 재한외국인 처우 기본법에 따른 결혼이민자

　ⓒ 국적법에 따라 귀화허가를 받은 자

③ 아동 · 청소년 : 24세 이하인 사람

(3) 다문화가족 지원을 위한 기본계획의 수립　10회 기출

① 여성가족부장관은 다문화가족 지원을 위하여 5년마다 다문화가족정책에 관한 기본계획을 수립하
　여야 한다.

② 기본계획은 다문화가족정책위원회의 심의를 거쳐 확정한다.

③ 기본계획에는 다음의 사항을 포함하여야 한다.
  ㉠ 다문화가족지원정책의 기본 방향
  ㉡ 다문화가족지원을 위한 분야별 발전시책과 평가에 관한 사항
  ㉢ 다문화가족지원을 위한 제도 개선에 관한 사항
  ㉣ 다문화가족 구성원의 경제ㆍ사회ㆍ문화 등 각 분야에서 활동 증진에 관한 사항
  ㉤ 다문화가족지원을 위한 재원 확보 및 배분에 관한 사항
  ㉥ 그 밖에 다문화가족지원을 위하여 필요한 사항

(4) 다문화가족 실태조사 15회 기출

여성가족부장관은 다문화가족의 현황 및 실태를 파악하고 다문화가족 지원을 위한 정책수립에 활용하기 위하여 3년마다 다문화가족에 대한 실태조사를 실시하고 그 결과를 공표하여야 한다.

7 성폭력방지 및 피해자보호 등에 관한 법률

(1) 목 적

성폭력을 예방하고 성폭력피해자를 보호ㆍ지원함으로써 인권증진에 이바지한다.

(2) 성폭력피해자 보호시설

① 보호시설의 설치
  ㉠ 국가 또는 지방자치단체는 성폭력피해자보호시설을 설치ㆍ운영할 수 있다.
  ㉡ 사회복지법인이나 그 밖의 비영리법인은 특별자치시장ㆍ특별자치도지사 또는 시장ㆍ군수ㆍ구청장의 인가를 받아 보호시설을 설치ㆍ운영할 수 있다.

② 보호시설의 종류 18회 기출
  ㉠ 일반보호시설　　　　　　　　　㉡ 장애인보호시설
  ㉢ 특별지원 보호시설　　　　　　　㉣ 외국인보호시설
  ㉤ 자립지원 공동생활시설　　　　　㉥ 장애인 자립지원 공동생활시설

③ 보호시설의 업무
  ㉠ 보호 및 숙식 제공
  ㉡ 심리적 안정과 사회 적응을 위한 상담 및 치료
  ㉢ 자립ㆍ자활 교육 실시와 취업정보 제공
  ㉣ 의료 지원
  ㉤ 수사기관의 조사와 법원의 증인신문 등에의 동행
  ㉥ 대한법률구조공단 등 관계 기관에 필요한 협조 및 지원 요청
  ㉦ 다른 법률에 따라 보호시설에 위탁된 업무
  ㉧ 그 밖에 피해자 등을 보호하기 위하여 필요한 업무

(3) 성폭력 전담의료기관

① 전담의료기관의 지정 등

여성가족부장관, 특별자치시장·특별자치도지사 또는 시장·군수·구청장은 국립·공립병원, 보건소 또는 민간의료시설을 피해자 등의 치료를 위한 전담의료기관으로 지정할 수 있다.

② 의료비 지원 15회 기출

국가 또는 지방자치단체는 성폭력 전담의료기관의 의료 지원에 필요한 경비의 전부 또는 일부를 지원할 수 있다.

(4) 성폭력 실태조사

여성가족부장관은 성폭력의 실태를 파악하고 성폭력 방지에 관한 정책을 수립하기 위하여 3년마다 성폭력 실태조사를 하고 그 결과를 발표하여야 한다.

8 가정폭력방지 및 피해자보호 등에 관한 법률

(1) 목 적

가정폭력을 예방하고 가정폭력의 피해자를 보호·지원한다.

(2) 가정폭력피해자 보호시설의 종류 12회, 15회 기출

① 단기보호시설 : 6개월의 범위에서 보호
② 장기보호시설 : 2년의 범위에서 자립을 위한 주거편의 제공
③ 외국인보호시설 : 배우자가 대한민국 국민인 외국인 피해자 등을 2년의 범위에서 보호
④ 장애인보호시설 : 장애인인 피해자 등을 2년의 범위에서 보호

(3) 긴급전화센터

① 긴급전화센터의 설치·운영

여성가족부장관 또는 시·도지사는 긴급전화센터를 설치·운영하여야 한다. 이 경우 외국어 서비스를 제공하는 긴급전화센터를 따로 설치·운영할 수 있다.

② 긴급전화센터의 업무 16회 기출

㉠ 피해자의 신고접수 및 상담
㉡ 관련 기관·시설과의 연계
㉢ 피해자에 대한 긴급한 구조의 지원
㉣ 경찰관서 등으로부터 인도받은 피해자 및 피해자가 동반한 가정구성원(이하 "피해자 등"이라 한다)의 임시 보호

(4) 가정폭력 관련 상담소

① 상담소의 설치
  ㉠ 국가나 지방자치단체는 가정폭력 관련 상담소를 설치·운영할 수 있다.
  ㉡ 국가나 지방자치단체 외의 자가 상담소를 설치·운영하려면 특별자치시장·특별자치도지사·
    시장·군수·구청장에게 신고하여야 한다.

② 상담소의 업무   8회 기출
  ㉠ 가정폭력을 신고받거나 이에 관한 상담에 응하는 일
  ㉡ 가정폭력을 신고하거나 이에 관한 상담을 요청한 사람과 그 가족에 대한 상담
  ㉢ 가정폭력으로 정상적인 가정생활과 사회생활이 어렵거나 그 밖에 긴급히 보호를 필요로 하는 피해
    자 등을 임시로 보호하거나 의료기관 또는 가정폭력피해자 보호시설로 인도하는 일
  ㉣ 행위자에 대한 고발 등 법률적 사항에 관하여 자문하기 위한 대한변호사협회 또는 지방변호사
    회 및 법률구조법인 등에 대한 필요한 협조와 지원의 요청
  ㉤ 경찰관서 등으로부터 인도받은 피해자 등의 임시 보호
  ㉥ 가정폭력의 예방과 방지에 관한 교육 및 홍보
  ㉦ 그 밖에 가정폭력과 그 피해에 관한 조사·연구

(5) 가정폭력 실태조사   18회 기출

여성가족부장관은 3년마다 가정폭력에 대한 실태조사를 실시하여 그 결과를 발표하고, 이를 가정폭
력을 예방하기 위한 정책수립의 기초자료로 활용하여야 한다.

우리 인생의 가장 큰 영광은
결코 넘어지지 않는 데 있는 것이 아니라
넘어질 때마다 일어서는 데 있다.

−넬슨 만델라−

실전동형모의고사

합격의 공식
온라인 강의

보다 깊이 있는 학습을 원하는 수험생들을 위한
SD에듀의 동영상 강의가 준비되어 있습니다.
www.sdedu.co.kr ➔ 회원가입(로그인) ➔ 강의 살펴보기

1과목	사회복지기초	시험시간	09:30~10:20(50분)	문제수	50문제(각 영역 1~25번)	문제지형별	A
				응시번호			

제1영역 인간행동과 사회환경

01 다음 중 인간발달에 대한 설명으로 옳지 않은 것은?

① 발달은 성장보다 넓은 개념이다.
② 발달은 양적 변화와 질적 변화를 모두 포함한다.
③ 발달을 이해하는 데 사회환경은 필수적 요인이다.
④ 발달은 특수활동에서 전체활동으로 이루어진다.
⑤ 발달은 구조의 단순화나 기능의 무능화 같은 퇴행적 변화를 포함한다.

02 다음 중 생애주기별 특징에 대한 설명으로 옳지 않은 것은?

① 유아기는 놀이를 통해 자신의 감정과 행동을 적절하게 표현하는 것을 배운다.
② 아동기는 학교생활을 통해 인지적 기술은 물론 사회적 기술도 습득한다.
③ 청소년기는 또래에게 인정받고자 하는 욕구가 강한 반면, 부모에게서 독립하려는 경향을 보인다.
④ 청년기는 직업과 결혼에 대한 준비를 하는 것이 주요과업에 해당한다.
⑤ 중년기는 성역할변화에 대한 적응을 하는 것이 주요과업에 해당한다.

03 다음 중 프로이트(Freud)의 성격발달단계에서 남근기(3~6세)와 연관된 것을 모두 고른 것은?

> ㄱ. 초자아 성립
> ㄴ. 자애적 쾌락
> ㄷ. 오이디푸스 콤플렉스
> ㄹ. 배변훈련을 통한 사회화

① ㄱ, ㄴ, ㄷ   ② ㄱ, ㄷ
③ ㄴ, ㄹ   ④ ㄹ
⑤ ㄱ, ㄴ, ㄷ, ㄹ

04 마르시아(Marcia)의 자아정체감에서 정체성 위기 동안 격렬한 불안을 경험한 사람으로 개인의 가치나 직업을 정하지 못한 부류를 가리키는 것은?

① 정체감 성취   ② 정체감 완성
③ 정체감 유실   ④ 정체감 유예
⑤ 정체감 혼란

05 다음 보기의 내용에 해당하는 강화 또는 처벌은?

> 방청소를 소홀히 한 아이에게 컴퓨터를 못하게 하였더니 이후 아이가 스스로 방청소를 하게 되었다.

① 정적 강화   ② 부적 강화
③ 부적 처벌   ④ 정적 처벌
⑤ 간헐적 강화

06 다음 중 콜버그(Kohlberg)의 이론에 대한 설명으로 옳지 않은 것은?

① 도덕성 발달에 대한 관점을 청년기와 성인기로 확대하였다.
② 개인이 도덕적 갈등에 처할 때의 사고능력 및 추리능력을 파악한다.
③ 도덕성 발달을 개인의 인지구조와 환경 간 상호작용의 결과로 본다.
④ 도덕적 판단에 있어서 위계적 단계가 있음을 강조한다.
⑤ 남성은 권리와 규칙, 여성은 책임감을 중시하는 형태로 도덕발달이 이루어진다.

07 나이나 지능에 비해서 실제적인 학습기능이 낮아 읽기, 쓰기, 산수 등 기초적인 학습기능이 떨어지는 경우의 장애는?

① 주의력 결핍
② 반사회적 인격장애
③ 학습장애
④ 품행장애
⑤ 정신지체

08 다음 중 파블로프(Pavlov)의 이론에 대한 설명으로 옳은 것은?

① 인간행동은 학습되거나 학습에 의해 수정된다고 가정하였다.
② 환경적 자극에 능동적으로 반응하여 나타나는 행동에 관심을 가졌다.
③ 개인의 사고와 인지적 역할을 강조하였다.
④ 강화와 처벌을 통한 학습을 강조하였다.
⑤ 쥐 실험을 통해 고전적 조건형성에 의한 공포 반응을 확립하였다.

09 다음 브론펜브레너(Bronfenbrenner)의 생태학적 체계모델에 의한 환경체계의 구분 중 중간체계에 해당하는 것은?

① 가정과 학교 간의 관계
② 부모와 자녀 간의 관계
③ 부모의 직장과 사회적 관계망
④ 부모의 청소년 자녀에 대한 양육관
⑤ 학교와 학교의 상급기관 간의 관계

10 반두라(Bandura)의 사회학습이론에서 설명하는 성격의 발달에 관한 내용으로 옳지 않은 것은?

① 타인의 행동을 모방하는 사회학습경험으로 성격이 형성되며, 이때 유전적인 부분은 영향을 미치지 않는다.

② 성격발달에서 상징적인 환경이 중요함을 강조한다.

③ 인간행동의 많은 부분은 자기강화에 따라 결정된다.

④ 자기효율성이 높은 사람은 기대한 결과에 미치지 못하면 환경을 바꾸는 등의 노력을 한다.

⑤ 자신이 얼마나 잘 수행할 수 있을지 기대하는 것은 실제로 행동을 움직이는 인지적 각본의 핵심이 된다.

11 다음 중 로저스(Rogers)의 현상학이론에 대한 설명으로 옳지 않은 것은?

① 인간행동은 개인이 세계를 지각하고 해석한 결과이다.

② 인간은 스스로 자신의 삶의 의미를 창조한다.

③ 인간은 자기실현의 욕구를 가진다.

④ 자기(Self)는 현실적 자기와 이상적 자기로 구분된다.

⑤ 현상학적 장은 경험의 보편적인 속성을 포함한다.

12 피아제(Piaget)의 인지발달이론의 개념 중 '상이한 도식들을 자연스럽게 서로 결합하는 것'을 의미하는 것은?

① 보 존   ② 도 식

③ 적 응   ④ 조직화

⑤ 동 화

13 다음 중 피아제(Piaget)의 인지발달이론에서 전조작기에 대한 설명으로 옳지 않은 것은?

① 보존개념을 획득하지 못한다.
② 자신이 꾼 꿈을 실제라고 믿는다.
③ 상징적으로 사고하는 능력이 발달한다.
④ 자신의 관점과 상이한 다른 사람의 관점이 존재한다는 사실을 알게 된다.
⑤ 타율적 도덕성에 의존하여 도덕적 판단을 내린다.

14 사회체계이론의 주요 개념에 관한 설명으로 옳은 것을 모두 고른 것은?

> ㄱ. 폐쇄체계가 지속되면 엔트로피 속성이 나타난다.
> ㄴ. 환류(Feedback)는 정보의 투입에 대한 반응으로 일종의 적응기제이다.
> ㄷ. 항상성은 외부체계로부터 투입이 없어 체계의 구조변화가 고정된 평형상태를 말한다.
> ㄹ. 체계는 부분성과 전체성을 동시에 가지며 위계질서가 존재하는 경우가 많다.

① ㄱ, ㄴ
② ㄷ, ㄹ
③ ㄱ, ㄴ, ㄹ
④ ㄱ, ㄷ, ㄹ
⑤ ㄱ, ㄴ, ㄷ, ㄹ

15 다음 중 태아기의 특징에 대한 설명으로 옳은 것은?

① 임신 1개월 – 인간의 모습을 갖추기 시작함
② 임신 2개월 – 심장과 소화기관이 발달함
③ 임신 3개월 – 팔, 다리, 손, 발의 형태가 나타남
④ 임신 4~6개월 – 임산부의 약물복용에 가장 영향을 받기 쉬움
⑤ 임신 5~6개월 – 모체에서 분리되어도 생존함

16 다음 중 영아기의 특징에 대한 설명으로 옳지 않은 것은?

① 프로이트의 구강기, 에릭슨의 유아기에 해당한다.

② 제1성장 급등기에 해당한다.

③ 남아가 여아보다 키와 몸무게에서 약간 작다.

④ 대상영속성을 이해하기 시작한다.

⑤ 갑작스러운 큰 소리를 들을 때 팔과 다리를 벌리고 무엇인가 껴안으려는 듯 몸쪽으로 팔과 다리를 움츠린다.

17 다음 중 퀴블러-로스(Kübler-Ross)가 제시한 죽음의 적응단계에서 가장 먼저 나타나는 것은?

① "그럴 리가 없어"라며, 자신이 곧 죽는다는 사실을 부인한다.

② 하필 다른 사람이 아닌 자신이 죽게 된다는 사실에 대해 분노한다.

③ 병의 진행에 따른 절망감과 상실감을 토로한다.

④ 죽음에 대해 담담하게 생각하고 이를 수용하게 된다.

⑤ 죽음을 피할 수 없음을 깨달은 채 인생과업을 마칠 때까지 생이 지속되기를 희망한다.

18 다음 중 매슬로우(Maslow)의 인본주의에 대한 비판으로 옳지 않은 것은?

① 연령에 따른 욕구의 발달단계를 구체적으로 설명하지 않았다.

② 지나친 획일성으로 인해 개인차이나 상황을 고려하지 않았다.

③ 사회의 가치에 따라 욕구계층의 순서가 바뀔 수도 있음을 간과하였다.

④ 건전하고 창조적인 인간을 지나치게 강조함으로써 내적인 측면의 영향을 무시하였다.

⑤ '완전히 기능하는 사람'의 개념이 추상적이고 모호하다는 비판을 받았다.

19 다음 중 아들러(Adler)의 개인심리이론에 대한 내용으로 가장 옳은 것은?

① 열등감은 개인의 발달에 부정적인 영향을 미친다.

② 프로이트와 달리 인간의 생애 초기 경험의 중요성을 부인한다.

③ 창조적 자기는 생의 목표에 도달하기 위하여 설계한 좌표를 의미한다.

④ 생활양식의 유형으로서 지배형, 획득형, 회피형, 은둔형이있다.

⑤ 우월에 대한 추구는 개인적 · 사회적 수준에서 나타난다.

20 다음 중 융(Jung)의 이론에 관한 설명으로 가장 옳은 것은?

① 프로이트와 달리 개인의 성격형성이 과거와 무관하다고 주장하였다.

② 인간발달의 궁극적인 목표는 자아(Ego)의 성장에 있다.

③ 자기(Self)는 의식의 개성화 과정에서 형성된다.

④ 집단무의식은 프로이트의 전의식과 같이 조금만 노력하면 의식화될 수 있는 영역에 있다.

⑤ 생애주기에서 유년기와 청년기보다는 중년기와 노년기를 강조하였다.

21 에릭슨(E. Erickson)의 심리사회이론에서 아동기(7~12세) 발달과업을 성취하지 못할 경우 경험하는 심리사회적 위기는?

① 불신감

② 절망감

③ 침체감

④ 고립감

⑤ 열등감

22 다음 중 방어기제에 대한 설명으로 옳지 않은 것은?

① 방어기제는 자아를 보호하기 위한 의식적 과정이다.

② 한 번에 한 가지 이상의 기제를 사용하기도 한다.

③ 여러 번 사용할 경우 심리적 문제를 일으킬 수 있다.

④ 방어기제의 정상성과 병리성의 판단기준으로는 철회가능성, 균형, 강도 등이 있다.

⑤ 방어기제의 이론을 정립한 사람은 안나프로이트(Anna Freud)이다.

23 다음 중 청소년기(12~19세)의 발달특성으로 옳지 않은 것은?

① 구체적 조작사고의 발달로 미래사건을 예측할 수 있다.

② 극단적인 정서변화를 경험하게 된다.

③ 성적 성숙과 자아정체감이 형성되는 시기이다.

④ 이상적 자아와 현실적 자아의 괴리로 인해 갈등과 고민이 많은 시기이다.

⑤ 부정적 정서경험으로 인해 거식증에 걸리기도 한다.

24 다음 중 중년기(30~65세)의 특징으로 가장 옳은 것은?

① 시각, 청각, 미각, 후각 등의 감각기능이 가장 좋은 시기이다.

② 학습능력은 증가하나 문제해결능력은 감소한다.

③ 여성의 경우 50대 초반 무렵 테스토스테론의 감소로 폐경을 경험한다.

④ 직업 관리를 통해 개인적 목표와 사회적 목표를 통합한다.

⑤ 자기중심적인 도덕적 판단을 특징으로 하는 전인습적 수준의 도덕성을 보인다.

25 다음 학자와 그의 주요 기법이 옳게 연결된 것은?

① 반두라(A. Bandura) – 행동조성
② 로저스(C. Rogers) – 타임아웃
③ 스키너(B. Skinner) – 모델링
④ 피아제(J. Piaget) – 가족조각
⑤ 프로이트(S. Freud) – 자유연상

| 제2영역 | 사회복지조사론 |

---

01 다음 중 보기의 내용과 관련하여 사회복지전담공무원인 A씨가 간과하고 있는 인과관계의 조건으로 가장 적합한 것은?

> ○○시의 사회복지전담공무원인 A씨는 청소년비행에 대한 지역사회의 관심이 높아짐에 따라 청소년비행 예방을 위한 프로그램을 새롭게 개발하였고, 이를 지역 내 학교 교직원 및 학생들을 대상으로 실시하였다. 프로그램을 시행한 후 ○○시의 청소년비행 발생률을 조사한 결과, 그 비율이 줄어들었음을 발견하였다. A씨는 이를 토대로 자신이 개발한 청소년비행 예방프로그램이 효과적이었다고 결론을 내렸다.

① 공변성
② 논리성
③ 간결성
④ 통제성
⑤ 시간적 우선성

02 다음 중 사회과학 패러다임에 대한 설명으로 옳지 않은 것은?

① 패러다임은 현상에 대한 시각을 조직화하는 근원적인 모형 혹은 틀을 의미한다.

② 쿤(Kuhn)은 패러다임의 변화를 점진적인 것이 아닌 혁신적인 것으로 보았다.

③ 일반적으로 패러다임의 우열을 가릴 수 있는 객관적 기준이 존재한다.

④ 한 시기에 여러 개의 패러다임이 공존할 수 있다.

⑤ 사회과학의 패러다임이 폐기되는 경우는 자연과학의 패러다임에 비해 흔하지 않다.

03 다음 중 사회과학의 특징에 해당하지 않는 것을 모두 고른 것은?

> ㄱ. 사고의 가능성은 제한적이다.
> ㄴ. 독창적이고 유일한 성격의 학문이다.
> ㄷ. 명확한 결론을 내리기 어렵다.
> ㄹ. 연구자의 개성이나 사회적 지위에 영향을 받지 않는다.

① ㄱ, ㄴ, ㄷ

② ㄱ, ㄷ

③ ㄴ, ㄹ

④ ㄹ

⑤ ㄱ, ㄴ, ㄷ, ㄹ

04 다음 중 사회조사의 유형에 대한 설명으로 옳은 것은?

① 종단조사는 장기간에 걸쳐 조사하는 연구로 질적 연구로는 이루어지지 않는다.

② 횡단조사는 반복적인 측정이 이루어지므로 동태적인 속성을 보인다.

③ 횡단조사는 탐색, 기술, 설명의 목적을 가질 수 있다.

④ 패널조사는 새로운 경향을 확인하기 위해 해마다 다른 표본을 선정한다.

⑤ 경향분석은 패널조사보다 개인의 변화에 대해 보다 명확한 자료를 제공한다.

05 귀무가설에 대한 설명으로 적절하지 않은 것은?

① 영가설이라고도 부른다.

② 연구가설의 역으로서 주어진 연구가설에서 명시된 것을 부정하거나 기각하기 위해 설정하는 가설이다.

③ "A는 B와 관계가 있다"고 진술된다.

④ 대립가설을 설정함으로써 오히려 연구가설을 지지하려고 한다.

⑤ "행복한 교실에 참여한 집단과 참여하지 않은 집단 간에 집단응집력 차이가 없을 것이다"는 귀무가설의 예이다.

06 다음 중 조사연구의 과정을 순서대로 나열한 것은?

ㄱ. 자료수집	ㄴ. 연구주제 선정
ㄷ. 가설 설정	ㄹ. 설문지 문항 검토
ㅁ. 자료수집방법 결정	

① ㄴ → ㄷ → ㄹ → ㅁ → ㄱ

② ㄴ → ㄱ → ㄹ → ㅁ → ㄷ

③ ㄴ → ㅁ → ㄱ → ㄹ → ㄷ

④ ㄴ → ㄱ → ㅁ → ㄹ → ㄷ

⑤ ㄴ → ㄷ → ㅁ → ㄹ → ㄱ

07 다음 중 매개변수에 대한 설명으로 옳지 않은 것은?

① 종속변수와 관련성이 있어야 한다.

② 시간적으로 독립변수에 선행한다.

③ 독립변수와 종속변수 간 관계를 분석할 때 유용하다.

④ 독립변수에 의해 종속변수를 전부 설명하지 못할 때 설명이 되도록 해준다.

⑤ 모든 측정수준(명목, 서열, 등간, 비율)의 변수가 매개변수로 사용될 수 있다.

08 피면접자를 직접 대면하는 면접조사가 우편설문에 비해 갖는 장점이 아닌 것은?

① 대리응답의 방지가 가능하다.
② 보충적 자료수집이 가능하다.
③ 응답자의 익명성 보장 수준이 높다.
④ 높은 응답률을 기대할 수 있다.
⑤ 조사 내용에 대한 심층적 이해가 가능하다.

09 다음 중 설문지 작성과정에서 사전검사(Pre-test)를 실시하는 이유로 옳지 않은 것은?

① 본조사 집행에 필요한 자료를 수집한다.
② 질문 배열이 논리적으로 되었는지 검토해 본다.
③ 무응답, 기타 응답이 많은 경우를 확인한다.
④ 질문 순서가 바뀌었을 때 응답에 실질적 변화가 일어나는지 검토해 본다.
⑤ 연구하려는 문제의 핵심적인 요소가 무엇인지 확인한다.

10 다음 중 양적 연구방법에 대한 설명으로 옳은 것은?

① 심층규명(Probing)을 한다.
② 정량적 연구로서 연역적 방법을 사용한다.
③ 연구도구로서 연구자의 자질을 중시한다.
④ 인간의 사회적 행위에 관한 복합적인 과정을 다루는 사회과학에서 많이 사용된다.
⑤ 주로 사용되는 자료수집 방법은 면접과 관찰이다.

11 다음 중 보기의 내용과 연관된 것은?

> • 과학에서 객관성은 과학자 공동체에 속한 모든 사람의 동의가 아니라 그 문제에 대하여 관심을 가지고 이해할 수 있는 사람들 간의 동의를 말한다.
> • 연구 과정이 같다면 과학자들이 서로 다른 동기를 가지고 있어도 그 결과는 똑같이 나타나야 한다.

① 간주관성 ② 재생가능성
③ 체계성 ④ 패러다임
⑤ 경험성

12 다음 중 리커트(Likert)척도에 대한 설명으로 옳은 것은?

① 등간척도의 일종이다.
② 개별 문항의 중요도는 동등하지 않다.
③ 평가자를 사용하여 척도에 포함될 적절한 문항들을 선정한다.
④ 태도의 강도에 대한 연속적 증가유형을 측정한다.
⑤ 척도나 지수 개발에 용이하다.

13 다음 중 실험설계에 대한 설명으로 가장 옳은 것은?

① 순수실험설계는 필요시 무작위할당을 활용한다.
② 유사실험설계는 통제집단을 전제로 한다.
③ 순수실험설계가 유사실험설계에 비해 내적 타당도가 높다.
④ 유사실험설계는 사전검사의 과정을 거치지 않는다.
⑤ 단일집단 사전사후검사설계는 유사실험설계이다.

14 다음 중 실험설계를 적용하기에 가장 적합한 상황에 해당하는 것은?

① 지역사회 욕구를 파악하기 위해 서베이를 하고자 할 때
② 지역아동센터의 지리적 접근성을 분석하고자 할 때
③ 지역주민의 자원봉사에 대한 참여도를 파악하고자 할 때
④ 무료급식 서비스를 받은 노인의 변화를 분석하고자 할 때
⑤ 국제결혼가족의 이혼율을 파악하고자 할 때

15 다음 중 비관여적 연구조사에 해당하지 않는 것은?

① 청소년문화센터 이용자들의 프로그램 만족도에 대한 설문조사
② 과거 국회 속기록을 분석한 각 정당별 사회복지정책에 대한 태도조사
③ 아동 학대 관련 사례파일의 분석연구
④ 한부모 관련 기존통계의 분석연구
⑤ 물리적 흔적을 분석한 박물관 전시공간 재배치 연구

16 다음에서 설명하는 조사 유형에 해당하는 것은?

> • 둘 이상의 시점에서 조사가 이루어진다.
> • 동일대상 반복측정을 원칙으로 하지 않는다.

① 추세연구, 횡단연구
② 패널연구, 여론조사
③ 횡단연구, 동년배(Cohort) 연구
④ 추세연구, 동년배 연구
⑤ 인구센서스, 동년배 연구

17 다음 중 근거이론(Grounded Theory) 접근을 채택한 연구에 대한 설명으로 옳지 않은 것은?

① 기존의 이론이 아닌 현실에서 수집된 자료를 중시한다.

② 주로 면접이나 관찰 등의 방법을 사용하여 자료를 수집한다.

③ 연구결과의 일반화를 극대화하기 위해 확률표집이 선호된다.

④ 조사자의 관점은 물론 조사대상자의 관점도 포함시킨다.

⑤ 현상의 맥락과 밀접하게 연관된 이론을 개발하는 데 관심을 갖는다.

18 다음 중 관찰법의 장점에 대한 설명으로 옳지 않은 것은?

① 장기간의 종단분석이 가능하다.

② 현재의 상태를 가장 생생하게 기록할 수 있다.

③ 응답과정에서 발생하는 오류를 줄일 수 있다.

④ 관찰 대상자가 표현능력은 있더라도 조사에 비협조적이거나 면접을 거부할 경우 효과적이다.

⑤ 관찰 대상자의 내면적인 특성이나 사적 문제에 대해 자료를 수집할 때 적합하다.

19 다음 중 삼각측정(Triangulation)에 대한 설명으로 옳지 않은 것은?

① 자료에 대한 설명 및 해석 시 복수의 관점을 활용한다.

② 하나의 개념을 측정하기 위해 두 개 이상 관련 자료를 수집한다.

③ 측정에서 조사자 편견이 작용할 여지를 줄일 수 있다.

④ 여러 사람이 관찰하므로 측정오류의 발생가능성이 높아진다.

⑤ 질적 연구결과의 신뢰도를 제고하기 위한 방법이다.

20 다음 중 표본추출방법에 대한 설명으로 옳지 않은 것은?

① 집락표집 – 다단계 표본추출이 가능하다.

② 층화표집 – 전체 모집단이 아니라 여러 하위집단에서 표본을 추출한다.

③ 할당표집 – 연구자의 편향적 선정이 이루어질 수 있다.

④ 유의표집 – 표집 과정에서 연구자의 주관적 판단은 배제된다.

⑤ 체계적 표집 – 주기성(Periodicity)이 문제가 될 수 있다.

21 다음 중 측정도구의 신뢰도에 대한 설명으로 가장 옳지 않은 것은?

① 신뢰도는 무작위 오류와 관련이 있다.

② 측정 결과가 일관된 정도를 말한다.

③ 재검사법을 사용하여 신뢰도를 평가할 경우 측정대상이 동일해야 한다.

④ 크론바흐 알파(Cronbach's α)는 신뢰도 측정의 대표적인 방법이다.

⑤ 높은 신뢰도 수준은 훌륭한 과학적 결과를 보장한다.

22 다음 중 질적 연구의 엄격성(Rigor)을 높이기 위한 방안으로 옳지 않은 것은?

① 동료 보고와 지원

② 장기적인 관여

③ 연구자의 완전관찰자 역할 지향

④ 연구자의 원주민화에 대한 경계

⑤ 해석에 부적합한 부정적인 사례(Negative Case) 찾기

23 다음 중 프로그램 평가기준의 예로 맞는 것은?

① 형평성 - 서로 같은 처지에 있는 사람들을 동등하게 대우

② 통합성 - 서비스의 지속적인 제공

③ 효과성 - 클라이언트의 만족도

④ 노력성 - 프로그램에 사용한 비용

⑤ 효율성 - 실현가능성

24 다음 보기의 조사연구설계 과정에서 간과되고 있는 내적 타당도의 저해요인으로 가장 적절한 것은?

> 방과 후 프로그램의 담당자는 현재의 수업방식이 아동들의 성적 향상에 효과적인지를 알아보기 위해 프로그램 전·후의 성적을 측정하였다. 그 결과 아동들의 성적이 향상되었음을 발견하고, 현재 수업방식이 효과적이라는 결론을 내렸다.

① 반응성(Reactivity)
② 통계적 회귀(Statistical Regression)
③ 개입 확산(Diffusion)
④ 외부사건(History)
⑤ 플라시보(Placebo) 효과

25 다음 중 단순시계열설계에 대한 설명으로 옳은 것은?

① 전실험(Pre-experimental)설계의 유형 중 하나이다.
② 검사(Test)와 개입의 상호작용 효과에 대한 통제가 용이하다.
③ 실험효과를 파악하기 위해 개입 이후에는 1회만 관찰한다.
④ 복수시계열설계의 낮은 내적 타당도를 개선한 것이다.
⑤ 종속변수의 변화를 추적·비교할 수 있다.

제1영역 사회복지실천론

01 다음 중 사회복지실천의 이념적 배경으로 옳지 않은 것은?

① 개인주의는 수혜자격의 확대를 가져왔다.

② 이타주의는 타인을 위하여 봉사하는 정신으로 실천되었다.

③ 사회진화론은 사회통제의 기능을 갖는다.

④ 민주주의는 클라이언트의 자기결정권의 강조를 가져왔다.

⑤ 인도주의는 봉사정신에 입각하여 구호활동을 전개하였다.

02 다음 중 보기의 내용과 연관된 것은?

- 영국 빈민법 체제의 기초가 되었다.
- 이 법의 경계에 있는 모든 재산소유자들에게 세금을 징수함으로써 교구마다 빈민을 부양하는 것이 의무가 된다.
- 구제기금은 지역에서 마련되어 지역주민을 위해 집행되었다.
- 근대적 사회복지의 출발점이 되었다.

① 엘리자베스 구빈법

② 정부법

③ 길버트법

④ 스핀햄랜드법

⑤ 개정구빈법

03 다음 중 사회복지실천의 목적으로 옳은 것을 모두 고른 것은?

> ㄱ. 개인의 문제해결 및 대처능력의 향상
> ㄴ. 클라이언트를 체계와 연결
> ㄷ. 사회정책의 개발과 발전에 이바지
> ㄹ. 클라이언트의 문제해결 지원 및 옹호

① ㄱ, ㄴ, ㄷ
② ㄱ, ㄷ
③ ㄴ, ㄹ
④ ㄹ
⑤ ㄱ, ㄴ, ㄷ, ㄹ

04 다음 중 사회복지실천의 발달과정을 순서대로 나열한 것은?

> ㄱ. 플렉스너(Flexner)가 사회복지실천은 전문직이 아니라고 비판하였다.
> ㄴ. 리치몬드(Richmond)의 『사회진단』이 출간되었다.
> ㄷ. 밀포드(Milford) 회의에서 개별사회사업의 공통요소를 정리하였다.
> ㄹ. 펄만(Perlman)의 문제해결모델이 등장하였다.

① ㄹ → ㄴ → ㄱ → ㄷ
② ㄷ → ㄴ → ㄱ → ㄹ
③ ㄴ → ㄷ → ㄱ → ㄹ
④ ㄱ → ㄴ → ㄹ → ㄷ
⑤ ㄱ → ㄴ → ㄷ → ㄹ

05 다음 보기와 연관된 사회복지사의 역할로 가장 옳은 것은?

> 최근 장애인 권리보장을 위한 지역사회네트워크는 일상 환경에서 장애인들이 겪고 있는 다양한 문제들을 사회적으로 이슈화하였다. 지역사회네트워크는 장애인의 경우 화장실을 가고 싶어도, 버스를 타려고 해도, 민원서류를 발급받으려 해도 항상 '장애'에 부딪힌다는 어느 장애인의 하소연을 예로 들며 창고로 변한 장애인화장실, 점자 노선 안내판이 없는 버스정류장, 점자민원서류를 발급하지 않는 주민자치센터 등을 통해 여전히 형식적인 수준에 머물러 있는 우리나라의 장애인 차별금지정책과 장애인에 대한 차별을 당연시하는 사회적 풍토를 고발하였다. 네트워크는 전국 625곳의 공공근린장소의 편의 상태를 자체 조사한 결과 96%에 해당하는 597곳이 장애인들의 이용에 불편을 주는 것으로 나타났으며, 장애인에 대한 차별의 요소가 남아 있는 이들 시설의 운영·관리자를 대상으로 국가인권위원회에 집단 진정을 냈다.

① 옹호자로서의 역할
② 중재자로서의 역할
③ 중개자로서의 역할
④ 촉진자로서의 역할
⑤ 조력자로서의 역할

06 다음 중 사회복지실천의 기능 범위에 따른 예를 가장 올바르게 연결한 것은?
① 거시적 실천 – 사회복지정책의 분석 및 평가
② 거시적 실천 – 치료집단의 관리·운영
③ 중시적 실천 – 부부관계 문제해결에의 개입
④ 미시적 실천 – 불우이웃돕기모금활동
⑤ 미시적 실천 – 후원자 개발 및 관리

07 다음 중 콤튼과 갤러웨이(Compton & Galaway)의 6체계 모델에서 사회복지사가 변화노력을 달성하기 위해 상호작용하는 사람을 가리키는 체계에 해당하는 것은?
① 변화매개체계   ② 표적체계
③ 행동체계   ④ 전문가체계
⑤ 문제인식체계

08 다음 사회복지실천현장 중 2차 현장에 해당하는 곳을 모두 고른 것은?

> ㄱ. 병 원
> ㄴ. 교정시설
> ㄷ. 정신보건시설
> ㄹ. 사회복귀시설

① ㄱ, ㄴ, ㄷ   ② ㄱ, ㄷ
③ ㄴ, ㄹ   ④ ㄹ
⑤ ㄱ, ㄴ, ㄷ, ㄹ

09 다음 중 우리나라 사회복지실천의 역사에 대한 설명으로 옳은 것은?

① 1975년 한국외원단체협의회(KAVA)가 탄생하였다.
② 1985년부터 각 시·도 단위로 종합사회복지관이 설립되었다.
③ 1997년에 사회복지사 1급 제1회 국가시험이 시행되었다.
④ 2000년부터 사회복지전문요원이 공공영역에 배치되었다.
⑤ 2005년부터 노인장기요양보험제도가 시행되었다.

10 다음의 내용은 비어스텍(Biestek)의 7대 원칙 중 어느 것에 대한 설명인가?

> • 클라이언트 개개인의 독특한 자질을 알고 이해해야 한다.
> • 사회복지사는 클라이언트의 말을 귀담아 듣고 관찰해야 한다.
> • 클라이언트의 감정을 통찰하고 면접을 위한 사전준비를 철저히 한다.

① 개별화   ② 의도적인 감정표현
③ 통제된 정서적 관여   ④ 수 용
⑤ 비심판적 태도

11 다음 중 기능 수준에 따른 사회복지사의 역할에서 체계와 연결하는 역할에 해당하는 것을 모두 고른 것은?

ㄱ. 사례관리자	ㄴ. 개별상담가
ㄷ. 중재자	ㄹ. 촉진자

① ㄱ, ㄴ, ㄷ   ② ㄱ, ㄷ

③ ㄴ, ㄹ   ④ ㄹ

⑤ ㄱ, ㄴ, ㄷ, ㄹ

12 개입과정 전체에서 가장 핵심적이며, 지속적인 부문으로 문제를 재발견할 뿐만 아니라 클라이언트의 강점과 자원을 평가하는 과정은 무엇인가?

① 사정단계

② 계획단계

③ 개입단계

④ 관계형성단계

⑤ 자료수집단계

13 다음 중 사회복지실천목표를 정할 때 유의해야 할 점과 거리가 먼 것은?

① 명시적이며 측정 가능한 형태일 것

② 달성 가능할 것

③ 기관의 기능과 일치할 것

④ 사회복지사의 지식과 기술에 상응할 것

⑤ 클라이언트의 욕구보다 사회복지사의 전문가적 판단이 중요할 것

14 다음 중 밀리(Miley)와 그의 동료들이 제시한 사회복지사의 역할 분류에서 전문가집단 차원에 해당하는 것을 모두 고른 것은?

| ㄱ. 계획가 | ㄴ. 중개자 |
| ㄷ. 행동가 | ㄹ. 동 료 |

① ㄱ, ㄴ, ㄷ   ② ㄱ, ㄷ

③ ㄴ, ㄹ   ④ ㄹ

⑤ ㄱ, ㄴ, ㄷ, ㄹ

15 다음 중 사회복지실천의 통합적 접근방법의 등장배경에 대한 설명으로 옳지 않은 것은?

① 특정 사례 중심의 전통적 방법으로는 복잡한 문제 상황에 개입하기에 한계가 있었다.

② 다양한 서비스를 받아야 하는 클라이언트의 경우 여러 종류의 사회복지시설을 찾아야 하는 불편을 겪었다.

③ 각 분야의 전문화는 통일성 없이 각각 별개의 사고와 언어 및 과정을 보여줌으로써 사회복지전문직의 정체성 확립에 장애가 되었다.

④ 개별사회복지실천, 집단사회복지실천, 지역사회복지실천 등으로 분화하면서 통합적 방법이 중요한 방법론으로서 등장하게 되었다.

⑤ 전통적인 전문화 중심의 교육·훈련이 사회복지사의 분야별 이동에 좋은 효과를 보였다.

16 다음 경험적 가족치료의 기법 중 가족성원들이 공간에 스스로 위치하여 가족관계를 몸으로 표현하는 방법은?

① 실 연   ② 경계만들기

③ 합류하기   ④ 과제부여

⑤ 가족조각

17 다음 중 가족치료의 실천모형에 대한 설명으로 옳지 않은 것은?

① 전략적 모형 – 문제해결의 방법보다 문제의 원인을 밝히는 데 주력한다.

② 행동주의 모형 – 가족 상호 간의 보상교환을 늘리며 서로 간의 조화와 적응을 갖추도록 노력한다.

③ 보웬 모형 – 미분화된 자아의 분화에 초점을 둔다.

④ 정신분석학적 모형 – 문제의 원인으로 개인 내적인 심리 파악에 초점을 두어 구조적 모형과는 상치되는 양상으로 보인다.

⑤ 경험적 모형 – 가족구성원에게 개인으로서의 참된 나를 깨닫도록 한다.

18 다음 중 개입의 기법과 그에 대한 설명으로 가장 옳은 것은?

① 초점화 – 클라이언트가 겪는 일이 자신만이 가지고 있는 문제가 아니라는 것을 인식하게 하는 기법이다.

② 환기 – 클라이언트가 자신의 문제를 보증하거나 합리화하여 변화를 거부할 때 사용하는 기법이다.

③ 재보증 – 사회복지사가 신뢰를 표현함으로써 클라이언트의 자신감을 향상시키는 기법이다.

④ 격려 – 클라이언트의 사고, 감정, 행동을 현재의 사건과 연결하여 명료화하는 기법이다.

⑤ 조언 – 사회복지사가 클라이언트에게 문제에 대한 해결책을 직접 제시해주는 기법이다.

19 다음 중 비자발적인 클라이언트의 동기화를 위한 행동지침에 해당하는 것을 모두 고른 것은?

> ㄱ. 희망을 갖게 하고 용기를 준다.
> ㄴ. 서비스에 대한 저항의 실체를 있는 그대로 이해한다.
> ㄷ. 점진적인 관계형성을 통해 신뢰감이 형성되기를 기다린다.
> ㄹ. 부정적인 감정표출을 가급적 자제하도록 유도한다.

① ㄱ, ㄴ, ㄷ ② ㄱ, ㄷ

③ ㄴ, ㄹ ④ ㄹ

⑤ ㄱ, ㄴ, ㄷ, ㄹ

20 다음 중 사례관리의 특성에 대한 설명으로 옳지 않은 것은?

① 보호의 연속성과 책임성을 보장한다.

② 클라이언트에 대한 적극적인 접근을 강조한다.

③ 다양한 사회복지실천기술을 통합한 접근방법이다.

④ 다양하고 복합적인 욕구를 가진 클라이언트를 대상으로 한다.

⑤ 클라이언트에 대한 치료적 접근을 주로 강조한다.

21 다음 중 상호작용적·환경적 맥락의 중요성을 인식하고 사회적 기능에 주안점을 둔 분류체계로서 PIE(Person-In-Environment) 분류체계에 포함되지 않는 것은?

① 사회적 기능수행 문제

② 신체건강 문제

③ 가족구조 문제

④ 정신건강 문제

⑤ 환경 문제

22 다음 중 종결유형에 따른 사회복지사의 반응으로 가장 옳은 것은?

① 시간제한이 없는 종결 – 종결시기는 클라이언트만이 결정할 수 있다.

② 시간제한이 있는 종결 – 시간제한에 따라 종결 이후의 사후세션을 고려하지 않는다.

③ 클라이언트의 일방적 종결 – 종결은 사회복지사와 클라이언트의 합의에 의해 가능하다는 사실을 주지시킨다.

④ 일정기간만 제공되는 서비스의 종결 – 서비스의 특성을 설명하고 필요한 경우 다른 기관에 의뢰한다.

⑤ 사회복지사의 이동으로 인한 종결 – 원망을 듣지 않기 위해 사례를 조기에 종결한다.

23 지역사회복지관의 사회복지사는 심각한 정서장애를 보이는 아동을 지역사회정신보건센터로 의뢰하려고 한다. 아동과 어머니에게 이를 설명하는 사회복지사의 접근방법으로 옳지 않은 것은?

① 의뢰에 대한 클라이언트의 준비상태를 확인한다.

② 지역사회정신보건센터에서 실시하는 프로그램에 대한 정보를 제공한다.

③ 가능한 대안을 제시하고 클라이언트가 스스로 결정하도록 돕는다.

④ 새로운 서비스를 통해 모든 문제가 해결될 수 있다는 기대감을 가지도록 유도한다.

⑤ 의뢰로 인해 클라이언트가 버림받았다는 느낌을 가지지 않도록 배려한다.

24 다음 중 사회적 지지의 유형으로서 평가적 지지에 해당하는 것을 모두 고른 것은?

ㄱ. 경 청	ㄴ. 수 용
ㄷ. 지 시	ㄹ. 피드백

① ㄱ, ㄴ, ㄷ

② ㄱ, ㄷ

③ ㄴ, ㄹ

④ ㄹ

⑤ ㄱ, ㄴ, ㄷ, ㄹ

25 다음 중 사회복지면담에 대한 설명으로 옳지 않은 것은?

① 해석기술은 클라이언트와의 신뢰관계가 충분히 형성된 후에 사용하도록 한다.

② 클라이언트가 지나치게 말을 많이 하는 경우 폐쇄형 질문만으로 초점을 모으는 것이 필요하다.

③ 클라이언트의 말을 경청하고 있음을 느끼도록 하기 위해 클라이언트가 한 말의 일부를 반복한다.

④ 클라이언트의 개인적 질문에 대한 사회복지사의 대답은 간결하고 솔직한 것이면 된다.

⑤ 클라이언트의 생각이나 감정을 사회복지사의 언어로 정리해주는 것이 필요하다.

01 다음 중 사회복지실천기술의 개념에 대한 설명으로 옳은 것을 모두 고른 것은?

> ㄱ. 특정 상황에 맞게 기술을 선택한다.
> ㄴ. 특정 이론에 근거한 기술이다.
> ㄷ. 사회복지의 가치와 지식에 근거한 기술이다.
> ㄹ. 보편적 상황에 근거한다.

① ㄱ, ㄴ, ㄷ　　　　　　　　　　② ㄱ, ㄷ
③ ㄴ, ㄹ　　　　　　　　　　　　④ ㄹ
⑤ ㄱ, ㄴ, ㄷ, ㄹ

02 다음 해결지향적 질문 유형 중 '대처질문'에 해당하는 것은?

① "당신은 그 어려운 상황 속에서 어떻게 지금까지 견딜 수 있었습니까?"
② "문제가 일어나지 않을 때는 어떤 상황인가요?"
③ "문제가 해결되면 당신의 생활에 어떤 변화가 있을까요?"
④ "문제가 해결된다면 이를 어떻게 알 수 있나요?"
⑤ "치료를 받으러 왔을 당시의 상태를 0점, 치료목표가 성취된 상태를 10점이라고 할 때, 오늘의 상태는 몇 점에 해당하나요?"

03 다음 중 역량강화모델에 대한 설명으로 옳지 않은 것은?

① 클라이언트의 잠재적인 역량에 초점을 둔다.
② 문제를 없애려고 하기 보다는 해결책을 찾아내는 데 역점을 둔다.
③ 이용가능한 자원체계의 능력을 분석하고 목표를 구체화한다.
④ 클라이언트를 적극적인 참여와 권리를 가진 사회적 서비스의 소비자로 인식한다.
⑤ '발견 - 대화 - 발전'의 실천과정 순서로 진행된다.

04 다음 중 과제중심모델에서 과제의 의미로 가장 적절한 것은?

① 클라이언트가 문제라고 생각한 것

② 사회복지사가 클라이언트에게 일방적으로 부여한 과제

③ 사회복지사가 목적에 맞도록 정해준 과제

④ 클라이언트와 사회복지사가 함께 의논하여 만든 과제

⑤ 개입의 목표가 되는 주요 문제행동

05 남편은 이미 은퇴하였는데 큰아이가 내년에야 대학에 입학하게 되어 아들 뒷바라지 걱정과 가계 걱정이 심각한 부인이 겪는 위기는 다음 중 어떤 위기에 속하는가?

① 발달적 위기   ② 심리적 위기

③ 상황적 위기   ④ 환경적 위기

⑤ 실존적 위기

06 다음 중 심리사회모델에 대한 설명으로 옳지 않은 것은?

① 상황 속의 인간을 강조한다.

② 클라이언트가 있는 곳에서 출발하는 것을 강조한다.

③ 클라이언트의 과거 경험이 현재 심리 내적 혹은 사회기능에 미치는 영향을 강조한다.

④ 대상관계이론과 정신분석이론을 이론적 배경으로 한다.

⑤ 행동이론과 사회학습이론을 이론적 배경으로 한다.

07 다음 중 단기개입에 가장 적합하지 않은 실천모델에 해당하는 것은?

① 위기개입모델   ② 행동수정모델

③ 심리사회모델   ④ 해결중심모델

⑤ 과제중심모델

08 다음 중 장애아동부모 대상 자조집단 프로그램의 목적을 모두 고른 것은?

> ㄱ. 가족관계증진을 위한 정보습득
> ㄴ. 가족 내 의사소통 문제의 치료
> ㄷ. 아동의 권리보호
> ㄹ. 아동의 성격적 문제해결

① ㄱ, ㄴ, ㄷ   ② ㄱ, ㄷ
③ ㄴ, ㄹ   ④ ㄹ
⑤ ㄱ, ㄴ, ㄷ, ㄹ

09 다음 중 인지행동모델의 한계점에 대한 설명으로 옳지 않은 것은?

① 개입 과정에서 사회복지사의 적극적인 역할수행이 어렵다.
② 일정한 교육 수준 혹은 지적 능력을 가진 클라이언트에게 적용이 가능하다.
③ 즉각적인 개입을 필요로 하는 클라이언트에게 적용하기 어렵다.
④ 새로운 시도에 대한 의지가 약한 클라이언트에게 적용이 어렵다.
⑤ 특정 개입기술을 적용할 때 윤리적인 문제가 발생할 수 있다.

10 다음 중 사회기술훈련에 대한 설명으로 옳은 것을 모두 고른 것은?

> ㄱ. 사회학습이론에 근거한다.
> ㄴ. 사회화집단에서 많이 사용한다.
> ㄷ. 모델링, 역할연습 등의 기법들을 활용한다.
> ㄹ. 정신지체를 가진 클라이언트에게는 적용하기 어렵다.

① ㄱ, ㄴ, ㄷ   ② ㄱ, ㄷ
③ ㄴ, ㄹ   ④ ㄹ
⑤ ㄱ, ㄴ, ㄷ, ㄹ

11 다음 중 정신역동모델에 대한 설명으로 옳지 않은 것은?

① 정신분석이론의 인간발달, 성격과 비정상 심리, 치료의 측면에 근거한다.

② 클라이언트의 성적 · 공격적 본능 추구에 관심을 기울인다.

③ 클라이언트의 전이와 저항에 대한 이해의 확대 및 통합을 위해 훈습기법을 사용한다.

④ 치료기술은 문제인식이 미약한 클라이언트에게도 효과적으로 적용할 수 있다.

⑤ 자신에 대한 통찰로 현재의 문제에 대한 해답을 찾으려는 클라이언트에게 효과적으로 적용할 수 있다.

12 다음 중 인지행동모델의 개입기법에 대한 설명으로 옳지 않은 것은?

① 인지재구조화 – 클라이언트의 역기능적 사고를 순기능적 사고로 대치할 수 있도록 돕는다.

② 경험적 학습 – 클라이언트가 자신의 인지적 오류와 부합하지 않는 행동을 경험함으로써 자신의 인지적 오류를 발견하도록 한다.

③ 설명 – 클라이언트의 행동이 어떻게 생각에 영향을 미치는지를 알려주어 인지변화를 유도한다.

④ 자기지시기법 – 자기탐지, 목표선택, 목표행동 등의 과정을 통해 자신이 변화시키고자 하는 행동에 대한 계획을 세우도록 한다.

⑤ 내적 의사소통의 명료화 – 클라이언트로 하여금 자신의 독백과 생각의 비합리성을 이해할 수 있도록 한다.

13 다음 중 과제중심모델에 대한 설명으로 옳은 것을 모두 고른 것은?

> ㄱ. 리드와 엡스타인(Reid & Epstein)에 의해 개발되었다.
> ㄴ. 합의된 목표와 개입의 책무성을 강조한다.
> ㄷ. '시작-문제규명-계약-실행-종결'과 같은 구조화된 접근을 강조한다.
> ㄹ. 단일 이론에 근거하여 실천의 효과성 및 효율성을 증진시킨다.

① ㄱ, ㄴ, ㄷ

② ㄱ, ㄷ

③ ㄴ, ㄹ

④ ㄹ

⑤ ㄱ, ㄴ, ㄷ, ㄹ

14 다음 중 기능주의 학파와 진단주의 학파에 관한 설명으로 옳은 것은?

① 진단주의 학파는 미국의 대공황 이후 등장하였다.

② 기능주의 학파는 인간의 성장 가능성을 중시하였다.

③ 기능주의 학파는 클라이언트의 생활력(Life History)을 강조하였다.

④ 진단주의 학파는 현재의 경험과 개인의 동기에 대한 이해를 중시하였다.

⑤ 두 학파 간의 논쟁은 1970년대에 와서 비로소 종식되었다.

15 다음 중 일반적인 집단발달단계의 중간단계에서 수행해야 할 주요 과업에 해당하는 것을 모두 고른 것은?

> ㄱ. 성원의 참여와 권한 부여
> ㄴ. 집단의 목적에 대한 설명 및 피드백
> ㄷ. 저항적인 성원의 독려
> ㄹ. 미래에 대한 계획

① ㄱ, ㄴ, ㄷ 　　　　② ㄱ, ㄷ

③ ㄴ, ㄹ 　　　　④ ㄹ

⑤ ㄱ, ㄴ, ㄷ, ㄹ

16 다음 중 집단대상 사회복지실천에 대한 설명으로 가장 옳지 않은 것은?

① 집단대상 실천은 1900년대 초 인보관 운동에서 비롯된다.

② 집단구조는 계획적·체계적이며, 시간제한적인 개입이 이루어진다.

③ 집단의 영향력을 서비스의 매개물로 간주한다.

④ 집단을 구성할 때는 동질성과 이질성을 함께 고려해야 한다.

⑤ 집단응집력이 강할수록 자기노출에 대한 저항감이 증가한다.

17 다음 중 사정도구와 사정내용을 연결한 것으로 옳지 않은 것은?

① 사회관계망표 – 가족구성원의 관계와 세대 간 반복유형
② 소시오그램 – 집단 내 성원들 간의 견인과 반발
③ 가족그림 – 가족 내 개별성원들의 서로에 대한 느낌
④ 생활력도표 – 특정 시기 가족의 역기능적 문제
⑤ 의의차별척도 – 집단 내 동료성원들에 대한 평가

18 다음 중 폐쇄형 가족체계에 대한 설명으로 가장 옳지 않은 것은?

① 가족 내의 권위자가 가족공간을 이웃과 지역사회와 떨어지게 만드는 것을 말한다.
② 폐쇄형 가족체계는 외부와의 상호작용과 사람, 물건, 정보, 생각의 출입을 엄격히 제한한다.
③ 잠긴 문, 대중매체에 대한 부모의 꼼꼼한 통제, 여행에 대한 감시와 통제, 낯선 사람에 대한 세밀한 조사, 출입금지, 높은 담장, 전화번호부에 등록되지 않은 전화 등은 폐쇄형 가족체계의 전형적인 모습이다.
④ 폐쇄형 체계의 견고한 경계망은 텃세권의 보존, 침입자로부터의 보호, 사생활보호, 보안유지 등의 기능을 한다.
⑤ 폐쇄형 체계에서 구성원들의 행위를 제한하는 규칙은 집단의 합의과정에서 도출된다.

19 가족개입을 위한 개입기법으로서 합류(Joining)는 치료자가 가족성원들과의 관계형성 (Rapport)을 위해 기존의 가족구조에 참여하는 방법이다. 다음 중 이와 같은 합류를 촉진하기 위한 기법에 해당하는 것을 모두 고른 것은?

ㄱ. 유지하기	ㄴ. 따라가기
ㄷ. 흉내 내기	ㄹ. 돌아보기

① ㄱ, ㄴ, ㄷ
② ㄱ, ㄷ
③ ㄴ, ㄹ
④ ㄹ
⑤ ㄱ, ㄴ, ㄷ, ㄹ

20 다음 중 구조적 가족치료의 대표적인 기법을 모두 고른 것은?

| ㄱ. 역설적 지시 | ㄴ. 탈삼각화 |
| ㄷ. 척도질문 | ㄹ. 긴장 고조시키기 |

① ㄱ, ㄴ, ㄷ   ② ㄱ, ㄷ

③ ㄴ, ㄹ   ④ ㄹ

⑤ ㄱ, ㄴ, ㄷ, ㄹ

21 다음 중 과정기록의 작성과 관련하여 유념해야 할 사항으로 옳지 않은 것은?

① 과정기록은 교육적 목적을 위해 쓰인 것으로 기관의 공식적인 기록이다.

② 정직하게 기록하여야 하며, 이를 통해 슈퍼비전을 받을 수 있다.

③ 언제나 기록보다는 면접이 중요하며, 면접 중에는 면접에만 정신을 집중하는 것이 필요하다.

④ 교육용으로 사용되므로 클라이언트의 개인적 정보 보완에 노력해야 한다.

⑤ 과정기록이 의미 있기 위해서는 면접이 끝난 후 가능한 한 빨리 써야 한다.

22 다음 보기의 내용에서 사회복지사가 사용한 상담면접기술로서 가장 옳은 것은?

> 클라이언트 : 요즘 남편의 기분이 좋지 않아요. 우리 사이가 예전처럼 좋아졌으면 해요.
> 사회복지사 : 예전처럼 좋아진다는 것이 구체적으로 무엇을 의미하는 거죠?
> 클라이언트 : 남편과 이런저런 이야기도 나누고, 아이들과 함께 놀러도 다녔으면 좋겠어요.

① 명료화   ② 경 청

③ 개방적 질문   ④ 자기노출

⑤ 직 면

23 다음 중 집단 과정을 촉진하기 위한 피드백 활용기술에 대한 설명으로 옳지 않은 것은?

① 집단성원의 요청이 있을 때 피드백을 제공한다.

② 지나치게 많은 피드백을 동시에 제공하지 않는다.

③ 집단성원의 문제행동을 수정하기 위해 단점에 초점을 둔다.

④ 집단성원으로 하여금 상호 간에 피드백을 제공하도록 한다.

⑤ 피드백을 제공하는 사람과 제공받는 사람 간의 관계를 직접적으로 다루는 피드백이 유효하다.

24 심리사회모델의 주요 실천방법 중 문제를 해결하기 위해 직접 영향을 주는 과정에 대해 올바르게 설명한 것은?

① 클라이언트의 욕구에 따라 사회복지사의 의사를 관철하면서 조언하거나 제안한다.

② 클라이언트의 심리 내적인 역동에 대해 고찰한다.

③ 자신의 상황에 대해 클라이언트가 스스로 깨닫도록 원조한다.

④ 클라이언트를 수용하면서 도울 수 있음을 표명한다.

⑤ 클라이언트가 자신의 가치관에 대해 스스로 평가할 수 있도록 돕는다.

25 다음 중 사회복지실천평가에 대한 설명으로 옳지 않은 것은?

① 개입과 목표달성 간 상호관련 정도를 알아보기 위해 실시한다.

② 실천평가의 1차적 목적은 사회복지사의 책무성 평가이다.

③ 개입의 지속 또는 변경 여부 판단에 필요한 정보를 제공한다.

④ 서로 다른 문제나 특성을 가진 클라이언트에게 상대적으로 효과적인 개입방법을 선정하는 데 도움이 되는 정보를 제공한다.

⑤ 지역사회의 승인이 요구될 때 이에 대한 근거를 제시하는 계획안이 된다.

01 다음 중 보기의 내용과 연관된 지역사회복지의 특성에 해당하는 것은?

> • 지역사회복지는 주민의 생활권역을 기초로 하여 전개된다.
> • 생활권역은 주민생활의 장이면서 동시에 사회참가의 장이기도 하다.
> • 주민의 기초적인 생활권역을 구분하는 기준은 다양하며, 물리적 · 심리적 내용까지 파악해야 한다.

① 연대성
② 전체성
③ 공동성
④ 지역성
⑤ 예방성

02 다음 중 지역사회에 대한 설명으로 옳은 것은?

① 지리적 지역사회와 기능적 지역사회로 구분한 사람은 로스만(Rothman)이다.
② 산업화 이후 공동사회(Gemeinschaft)가 발전되어 왔다.
③ 지역사회는 의사소통, 교환, 상호작용의 필요성이 점차 줄어들고 있다.
④ 장애인 부모회는 지리적 지역사회에 해당한다.
⑤ 교통 및 통신수단의 발달로 과거에 비해 기능적 지역사회가 더 많이 나타나게 되었다.

03 다음 중 지역사회복지 이론에 대한 설명으로 옳은 것은?

① 지역사회 보존이론 – 과거의 지역사회공동체는 이상적인 것으로 복구될 수 없는 잃어버린 세계로 간주된다.
② 지역사회 개방이론 – 전통적 의미의 지역사회가 붕괴됨에 따라 국가의 사회복지제도에 대한 개입이 강조된다.
③ 갈등이론 – 지역사회의 변화 과정을 역동적으로 설명하기 위해 경쟁, 중심화, 분산, 분리 등의 다양한 개념들을 사용한다.
④ 생태학이론 – 사회복지사의 일이 개인의 행동을 통제하려는 사회적 욕구해결을 위해 사회적으로 구성된다고 본다.
⑤ 사회체계이론 – 지역사회를 하나의 체계로 보고 지역사회와 환경의 관계를 설명한다.

04 다음 중 맥닐(Mc Neil)이 제시한 지역사회복지실천의 원칙으로 옳지 않은 것은?

① 과정으로서의 지역사회조직은 사회사업의 한 방법이다.

② 지역사회는 있는 그대로 이해되고 통제되어야 한다.

③ 지역사회의 주민은 보건과 복지서비스에 관심을 갖는다.

④ 모든 사회복지기관과 단체는 상호 의존적이다.

⑤ 지역사회조직은 주민들과 주민의 욕구에 관심을 갖는다.

05 다음 중 보기의 내용과 연관된 지역사회개발모델에서 사회복지사의 역할로 가장 적절한 것은?

> 사회복지사는 낙후된 도시지역을 대상으로 지역 진단을 실시하였다. 그리고 그 원인이 오랜 지역적 관습에 있음을 이해시키면서, 주민들 간의 협력을 방해하는 요인을 제거하도록 도왔다.

① 조정자   ② 안내자

③ 촉매자   ④ 조사자

⑤ 사회치료자

06 다음 중 미국 지역사회복지의 발달 과정을 시기상 빠른 연대순으로 나열한 것은?

> ㄱ. 자선조직협회 창설
> ㄴ. 헐 하우스(Hull House) 건립
> ㄷ. 공정노동기준법 제정
> ㄹ. '빈곤과의 전쟁'과 함께 헤드스타트(Head Start) 프로그램 도입
> ㅁ. '작은 정부' 지향으로 복지에 대한 지방정부 책임 강조

① ㄱ - ㄴ - ㄷ - ㄹ - ㅁ

② ㄱ - ㄷ - ㄴ - ㅁ - ㄹ

③ ㄱ - ㄷ - ㄴ - ㄹ - ㅁ

④ ㄱ - ㄴ - ㄷ - ㅁ - ㄹ

⑤ ㄴ - ㄷ - ㄱ - ㅁ - ㄹ

07 다음 지역사회분석에 관한 이론적 관점 중 자원동원론에 대한 설명으로 가장 옳은 것은?

① '환경 속의 인간'의 기본 관점을 토대로 인간과 환경의 상호작용에 초점을 둔다.

② 사람들 사이에 자원을 교환하는 반복된 현상으로서 사회적 행동에 주목한다.

③ 돈, 정보, 사람은 물론 사회운동의 목적에 대한 정당성도 자원에 포함된다.

④ 사회적인 불만의 팽배가 사회운동의 직접적인 원인이다.

⑤ 개인이 속한 사회나 문화에 따라 현실의 상황을 재구성할 수 있다는 점에 주목한다.

08 다음 중 지역사회복지활동에 있어서 과정 중심의 목표와 가장 거리가 먼 것은?

① 지역사회 주민 간의 협동적 관계수립

② 문제해결에 필요한 역량기반의 향상

③ 지역사회 내의 자치적인 구조개발

④ 지역사회의 욕구충족 및 특정문제 해결

⑤ 지역사회의 토착적 지도력 발굴

09 보기의 사례와 연관된 지역사회복지실천모델로 가장 적절한 것은?

> 사회복지사 A씨는 경기도 수원시 ○○구에서 사회조사를 실시하였다. 그 결과 ○○구에서는 특히 지역복지기금을 위한 모금활동에 있어서 지역주민의 참여가 미비하다는 점을 발견하였다. 이에 사회복지사 A씨는 지역주민들의 참여방안을 수립하였으며, 지역주민들은 모금 관련 교육프로그램에 참가하였다. 6개월 후 ○○구에서는 지역주민들을 중심으로 주민조직이 결성되어 주체적인 모금활동이 전개되었다.

① 지역사회개발모형 ② 사회계획모형

③ 행동 · 계획모형 ④ 계획 · 개발모형

⑤ 개발 · 행동모형

10 다음 중 웨일과 갬블(Weil & Gamble)의 지역사회복지실천모델에서 근린지역사회조직모델의 내용으로 옳지 않은 것은?

① 구성원의 조직 능력을 개발하고 범지역적인 계획 및 외부개발의 영향을 변화시킬 수 있는 능력을 개발한다.

② 사회복지사는 옹호자, 계획가, 관리자로서의 역할을 수행한다.

③ 지방자치단체 및 지역사회구성원들이 변화를 위한 표적체계에 해당한다.

④ 지역 내에서의 삶의 질 향상이 주된 관심 영역이다.

⑤ 이웃이나 교구, 농어촌 구역의 거주자들이 일차적 지지집단에 해당한다.

11 다음 중 보기의 내용과 연관된 웨일과 갬블(Weil & Gamble)의 지역사회복지실천모델에 해당하는 것은?

> • 새로운 서비스를 제공하기 위해 재정을 지원하는 사람과 새로운 서비스를 이용하는 사람을 변화의 표적체계로 한다.
> • 사회복지사는 대변자, 계획가, 관리자, 제안서 작성자로서의 역할을 수행한다.

① 기능적 지역사회조직모델

② 정치적·사회적 행동모델

③ 연대활동모델

④ 프로그램 개발 및 지역사회연계모델

⑤ 사회운동모델

12 다음 로스(Ross)가 제시한 지역사회개발모델에서 사회복지사의 역할 중 조력자로서의 역할에 대한 내용과 거리가 먼 것은?

① 불만을 집약하는 일을 하여야 한다.

② 문제해결을 위한 목표를 설정하고 해결방안을 마련하도록 도와야 한다.

③ 조직화를 격려하는 일을 해야 한다.

④ 좋은 인간관계를 조성하는 일을 해야 한다.

⑤ 공동목표를 강조하는 일을 해야 한다.

13 다음 중 테일러와 로버츠(Taylor & Roberts)의 지역사회복지실천모델에 포함되지 않는 것은?

① 프로그램개발 및 조정모델

② 지역사회개발모델

③ 지역사회연계모델

④ 정치적 권력강화모델

⑤ 연합모델

14 길버트와 스펙트(Gilbert & Specht)는 지역사회복지실천 과정을 정책형성 과정으로 제시하고 있다. 다음 중 보기의 빈칸에 들어갈 내용으로 옳은 것은?

> 문제의 발견 → 분석 → (ㄱ) → 정책목표의 설정 → (ㄴ) → 프로그램의 설계 → 실천 → 평가와 사정

	ㄱ	ㄴ
①	대중홍보	일반의 지지와 합법성 구축
②	의견수렴	아젠다 작성
③	계획수립	대안목표의 검토
④	자원확보	정책계획의 개발
⑤	자원사정	정책형성

15 다음 상대집단을 이기기 위한 힘의 확보 전략 중 사회행동의 가장 중요한 힘에 해당하는 것은?

① 집단동원력

② 정보력

③ 힘의 과시

④ 잠재력

⑤ 약점의 이용

16 다음 사회행동조직이 타 조직과 맺는 협력관계 유형 중 연합관계에 대한 설명으로 옳은 것은?

① 전문가를 둔 영속적인 구조이다.

② 참여조직들은 모든 행동에 참여할 필요가 없다.

③ 언제든지 어느 한 쪽에 의해 중단이 가능하다.

④ 중앙위원회나 직원에 의해 장기적인 활동이 수행된다.

⑤ 유사한 목표를 가진 조직들의 일시적인 연결이다.

17 다음 중 보기의 사례에서 ○○마을이 사용할 수 있는 사회행동의 전략으로 가장 적절하지 않은 것은?

> 최근 ○○마을에서는 시의회의 도로확장공사 승인과 관련하여 집단적인 반발의 움직임을 보이고 있다. ○○마을 주민들은 마을에서 대대로 아끼며 가꾸어온 수백 년 된 느티나무 군락지가 공사구간에 포함되어, 이 나무들이 베어질 것을 우려하고 있었다.

① 도로확장공사를 승인한 의원들을 찾아가 신변에 위협을 가한다.

② 시의회 의원들에게 도로확장공사를 반대하는 서한을 보낸다.

③ 지역 언론사에 도로확장공사를 반대하는 홍보자료를 배포한다.

④ 공청회에 집단으로 참석하여 반대 발언을 한다.

⑤ 도로확장공사를 반대하는 성토대회를 개최한다.

18 다음 중 자활사업에 대한 설명으로 옳은 것은?

① 자활사업은 생활보호법이 시행되면서 본격적으로 이루어졌다.

② 광역자활센터는 2007년 경기, 강원에서 처음 시범적으로 설치 · 운영되었다.

③ 자활사업 활성화를 위해 민관협력체계인 자활기관협의체가 운영되고 있다.

④ 자활급여특례자는 의무참여자이다.

⑤ 조건부수급자도 희망 시 참여할 수 있다.

19 다음 중 자원봉사센터의 설치와 운영에 대한 설명으로 옳지 않은 것은?

① 국가기관 및 지방자치단체는 자원봉사센터를 설치할 수 있다.

② 현재 우리나라 자원봉사센터는 행정안전부에서 관할한다.

③ 운영방식은 자치단체의 직영방식과 민간 위탁방식으로 구분된다.

④ 직영방식은 행정력 활용이 쉬운 장점이 있으나 정치적 중립과 민간협력을 이루기가 어렵다.

⑤ 직영방식 중 혼합형은 자치단체 내의 전담 부서에서 회의 기능을 맡고, 공무원이 센터의 직원이 되어 실무를 운영하는 방식이다.

20 다음 중 후원개발사업의 장점으로 옳은 것을 모두 고른 것은?

ㄱ. 나눔문화 확산으로 공동체의식 함양에 기여한다.
ㄴ. 후원자 개인의 자아실현 기회를 제공한다.
ㄷ. 민간비영리조직의 자율성 향상에 기여한다.
ㄹ. 지역사회 내 가용 복지자원의 총량을 확대한다.

① ㄱ, ㄴ, ㄷ   ② ㄱ, ㄷ
③ ㄴ, ㄹ   ④ ㄹ
⑤ ㄱ, ㄴ, ㄷ, ㄹ

21 사회복지협의회의 내용으로 옳지 않은 것은?

① 민간과 공공기관이 상호 협의하는 기구인 지역사회보장협의체와 차이가 있다.

② 지역사회복지에 관심을 가진 민간단체 또는 개인의 연합체이다.

③ 필요한 경우 시·군·구 기초자치단체에 둘 수 있다.

④ 사회복지시설 및 기관중심의 지역사회복지 증진을 위한 법정단체이다.

⑤ 지역사회복지실천 기관 중 간접 서비스 기관이다.

22 다음 보기의 내용은 지역사회복지실천에서의 참여 정도를 낮은 수준에서 높은 수준으로 연결한 것이다. 빈칸에 들어갈 내용을 순서대로 나열한 것은?

> 단순정보수혜자 → (   ) → (   ) → (   ) → (   ) → 기획과 집행에서의 책임과 권한부여

① 자문담당자 → 조직대상자 → 의사결정권의 보유 → 계획단계에의 참가
② 자문담당자 → 의사결정권의 보유 → 조직대상자 → 계획단계에의 참가
③ 조직대상자 → 계획단계에의 참가 → 자문담당자 → 의사결정권의 보유
④ 조직대상자 → 자문담당자 → 계획단계에의 참가 → 의사결정권의 보유
⑤ 계획단계에의 참가 → 자문담당자 → 조직대상자 → 의사결정권의 보유

23 다음 카터(Carter)가 제시한 평가의 유형 중 보기의 내용과 연관된 지역사회복지 프로그램의 평가 유형에 해당하는 것은?

> 일단 본 궤도에 오른 프로그램의 영향을 사정하기 위해 사용하는 평가로서, 이미 규명된 수준의 목표달성, 수행척도에 의한 능력 인증, 의도된 혹은 의도되지 않은 결과 등에 대한 검토가 포함된다.

① 상호작용적 평가
② 설명적 평가
③ 선제적 평가
④ 모니터링 평가
⑤ 영향평가

24 다음 중 지역사회보장계획에 대한 설명으로 옳은 것을 모두 고른 것은?

> ㄱ. 「사회보장급여의 이용·제공 및 수급권자 발굴에 관한 법률」에 근거를 둔다.
> ㄴ. 지역사회보장에 관련한 통계 수집 및 관리 방안 등을 포함한다.
> ㄷ. 시·도지사 및 시장·군수·구청장은 4년마다 지역사회보장계획을 수립하여야 한다.
> ㄹ. 지역사회보장계획 수립을 위한 지역사회보장조사는 원칙적으로 해마다 실시한다.

① ㄱ, ㄴ, ㄷ
② ㄱ, ㄷ
③ ㄴ, ㄹ
④ ㄹ
⑤ ㄱ, ㄴ, ㄷ, ㄹ

25 다음 지역사회복지의 기능과 사례 중 사회통합의 기능을 설명한 것으로 가장 옳은 것은?

① A 마을에서는 수급자인 독거어르신을 위해 가스보일러를 제공하였다.
② B 마을에서는 지역주민이 생산한 채소를 마을 공동 판매장에 진열하여 판매하였다.
③ C 마을에서는 지역주민 어르신들을 대상으로 경로잔치를 개최하고 후원물품을 제공하였다.
④ D 마을에서는 범죄로부터 지역주민의 안전을 지키기 위해 자치규칙을 제정하여 치안을 강제하였다.
⑤ E 마을에서는 인사 잘하는 마을 만들기를 위해 청소년을 대상으로 예절교육 프로그램을 실시하였다.

제1영역   사회복지정책론

01 다음 중 사회복지정책관련 원칙과 가치를 연결한 것으로 옳지 않은 것은?

① 보충성 원칙 – 자력구제우선

② 연대성 원칙 – 다수의 공동부담

③ 열등처우 원칙 – 비례적 평등

④ 보험수리 원칙 – 개인적 형평성

⑤ 최소극대화(Maximin) 원칙 – 개인적 자유

02 다음 중 사회복지정책의 기능으로 옳지 않은 것은?

① 소득재분배   ② 능력에 따른 배분

③ 최저생활의 확보   ④ 사회통합과 정치적 안정

⑤ 개인의 자립 및 성장, 잠재능력향상

03 다음 중 사회복지에 대한 국가 개입의 필요성과 관련하여 보기의 내용과 밀접하게 연관된 것은?

> • 간염 예방접종을 받은 사람은 그 자신의 비용을 지불하지만, 그로 인해 자기 자신은 물론 다른 사람의 간염 전염률을 감소시킨다.
> • 자동차의 매연은 운전자 자신은 물론 다른 사람, 더 나아가 환경에 악영향을 미친다.

① 도덕적 해이   ② 공공재 성격

③ 외부효과   ④ 규모의 경제

⑤ 위험발생의 비독립성

04 다음 중 사회복지정책의 특징에 대한 설명으로 옳지 않은 것은?

① 사회연대의식에 기초하고 있다.

② 국민의 최저수준을 보장한다.

③ 가치중립적이다.

④ 개인의 자립성 증진을 목적으로 한다.

⑤ 시장의 실패를 시정하여 자원배분의 효율화 기능을 수행한다.

05 다음 중 사회복지정책의 이념으로서 신자유주의에 대한 설명으로 옳은 것을 모두 고른 것은?

> ㄱ. 자본주의에 대해 긍정적인 입장을 취한다.
> ㄴ. 사회복지정책을 경제발전의 걸림돌로 간주한다.
> ㄷ. 시장개방, 노동의 유연성, 탈규제, 민영화 등의 정책을 선호한다.
> ㄹ. 사회적 선을 추구하는 데 있어서 국가의 긍정적인 역할을 강조한다.

① ㄱ, ㄴ, ㄷ   ② ㄱ, ㄷ

③ ㄴ, ㄹ   ④ ㄹ

⑤ ㄱ, ㄴ, ㄷ, ㄹ

06 다음 중 복지국가 위기 이후 나타난 변화로 옳지 않은 것은?

① 노동과 복지의 연계강화

② 경제정책과 사회정책의 통합

③ 권리와 책임의 균형

④ 복지국가에 대한 대중의 지지도 향상

⑤ 복지공급주체의 다원화

07 다음 중 조지와 윌딩(George & Wilding)이 제시한 사회복지이념에 대한 설명으로 옳은 것을 모두 고른 것은?

> ㄱ. 반집합주의 – 빈곤은 경제적 비효율을 초래하므로 국가에 의해 제거되어야 한다.
> ㄴ. 소극적 집합주의 – 사회병리를 개선하고 사회결속을 유지하기 위해 사회복지정책이 필요하다.
> ㄷ. 페이비언 사회주의 – 수정이데올로기 모형에서 '중도노선(The Middle Way)'으로 수정되었다.
> ㄹ. 마르크스주의 – 자본주의 사회에서 빈곤 문제는 필연적으로 발생하게 된다.

① ㄱ, ㄴ, ㄷ
② ㄱ, ㄷ
③ ㄴ, ㄹ
④ ㄹ
⑤ ㄱ, ㄴ, ㄷ, ㄹ

08 다음 중 자선조직협회에 대한 설명으로 옳지 않은 것은?

① 자선기관들 사이의 협력을 통한 자선의 중복 방지를 목적으로 한다.
② 무급의 우애방문원을 통하여 빈곤자의 상황을 가능한 한 자세히 파악하고자 하였다.
③ 빈곤의 핵심은 사회개혁이 아니라 빈민의 변화에 있다고 보았다.
④ 중류지식인을 중심으로 함께 거주하면서 생활의 개선을 추구하였다.
⑤ 'Not Alms but a Friend'의 슬로건을 가지고 있었다.

09 다음 중 베버리지 보고서의 사회보험체계에 대한 설명으로 옳지 않은 것은?

① 소득수준에 비례하여 보험료를 산정해야 한다.
② 재정은 피보험자, 고용주, 국가 3자가 부담한다.
③ 일반적인 사회적 위험을 모두 포함해야 한다.
④ 취업기간 중 소득과 취업중단 기간 중 소득 간의 차이는 가능한 한 커야 한다.
⑤ 급여수준 및 기간이 충분한 정도로 이루어져야 한다.

10 다음 중 사회복지정책 관련 이론으로서 시민권이론에 대한 설명으로 가장 옳지 않은 것은?

① 마샬(Marshall)은 공민권, 정치권, 사회권 순으로 시민권이 확대되어 왔다고 주장하였다.

② 사회복지정책은 시민권의 확립이라는 진화적 과정에 따라 개선 및 확대될 수 있다.

③ 사회권은 복지권(Welfare Right)과 동일한 것으로 볼 수 있다.

④ 사회권의 확립을 통한 사회복지의 제도화가 사회적 연대를 이루는 데 기여한다.

⑤ 사회권의 개념을 구체적으로 규정함으로써 모든 국가에서 널리 통용될 수 있다.

11 다음 중 복지국가 유형화의 기준으로서 탈상품화를 강조한 학자는?

① 조지와 윌딩(George & Wilding)

② 미쉬라(Mishra)

③ 피븐과 클라워드(Piven & Cloward)

④ 퍼니스와 틸튼(Furniss & Tilton)

⑤ 에스핑-안데르센(Esping-Andersen)

12 다음 중 소수의 특정 전문가집단이나 권력집단이 다수의 대중들을 지배하고 사회정책을 이끌어낸다는 점을 강조한 이론에 해당하는 것은?

① 엘리트이론   ② 음모이론

③ 수렴이론   ④ 사회통제이론

⑤ 코포라티즘

13 다음 중 신마르크스주의(Neo-Marxism)에 대한 설명으로 가장 옳은 것은?

① 전통적 마르크스주의의 폐지를 주장한다.

② 국가는 노동자 계급의 통합을 위해 사회복지정책을 확대한다.

③ 국가의 자율적 역할 정도에 따라 기능주의 관점과 갈등주의 관점으로 대별된다.

④ 복지국가의 발전을 유효수요 증대를 목적으로 하는 케인즈주의적 관점에서 분석한다.

⑤ 복지정책을 자본축적의 위기나 정치적 도전을 수정하기 위한 수단으로 본다.

14 다음 정책분석의 3P(과정분석, 산물분석, 성과분석) 중 과정분석의 사례에 해당하는 것은?

① 근로장려세제(EITC)의 근로유인 효과분석
② 자활사업 참여자의 공공부조 탈수급 효과분석
③ 장애아동 복지지원법 제정에서 이익집단의 영향 분석
④ 청년수당이 청년실업률 감소에 미치는 영향 분석
⑤ 보육서비스 정책이 출산율 증가에 미치는 영향 분석

15 다음 중 사회복지정책의 형성과정을 순서대로 나열한 것은?

① 의제형성 – 정책입안 – 정책결정 – 정책평가 – 정책집행
② 의제형성 – 정책결정 – 정책입안 – 정책평가 – 정책집행
③ 의제형성 – 정책입안 – 정책결정 – 정책집행 – 정책평가
④ 정책입안 – 정책결정 – 정책집행 – 정책평가 – 의제형성
⑤ 정책입안 – 의제형성 – 정책결정 – 정책집행 – 정책평가

16 다음 중 보기의 정책결정이론에 대한 설명으로 옳은 것을 모두 고른 것은?

> ㄱ. 최적모형 – 정책결정은 과거의 정책을 점증적으로 수정하는 방식으로 이루어진다.
> ㄴ. 혼합모형 – 정책결정에 드는 비용보다 효과가 더 커야 한다.
> ㄷ. 만족모형 – 정책결정자의 만족 수준에 대한 명확한 기준을 토대로 한다.
> ㄹ. 합리모형 – 목표달성을 극대화할 수 있는 최선의 정책대안을 찾을 수 있다.

① ㄱ, ㄴ, ㄷ   ② ㄱ, ㄷ
③ ㄴ, ㄹ   ④ ㄹ
⑤ ㄱ, ㄴ, ㄷ, ㄹ

17 다음 중 사회복지정책의 평가기준에서 정책의 효과에 대한 평가로서 목표달성도를 파악하는 평가에 해당하는 것은?

① 정책문제평가 ② 정책의제평가
③ 정책결정평가 ④ 정책집행평가
⑤ 정책영향평가

18 다음 중 우리나라 사회복지재원에 대한 설명으로 옳지 않은 것은?

① 국고보조금은 중앙정부 각 부처가 지방자치단체에 지원하는 재원이다.
② 우리나라의 교육세와 미국의 사회보장세는 대표적인 목적세이다.
③ 공공부조 시행에 필요한 모든 비용은 중앙정부가 부담한다.
④ 기금은 일반회계예산에 비해 탄력적인 운용 및 집행에 유리하다.
⑤ 국민연금기금은 국가회계기준에 관한 규칙상 국가회계실체 중 기금에 해당한다.

19 다음 중 사회복지서비스 전달체계로서 지방정부의 필요성과 가장 거리가 먼 것은?

① 사회복지정책의 가치인 평등성 추구
② 지역주민의 욕구를 효율적으로 해결
③ 지방정부 간의 경쟁을 유발시켜 서비스의 질과 가격에 유리
④ 창의적 · 실험적인 서비스 제공 가능
⑤ 수급자의 정책참여기회 확대로 욕구수렴 가능성 제고

20 다음 중 우리나라 사회보험의 시행순서를 순서대로 나열한 것은?

ㄱ. 건강보험	ㄴ. 국민연금
ㄷ. 고용보험	ㄹ. 산업재해보상보험

① ㄴ - ㄹ - ㄱ - ㄷ ② ㄴ - ㄹ - ㄷ - ㄱ
③ ㄹ - ㄱ - ㄴ - ㄷ ④ ㄹ - ㄴ - ㄷ - ㄱ
⑤ ㄹ - ㄴ - ㄱ - ㄷ

21 국민연금 보험료 부과체계상 소득상한선과 소득하한선에 관한 설명으로 옳지 않은 것은?

① 소득하한선은 일정수준 이하의 저소득계층을 제도의 적용으로부터 제외시키는 기능을 한다.

② 소득하한선을 높게 설정할 경우 국민연금 가입자 규모가 감소할 수 있다.

③ 소득상한선은 국민연금 가입자들 상호 간 연금급여의 편차를 일정수준에서 제한하는 기능을 하게 된다.

④ 소득상한선을 낮게 유지할 경우 고소득계층의 부담은 그만큼 더 커지게 된다.

⑤ 소득상한선은 그 이상의 소득에 대해서는 더 이상 보험료가 부과되지 않는 소득의 경계선을 의미한다.

22 2015년 7월부터 국민기초생활보장제도가 '맞춤형 급여' 체계로 운영됨에 따라 수급자 선정을 위한 기준으로 '기준 중위소득'이 적용되고 있다. 다음 중 급여의 종류별 기준 중위소득에 따른 수급자 선정기준선이 높은 급여에서 낮은 급여로 순서대로 나열한 것은?

① 생계급여 > 주거급여 > 의료급여 > 교육급여

② 생계급여 > 교육급여 > 주거급여 > 의료급여

③ 주거급여 > 생계급여 > 교육급여 > 의료급여

④ 의료급여 > 교육급여 > 생계급여 > 주거급여

⑤ 교육급여 > 주거급여 > 의료급여 > 생계급여

23 다음 중 우리나라의 근로연계복지정책에 관한 설명으로 옳지 않은 것은?

① 기존 소득보장 중심의 공공부조제도에 대한 문제 인식에서 비롯되었다.

② 수급자의 근로유인을 강화하는 것이 목적이다.

③ 복지급여에 대해 개인의 책임보다 국가의 책임을 강조한다.

④ 취업 우선전략과 인적자원 투자전략이 활용된다.

⑤ 자활지원사업이 근로연계복지정책에 해당한다.

24 다음 중 조세방식으로 재원을 마련하여 의료서비스를 국가 내지 의료보장 주체가 직접 제공하는 보편적 의료서비스 방식은?

① NHS방식

② CSM방식

③ NHI방식

④ 공제조합방식

⑤ 상호부조방식

25 10명의 빈곤자 중 5명은 소득이 0원, 나머지 5명은 소득이 90만원이다. 빈곤선을 월 100만원으로 가정하는 경우 총 빈곤갭으로 옳은 것은?

① 50만원

② 500만원

③ 550만원

④ 600만원

⑤ 750만원

제2영역	사회복지행정론

01 다음 중 하젠펠트(Hasenfeld)가 제시한 사회복지조직의 특성으로 옳은 것을 모두 고른 것은?

ㄱ. 사회복지조직은 변화되어야 할 속성을 가지고 있는 클라이언트와 직접 접촉하여 활동하고 있다.

ㄴ. 사회복지조직은 투입되는 원료가 도덕적 가치를 지닌 인간이다.

ㄷ. 사회복지서비스의 효과성을 타당성 있고 신뢰성 있게 측정할 수 있는 표준척도가 없다.

ㄹ. 사회복지조직의 목표는 구체적인 합의 과정에서 도출되므로 비교적 명확하다.

① ㄱ, ㄴ, ㄷ

② ㄱ, ㄷ

③ ㄴ, ㄹ

④ ㄹ

⑤ ㄱ, ㄴ, ㄷ, ㄹ

02 다음 중 인간관계이론의 특성에 대한 설명으로 옳지 않은 것은?

① 작업능률과 생산성은 인간관계에 의해 좌우된다.

② 조직 내 비공식 집단은 개인의 생산성에 영향을 미친다.

③ 근로자는 개인으로서가 아니라 집단의 일원으로서 행동한다.

④ 집단 내의 인간관계는 정서적인 것과 같은 비합리적 요소에 따라 이루어진다.

⑤ 조직에 있어 중요한 영향을 미치는 환경, 자원의 목적, 조직의 크기, 클라이언트 요인들, 임금과 활동조건 등의 변수를 고려한다.

03 다음 중 우리나라 사회복지행정의 변화에 대한 설명으로 옳지 않은 것은?

① 1995년 분권교부세의 도입으로 지방재정분권을 본격화하였다.

② 1997년 사회복지시설의 설치가 허가제에서 신고제로 전환되었다.

③ 1999년 사회복지행정학회가 창설되었다.

④ 2005년부터 시 · 군 · 구에서 지역사회복지협의체를 운영하였다.

⑤ 2007년부터 장애인활동보조, 노인돌봄 등에 대한 바우처 사업이 시행되었다.

04 다음 중 사회복지행정과 일반행정의 차이점에 대한 설명으로 가장 옳은 것은?

① 사회복지행정은 일반행정에 비해 투입과 산출이 비교적 명확하다.

② 사회복지행정은 일반행정에 비해 환경적 요소에 비교적 영향을 덜 받는다.

③ 사회복지행정은 수직적 특성과 공식적인 조직을 중시한다.

④ 사회복지행정의 출발은 인간욕구의 변화에 따라 달라진다.

⑤ 사회복지행정은 완전성을 지니고 있다.

05 다음 중 사회복지전달체계 주체로서 공공과 비교하여 민간의 강점으로 옳지 않은 것은?

① 정부제공 서비스의 비대상자를 지원한다.

② 대상자 선정 과정이 보다 엄격하며 책임성을 보증한다.

③ 서비스 선택의 기회를 확대한다.

④ 환경 변화에 대응하여 서비스를 선도한다.

⑤ 특정 영역에서 고도로 전문화된 서비스를 제공한다.

06 다음 중 투과성 조직에 대한 설명으로 가장 옳지 않은 것은?

① 조직구성원과 클라이언트의 자발적인 참여가 이루어진다.

② 업무와 사적 활동에 분명한 구분이 있어 가정과 사생활을 침해하지 않는다.

③ 영역의 유지구조는 매우 약하고 역할구조도 단순하다.

④ 조직의 통제가 약하며 조직의 활동이 노출되는 조직이다.

⑤ 자원봉사활동조직이 투과성 조직의 대표적인 예이다.

07 다음 중 환경변화에 대응하기 위한 조직의 자기진화적 혁신을 강조하는 조직이론은?

① 합리체계이론　　　　　　　　　② 자연체계이론

③ 학습조직이론　　　　　　　　　④ 인간관계이론

⑤ 관료제이론

08 다음 중 위원회 운영의 단점으로 옳지 않은 것은?

① 위원회의 유지비용이 많이 든다.

② 제안을 평가하거나 관련된 여러 전문가의 의견을 듣기 어렵다.

③ 문제를 해결하는 데 시간이 많이 걸린다.

④ 위원의 책임감이 희박할 가능성이 있다.

⑤ 이해관계가 얽힌 대표의 참여는 전체적으로 보지 못한다.

09 다음 중 보기의 내용에 해당하는 감사(Audit)의 유형으로 옳은 것은?

> • 기관의 재정운영이 적절한 절차에 의해 시행되고 있는지 확인한다.
> • 전형적인 품목별(항목별) 예산 방식에서 요구하는 방식이다.
> • 프로그램의 목표달성 여부나 효율성 문제를 다루기 어렵다.

① 성과평가 감사　　　　　　　　② 복식부기 감사

③ 운영회계 감사　　　　　　　　④ 규정준수 감사

⑤ 발생주의 감사

10 다음 중 조직의 위계론에 따른 기획내용에 대한 설명으로 옳지 않은 것은?

① 조직의 위계에 따라 기획의 내용이 서로 다르다.
② 관리실무자는 단기목표를 수립한다.
③ 감독관리층은 구체적인 프로그램을 계획하고 운영기획을 한다.
④ 중간관리층은 자원의 배분 및 할당에 관한 기획을 한다.
⑤ 최고관리층은 장기적인 계획을 수립한다.

11 다음 중 조직구조 관련 개념에 대한 설명으로 옳지 않은 것은?

① 공식화(Formalization)는 조직 내 직무와 수행 과정을 명문화하는 것이다.
② 복잡성(Complexity)은 조직 내 분화의 정도를 의미한다.
③ 분권화(Decentralization)는 의사결정의 공식적 권한이 분산되거나 이양된 것을 말한다.
④ 수평적 분화의 행태로 분업화(Specialization)와 부문화(Departmentation)를 들 수 있다.
⑤ 집권화(Centralization)의 장점은 외부환경에 유연하게 대처할 수 있다는 것이다.

12 다음 중 민츠버그(Mintzberg)가 제시한 조직구조의 유형으로서 기계적 관료구조의 특징으로 옳은 것은?

① 표준화와 분권화가 결합된 형태로서 전문가 중심의 운영구조를 가진다.
② 중간부문 라인이 권력을 보유하며, 기능별로 분화된 구조를 가진다.
③ 표준화된 조직구조, 명문화된 책임규정, 명확한 권한계층을 가진다.
④ 분업화 · 공식화 수준이 낮으며, 권한이 최고관리자에게 집중된 구조를 가진다.
⑤ 변화전략이나 위험부담이 높은 전략을 구사하는 상황에 적합한 조직구조이다.

13 다음 중 업무세분화의 부정적인 영향에 대한 대처방법으로 가장 옳은 것은?

① 업무와 기술을 단순화한다.
② 직무순환을 실시한다.
③ 직원 수를 늘린다.
④ 관리 · 감독을 철저히 한다.
⑤ 전문기술개발을 강화한다.

14 사회복지법인 대표이사가 과장에게 다음과 같이 지시하였다. 과장이 취해야 할 직원개발방법으로 가장 옳은 것은?

> "A사회복지사는 실무경험이 별로 없어요. 같이 근무하면서 업무에 필요한 교육을 하도록 하세요."

① 신규채용훈련 – 직장훈련
② 직장훈련 – 슈퍼비전
③ 업무확장 – 슈퍼비전
④ 역할연기법 – 신규채용훈련
⑤ 업무확장 – 사례발표

15 직원의 개발방법 중 10명 내외의 소집단으로 나누고 각 집단별로 동일한 문제를 토의하여 해결방안을 작성하고 다시 전체가 모인 자리에서 각 집단별로 발표하고 토론하여 각 집단별로 문제해결방안을 모색하는 방법은?

① 사례연구방법
② 역할연기법
③ 신디케이트
④ 로테이션
⑤ 패 널

16 다음 중 계획예산제도(PPBS)에 대한 설명으로 옳지 않은 것은?

① 미국의 랜드연구소(Rand Corporation)가 국방성의 예산을 프로그램의 측면에서 이해할 수 있도록 개발하였다.
② 의사결정에 있어서 과학적이고 합리적인 기법을 활용한다.
③ 조직의 통합적 운영이 편리하다.
④ 조직품목과 예산이 직접 연결되지 않아 환산작업에 어려움이 있다.
⑤ 단위원가계산이 쉬워 단기적 예산변경에 유리하다.

17 다음 중 프로그램 평가기준과 그 요소를 연결한 것으로 가장 옳지 않은 것은?

① 영향성 - 동일한 접근 기회 제공
② 효과성 - 클라이언트의 프로그램 참여도
③ 효율성 - 예산절감
④ 서비스 질 - 서비스 인력의 자격증 보유
⑤ 노력성 - 서비스의 제공량

18 다음 중 사회복지서비스 전달체계에 대한 설명으로 옳지 않은 것은?

① 구조 · 기능적 차원에서는 행정체계와 집행체계로 구분된다.
② 행정체계는 서비스 전달을 기획, 지시, 지원, 관리하는 기능을 담당한다.
③ 서비스 종류에 따라 공적 전달체계와 사적 전달체계로 구분된다.
④ 집행체계는 서비스 전달기능을 주로 수행하면서 행정기능도 병행한다.
⑤ 서비스 기관은 사회복지서비스를 수급자에게 제공하는 집행체계에 해당한다.

19 다음 중 보기의 내용과 연관된 욕구 유형에 해당하는 것은?

> A 연구자는 서울의 ○○구 지역주민들의 아동보육서비스에 대한 욕구를 파악하기 위해 보건복지부 산하 연구기관의 통계자료를 분석하여 아동인구 천 명당 적정 보육시설의 수를 확인하였다.

① 인지적 욕구
② 규범적 욕구
③ 표현적 욕구
④ 비교적 욕구
⑤ 상대적 욕구

20 다음 중 리더십에 대한 이론과 설명을 연결한 것으로 옳은 것은?

① 행동이론 – 리더십의 유형을 과업지향적인 것과 상황지향적인 것으로 구분한다.

② 특성이론 – 구성원 성장에 대한 헌신과 공동체 의식 형성에 초점을 둔다.

③ 서번트 리더십이론 – 리더를 섬김의 대상으로 간주하여 리더의 조직을 위한 헌신을 강조한다.

④ 경쟁가치 리더십이론 – 리더는 조직구성원의 성숙도에 따라 관리행동을 맞추어 나가야 한다.

⑤ 변혁적 리더십이론 – 리더의 개혁적·변화지향적인 모습과 비전 제시는 조직구성원에게 높은 수준의 동기를 부여한다.

21 다음 중 성과주의 예산의 장점에 해당하지 않는 것은?

① 목표와 프로그램에 대한 명확한 이해가 가능하다.

② 회계책임 소재가 명확하다.

③ 정책 및 사업계획의 수립이 용이하다.

④ 자금배분의 합리화를 기할 수 있다.

⑤ 신축적인 예산집행이 가능하다.

22 다음 중 기획에 대한 설명으로 옳지 않은 것은?

① 미래에 일어날 일을 예측하며 과거 오류의 재발을 방지한다.

② 프로그램 수행의 책임성을 높이는 데 도움이 된다.

③ 프로그램의 효율성 및 효과성을 증진시킨다.

④ 조직성원의 참여를 통해 사기를 진작시킨다.

⑤ 프로그램 수행과정의 불확실성이 증가된다.

23 다음 중 총체적인 품질관리의 지침에 해당하지 않는 것은?

① 서비스의 질이 1차적인 목적이다.

② 서비스 제공자로서의 주인의식을 가진다.

③ 직원에게 월 1회 친절교육을 실시한다.

④ 품질의 결정은 조직의 장 및 그 구성원들이 한다.

⑤ 클라이언트의 만족이 조직의 최대가치이다.

24 다음의 설명은 동기부여이론 중 어느 이론에 대한 설명인가?

> 고전적 접근법으로 인간은 본질적으로 일하기를 싫어하며 근로자들에게는 집권적이고 권위적인 지시와 통제가 필요하다고 본다.

① X이론

② Y이론

③ Z이론

④ 욕구이론

⑤ Q이론

25 다음 중 허즈버그(Herzberg)의 동기-위생이론(2요인 이론)의 내용으로 옳은 것은?

① 적절한 봉급, 작업조건은 동기부여요인에 해당한다.

② 인정이나 성장가능성은 동기부여요인에 해당한다.

③ 능력과 지식의 신장은 위생요인에 해당한다.

④ 직무 자체가 위생요인이 된다.

⑤ 위생요인과 동기부여요인 중 하나만으로도 동기부여가 된다.

01 다음 중 사회복지법 체계에 관한 설명으로 옳지 않은 것은?

① 헌법은 사회복지법의 기본 근거가 된다.

② 판례는 법원의 판결에 의해 효력이 발생한다.

③ 사회보장기본법 시행령 제정은 보건복지부 주관이다.

④ 사회보장기본법은 국회에서 제정한 법률이다.

⑤ 사회복지법의 법원으로서 법률은 보통 시행령과 시행규칙으로 표현된다.

02 다음 중 사회복지법의 성문법원(成文法源)이 될 수 있는 것을 모두 고른 것은?

ㄱ. 법 률	ㄴ. 총리령
ㄷ. 자치법규	ㄹ. 국제조약 및 국제법규

① ㄱ, ㄴ, ㄷ   ② ㄱ, ㄷ

③ ㄴ, ㄹ   ④ ㄹ

⑤ ㄱ, ㄴ, ㄷ, ㄹ

03 다음 중 사회복지법령상 권리구제 내지 권익보호에 관한 설명으로 옳은 것은?

① 사회보장기본법은 권리구제에 관한 별도의 명문 규정을 두고 있지 않다.

② 국민기초생활 보장급여 변경 처분에 이의가 있는 경우, 시장·군수·구청장에게 이의신청을 할 수 있다.

③ 한부모가족지원법에 따른 복지급여 등에 대하여 이의가 있을 경우 보호대상자 또는 그 친족이나 그 밖의 이해관계인은 그 결정을 통지받은 날부터 30일 이내에 서면으로 해당 복지실시기관에 심사를 청구할 수 있다.

④ 고용보험법상 실업급여에 관한 처분에 이의가 있는 사람은 고용보험심사위원회에 심사를 청구할 수 있다.

⑤ 긴급복지지원법상 긴급복지 지원비용 반환명령에 이의가 있는 사람은 이의신청을 할 수 있다.

04 다음 중 기초연금법령상 기초연금 지급대상자의 선정기준액을 산정할 때 고려사항으로 가장 옳지 않은 것은?

① 노인가구의 소득 수준
② 노인가구의 재산 수준
③ 노인가구의 가족관계
④ 노인가구의 생활실태
⑤ 물가상승률

05 다음 중 헌법 제34조에 규정된 내용으로 옳지 않은 것은?

① 국가는 모성의 보호를 위하여 노력하여야 한다.
② 국가는 여자의 복지와 권익의 향상을 위하여 노력하여야 한다.
③ 국가는 사회보장 · 사회복지의 증진에 노력할 의무를 진다.
④ 국가는 노인과 청소년의 복지향상을 위한 정책을 실시할 의무를 진다.
⑤ 국가는 재해를 예방하고 그 위험으로부터 국민을 보호하기 위하여 노력하여야 한다.

06 다음 중 사회복지법의 제정연도가 빠른 것부터 순서대로 나열한 것은?

| ㄱ. 사회복지사업법 | ㄴ. 영유아보육법 |
| ㄷ. 국민기초생활 보장법 | ㄹ. 긴급복지지원법 |

① ㄱ - ㄴ - ㄷ - ㄹ
② ㄱ - ㄷ - ㄹ - ㄴ
③ ㄴ - ㄷ - ㄱ - ㄹ
④ ㄷ - ㄴ - ㄹ - ㄱ
⑤ ㄹ - ㄴ - ㄷ - ㄱ

07 다음 중 자치법규인 조례와 규칙에 대한 지방자치법의 규정으로 옳은 것을 모두 고른 것은?

> ㄱ. 지방자치단체는 법령의 범위 안에서 그 사무에 관하여 조례를 제정할 수 있다.
> ㄴ. 지방자치단체는 주민의 복리에 관한 사무를 처리하고 재산을 관리하며, 법령의 범위 안에서 자치에 관한 규정을 제정할 수 있다.
> ㄷ. 시·군 및 자치구의 조례나 규칙은 시·도의 조례나 규칙을 위반하여서는 아니 된다.
> ㄹ. 지방자치단체에 의회를 둔다.

① ㄱ, ㄴ, ㄷ ② ㄱ, ㄷ
③ ㄴ, ㄹ ④ ㄹ
⑤ ㄱ, ㄴ, ㄷ, ㄹ

08 다음 중 사회복지사업법상 사회복지업무의 전자화에 대한 설명으로 옳지 않은 것은?

① 보건복지부장관은 정보시스템을 구축·운영하는 데 필요한 자료를 수집·관리·보유할 수 있으며, 관련 기관 및 단체에 필요한 자료의 제공을 요청할 수 있다.
② 보건복지부장관은 사회복지업무에 필요한 각종 자료 또는 정보의 효율적 처리와 기록·관리 업무의 전자화를 위하여 정보시스템을 구축·운영하여야 한다.
③ 지방자치단체의 장은 사회복지사업을 수행할 때 관할 복지행정시스템과 정보시스템을 전자적으로 연계하여 활용하여야 한다.
④ 사회복지시설의 장은 국가와 지방자치단체가 실시하는 사회복지업무의 전자화 시책에 협력하여야 한다.
⑤ 보건복지부장관은 정보시스템을 효율적으로 운영하기 위하여 전담기구에 그 운영에 관한 업무를 위탁할 수 있다.

09 다음 중 사회복지사업법상 사회복지법인에 대한 설명으로 옳은 것은?

① 법인은 대표이사를 제외한 이사 7명 이상을 두어야 한다.
② 이사의 임기는 2년으로 하고 연임할 수 있다.
③ 감사의 임기는 2년으로 하고 연임할 수 없다.
④ 이사는 법인이 설치한 사회복지시설의 장을 겸할 수 있다.
⑤ 해산한 법인의 남은 재산은 정관으로 정하는 바에 따라 사회복지공동모금회에 귀속된다.

10 다음 중 노인복지법령상 노인복지시설에 대한 설명으로 옳지 않은 것은?

① 노인복지주택은 노인주거복지시설이다.

② 양로시설은 노인의료복지시설이다.

③ 노인복지관은 노인여가복지시설이다.

④ 노인학대 신고전화 운영은 지역노인보호전문기관의 업무이다.

⑤ 방문요양서비스의 제공을 목적으로 하는 시설은 재가노인복지시설이다.

11 다음 중 보기의 내용과 연관된 사회보장기본법상 용어에 해당하는 것은?

> 생애주기에 걸쳐 보편적으로 충족되어야 하는 기본욕구와 특정한 사회위험에 의하여 발생하는 특수욕구를 동시에 고려하여 소득 · 서비스를 보장하는 맞춤형 사회보장제도를 말한다.

① 평생사회안전망

② 맞춤형 복지서비스

③ 사회보험

④ 사회서비스

⑤ 사회복지서비스

12 다음 중 사회보장급여의 이용 · 제공 및 수급권자 발굴에 관한 법률에 대한 내용으로 가장 옳은 것은?

① 사회보장급여의 이용 및 제공에 필요한 기준, 방법, 절차 등에 관하여 다른 법률에 특별한 규정이 있는 경우 해당 법률에 따른다.

② 수급자는 사회보장급여를 필요로 하는 사람을 말한다.

③ 수급권자는 사회보장급여를 받고 있는 사람을 말한다.

④ 사회보장급여는 현금, 현물, 서비스를 말하며 이용권은 제외된다.

⑤ 보장기관의 업무담당자는 지원대상자의 동의 없이 사회보장급여의 제공을 직권으로 신청할 수 있다.

13 다음 중 사회복지에 관한 헌법재판소 및 대법원의 결정 또는 판결의 내용과 다른 것은?

① 국민연금 보험료의 강제징수는 재산권의 침해가 아니다.

② 보건복지부장관이 장애인을 위한 저상버스 도입 요청을 거부한 것은 인간다운 생활을 할 권리를 침해한 것이다.

③ 정부의 지방공무원에 대한 맞춤형 복지제도 시행의 의무가 헌법으로부터 나오는 것은 아니다.

④ 장애인고용부담금은 장애인의 고용촉진이라는 공익에 비추어 볼 때 기업의 재산권을 침해한 것이 아니다.

⑤ 일부 이사가 참석하지 않은 상태에서 소집통지서에 회의의 목적사항으로 명시한 바 없는 안건에 관한 사회복지법인 이사회 결의의 효력은 무효이다.

14 다음 중 의료급여법령에 대한 내용으로 옳은 것은?

① 수급권자는 1종 · 2종 · 3종으로 구분한다.

② 종별 의료급여증은 색깔로 구별된다.

③ 수급권자가 다른 법령에 따라 급여를 받고 있는 경우 의료급여를 하지 아니한다.

④ 시장 · 군수 · 구청장은 수급권자에 대해 사례관리를 시행하여야 한다.

⑤ 예방이나 재활은 의료급여의 내용에 포함되지 않는다.

15 다음 중 긴급복지지원법상 긴급지원 중 '금전 또는 현물 등의 직접지원'에 해당하지 않는 것은?

① 임시거소 제공

② 초 · 중 · 고등학생의 수업료와 입학금

③ 각종 검사 및 치료 등 의료서비스 지원

④ 사회복지공동모금회와의 연계 지원

⑤ 사회복지사업법에 따른 사회복지시설입소

16 다음 중 장애인활동 지원에 관한 법률상 활동지원사가 갖추어야 할 자격에 해당하지 않는 것은?

① 의료법에 따른 간호사

② 의료법에 따른 간호조무사

③ 노인복지법에 따른 요양보호사

④ 건강가정기본법에 따른 가정봉사원

⑤ 사회복지사업법에 따른 사회복지사

17 다음 중 산업재해보상보험법령에 대한 내용으로 가장 옳은 것은?

① 휴업급여의 1일당 지급액은 통상임금의 100분의 70에 상당하는 금액으로 한다.

② 업무상 사유로 부상을 당하여 취업하지 못한 기간이 7일 이내이면 휴업급여를 지급하지 아니한다.

③ 장해급여는 연금 또는 일시금의 형태로도 지급할 수 있다.

④ 장해보상연금의 수급권자가 재요양을 받는 경우 그 연금의 지급을 정지한다.

⑤ 보험급여 중 장해급여의 결정과 지급은 한국장애인고용공단에서 수행한다.

18 다음 중 산업재해보상보험법령상 상병보상연금에서 중증요양상태등급 제1급의 지급기간 한도로 옳은 것은?

① 평균임금의 120일분

② 평균임금의 150일분

③ 평균임금의 180일분

④ 평균임금의 329일분

⑤ 평균임금의 365일분

19 다음 중 고용보험법령상 자영업자인 피보험자의 실업급여의 종류에 해당하는 것은?

① 조기재취업 수당　　　　　　　　② 훈련연장급여

③ 특별연장급여　　　　　　　　　　④ 개별연장급여

⑤ 이주비

20 다음 중 국민건강보험법상 요양급여에 포함되지 않는 것은?

① 진찰, 검사

② 약제, 치료재료의 지급

③ 처치, 수술

④ 입원, 간호

⑤ 건강검진

21 다음 보기는 국민연금법상 지역가입자에 관한 것이다. 빈칸에 들어갈 내용을 순서대로 나열한 것은?

> (ㄱ)세 이상 (ㄴ)세 미만인 자로서 학생이거나 군 복무 등의 이유로 소득이 없는 자는 원칙적으로 지역 가입자에서 제외한다.

	ㄱ	ㄴ
①	15	24
②	16	27
③	18	27
④	19	30
⑤	21	30

22 다음 중 사회복지사업법에 의해 시·도지사가 법인에 대해 반드시 설립허가를 취소하여야 하는 경우에 해당하는 것은?

① 거짓이나 그 밖의 부정한 방법으로 설립허가를 받았을 때

② 설립허가 조건을 위반하였을 때

③ 정당한 사유 없이 1년 이상 사업실적이 없을 때

④ 목적 달성이 불가능하게 되었을 때

⑤ 목적사업 외의 사업을 하였을 때

23 다음 보기는 국민기초생활 보장법상 기준 중위소득의 산정에 관한 내용이다. 빈칸에 들어갈 내용을 순서대로 나열한 것은?

> 기준 중위소득은 통계법에 따라 통계청이 공표하는 통계자료의 가구 (　　)의 중간값에 최근 가구소득
> (　　), 가구규모에 따른 소득수준의 차이 등을 반영하여 (　　)별로 산정한다.

① 경상소득, 누적 증가율, 개별가구
② 경상소득, 평균 증가율, 가구규모
③ 평균소득, 누적 증가율, 개별가구
④ 평균소득, 평균 증가율, 가구규모
⑤ 실질소득, 누적 증가율, 가구규모

24 다음 중 아동복지법상 '아동학대예방의 날'은?
① 매년 12월 10일
② 매년 11월 19일
③ 매년 9월 7일
④ 매년 6월 15일
⑤ 매년 5월 11일

25 다음 중 영유아보육법에 대한 내용으로 옳은 것은?
① 국가나 지방자치단체는 국공립어린이집을 설치 · 운영할 수 있다.
② 국공립어린이집 외의 어린이집을 설치 · 운영하려는 자는 특별자치시장 · 특별자치도지사 · 시장 · 군수 · 구청장의 인가를 받아야 한다.
③ 어린이집의 폐쇄명령을 받고 1년이 경과되지 아니한 자는 어린이집을 설치 · 운영할 수 없다.
④ 교육부장관은 보육실태조사를 5년마다 하여야 한다.
⑤ 보육정책에 관한 관계 부처 간의 의견을 조정하기 위하여 국무총리소속으로 보육정책위원회를 둔다.

1과목	사회복지기초	시험 시간	09:30~10:20(50분)	문제수	50문제(각 영역 1~25번)	문제지 형별	A
				응시번호			

제1영역 **인간행동과 사회환경**

01 다음 중 인간발달의 원리에 대한 설명으로 옳지 않은 것은?

① 인간발달은 분화와 통합의 과정이다.

② 발달은 상부에서 하부로, 말초부위에서 중심부위로 진행된다.

③ 발달은 점성원리를 토대로 한다.

④ 발달은 결정적인 시기가 있다.

⑤ 적기성, 기초성, 불가역성, 누적성을 특징으로 한다.

02 다음 중 인간행동 및 발달에 관한 이론이 사회복지실천에 기여한 내용으로 옳지 않은 것은?

① 클라이언트의 전 생애에 걸친 변화와 안정에 기여하는 요인을 판별할 수 있도록 한다.

② 클라이언트에 대한 사정을 통해 클라이언트를 보다 정확히 이해할 수 있도록 한다.

③ 클라이언트에 대한 특정한 개입의 지침이 되는 개념적 틀을 제공해준다.

④ 클라이언트 개인의 문제에 사회환경의 영향력이 미치지 못하도록 한다.

⑤ 클라이언트로 하여금 특정 발달단계에서 수행해야 할 발달과업을 성취하도록 돕는다.

03 다음 중 프로이트(Freud) 이론에 대한 설명으로 가장 옳은 것은?

① 치료의 근본적인 목표는 개성화(Individuation)를 완성하는 것이다.

② 거세불안과 남근선망은 주로 생식기에 나타난다.

③ 원초아(Id)는 쾌락의 원리를 따르는 것으로, 학습된 힘에 의해 구성된다.

④ 초자아(Super Ego)는 방어기제를 작동하여 갈등과 불안에 대처한다.

⑤ 자아(Ego)는 현실세계의 제약을 고려하며 기억, 지각, 인지 기술을 발달시킨다.

04 로저스(Rogers)의 현상학적 이론에 대한 설명으로 옳은 것을 모두 고른 것은?

> ㄱ. 모든 인간행동은 개인이 세계를 지각하고 해석한 결과이다.
> ㄴ. 자아실현은 일생을 통하여 이루어지는 과정이다.
> ㄷ. '여기 그리고 지금'의 행동에 초점을 두어야 한다.
> ㄹ. 모든 인간은 자기실현을 위한 잠재력을 지니고 있다.

① ㄱ, ㄴ, ㄷ

② ㄱ, ㄷ

③ ㄴ, ㄹ

④ ㄹ

⑤ ㄱ, ㄴ, ㄷ, ㄹ

05 다음 중 콜버그(Kohlberg) 이론에 대한 설명으로 옳은 것은?

① 도덕성 발달단계의 순서는 가변적이다.

② 도덕성 발달에 있어서 정의적인 측면을 강조한다.

③ 남성만을 연구대상으로 함으로써 성차별적 관점을 가진다.

④ 도덕성 발달에 있어서 교육이나 사회화의 상황적 · 환경적 영향력을 강조한다.

⑤ 하위단계에 있는 사람도 상위단계의 도덕적 추론을 능동적으로 표현할 수 있다.

06 다음 보기에 해당하는 행동주의이론의 강화계획은?

> A 가전제품 공장에서는 냉장고를 10대 만들 때마다 직원에게 성과급을 지급하였다.

① 고정간격계획
② 가변간격계획
③ 고정비율계획
④ 가변비율계획
⑤ 계속적 강화계획

07 다음 중 행동주의이론의 특징(인간관)에 대한 설명으로 옳지 않은 것은?
① 인간행동은 내적 충동보다 외적 자극에 의해 동기화된다.
② 인간행동은 결과에 따른 보상 혹은 처벌에 의해 유지된다.
③ 개인의 행동발달 유형은 개인의 유전적 배경 및 환경적 조건에 따라 다르게 나타난다.
④ 자아나 인지기능, 내면적인 동기로는 인간의 행동을 설명할 수 없다.
⑤ 인간은 환경적 자극이 없어도 동기화가 가능한 자율적 존재이다.

08 다음 중 피아제(Piaget)의 인지발달단계에서 전조작기의 특성에 해당하지 않는 것은?
① 진흙 공을 납작하게 만들어 놓으면 다시 본래 모습인 둥근 공 모양의 진흙 공으로 되돌아 갈 수 있다고 생각한다.
② 같은 크기의 똑같은 진흙 공을 보여주면 똑같다고 대답하지만, 그중 하나를 납작하게 만들어 놓으면 둘 중 어느 하나가 크다고 대답한다.
③ 전화 통화를 할 때 "응!"이라 소리를 내어 대답하기보다는 고개를 끄덕거린다.
④ "자동차가 죽었니, 살았니?"라고 물으면 자동차가 움직이기 때문에 살았다고 대답한다.
⑤ 축구공 4개와 농구공 2개를 놓고 "축구공이 많니 아니면 공이 많니?"라고 물으면 축구공이 많다고 대답한다.

09 다음 중 인지발달의 개념에 대한 설명으로 옳은 것은?

① 도식 – 동화와 조절의 상호작용을 통한 조화를 통해서 유기체가 자신과 환경 간의 균형상태를 이루는 것

② 동화 – 보기, 쥐기, 때리기, 차기와 같이 외부환경에 대처하기 위해 인간이 반복하는 행동과 경험

③ 조절 – 대상이 기존의 틀로 이해되지 않을 때 그 틀을 변화시키는 것

④ 대상영속성 – 사물의 몇몇 부분을 변화시킨다고 해도 그것은 결국 같은 사물임을 이해하는 능력

⑤ 평형 – 유기체가 외부의 사물을 인지하고 대응하는 데 사용하는 지각의 틀

10 다음 중 매슬로우(Maslow)의 욕구단계이론이 사회복지실천에 미친 영향으로 옳은 것은?

① 클라이언트의 어린시절 무의식적 욕구를 탐색하는 데 유용하다.

② 클라이언트에게 무조건적인 긍정적 관심을 갖는 데 유용하다.

③ 클라이언트의 중년기 이후 성격발달의 양상을 설명하는 데 유용하다.

④ 클라이언트의 생애발달 단계를 사정하고 개입의 유형을 결정하는 데 유용하다.

⑤ 클라이언트의 욕구를 사정하고 기본적 욕구충족을 돕는 데 유용하다.

11 태아의 염색체 이상으로 생기는 선천성 질환으로 다른 사람보다 21번 염색체가 하나 더 있는 질병은?

① 터너증후군

② 에드워드증후군

③ 다운증후군

④ 클라인펠터증후군

⑤ 파타우증후군

12 다음 중 영아기(0~2세)의 애착에 대한 설명으로 옳지 않은 것은?

① 애착은 유아가 보낸 신호에 대해 어머니가 생물학적으로 반응함으로써 형성된다.

② 안정 애착이 형성된 유아는 낯선 상황에서 낯선 사람과 남아있는 경우 당황해하고 불안감을 느끼다가도 어머니가 돌아오면 곧 안정을 되찾는다.

③ 회피 애착이 형성된 유아는 낯선 상황에서도 어머니를 찾는 행동을 보이지 않는다.

④ 혼란 애착은 유아의 부모가 스트레스나 우울증을 경험하고 있는 경우 많이 나타난다.

⑤ 저항 애착은 가장 심각한 불안정 애착으로서, 유아는 낯선 상황에 대해 민감한 반응을 나타내 보인다.

13 다음 중 청소년기(12~19세)에 대한 설명으로 옳지 않은 것은?

① 추상적 · 가설적 · 연역적 사고가 가능하다.

② 급격한 신체변화와 더불어 인지적 · 정서적 변화가 일어난다.

③ 일차적 성 특징이 나타나는 시기이다.

④ 주변인으로서의 특성을 보인다.

⑤ 자아정체감을 형성하는 과정에서 정서적 동요를 경험한다.

14 다음 중 노년기(65세 이후)의 심리사회적 변화에 대한 설명으로 옳은 것을 모두 고른 것은?

> ㄱ. 내향성 · 의존성의 증가
> ㄴ. 우울증 경향
> ㄷ. 성역할에 대한 지각의 변화
> ㄹ. 변화에 대한 보수성

① ㄱ, ㄴ, ㄷ

② ㄱ, ㄷ

③ ㄴ, ㄹ

④ ㄹ

⑤ ㄱ, ㄴ, ㄷ, ㄹ

15 다음 중 40~50대 중년기의 발달특성으로 옳지 않은 것은?

① 성격이 성숙해지고 성정체성이 확립된다.

② 삶의 경험으로 인해 문제해결능력이 높아질 수 있다.

③ 인지적 반응속도가 점차 늦어진다.

④ 노화가 점차 진행되며 신체적 능력과 건강이 약해진다.

⑤ 여가활용의 문제가 중요한 과제로 대두된다.

16 과도한 신체 움직임, 부주의, 충동성으로 인해 학업성취도와 대인관계에 어려움을 초래하는 장애는?

① 학습장애   ② 정신지체

③ 행동장애   ④ 주의력 결핍장애

⑤ 반사회적 인격장애

17 다음 중 아들러(Adler) 이론에 대한 설명으로 옳지 않은 것은?

① 인간을 전체적 · 통합적으로 본다.

② 개인의 발달은 열등감을 극복하려는 시도에서 나온다.

③ 보상은 잠재력을 발휘하도록 인간을 자극하는 건전한 반응이다.

④ 부족함 자체가 아니라 그것들을 받아들이고 대응하는 방식이 중요하다고 본다.

⑤ 인간행동의 객관성과 보편성을 강조한다.

18 '자극과 반응의 연합과정에 의해 학습이 이루어진다'는 학습원리를 가지는 행동주의 이론의 대표 학자로 파블로프(Pavlov)와 손다이크(Thorndike)를 들 수 있다. 이들의 학습법칙 중 유사한 법칙끼리 연결된 것은?

① 시간의 원리 – 연습의 법칙

② 강도의 원리 – 효과의 법칙

③ 계속성의 원리 – 연습의 법칙

④ 일관성의 원리 – 연습의 법칙

⑤ 책임성의 원리 – 준비성의 법칙

19 다음 보기의 내용과 관계가 깊은 원리는?

> 부모나 교사들이 "그만 놀고 공부해"라는 식으로 명령하는 것은 비효과적이다. 이러한 명령은 공부하는 행동이 노는 행동(어린이가 좋아하는 것)을 금지시키는 기능으로서 강조되었기 때문이다. 이 경우 "만일 ○○만큼 공부한다면 놀이 시간을 주겠다. ○○만 해놓고 놀아라"는 식으로 권유하는 것이 바람직하다. 왜냐하면 이러한 권유는 공부하는 행동에 대한 강화로서 놀이시간이 주어졌기 때문이다.

① 토큰 강화의 원리
② 프리맥의 원리
③ 행동형성의 원리
④ 상반행동의 원리
⑤ 강도의 원리

20 체계로서의 지역공동체의 특징으로 옳지 않은 것은?

① 지역공동체는 개인을 전체사회에, 전체사회를 개인에 연결하는 중간체계이다.
② 물리적 · 지리적 장소에 근거한 사회적 조직 형태이다.
③ 지역공동체의 최상의 목표는 전체사회를 유지하는 것이다.
④ 공통된 지역에 살거나 동일시된 사람들에게 초점을 둔다.
⑤ 상호의존은 공통된 욕구 및 문제, 성장과 발전을 위한 기회가 있다는 것을 전제로 한다.

21 다음 중 심리사회이론의 성격발달단계와 그 특징을 연결한 것으로 옳은 것은?

① 초기아동기 – 기본적 신뢰감 대 불신감
② 학령전기 – 근면성 대 열등감
③ 성인초기 – 친밀감 대 고립감
④ 학령기 – 주도성 대 죄의식
⑤ 성인기 – 자아통합 대 절망

22 스턴버그(Sternberg)는 청소년기에 이성에 대한 관심이 사랑으로 변해간다는 점을 강조하면서 사랑의 요소들을 제시하였다. 다음 중 사랑의 요소에 해당하는 것을 모두 고른 것은?

ㄱ. 친밀감(Intimacy)	ㄴ. 전념(Commitment)
ㄷ. 열정(Passion)	ㄹ. 희생(Sacrifice)

① ㄱ, ㄴ, ㄷ
② ㄱ, ㄷ
③ ㄴ, ㄹ
④ ㄹ
⑤ ㄱ, ㄴ, ㄷ, ㄹ

23 다음은 지역사회 내에서의 상호교류에 대한 설명이다. 가장 거리가 먼 것은?

① 자율적인 지역사회가 대도시에 형성되는 것은 거의 불가능하다.
② 현대사회일수록 동질성과 연대감이 증가하여 지역공동체 의식발전이 더욱 용이하다.
③ 공동체의식, 유능성, 관계성은 지역사회가 외부환경과 지역사회의 하위체계와 지속적으로 상호작용한 결과이다.
④ 유능한 지역사회는 상호부조와 자발적인 지원체계를 발달시키는 데 관심이 있다.
⑤ 동질적인 지역사회는 유사성, 친밀감, 호혜성에 근거한 연대감과 강한 일체감을 나타낸다.

24 다음 집단의 분류 중 교육집단에 해당하는 것을 모두 고른 것은?

ㄱ. 청소년 성교육집단
ㄴ. 청소년 대상의 가치명료화집단
ㄷ. 위탁부모집단
ㄹ. 이혼가정의 취학아동모임

① ㄱ, ㄴ, ㄷ
② ㄱ, ㄷ
③ ㄴ, ㄹ
④ ㄹ
⑤ ㄱ, ㄴ, ㄷ, ㄹ

25 다음 중 문화에 대한 설명으로 옳지 않은 것은?

① 자연환경적 요인보다 인간의 정신활동을 중시한다.

② 시대적 상황에 따라 변화하지만 사회마다 공통적인 문화형태가 존재한다.

③ 동화(Assimilation)는 고유문화에 대한 정체감을 유지하는 동시에 주류문화의 유입을 받아들이는 유형이다.

④ 문화변용(Acculturation)은 둘 이상의 문화가 지속적으로 접촉하여 한 쪽이나 양쪽에 변화가 일어나는 현상이다.

⑤ 문화사대주의(Cultural Toadyism)는 다른 사회권의 문화가 자신이 속한 문화보다 우월하다고 믿고 자신의 문화를 업신여기는 현상이다.

제2영역 사회복지조사론

01 다음 중 자료수집방법으로서 관찰에 대한 설명으로 옳지 않은 것은?

① 관찰은 면접조사에 비해 조사환경이 덜 인위적이다.

② 자연적 환경에서 외생변수를 통제하는 데 어려움이 있다.

③ 응답 과정에서 발생할 수 있는 오류를 줄일 수 있다.

④ 관찰 신뢰도는 관찰대상자의 역량과 관련이 있다.

⑤ 관찰 가능한 지표는 언어적·비언어적 행위를 모두 포함한다.

02 다음 중 조사연구의 윤리에 관한 내용으로 옳은 것을 모두 고른 것은?

> ㄱ. 조사대상자의 익명성을 보장한다.
> ㄴ. 조사대상자에게 조사의 목적 및 내용을 알려준다.
> ㄷ. 동료 조사자들에 대한 정보 개방을 통해 조사의 효율성을 도모한다.
> ㄹ. 긍정적인 연구결과를 유도하는 질문 문항으로 구성한다.

① ㄱ, ㄴ, ㄷ   ② ㄱ, ㄷ

③ ㄴ, ㄹ   ④ ㄹ

⑤ ㄱ, ㄴ, ㄷ, ㄹ

03 연역법과 귀납법에 대한 설명으로 옳지 않은 것은?

① 연역법은 법칙과 이론으로부터 어떤 현상에 대한 설명과 예측을 도출하는 방법이다.

② 귀납법은 관찰과 자료의 수집을 통해서 보편성과 일반성을 가지는 하나의 결론을 내린다.

③ '모든 사람은 죽는다 – A는 사람이다 – 그러므로 A는 죽는다'는 연역법에 해당한다.

④ 연역법과 귀납법은 상호대립적인 관계를 형성한다.

⑤ 귀납법은 기존의 이론을 보충 또는 수정한다.

04 다음 중 실증주의와 해석주의에 대한 설명으로 옳지 않은 것은?

① 실증주의는 경험적 사실을 중시하므로 흔히 경험주의라고도 불린다.

② 실증주의는 객관적 실재가 독립적으로 존재한다고 본다.

③ 해석주의는 후기실증주의의 방법론적 유형에 해당한다.

④ 해석주의는 보편적으로 적용가능한 분석도구가 존재한다고 본다.

⑤ 해석주의는 개인의 다양한 경험에 대한 해석과 이해를 통해 사회현상을 설명하고자 한다.

05 다음 중 보기의 내용과 연관된 개념으로 가장 적절한 것은?

> • 실세계에 대한 하나의 진술로서 경험적 근거가 확인된 가설이다.
> • 어떠한 개념이나 변수에 대해 옳고 그름을 분명하게 구분할 수 있는 문장이다.

① 명제(Proposition)

② 이론(Theory)

③ 법칙(Laws)

④ 사실(Fact)

⑤ 변수(Variable)

06 다음 중 바람직한 가설에 대한 설명으로 옳지 않은 것은?

① 경험적인 검증이 가능해야 한다.

② 정(+)의 관계로 기술되어야 한다.

③ 구체적이어야 하고 현상과 관련성을 가져야 한다.

④ 변수 간의 관계를 기술하여야 한다.

⑤ 이론적인 근거를 토대로 해야 한다.

07 다음 중 독립변수와 종속변수의 관계를 명확히 밝히기 위해 실제 자료의 통계분석에서 사용하는 변수에 해당하는 것을 모두 고른 것은?

> ㄱ. 매개변수(Intervening Variable)
> ㄴ. 조절변수(Moderating Variable)
> ㄷ. 통제변수(Control Variable)
> ㄹ. 외생변수(Extraneous Variable)

① ㄱ, ㄴ, ㄷ   ② ㄱ, ㄷ

③ ㄴ, ㄹ   ④ ㄹ

⑤ ㄱ, ㄴ, ㄷ, ㄹ

08 다음 중 보기의 내용과 연관된 것은?

> • 사회조사에서 시간의 흐름으로 인해 발생하는 조사대상 집단의 특성 변화를 말한다.
> • 노인들을 대상으로 일상생활의 변화 양상을 측정하고자 할 경우 ADL(Activities of Daily Living) 기능, 즉 일상생활 수행능력을 고려해야 할 필요가 있다.

① 성숙요인

② 역사요인

③ 상실요인

④ 검사요인

⑤ 도구요인

09 다음 중 보기에 제시된 질문의 응답범주에 대한 설명으로 옳은 것은?

〈질문〉 사회복지사 1급 국가시험 영역 중 당신이 가장 좋아하는 영역은 무엇입니까?
  ㄱ. 인간행동과 사회환경   ㄴ. 사회복지조사론
  ㄷ. 사회복지실천론   ㄹ. 지역사회복지론
  ㅁ. 사회복지정책론

① 복수응답을 유발한다.
② 양적 의미를 갖는다.
③ 범주들 사이에 서열이 있다.
④ 상호배타적이지 않다.
⑤ 총망라적이지 않다.

10 다음 중 연구 문제(Research Question)의 서술에 대한 설명으로 옳지 않은 것은?

① 연구 문제는 의문의 형태로 서술한다.
② 단순 명료하게 의문을 지적하는 것이 좋다.
③ 변수들의 특성이나 변수들 간의 관계에 대해 서술한다.
④ 연구 결과의 함의에 맞추어 서술한다.
⑤ 문제 기술에서 경험적인 검증 가능성이 보여야 한다.

11 다음 중 개입의 효과를 평가하는 연구에서 "두 개 모집단의 평균 간에 차이가 없을 것이다"라는 영가설에 대한 설명으로 옳은 것은?

① 귀무가설에 대립되는 가설이다.
② 연구자가 참으로 증명되기를 기대하는 가설이다.
③ 연구가설을 반증하기 위해 사용하는 가설이다.
④ 가설검증을 방해하는 불필요한 가설이다.
⑤ 위의 가설을 기호로 표시하면 $\mu_1 \neq \mu_2$이다.

12 다음 중 자기기입식 설문조사에 비해 면접 설문조사가 가지는 장점에 해당하는 것을 모두 고른 것은?

> ㄱ. 응답 항목에 대한 값의 부재를 최소화할 수 있다.
> ㄴ. 조사대상 1인당 비용이 저렴하다.
> ㄷ. 개방형 질문에 유리하다.
> ㄹ. 응답자의 익명성이 보장된다.

① ㄱ, ㄴ, ㄷ   ② ㄱ, ㄷ
③ ㄴ, ㄹ   ④ ㄹ
⑤ ㄱ, ㄴ, ㄷ, ㄹ

13 다음 중 척도에 관한 설명으로 옳지 않은 것은?

① 보가더스의 사회적 거리척도는 누적척도의 한 종류이다.
② 의미분화(Semantic Differential)척도는 한 쌍의 반대가 되는 형용사를 사용한다.
③ 리커트척도의 각 문항은 등간척도이다.
④ 거트만척도는 각 문항을 서열적으로 구성한다.
⑤ 서스톤척도를 개발하는 과정은 리커트척도와 비교하여 많은 시간과 노력이 요구된다.

14 1,000명을 번호 순서대로 배열한 모집단에서 3번이 처음 무작위로 선정되고 7번, 11번, 15번, … 등이 차례로 계통표집을 통해 선정되었다. 이 표집에서 표집간격(ㄱ)과 표본수(ㄴ)를 순서대로 올바르게 나열한 것은?

① ㄱ : 4, ㄴ : 200
② ㄱ : 4, ㄴ : 250
③ ㄱ : 5, ㄴ : 200
④ ㄱ : 5, ㄴ : 250
⑤ ㄱ : 10, ㄴ : 200

15 다음 중 조사의 유형에 대한 설명으로 가장 옳은 것은?

① 양적 조사와 달리 질적 조사는 평가연구에 활용될 수 없다.

② 시계열설계 유형은 평가연구에 활용될 수 없다.

③ 종단연구로는 특정현상의 추이를 분석할 수 없다.

④ 코호트(Cohort) 조사는 구축된 패널을 매회 반복 조사한다.

⑤ 종단연구는 횡단연구에 비해 표본의 크기가 작을수록 좋다.

16 다음 중 사실과의 인과관계를 규명하거나 미래를 예측하기 위한 조사연구 유형은?

① 설명적 조사   ② 탐색적 조사

③ 기술적 조사   ④ 형식적 조사

⑤ 예비조사

17 다음 보기의 내용에서 표집 관련 용어의 연결이 옳지 않은 것은?

> A 연구자는 맞춤형 건강관리 프로그램 서비스를 이용한 경험이 있는 65세 이상 노인을 대상으로 조사를 실시하였다. 표본은 맞춤형 건강관리 프로그램 이용자 명부로부터 무작위로 500명을 추출하였다.

① 표집단위 – 개인

② 관찰단위 – 개인

③ 모집단 – 건강관리 프로그램 서비스 이용 노인

④ 표집틀 – 65세 이상 노인

⑤ 표집방법 – 무작위

18 다음 보기의 가설을 검증하기 위한 실험설계 방식으로 가장 적절한 것은?

> ADHD 아동에게 프로그램 유형(놀이치료/음악치료)과 실시 시기(낮 시간/밤 시간)를 달리함에 따라 개입의 효과가 달라질 것이다.

① 1회검사사례설계
② 단일집단 사전사후 검사설계
③ 요인설계
④ 복수시계열설계
⑤ 통제집단 사후검사설계

19 다음 중 타당도에 대한 설명으로 옳은 것은?

① 타당도는 동일한 대상에 대하여 같은 측정도구를 사용하여 반복 측정할 경우에 동일한 결과를 얻을 수 있는 정도를 나타낸다.
② 측정도구의 대표성 또는 표본문항의 적절성을 판단하는 것은 개념타당도에 해당한다.
③ 기준타당도는 연구자의 직관이나 전문가의 의견을 통해 파악하는 방식이다.
④ 개념타당도에서 같은 개념을 상이한 측정방법으로 측정하는 경우 차별적 타당도에 해당한다.
⑤ 측정하고자 하는 개념의 추상성이 높은 경우 개념타당도를 확보하기가 상대적으로 어렵다.

20 다음 중 동일한 대상에 동일한 측정도구를 서로 상이한 시간에 두 번 측정하여 그 결과를 비교하는 신뢰도 평가방법에 해당하는 것은?

① 내적 일관성 분석법 　　　　　② 반분법
③ 대안법 　　　　　　　　　　　④ 검사-재검사법
⑤ 관찰자 신뢰도

21 어떤 연구를 진행한 결과 호손 효과(Hawthrone Effect)가 발생했을 경우, 이후 연구에서 연구 결과의 정확성을 높이기 위해 취해야 할 조치로 가장 적절한 것은?

① 대상자 수를 늘인다.

② 실험 기간을 단기화한다.

③ 전조사와 후조사 간의 간격을 축소한다.

④ 비처치 통제집단을 추가한다.

⑤ 실험자극을 보다 강화한다.

22 다음 중 비확률표집방법에 대한 설명으로 옳지 않은 것은?

① 표집절차가 복잡하지 않다.

② 조사의 초기단계에 문제에 대한 개략적인 정보가 필요한 경우 유익하다.

③ 조사의 성격상 표본을 의도적으로 구성하는 것이 유효하다고 판단될 경우 활용된다.

④ 모집단 구성원들은 표본으로 선택될 동일한 확률을 가진다.

⑤ 사회과학자들에 의해 널리 사용되고 있다.

23 다음 중 내용분석법에 대한 설명으로 옳지 않은 것은?

① 의사전달의 메시지 자체가 분석의 대상이다.

② 문헌연구의 일종이다.

③ 자료가 방대한 경우 모집단 내에서 표본을 추출하여 분석할 수 있다.

④ 문맥에 숨어 있는 잠재적인 내용은 분석대상에서 제외된다.

⑤ 범주 설정에 있어서 포괄성과 상호배타성을 확보해야 한다.

24 다음 중 비구조화 면접의 특징으로 옳지 않은 것은?

① 심층적인 면접이 가능하다.

② 면접 결과를 수치화하는 것이 어렵다.

③ 응답자의 특수한 상황을 고려하여 질문에 융통성을 발휘할 수 있다.

④ 구조화 면접은 타당도가 높은 데 반해 비구조화 면접은 신뢰도가 높다.

⑤ 구조화 면접의 질문을 작성하는 데 유용한 자료를 수집할 수 있다.

25 다음 중 조사보고서 작성에 대한 설명으로 옳은 것은?

① 표지, 목차, 요약, 본문, 문헌고찰, 참고문헌, 부록 등으로 구성된다.

② 서론에는 연구합의와 연구목표에 관한 내용을 기록한다.

③ 본문에는 조사와 관련된 다양한 이론을 기록한다.

④ 결론에는 문제제기 이유를 첨부한다.

⑤ 통계자료 분석의 결과는 가독성을 위해 글로 표현한다.

제1영역 사회복지실천론

01 다음 중 전미사회복지사협회(NASW)가 제시한 사회복지실천의 기능으로 옳지 않은 것은?

① 개인과 환경 내의 다른 사람 및 조직과의 상호관계를 촉진시킨다.
② 사람들이 자원을 획득하도록 원조한다.
③ 사회정책과 환경정책에 영향을 미친다.
④ 사람들의 역량을 확대하고 대처능력 향상을 돕는다.
⑤ 개인이 조직의 요구에 부응하도록 돕는다.

02 다음 중 가치와 윤리에 대한 설명으로 옳지 않은 것은?

① 가치는 신념이며 선호이다.
② 가치는 행동목표를 결정하는 기준이 된다.
③ 윤리는 바람직한 것, 좋은 것에 관한 가정이다.
④ 윤리는 타인에 대한 책임감과 연관된다.
⑤ 인간 존엄성은 사회복지 전문직의 가장 중요한 가치이다.

03 다음 중 레비(Levy)의 실천가치에 우선하는 사회복지 전문직 자체의 가치에 해당하는 것을 모두 고른 것은?

ㄱ. 사람 우선의 가치	ㄴ. 결과 우선의 가치
ㄷ. 수단 우선의 가치	ㄹ. 궁극적 가치

① ㄱ, ㄴ, ㄷ
② ㄱ, ㄷ
③ ㄴ, ㄹ
④ ㄹ
⑤ ㄱ, ㄴ, ㄷ, ㄹ

04 다음 중 사회복지실천과정에서 수행하는 전문적 활동에 관한 설명으로 옳지 않은 것은?

① 클라이언트의 문제와 욕구를 확인한 결과 당해 기관에서 해결할 수 없을 때 다른 적합한 기관으로 클라이언트를 보내는 것을 전이라고 한다.

② 접수는 사회복지사가 문제를 가진 사람에게 전문적 도움을 주기 위해 그의 문제와 욕구를 확인하고 필요한 정보를 수집하는 과정이다.

③ 문제 확인은 문제를 여러 각도로 이해하고 상호 관련성을 파악하기 전에 이루어지는 과정이다.

④ 클라이언트를 변화과정에 적극적으로 참여시키기 위해서 동기를 유발시키는 것은 초기 원조과정의 중요과제이다.

⑤ 사정은 문제가 무엇인지, 어떤 원인 때문인지 그리고 그 문제를 해결하기 위해 무엇이 변화되어야 하는지에 대해 답하는 과정이다.

05 다음 중 개별 사회복지실천에서 '치료'보다는 '원조'의 개념을 중시하는 것은?

① 진단주의
② 위기개입
③ 과업중심
④ 기능주의
⑤ 행동주의

06 다음 사회복지사 윤리강령의 내용에서 '전문가로서의 자세'에 해당하는 것을 모두 고른 것은?

> ㄱ. 업무에 대한 책임성
> ㄴ. 클라이언트에 대한 차별 금지
> ㄷ. 업무 수행상 부당한 간섭 또는 압력의 배제
> ㄹ. 제반 교육에 적극적 참여

① ㄱ, ㄴ, ㄷ
② ㄱ, ㄷ
③ ㄴ, ㄹ
④ ㄹ
⑤ ㄱ, ㄴ, ㄷ, ㄹ

07 다음은 가족의 구조 및 기능에 관련된 개념 중 무엇에 대한 설명인가?

> 가족성원 중 한 명을 골라내어 특이하고 일탈적이라고 완강하게 믿는 것으로 '아프다, 나쁘다, 미쳤다, 게으르다' 등의 낙인이 붙은 구성원을 말한다.

① 밀착된 가족　　　　　　　② 대칭적 관계
③ 희생양　　　　　　　　　 ④ 부모화
⑤ 삼각관계

08 다음 중 우리나라 사회복지실천의 주요 발달과정을 연도순으로 나열한 것은?

> ㄱ. 한국사회사업학회 창설
> ㄴ. 한국사회사업가협회 창설
> ㄷ. 정신보건사회복지사 자격시험 도입
> ㄹ. 사회복지전문요원 배치
> ㅁ. 사회복지사 1급 국가시험 실시

① ㄱ - ㄴ - ㄹ - ㄷ - ㅁ
② ㄱ - ㄴ - ㄷ - ㄹ - ㅁ
③ ㄴ - ㄱ - ㄹ - ㄷ - ㅁ
④ ㄴ - ㄱ - ㄷ - ㄹ - ㅁ
⑤ ㄴ - ㄷ - ㄱ - ㄹ - ㅁ

09 다음 중 보기의 내용에 해당하는 것은?

> • 빈민의 노동에 대한 임금을 보충해주기 위한 제도이다.
> • 빈민에게 주는 구제의 금액을 빵의 가격과 가족의 크기에 비례하여 결정하였다.
> • 오늘날 가족수당이나 최저생활보장의 기반을 이루었다.

① 엘리자베스 구빈법　　　　② 정주법
③ 작업장법　　　　　　　　 ④ 길버트법
⑤ 스핀햄랜드법

10 다음 중 클라이언트의 권리를 보호하는 '고지된 동의(Informed Consent)'에 대한 설명으로 옳지 않은 것은?

① 클라이언트에게 자신들의 권리 및 그에 따른 책임을 수용하도록 돕는 과정이다.
② 클라이언트에게 서비스의 목적과 내용을 명확히 알린다.
③ 클라이언트에게 서비스의 위험성과 한계점에 대해 분명히 알린다.
④ 고지된 동의의 형태에는 구두 또는 서면 등이 있다.
⑤ 고지된 동의는 서비스 제공 이후에 받는다.

11 ○○사회복지관에서는 기존의 청소년 방과 후 프로그램을 축소하고 노인 여가 프로그램을 기획하고자 한다. 이 경우 행정적인 측면에서 발생할 수 있는 윤리적 쟁점으로 가장 옳은 것은?

① 비밀보장
② 자기결정권
③ 전문적 관계 유지
④ 제한된 자원의 공정한 분배
⑤ 진실성 고수와 알 권리

12 다음 중 면접의 특징에 해당하지 않는 것을 모두 고른 것은?

ㄱ. 전후관계나 장을 가진다.
ㄴ. 목적지향적이다.
ㄷ. 계획성과 의도성을 가진다.
ㄹ. 특별한 제약이 없다.

---

① ㄱ, ㄴ, ㄷ   ② ㄱ, ㄷ
③ ㄴ, ㄹ   ④ ㄹ
⑤ ㄱ, ㄴ, ㄷ, ㄹ

13 다음 중 클라이언트의 감정과 그 감정의 의미를 민감하게 인식하고 전달하는 사회복지사의 능력을 의미하는 것은?

① 헌신(Commitment)

② 공감(Empathy)

③ 동정(Sympathy)

④ 의무(Obligation)

⑤ 권위(Authority)

14 다음 중 면접 시 클라이언트에게 관심을 유지하고 있다는 것을 알리는 사회복지사의 기술이 아닌 것은?

① 클라이언트를 향해 앉는다.

② 개방적이고 공손한 자세를 취한다.

③ 클라이언트를 향해 몸을 약간 기울인다.

④ 클라이언트 눈을 직시한다.

⑤ 면접내용을 기록한다.

15 다음 중 목표설정에 관한 설명으로 옳지 않은 것은?

① 우선시되는 욕구를 먼저 택한다.

② 클라이언트와 합의하고 목표를 결정한다.

③ 클라이언트의 자기결정권을 존중한다.

④ 가능한 한 많은 부분을 포괄할 수 있는 큰 목표가 유용하다.

⑤ 성장을 강조하는 긍정적 형태로 기술해야 한다.

16 다음 중 사회복지실천의 과정에서 접수단계의 접수내용에 해당하는 것으로 옳지 않은 것은?

① 클라이언트의 문제와 욕구를 확인한다.
② 클라이언트의 가족, 이웃, 친구 등에 대한 구체적인 정보를 얻는다.
③ 클라이언트의 가족관계, 학교 및 직장생활 등의 적응상태를 확인한다.
④ 클라이언트가 문제를 보고 느끼는 방식을 파악한다.
⑤ 클라이언트에게 기관의 기능에 대해 설명한다.

17 다음 사례관리 과정 중 점검(Monitoring) 단계에서 사례관리자의 과업에 해당하지 않는 것은?

① 클라이언트의 의뢰 이유를 알아본다.
② 클라이언트의 욕구변화를 사정한다.
③ 개입계획에 따른 목표의 성취도를 파악한다.
④ 개입계획의 수정 여부를 검토한다.
⑤ 필요시 문제해결전략을 수정한다.

18 다음 중 보기의 사례에서 문제를 해결하기 위한 사회복지사의 역할로 옳은 것은?

> 서울의 ○○노인복지관에서는 서비스 이용자인 노인들을 대상으로 건강체조프로그램을 실시하였다. 프로그램이 실행되던 첫 날 30여 명의 노인들이 참여를 하였으나 다음번에는 10명으로 참여노인의 수가 현저히 줄었다. 노인복지관의 사회복지사는 그 이유에 대해 알아본 결과 새로 온 건강체조프로그램의 강사가 어느 참여노인과 언쟁을 벌인 것이 문제의 계기가 되었음을 알게 되었다.

① 조력자
② 교육자
③ 옹호자
④ 중재자
⑤ 중개자

19 다음 중 기능 수준에 따른 사회복지사의 역할에서 직접 서비스 제공자의 역할에 해당하는 것을 모두 고른 것은?

> ㄱ. 사례관리자
> ㄴ. 집단지도자
> ㄷ. 프로그램 개발자
> ㄹ. 정보제공자

① ㄱ, ㄴ, ㄷ
② ㄱ, ㄷ
③ ㄴ, ㄹ
④ ㄹ
⑤ ㄱ, ㄴ, ㄷ, ㄹ

20 다음 중 보기의 사례에서 언급되지 않은 콤튼과 갤러웨이(Compton & Galaway)의 사회복지 실천 구성 체계에 해당하는 것은?

> 사회복지사 A씨는 중학생 아들의 흡연문제를 도와달라는 어머니 B씨의 요청으로, B씨의 아들 C군과 상담을 하였다. C군은 흡연이 학교생활은 물론 자신의 건강에도 좋지 않다는 사실을 인지하고 있지만, 가까운 친구들이 자신들과 어울리기 위해서는 담배를 피워야 한다고 요구하고 있으므로 이를 거부할 수 없다고 하였다. 이에 사회복지사 A씨는 학교사회복지사와 협력하여 C군의 친구들을 함께 금연프로그램에 참여시키는 방안을 모색하고 있다.

① 전문가체계
② 표적체계
③ 클라이언트체계
④ 변화매개체계
⑤ 행동체계

21 다음 중 생태체계적 접근의 예에 해당하지 않는 것은?

① 개인과 환경 간의 지속적이고 순환적인 교류과정을 이해한다.
② 개인적 욕구와 환경적 욕구 사이의 조화와 균형 정도를 파악한다.
③ 클라이언트의 행동이 내적 · 외적 힘에 반응하여 어떻게 발달되는지를 추적한다.
④ 클라이언트의 문제를 체계 내의 개인적 부적응 또는 역기능으로 파악한다.
⑤ 생태도를 활용하여 미시, 중간, 거시 체계들 사이의 자원과 에너지의 흐름을 파악한다.

22 다음 보기의 질문 중 폐쇄형 질문에 해당하는 것을 모두 고른 것은?

> ㄱ. "남편의 성격은 어떤가요?"
> ㄴ. "남편과의 관계에서 무엇이 가장 힘듭니까?"
> ㄷ. "지난 일주일은 어떻게 지내셨습니까?"
> ㄹ. "어제 남편과 다투셨습니까?"

① ㄱ, ㄴ, ㄷ   ② ㄱ, ㄷ
③ ㄴ, ㄹ   ④ ㄹ
⑤ ㄱ, ㄴ, ㄷ, ㄹ

23 다음 중 클라이언트와의 라포 형성을 위한 사회복지사의 노력에 해당하는 것을 모두 고른 것은?

> ㄱ. 감정이입   ㄴ. 진실성
> ㄷ. 온 정   ㄹ. 인 정

① ㄱ, ㄴ, ㄷ   ② ㄱ, ㄷ
③ ㄴ, ㄹ   ④ ㄹ
⑤ ㄱ, ㄴ, ㄷ, ㄹ

24 브라운(Brown)이 제시한 사정의 유형 중 보기의 내용과 가장 밀접하게 연관된 것은?

> • 본질적으로 사회복지실천의 문제해결 접근법과 심리사회적 접근법에서 사용된다.
> • 원조의 방법과 수단, 문제를 가진 개인, 그리고 취급되어야 할 문제의 본질을 이해하는 데 도움이 된다.

① 임상적 사정   ② 심리사회적 사정
③ 역동적 사정   ④ 원인론적 사정
⑤ 잠정적 사정

25 다음 중 사정을 위한 유용한 질문으로 가장 옳지 않은 것은?

① 주로 언제 그런 일이 생기나요?

② 자신의 일은 스스로 해결해야 한다고 생각해보진 않았나요?

③ 그 일에 관련된 사람은 누구인가요?

④ 그 일로 가장 큰 영향을 받는 분은 누구인가요?

⑤ 그런 일이 생길 때 주로 어떻게 하셨나요?

제2영역 사회복지실천기술론

01 다음 중 인지행동모델에서 엘리스(Ellis)가 제시한 비합리적 신념의 예에 해당하는 것을 모두 고른 것은?

> ㄱ. 인간은 모든 면에서 반드시 유능하고 성취적일 필요는 없다.
> ㄴ. 일이 내가 바라는 대로 되지 않는다고 해서 그에 대해 낙심할 필요는 없다.
> ㄷ. 인간의 현재 행동과 운명이 과거의 경험이나 사건에 의해 결정되는 것은 아니다.
> ㄹ. 위험하거나 두려운 일이 일어날 가능성은 상존하므로, 그것이 실제로 일어날 가능성에 대해 항상 유념해야 한다.

① ㄱ, ㄴ, ㄷ   ② ㄱ, ㄷ

③ ㄴ, ㄹ   ④ ㄹ

⑤ ㄱ, ㄴ, ㄷ, ㄹ

02 다음 중 과제중심모델에 대한 설명으로 옳지 않은 것은?

① 사회복지사와 클라이언트의 관계는 보호적 관계이다.

② 클라이언트의 문제의식을 반영하여 표적문제를 설정한다.

③ 계약 내용에 사회복지사의 과제를 포함한다.

④ 단기치료의 기본원리를 강조한 구조화된 접근이다.

⑤ 클라이언트의 자기결정권을 존중한다.

03 다음 보기의 내용에서 사회복지사가 사용한 의사소통기술로서 가장 옳은 것은?

> 클라이언트 : 저는 가정의 화목을 위해 항상 노력하고 있습니다. 문제는 아내가 그런 저의 노력을 외면하고 저를 무시하고 있다는 거죠.
> 사회복지사 : 당신은 가정의 화목을 위해 노력하고 있다고 말하지만, 거의 매일 회사 동료들과의 회식을 이유로 집에 늦게 오지 않습니까? 말과 행동 사이에 차이가 있는 것 같은데요?

① 직 면   ② 초점화
③ 명확화   ④ 세분화
⑤ 유도질문

04 다음 보기의 내용에서 사회복지사가 사용한 질문의 형태는?

> 클라이언트 : 저는 가정의 화목을 위해 항상 노력하고 있습니다. 문제는 아내가 그런 저의 노력을 외면하고 저를 무시하고 있다는 거죠.
> 사회복지사 : 당신은 지금 자신의 잘못을 회피하면서 자신의 행동에 대해 합리화하고 있습니다. 당신은 그게 잘못된 것이라고 생각하지 않나요?

① 모호한 질문   ② 유도질문
③ 이중질문   ④ 기적질문
⑤ 예외질문

05 다음 중 과업달성보다 집단성원들 간의 유대감을 강조하는 집단지도자의 역할과 가장 거리가 먼 것은?

① 공동의 관심사에 초점을 두도록 한다.
② 모든 성원들이 집단과정에 참여하도록 촉진한다.
③ 개별성원의 부정적 감정을 표현하도록 격려한다.
④ 집단성원들 간 갈등을 해결하고 긴장을 완화한다.
⑤ 성원들이 제시한 아이디어와 의견을 분석한다.

06 다음 중 라포포트(Rapoport)가 제시한 위기개입의 목표로 옳지 않은 것은?

① 불균형 상태를 유발한 촉발사건에 대해 이해한다.

② 위기 이전의 기능 수준으로 회복한다.

③ 위기로 인한 증상을 제거한다.

④ 주관적 경험을 증진시킨다.

⑤ 클라이언트나 가족이 사용하거나 지역사회 자원에서 이용할 수 있는 치료기제에 대해 규명한다.

07 임신한 16세 소녀가 어머니에게는 임신 사실을 비밀로 해 달라고 했을 때 사회복지사가 갖게 되는 윤리적 갈등은?

① 인간의 존엄성　　　　　　　　　② 비밀보장의 원칙

③ 자기결정의 원칙　　　　　　　　④ 사회정의

⑤ 종교적 신념

08 다음 중 보기의 내용과 연관된 가족치료모델에 해당하는 것은?

- 가족을 하나의 체계로 보고 개인의 문제를 정신적 요인보다 체계와의 관련성에 둔다.
- 가족 내의 경계뿐만 아니라 가족 전체 혹은 하위체계에도 주의를 기울인다.
- 가족성원들 간의 상호지지 및 독립과 자율이 허용되는 명확한 경계선을 강조한다.

① 의사소통모델　　　　　　　　　② 해결중심모델

③ 경험적 치료모델　　　　　　　　④ 전략적 치료모델

⑤ 구조적 치료모델

09 다음 중 가족수준의 사회복지실천 개입과제로 옳은 것을 모두 고른 것은?

> ㄱ. 가족의 정책개발
> ㄴ. 가족에 대한 상위체계 수용
> ㄷ. 가족이 속한 사회와 문화의 이해
> ㄹ. 가족을 위한 자원개발과 강화

① ㄱ, ㄴ, ㄷ   ② ㄱ, ㄷ

③ ㄴ, ㄹ   ④ ㄹ

⑤ ㄱ, ㄴ, ㄷ, ㄹ

10 다음에서 소개되는 다양한 집단 중 일반적으로 개방집단으로 운영되지 않는 것은?

① 알코올 중독자 치료모임

② 당뇨환자 자조모임

③ 부모교육 강연회에서 소그룹이 형성되는 집단

④ 정신과 병동에서 이루어지는 사회기술훈련집단

⑤ 암환자 가족들을 위한 정보제공집단

11 다음 중 자조모임(Self-help Group)의 특성에 해당하지 않는 것은?

① 기본적으로 상호부조의 기능을 수행한다.

② 자기노출을 통해 문제의 보편성을 경험한다.

③ 집단성원들 간의 학습을 통해 모델링 효과를 얻는다.

④ 기존성원이 이제 막 문제 상황에 처한 신입성원을 이끌어 가는 개방형 구성이 바람직하다.

⑤ 과업달성을 위해 집단사회복지사의 주도성이 요구된다.

12 다음 중 보기의 사례에서 사회복지사가 사용한 개입기법으로 옳은 것은?

클라이언트 A씨는 3년 전 결혼을 하여 한 가정의 가장으로 있다. 그러나 결혼을 하여 분가를 했음에도 불구하고 그의 어머니가 지속적으로 A씨의 집으로 찾아와서는 집안일에 대해 사사건건 간섭을 하였고, 그로 인해 A씨의 부인과도 자주 다투는 상황에 이르렀다. 사회복지사는 A씨에게 자신의 생각과 느낌을 어머니께 당당히 말하도록, A씨의 어머니에게는 A씨의 의견을 경청하고 이를 수용하도록 조언을 해주었다. 그럼에도 불구하고 문제는 지속되었고, 이에 사회복지사는 "지금부터 A씨는 무엇이든 작은 일이라도 어머니께 상의하고 도움을 요청해 보세요."라고 말하였다.

① 실 연
② 균형 깨뜨리기
③ 문제의 외재화
④ 경계 만들기
⑤ 역설적 지시

13 다음 위기의 형태 중 내면의 갈등이나 불안에 의해 나타나는 위기에 해당하는 것은?
① 발달적 위기
② 상황적 위기
③ 사회·문화적 위기
④ 실존적 위기
⑤ 환경적 위기

14 다음 중 보기와 같은 기본가정을 강조하는 실천모델에 해당하는 것은?

• 인간에 의해 일어나는 모든 현상들(분명한 행동과 언어, 숨겨진 사고와 인지, 느낌, 꿈 등)은 관찰이 가능하건 혹은 불가능하건 모두 행동으로 간주된다.
• 전부는 아니지만 많은 경우 인간 행동은 생활경험에서 광범위하게 학습된다. 이러한 학습은 전 생애를 통해서 일어난다.
• 기본적인 학습은 여러 문화와 생활환경을 통하여 개인의 행동으로 나타나며, 정상적이거나 역기능적인 행동, 느낌, 사고 등은 학습의 결과이다.

① 인지행동모델
② 문제중심모델
③ 역량강화모델
④ 해결중심모델
⑤ 심리사회적 모델

15 다음 중 행동수정모델의 내용과 거리가 먼 것은?

① 토마스(Thomas)가 행동주의 사회사업을 실천모델로 발전시켰다.

② 특정의 구체적인 문제행동에 개입의 초점을 둔다.

③ 목적은 치료가 아니라 현재의 문제에 대처하는 개인의 문제해결능력을 회복시키는 것이다.

④ 외면적이고 관찰 가능한 행동을 중시한다.

⑤ 환경결정론적 입장이다.

16 과제중심모델의 개입 과정 중 초기 사정에서 불충분한 부분을 후속 사정을 통해 보완하여 목표와 개입 내용을 재확인·재검토하는 단계는?

① 시작단계　　　　　　　　　　② 문제규명단계

③ 계약단계　　　　　　　　　　④ 실행단계

⑤ 종결단계

17 다음 중 인지적 오류의 경향으로서 상황의 주된 내용이 아닌 특정 부분에만 주의를 기울여 이를 전체의 의미로 해석하는 것은?

① 정신적 여과　　　　　　　　　② 과잉일반화

③ 이분법적 사고　　　　　　　　④ 개인화

⑤ 임의적 추론

18 역량강화모델의 3단계 중 발견단계에서 사회복지사가 중점적으로 수행해야 할 과제에 해당하는 것을 모두 고른 것은?

ㄱ. 강점 확인	ㄴ. 목표 설정
ㄷ. 자원역량 사정	ㄹ. 협력관계 형성

① ㄱ, ㄴ, ㄷ　　　　　　　　　② ㄱ, ㄷ

③ ㄴ, ㄹ　　　　　　　　　　　④ ㄹ

⑤ ㄱ, ㄴ, ㄷ, ㄹ

19 다음 중 심리사회모델의 기법에 대한 설명으로 옳지 않은 것은?

① 지지하기 : 클라이언트의 문제해결능력에 대한 확신감을 표현한다.

② 직접적 영향 : 사회복지사 자신이 조언하고 싶은 욕구에 의해 조언한다.

③ 발달적 고찰 : 성인기 이전의 생애경험이 현재의 기능에 미치는 영향에 대해 고찰한다.

④ 탐색-기술-환기 : 클라이언트와 환경과의 상호작용에 대한 사실을 기술하고 감정을 표현하도록 한다.

⑤ 인간-상황에 대한 고찰 : 사건에 대한 클라이언트의 지각방식 및 행동에 대한 신념, 외적 영향력 등을 평가한다.

20 다음 중 일반적으로 사회복지기관에서 가장 많이 사용되는 기록 형태는?

① 과정기록　　　　　　　　　　② 요약기록

③ 이야기체 기록　　　　　　　　④ 과제중심기록

⑤ 결과분석기록

21 다음 중 클라이언트에게 필요한 사회적 자원을 연계시켜 주거나 이러한 자원을 충분히 활용할 수 있도록 도와주는 사회복지사의 역할과 가장 거리가 먼 것은?

① 중재자의 역할

② 사례관리자의 역할

③ 조정자의 역할

④ 클라이언트 옹호자의 역할

⑤ 정보제공자의 역할

22 다음 중 집단프로그램 활동을 선택할 때 사회복지사가 우선적으로 고려해야 하는 사항에 해당하지 않는 것은?

① 시기의 적절성　　　　　　　　② 수행의 안전성

③ 집단규범과의 적합성　　　　　④ 집단성원의 동의

⑤ 집단지도자의 가치

23 다음 중 문제중심기록의 SOAP에 해당되는 내용을 순서대로 나열한 것은?

> ㄱ. 클라이언트는 몸에 기운이 없고 삶의 의욕도 없어보였다.
> ㄴ. 클라이언트는 기분이 우울하고 사람과의 만남도 싫다고 하였다.
> ㄷ. 우울증이 판단되어 전문심리상담기관에 의뢰하여 심리검사를 실시하였다.
> ㄹ. 우울증의 진단에 따라 해결방안을 계획하였다.

① ㄱ - ㄴ - ㄷ - ㄹ
② ㄱ - ㄴ - ㄹ - ㄷ
③ ㄴ - ㄱ - ㄷ - ㄹ
④ ㄴ - ㄱ - ㄹ - ㄷ
⑤ ㄴ - ㄷ - ㄱ - ㄹ

24 다음 중 가족관계에서 가족 항상성의 개념에 대한 설명으로 가장 적절한 것은?

① 체계로서의 가족이 구조와 기능에 균형을 유지하려는 속성
② 가족들 간에 지켜야 할 의무나 태도에 대한 지침·권리
③ 가족 내 체계들 간의 구분이나 가족체계와 외부체계를 구분해주는 선
④ 가족원끼리의 상호작용법과 연속성, 반복·예측되는 가족 행동 등을 조직하는 것
⑤ 가족 내 한 성원의 변화가 다른 성원들과 가족 전체에 영향을 미치는 것

25 다음 중 가족의 기능과 구조를 사정할 때 포함되는 사항에 해당하는 것을 모두 고른 것은?

> ㄱ. 가족규칙의 융통성 정도
> ㄴ. 가족의 의사소통구조
> ㄷ. 삼각관계 형성 여부
> ㄹ. 가족의 강점

① ㄱ, ㄴ, ㄷ
② ㄱ, ㄷ
③ ㄴ, ㄹ
④ ㄹ
⑤ ㄱ, ㄴ, ㄷ, ㄹ

01 다음 중 지역사회(Community)에 대한 설명으로 옳은 것은?

① 워렌(Warren) - 지리적인 지역사회와 기능적인 지역사회로 구분하였다.

② 던햄(Dunham) - 인간의 공동생활이 영위되는 일정한 지역을 공동생활권으로 설명하였다.

③ 힐러리(Hillery) - 지리적 영역, 사회적 상호작용, 공동의 유대 등 3가지 공통요소를 제시하였다.

④ 메키버(Maciver) - 지역사회의 유형을 인구의 크기, 경제적 기반 등의 기준으로 구분하였다.

⑤ 로스(Ross) - 지역적 접합성을 가지는 주요한 사회적 기능수행의 단위 및 체계들의 결합으로 정의하였다.

02 다음 중 자선조직협회와 인보관에 대한 설명으로 옳지 않은 것은?

① 인보관 운동은 사회진화론에 바탕을 두었다.

② 지식인 및 대학생들이 중심이 되어 인보관 운동을 전개하였다.

③ 자선조직협회에서는 우애방문원들이 가정방문을 하였다.

④ 우애방문원은 오늘날 사회복지사의 모태라고 할 수 있다.

⑤ 1877년 미국 뉴욕 버팔로(Buffalo)에 자선조직협회가 설립되었다.

03 다음 중 지역사회복지와 관련된 개념에 대한 설명으로 가장 옳은 것은?

① 지역사회 자체는 지역사회복지의 실천이 될 수 없다.

② 지역사회보호는 시설보호의 강점을 유지하기 위해서 등장한 개념이다.

③ 지역사회조직사업은 순수 민간조직에 의해 계획적으로 달성되는 영역이다.

④ 지역사회복지실천은 지역사회의 복지증진을 위한 모든 전문적 · 비전문적 활동을 포함한다.

⑤ 지역사회복지가 궁극적으로 추구하는 것은 지역경제의 활성화이다.

04 다음 웨일과 갬블(Weil & Gamble)의 지역사회복지실천모델 중 보기의 내용과 관련된 모델에 해당하는 것은?

> • 특정 집단이나 이슈에 대해 새로운 패러다임을 제공할 수 있는 사회정의 실현을 행동화한다.
> • 사회복지사는 옹호자, 촉진자로서의 역할을 수행한다.

① 사회운동모델
② 연합모델
③ 사회계획모델
④ 정치적 · 사회적 행동모델
⑤ 기능적 지역사회조직모델

05 다음 중 보기의 내용과 연관된 조직 간 연계체계의 수준으로 옳은 것은?

> 분리된 각 조직이 단일한 프로그램이나 서비스를 결합하여 함께 제공하기 위한 목적을 가지고 연계하되, 조직의 정체성을 유지하면서 자원을 공유한다.

① 조정(Coordination)
② 협력(Collaboration)
③ 통합(Integration)
④ 동맹(Alliance)
⑤ 연락(Communication)

06 다음 중 임파워먼트를 실천하는 데 있어서 사회복지사의 실천원칙으로 옳지 않은 것은?

① 사회복지사는 클라이언트의 역량강화를 위해 주도적인 역할을 수행한다.
② 사회복지사는 사회변화의 초점을 유지한다.
③ 사회복지사는 클라이언트로 하여금 자신의 말로 이야기하도록 격려한다.
④ 사회복지사는 억압 상황에 대해 총체적인 시각을 유지한다.
⑤ 사회복지사는 개인에 대해 희생자가 아닌 승리자의 초점을 유지한다.

07 다음 중 지역사회복지 전달체계 개편 과정을 순서대로 나열한 것은?

> ㄱ. 사회복지사무소 시범사업
> ㄴ. 보건복지사무소 시범사업
> ㄷ. 희망리본프로젝트 시범사업
> ㄹ. 읍 · 면 · 동 복지기능 강화 시범사업
> ㅁ. 주민생활지원서비스 시행
> ㅂ. 희망복지 지원단 운영

① ㄱ - ㄴ - ㄷ - ㄹ - ㅁ - ㅂ
② ㄱ - ㄴ - ㄹ - ㄷ - ㅂ - ㅁ
③ ㄱ - ㄴ - ㅁ - ㅂ - ㄷ - ㄹ
④ ㄴ - ㄱ - ㄷ - ㅁ - ㄹ - ㅂ
⑤ ㄴ - ㄱ - ㅁ - ㄷ - ㅂ - ㄹ

08 다음 중 지역사회 자원동원의 사회적 의의에 대한 설명으로 적절하지 못한 것은?

① 정부나 지방자치단체가 공공재정을 늘리는 것을 억제하여 민간자원에 대한 의존도를 높인다.
② 지역사회 구성원들의 공동체의식 함양에 기여한다.
③ 지역사회 내 가용 복지재원의 총량을 확대하는 데 기여한다.
④ 지역사회 주민의 사회복지에 대한 자발적인 참여를 촉진한다.
⑤ 지역사회 자원동원에 의한 재정 확충은 민간비영리조직의 자율성 향상에 기여한다.

09 다음 보기의 내용에 해당하는 지역사회복지실천의 이념으로 적절한 것은?

> 지역주민이 지역사회와 관계를 맺고 사회의 온갖 다양한 문제들에서 벗어나 사회적으로 가치 있는 역할을 수행할 수 있도록 한다.

① 정상화
② 주민참여
③ 탈시설화
④ 사회통합
⑤ 네트워크

10 다음 중 지역사회복지 네트워크의 성공요인에 해당하지 않는 것은?

① 조직의 경쟁성이 우선되어야 한다.

② 조직의 힘은 균등하여야 한다.

③ 네트워크 관리자의 역할이 중요하다.

④ 협력의 목적과 비전이 공유되어야 한다.

⑤ 원활한 참여를 위해 자원이 풍부하여야 한다.

11 보기와 같이 지역사회의 변화를 효과적으로 이루어 지역사회의 경제적·사회적 조건을 향상시키기 위해 토착적인 지도자 개발에 힘쓰는 지역사회조직의 모델에 해당하는 것은 무엇인가?

> 지난 2010년 중국 하북성 진황도시의 새마을연수단이 포항시를 방문하여 양 도시 간 새마을연수사업 및 문화예술방면 교류 협의를 위해 포항시청의 실무자와 업무협의를 하였다. 중국 연수단의 한 관계자는 현재 중국의 최대 역점 사업으로서 신농촌건설운동이 대대적으로 펼쳐지고 있으며, 그 모델이 한국의 새마을운동이라고 밝혔다. 해당 관계자는 포항의 새마을 아카데미 프로그램을 통해 한국의 농업기술 및 품종 개발기술을 배우는 것이 효과적인 연수프로그램을 위한 목표라고 말했다. 또한 새마을운동뿐만 아니라 문화, 예술, 관광 등 다양한 분야에 걸쳐 포항시와 진황도시 간 활발한 교류가 전개되기를 기대한다고 말했다.

① 지역사회개발모델　　　　　　　　② 사회행동모델

③ 사회계획모델　　　　　　　　　　④ 사회운동모델

⑤ 근린지역사회조직모델

12 다음 중 샌더스(Sanders)가 제시한 사회계획모델에서 사회복지사의 역할에 해당하는 것을 모두 고른 것은?

ㄱ. 분석가	ㄴ. 계획가
ㄷ. 조직가	ㄹ. 행정가

① ㄱ, ㄴ, ㄷ　　　　　　　　　　　② ㄱ, ㄷ

③ ㄴ, ㄹ　　　　　　　　　　　　　④ ㄹ

⑤ ㄱ, ㄴ, ㄷ, ㄹ

13 다음 중 우리나라 지역사회복지 발전에 관한 내용을 연결한 것으로 옳지 않은 것은?

① 지역사회 자활 – 급여제공방식 중심의 탈빈곤
② 재가복지서비스 – 클라이언트 중심의 서비스 제공
③ 사회복지시설평가 – 기관운영의 효율성 증대
④ 사회복지공동모금회 출범 – 민간재원의 발굴
⑤ 지역사회보장계획 수립 – 지역복지욕구의 파악

14 다음 중 워렌(Warren)이 제시한 지역사회기능의 비교척도에 해당하지 않는 것은?

① 지역적 자치성
② 지역의 경제적 자립성
③ 지역에 대한 주민들의 심리적 동일시
④ 서비스 영역의 일치성
⑤ 수평적 유형

15 다음 중 근본적인 제도상의 변화를 위해서 시민으로 모인 구성원 전체에 영향을 미치는 옹호활동에 해당하는 것은?

① 자기옹호   ② 집단옹호
③ 체제변환적 옹호   ④ 지역사회옹호
⑤ 정치 또는 정책적 옹호

16 테일러와 로버츠(Taylor & Roberts)는 지역사회복지실천모델을 5가지 유형으로 구분하였으며, 각각의 유형에 대해 후원자와 클라이언트 간의 의사결정 영향 정도를 제시하였다. 다음 중 후원자가 가장 높은 수준의 결정 권한을 가지는 모델에 해당하는 것은?

① 계획모델   ② 지역사회개발모델
③ 지역사회연계모델   ④ 정치적 권력강화모델
⑤ 프로그램개발 및 조정모델

17 다음 중 지역사회복지실천의 전달체계 중 중앙정부전달체계의 특징에 해당하지 않는 것은?

① 공공재적인 성격이 강하다.
② 공급규모나 재원조달의 측면에서 중앙정부의 역할이 대두된다.
③ 프로그램을 포괄·조정할 수 있다.
④ 지속적이고 안정적인 서비스를 제공할 수 있다.
⑤ 배분에 있어서 효율성을 기할 수 있다.

18 사회복지공동모금회의 배분사업 중 사회복지 증진을 위하여 자유주제 공모형태로 복지사업을 신청 받아 배분하는 사업에 해당하는 것은?

① 기획사업   ② 긴급지원사업
③ 지정기탁사업   ④ 신청사업
⑤ 지역제안사업

19 다음 중 지방자치제 실시로 인하여 변화된 지역사회복지의 여건에 대한 설명으로 옳지 않은 것은?

① 지역사회복지조직의 강화 및 필요성이 증대되었다.
② 지역 이기주의가 약화되었다.
③ 전달체계의 개선 노력이 증대되었다.
④ 지역사회를 중심으로 자립기반을 강화하려는 사회적인 욕구가 증대되었다.
⑤ 중앙정부와 지방정부 간 기능분담의 조정이 요구되었다.

20 다음 지역사회복지실천의 과정 중 지역사회 서베이, 지역사회포럼, 주요정보제공자 조사 등의 방법을 활용하는 단계에 해당하는 것은?

① 변화기회 확인   ② 변화노력 점검
③ 변화노력 실행   ④ 변화노력 평가
⑤ 변화기회 분석

21 다음 지역사회복지실천 기관 중 직접 서비스 기관에 해당하는 것은?

① 사회복지협의회
② 사회복지공동모금회
③ 지역자활센터
④ 사회복지사협회
⑤ 기업복지재단

22 다음 중 지역사회복지의 갈등이론에 대한 내용으로 옳지 않은 것은?

① 지역사회 내에 존재하는 갈등 현상에 주목한다.
② 갈등을 사회발전의 요인과 사회통합의 관점에서 다룬다.
③ 지역주민의 욕구해소를 위한 자원의 재분배를 요구한다.
④ 지역사회행동모델로 발전하였다.
⑤ 호만스(Homans)와 블라우(Blau)에 의해 형성된 이론이다.

23 다음 중 사회교환론에 대한 설명으로 옳은 것을 모두 고른 것은?

> ㄱ. 교환자원에는 상담, 기부금, 정보, 의미, 힘 등이 포함된다.
> ㄴ. 사회복지조직은 생존을 위해 외부의 재정적 지원에 의존한다.
> ㄷ. 힘 균형전략은 경쟁, 재평가, 호혜성, 연합, 강제 등이 있다.
> ㄹ. 교환이론에서는 물질적 자원의 교환만을 다룬다.

① ㄱ, ㄴ, ㄷ   ② ㄱ, ㄷ
③ ㄴ, ㄹ   ④ ㄹ
⑤ ㄱ, ㄴ, ㄷ, ㄹ

24 펄만과 구린(Perlman & Gurin)은 지역사회복지실천과정과 관련하여 사회문제해결의 모델이 몇 가지 국면으로 이루어진다고 주장하였다. 다음 중 각 국면을 순서대로 나열한 것은?

> ㄱ. 정책대안의 분석 및 정책의 채택
> ㄴ. 문제를 개진할 구조와 커뮤니케이션의 구축
> ㄷ. 문제에 대한 정의
> ㄹ. 반응조사와 환류
> ㅁ. 정책계획의 개발과 실시

① ㄴ - ㄷ - ㄹ - ㅁ - ㄱ
② ㄴ - ㄷ - ㅁ - ㄹ - ㄱ
③ ㄴ - ㄷ - ㄱ - ㅁ - ㄹ
④ ㄷ - ㄴ - ㄱ - ㅁ - ㄹ
⑤ ㄷ - ㄱ - ㄴ - ㅁ - ㄹ

25 다음 아른스테인(Arnstein)의 주민참여 단계 중 주민참여의 효과가 주민권력 수준에 해당하는 것은?

① 권한위임(Delegated Power)
② 주민상담(Consultation)
③ 주민회유(Placation)
④ 정보제공(Informing)
⑤ 대책치료(Therapy)

제1영역 사회복지정책론

01 다음 중 사회복지정책에 대한 설명으로 옳은 것을 모두 고른 것은?

> ㄱ. 사회복지정책은 국민의 복지 증진을 위해 복지국가가 사용하는 수단이다.
> ㄴ. 실천적인 측면에서 개인을 대상으로 미시적으로 개입하는 직접적 방법이다.
> ㄷ. 개인의 잠재능력 향상, 사회통합은 소득재분배와 함께 사회복지정책의 주된 기능이다.
> ㄹ. 사회복지정책의 형태론적 접근은 질적인 문제를 다루는 데 적합하다.

① ㄱ, ㄴ, ㄷ   ② ㄱ, ㄷ
③ ㄴ, ㄹ   ④ ㄹ
⑤ ㄱ, ㄴ, ㄷ, ㄹ

02 다음 중 민간보험과 사회보험의 차이점에 대한 설명으로 옳지 않은 것은?

① 민간보험은 계약성, 사회보험은 강제성이다.
② 민간보험은 개인성, 사회보험은 사회성이다.
③ 민간보험은 임의성, 사회보험은 보편성이다.
④ 민간보험은 경쟁성, 사회보험은 정부독점이다.
⑤ 민간보험은 수리적 계산이 필요하지만, 사회보험은 수리적 계산이 불필요하다.

03 다음 중 사회복지정책의 가치에 대한 설명으로 옳은 것은?

① 형평(Equity)은 결과의 평등을 강조하는 수량적 평등개념이다.
② 긍정적 차별(Positive Discrimination)은 평등의 가치를 저해한다.
③ 기회의 평등은 결과의 평등보다 재분배에 적극적이다.
④ 결과의 평등 추구는 부자들의 소극적 자유를 침해할 가능성이 낮다.
⑤ 파레토 효율은 사회적 자원의 바람직한 배분이라는 보다 포괄적인 측면에 초점을 둔다.

04 다음 중 중앙정부의 지자체 개별보조와 비교할 때 지자체 포괄보조가 갖는 장점으로 옳지 않은 것은?

① 지역 실정에 맞는 사업을 운영할 수 있다.

② 실험적인 사업을 수행하는 데 용이하다.

③ 지방재정 운영의 자율성을 확대할 수 있다.

④ 지역사회 자원연계를 강화할 수 있다.

⑤ 통일된 기준을 설정하여 지역 간 형평성을 기할 수 있다.

05 다음 중 조지와 윌딩(George & Wilding)이 제시한 신우파(The New Right)에 대한 설명으로 가장 옳지 않은 것은?

① 복지다원주의를 강조한다.

② 민영화를 추진하려는 계획에서 비롯되었다.

③ 전통적 가치와 국가 권위의 회복을 강조하는 신보수주의와 유사하다.

④ 국가 개입은 경제적 비효율을 초래한다고 주장한다.

⑤ 경제위기의 근본적인 원인을 오일쇼크로 인한 유가상승으로 보았다.

06 다음 중 보기의 내용과 연관된 복지국가 분석에 관한 이론에 해당하는 것은?

> • 사회복지정책은 행정관료와 전문가들의 문제 해결을 위한 노력의 산물이다.
> • 복지정책은 무(無)의 상태에서 공식화되는 것이 아닌 이전 정책들에 대한 평가에 기초하여 만들어진다.

① 이익집단이론

② 조합주의이론

③ 국가중심이론

④ 사회민주주의이론

⑤ 신마르크스주의이론

07 다음 중 '제3의 길'과 관련된 설명으로 옳지 않은 것은?

① 시장의 효율성과 사회적 연대성의 조화를 목표로 1990년대 후반 유럽의 좌파정권이 제시하였다.

② 국민들의 사회경제생활을 보장하는 동시에 시장의 활력을 높이자는 전략을 표방하였다.

③ 국민들에게 경제적 혜택을 직접 제공하고자 하였다.

④ 사회투자국가론을 지지하였다.

⑤ 생산적 복지와 적극적 복지를 표방하였다.

08 다음 중 미국의 1935년 사회보장법(Social Security Act)에 대한 설명으로 옳지 않은 것은?

① 케인즈식 국가개입주의가 반영되었다.

② 소득보장과 의료보험을 골자로 하였다.

③ 사회보장이라는 용어가 최초로 사용되었다.

④ 대공황으로 인한 사회문제의 확산이 법 제정의 계기가 되었다.

⑤ 사회복지에 대한 연방정부의 책임 확대를 가져왔다.

09 사회복지정책에 영향을 미치는 갈등적 가치로서 개인주의와 집합주의가 있다. 다음 중 집합주의에 대한 설명으로 옳은 것을 모두 고른 것은?

> ㄱ. 정치적으로 보수주의를 기본으로 한다.
> ㄴ. 사회적 불평등 해소를 위한 사회복지정책을 강조한다.
> ㄷ. 근본적으로 자본주의 체제를 인정하지 않는다.
> ㄹ. 사회문제를 산업자본주의의 역기능에서 찾는다.

① ㄱ, ㄴ, ㄷ   ② ㄱ, ㄷ

③ ㄴ, ㄹ   ④ ㄹ

⑤ ㄱ, ㄴ, ㄷ, ㄹ

10 다음 정책결정 이론모형 중 최적모형에 대한 설명으로 옳은 것은?

① 최선의 대안선택을 가정하는 규범적 · 이상적 접근방법이다.

② 경제적 합리성과 초합리성을 바탕으로 하는 질적 모형이다.

③ 합리모형과 달리 완전무결한 합리성이 아닌 제한된 합리성에 기초한다.

④ 정책결정에 있어서 정치적 합리성이 크게 작용한다.

⑤ 정책문제, 정책대안, 참여자 등 다양한 요인들의 우연한 흐름에 의해 정책결정이 이루어진다.

11 다음 공공부조의 원리 중 자산조사와 가장 밀접하게 연관된 것은?

① 생존권 보장의 원리   ② 최저생활 보장의 원리

③ 보충성의 원리   ④ 국가책임의 원리

⑤ 자립조장의 원리

12 다음 퍼니스와 틸튼(Furniss & Tilton)이 제시한 국가개입의 유형 중 사회보장국가에 대한 설명으로 가장 옳은 것은?

① 정부의 경제정책에 대한 적극성을 강조한다.

② 개인의 자유와 사유재산보장, 경제성장 및 안정을 강조한다.

③ 노동조합의 활성화 및 노동자의 정치적 참여를 촉진한다.

④ 보편적인 사회복지서비스를 제공하고자 한다.

⑤ 사회복지정책을 통해 국민생활의 최저수준을 보장하는 것을 목표로 한다.

13 다음 중 에스핑-안데르센(Esping-Andersen)이 분류한 사회민주주의 복지국가에 대한 설명으로 옳은 것은?

① 노동력의 탈상품화 정도가 최소화 상태이다.

② 산업별 · 직업별 · 계층별로 다른 종류의 복지급여를 제공한다.

③ 계급 및 신분의 계층화 정도가 높다.

④ 복지의 재분배적 기능이 강력하다.

⑤ 대표적인 국가로 프랑스와 독일을 예로 들 수 있다.

14 다음 중 사회복지정책에 대한 설명을 올바르게 연결한 것은?

① 자산조사 – 평등 가치를 실현하는 데 유리하지만, 기여를 수급자격 요건의 하나로 만든다.
② 조세지출 – 다른 재원에 비해 부과 및 징수비용이 높지만, 급여의 보편성을 높일 수 있다.
③ 민영화 – 서비스에 대한 재정 접근성을 높일 수 있지만, 서비스의 지속성을 떨어뜨릴 수 있다.
④ 본인부담 – 도덕적 해이를 감소시킬 수 있으나, 서비스의 이용을 제한할 수 있다.
⑤ 최소 가입기간 – 공적연금의 재정 안정성을 떨어뜨릴 수 있지만, 수급자의 선택권을 넓힐 수 있다.

15 다음 사회복지급여의 형태 중 현금급여에 대한 설명으로 옳은 것을 모두 고른 것은?

> ㄱ. 수급자 선택의 자유를 보장한다.
> ㄴ. 프로그램을 운영하는 데 비용이 많이 든다.
> ㄷ. 산재보험의 휴업급여는 현금급여이다.
> ㄹ. 정책목표 효율성을 높일 수 있다.

① ㄱ, ㄴ, ㄷ   ② ㄱ, ㄷ
③ ㄴ, ㄹ   ④ ㄹ
⑤ ㄱ, ㄴ, ㄷ, ㄹ

16 다음 중 개인의 소득이 일정수준 이하인 경우 그 차액에 대해 일정세율을 적용하여 계산된 금액을 조세환급으로 지급하는 제도는?

① 부의 소득세   ② 배당 소득세
③ 양도 소득세   ④ 조세비용
⑤ 조세지출

17 다음 중 정책아젠다에 등록은 되었지만 논의되지 않는 이슈를 지칭하는 개념은?

① 이슈유발장치　　　　　　　　　　② 억압된 이슈
③ 가짜이슈　　　　　　　　　　　　④ 대안이슈
⑤ 이슈제기자

18 새로운 사회적 위험(New Social Risk)에 관한 설명이 아닌 것은?

① 국가 간의 노동인구 이동이 줄어들고 있다.
② 노인인구 증가로 인한 복지비용 증가와 노인 돌봄이 중요한 문제로 대두되고 있다.
③ 노동시장의 불안정으로 근로빈곤층이 증가하고 있다.
④ 여성들의 유급노동시장으로의 참여 증가로 일과 가정의 양립 문제가 확산되고 있다.
⑤ 새로운 사회적 위험으로 인한 수요증가에 필요한 복지재정의 부족현상이 심화되고 있다.

19 다음 중 빈곤 및 불평등에 대한 설명으로 옳은 것은?

① 절대적 빈곤은 그 사회의 불평등 정도를 직접적으로 반영한다.
② 십분위 분배지수는 하위 40% 가구의 소득이 전체 소득에서 차지하는 비중을 상위 20% 가구의 소득이 전체소득에서 차지하는 비중으로 나눈 값이다.
③ 로렌츠(Lorenz) 곡선은 완전평등선에서 아래쪽으로 볼록할수록 평등함을 나타낸다.
④ 빈곤갭(Poverty Gap)은 빈곤층의 소득을 빈곤선까지 상향시키는 데 필요한 총비용을 말하는 것으로 빈곤한 사람의 규모를 나타낸다.
⑤ 시장소득 기준 지니계수와 가처분소득 기준 지니계수의 차이는 간접세의 재분배효과를 의미한다.

20 다음 사회복지정책에 대한 분석적 접근방법으로서 산물(Product) 분석의 예로 가장 적절한 것은?

① 기초연금과 국민연금의 대상자 선정기준 분석

② 국민기초생활보장제도의 형성과정 분석

③ 지역사회보호가 정신질환자에 미치는 영향에 대한 분석

④ 근로장려세제(EITC)의 저소득층 근로유인효과 분석

⑤ 자활사업 참여자와 비참여자의 공공부조 탈수급률 비교 분석

21 다음 중 사회복지정책의 공공재원에 해당하는 것을 모두 고른 것은?

ㄱ. 국민건강보험의 보험료
ㄴ. 국민건강보험의 본인일부부담금
ㄷ. 근로자에 대한 연말소득공제
ㄹ. 사업주가 부담하는 퇴직급여

① ㄱ, ㄴ, ㄷ ② ㄱ, ㄷ

③ ㄴ, ㄹ ④ ㄹ

⑤ ㄱ, ㄴ, ㄷ, ㄹ

22 사회안전망에 관한 설명으로 옳지 않은 것은?

① 이차적 사회안전망은 빈곤계층의 기본적 욕구를 충족시켜 주기 위한 목적으로 운영된다.

② 일차적 사회안전망과 이차적 사회안전망은 각자의 목표에 따라 엄격하게 구분하여 운영된다.

③ 일차적 사회안전망은 개인의 노력과 능력으로 확보하게 되는 안전망이다.

④ 이차적 사회안전망은 주로 공공부조제도로 구성되어 있다.

⑤ 일차적 사회안전망은 주로 사회보험제도로 구성되어 있다.

23 다음 중 보기의 내용에서 살펴볼 수 있는 전달체계의 문제점으로 가장 적절한 것은?

> A씨는 한부모가정의 모(母)로서 5세인 아들을 두고 있다. 차상위계층으로 다리가 약간 불편한 A씨는 생계를 위해 자신의 아들을 보육시설에 맡기고, 자신은 지역구의 지역자활센터에서 실시하고 있는 자활프로그램에 참여하고자 한다. 그러나 보육시설과 지역자활센터는 A씨가 거주하고 있는 곳에서 비교적 멀리 떨어져 있는 데다가 교통편도 불편하다. 이에 A씨는 자신의 선택에 대해 쉽게 결정을 내리지 못하고 있다.

① 비적절성(Inadequacy)
② 단편성(Fragmentation)
③ 비접근성(Inaccessibility)
④ 비책임성(Unaccountability)
⑤ 비연속성(Discontinuity)

24 다음 중 보기의 빈칸에 들어갈 내용을 순서대로 나열한 것은?

> 최근 우리나라의 기초생활보장은 그간 수급자 선정 및 급여 기준으로 활용되어온 최저생계비를 국민 가구소득의 (ㄱ)으로 개편함으로써 (ㄴ) 개념을 도입하였다.

	ㄱ	ㄴ
①	중위값	상대적 빈곤
②	평균값	상대적 빈곤
③	중위값	절대적 빈곤
④	평균값	절대적 빈곤
⑤	중위값	주관적 빈곤

25 다음 중 우리나라 국민기초생활보장제도에서 소득조사에 따른 소득평가액 산정 시 실제소득 산정에서 제외되는 것은?

① 근로의 제공으로 얻는 근로소득
② 후원자로부터 정기적으로 받는 일정금액 이상의 금품
③ 퇴직금, 현상금, 보상금 등의 금품
④ 임대소득, 이자소득, 연금소득 등의 재산소득
⑤ 농업소득, 임업소득, 어업소득 등의 사업소득

01 다음 중 사회복지조직의 특징으로 옳지 않은 것은?

① 사용하는 지식과 기술이 불완전하다.

② 목표는 질적인 요소를 많이 포함한다.

③ 일선전문가의 재량을 인정하지 않는다.

④ 성과에 대한 평가가 용이하지 않다.

⑤ 도덕적 정당성에 민감하다.

02 다음 중 사회복지행정의 이론으로 전문화된 분업과 엄격한 규칙에 의한 위계적 관리를 강조하는 것은?

① 관료제이론

② 과학적 관리론

③ 인간관계론

④ X · Y이론

⑤ 상황이론

03 다음 중 인적자원관리에 대한 설명으로 옳지 않은 것은?

① 인적자원 확보와 조직구성원에 대한 훈련, 교육, 보상관리 등을 의미한다.

② 명문화 · 세분화된 직무는 이용자의 욕구와 시장변화에 대한 전략을 세우는 데 도움이 된다.

③ 조직구성원의 혁신적 사고와 행동이 조직의 경쟁력이라고 전제한다.

④ 인력의 모집 · 채용 · 유지 · 개발 · 평가과정까지 포함한다.

⑤ 인적자원의 개발은 능률향상과 사기앙양을 주된 목적으로 한다.

04 다음 중 트래커(Trecker)가 제시한 사회복지행정의 원칙에 해당하지 않는 것을 모두 고른 것은?

> ㄱ. 의도적인 관계의 원칙 ㄴ. 기관 목적의 원칙
> ㄷ. 권한 위임의 원칙 ㄹ. 기관 개별성의 원칙

① ㄱ, ㄴ, ㄷ ② ㄱ, ㄷ
③ ㄴ, ㄹ ④ ㄹ
⑤ ㄱ, ㄴ, ㄷ, ㄹ

05 다음 중 보기의 내용과 연관된 프로그램 관리기법에 해당하는 것은?

> • 세부목표(활동)의 상호관계와 소요시간을 연결시킨 도표이다.
> • 전체 과업들 간 최적의 시간경로를 파악한다.

① PERT ② SWOT
③ Gantt Chart ④ PDCA
⑤ MBO

06 다음 중 의사결정방법에 대한 설명으로 옳지 않은 것은?

① 브레인스토밍에서는 아이디어의 양이 강조된다.
② 델파이기법은 전문가로부터 정보를 수집하여 합의를 얻으려 할 때 적용할 수 있다.
③ 변증법적 토의는 사안에 대해 서로 유사한 견해를 가진 사람들로 집단을 구성한다.
④ 명목집단기법은 비교적 빠른 시간 내에 다양한 배경을 가진 집단의 이익을 수렴할 수 있다.
⑤ 대안선택흐름도표는 '예'와 '아니요'로 답할 수 있는 연속적 질문을 통해 예상되는 결과를 결정한다.

07 다음 중 점증모형의 단점을 보완하기 위한 방법으로 전년도의 예산방식을 전혀 고려하지 않은 예산방식은?

① 항목별 예산방식

② 계획 예산방식

③ 성과주의 예산방식

④ 영기준 예산방식

⑤ 사업별 예산방식

08 다음 중 사회복지조직 내의 다양한 비공식조직에 대해서 기관장이 취해야 할 일반적 관리지침으로 옳은 것은?

① 공식적인 조직구조와 조직과정에 해가 되기 때문에 허용해서는 안 된다.

② 비공식조직을 통한 의사결정이 공식조직의 의사결정을 대체하도록 허용한다.

③ 공식적 명령 계통을 위배할 경우 설득, 경고, 전보 등의 조치를 취한다.

④ 공식업무와 관련한 정보교환을 금지하고 벌칙 규정을 마련한다.

⑤ 사적인 관심이나 연고로 만들어진 것이므로 관심을 두어서는 안 된다.

09 다음 중 민츠버그(Mintzberg)가 제시한 조직구조 유형의 분류기준으로서 보기의 내용에 해당하는 것은?

> 조직의 핵심업무가 잘 수행될 수 있도록 간접적인 업무수행을 주로 담당하는 전문가 그룹으로 이루어진다.

① 지원스태프 부문(Support Staff)

② 핵심운영 부문(Operating Core)

③ 전략부문(Strategic Apex)

④ 기술구조 부문(Technostructure)

⑤ 중간라인 부문(Middle Line)

10 다음 중 이사회와 위원회의 차이점에 대한 설명으로 옳지 않은 것은?

① 이사회는 위원회에 비해 조직의 행정책임자의 참석 없이 회의를 하는 경우가 드물다.
② 이사회는 위원회에 비해 수혜자가 참여하는 경우가 많다.
③ 이사회는 위원회에 비해 조직의 직원이 구성원이 되는 경우가 드물다.
④ 이사회의 구성원 수는 위원회의 구성원 수보다 적은 경우가 많다.
⑤ 이사회는 위원회에 비해 조직의 운영과 서비스 전달에 더 많은 영향을 미친다.

11 다음 중 인력의 소진(Burnout) 현상을 최소화하기 위한 대응책으로 적절하지 않은 것은?

① 개인적 차원에서 환경적인 스트레스 요인의 통제를 시도한다.
② 탄력근무시간제(Flextime)를 도입한다.
③ 슈퍼바이저의 감정적 · 정서적 측면의 지지 역할을 강화한다.
④ 조직의 사명이나 대의에 직원들이 공감하는 문화를 개발한다.
⑤ 개인별 성과평가에 기초한 연봉제 임금 방식을 도입한다.

12 다음 중 동기부여에 있어서 알더퍼(Alderfer)가 제시한 욕구에 해당하는 것을 모두 고른 것은?

ㄱ. 존재욕구	ㄴ. 인간관계욕구
ㄷ. 성장욕구	ㄹ. 안전욕구

① ㄱ, ㄴ, ㄷ   ② ㄱ, ㄷ
③ ㄴ, ㄹ   ④ ㄹ
⑤ ㄱ, ㄴ, ㄷ, ㄹ

13 다음 중 조직을 개방체계 관점에서 이해하고 접근하는 조직이론은?

① 과학적 관리론   ② 관료제이론
③ 인간관계이론   ④ 정치경제이론
⑤ 공공행정이론

14 다음 중 프로그램평가의 논리모형에서 전환을 나타내는 기준으로 가장 옳은 것은?

① 이용자의 서비스 참여 횟수

② 서비스에 소요된 비용

③ 태도 및 가치의 변화

④ 상담, 치료, 교육

⑤ 서비스 제공자와 이용자 간 접촉건수

15 다음 중 사회복지서비스에서 보기의 전술이 추구하는 목표로 가장 적절한 것은?

• 아웃리치(Outreach)	• 홍 보
• 정보 및 의뢰	• 서비스 조직의 개선

① 활용성   ② 효율성

③ 체계성   ④ 합리성

⑤ 형평성

16 다음 중 다른 기관과의 차별화 및 고객만족을 위한 마케팅전략은?

① 집중 마케팅   ② 표적 마케팅

③ 마케팅 평가   ④ 비차별적 마케팅전략

⑤ 시장 포지셔닝

17 다음 중 루블과 토마스(Ruble & Thomas)의 2차원적 갈등관리모형에서 5가지 갈등처리 방식에 해당하지 않는 것은?

① 회피(Avoiding)   ② 분리(Segregating)

③ 경쟁(Competing)   ④ 제휴(Collaborating)

⑤ 순응(Accommodating)

18 다음 중 조직 환경에 적응하는 방식에 대한 이론의 기본가정으로 옳지 않은 것은?

① 구조-상황이론은 조직의 합리적인 선택에 의한 적응을 가정한다.

② 자원의존이론은 조직 전략 등에 의하여 환경에 의도적으로 적응할 수 있다고 가정한다.

③ 조직군생태이론은 환경적 요인에 가장 적합한 조직이 생존한다고 가정한다.

④ 정치경제이론은 조직 내부의 상호작용이 조직의 외부환경에 영향을 미친다고 가정한다.

⑤ 신제도이론은 조직의 특성 및 형태가 제도적 환경에 의해 좌우된다고 가정한다.

19 다음 중 우리나라 사회복지조직의 과업환경으로 볼 수 없는 것은?

① 정부의 재정보조금

② 자원을 놓고 경쟁하는 조직

③ 한국사회복지협의회, 한국사회복지사협회

④ 학교, 경찰, 청소년단체, 교회

⑤ 1인당 GDP, 실업률, 헌법 제34조

20 다음 중 사회복지서비스 기관에서의 슈퍼비전에 대한 설명으로 옳지 않은 것은?

① 클라이언트에게 질 높은 서비스를 제공하고 기관의 책임성을 높이는 것을 목적으로 한다.

② 슈퍼비전(Supervision)은 교육적 · 행정적 · 지지적 기능을 한다.

③ 슈퍼바이저(Supervisor)는 행정적인 상급자, 교육자, 상담자로서의 역할을 한다.

④ 슈퍼바이지(Supervisee) 간 동료 슈퍼비전은 인정되지 않는다.

⑤ 사회복지사의 관리 및 통제의 수단으로도 활용된다.

21 다음 중 전략적 기획과정에서 수행해야 할 과업에 해당하는 것을 모두 고른 것은?

ㄱ. 조직의 구체적 목표 설정　　　　　　ㄴ. 자원 할당
ㄷ. 조직의 사명과 가치 설정　　　　　　ㄹ. 프로그램 실행

---

① ㄱ, ㄴ, ㄷ　　　　　　　　　　② ㄱ, ㄷ
③ ㄴ, ㄹ　　　　　　　　　　　　④ ㄹ
⑤ ㄱ, ㄴ, ㄷ, ㄹ

22 다음 중 보기의 내용과 연관된 의사결정모형에 해당하는 것은?

• 인간 이성의 한계와 의사결정 수단의 기술적 제약 등 현실적 제약을 고려한다.
• 정치적 합리성에 따른 단기적 · 임기응변적 정책에 관심을 둔다.

---

① 포괄적 합리성 모형　　　　　　② 직관주의 모형
③ 제한적 합리성 모형　　　　　　④ 공공선택 모형
⑤ 점증주의 모형

23 다음 사회복지조직 내의 갈등 유형 중 조직이 수행할 목표와 현재 수행하는 목표 사이의 갈등에 해당하는 것은?

① 관념적 갈등　　　　　　　　　② 구조적 갈등
③ 기능적 갈등　　　　　　　　　④ 서비스 영역 갈등
⑤ 자원 등의 관할권 갈등

24 다음 중 예산통제의 원칙에 대한 로만(Lohmann)의 설명으로 옳은 것은?

① 개별화의 원칙 : 예외적인 상황에 적용할 수 있는 예외적 규칙이 있어야 한다.

② 개정의 원칙 : 일정한 기간이 지난 후에는 기존의 규칙을 완전히 폐지해야 한다.

③ 보고의 원칙 : 모든 관계자가 잘 이해할 수 있는 규칙, 기준, 의사소통, 계약 등이 전달되어야 한다.

④ 보편성의 원칙 : 비용과 활동을 최적화할 수 있도록 통제해야 한다.

⑤ 환류의 원칙 : 장단점 및 부작용을 수렴하여 개선의 기초로 삼아야 한다.

25 다음 중 마케팅기법에 대한 설명으로 옳지 않은 것은?

① 감성 마케팅은 신문, 잡지, 카탈로그 등을 이용하여 고객에게 직접 접근하여 판매활동을 펼친다.

② 고객관계관리 마케팅은 고객의 특성에 기초하여 고객관련 자료에 대한 분석 및 통합을 수행한다.

③ 데이터베이스 마케팅은 고객정보, 경쟁사정보, 산업정보 등 시장에 관한 각종 정보를 수집·분석하여 데이터베이스화한다.

④ 사회 마케팅은 사회문제로부터 도출된 사회적 목표를 달성하기 위해 사회적 아이디어를 개발한다.

⑤ 다이렉트 마케팅은 후원을 요청하는 편지를 잠재적 후원자들에게 발송함으로써 후원자를 개발한다.

01 다음 중 우리나라 대법원 및 헌법재판소의 판결 또는 결정의 내용에 해당하지 않는 것은?

① 장애인고용부담금은 장애인의 고용촉진이라는 공익에 비추어 볼 때 기업의 재산권을 침해한 것이 아니다.

② 사회복지법인이 기본재산의 용도변경을 하여 얻은 보상금을 감독관청의 허가 없이 이사회의 결의에 따라 다른 용도로 사용한 것은 정당행위로 위법성이 조각된다.

③ 보건복지부장관이 장애인을 위한 저상버스 도입 요청을 거부한 것은 인간다운 생활을 할 권리를 침해한 것이 아니다.

④ 국민연금 보험료의 강제징수는 재산권의 침해가 아니다.

⑤ 국민연금법상 병급조정은 평등권을 침해하는 것이 아니다.

02 다음 중 사회복지에 관한 법들의 제정 시기가 올바르게 연결된 것은?

① 1960년대 - 의료보호법, 산업재해보상보험법

② 1970년대 - 사회복지사업법, 국민기초생활 보장법

③ 1980년대 - 노인복지법, 긴급복지지원법

④ 1990년대 - 청소년기본법, 고용보험법

⑤ 2000년대 - 사회복지공동모금회법, 다문화가족지원법

03 다음 중 법률의 제정에 대한 헌법의 내용으로 옳지 않은 것은?

① 국회의원과 정부는 법률안을 제출할 수 있다.

② 국회에서 의결된 법률안은 정부에 이송되어 15일 이내에 대통령이 공포한다.

③ 대통령은 법률안의 일부에 대하여 또는 법률안을 수정하여 재의를 요구할 수 있다.

④ 법률안에 이의가 있을 때에는 대통령은 15일 이내에 이의서를 붙여 국회로 환부하고, 그 재의를 요구할 수 있다.

⑤ 법률은 특별한 규정이 없는 한 공포한 날로부터 20일을 경과함으로써 효력을 발생한다.

04 다음 중 사회복지 자치법규에 대한 설명으로 옳은 것은?

① 자치법규로는 부령, 조례, 규칙을 들 수 있다.

② 조례는 지방자치단체의 장이 사무에 관하여 제정하는 규범이다.

③ 원칙적으로 상위법령의 위임이 없더라도 사회복지에 관한 수익적인 조례를 제정할 수 있다.

④ 주민은 복지조례의 제정을 청구할 수 없다.

⑤ 법체계상 지방자치단체장의 전속권한에 속하므로 규칙으로 정하여야 하는 사항을 조례로 정하더라도 위법은 아니다.

05 다음 중 사회복지법의 법원(法源)에 대한 설명으로 옳은 것은?

① 국가 간 체결된 사회보장협정은 사회복지법의 법원이 된다.

② 사회복지법의 근거가 되는 헌법규정은 규범적 효력을 가지지 않는다.

③ 위헌 · 위법인 사회복지법령은 무효 또는 취소가 된다.

④ 사회복지행정기관의 내부 문서정리를 위한 지침은 법규명령에 해당한다.

⑤ 우리나라의 경우 단일의 사회복지법전이 존재한다.

06 다음 중 사회보장기본법령상 사회보장위원회의 실무위원회에 두는 분야별 전문위원회에 해당하지 않는 것은?

① 기획 전문위원회

② 홍보 전문위원회

③ 평가 전문위원회

④ 제도조정 전문위원회

⑤ 재정 전문위원회

07 다음 중 사회보장수급권의 실체적 권리에 해당하는 것을 모두 고른 것은?

| ㄱ. 사회보험급여청구권 | ㄴ. 공공부조급여청구권 |
| ㄷ. 사회서비스청구권 | ㄹ. 사회복지입법청구권 |

① ㄱ, ㄴ, ㄷ   ② ㄱ, ㄷ

③ ㄴ, ㄹ   ④ ㄹ

⑤ ㄱ, ㄴ, ㄷ, ㄹ

08 다음 중 사회복지법령에서 조례로 정하도록 위임하고 있는 사항에 해당하지 않는 것은?

① 장애인에게 공공시설 안의 매점이나 자동판매기 운영을 우선적으로 위탁하는 데 필요한 사항

② 아동복지전담공무원의 임용 등에 필요한 사항

③ 사회보장사무전담기구의 사무 범위, 조직 및 운영 등에 필요한 사항

④ 사회보장급여법에서 정한 사항 외에 지역사회보장협의체의 조직 · 운영에 필요한 사항

⑤ 의료급여법에서 정한 사항 외에 기금의 관리 · 운용에 관하여 필요한 사항

09 다음 중 기초연금법령에 대한 설명으로 가장 옳은 것은?

① 보건복지부장관은 선정기준액을 정하는 경우 65세 이상인 사람 중 수급자가 100분의 60 수준이 되도록 한다.

② 소득인정액은 본인의 소득평가액과 재산의 소득환산액을 합산한 금액을 말한다.

③ 본인과 그 배우자가 모두 기초연금 수급권자인 경우에는 기초연금액의 100분의 20에 해당하는 금액을 가산하여 지급한다.

④ 기초연금의 지급에 드는 비용은 전부 시 · 도 및 시 · 군 · 구가 나누어 부담한다.

⑤ 기초연금 수급권자의 권리는 5년간 행사하지 아니하면 시효의 완성으로 소멸한다.

10 다음 중 사회보장급여의 이용·제공 및 수급권자 발굴에 관한 법률상 사회보장급여 제공계획에 포함되어야 할 사항으로 가장 거리가 먼 것은?

① 수급권자의 근로능력, 취업상태, 자활욕구
② 사회보장급여의 유형·방법·수량 및 제공기간
③ 사회보장급여를 제공할 기관 및 단체
④ 동일한 수급권자에 대하여 사회보장급여를 제공할 보장기관
⑤ 사회보장 관련 민간 법인·단체·시설이 제공하는 복지혜택과의 연계방법

11 사회복지사업법상 사회복지사에 관한 설명으로 옳지 않은 것은?

① 사회복지사의 등급은 1급·2급으로 한다.
② 보건복지부장관은 정신건강사회복지사·의료사회복지사·학교사회복지사의 자격을 부여할 수 있다.
③ 자신의 사회복지사 자격증은 타인에게 빌려주어서는 아니 된다.
④ 사회복지법인에 종사하는 사회복지사는 정기적으로 보수교육을 받아야 한다.
⑤ 보건복지부장관은 사회복지사가 거짓이나 그 밖의 부정한 방법으로 자격을 취득한 경우 그 자격을 1년의 범위에서 정지할 수 있다.

12 다음 중 사회복지시설 운영위원회의 심의사항에 해당하지 않는 것은?

① 시설과 지역사회의 협력에 관한 사항
② 시설 종사자의 근무환경 개선에 관한 사항
③ 시설 종사자와 거주자의 인권보호 및 권익증진에 관한 사항
④ 지역사회보장계획의 수립에 관한 사항
⑤ 사회복지 프로그램의 개발·평가에 관한 사항

13 다음 중 산업재해보상보험법과 고용보험 및 산업재해보상보험의 보험료징수 등에 관한 법률의 내용으로 옳은 것은?

① 가구 내 고용활동에는 산업재해보상보험법이 적용되지 아니한다.

② 부상이나 질병이 7일 이내의 요양으로 치유될 수 있으면 요양급여를 지급하지 아니한다.

③ 간병급여는 실제로 간병을 한 자에게 지급한다.

④ 요양급여의 신청은 재해를 입은 근로자만이 할 수 있다.

⑤ 산업재해보상보험의 보험료 고지 및 수납 업무는 근로복지공단이 고용노동부장관의 위탁을 받아 수행한다.

14 다음 중 고용보험법상 취업촉진 수당의 종류에 해당하는 것을 모두 고른 것은?

ㄱ. 구직급여	ㄴ. 조기재취업 수당
ㄷ. 실업급여	ㄹ. 이주비

① ㄱ, ㄴ, ㄷ   ② ㄱ, ㄷ

③ ㄴ, ㄹ   ④ ㄹ

⑤ ㄱ, ㄴ, ㄷ, ㄹ

15 국민연금법상 급여의 종류에 해당하는 것을 모두 고른 것은?

ㄱ. 노령연금
ㄴ. 장애인연금
ㄷ. 장해급여
ㄹ. 장애연금
ㅁ. 반환일시금

① ㄱ, ㄴ, ㄹ   ② ㄱ, ㄴ, ㅁ

③ ㄱ, ㄷ, ㅁ   ④ ㄱ, ㄹ, ㅁ

⑤ ㄴ, ㄷ, ㄹ

16 국민건강보험법상 가입자가 자격을 상실하는 시기로 옳은 것은?

① 국적을 잃은 날
② 사망한 날의 다음 날
③ 국내에 거주하지 아니하게 된 날
④ 직장가입자의 피부양자가 된 다음 날
⑤ 수급권자가 된 다음 날

17 다음 중 국민건강보험법의 내용으로 옳은 것은?

① 국민건강보험공단은 유가증권 매입이나 부동산 임대 등의 자산증식사업을 할 수 없다.
② 재정운영위원회는 요양급여의 기준 및 요양급여비용에 관한 사항을 심의·의결한다.
③ 건강보험정책심의위원회는 요양급여비용의 계약 및 보험료의 결손처분 등에 관한 사항을 심의·의결한다.
④ 진료심사평가위원회의 업무를 효율적으로 수행하기 위하여 건강보험심사평가원을 둔다.
⑤ 건강보험심사평가원은 요양급여비용을 심사하고 요양급여의 적정성을 평가한다.

18 다음 중 사회복지사업법령상 사회복지시설의 서비스 최저기준에 포함되는 사항을 모두 고른 것은?

ㄱ. 시설의 환경	ㄴ. 시설의 운영
ㄷ. 시설의 안전관리	ㄹ. 시설의 인력관리

① ㄱ, ㄴ, ㄷ
② ㄱ, ㄷ
③ ㄴ, ㄹ
④ ㄹ
⑤ ㄱ, ㄴ, ㄷ, ㄹ

19 다음 중 국민기초생활 보장법령상 생계급여에 대한 설명으로 옳지 않은 것은?

① 생계급여는 금전을 지급하는 것을 원칙으로 한다.

② 생계급여로 지급되는 수급품은 매월 정기적으로 지급하는 것을 원칙으로 한다.

③ 생계급여 선정기준은 기준 중위소득의 100분의 40 이상으로 한다.

④ 생계급여는 부득이한 경우 타인의 가정에 위탁하여 실시할 수 있다.

⑤ 근로능력이 있는 수급자에게도 생계급여를 실시할 수 있다.

20 다음 중 노인복지법상 노인일자리전담기관에 포함되는 기관으로 옳은 것을 모두 고른 것은?

ㄱ. 노인인력개발기관	ㄴ. 노인직업재활기관
ㄷ. 노인취업알선기관	ㄹ. 노인직업훈련기관

① ㄱ, ㄴ, ㄷ ② ㄱ, ㄷ

③ ㄴ, ㄹ ④ ㄹ

⑤ ㄱ, ㄴ, ㄷ, ㄹ

21 다음 중 가정폭력방지 및 피해자보호 등에 관한 법률상 단기보호시설과 장기보호시설의 피해자 등에 대한 보호기간을 올바르게 나열한 것은?

	단기보호시설	장기보호시설
①	2개월	6개월
②	2개월	1년
③	3개월	1년
④	3개월	2년
⑤	6개월	2년

22 다음 중 다문화가족지원법의 지원 내용에 해당하지 않는 것은?

① 의료 및 건강관리를 위한 지원
② 아동 · 청소년 보육 · 교육
③ 입양에 대한 교육 및 홍보
④ 평등한 가족관계의 유지를 위한 조치
⑤ 가정폭력 피해자에 대한 보호 · 지원

23 다음 중 노인장기요양보험법의 내용으로 옳지 않은 것은?

① 장기요양인정의 유효기간은 최소 1년 이상으로 한다.
② 보험자는 국민건강보험공단이다.
③ 장기요양급여는 6개월 이상 혼자 일상생활을 수행하기 어려운 자를 대상으로 한다.
④ 장기요양보험료는 국민건강보험법에 따른 보험료와 통합하여 징수 · 관리된다.
⑤ 재가급여 우선제공을 기본원칙으로 한다.

24 다음 중 요양보호사의 직무와 자격증의 교부에 대해 규정하고 있는 법은?

① 치매관리법   ② 국민건강보험법
③ 사회복지사업법   ④ 노인장기요양보험법
⑤ 노인복지법

25 다음 중 성폭력방지 및 피해자보호 등에 관한 법률상 보기의 빈칸에 들어갈 내용을 순서대로 나열한 것은?

> (ㄱ)은 성폭력의 실태를 파악하고 성폭력 방지에 관한 정책을 수립하기 위하여 (ㄴ)마다 성폭력 실태 조사를 하고 그 결과를 발표하여야 한다.

① 여성가족부장관, 5년   ② 여성가족부장관, 3년
③ 보건복지부장관, 5년   ④ 보건복지부장관, 3년
⑤ 고용노동부장관, 5년

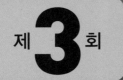

1과목	사회복지기초	시험시간	09:30~10:20(50분)	문제수	50문제(각 영역 1~25번)	문제지형별	A
				응시번호			

제1영역 인간행동과 사회환경

01 프로이트(Freud)의 정신분석이론에서 흔히 '이용 가능한 기억'이라고 하는 것은?

① 자 아

② 전의식

③ 무의식

④ 원초아

⑤ 초자아

02 정신분석이론에서 성격발달의 기본원칙과 거리가 먼 것은?

① 인간의 정신적 활동은 이전에 경험한 행동이나 사건에 따라 결정된다.

② 모든 행동의 궁극적인 원인은 본능이다.

③ 인간행동의 동기는 무의식에 있다.

④ 인간행동과 사고의 동기는 본능적인 성적 에너지이다.

⑤ 청소년기 이후 단계에서의 성격발달을 중시하였다.

03 다음 중 보기의 설명으로 옳은 것을 모두 고른 것은?

> ㄱ. 발달은 유기체가 생활하는 동안의 모든 변화를 의미한다.
> ㄴ. 성장은 신체의 양적인 확대를 의미한다.
> ㄷ. 성숙은 내적 또는 유전적 기제의 작용에 의한 변화를 의미한다.
> ㄹ. 학습은 훈련과정을 통하여 행동이 변화하는 과정을 의미한다.

① ㄱ, ㄴ, ㄷ   ② ㄱ, ㄷ
③ ㄴ, ㄹ   ④ ㄹ
⑤ ㄱ, ㄴ, ㄷ, ㄹ

04 다음 중 성숙이론에 의한 발달의 원리로 가장 옳은 것은?

① 아동의 발달은 부모의 규제에 의해 효과적으로 이루어진다.
② 발달은 구조상 대칭적인 양상을 보여야 기능적으로 유리하다.
③ 발달의 방향은 특정한 순서대로 진행되도록 성숙에 의해 지속적으로 지시를 받는다.
④ 발달상 서로 대칭되는 양측은 상호 간의 발달을 크게 저해한다.
⑤ 성숙은 내적 요인보다는 외적 요인에 의해 크게 영향을 받는다.

05 다음 중 조작적 조건형성의 기본원리에 해당하지 않는 것은?

① 소거의 원리   ② 시간의 원리
③ 조형의 원리   ④ 변별의 원리
⑤ 강화의 원리

06 다음 중 스키너의 행동주의이론과 반두라의 사회학습이론에 대한 설명으로 옳지 않은 것은?

① 스키너는 기계론적 환경결정론의 입장을 취하는 반면, 반두라는 상호적 결정론을 취한다.

② 스키너는 객관적인 자극-반응의 관계만을 강조하는 반면, 반두라는 인지와 같은 주관적인 요소가 관여한다고 보았다.

③ 인간의 행동을 불러일으키는 요인으로 환경적 자극을 들고 있다는 점에서 공통적이다.

④ 두 이론 모두 관찰 가능한 행동에 대한 연구를 통해 인간의 본성을 설명할 수 있다고 본다.

⑤ 두 이론 모두 인간행동의 변화가능성에 대해 부정적인 입장을 보인다.

07 방어기제는 상대적으로 적응적인 방어기제와 부적응적인 방어기제로 구분할 수 있다. 다음 중 적응적인 방어기제에 해당하는 것을 모두 고른 것은?

ㄱ. 주지화(Intellectualization)	ㄴ. 투사(Projection)
ㄷ. 억압(Repression)	ㄹ. 억제(Suppression)

① ㄱ, ㄴ, ㄷ ② ㄱ, ㄷ

③ ㄴ, ㄹ ④ ㄹ

⑤ ㄱ, ㄴ, ㄷ, ㄹ

08 다음 중 비고츠키(Vygotsky)의 인지발달적 접근에 대한 설명으로 가장 옳은 것은?

① 개인의 인지발달에 있어서 사회문화 현상 및 대인관계의 영향력에 주목한다.

② 아동의 학습 발달에 있어서 아동 스스로의 자발적인 노력을 강조하였다.

③ 성숙은 특정한 인지발달을 위한 기본전제이자 발달에 있어서 결정적인 요소가 된다.

④ 근접발달영역은 아동 스스로 해결할 수 있는 문제에 의해 결정되는 실제적 발달수준을 의미한다.

⑤ 비계설정(Scaffolding)은 근접발달영역 내에서 개인정신 내의 국면이 개인정신 간의 국면으로 전환하는 것을 말한다.

09 인간발달의 단계 중 중년기는 부모로서 자녀와의 관계형성과 보호의무의 책임을 다하기 위해 노력해야 하는 시기이다. 다음 중 가장 바람직한 부모 유형에 해당하는 것은?

① 모델형
② 축소전환형
③ 감정코치형
④ 억압형
⑤ 방임형

10 다음 중 보기의 내용과 밀접하게 연관된 학자는?

- 성격은 생물학적 요인과 개인의 심리 · 사회문화의 상호작용에 의해 결정된다.
- 인간의 행동은 사회적 관심에 대한 욕구, 유능성에 대한 욕구에서 비롯된다.
- 인간발달단계에서 직면하게 되는 정신사회적 위험을 이겨낼 수 있는 능력에 관심을 가진다.

① 프로이트(Freud)
② 에릭슨(Erikson)
③ 아들러(Adler)
④ 로저스(Rogers)
⑤ 스키너(Skinner)

11 다음 태아진단검사 중 보기의 내용에 해당하는 것은?

- 복부나 자궁경부에 작은 튜브를 삽입하여 태반 조직을 채취한다.
- 유산의 위험성이 비교적 높은 편이므로 35세 이상 임산부에게만 제한적으로 실시된다.

① 초음파검사
② 양수검사
③ 융모생체표본검사
④ 산모혈액검사
⑤ 풍진감염검사

12 다음 중 피아제(Piaget)의 인지발달에 대한 설명으로 옳지 않은 것은?

① 전 생애의 발달을 다루고 있지 않다.

② 문화적 · 사회경제적 · 인종적 차이를 충분히 고려하고 있지 못하다.

③ 아동은 성인의 직접적인 가르침 없이도 그들 스스로 인지구조를 발달시켜 나간다.

④ 영유아대상 프로그램의 이론적 토대가 될 수 있다.

⑤ 발달과정에서 자기대화의 중요성을 강조하였다.

13 다음 중 보기의 사례와 연관된 개념에 해당하는 것은?

> A부부는 슬하에 아들과 딸을 두고 있으며, 맞벌이를 하고 있다. 평소 가사분담과 자녀교육 문제, 그리고 시댁과의 갈등으로 인해 이혼 위기에 처하게 되었고, 이를 해소하기 위한 마지막 기회로 가정문제 상담소를 찾게 되었다. 상담전문가의 도움으로 A부부의 불화는 개선되었고, 가정 내 긴장도 감소하게 되었다.

① 엔트로피(Entropy)

② 네겐트로피(Negentropy)

③ 시너지(Synergy)

④ 항상성(Homeostasis)

⑤ 균형(Equilibrium)

14 다음 중 사회체계적 관점에서 집단의 특성에 대한 설명으로 옳지 않은 것은?

① 집단성원들에 대해 사회화 및 사회통제기능을 수행한다.

② 대면적 상호작용을 위해 최대 크기가 제한되며 역할분화가 이루어진다.

③ 집단목적은 집단성원들 간의 협의에 근거하므로 명시적이다.

④ 집단성원들은 공통된 집단정체성을 가지며 집단을 하나의 실체로 지각한다.

⑤ 집단성원들 간의 관계와 상호작용은 구성원의 내적 혹은 자연적 상태를 토대로 이루어진다.

15 다음 중 과업집단의 내용으로 옳지 않은 것은?

① 과업집단은 과업의 달성을 위해서, 성과물을 산출해내기 위해서 또는 명령을 수행하기 위해서 만들어진다.

② 과업집단이 강조하는 것은 대인 간의 지지, 그리고 개개인이 다시 한 번 그들의 삶을 책임질 수 있는 환경을 만들어 주는 것이다.

③ 과업집단에서는 의사소통이 특정 과업에 관한 논의에 집중되어 있다.

④ 과업집단에서 하는 역할들은 각 구성원들에게 할당될 수도 있다.

⑤ 과업집단에는 일반적으로 형식적인 일정과 규칙들이 있다.

16 청소년기 심리, 정서, 행동의 정상 여부를 고려할 때 주의하여야 할 점이 아닌 것은?

① 부모의 사회적 배경이 어떠한가?

② 청소년의 나이나 성에 적합한 행동인가?

③ 발달상의 어느 시점에 해당하는가?

④ 특정한 행동이 얼마나 오래 지속되었는가?

⑤ 문제행동의 빈도와 심각성은 어느 정도인가?

17 다음 중 인생주기별 주요 발달과업을 올바르게 나열한 것은?

① 영아기(0~2세) - 애착발달, 자기중심성, 직관적 사고

② 후기아동기(6~12세) - 자존감의 발달, 부모로부터 독립

③ 청소년기(12~19세) - 자아정체감 형성, 형식적 조작사고 발달

④ 중년기(30~65세) - 직업선택, 도덕성 발달, 노부모 부양

⑤ 노년기(65세 이후) - 가족 내 역할변화와 적응, 만족스러운 직업성취

18 반두라의 관찰학습과정 중 모방한 행동을 상징적인 형태로 기억 속에 담는 것으로, 이때 행동의 특징을 회상할 수 있는 능력은 관찰학습에서 매우 중요하다. 이 과정은?

① 주의집중과정   ② 자기강화과정

③ 보존과정   ④ 동기화과정

⑤ 운동재생과정

19 다음 중 매슬로우(Maslow)가 제시한 자기실현자의 특성에 해당하는 것을 모두 고른 것은?

> ㄱ. 환경과 문화에 영향을 받지 않는다.
> ㄴ. 수단과 목적을 동일시한다.
> ㄷ. 사람과 주변환경을 객관적이고 명확하게 지각한다.
> ㄹ. 책임감을 가지며 실수를 두려워한다.

① ㄱ, ㄴ, ㄷ   ② ㄱ, ㄷ
③ ㄴ, ㄹ   ④ ㄹ
⑤ ㄱ, ㄴ, ㄷ, ㄹ

20 다음 중 보기의 내용과 연관된 개념으로 가장 적절한 것은?

> A 학생과 B 학생은 기말시험에 부정행위를 하여 학교로부터 징계를 받았다. C 학생은 그와 같은 사실을 목격한 후 학교규칙을 준수하게 되었다.

① 소 거   ② 대리학습
③ 행동조성   ④ 자기강화
⑤ 부적 강화

21 다음 중 청년기에 고려할 수 있는 사회복지프로그램에 해당하는 것을 모두 고른 것은?

> ㄱ. 사회체험교실   ㄴ. 직장체험교실
> ㄷ. 결혼예비교실   ㄹ. 예비부모교실

① ㄱ, ㄴ, ㄷ   ② ㄱ, ㄷ
③ ㄴ, ㄹ   ④ ㄹ
⑤ ㄱ, ㄴ, ㄷ, ㄹ

22 다음 도덕성 발달단계에서 인습적 수준(10~13세)에 해당하는 것을 모두 고른 것은?

| ㄱ. 개인적 · 도구적 도덕성 | ㄴ. 대인관계적 도덕성 |
| ㄷ. 민주적 · 사회계약적 도덕성 | ㄹ. 법 · 질서 · 사회체계적 도덕성 |

① ㄱ, ㄴ, ㄷ   ② ㄱ, ㄷ
③ ㄴ, ㄹ   ④ ㄹ
⑤ ㄱ, ㄴ, ㄷ, ㄹ

23 다음 중 인간행동에 영향을 미치는 사회체계에 대한 설명으로 옳지 않은 것은?

① 집단은 집단역동성을 통하여 개개인의 사회화에 영향을 미친다.
② 동일문화권에 속하는 사람들은 일반적으로 동일한 성격을 지니게 된다.
③ 지역사회의 특성은 인간의 성격형성에 긍정적 또는 부정적 영향을 미친다.
④ 인간의 성격은 조직생활을 하면서 변화될 가능성이 있다.
⑤ 가족 내의 구조적 변화는 개인의 행동에 영향을 미친다.

24 레빈슨(Levinson)은 성인의 인생구조 형성과정이 연령의 증가에 따라 일정한 '계열(Sequence)'을 형성한다고 보았다. 다음 중 레빈슨이 인간발달의 계속적인 순환 과정으로서 중요하게 고려한 요소에 해당하는 것은?

① 안정과 변화   ② 기회와 도전
③ 위기와 선택   ④ 자유와 규율
⑤ 경험과 학습

25 다음 중 '환경 속의 인간(Person in Environment)'에 대한 설명으로 가장 옳지 않은 것은?

① 인간과 환경에 대한 '이중초점(Dual Focus)'을 기초로 한다.
② 인간과 환경체계 사이의 유기적 관계를 설명한다.
③ 인간은 환경을 지배하며 환경을 주도적으로 변화시켜 나간다.
④ 인간과 환경을 하나의 통합적 체계로 이해한다.
⑤ 환경은 자연생태는 물론 지역사회 및 국가제도도 포함한다.

제2영역 **사회복지조사론**

---

01 다음 중 과학적 방법에 대한 설명으로 옳지 않은 것은?

① 체계적이고 포괄적인 방법에 의존한다.
② 일반화를 통해 보편적인 것을 지향한다.
③ 경험적인 검증 가능성에 의해 이론의 유용성이 인정된다.
④ 일시적 · 잠정적이지 않은 지식을 추구한다.
⑤ 재현과 반복의 가능성이 높다.

---

02 다음 보기의 내용은 조사연구 과정의 일부이다. 이를 순서대로 나열한 것은?

> ㄱ. 포괄수가제를 관심주제로 선정한다.
> ㄴ. '포괄수가제는 의료서비스의 질적 저하를 유발할 것이다'로 가설을 설정한다.
> ㄷ. 구조화된 설문지를 작성한 후 그 신뢰도 및 타당도를 검증한다.
> ㄹ. 할당표집으로 대상자를 선정하여 자료를 수집한다.

① ㄱ - ㄴ - ㄷ - ㄹ   ② ㄱ - ㄷ - ㄴ - ㄹ
③ ㄱ - ㄷ - ㄹ - ㄴ   ④ ㄷ - ㄱ - ㄹ - ㄴ
⑤ ㄷ - ㄹ - ㄱ - ㄴ

03 다음 중 실험법과 조사법의 가장 근본적인 차이점에 해당하는 것은?

① 실험실 안에서 연구를 수행하는지의 여부
② 통계기법을 활용하는지의 여부
③ 연구변인들의 수가 많은지의 여부
④ 연구자가 변인을 통제하는지의 여부
⑤ 연구자나 참가자의 편파가 존재하는지의 여부

04 다음 중 양적 조사에 대한 설명으로 옳지 않은 것은?

① 논리실증주의에 기반을 두고 있다.
② 객관성을 추구한다.
③ 개념이나 변수를 지나치게 제한하는 경향이 있다.
④ 축적된 지식이 없는 경우에도 적용이 용이하다.
⑤ 행동의 맥락에 대한 자세한 결과를 제시할 수 없다.

05 다음 중 가설에 관한 설명으로 옳지 않은 것은?

① 2개 이상의 변수들 간의 관계를 서술한 것이다.
② 검증을 통해 문제해결에 도움을 준다.
③ 사용되는 변수의 수에 따라 영가설과 대립가설로 구분된다.
④ 추상적이기보다는 구체적이어야 한다.
⑤ 이론이나 선행연구에 기초해서 도출될 수 있다.

06 다음 중 보기의 빈칸에 들어간 변수를 순서대로 가장 올바르게 나열한 것은?

- 복지정책이 소득수준 향상의 원인일 때 복지정책은 (ㄱ)이다.
- 소득수준 향상이 경제발전의 결과일 때 소득수준은 (ㄴ)이다.
- 경제발전으로 복지정책의 재원이 늘어 생활수준이 향상된 경우 경제발전은 (ㄷ)이다.

	ㄱ	ㄴ	ㄷ
①	독립변수	종속변수	조절변수
②	독립변수	종속변수	매개변수
③	종속변수	독립변수	통제변수
④	종속변수	독립변수	억압변수
⑤	매개변수	억압변수	외생변수

07 귀무가설이 사실임에도 불구하고 귀무가설을 기각함으로써 발생하는 오류는?

① 제1종 오류   ② 제2종 오류

③ 제3종 오류   ④ 절대오류

⑤ 대립오류

08 다음 중 비율척도에 해당하는 것을 모두 고른 것은?

ㄱ. 지능지수   ㄴ. 온 도

ㄷ. 사회복지사 자격등급   ㄹ. 사회복지학과 졸업생 수

---

① ㄱ, ㄴ, ㄷ   ② ㄱ, ㄷ

③ ㄴ, ㄹ   ④ ㄹ

⑤ ㄱ, ㄴ, ㄷ, ㄹ

09 다음 중 보기의 사례에서 내적 타당도에 영향을 미칠 수 있는 요인으로 가장 적절한 것은?

> 최근 아동학대의 문제가 사회적인 이슈로 대두됨에 따라 ○○시 교육청에서는 아동학대 예방을 위한 부모교육 프로그램을 개발하였다. ○○시 교육청에서는 부모교육 프로그램 참여를 희망하는 학부모들을 모집하여 교육을 실시하였으며, 교육 종료 후 1년 동안 부모교육 프로그램을 받은 학부모집단과 받지 않은 학부모집단에서의 아동학대 사례 건수를 비교하는 방식으로 부모교육 프로그램의 효과성을 검증하기로 하였다.

① 검사-재검사
② 통계적 회귀
③ 인과관계 방향의 모호성
④ 측정수단의 변경
⑤ 편향된 집단선택

10 다음 중 보기의 내용과 연관된 평가도구의 주요 조건으로 가장 적절한 것은?

> 동일한 검사로 동일한 학생에게 시간차를 두고 두 번 시험을 실시하였다. 그러자 그 결과가 똑같이 나타났다.

① 타당도 ② 신뢰도
③ 실용도 ④ 객관도
⑤ 변별도

11 다음 중 사회복지조사의 연구분석단위로 알맞은 것을 모두 고른 것은?

> ㄱ. 개 인   ㄴ. 가 족
> ㄷ. 집 단   ㄹ. 사회적 가공물

① ㄱ, ㄴ, ㄷ   ② ㄱ, ㄷ
③ ㄴ, ㄹ   ④ ㄹ
⑤ ㄱ, ㄴ, ㄷ, ㄹ

12 다음 중 측정의 무작위적 오류(Random Error)에 대한 설명으로 옳은 것은?

① 조사 과정에서 응답자의 피로나 불안에 의해 발생하기 쉽다.

② 타당도를 낮추는 주요 원인이다.

③ 오류 자체가 일정한 양태나 일관성을 가진다.

④ 오류의 원인을 파악하고 제거하기가 용이하다.

⑤ 대표적인 예로 중앙집중경향의 오류가 있다.

13 다음 중 표본추출에 대한 설명으로 옳지 않은 것은?

① 전수조사에서는 통계치와 모수치 간의 구분이 불필요하다.

② 양적 조사에서는 표본의 대표성을 평균, 분산, 표준편차 등을 통해 파악할 수 있다.

③ 양적 조사에서는 표본의 크기가 클수록 유의미한 결과를 얻는 데 유리하다.

④ 표본의 대표성은 표본오차와 정비례한다.

⑤ 표집단위와 분석단위는 일치하지 않을 수 있다.

14 다음 중 비동일 비교집단 설계에 대한 설명으로 옳지 않은 것은?

① 무작위로 실험집단과 통제집단의 구성이 어려울 경우 사용하는 설계이다.

② 사회복지실천 연구에 응용할 수 있다.

③ 시계열 설계와 달리 실험집단과 비교집단으로 구성된다.

④ 외부요인을 통제하기 위해 대상집단에 대한 연구자의 이해가 선행되어야 한다.

⑤ 실험집단과 비교집단의 구분으로 모방효과를 통제할 수 있다.

15 다음 중 연구 유형의 분류기준을 잘못 연결한 것은?

① 전수조사와 표본조사 – 표본추출의 여부

② 순수조사와 응용조사 – 원인의 조작 여부

③ 양적 조사와 질적 조사 – 자료수집(데이터)의 성격

④ 코호트(Cohort)조사와 패널조사 – 동일 표본의 반복측정 여부

⑤ 기술적 조사와 설명적 조사 – 조사의 목적

16 실험조사설계 중 솔로몬 4집단설계에 대한 설명으로 옳지 않은 것은?

① 통제집단 전후 비교설계와 통제집단 후 비교설계를 혼합해 놓은 방법이다.

② 사전검사의 영향을 제거하기 어려워 내적 타당도가 낮다.

③ 사전검사와 실험처리의 상호작용의 영향을 배제해 외적 타당도를 높일 수 있다.

④ 4개의 집단으로 무작위할당을 하기가 어렵다.

⑤ 4집단을 관리하기 곤란하여 비경제적이다.

17 다음 중 정규분포곡선에 대한 설명으로 옳지 않은 것은?

① 정규분포의 모양과 위치는 분포의 평균과 표준편차로 결정된다.

② 최빈값, 중앙값, 산술평균이 한 점에 일치한다.

③ 첨도는 '1', 평균은 '0', 표준편차는 '0'이다.

④ 좌우대칭이며 종모양을 지닌다.

⑤ 표본의 대표성에 관한 유용한 정보를 제공해준다.

18 어떤 현상이 특정한 방식으로 변화할 때마다 다른 현상도 특정한 방식으로 변화하면 이들 두 현상은 인과적으로 관련되어 있다고 간주한다. 이 인과관계 추리방법은 무엇인가?

① 일치법   ② 공변법

③ 차이법   ④ 잔여법

⑤ 일치-차이 병용법

19 다음 중 표집의 과정을 순서대로 바르게 연결한 것은?

ㄱ. 표본 추출	ㄴ. 표집틀 선정
ㄷ. 모집단 확정	ㄹ. 표집크기 결정
ㅁ. 표집방법 결정	

① ㄴ-ㄷ-ㅁ-ㄹ-ㄱ   ② ㄴ-ㄷ-ㄹ-ㅁ-ㄱ

③ ㄷ-ㄴ-ㅁ-ㄹ-ㄱ   ④ ㄷ-ㄴ-ㄹ-ㅁ-ㄱ

⑤ ㄱ-ㄷ-ㄴ-ㄹ-ㅁ

20 내용분석에 관한 설명으로 옳지 않은 것은?

① 기존 자료를 활용하여 타당도 확보가 어렵다.

② 인간의 의사소통 기록을 체계적으로 분석한다.

③ 분석상의 실수를 언제라도 수정할 수 있다.

④ 양적 조사와 질적 조사에 공통으로 사용할 수 있다.

⑤ 역사적 분석과 같은 시계열 분석에 어려움이 있다.

21 다음 중 우편조사법의 회수율을 높이기 위한 방법으로 틀린 것은?

① 독촉을 한다.

② 연구자에 대한 정보를 자세히 기록한다.

③ 이타적 동기에 호소하는 등의 유인책을 사용한다.

④ 표지글을 매력적이고 가독성이 높은 서체로 완성한다.

⑤ 설문 내용의 중요성을 인식시킨다.

22 다음 중 서베이(Survey)에서 우편설문법과 비교한 대인면접법의 특성으로 가장 옳은 것은?

① 동일한 표집조건에서 상대적으로 비용이 적게 든다.

② 응답환경을 구조화하는 데 보다 유리하다.

③ 대리응답의 가능성이 높다.

④ 질문과정에서의 유연성이 낮다.

⑤ 비언어적 행위를 관찰하기 어렵다.

23 다음 중 사회복지사에게 과학적 조사방법론이 필요한 이유를 모두 고른 것은?

> ㄱ. 지역주민의 욕구조사를 위해 필요하다.
> ㄴ. 사회복지 전문직 활동에서 요구되는 책임성을 제고하기 위해 필요하다.
> ㄷ. 사회복지사가 제공하는 서비스에 대한 평가를 위해 필요하다.
> ㄹ. 서비스의 질을 높일 수 있는 실천기술 개발을 위해 필요하다.

① ㄱ, ㄴ, ㄷ   ② ㄱ, ㄷ
③ ㄴ, ㄹ   ④ ㄹ
⑤ ㄱ, ㄴ, ㄷ, ㄹ

24 다음 중 보기의 내용과 연관된 평가방법에 해당하는 것은?

> ○○복지관에서는 전년 대비 예산축소로 인해 현재 운영하고 있는 프로그램들에 대해 그 성과를 동일한 가치기준으로 평가하여 차등적으로 지원하고자 한다.

① 비용성과평가   ② 비용효과평가
③ 비용편익평가   ④ 형성평가
⑤ 메타평가

25 약물중독 · 성매매 · 도박 등과 같이 응답자들이 눈에 잘 띄지 않는 일탈적 하위문화를 연구하는 데 유용한 비확률 표집방법은?

① 편의표집   ② 유의표집
③ 눈덩이표집   ④ 할당표집
⑤ 집락표집

제1영역 사회복지실천론

01 다음 중 핀커스와 미나한(Pincus & Minahan)이 제시한 사회복지실천의 특징에 해당하지 않는 것은?

① 사회제도 및 정책을 확립한다.

② 사람들과 자원체계 사이의 상호작용을 촉진한다.

③ 물질적인 자원을 분배한다.

④ 사회통제의 매개체로서 기능한다.

⑤ 사람들이 자신의 문제를 해결하도록 돕는다.

02 다음 보기의 내용에 해당하는 가치는?

- 사회문화적 영향이나 개인의 경험에 따라 찬성과 반대가 가능한 가치이다.
- 낙태와 동성애에 대한 가치를 예로 들 수 있다.

① 수단적 가치

② 윤리적 가치

③ 도덕적 가치

④ 개인적 가치

⑤ 차등적 가치

03 다음 중 사회복지실천상 윤리문제와 연관된 것을 모두 고른 것은?

> ㄱ. 가치의 상충   ㄴ. 의무의 상충
> ㄷ. 결과의 모호성   ㄹ. 권력의 불균형

① ㄱ, ㄴ, ㄷ   ② ㄱ, ㄷ
③ ㄴ, ㄹ   ④ ㄹ
⑤ ㄱ, ㄴ, ㄷ, ㄹ

04 다음 중 보기의 사례에서 사회복지사가 수행한 역할을 순서대로 나열한 것은?

> 학교생활에 적응하지 못한 학업중단 청소년이 자신의 진로문제에 대해 고민을 하였고, 이에 사회복지사가 (ㄱ) 사회적응 및 진로문제에 대해 상담을 하였다. 이후 (ㄴ) 진학 및 취업에 관한 다양한 정보들을 제공하였고, 본인의 의사에 따라 (ㄷ) 대안학교에 들어갈 수 있도록 연계해주었다.

	ㄱ	ㄴ	ㄷ
①	교 사	옹호자	계획가
②	교 사	중재자	조력자
③	조력자	교 사	중개자
④	조력자	중재자	옹호자
⑤	중재자	조력자	중개자

05 다음 중 비어스텍(Biestek)이 제시한 '의도적인 감정표현'에 대한 설명으로 옳은 것은?

① 클라이언트를 개별적인 욕구를 지닌 존재로 이해하는 것이다.
② 클라이언트가 스스로 선택하고 결정하도록 돕는 것이다.
③ 클라이언트의 가치관이나 특성을 심판하거나 비난하지 않는 것이다.
④ 클라이언트의 장점과 단점, 잠재력과 제한점을 있는 그대로 받아들이는 것이다.
⑤ 클라이언트가 자신이 비난받게 될지 모르는 감정을 자유롭게 표현하도록 돕는 것이다.

06 다음 중 콤튼과 갤러웨이(Compton & Gallaway)의 문제해결과정모델에서 '변화매개체계'에 대한 설명으로 옳은 것은?

① 사회복지사와 사회복지사가 속한 기관 및 조직을 말한다.

② 목표달성을 위해 변화시킬 필요가 있는 대상을 말한다.

③ 서비스나 도움을 필요로 하는 사람들을 말한다.

④ 전문가 단체나 전문가를 육성하는 교육체계 등을 말한다.

⑤ 변화매개인들이 변화노력을 달성하기 위해 서로 상호작용하는 사람들을 말한다.

07 다음 중 클라이언트가 과거에 타인과의 관계에서 경험하였던 소망, 원망, 사랑, 두려움 등의 무의식적인 감정을 사회복지사에게 보이는 반응은?

① 전 이

② 역전이

③ 저 항

④ 양가감정

⑤ 자유연상

08 다음 중 펄만(Perlman)이 문제해결모델을 통해 강조한 사회복지실천의 4가지 구성요소에 해당하지 않는 것은?

① 장소(Place)

② 사람(Person)

③ 실천(Practice)

④ 문제(Problem)

⑤ 과정(Process)

09 다음 중 생태체계적 관점의 유용성에 대한 설명으로 옳지 않은 것은?

① 사회구조의 개선을 위한 개입기법을 제시해준다.

② 사정(Assessment)의 도구로서 직접적인 유용성을 갖는다.

③ 포괄적인 관심영역으로 문제에 대한 총체적인 이해를 가능하게 해준다.

④ 개인, 집단, 공동체 등 대상 집단에 구애되지 않고 적용할 수 있다.

⑤ 문제에 대해 어느 한 부분만이 아닌 전체 관련체계에 개입하여 체계적인 변화를 일으킨다.

10 다음 중 사회복지실천과정에서 접수(Intake) 단계의 과제에 해당하는 것을 모두 고른 것은?

> ㄱ. 클라이언트의 문제 확인
> ㄴ. 클라이언트의 동기화
> ㄷ. 클라이언트의 저항감 해소
> ㄹ. 개입목표의 설정

① ㄱ, ㄴ, ㄷ   ② ㄱ, ㄷ
③ ㄴ, ㄹ   ④ ㄹ
⑤ ㄱ, ㄴ, ㄷ, ㄹ

11 다음 중 사회복지실천과정의 종결단계에서 이루어져야 하는 과업에 대한 설명으로 옳지 않은 것은?

① 제공된 서비스와 목표달성 정도 평가하기
② 종결시기 결정하기
③ 변화를 가로막는 장애물 해결하기
④ 획득된 성과를 유지하고 계속 발전할 수 있도록 계획하기
⑤ 분리과정 동안 경험하는 정서적 반응을 서로 해결하기

12 다음 사회복지실천에서 관계의 기본원칙 중 '통제된 정서적 관여'에 대한 설명으로 가장 옳지 않은 것은?

① 사회복지사는 표현된 클라이언트의 감정에 민감할 필요가 있다.
② 사회복지사는 클라이언트의 감정을 충분히 이해하고 있음을 반응을 통해 표시한다.
③ 사회복지사는 정서상 객관적인 태도를 유지하기 위해 내적 경험과 외적 표현을 완전히 분리한다.
④ 사회복지사는 클라이언트의 감정이 어떠한 영향을 미칠 것인지를 클라이언트의 입장에서 이해한다.
⑤ 사회복지사는 클라이언트의 욕구나 구체적인 서비스 요구에 따라 정서적 관여의 방향을 설정한다.

13 다음 중 강점관점에 대한 설명에 해당하는 것을 모두 고른 것은?

> ㄱ. 개인을 독특한 존재, 즉 재능, 자원 등의 강점을 가진 사람으로 규정한다.
> ㄴ. 사회복지사의 전문적 지식과 기술이 강조된다.
> ㄷ. 원조의 목적은 그 사람의 삶에 함께 하며 가치를 확고히 하는 것이다.
> ㄹ. 클라이언트의 삶의 전문가는 사회복지사이다.

① ㄱ, ㄴ, ㄷ   ② ㄱ, ㄷ
③ ㄴ, ㄹ   ④ ㄹ
⑤ ㄱ, ㄴ, ㄷ, ㄹ

14 가족관계에 대한 그림으로 클라이언트와 그와 관련이 있는 사람, 기관, 환경의 영향과 상호작용의 변화를 묘사한 것은?

① 가계도   ② 생태지도
③ 소시오그램   ④ 소시오메트리
⑤ 이력도

15 다음 중 개입 수준과 기능에 따른 사회복지사의 역할 분류에서 거시 차원의 역할에 해당하는 것을 모두 고른 것은?

> ㄱ. 계획가   ㄴ. 행동가
> ㄷ. 현장개입가   ㄹ. 교 사

① ㄱ, ㄴ, ㄷ   ② ㄱ, ㄷ
③ ㄴ, ㄹ   ④ ㄹ
⑤ ㄱ, ㄴ, ㄷ, ㄹ

16 다음 사회복지실천의 방법 중 간접 실천의 유형에 해당하는 것은?

① 가정폭력 피해여성에 대한 상담서비스 제공
② 치매 어르신에 대한 주간보호서비스 제공
③ 저소득층 아동에 대한 급식서비스 제공
④ 실직자에 대한 지원정책 개발
⑤ 정신장애인에 대한 사회기술훈련 실시

17 다음 중 비밀보장의 원칙에서 비밀보장의 권리가 제한되는 경우에 해당하지 않는 것은?

① 사회복지사가 슈퍼바이저에게 사례를 보고하는 경우
② 가족이나 주변인의 요청이 있는 경우
③ 다른 기관과 함께 클라이언트를 도와야 하는 경우
④ 서비스 제공 시 거치는 단계상의 사람들이 클라이언트의 정보를 함께 공유하는 경우
⑤ 법원의 명령에 따라 정보를 공개해야만 하는 경우

18 구조적 가족치료의 주요 기법 중 가족의 갈등을 치료상황으로 가져와 구성원들이 어떻게 갈등을 처리하는지 보고 상호작용을 수정하고 구조화하는 것은?

① 실 연   ② 경계만들기
③ 긴장의 고조   ④ 과제부여
⑤ 가족조각

19 집단개입의 한 방법으로 사회적 의식과 사회적 책임을 주요 개념으로 하여 사적인 문제를 공적인 모델로 해석하는 기능을 가진 것은?

① 사회적 목표모델   ② 상호작용모델
③ 치료모델   ④ 통제적 모델
⑤ 자조집단

20 다음 중 면접의 방법과 연관된 설명으로 가장 옳지 않은 것은?

① 응답은 공적·사적 질문에 대한 대답이다.

② 통솔은 면접자가 면접 과정의 전면에 나서서 클라이언트를 지도하는 것이다.

③ 해석은 면접자가 클라이언트의 문제에 대해 이해하도록 인식시키는 것이다.

④ 감정이입은 면접자와 클라이언트가 충분히 분리된 관계에서 객관적인 지식을 이끌어낼 수 있는 능력이다.

⑤ 초점화는 시간낭비를 방지한다.

21 다음 중 사례관리의 등장배경으로 옳지 않은 것은?

① 클라이언트의 욕구가 더욱 다양화·복잡화되고 있다.

② 복잡하고 분산된 서비스 체계로 인해 서비스 공급의 중복과 누수를 방지할 필요가 있다.

③ 과도한 복지지출로 인해 복지욕구를 가족차원에서 해결해야 할 필요성이 제기되고 있다.

④ 노령화 등의 인구사회학적인 변화가 뚜렷해지고 있다.

⑤ 탈시설화 및 재가복지서비스를 강조하는 추세이다.

22 다음 보기의 내용에 해당하는 통합적 접근방법은?

> • '지금-여기'를 강조하며, 클라이언트의 현재 행동에 초점을 둔다.
> • 클라이언트 자신의 행동에 대한 책임성을 강조한다.

① 현실치료모델

② 문제해결모델

③ 생활모델

④ 임파워먼트모델

⑤ 생태체계모델

23 다음 중 루이스(Lewis)가 제시한 기능적인 가정의 특징에 해당하는 것은?

① 가족 간 권력이 집중되어 있다.

② 세월의 흐름과 저항하기 어려운 변화를 수용하는 경향이 있다.

③ 자신의 감정을 통제하여 잘 드러내지 않는 경향이 있다.

④ 자기권한을 행사하기보다는 가족규칙에 순응하는 경향이 있다.

⑤ 불투과적 가족경계를 유지하는 경향이 있다.

24 다음 중 면접기술에 대한 설명으로 옳지 않은 것은?

① 관찰기술 – 클라이언트가 말과 행동에 주의를 기울이는 기술

② 경청기술 – 클라이언트의 감정과 사고가 어떤 것인지 이해하며 파악하고 듣는 기술

③ 직면기술 – 클라이언트의 감정, 사고, 행동의 모순을 깨닫도록 하는 기술

④ 해석기술 – 클라이언트의 행동 저변의 단서를 발견하고 결정적 요인을 찾도록 돕는 기술

⑤ 표현촉진기술 – 클라이언트와의 면접 과정에서 불필요한 방황과 시간낭비를 막아주는 기술

25 다음 중 생활모델에 대한 설명으로 옳지 않은 것은?

① 스트레스는 인간의 심리적 기능의 약화로 인해 발생한다.

② 역량강화를 강조한다.

③ 클라이언트는 자신의 삶에 대한 전문가이다.

④ 생태학적 관점을 사용하였다.

⑤ 통합적 방법론의 모델이다.

01 다음 중 그린우드(Greenwood)가 제시한 사회복지전문직의 속성에 해당하는 것을 모두 고른 것은?

ㄱ. 전문적 권위	ㄴ. 사회적 승인
ㄷ. 윤리강령	ㄹ. 전문직 문화

① ㄱ, ㄴ, ㄷ
② ㄱ, ㄷ
③ ㄴ, ㄹ
④ ㄹ
⑤ ㄱ, ㄴ, ㄷ, ㄹ

02 다음 중 전문직으로서 사회복지사가 지녀야 할 예술적 요소에 해당하는 것을 모두 고른 것은?

ㄱ. 판단력과 사고력	ㄴ. 개인적인 가치관
ㄷ. 희망과 에너지	ㄹ. 사랑과 용기

① ㄱ, ㄴ, ㄷ
② ㄱ, ㄷ
③ ㄴ, ㄹ
④ ㄹ
⑤ ㄱ, ㄴ, ㄷ, ㄹ

03 다음 집단대상 사회복지실천 접근방법 중 상호작용모델에 대한 설명으로 옳지 않은 것은?

① 개인과 광범위한 체계 사이의 상호의존에 초점을 둔다.
② 집단 내 치료적 환경을 형성하기 위해 집단 과정을 중시한다.
③ 사회복지사는 집단성원과 집단 사이의 중재자 역할을 한다.
④ 정해진 목표달성을 위해 구조화된 개입을 한다.
⑤ 지지집단이나 자조집단이 대표적인 예에 해당한다.

04 다음 중 단일사례설계의 활용에 대한 설명으로 옳은 것을 모두 고른 것은?

> ㄱ. 어떤 개입이 대상문제의 변화를 설명하는지 알 수 있다.
> ㄴ. 반복적인 시행으로 개입 효과성을 일반화 할 수 있다.
> ㄷ. 둘 이상의 클라이언트, 둘 이상의 상황이나 문제에 적용할 수 있다.
> ㄹ. 행동빈도의 직·간접적인 관찰이나 클라이언트 자신의 주관적 사고 또는 감정 등의 측정 지수를 사용한다.

① ㄱ, ㄴ, ㄷ   ② ㄱ, ㄷ

③ ㄴ, ㄹ   ④ ㄹ

⑤ ㄱ, ㄴ, ㄷ, ㄹ

05 다음 중 정신역동모델의 개입기술에 관한 설명으로 옳지 않은 것은?

① 직면 – 핵심이 되는 문제에 초점을 맞춘다.

② 훈습 – 저항이나 전이에 대한 이해를 반복해서 심화, 확장하도록 한다.

③ 자유연상 – 의식에 떠오르는 것이면 모든 것을 이야기하도록 한다.

④ 해석 – 클라이언트의 통찰력 향상을 위해 상담자의 직관에 근거하여 설명하는 것이다.

⑤ 꿈의 분석 – 꿈을 통해 나타나는 무의식적인 소망과 욕구를 해석하여 통찰력을 갖도록 한다.

06 다음 중 인지행동모델에 대한 설명으로 옳지 않은 것은?

① 벡(Beck)의 합리적·정서적 행동치료가 대표적이다.

② 클라이언트의 과거 경험보다 현재의 문제에 초점을 둔다.

③ 잘못된 생각 또는 인지체계에 의한 역기능적인 사고를 수정한다.

④ 교육적 측면의 접근방법을 사용한다.

⑤ 문제에 초점을 둔 시간제한적 접근에 해당한다.

07 다음 중 합리적 · 정서적 행동치료의 ABCDE 모델에서 사회복지사의 개입이 이루어지는 단계에 해당하는 것은?

① A(Activating Event) – 선행사건
② B(Belief System) – 신념체계
③ C(Consequence) – 결과
④ D(Dispute) – 논박
⑤ E(Effect) – 효과

08 다음 중 위기개입모델에 대한 설명으로 옳지 않은 것은?

① 1950년대 이후 주로 지역정신위생의 분야에서 발전하였다.
② 클라이언트는 적극적이고 직접적인 역할을 수행한다.
③ 구체적이고 관찰 가능한 문제에 초점을 둔다.
④ 클라이언트를 위기 이전의 기능수준으로 회복하도록 돕는다.
⑤ '사정 → 계획 → 개입 → 위기대비계획'의 개입과정으로 이루어진다.

09 다음 중 사회복지실천개입의 차원과 이에 필요한 기술을 잘못 연결한 것은?

① 미시적 기술 – 대인관계기술
② 중범위 기술 – 관계형성기술, 의사소통기술
③ 중범위 기술 – 집단역동성의 이해
④ 거시적 기술 – 주민조직기술, 자금동원기술
⑤ 거시적 기술 – 문제해결 면접기술

10 다음 중 심리사회모델의 지지적 기법에 해당하는 것을 모두 고른 것은?

> ㄱ. 직접적인 조언
> ㄴ. 불안이나 죄책감에 대한 재보상
> ㄷ. 클라이언트의 제안에 대한 격려 및 강화
> ㄹ. 선물주기

① ㄱ, ㄴ, ㄷ
② ㄱ, ㄷ
③ ㄴ, ㄹ
④ ㄹ
⑤ ㄱ, ㄴ, ㄷ, ㄹ

11 다음 해결중심모델에서 사용하는 질문기법 중 관계성 질문의 예로 가장 적절한 것은?

① 만약 당신의 아버지가 지금 여기에 있다고 가정할 때, 당신의 아버지는 당신의 문제가 해결될 경우 무엇이 달라질 거라 말씀하실까요?
② 그렇게 힘든 과정 속에서 당신은 어떻게 지금의 상태를 유지할 수 있었나요?
③ 잠자는 동안 기적이 일어나 당신을 여기에 오게 한 그 문제가 극적으로 해결됩니다. 아침에 일어나서 지난밤 기적이 일어나 모든 문제가 해결되었다는 것을 어떻게 알 수 있을까요?
④ 상담예약을 하신 후부터 지금까지 시간이 좀 지났는데 그동안 상황이 좀 바뀌었나요?
⑤ 두 분이 매일 싸우신다고 말씀하셨는데, 혹시 싸우지 않은 날은 없었나요?

12 다음 사례는 어떤 상담기술을 적용한 것인가?

> 클라이언트 : 난 코끼리가 싫어요. 코끼리는 몸집도 크고 얼굴도 크고 맨날 화만 내고 소리만 질러요. 화를 내면 얼마나 무서운데요.
>
> (클라이언트가 얼굴을 찡그린다)
>
> 사회복지사 : 그래? 혜윤이가 아주 많이 싫어하는 누군가하고 코끼리가 많이 닮았나보구나. 그러니?
> 클라이언트 : 네, 아빠는 덩치도 크고……. 화를 내고 막 소리 지르면 엄마랑 나는 무서워서 막 울어요.

① 직 면
② 초점화
③ 조 언
④ 명료화
⑤ 설 명

13 다음 중 노든(Northern)의 집단발달단계에서 오리엔테이션 단계의 특징에 해당하지 않는 것은?

① 집단구성원 간의 인간적 유대관계가 생긴다.
② 투쟁적 리더는 집단목적에 잘 부합되는 리더로 전향한다.
③ 집단응집력의 기초단계에 해당한다.
④ 집단구성원의 불안과 긴장이 가장 높은 단계이다.
⑤ 사회복지사는 구성원의 불안해소를 통한 신뢰구축을 후원한다.

14 다음 중 가족의 기능으로 옳은 것을 모두 고른 것은?

ㄱ. 구성원 출산 및 양육	ㄴ. 애정의 욕구충족
ㄷ. 사회화	ㄹ. 문화 및 전통의 계승

① ㄱ, ㄴ, ㄷ   ② ㄱ, ㄷ
③ ㄴ, ㄹ   ④ ㄹ
⑤ ㄱ, ㄴ, ㄷ, ㄹ

15 다음 가족개입기법 중 문제행동을 계속하도록 지시하여 역설적 치료 상황을 조장하는 기법에 해당하는 것은?

① 코 칭   ② 실 연
③ 역할연습   ④ 증상처방
⑤ 가족조각

16 다음 중 자아분화에 관한 설명으로 옳지 않은 것은?

① 자아분화 수준이 높을수록 타인으로부터 소외된다.

② 자아분화 수준이 낮을수록 타인과 융합하려는 경향이 있다.

③ 자아분화 수준이 낮을수록 적응력과 자율성이 작아진다.

④ 자아분화 수준이 낮을수록 삼각관계가 형성될 가능성이 높다.

⑤ 자아분화 수준이 높을수록 사고와 감정이 균형을 이룬다.

17 다음 중 보기의 내용과 연관된 가족체계 관련 용어에 해당하는 것은?

> A씨는 평소 자신의 아들이 학교를 가지 않은 채 불량학생들과 어울려 다니며, 심지어는 다른 아이들의 돈을 빼앗는 등 일탈행동을 하는 것이 못마땅했다. A씨가 아들의 일탈행동에 잔소리를 늘어놓자 아들의 일탈행동은 오히려 더욱 심해졌다.

① 이중구속　　　　　　　　　② 정적 환류

③ 부적 환류　　　　　　　　　④ 일차 사이버네틱스

⑤ 이차 사이버네틱스

18 다음 중 가족치료모델의 유형에 대한 설명으로 옳은 것은?

① 구조적 가족치료 – 가족성원들 간의 규칙 및 역할을 재조정하도록 돕는다.

② 해결중심적 가족치료 – 문제가 되는 상황을 강화하기 위해 역설적으로 개입한다.

③ 전략적 가족치료 – 가족 내 자아분화 수준이 낮은 성원으로 하여금 이를 높이도록 돕는다.

④ 다세대적 가족치료 – 가족의 상호작용 유형을 확인하고 문제를 외현화한다.

⑤ 경험적 가족치료 – 상담 계획이 정해진 후 첫 회기 전까지 나타난 긍정적 변화를 질문한다.

19 다음 중 개방집단의 특성에 대한 설명으로 옳지 않은 것은?

① 새로운 성원의 참여로 집단 전체의 분위기를 조성할 수 있다.

② 새로운 성원의 아이디어나 자원을 활용할 수 있다.

③ 새로운 성원의 의견이 집단의 논리에 의해 무시될 수 있다.

④ 새로운 성원의 참여가 기존성원의 집단과업 과정에 방해요소가 될 수 있다.

⑤ 성원 교체에 따른 집단정체성에 문제가 발생할 수 있다.

20 다음 중 집단성원의 중도탈락에 영향을 미치는 요소에 해당하지 않는 것은?

① 감정변화에 대한 두려움

② 개인치료와 집단치료의 구분 진행

③ 부적절한 오리엔테이션

④ 하위집단의 형성

⑤ 사회복지사의 능력 부족

21 다음 보기에서 갈랜드(Garland)에 의한 집단발달단계를 순서대로 나열한 것은?

ㄱ. 친밀단계	ㄴ. 특수화 단계
ㄷ. 권력과 통제단계	ㄹ. 이별단계
ㅁ. 친밀 전 단계	

① ㅁ - ㄴ - ㄱ - ㄷ - ㄹ

② ㅁ - ㄱ - ㄴ - ㄷ - ㄹ

③ ㅁ - ㄷ - ㄴ - ㄱ - ㄹ

④ ㅁ - ㄷ - ㄱ - ㄴ - ㄹ

⑤ ㅁ - ㄱ - ㄷ - ㄴ - ㄹ

22 다음 중 집단슈퍼비전의 장단점에 대한 설명으로 옳지 않은 것은?

① 시간과 노력에 있어서 경제성을 기할 수 있다.

② 지도자의 역전이를 방지할 수 있다.

③ 변화에 대한 저항이 감소된다.

④ 예기치 못한 질문 및 답변 등 난관에 부딪칠 수 있다.

⑤ 본래의 목적에서 벗어나 초점이 흐려질 수 있다.

23 다음 중 보기의 사례에 해당하는 집단의 유형으로 가장 적절한 것은?

> 집단은 부부관계에서 문제를 보이는 사람들로 구성되었다. 사회복지사는 평소 잦은 다툼과 의사소통 부재로 인해 어려움을 호소하는 집단성원들을 위해 자기 모니터링, 의사소통훈련, 문제해결훈련 등을 활용하였다.

① 성장집단   ② 지지집단

③ 치유집단   ④ 과업집단

⑤ 사회화 집단

24 다음 중 사회복지실천평가의 1차적 목적에 해당하는 것은?

① 효율성   ② 형평성

③ 효과성   ④ 공공성

⑤ 접근용이성

25 다음 중 슈퍼바이저의 역할에 해당하는 것을 모두 고른 것은?

> ㄱ. 직원교육　　　　　　　　　　　ㄴ. 지원과 지지
> ㄷ. 지식 및 기술제공　　　　　　　ㄹ. 조사연구

① ㄱ, ㄴ, ㄷ　　　　　　　　　　　② ㄱ, ㄷ
③ ㄴ, ㄹ　　　　　　　　　　　　　④ ㄹ
⑤ ㄱ, ㄴ, ㄷ, ㄹ

제3영역　지역사회복지론

01 다음 중 지역사회복지에 대한 설명으로 옳지 않은 것은?

① 지역성과 기능성을 포함하는 일정한 지역사회 내에서 이루어진다.
② 지역사회 내에 존재하는 각종 제도에 영향을 준다.
③ 개인 및 가족 등 미시적 수준의 사회체계와 대립적인 위치에 있다.
④ 지역사회의 문제를 해결하고 주민의 복지욕구를 충족시키는 기능을 갖고 있다.
⑤ 정부와 민간기관이 공동주체가 되어 공공과 민간의 협력이 강화되는 추세이다.

02 다음 중 보기에서 우리나라 지역사회복지 발달 순서를 올바르게 나열한 것은?

> ㄱ. 1기 시·군·구 지역사회복지계획 수립
> ㄴ. 재가복지봉사센터 설립
> ㄷ. 사회복지시설평가 법제화
> ㄹ. 정신보건사회복지사 자격시험 도입

① ㄴ - ㄷ - ㄱ - ㄹ
② ㄴ - ㄹ - ㄷ - ㄱ
③ ㄷ - ㄱ - ㄴ - ㄹ
④ ㄷ - ㄴ - ㄹ - ㄱ
⑤ ㄱ - ㄴ - ㄷ - ㄹ

03 다음 중 길버트와 스펙트(Gilbert & Specht)의 지역사회의 기능을 잘못 짝지은 것은?

① 생산 · 분배 · 소비의 기능 – 경제제도
② 사회통합의 기능 – 교육제도
③ 사회통제의 기능 – 정치제도
④ 사회화의 기능 – 가족제도
⑤ 상부상조의 기능 – 사회복지제도

04 다음 중 워렌(Warren)이 제시한 좋은 지역사회의 기준에 포함되지 않는 것은?

① 지역주민들의 자율권은 적절히 제한되어야 한다.
② 권력이 폭넓게 분산되어 있어야 한다.
③ 다양한 소득, 인종, 종교, 이익집단이 포함되어 있어야 한다.
④ 정책형성과정에서 갈등을 최소화하면서 협력을 최대화해야 한다.
⑤ 구성원 사이에 인격적 관계가 이루어질 수 있어야 한다.

05 다음 중 지역사회복지발전을 위한 지방분권화의 부정적인 측면을 모두 고른 것은?

> ㄱ. 지방자치단체 간 재정능력의 차이로 복지수준이 다를 수 있다.
> ㄴ. 지방자치단체 간의 경쟁이 심화되어 지역 이기주의가 나타날 수 있다.
> ㄷ. 지방자치단체장의 의지에 따라 복지서비스의 지역 간 불균형이 나타날 수 있다.
> ㄹ. 지방자치단체의 지역복지에 대한 책임의식을 약화시킬 수 있다.

① ㄱ, ㄴ, ㄷ   ② ㄱ, ㄷ
③ ㄴ, ㄹ   ④ ㄹ
⑤ ㄱ, ㄴ, ㄷ, ㄹ

06 다음 중 지역사회에 대한 기능주의 관점을 설명한 것으로 옳은 것을 모두 고른 것은?

> ㄱ. 사회부적응을 해결하기 위해 노력한다.
> ㄴ. 사회는 항상 불안하다고 전제한다.
> ㄷ. 사회변화가 점진적으로 이루어진다고 전제한다.
> ㄹ. 소수엘리트에 의한 주도적 가치판단을 중시한다.

① ㄱ, ㄴ, ㄷ
② ㄱ, ㄷ
③ ㄴ, ㄹ
④ ㄹ
⑤ ㄱ, ㄴ, ㄷ, ㄹ

07 다음 중 보기의 내용과 연관된 지역사회복지의 이념에 해당하는 것은?

> • 지방자치의 실시로 인해 그 중요성이 강조되는 원리이다.
> • 주민과 지방자치단체와의 동등한 파트너십을 형성하는 방법이기도 하다.
> • 지역사회 정신보건센터, 중간집(Halfway House), 재활작업장 등 지역사회에서 정신장애인들의 욕구충족을 위한 서비스의 확대를 가져왔다.

① 주민참여
② 탈시설화
③ 정상화
④ 사회통합
⑤ 네트워크

08 다음 보기에서 설명하는 이론들을 순서대로 나열한 것은?

> ㄱ. 지역사회 하부체계 간의 상호작용을 중시한다.
> ㄴ. 사회운동조직들의 역할과 한계를 설명한다.
> ㄷ. 모든 현상에 대한 객관적 진실이 존재한다는 점에 의구심을 던진다.
> ㄹ. 지역사회 안팎의 역동적 변화에 대한 현상을 설명한다.

	ㄱ	ㄴ	ㄷ	ㄹ
①	체계이론	사회구성론	생태이론	자원동원론
②	체계이론	생태이론	갈등이론	자원동원론
③	체계이론	자원동원론	생태이론	사회구성론
④	체계이론	자원동원론	사회구성론	생태이론
⑤	체계이론	생태이론	자원동원론	사회구성론

09 다음 중 일정한 구역 내에 거주하는 지역주민들을 상호 결집시켜 상부상조하고 연대감을 형성하며, 치안 유지 및 지방행정 운영의 협력을 도모한 조선시대의 인보제도는?

① 향 약
② 두 레
③ 계
④ 품앗이
⑤ 오가통

10 다음 중 지역사회복지실천에 대한 설명으로 옳지 않은 것은?

① 개인 또는 집단처럼 지역사회는 자기결정의 원리를 갖는다.
② 사회적 욕구는 지역사회조직의 토대이다.
③ 지역사회조직을 수행하기 위한 구조는 단순해야 한다.
④ 지역사회는 전문가가 필요하다.
⑤ 지역사회조직은 목적이지 수단이 아니다.

11 다음 중 보기의 내용과 연관된 로스만(Rothman)의 지역사회복지실천모델로 옳은 것은?

> • 기본적인 변화전략은 문제의 결정 및 해결에 관여된 사람들의 광범위한 참여를 이끌어내는 것이다.
> • 변화를 위한 전술기법으로 합의 · 집단토의를 사용한다.
> • 변화의 매체로서 과업지향의 소집단을 활용한다.

① 지역사회개발모델
② 사회계획모델
③ 연합모델
④ 사회행동모델
⑤ 프로그램 개발 및 지역사회연계모델

12 다음 중 지역사회문제해결의 과정과 관련하여 칸(Kahn)이 제시한 '계획과정(Planning Process)'의 단계들을 순서대로 나열한 것은?

> ㄱ. 탐 색　　　　　　　　　　　ㄴ. 계획의 선동
> ㄷ. 계획과업의 결정　　　　　　ㄹ. 프로그램화
> ㅁ. 정책형성　　　　　　　　　　ㅂ. 평가의 환류

① ㄱ - ㄴ - ㄷ - ㄹ - ㅁ - ㅂ
② ㄱ - ㄴ - ㄹ - ㅁ - ㄷ - ㅂ
③ ㄱ - ㄴ - ㅁ - ㄷ - ㄹ - ㅂ
④ ㄴ - ㄱ - ㄹ - ㄷ - ㅁ - ㅂ
⑤ ㄴ - ㄱ - ㄷ - ㅁ - ㄹ - ㅂ

13 다음 중 우리나라 새마을운동에 대한 설명으로 옳지 않은 것은?

① 1970년대 새마을운동 기록물은 유네스코 세계기록유산에 등재되어있다.
② 매년 4월 20일은 정부지정 새마을의 날이다.
③ 농촌생활환경 개선운동에서 소득증대운동으로 확대되었다.
④ 지역사회개발사업과 관련이 있다.
⑤ 근면 · 자조 · 협동을 주요 정신으로 한다.

14 다음 중 로스(Ross)가 지역사회조직사업과 관련하여 제시한 추진회의 원칙에 해당하지 않는 것은?

① 추진회는 지역사회의 현재 조건에 대한 지역주민들의 불만에 의해 결정된다.

② 활동수행을 위한 불만은 지역주민들에게 널리 인식되어야 한다.

③ 추진회는 지역사회에 현존하는 현재적·잠재적 호의를 활용해야 한다.

④ 지역사회의 주요 집단들에 의해 지목·수용될 수 있는 공식적·비공식적 지도자들을 참여시켜야 한다.

⑤ 추진회가 수행하는 사업에서 정서적 내용을 지닌 활동들은 가급적 배제한다.

15 다음 중 지역사회복지실천에서 옹호(Advocacy)의 구체적인 전술인 설득(Persuasion)의 구성요소에 해당하지 않는 것은?

① 대 상　　　　　　　　　　　② 의제설정

③ 메시지　　　　　　　　　　　④ 전달자

⑤ 전달형식

16 다음 중 지역사회복지 실천기술에 대한 설명으로 옳지 않은 것은?

① 조직화기술 – 사적 이익에 대한 관심을 조직화에 활용한다.

② 연계기술 – 참여조직들에 대한 업무의 배분과 조정에 초점을 둔다.

③ 자원개발·동원기술 – 기존 집단, 개인의 직접적인 참여, 네트워크 등을 활용한다.

④ 옹호기술 – 대화, 강점확인, 자원동원기술 등을 포함한다.

⑤ 임파워먼트기술 – 지역사회에 대한 주민들의 더 많은 통제력과 자원 접근성을 의미한다.

17 다음 중 지역사회인적자원을 동원하는 기술로 옳은 것을 모두 고른 것은?

> ㄱ. 지역사회의 재정을 분석한다.
> ㄴ. 지역사회의 기존 조직을 활용한다.
> ㄷ. 지역사회 지도자들에게 압력을 가한다.
> ㄹ. 지역사회 주민들과 개별적으로 접촉한다.

① ㄱ, ㄴ, ㄷ   ② ㄱ, ㄷ
③ ㄴ, ㄹ   ④ ㄹ
⑤ ㄱ, ㄴ, ㄷ, ㄹ

18 포플(Popple)의 지역사회복지실천모델 중 보기의 내용에 해당하는 것은?

> • 지역주민의 삶의 질 향상과 관련된 기술 및 신뢰를 습득할 수 있도록 집단을 원조하는 데 중점을 둔다.
> • 사회복지사는 조력자, 지역사회활동가, 촉진자로서의 역할을 수행한다.

① 지역사회개발모델
② 지역사회조직모델
③ 사회 · 지역계획모델
④ 지역사회보호모델
⑤ 지역사회교육모델

19 다음 중 재가복지봉사센터 및 재가복지봉사서비스에 대한 설명으로 옳지 않은 것은?

① 1992년부터 재가복지봉사센터 가사회복지관 부설로 설치되었다.
② 지역사회보호사업을 실천하는 대표적인 기관이다.
③ 급식지원서비스, 말벗서비스, 이 · 미용서비스 등 생활지원서비스를 제공한다.
④ 직접적 서비스 제공기관으로 자원동원 기술은 사용하지 않는다.
⑤ 지역주민들 및 자원봉사자들을 대상으로 사회복지사업에 관한 교육서비스를 제공한다.

20 다음 자활근로사업 중 사업의 수익성은 떨어지나 사회적으로 유용한 일자리 제공을 통해 참여자의 자활능력 개발과 의지를 고취하여 향후 시장진입을 준비하는 사업에 해당하는 것은?

① 사회서비스형 자활근로
② 시장진입형 자활근로
③ 근로유지형 자활근로
④ 인턴형 자활근로
⑤ 도우미형 자활근로

21 다음 중 보기의 내용과 연관된 주민참여의 지역사회복지운동 형태로 가장 적절한 것은?

> 경상남도 밀양시에서는 765킬로볼트(KV) 고압 송전선의 위치 및 송전탑 설치 문제를 두고 지역주민들과 한국전력 사이에 갈등이 격화되었다. 문제가 된 지점은 신고리에서 북경남 송전선의 제2구간으로서, 송전망 구축을 통해 울산의 신고리 원자력발전소에서 생산한 전력을 창녕군의 북경남 변전소로 수송하기 위한 것이었다. 그러나 밀양의 주민들은 한국전력의 송전탑 설치로 인한 피해와 자신들의 권리를 주장하면서 조직적으로 대응하였고, 이에 한국전력은 공권력의 도움으로 공사를 강행하였다. 밀양의 주민들은 이후에도 외부단체들과의 연대활동을 통해 송전탑 반대 투쟁을 전개하였다.

① 제도변화를 위한 노력
② 공동체 형성과 마을 만들기
③ 외부자극을 통한 조직화
④ 프로그램 중심의 일상활동
⑤ 일상적인 주민모임

22 다음 중 보기의 빈칸에 들어갈 지역사회복지실천과정에 해당하는 것은?

> 문제정의 및 확인 → ( ) → 실천계획의 수립 → 자원동원 → 실행 → 평가

① 지역사회 욕구사정
② 개입 전략 및 전술의 선택
③ 표적집단의 확인
④ 관리정보체계의 활용
⑤ 정치적 지지기반 구축

23 다음 중 시·군·구 지역사회보장계획의 수립절차를 순서대로 나열한 것은?

> ㄱ. 지역주민의 욕구를 파악하기 위한 조사를 수행한다.
> ㄴ. 시·군·구 지역사회보장계획안을 마련한다.
> ㄷ. 지역사회보장협의체의 심의를 받는다.
> ㄹ. 시·군·구 의회에 보고한다.
> ㅁ. 시·도지사에게 제출한다.

① ㄱ → ㄴ → ㄷ → ㄹ → ㅁ
② ㄱ → ㄷ → ㄴ → ㄹ → ㅁ
③ ㄱ → ㄷ → ㄹ → ㄴ → ㅁ
④ ㄷ → ㄱ → ㄴ → ㄹ → ㅁ
⑤ ㄷ → ㄱ → ㄹ → ㄴ → ㅁ

24 다음 중 사회복지공동모금회에 대한 설명으로 옳은 것은?

① 민간재원뿐만 아니라 공공재원까지 동원함을 목적으로 한다.
② 모금사업은 연말에만 집중모금을 통해 이루어진다.
③ 출판사가 교육빈곤층을 위해 학습서적을 기부하는 것도 모금활동에 해당한다.
④ 전체 모금에서 기업모금이 차지하는 비중은 상대적으로 적다.
⑤ 정치적·종교적 목적에 이용되는 경우에도 배분대상에 포함된다.

25 다음 중 법적 행동과 사회적 대결의 특징에 대한 설명으로 옳은 것은?

① 법적 행동은 소란스럽고 가시적인 반면, 사회적 대결은 차분하고 비가시적이다.
② 법적 행동은 조직의 세를 유지하는 것이 어려운 반면, 사회적 대결은 오랜 시일이 걸리므로 회원들을 지루하게 만들 수 있다.
③ 사회적 대결은 사회행동조직의 정당성을 확실히 높일 수 있는 방법으로 볼 수 있다.
④ 법적 행동은 게임의 규칙을 무시한 채 정부나 기업에게 자신들의 요구에 승복할 것을 요구하는 경향이 있다.
⑤ 가처분 청구는 법적 행동에 해당하는 반면, 피케팅과 행진은 사회적 대결에 해당한다.

제1영역 사회복지정책론

01 다음 중 복지국가의 특징에 대한 설명으로 가장 옳지 않은 것은?

① 복지국가는 궁극적으로 기회의 평등을 추구한다.

② 복지정책의 일차적 목표를 전 국민의 최소한의 생활보장에 둔다.

③ 정책의 형성과 집행에서 국가의 역할을 강조한다.

④ 경제제도로서 수정자본주의 또는 혼합경제체제로 운영된다.

⑤ 정치제도로서 민주주의를 복지국가 성립의 수반조건으로 한다.

02 다음 중 베버리지 보고서에 규정된 영국 사회의 5대 사회악 및 해결방안을 연결한 것으로 옳지 않은 것은?

① 불결 – 주택정책

② 궁핍 – 소득보장

③ 나태 – 노동정책

④ 무위 – 의무교육

⑤ 질병 – 의료보장

03 다음 사회복지기관의 재정 중 클라이언트의 선택권이 가장 크게 작용하는 것은?

① 이용권(Voucher)

② 정부보조금

③ 후원금

④ 서비스구매계약(POSC)

⑤ 법인보조금

04 다음 중 보편주의에 입각한 제도에 해당하는 것은?

① 장애인연금   ② 누리과정

③ 의료급여   ④ 자활사업

⑤ 기초연금

05 다음 중 독일 비스마르크의 사회입법에 대한 설명으로 옳은 것은?

① 1883년 제정된 질병보험은 세계 최초의 사회보험이다.

② 1884년 산재보험의 재원은 노동자와 사용자가 각각 절반씩 부담하였다.

③ 1889년 노령 및 폐질보험은 전 국민을 대상으로 시행되었다.

④ 질병보험은 전국적으로 일원화된 통합적 조직망에 의해 운영되었다.

⑤ 사회민주당이 사회보험 입법을 주도적으로 이끌었다.

06 다음 중 조지와 윌딩(George & Wilding)이 제시한 사회복지정책의 이념과 복지국가관을 연결한 것으로 옳지 않은 것은?

① 반집합주의 – 복지국가가 개인의 자유를 침해한다고 본다.

② 마르크스주의 – 복지국가를 자본주의 체제를 강화하는 수단으로 간주한다.

③ 페이비언 사회주의 – 복지국가를 통해 사회조화와 평등한 사회를 구현함으로써 궁극적으로 자본주의의 안정을 추구한다.

④ 녹색주의 – 복지국가가 경제 성장과 소비의 확대를 강조하여 오히려 환경문제를 조장한다고 본다.

⑤ 소극적 집합주의 – 복지국가를 사회안정과 질서유지에 필요한 것으로 간주하여 제한적으로 지지한다.

07 다음 중 사회투자국가의 특징으로 옳지 않은 것은?

① 경제활동의 참여기회를 확대한다.

② 경제성장과 사회통합을 동시에 추구한다.

③ 인적자본 및 사회적 자본에 대한 투자를 강조한다.

④ 결과의 평등에 의한 사회자원의 재분배를 강조한다.

⑤ 불평등 해소보다 사회적 배제 감소에 더 큰 중요성을 부여한다.

08 다음 중 자선조직협회에 대한 설명으로 옳지 않은 것은?

① 클라이언트의 환경조사를 통해 중복구제를 방지하고자 하였다.

② 자선단체 상호 간 협력체계를 구축하였다.

③ 원조의 대상자를 가치 있는 자로 한정하였다.

④ 공공의 구빈정책에 대해 찬성하였다.

⑤ 근대적 의미의 개별사회사업과 지역사회조직사업을 확립하였다.

09 다음 중 소득재분배의 유형과 관계집단을 연결한 것으로 옳은 것을 모두 고른 것은?

> ㄱ. 수직적 재분배 – 고위험집단 대(對) 저위험집단
> ㄴ. 수평적 재분배 – 고소득층 대(對) 저소득층
> ㄷ. 세대 내 재분배 – 노령세대 대(對) 근로세대
> ㄹ. 세대 간 재분배 – 현 세대 대(對) 미래세대

① ㄱ, ㄴ, ㄷ   ② ㄱ, ㄷ

③ ㄴ, ㄹ   ④ ㄹ

⑤ ㄱ, ㄴ, ㄷ, ㄹ

10 다음 중 에스핑-안데르센(Esping-Andersen)의 복지국가 유형에 관한 설명으로 옳은 것은?

① 자유주의 복지국가는 사회보험 프로그램을 강조한다.

② 자유주의 복지국가는 시장의 효율성과 근로의욕 고취를 강조한다.

③ 조합주의 복지국가는 전통적 가족과 교회의 기능 및 역할을 축소한다.

④ 사회민주주의 복지국가에서는 복지정책의 다차원적인 사회계층체제가 발생한다.

⑤ 사회민주주의 복지국가에서는 저소득층을 중요한 복지 대상으로 포괄한다.

11 다음 중 사회복지정책 결정에 관한 이론모형으로서 쓰레기통 모형에 대한 설명으로 옳지 않은 것은?

① 정책결정에 있어서 직관, 판단력, 통찰력 등이 크게 작용한다.

② 정책결정은 합리성이나 타협이 아닌 우연적인 흐름에 의해 이루어진다.

③ 정책결정의 요소로는 선택 기회, 해결되어야 할 문제, 해결방안, 참여자 등이 포함된다.

④ 정책결정 과정에는 문제의 흐름, 정책의 흐름, 정치의 흐름이 존재한다.

⑤ 정치의 흐름 및 문제의 흐름 각각에 의하여 또는 이들의 결합에 의하여 정책아젠다가 결정된다.

12 다음 중 사회복지정책 평가에 대한 설명으로 옳지 않은 것은?

① 정책평가는 기술성, 실용성, 개별성, 가치지향성, 종합학문적 성격 등을 특징으로 한다.

② 정책과정 전반에 걸친 평가활동을 말하는 것으로 정책집행 이후의 과정까지 포함된다.

③ 정책 담당자, 정책 대상자 및 지역주민 등 다양한 인적 요인에 의해 영향을 받는다.

④ 평가목표는 정책평가자 결정이나 평가의 기준설정에 영향을 미친다.

⑤ 일반적으로 과정평가는 양적 평가방법에, 총괄평가는 질적 평가방법에 주로 의존한다.

13 다음 중 길버트와 테렐(Gilbert & Terrell)이 말한 사회복지정책에 대한 분석적 접근방법을 올바르게 모두 고른 것은?

ㄱ. 기초(Basic) 분석	ㄴ. 과정(Process) 분석
ㄷ. 인식(Perception) 분석	ㄹ. 산물(Product) 분석

① ㄱ, ㄴ, ㄷ   ② ㄱ, ㄷ
③ ㄴ, ㄹ   ④ ㄹ
⑤ ㄱ, ㄴ, ㄷ, ㄹ

14 다음 중 할당의 세부원칙으로서 귀속적 욕구에 의한 할당에 해당하는 것은?

① 욕구의 기술적 진단을 토대로 개인적인 할당이 이루어진다.
② 욕구의 규범적 준거를 토대로 특정집단에 소속된 사람들에 대해 집단적 할당이 이루어진다.
③ 장애인에 대한 장애등급 판정이 해당된다.
④ 국가유공자에 대한 처우 및 국민연금, 국민건강보험 등의 사회보험이 해당된다.
⑤ 국민기초생활보장제도와 같은 공공부조가 해당된다.

15 다음 중 급여할당의 원칙으로서 보편주의와 선별주의에 대한 설명으로 옳지 않은 것은?

① 선별주의는 급여가 개인의 욕구에 기초하여 주어져야 한다고 주장한다.
② 선별주의는 수혜자가 사회복지의 혜택을 받을 욕구가 있음을 입증해야 한다고 주장한다.
③ 선별주의는 비용효과성 및 목표효율성을 강조한다.
④ 보편주의는 재분배 기능을 중요하게 고려하지만 효과성은 고려하지 않는다.
⑤ 일반적으로 선별주의 자격 기준에 비해 보편주의 자격 기준의 설정이 용이하다.

16 다음 중 에스핑-안데르센(Esping-Andersen)이 복지국가 유형화와 관련하여 개념화한 탈상품화 점수의 산출근거에 포함되는 것을 모두 고른 것은?

> ㄱ. 사회보험 최저 급여액의 평균임금에 대한 비율
> ㄴ. 사회보험 평균 급여액의 평균임금에 대한 비율
> ㄷ. 전체 인구 중 실제 수급자의 비율
> ㄹ. 급여 수급 자격요건

① ㄱ, ㄴ, ㄷ   ② ㄱ, ㄷ

③ ㄴ, ㄹ   ④ ㄹ

⑤ ㄱ, ㄴ, ㄷ, ㄹ

17 다음 중 티트머스(Titmuss)가 제시한 복지의 사회적 분화(Social Division of Welfare) 유형 및 그 예로 옳은 것을 모두 고른 것은?

> ㄱ. 사회복지 – 국민연금에서 고용주의 기여금
> ㄴ. 직업복지 – 기업의 사내근로복지기금
> ㄷ. 민간복지 – 종교기관이 노숙인에게 제공하는 무료급식
> ㄹ. 재정복지 – 다자녀가구에 대한 자동차세 감면

① ㄱ, ㄴ, ㄷ   ② ㄱ, ㄷ

③ ㄴ, ㄹ   ④ ㄹ

⑤ ㄱ, ㄴ, ㄷ, ㄹ

18 다음 중 엘리슨(Allison)이 정책결정에 관한 이론 모형으로 제시한 조직 과정 모형의 가정으로 옳지 않은 것은?

① 정책은 조직 과정의 산물이다.

② 조직은 불확실성을 피하기 위해 정형화된 행동 유형, 표준운영 절차 등에 의존한다.

③ 조직의 탐색 활동을 통해 새로운 상황은 시간이 흐름에 따라 관행으로 정착된다.

④ 정부의 전략적 목표 이외에도 각각의 하위조직들은 고유의 목표들을 가지고 있다.

⑤ 목표는 정부 지도자의 명령 혹은 지시에 따라 주어진다.

19 다음 중 사회정책의 재원에 대한 설명으로 옳은 것은?

① 소비세가 소득세보다 소득재분배 효과가 크다.

② 재산세는 중앙정부의 재원에 해당한다.

③ 사회보장성 조세는 사회보장을 목적으로 한 세금이다.

④ 조세비용은 특정 집단에게 조세를 감면해줌으로써 소득재분배 효과가 크다.

⑤ 일반예산은 소득재분배 효과가 크다.

20 다음 국민건강보장제도의 유형 중 NHI(National Health Insurance)의 특징에 대한 설명으로 옳은 것을 모두 고른 것은?

> ㄱ. 사회보험 방식에 의한 의료보장정책 대안이다.
> ㄴ. 단일한 보험자가 국가 전체의 건강보험을 관리 · 운영한다.
> ㄷ. 사회적으로 동질성을 갖는 국민이 보험집단을 형성하여 보험료 갹출로 재원을 마련한다.
> ㄹ. 영국, 스웨덴 등이 대표적이다.

① ㄱ, ㄴ, ㄷ   ② ㄱ, ㄷ

③ ㄴ, ㄹ   ④ ㄹ

⑤ ㄱ, ㄴ, ㄷ, ㄹ

21 다음은 어떤 공적연금의 유형에 대한 설명인가?

> 재원은 고용주와 피용자 또는 자영자로부터 징수되는 기여금으로 전체 또는 부분적으로 충당된다. 또한 일반 정부예산과는 분리되어 특별재정으로 관리되며 소득의 일정비율로 부과되는 것이 일반적이다.

① 사회부조식 공적연금

② 사회보험식 공적연금

③ 사회수당식 공적연금

④ 퇴직준비금제도

⑤ 강제가입식 개인연금제

22 다음 중 빈곤의 측정에 대한 설명으로 가장 옳지 않은 것은?

① 우리나라는 기초생활보장의 주요 기준으로 최저생계비를 사용하고 있다.

② 절대적, 상대적, 주관적 측정 방식이 있다.

③ 라이덴(Leyden) 방식은 대표적인 주관적 측정 방식에 해당한다.

④ OECD에서는 국가 간 비교를 위해 주로 상대적 빈곤개념을 사용한다.

⑤ 절대적 측정 방식은 예산 기준 접근에 해당한다.

23 다음 보기의 연금체계에 대한 설명에서 빈칸에 들어갈 내용을 순서대로 나열한 것은?

> 우리나라 연금제도는 정부와 민간이 보장하는 3층 보장으로 구성되어 있다. 그중 국민연금은 (ㄱ)에 해당하는 것으로서 (ㄴ)을 보장하기 위한 것이다.

	ㄱ	ㄴ
①	1층 보장	안정적인 노후생활
②	1층 보장	최저수준 노후생활
③	2층 보장	여유 있는 노후생활
④	3층 보장	안정적인 노후생활
⑤	3층 보장	최저수준 노후생활

24 다음 중 공공부조에 대한 설명으로 가장 옳은 것은?

① 신청과정을 거치지 않는다.

② 중앙정부가 단독으로 공공부조의 책임을 지는 것은 세계적 현상이다.

③ 수혜자들의 경제적인 기여를 전제조건으로 한다.

④ 자산조사를 거쳐 대상을 선정한다.

⑤ 사회보장제도 중 공공부조는 투입 재원 대비 소득재분배 효과가 가장 낮다.

25 다음 중 공적연금의 재정운영방식에 대한 설명으로 옳은 것은?

① 부과방식은 세대 간 공평성의 문제를 해결할 수 있다.

② 적립방식은 집단적 노인부양의 의미를 가진다.

③ 부과방식은 인구학적 변동에 취약하다.

④ 적립방식은 장기적 경제예측을 필요로 하지 않는다.

⑤ 우리나라는 완전적립방식을 택하고 있다.

제2영역　사회복지행정론

01 다음 중 사회복지에서 행정지식이 중요하게 된 배경으로 옳지 않은 것은?

① 사회복지조직이 세분화되면서 조직 간 통합과 조정의 필요성이 커졌다.

② 사회문제 해결을 위한 일차집단의 역할이 커졌다.

③ 사회복지조직에 투입되는 공적 자원의 효과적인 사용 및 관리의 필요성이 커졌다.

④ 사회로부터 인가된 사회복지조직의 책임성 이행에 대한 요구가 커졌다.

⑤ 사회복지실천에서 조직적 과정의 중요성이 커졌다.

02 다음 중 사회복지행정에 대한 설명으로 옳은 것을 모두 고른 것은?

> ㄱ. 사회의 가치 변화에 민감하게 반응한다.
> ㄴ. 일반 행정과 관리에 관한 지식의 범위에 수용된다.
> ㄷ. 목표를 구체화하기 어렵고 측정하기가 쉽지 않다.
> ㄹ. 인간을 대상으로 하는 직접적인 사회복지실천방법이다.

① ㄱ, ㄴ, ㄷ

② ㄱ, ㄷ

③ ㄴ, ㄹ

④ ㄹ

⑤ ㄱ, ㄴ, ㄷ, ㄹ

03 다음 보기의 내용과 연관된 사회복지행정의 이론으로 가장 적절한 것은?

> 과학자나 학자 등은 자율적인 분위기에서 효율적인 업무 수행이 이루어지므로, 관리자는 조직구성원이 자유의지에 따라 행동하도록 분위기를 조성한다.

① 메이요(Mayo)의 인간관계이론
② 테일러(Taylor)의 과학적 관리론
③ 베버(Weber)의 관료제이론
④ 맥그리거(McGregor)의 X · Y이론
⑤ 룬트슈테트(Lundstedt)의 Z이론

04 다음 중 사회복지서비스의 공공부문 및 민간부문 전달체계에 대한 설명으로 옳지 않은 것은?

① 공공부문은 상의하달식 수직전달체계를 형성한다.
② 공공부문은 서비스의 통합이 효과적으로 이루어지고 있다.
③ 공공부문은 문제에 대한 예방적 · 근원적 치료에 미흡하다.
④ 민간부문은 동종 서비스에 대한 선택의 기회를 제공한다.
⑤ 민간부문 시설 종사자의 열악한 처우환경이 문제시되고 있다.

05 다음 중 베다이안(Bedeian)이 제시한 위원회의 장점으로 옳지 않은 것은?

① 참여관리의 수단이 된다.
② 관련된 사람들의 헌신적인 참여를 구축할 수 있다.
③ 제안을 평가하고 전문가의 의견을 듣는 방법이 된다.
④ 조직의 행정책임자로서 최선의 결정을 내린다.
⑤ 조직성원 전반에 관계된 문제에 대한 협조와 관련 정보를 계속 제공하는 데 효율적이다.

06 다음 중 업무의 통제성에 따른 사회복지조직의 분류에서 참여자가 자발적으로 참여하여 통제성이 약한 조직은?

① 관료조직   ② 일선조직

③ 전면통제조직   ④ 투과성 조직

⑤ 상호수혜적 조직

07 다음 중 학습조직의 단점으로 옳지 않은 것은?

① 정부조직에 대한 적용가능성이 제한적이다.

② 결정의 신속성이 떨어진다.

③ 내적 통제력이 부족하다.

④ 구성원의 능력, 태도, 동기 등이 전제되어야 한다.

⑤ 환경변화에 대한 대응성이 약하다.

08 다음 중 기획(Planning)에 대한 설명으로 옳지 않은 것은?

① 서비스의 효과적 달성을 위해 필요하다.

② 구성원의 사기진작을 위해 필요하다.

③ 목표달성을 위한 최적의 전략을 제공하는 활동이다.

④ 계획(Plan)을 통해 산출되는 결과이다.

⑤ 사회복지조직의 불확실성을 감소시킨다.

09 다음 보기는 스키드모어(Skidmore)의 기획과정을 열거한 것이다. 빈칸에 들어갈 내용을 순서대로 나열한 것은?

> 목표설정 – 자원의 고려 – (   ) – (   ) – (   ) – (   ) – 개방성 유지

① 계획 결정 – 구체적 프로그램 수립 – 결과 예측 – 대안 모색
② 결과 예측 – 대안 모색 – 구체적 프로그램 수립 – 계획 결정
③ 결과 예측 – 대안 모색 – 계획 결정 – 구체적 프로그램 수립
④ 대안 모색 – 결과 예측 – 계획 결정 – 구체적 프로그램 수립
⑤ 대안 모색 – 결과 예측 – 구체적 프로그램 수립 – 계획 결정

10 다음 중 조직과 환경과의 관계에서 환경의 조직선택이라는 환경결정론적인 시각으로 환경적 요인들이 그에 가장 적합한 조직특성들을 선택한다고 보는 이론은?

① 구조–상황이론
② 정치경제이론
③ 신제도이론
④ 자원의존이론
⑤ 조직군생태이론

11 다음 중 총체적 품질관리(TQM)에 대한 설명으로 옳지 않은 것은?

① 데이터 분석을 통한 의사소통이 이루어진다.
② 기획 단계에서부터 서비스의 품질을 고려한다.
③ 최고관리자를 품질의 최종 결정자로 간주한다.
④ 서비스의 변이(Variation) 가능성을 예방하기 위해 노력한다.
⑤ 투입과 과정에 대해 지속적인 개선의 노력을 펼친다.

12 다음 체계이론의 하부체계 중 나머지 4가지의 하위체계를 조정하고 통합하기 위한 리더십을 제공하는 체계는?

① 생산하위체계   ② 유지하위체계
③ 경계하위체계   ④ 적응하위체계
⑤ 관리하위체계

13 다음 사회복지조직의 조직화 방법 중 사회복지 생활시설이나 요양시설에서 2교대 또는 3교대 근무에 따른 업무의 부문화에 가장 적합한 방법은?

① 수(數) 기준 부문화   ② 서비스 기준 부문화
③ 시간 기준 부문화   ④ 기능 기준 부문화
⑤ 고객 기준 부문화

14 다음 중 재정관리의 일반적인 과정을 순서대로 나열한 것은?

ㄱ. 결산 및 회계감사	ㄴ. 예산집행
ㄷ. 심의 · 의결	ㄹ. 예산편성

① ㄱ – ㄴ – ㄷ – ㄹ
② ㄱ – ㄹ – ㄴ – ㄷ
③ ㄹ – ㄷ – ㄴ – ㄱ
④ ㄹ – ㄴ – ㄷ – ㄱ
⑤ ㄴ – ㄱ – ㄷ – ㄹ

15 다음 중 보기의 내용과 연관된 리더십이론에 해당하는 것은?

> • 리더의 행동을 관계지향적 행동과 과업지향적 행동으로 구분하고, 상황변수로서 팔로워의 심리적 성숙도(Maturity)를 강조하였다.
> • 리더십의 유형으로 지시적·설득적·참여적·위양적 유형을 제시하였다.

① 첼라두라이(Chelladurai)
② 피들러(Fiedler)
③ 블레이크와 머튼(Blake & Mouton)
④ 하우스(House)
⑤ 허시와 블랑샤르(Hersey & Blanchard)

16 다음 중 참여적 리더십의 장점으로 옳은 것은?

① 정책의 해석과 집행에 일관성이 있다.
② 명령과 복종을 강조하므로 통제와 조정이 쉽다.
③ 구성원들 간 정보교환이 활발해질 수 있다.
④ 위기 시에 신속한 의사결정을 할 수 있다.
⑤ 특정 과업 해결을 위한 전문가 중심 조직에 효과적으로 적용할 수 있다.

17 다음 중 사회복지행정조직이 환경과의 종속관계를 개선하기 위해 사용할 수 있는 전략에 대한 설명으로 가장 옳지 않은 것은?

① 정부기관이 민간 사회복지조직에 대해 권위주의 전략을 사용하는 것은 부적절하다.
② 복지조직은 경쟁적 전략을 통해 질 높은 서비스를 제공함으로써 한 분야에서 독보적인 위치를 구축할 수 있다.
③ 협동적 전략은 계약, 연합, 흡수의 세 가지 형태로 나타난다.
④ 경쟁적 전략은 서비스의 중복, 자원낭비 등의 단점이 지적된다.
⑤ 복지조직이 세력이 약하거나 상대조직이 복지조직의 요구를 묵살하는 경우 방해전략을 사용하는 것이 한 방법이다.

18 다음 예산편성의 과정을 순서대로 바르게 나열한 것은?

> ㄱ. 조직의 목표설정
> ㄴ. 기관의 운영에 관한 사실의 확인
> ㄷ. 운영대안의 검토
> ㄹ. 우선순위의 결정
> ㅁ. 예산에 대한 최종적 결정
> ㅂ. 적절한 해석 및 홍보

① ㄱ - ㄴ - ㄷ - ㄹ - ㅁ - ㅂ
② ㄱ - ㄴ - ㄷ - ㅁ - ㄹ - ㅂ
③ ㄱ - ㄴ - ㄹ - ㄷ - ㅁ - ㅂ
④ ㄱ - ㄴ - ㄹ - ㄷ - ㅂ - ㅁ
⑤ ㄱ - ㄴ - ㄹ - ㅂ - ㄷ - ㅁ

19 다음 중 비공식조직의 순기능에 해당하는 것은?

① 거대한 비공식적인 조직은 합리적 의사결정에 기여한다.
② 변화를 위한 매개역할을 한다.
③ 공식적 조직의 단합을 높인다.
④ 조직의 중심적인 역할을 담당한다.
⑤ 책임과 통제범위가 명확하다.

20 인사고과 평정상 발생하는 오류 중 자기 자신의 특성이나 관점을 타인에게 전가시키는 경향을 일컫는 말은?

① 현혹효과　　　　　　　　　　② 중심화 경향
③ 논리적 오류　　　　　　　　　④ 지각적 방어
⑤ 주관의 객관화

21 프로그램 평가기준 중 목표달성을 위하여 필요한 프로그램 활동의 양과 종류로 투입시간, 금전적 · 물질적 자원의 배분 및 사용, 클라이언트의 참여, 담당자의 제반활동 등이 적절했는지를 밝히는 기준은?

① 효율성   ② 효과성
③ 공평성   ④ 노력성
⑤ 접근성

22 다음 중 사회복지법인의 재무 · 회계 규칙과 관련하여 예산에 첨부해야 할 서류에 해당하는 것을 모두 고른 것은?

ㄱ. 예산총칙	ㄴ. 추정수지계산서
ㄷ. 추정재무상태표	ㄹ. 임직원 보수 일람표

① ㄱ, ㄴ, ㄷ   ② ㄱ, ㄷ
③ ㄴ, ㄹ   ④ ㄹ
⑤ ㄱ, ㄴ, ㄷ, ㄹ

23 다음 중 보기의 내용과 연관된 것은?

- 복합적 욕구를 가진 대상자에게 통합사례관리를 제공한다.
- 지역단위 복지서비스 통합제공의 컨트롤 타워 역할을 의도한다.
- 시 · 군 · 구의 관련 부서를 통해 업무를 수행하며, 사회보장정보시스템을 활용한다.

① 지역사회보장협의체   ② 사회복지사무소
③ 사회복지협의회   ④ 보건복지콜센터
⑤ 희망복지지원단

24 다음 중 환경분석에 따른 복지조직의 전략과 그 활동의 예를 가장 올바르게 연결한 것은?

① 강점·위협전략 – 조직에 대한 지역사회의 관심 증가에 따라 자원봉사자를 추가로 모집한다.

② 강점·기회전략 – 정부예산의 삭감에 대비하여 유료 클라이언트를 확보한다.

③ 약점·위협전략 – 조직의 재정 부족을 해소하기 위해 공동모금회에 배분신청을 한다.

④ 약점·기회전략 – 조직부서 간 협력체계를 재정비하여 서비스 제공기회를 확대한다.

⑤ 약점·기회전략 – 조직에 대한 지역사회의 관심 감소에 대응하여 행사 개최 등을 위한 부서 간 협력을 모색한다.

25 다음 중 최고관리층의 지도자가 가져야 할 의사결정기술로 가장 옳지 않은 것은?

① 조직의 기본적인 임무를 설정한다.

② 외부의 이해관계 집단과 교섭하고 조직의 정통성을 확립한다.

③ 프로그램 활동을 감독·조정·평가한다.

④ 임무 수행을 위한 서비스 기술을 선정한다.

⑤ 외부환경의 변화를 파악하고 그에 능동적으로 적용한다.

제3영역 사회복지법제론

01 다음 중 사회복지법의 개념 및 성격에 대한 설명으로 옳지 않은 것은?

① 우리 실정법상 사회보장의 정의 규정은 존재하지 아니한다.

② 공·사법의 성격이 혼재된 사회법 영역에 속한다.

③ 사회복지현상에 관한 법으로 사회복지의 이념과 가치를 구체화한다.

④ 헌법에는 사회보장과 사회복지라는 용어가 사용되고 있다.

⑤ 사회보험법, 공공부조법, 사회서비스법 등이 포함된다.

02 다음 중 법률의 제정에 대한 헌법의 내용으로 옳은 것은?

① 법률은 국무회의의 의결을 거쳐 대통령이 제정한다.

② 국무회의에서 의결된 법률안은 지체 없이 대통령이 공포한다.

③ 대통령이 15일 이내에 공포나 재의의 요구를 하지 아니한 때에도 그 법률안은 법률로서 확정된다.

④ 대통령은 법률안의 일부에 대하여 재의를 요구할 수 있다.

⑤ 법률은 특별한 규정이 없는 한 공포한 날로부터 15일을 경과함으로써 효력을 발생한다.

03 다음 중 사회복지법의 체계와 적용에 대한 설명으로 가장 옳은 것은?

① 헌법은 법률에 의해 구체화되기 이전에는 사회복지법의 법원(法源)이 될 수 없다.

② 국민기초생활 보장법과 국민연금법은 공공부조법 영역에 속한다.

③ 사회서비스 영역의 법제에는 실체법적 규정과 절차법적 규정이 병존하는 경우가 많다.

④ 구법인 특별법과 신법인 일반법 간에 충돌이 있는 경우에는 신법인 일반법이 우선 적용된다.

⑤ 사회보장기본법과 사회복지사업법의 규정이 상충하는 경우에는 사회보장기본법이 우선 적용된다.

04 다음 중 사회보장기본법령상 사회보장위원회의 부위원장이 되는 사람을 고른 것은?

| ㄱ. 고용노동부장관 | ㄴ. 보건복지부장관 |
| ㄷ. 여성가족부장관 | ㄹ. 교육부장관 |

① ㄱ, ㄴ, ㄷ

② ㄴ, ㄹ

③ ㄱ, ㄷ

④ ㄹ

⑤ ㄱ, ㄴ, ㄷ, ㄹ

05 다음 중 사회복지사업법상 사회복지관이 실시하는 사회복지서비스의 우선 제공 대상자에 해당하는 사람을 모두 고른 것은?

> ㄱ. 보호와 교육이 필요한 청소년
> ㄴ. 일과 가사를 병행하는 여성근로자
> ㄷ. 직업 및 취업 알선이 필요한 사람
> ㄹ. 사회복지관의 후원자

① ㄱ, ㄴ, ㄷ   ② ㄴ, ㄹ

③ ㄱ, ㄷ   ④ ㄹ

⑤ ㄱ, ㄴ, ㄷ, ㄹ

06 다음 중 사회복지시설의 운영상 의무사항에 해당하지 않는 것은?

① 화재로 인한 손해배상책임에 대비한 책임보험 가입
② 정기 또는 수시안전 점검
③ 시설장의 상근
④ 시설서류의 비치
⑤ 지역사회복지시설과의 연계

07 다음 중 사회보장급여의 이용·제공 및 수급권자 발굴에 관한 법률상 시·군·구 지역사회보장계획에 포함되어야 할 사항들을 모두 고른 것은?

> ㄱ. 지역사회보장 수요의 측정, 목표 및 추진전략
> ㄴ. 지역사회보장지표의 설정 및 목표
> ㄷ. 사회보장급여의 사각지대 발굴 및 지원 방안
> ㄹ. 지역사회보장에 관련한 통계 수집 및 관리 방안

① ㄱ, ㄴ, ㄷ   ② ㄱ, ㄷ

③ ㄴ, ㄹ   ④ ㄹ

⑤ ㄱ, ㄴ, ㄷ, ㄹ

08 다음 중 국민연금법의 내용으로 옳은 것은?

① 장애연금에서 장애 정도에 관한 장애등급은 1급, 2급, 3급으로 구분한다.

② 가입기간이 5년 이상인 가입자가 사망하면 그 유족에게 유족연금을 지급한다.

③ 분할연금 수급권자에게 노령연금 수급권이 발생한 경우 분할연금의 지급은 정지된다.

④ 분할연금은 수급요건을 모두 갖추게 된 때부터 3년 이내에 청구하지 않으면 시효로 소멸한다.

⑤ 조기노령연금을 받고 있는 60세 미만인 자가 소득이 있는 업무에 종사하게 되면 그 기간에 해당하는 조기노령연금은 지급을 정지한다.

09 다음 중 국민건강보험법령상 직장가입자의 피부양자가 될 수 없는 사람은? (단, 직장가입자에게 주로 생계를 의존하는 사람으로서 소득 및 재산이 기준 이하에 해당하는 사람에 한함)

① 직장가입자의 조부모

② 직장가입자의 부모

③ 직장가입자 배우자의 부모

④ 직장가입자 배우자의 형제 · 자매

⑤ 직장가입자의 형제 · 자매

10 35세인 근로자 A씨는 2020년 11월 1일부터 2021년 12월 31일까지 재직하다가 이직하였다. 다음 중 피보험기간이 14개월인 근로자 A씨의 구직급여 소정급여일수로 옳은 것은?

① 270일

② 240일

③ 210일

④ 180일

⑤ 150일

11 다음 중 산업재해보상보험법의 내용으로 옳은 것은?

① 휴업급여는 업무상 사유로 부상을 당하거나 질병에 걸린 근로자에게 요양으로 취업하지 못한 기간에 대하여 지급하되, 1일당 지급액은 통상임금의 100분의 70에 상당하는 금액으로 한다.

② 요양 또는 재요양을 받고 있는 근로자가 그 요양기간 중 일정 기간 또는 단시간 취업을 하는 경우에는 그 취업한 날 또는 취업한 시간에 해당하는 그 근로자의 평균임금에서 그 취업한 날 또는 취업한 시간에 대한 임금을 뺀 금액의 100분의 70에 상당하는 금액을 지급할 수 있다.

③ 유족보상연금을 받을 수 있는 자격이 있는 자가 원하는 경우 유족보상일시금의 100분의 30에 상당하는 금액을 일시금으로 지급하며 나머지 100분의 70을 유족보상연금으로 지급한다.

④ 1일당 휴업급여 지급액이 최저 보상기준 금액의 100분의 70보다 적거나 같으면 그 근로자에 대하여는 평균임금의 100분의 90에 상당하는 금액을 1일당 휴업급여 지급액으로 한다.

⑤ 직업훈련수당을 받는 자가 장해보상연금을 받는 경우에는 1일당 장해보상연금액과 1일당 직업훈련수당을 합한 금액이 그 근로자의 장해보상연금 산정에 적용되는 평균임금의 100분의 70을 초과하면 그 초과하는 금액 중 직업훈련수당에 해당하는 금액은 지급하지 아니한다.

12 다음 중 고용보험 및 산업재해보상보험의 보험료징수 등에 관한 법률상의 용어에 대한 설명으로 옳지 않은 것은?

① 근로자 – 근로기준법에 따른 근로자를 말한다.

② 원수급인 – 최초로 사업을 도급받아 행하는 자를 말한다.

③ 하수급인 – 원수급인으로부터 그 사업의 전부 또는 일부를 도급받아 하는 자를 말한다.

④ 보험료 등 – 가산금, 연체금, 체납처분비 등을 포함한 보험료를 말한다.

⑤ 보수 – 소득세법에 따른 비과세 근로소득을 포함한 근로소득을 말한다.

13 다음 중 국민기초생활 보장법령상 급여에 대한 설명으로 옳은 것은?

① 보장기관은 수급자의 소득·재산·근로능력 등이 변동된 경우 직권으로 급여의 종류·방법 등을 변경할 수 있다.

② 보장기관이 차상위자에 대해서 가구별 생활여건을 고려하여 지급하는 급여는 생계급여로 한다.

③ 신청인에 대한 급여의 결정 등에 대한 통지는 원칙적으로 급여의 신청일부터 60일 이내에 하여야 한다.

④ 교육급여의 선정기준은 기준중위소득의 100분의 30 이상으로 한다.

⑤ 지방자치단체가 국민기초생활 보장법의 급여수준을 초과하여 급여를 실시하는 경우 그 초과 보장비용의 100분의 40은 국가가 부담한다.

14 다음 중 의료급여법에 의한 제1차 의료급여기관에 해당하지 않는 것은?

① 의료법에 따라 시장·군수·구청장에게 개설신고를 한 의료기관

② 지역보건법에 따라 설치된 보건소·보건의료원 및 보건지소

③ 농어촌 등 보건의료를 위한 특별조치법에 따라 설치된 보건진료소

④ 약사법에 따라 개설등록된 약국

⑤ 제2차 의료급여기관 중에서 보건복지부장관이 지정하는 의료기관

15 다음 중 기초연금법령에 대한 내용으로 옳지 않은 것은?

① 소득인정액은 본인 및 배우자의 소득평가액과 재산의 소득환산액을 합산한 금액을 말한다.

② 기초연금 수급권자에 대한 기초연금액은 기준연금액과 국민연금 급여액 등을 고려하여 산정한다.

③ 기초연금 수급권자는 국외로 이주한 때에 기초연금 수급권을 상실한다.

④ 기초연금으로 지급받은 금품은 압류할 수 없다.

⑤ 기초연금 수급권자의 권리는 3년간 행사하지 아니하면 시효의 완성으로 소멸한다.

16 다음 중 노인복지법상 '노인학대예방의 날'은?

① 매년 3월 15일

② 매년 5월 8일

③ 매년 6월 15일

④ 매년 9월 1일

⑤ 매년 10월 2일

17 노인복지법의 내용으로 옳지 않은 것은?

① 국가는 노인보건복지관련 연구시설을 위하여 필요하다고 인정하는 경우 국유재산법 규정에 불구하고 국유재산을 무상으로 대부할 수 있다.

② 재가노인복지시설, 노인공동생활가정 및 노인요양공동생활가정은 공동주택에만 설치할 수 있다.

③ 지방자치단체는 노인보건복지관련 사업의 육성을 위하여 필요하다고 인정하는 경우 지방재정법의 규정에 불구하고 공유재산을 무상으로 사용하게 할 수 있다.

④ 노인복지법에 의한 노인복지주택의 건축물의 용도는 건축관계법령에 불구하고 노유자시설로 본다.

⑤ 노인복지시설에서 노인을 위하여 사용하는 건물·토지 등에 대하여는 관계법령이 정하는 바에 의하여 조세 기타 공과금을 감면할 수 있다.

18 아동복지법의 내용으로 옳지 않은 것은?

① '아동'이란 18세 미만인 사람을 말한다.

② 보건복지부장관은 5년마다 아동정책기본계획을 수립하여야 한다.

③ 국가 또는 지방자치단체 외의 자는 관할 시장·군수·구청장에게 신고하고 아동복지시설을 설치할 수 있다.

④ 아동정책조정위원회는 국무총리 소속으로 둔다.

⑤ 국가기관은 아동학대 예방교육을 연 2회 이상 실시하여야 한다.

19 다음 중 아동복지법령상 아동보호전문기관의 업무로 옳은 것을 모두 고른 것은?

> ㄱ. 아동학대 신고접수, 현장조사 및 응급보호
> ㄴ. 피해아동, 피해아동의 가족 및 아동학대행위자를 위한 상담 · 치료 및 교육
> ㄷ. 아동학대예방 교육 및 홍보
> ㄹ. 피해아동 가정의 사후관리

① ㄱ, ㄴ, ㄷ   ② ㄴ, ㄷ, ㄹ
③ ㄱ, ㄷ   ④ ㄴ, ㄹ
⑤ ㄹ

20 다음 중 영유아보육법상 보기의 빈칸에 들어갈 내용으로 옳은 것은?

> 국공립어린이집 외의 어린이집을 설치 · 운영하려는 자는 특별자치도지사 · 시장 · 군수 · 구청장의 (　　　)
> 을(를) 받아야 한다.

① 허 가   ② 인 증
③ 인 가   ④ 공 증
⑤ 신 고

21 다음 중 장애인복지법령상 장애인의 종류에 포함되지 않는 것은?

① 뇌전증장애인   ② 심장장애인
③ 장루 · 요루장애인   ④ 안면장애인
⑤ 한센장애인

22 다음 중 장애인활동 지원에 관한 법률상 활동지원급여에 해당하지 않는 것은?

① 방문간호   ② 단기보호
③ 야간보호   ④ 활동보조
⑤ 방문목욕

23 다음 중 성폭력방지 및 피해자보호 등에 관한 법률상 성폭력피해상담소의 업무에 해당하지 않는 것은?

① 성폭력피해의 신고접수
② 피해자의 보호 및 숙식 제공
③ 성폭력 및 성폭력피해에 관한 조사 · 연구
④ 피해자에 대한 법원의 증인신문 등에의 동행
⑤ 피해자의 질병치료를 위한 의료기관으로의 인도

24 다음 중 노숙인 등의 복지 및 자립지원에 관한 법령상 노숙인복지시설의 종류에 포함되는 것을 모두 고른 것은?

ㄱ. 노숙인급식시설   ㄴ. 노숙인공동생활시설
ㄷ. 쪽방상담소   ㄹ. 노숙인봉사활동시설

① ㄱ, ㄴ, ㄷ   ② ㄱ, ㄷ
③ ㄴ, ㄹ   ④ ㄹ
⑤ ㄱ, ㄴ, ㄷ, ㄹ

25 다음 중 정신건강증진 및 정신질환자 복지서비스 지원에 관한 법률의 기본이념에 대한 내용으로 옳지 않은 것은?

① 미성년자인 정신질환자는 특별히 치료, 보호 및 교육을 받을 권리를 가진다.
② 정신건강증진시설에 입원 등을 하고 있는 모든 사람은 가능한 한 자유로운 환경을 누릴 권리를 가진다.
③ 정신질환자는 자신과 관련된 정책의 결정과정에 참여할 권리를 가진다.
④ 정신질환자에 대해서는 정신건강증진시설에 보호의무자에 의한 입원이 권장되어야 한다.
⑤ 모든 정신질환자는 정신질환이 있다는 이유로 부당한 차별대우를 받지 아니한다.

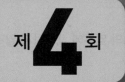

1과목	사회복지기초	시험 시간	09:30~10:20(50분)	문제수	50문제(각 영역 1~25번)	문제지 형별	A
				응시번호			

제1영역 인간행동과 사회환경

01 다음 중 인간발달의 관점에 대한 설명으로 가장 옳지 않은 것은?

① 인간의 삶은 시간에 따라 진행되면서 지속성과 변화의 양상을 보인다.

② 인간발달은 그에 관련된 상황이나 인간관계의 맥락에서 분석되어야 한다.

③ 인간발달은 인간의 내적 변화뿐만 아니라 외적 변화도 포함된다.

④ 인간발달은 퇴행적 변화보다는 상승적 변화를 의미한다.

⑤ 학습이론의 학자들은 인간발달의 비단계설을 주장하고 있다.

02 사회체계 개념 중 공유영역에 대한 설명으로 옳은 것을 모두 고른 것은?

> ㄱ. 서로 다른 체계나 조직들이 접촉하거나 의사소통하는 지점
> ㄴ. 체계 내에서 재구성된 에너지가 외부환경으로 나가는 과정
> ㄷ. 입양기관 실습지도자와 실습생 사이의 서면계약서
> ㄹ. 산출과정에서 에너지가 효율적으로 처리되는 과정

① ㄱ, ㄴ, ㄷ　　　　　　　　　② ㄱ, ㄷ

③ ㄴ, ㄹ　　　　　　　　　　　④ ㄹ

⑤ ㄱ, ㄴ, ㄷ, ㄹ

03 다음 중 사회체계이론에 대한 설명으로 가장 옳지 않은 것은?

① 인간은 상충되는 욕구를 가진 여러 개의 큰 사회체계 속에 속해있다고 가정한다.

② 인간행동은 다양한 체계들과 하위체계들 간의 상호작용에 의한 관계 속에서 결정된다.

③ 인간행동은 체계 간에 에너지를 주고받으면서 변화한다.

④ 기존 의료모델과 달리 인간행동을 이해하는 데 있어서 다원론적 관점을 제시한다.

⑤ 거시체계는 정치, 경제, 법과 같이 개인의 삶에 직접적으로 개입한다.

04 볼드윈(Baldwin)은 부모의 양육태도가 자녀의 성격형성에 미치는 영향에 대한 연구를 통해 가정의 분위기를 몇 가지 유형으로 구분하였다. 다음 중 보기의 내용과 연관된 유형으로 가장 적절한 것은?

A군은 항상 부모의 명령적인 태도에 대해 불만을 가지고 있었다. A군은 자신에게 도통 관심을 보이지 않고 자신을 무시하는 부모의 태도로 인해 심한 욕구불만 상태에 놓이게 되었다. 그로 인해 부모에 대한 반항심을 키우게 되었고, 이는 가정에서는 물론 학교에서도 문제행동을 일으키는 원인이 되었다.

① 경쟁적 가정   ② 과보호 가정

③ 전제적 가정   ④ 거부적 가정

⑤ 민주적 가정

05 다음 중 태내기의 발달에 대한 설명으로 옳지 않은 것은?

① 배아기는 수정 후 약 2~8주 사이를 말한다.

② 태아기는 배아기 이후부터 출산까지를 말한다.

③ 일반적으로 임신 3개월 이후부터 조산아의 생존이 가능하다.

④ 임신 2~3개월이 되면 인간의 모습을 갖추기 시작한다.

⑤ 터너증후군은 성염색체 이상으로 외견상 여성이지만 2차적 성적발달이 결여된 것이 특징이다.

06 다음 중 인지이론의 주요 개념에 대한 설명을 올바르게 연결한 것은?

① 평형화 – 동화와 조절을 통해 균형상태를 이루는 것이다.

② 동화 – 새로운 정보를 접했을 때 기존의 도식을 변경하는 것이다.

③ 보존 – 사물이나 사건에 대한 전체적인 윤곽이나 지각의 틀이다.

④ 조절 – 기존의 도식으로 새로운 경험을 맞추어 보는 경향이다.

⑤ 적응 – 환경의 지배적 구조에 의한 유기체의 수동적인 변화양상이다.

07 다음 중 '종로에서 뺨 맞고 한강에서 눈 흘긴다'는 속담과 연관된 방어기제는?

① 투 사   ② 반동형성

③ 전 치   ④ 보 상

⑤ 대 치

08 아동의 논리적 사고를 방해하는 요인으로 또 다른 면을 상상하지 않고 한 방향에서만 생각하는 능력을 무엇이라고 하는가?

① 자아중심성   ② 비가역성

③ 집중성   ④ 획일성

⑤ 계속성

09 다음 중 보기의 내용과 연관된 개념에 해당하는 것은?

> 중간고사에서 나쁜 성적을 받은 학생이 기말고사를 치를 때까지 스스로 인터넷게임을 중단하고 학업에 매진하기로 결심하였다.

① 정적 강화(Positive Reinforcement)

② 자기강화(Self-reinforcement)

③ 행동조성(Shaping)

④ 처벌(Punishment)

⑤ 소거(Extinction)

10 유아기의 주요 반사운동 중 '아이의 발바닥을 간지럽게 하면 발가락을 발등 위쪽으로 부채처럼 펴는 경향'을 무엇이라고 하는가?

① 탐색 반사
② 경악 반사
③ 모로 반사
④ 바빈스키 반사
⑤ 빨기 반사

11 다음 중 스키너(Skinner)의 이론에 대한 설명으로 옳은 것은?

① 조작적 행동보다 반응적 행동을 중시한다.
② 인간행동에 대한 환경의 결정력을 강조한다.
③ 인간은 자기효율성을 성취하는 방향으로 행동을 규제할 수 있다.
④ 인간은 자신의 행동을 통제할 수 있는 힘을 가지고 있다.
⑤ 외적강화 없이도 행동의 학습이나 수정이 이루어질 수 있다.

12 매슬로우(Maslow)는 심리학을 결핍심리학과 성장심리학으로 구분하였다. 다음 중 주요 개념에 대한 설명으로 옳은 것을 모두 고른 것은?

> ㄱ. 성장동기 – 기본적인 욕구가 충족된 후에 나타나는 일종의 자아실현의 동기이다.
> ㄴ. 결핍동기 – 정의, 선, 미, 질서, 조화 등 타고난 가치에 대한 욕구와 연관된다.
> ㄷ. 성장인지 – 환경에 대한 보다 정확하고 효율적인 자각이다.
> ㄹ. 결핍인지 – 결핍인지를 가진 사람은 있는 그대로를 인식하는 경향이 있다.

① ㄱ, ㄴ, ㄷ
② ㄱ, ㄷ
③ ㄴ, ㄹ
④ ㄹ
⑤ ㄱ, ㄴ, ㄷ, ㄹ

13 다음 중 아들러(Adler)의 창조적 자기(Creative Self)에 대한 설명으로 가장 옳은 것은?

① 성격형성에서 부모와 학교의 역할을 강조하는 개념이다.

② 성격형성에서 자아(Ego)의 중요성을 강조하는 개념이다.

③ 인간행동에서 초기경험의 중요성을 강조하는 개념이다.

④ 인간행동에서 유전보다 환경의 영향력을 강조하는 개념이다.

⑤ 인간행동에서 생(生)의 목표와 성취에의 노력을 강조하는 개념이다.

14 다음 중 로저스(Rogers)의 이론에 대한 설명으로 옳지 않은 것은?

① 인간은 자기이해와 자아실현을 위한 잠재력을 가지고 있다.

② 개인의 주관적 경험을 존중하고 존경과 긍정적 관심을 통한 성장을 고양한다.

③ 치료자는 능동적 참여자로서 지시적인 치료과정을 전개한다.

④ 상담 이전에 심리진단이 필요하지 않다고 본다.

⑤ '완전히 기능하는 사람'이 되도록 하기 위한 환경을 조성한다.

15 다음 중 청년기(19~29세)에 대한 설명으로 옳지 않은 것은?

① 신체적 기능이 최고조에 달하는 시기이다.

② 아동기 이후 인생의 과도기로서 신체적·성적 성숙이 빠르게 진행된다.

③ 부모로부터의 독립에 대해 양가감정을 가지게 된다.

④ 주요 발달과업은 직업선택과 혼인준비 등이다.

⑤ 발달과업에서 신체적 요소보다는 사회문화적 요소를 중요시한다.

16 다음 중 청소년기(12~19세)에 관한 용어로 옳지 않은 것은?

① 주변인 시기　　　　　　　② 제1의 반항기

③ 심리적 이유기　　　　　　④ 질풍노도의 시기

⑤ 성장 급등기

17 다음은 콜버그(Kohlberg)의 도덕성 발달이론에 대한 설명이다. 어느 단계에 해당하는가?

> • "네가 크레파스를 빌려주면, 나는 물감을 빌려주겠다."
> • 이 시기의 인간관계는 일종의 교환 관계이다.
> • 따뜻한 우정일 수 있지만 주로 실용적인 관점에서 해석된다.

① 욕구충족 수단으로서의 도덕성
② 대인관계의 조화를 위한 도덕성
③ 법과 질서준수로서의 도덕성
④ 사회계약 정신으로서의 도덕성
⑤ 벌과 복종에 의한 도덕성

18 다음 예에서 밑줄 친 사람은 피아제(Piaget)의 발달단계 중 어느 단계의 사고에 해당하는가?

> 중학교 세계사 수업시간에 김 선생님은 학생들과 제2차 세계대전이 발생한 이유에 대해 토론수업을 하고 있었다. 영민은 제1차 세계대전이 오스트리아 왕이 암살되었기 때문에 발생했다고 말했다. 그러자 미선이는 "하지만 그것만이 이유의 전부라고 볼 수는 없어요. 그 당시에 유럽전역에는 민족주의가 팽배해 있었다는 것 또한 아주 중요한 문제라고 생각해요."라고 말했다.

	영 민	미 선
①	조작기	구체적 조작기
②	구체적 조작기	전조작기
③	구체적 조작기	형식적 조작기
④	형식적 조작기	구체적 조작기
⑤	구체적 조작기	구체적 조작기

19 다음 강화계획(Reinforcement Schedule) 중 반응률이 가장 높은 것에서 낮은 것의 순서로 나열한 것은?

① 고정비율(FR) > 가변비율(VR) > 가변간격(VI) > 고정간격(FI)
② 가변비율(VR) > 고정비율(FR) > 가변간격(VI) > 고정간격(FI)
③ 가변비율(VR) > 가변간격(VI) > 고정비율(FR) > 고정간격(FI)
④ 가변간격(VI) > 고정비율(FR) > 가변비율(VR) > 고정간격(FI)
⑤ 가변간격(VI) > 가변비율(VR) > 고정비율(FR) > 고정간격(FI)

20 개인의 자아정체감은 4가지 차원으로 구성되어 있다. 다음 중 그 4가지 차원과 관련이 없는 것은?

① 남성 혹은 여성이라는 느낌

② 각 개인이 인간이라는 느낌

③ 각 개인이 독특하고 특별하다는 인식

④ 각 개인이 사회적으로 평등하다는 인식

⑤ 시간 경과에도 불구하고 동일한 사람이라는 인식

21 다음 중 보기의 예와 그 정의가 올바르게 연결된 것은?

> ㄱ. 아동이 학교에서 믿을 신(信)자의 형성이 사람 인(人)과 말씀 언(言)으로 되어 있다는 것을 배웠는데 나중에 신문을 볼 때 학교에서 배운 이 한자들과 비슷한 수준의 새로운 단어들을 알 수 있게 되었다.
> ㄴ. 아동이 분수를 이해하게 되면, 분수 간의 덧셈도 가능해진다.

① ㄱ - 수직적 전이, ㄴ - 수평적 전이

② ㄱ - 소극적 전이, ㄴ - 소극적 전이

③ ㄱ - 수평적 전이, ㄴ - 수직적 전이

④ ㄱ - 적극적 전이, ㄴ - 소극적 전이

⑤ ㄱ - 적극적 전이, ㄴ - 적극적 전이

22 파슨즈(Parsons)가 주장한 사회의 4가지 차원체계를 하위체계부터 상위체계로 순서대로 올바르게 나열한 것은?

① 문화체계 - 사회체계 - 인격체계 - 행동적 유기체계

② 사회체계 - 인격체계 - 행동적 유기체계 - 문화체계

③ 인격체계 - 행동적 유기체계 - 문화체계 - 사회체계

④ 행동적 유기체계 - 문화체계 - 사회체계 - 인격체계

⑤ 행동적 유기체계 - 인격체계 - 사회체계 - 문화체계

23 다음 중 폐쇄형 가족체계에 대한 설명으로 옳은 것을 모두 고른 것은?

> ㄱ. 외부체계의 간섭 허용   ㄴ. 지역사회와의 교류 확대
> ㄷ. 자유롭고 유동적인 경계   ㄹ. 외부와의 상호작용 제한

① ㄱ, ㄴ, ㄷ   ② ㄱ, ㄷ
③ ㄴ, ㄹ   ④ ㄹ
⑤ ㄱ, ㄴ, ㄷ, ㄹ

24 다음 중 보기의 내용과 연관된 이론은?

> A씨는 고위공무원 출신으로 지난 해 정년퇴직을 하였다. 퇴직 후 1년간의 휴식을 가진 A씨는 오히려 그 시간이 고통스럽게만 느껴졌다. 집 안에서는 아내와 자식의 눈치를 살펴야만 했고, 집 밖에서는 말동무도 없이 그저 공원을 전전해야 했으니 무력감과 우울감만 늘어날 뿐이었다. 이에 A씨는 무엇이든 작은 일이라도 해야겠다고 결심을 하였으며, 구청직원의 소개로 한 초등학교의 학교보안관 일을 맡게 되었다. A씨는 보수의 많고 적음을 떠나서 자신이 아직 사회를 위해 일할 수 있다는 생각에 만족스러워 했다.

① 현대화 이론   ② 활동이론
③ 교환이론   ④ 하위문화이론
⑤ 연령 계층화 이론

25 다음 중 문화의 기능에 대한 설명으로 옳은 것을 모두 고른 것은?

> ㄱ. 개인에게 다양한 생활양식을 내면화하도록 함으로써 사회화를 유도한다.
> ㄴ. 개인으로 하여금 기본적인 욕구를 비롯하여 사회문화적인 욕구를 충족하도록 한다.
> ㄷ. 사회규범이나 관습을 통해 개인의 행동을 적절히 규제한다.
> ㄹ. 사회구성원들이 생활양식을 후세대에 전승하도록 한다.

① ㄱ, ㄴ, ㄷ   ② ㄱ, ㄷ
③ ㄴ, ㄹ   ④ ㄹ
⑤ ㄱ, ㄴ, ㄷ, ㄹ

01 다음 보기의 인과관계와 관련된 개념 중 밑줄 친 부분에 해당하는 것은?

> 마약의 경우 마약의 사용 없이 중독될 수는 없다. 그러나 마약을 사용하고도 마약중독이 되지 않을 수도 있다. 만약 마약중독이 되도록 만드는 다른 조건이 있다면, 이를 검토할 필요가 있다.

① 기여조건(Contributory Condition)
② 부수조건(Contingent Condition)
③ 대체조건(Alternative Condition)
④ 필요조건(Necessary Condition)
⑤ 충분조건(Suffciient Condition)

02 다음 중 양적 연구의 가설에 대한 설명으로 옳지 않은 것은?

① 가설은 변수 간 관계를 검증 가능한 형태로 서술한 문장이다.
② 2개 이상의 변수의 관계로 표현되어야 한다.
③ 문제에 대한 잠정적 해답으로 연구문제 해결에 도움을 줄 수 있다.
④ 하나의 가설에 변수가 많을수록 가설검증에 유리하다.
⑤ 영가설은 독립변수가 종속변수에 영향을 미치지 않는다고 설정한다.

03 다음 중 쿤(Kuhn)의 과학철학에 대한 설명으로 옳지 않은 것은?

① 과학은 누적적 프로세스에 의해 진보한다.
② 과학적 진리는 사회의 성격에 영향을 받는다.
③ 패러다임(Paradigm)은 각 학문과의 이론과 법칙, 일반화와 연구방법, 평가 · 측정과 관찰에 사용되는 도구를 말한다.
④ 과학적 진리는 과학자 집단의 패러다임에 의존한다.
⑤ 패러다임의 우열을 비교할 수 있는 객관적 기준은 존재하지 않는다.

04 다음 중 개념의 조작적 정의로 가장 적절하지 않은 것은?

① 성별 – 남자/여자

② 빈곤 – 물질적 결핍상태

③ 서비스 만족도 – 재이용 의사 유무

④ 봉사정신 – 연간 봉사활동 참여 횟수

⑤ 소득 – 월평균 매출액(급여액)

05 다음 중 보기의 가설에서 ㄱ~ㄷ에 해당하는 변수의 종류를 순서대로 나열한 것은?

> 집단의 구성(ㄱ)에 따라 집단응집력(ㄴ)에 집단프로그램 회기 수(ㄷ)가 미치는 영향력은 다를 것이다.

① ㄱ : 조절변수, ㄴ : 종속변수, ㄷ : 독립변수

② ㄱ : 조절변수, ㄴ : 독립변수, ㄷ : 종속변수

③ ㄱ : 매개변수, ㄴ : 종속변수, ㄷ : 독립변수

④ ㄱ : 독립변수, ㄴ : 종속변수, ㄷ : 매개변수

⑤ ㄱ : 독립변수, ㄴ : 매개변수, ㄷ : 종속변수

06 다음 중 보기의 내용에 해당하는 추론의 방법은?

> 학습 시간과 학습 환경 등 다른 모든 조건이 비슷한 상황에서 A의 경우 학원을 수강하지 않은 반면 B는 학원을 수강하면서 사회복지사 시험에 대비하였다. 이후 학원을 수강한 B는 사회복지사 시험에 합격하였으나, 학원을 수강하지 않은 A는 불합격하였다. 이와 같은 결과를 토대로 학원수강이 합격의 원인이라고 판단할 수 있다.

① 잔여법   ② 대립법

③ 차이법   ④ 공변법

⑤ 일치법

07 다음 중 실업자 수, 빈곤가구 수 등 사회적 문제에 대해 정확한 실태를 파악하여 정책적 대안을 마련하기 위한 목적으로 실시하는 조사에 해당하는 것은?

① 탐색적 조사

② 기술적 조사

③ 설명적 조사

④ 패널조사

⑤ 경향조사

08 다음 중 표집 유형에 대한 설명으로 옳지 않은 것은?

① 할당표집은 표집오차의 추정이 가능하다.

② 단순무작위표집은 모집단의 명부를 확보해야 한다.

③ 집락표집은 집락 간 표집오차가 발생할 수 있다.

④ 유의표집은 표본의 대표성을 보장하기 어렵다.

⑤ 누적표집은 비확률표집방법이다.

09 동일 사례와 동일 개입방법이 각기 다른 환경들에서 어떻게 나타나는지, 혹은 동일 사례와 동일 환경을 두고서 각기 다른 표적행동들에서는 어떤 효과가 나타나는지를 확인하는 데 적절한 단일사례연구설계는?

① 기본설계

② 복수요인설계

③ 반전설계

④ 복수기초선설계

⑤ 선개입설계

10 다음 중 리커트척도(Likert Scale)에 대한 설명으로 옳지 않은 것은?

① 서열적 수준의 변수를 측정하는 서열척도이다.

② 개인의 가치나 태도보다는 사실에 대한 판단을 묻는 문항들로 구성된다.

③ 각각의 문항은 측정하고자 하는 개념의 속성에 대해 동일한 기여를 한다.

④ 각 문항별 응답점수의 총합이 측정하고자 하는 개념을 대표한다는 가정에 근거한다.

⑤ 내적일관성 검증을 통해 신뢰도가 낮은 항목은 삭제할 필요가 있다.

11 다음 중 비체계적인 오류를 줄이기 위한 방법으로 적절하지 않은 것은?

① 조사자에 대한 사전훈련을 실시한다.

② 유사한 질문을 적절히 배치한다.

③ 측정 항목 수를 줄인다.

④ 전문용어를 피하고 응답자가 이해할 수 있는 언어로 표현한다.

⑤ 응답자를 배려한 환경과 분위기를 조성한다.

12 연구자는 패널자료를 통해 빈곤이 청소년에 미치는 영향을 조사하고자 한다. 다음 중 가장 적합한 조사방법을 연결한 것은?

① 탐색적 조사 – 종단조사 – 질적 조사

② 기술적 조사 – 횡단조사 – 양적 조사

③ 기술적 조사 – 종단조사 – 질적 조사

④ 설명적 조사 – 종단조사 – 양적 조사

⑤ 설명적 조사 – 횡단조사 – 질적 조사

13 A 연구자는 근로자의 소득(수입)을 변수로 하여 조사를 수행하였다. 다음 중 옳지 않은 것은?

① 사칙연산이 가능하다.

② 0원은 소득이 없음을 의미하는 것으로 절대영점에 해당한다.

③ 표준편차를 계산할 수 있다.

④ 등간척도의 모든 특성을 가지고 있다.

⑤ 명목척도나 서열척도에 비해 측정이 비교적 쉽다.

14 다음 중 실험설계에서 무작위할당으로 예방할 수 있는 문제로 가장 적절한 것은?

① 낮은 응답률에 대처한다.

② 우연한 사건의 영향을 방지한다.

③ 표집대상자의 익명성을 보장한다.

④ 연구비용을 절감한다.

⑤ 연구 일정이 지연되지 않도록 한다.

15 다음 중 보기의 내용에 해당하는 실험설계방법은?

> 인천에 있는 ○○지역아동센터에서는 미술치료 프로그램의 효과성을 파악하기 위해 아이들을 실험집단
> 과 통제집단으로 무작위 배치하였다. 그리고 사전검사 없이 실험집단에는 미술치료 프로그램을 시행한
> 반면, 통제집단에는 특별한 처치를 하지 않았다. 이후 두 집단을 비교하였을 때 미술치료 프로그램에 참
> 여한 실험집단의 아이들에게서 창의력과 공간능력이 약간 우세한 것으로 나타났다.

① 단일집단 전후 비교설계
② 통제집단 전후 비교설계
③ 통제집단 후 비교설계
④ 비동일 통제집단설계
⑤ 요인설계

16 다음 중 내용분석법에 대한 설명으로 옳은 것은?

① 내용분석의 결과는 질적분석으로만 사용할 수 있다.
② 하나의 단락 안에 두 개 이상의 주제가 들어 있는 경우 단락을 기록단위로 한다.
③ 기록단위는 맥락단위보다 하위단위이다.
④ 주제를 기록단위로 할 때가 단어를 기록단위로 할 때보다 자료수집양이 많다.
⑤ 기록단위를 분석하는 것이 맥락단위를 분석하는 것보다 시간이 더 소요된다.

17 다음 중 연구자가 연구대상자보다 우위에 있다는 암묵적 가정에 도전하여 민주적인 방식을 견지
함으로써 참여자인 연구대상자의 자기결정권을 존중하는 연구유형에 해당하는 것은?

① 자연주의적 탐구
② 내러티브 탐구
③ 패널조사
④ 질적 사례분석
⑤ 참여행동연구

18 다음 중 현장연구조사(Field Research)의 특성으로 옳은 것은?

① 모수(Parameter)를 추정하는 것을 목적으로 한다.
② 원하는 변수를 미리 설정하여 측정한다.
③ 장기간에 걸친 사회적 과정을 연구하는 데 부적합하다.
④ 가설을 계량적으로 검증할 수 있다.
⑤ 연구대상자를 자연적 상황에서 탐구할 수 있다.

19 다음 중 모집단의 범위와 변산도를 가장 잘 설명하는 통계방법으로서 널리 사용되고 있는 것은?

① 평균편차   ② 범 위
③ 표준편차   ④ 상관계수
⑤ 표준오차

20 다음 중 표본의 크기와 표집오차에 대한 설명으로 옳지 않은 것을 모두 고른 것은?

> ㄱ. 표본의 크기가 클수록 표본 결과의 정밀도는 항상 증가한다.
> ㄴ. 표본의 크기가 클수록 모수와 통계치의 유사성은 작아진다.
> ㄷ. 표집오차가 클수록 표본이 모집단을 대표하는 정확성은 높아진다.
> ㄹ. 다른 조건이 일정할 경우 표본의 크기가 클수록 표준오차는 작아진다.

① ㄱ, ㄴ, ㄷ   ② ㄱ, ㄷ
③ ㄴ, ㄹ   ④ ㄹ
⑤ ㄱ, ㄴ, ㄷ, ㄹ

21 다음 중 지역사회 공개토론회의 장점으로 옳지 않은 것은?

① 자료수집에 소요되는 비용과 시간이 상대적으로 적게 든다.

② 프로그램이나 정책 실시상 주민의 지지나 협조를 얻을 수 있는 계기가 된다.

③ 광범위한 지역, 계층 및 집단들의 의견을 수렴할 수 있다.

④ 지역사회를 위한 프로그램이나 정책개발을 자극할 수 있다.

⑤ 참석자 다수의 의견을 반영하여 지역사회의 다양한 문제들을 해결할 수 있다.

22 다음 중 내부평가자를 활용할 때의 장점으로 옳지 않은 것은?

① 상대적으로 평가의 신뢰도 확보에 유리하다.

② 현실적인 제약요건들을 융통성 있게 감안하여 평가할 수 있다.

③ 프로그램 관련 정보에 대한 접근성이 용이하다.

④ 프로그램 운영자로부터 평가에 대한 협조를 구하기가 수월하다.

⑤ 조직이 수행하는 프로그램들에 대해 더욱 많은 지식과 정보를 활용할 수 있다.

23 다음 중 조사설계의 타당성에 대한 설명으로 옳은 것은?

① 조사대상의 성숙은 외적 타당도에 영향을 미치는 요인이다.

② 플라시보 효과(Placebo Effect)는 내적 타당도를 저해한다.

③ 호손 효과(Hawthrone Effect)는 내적 타당도를 저해한다.

④ 외적 타당도는 대안적 설명들에 대한 통제성 여부를 통해 판단된다.

⑤ 동일한 프로그램이 A지역과 B지역에서 서로 다른 효과를 나타내는 것은 외적 타당도의 문제이다.

24 다음 중 보기의 사례에서 제시된 '표준화된 척도'를 이용한 타당도 평가방법에 해당하는 것은?

> 사회복지사는 10대 청소년 100명을 대상으로 스마트폰 중독 실태에 대해 조사하였다. 이를 위해 우선 스마트폰 중독성과 관련하여 상담이나 치료를 받은 경험이 있는지를 체크리스트를 통해 파악하였고, 이후 표준화된 척도를 사용하여 중독성 정도를 측정하였다. 측정 결과, 상담이나 치료를 받은 경험이 있는 청소년들의 척도 점수가 그렇지 않은 청소년들에 비해 유의미하게 높게 나왔다.

① 개념타당도
② 수렴타당도
③ 판별타당도
④ 기준타당도
⑤ 안면타당도

25 다음 중 서베이(Survey) 조사에 적절한 주제로 볼 수 없는 것은?
① 정부의 보육정책에 대한 30~40대 기혼여성의 만족도 측정
② 우리나라 청소년의 인터넷 중독에 대한 실태조사
③ 지자체의 신규 복지프로그램 개발을 위한 주민욕구 측정
④ 틱 장애 아동의 미술치료 효과성에 대한 단일사례분석
⑤ 장애아동의 일반학급 편입 거부 원인에 대한 분석

제1영역 사회복지실천론

01 다음 중 윤리강령의 기능으로 가장 옳지 않은 것은?

① 윤리적 실천을 수행하기 위한 구체적인 지침을 체계적으로 규정한다.

② 전문적 활동의 방법론에 관한 규범을 수립하는 데 기준을 제시한다.

③ 사회복지사의 비윤리적 실천으로부터 클라이언트를 보호한다.

④ 사회복지사의 전문직으로서의 전문성을 확보한다.

⑤ 전문직의 행동기준과 원칙을 제시하여 법적 제재의 힘을 가진다.

02 다음 중 로웬버그와 돌고프(Loewenberg & Dolgoff)가 제시한 윤리적 의사결정의 우선순위를 순서대로 나열한 것은?

ㄱ. 비밀보장의 원칙	ㄴ. 자기결정의 원칙
ㄷ. 삶의 질 향상의 원칙	ㄹ. 정보 개방의 원칙

① ㄱ → ㄴ → ㄷ → ㄹ   ② ㄱ → ㄴ → ㄹ → ㄷ

③ ㄴ → ㄱ → ㄹ → ㄷ   ④ ㄴ → ㄷ → ㄱ → ㄹ

⑤ ㄷ → ㄱ → ㄹ → ㄴ

03 다음 중 가치와 윤리에 대한 설명으로 옳지 않은 것은?

① 가치는 좋고 바람직한 것에 대한 믿음이다.

② 윤리는 옳고 그름을 판단하는 도덕적 지침이다.

③ 가치는 보편적이고 관념적인 체계로서 신념과 관련이 있다.

④ 가치와 윤리는 불변의 특징을 지닌다.

⑤ 윤리는 가치와 일치된 행위로 이끄는 행동상의 규칙들로 볼 수 있다.

04 다음은 사티어(Satir)의 의사소통 유형 중 어디에 해당하는가?

> • 자신의 내적 감정이나 생각을 무시하고 타인의 비위에 맞추려고 함
> • "다 내 잘못이야.", "나는 신경 쓰지 마.", "당신이 원하는 것이 무엇이에요?"

① 비난형   ② 회유형
③ 초이성형   ④ 혼란형
⑤ 주의산만형

05 다음 중 보기의 내용과 연관된 사회복지실천의 상충된 가치를 올바르게 나열한 것은?

> 올해 20세인 클라이언트는 미혼모로 며칠 전 출산하여 아기와 함께 단둘이 살고 있다. 사회복지사는 클라이언트에게 미혼모자가족복지시설에 입소하는 것이 도움이 될 것이라고 설득하고 있으나, 클라이언트는 시설 입소를 원하지 않고 있다.

① 자기결정 – 사생활보호
② 진실성 고수 – 온정주의
③ 사생활보호 – 평등주의
④ 자기결정 – 온정주의
⑤ 비밀보장 – 진실성 고수

06 다음 중 조선시대 아동복지의 성격을 띤 것으로 보호자가 없는 어린 아동의 수용 및 걸식아동의 보호를 목적으로 한 것은?

① 자휼전칙   ② 사궁구휼
③ 구제도감   ④ 해아도감
⑤ 환과고독

07 다음 중 사회복지실천현장으로서 1차 현장인 동시에 이용시설에 해당하는 것을 모두 고른 것은?

> ㄱ. 지역자활센터   ㄴ. 지역아동센터
> ㄷ. 장애인복지관   ㄹ. 정신보건센터

① ㄱ, ㄴ, ㄷ   ② ㄱ, ㄷ
③ ㄴ, ㄹ   ④ ㄹ
⑤ ㄱ, ㄴ, ㄷ, ㄹ

08 다음 중 사회복지 통합이론의 발달배경으로 옳지 않은 것은?

① 사회변화에 따른 새로운 복잡한 문제 상황에 대한 포괄적 대처가 필요하였다.
② 다양한 문제와 복합적 욕구를 가진 클라이언트의 출현이 증가하였다.
③ 문제에 대해 심리 내적 측면을 강조하는 경향이 두드러졌다.
④ 사회복지의 내외적 환경의 욕구에 대한 포괄적이고 체계적인 방법론이 등장하였다.
⑤ 단일화 접근방법이 강조되었다.

09 다음 중 '개별화의 원칙'에 대한 설명으로 가장 옳은 것은?

① 클라이언트가 표현하는 감정에 대해 사회복지사의 의식적이고도 적절한 정서상의 반응이다.
② 클라이언트의 선택과 결정에 있어서 그 자유와 권리를 최대한 사용하도록 권장한다.
③ 직업적인 관계를 통해 알게된 클라이언트에 관련된 개별적 사실이나 비밀을 지켜야 한다.
④ 문제 혹은 욕구발생의 원인에 대해서 클라이언트의 유·무죄나 책임 정도를 개별적으로 심판하지 않는다.
⑤ 클라이언트의 독특한 자질을 인정하고 이해하는 것이며 보다 나은 적응을 하도록 상이한 원리와 방법을 적용하고 조력한다.

10 다음 중 라포(Rapport)를 형성하는 기술에 해당하는 것을 모두 고른 것은?

> ㄱ. 클라이언트의 감정을 충분히 이해하고 있다는 것을 언어적 · 비언어적으로 전달한다.
> ㄴ. 상담자가 진실성을 가지고 일관되고 솔직하게 자신을 드러낸다.
> ㄷ. 클라이언트의 외양이나 행동, 처한 환경 등과 무관하게 가치 있는 존엄한 존재로 대한다.
> ㄹ. 클라이언트에게 부정적인 감정표출이 도움이 되지 않는다는 사실을 인식시킨다.

① ㄱ, ㄴ, ㄷ
② ㄱ, ㄷ
③ ㄴ, ㄹ
④ ㄹ
⑤ ㄱ, ㄴ, ㄷ, ㄹ

11 다음 중 사회복지실천 과정의 목적과 목표에 대한 설명으로 옳지 않은 것은?

① 목적은 장기적이고 긍정적인 결과의 형태로 제시되어야 한다.
② 목적은 사회복지실천을 통해 변화되기 원하는 방향의 형태로 진술되어야 한다.
③ 목표는 가능한 한 성장을 강조하는 긍정적인 용어로 진술해야 한다.
④ 목표가 여러 개일 경우에는 클라이언트에게 가장 시급한 것을 최우선 순위로 설정한다.
⑤ 목표는 사회복지사의 전문적 판단으로 설정해야 한다.

12 다음 면담의 유형 중 성폭력 피해 여성의 자존감 향상을 목적으로 심리적 지지를 제공하는 것은?

① 사전 면담
② 관찰 면담
③ 사정 면담
④ 치료 면담
⑤ 진단 면담

13 다음 사회복지실천과정 중 계획과 계약단계에서 사회복지사가 수행해야 할 과제로 가장 옳은 것은?

① 목표의 우선순위 결정
② 문제를 이해하기 위한 정보수집
③ 클라이언트의 자원과 능력 평가
④ 다양한 개입기법의 절충적 활용
⑤ 변화된 결과 확인

14 다음 중 종결단계에서 사회복지사의 활동으로 옳지 않은 것은?

① 개입목표의 달성여부를 확인한다.
② 종결 유형에 따라 종결 시기를 조정한다.
③ 의뢰는 종결 유형과 상관없이 실시하는 것이 바람직하다.
④ 이전(Transfer)은 동일기관 내 다른 사회복지사에게 클라이언트를 의뢰하는 것이다.
⑤ 종결과 관련된 클라이언트의 감정을 다루도록 한다.

15 다음 중 집단사회복지실천의 원칙에 대한 설명으로 옳은 것을 모두 고른 것은?

> ㄱ. 집단 활동에 필요한 최소한의 규범을 설정한다.
> ㄴ. 사회복지사 스스로 자신을 이해하기 위해 노력하는 모습을 보인다.
> ㄷ. 집단 및 개인 성장의 목적을 달성하기 위해 계속적으로 평가한다.
> ㄹ. 집단성원의 성장을 돕기 위하여 개인의 욕구에 대응한다.

① ㄱ, ㄴ, ㄷ
② ㄱ, ㄷ
③ ㄴ, ㄹ
④ ㄹ
⑤ ㄱ, ㄴ, ㄷ, ㄹ

16 다음 중 생태도를 통해 알 수 있는 것은?

① 출신학교
② 금융자산 규모
③ 직장의 동종업체
④ 여가활동의 빈도 수
⑤ 가족의 자원

17 다음 보기의 개입방법 중에서 직접적 개입방법에 해당하는 것을 모두 고른 것은?

ㄱ. 서비스 조정	ㄴ. 프로그램 계획 및 개발
ㄷ. 환경조작	ㄹ. 행동시연

① ㄱ, ㄴ, ㄷ
② ㄱ, ㄷ
③ ㄴ, ㄹ
④ ㄹ
⑤ ㄱ, ㄴ, ㄷ, ㄹ

18 집단구성원이 동시에 들어와 집단이 운영되는 기간 동안 새로운 집단성원의 입회 없이 처음부터 끝까지 일정하게 운영되는 집단은 무엇인가?

① 치료집단
② 개방집단
③ 폐쇄집단
④ 과업집단
⑤ 사회집단

19 다음 중 체계의 행동적 특성에 해당하지 않는 것은?

① 전 환
② 환 류
③ 문 제
④ 산 출
⑤ 투 입

20 다음 중 체계이론의 주요 개념에 대한 설명으로 가장 옳은 것은?

① 건전한 체계는 완전투과성 경계를 가진다.

② 산출은 체계의 변화 방향을 설정하고 조정하는 핵심과정이다.

③ 외부의 투입이 없으면 엔트로피 상태가 된다.

④ 다중종결성은 동일한 목적을 달성하는 방법이 다양함을 의미한다.

⑤ 네겐트로피는 체계 구성요소 사이에 상호작용이 증가하면서 체계 내에 유용한 에너지가 증가하는 것이다.

21 다음 사회복지사의 역할 중 서비스를 필요로 하는 개인들을 파악하고 서비스 대상자가 적절한 서비스를 찾을 수 있도록 원조하기 위해 직접 지역사회에 들어가서 활동하는 역할에 해당하는 것은?

① 촉진자
② 아웃리치
③ 조사연구자
④ 행동가
⑤ 전문가

22 다음 중 면접 과정에서 침묵을 다루는 사회복지사의 태도로 적절하지 않은 것은?

① 침묵하는 이유를 파악한다.

② 침묵을 기다리는 배려가 필요하다.

③ 침묵은 저항의 유형으로 볼 수 있다.

④ 침묵이 계속될 경우 감정 내지는 지각을 반영해준다.

⑤ 침묵의 이유를 알 때까지 질문한다.

23 다음 중 자아구조가 약하거나 와해되어 있는 정신병 또는 성격장애를 보이는 내담자들에게 적용되는 개입기법은?

① 환기법
② 통찰기법
③ 반성적 고찰
④ 지시적 기법
⑤ 지지적 기법

24 다음 중 보기의 사례와 연관된 면담기법에 해당하는 것은?

> 클라이언트 A씨는 자신의 아들이 주의력결핍 및 과잉행동을 보이는 것으로 인해 고민을 하고 있다. 사회복지사는 클라이언트 A씨가 고민하는 부정적인 문제에 대해 긍정적인 의미를 부여하기 위해 "아드님이 활동적이네요."라고 이야기하였다.

① 재보증(Reassuarnce)
② 재명명(Relabeling)
③ 환기(Ventilation)
④ 직면(Confrontation)
⑤ 명료화(Clarification)

25 다음 중 가족의 역기능으로서 아무 의심 없이 공유되고 지지되는 가족의 믿음을 나타내는 것은?

① 가족신화
② 밀착가족
③ 가족규칙
④ 이중구속 메시지
⑤ 가족조각

제2영역 사회복지실천기술론

01 다음 중 집단상담에 대한 설명으로 가장 옳은 것은?
① 집단상담은 집단의 역량강화를 주된 목적으로 한다.
② 집단상담은 정상적인 발달과업의 문제를 주로 다룬다.
③ 집단상담은 치료적 기능을 포함하지 않는다.
④ 집단상담의 지도자는 심리와 상담에 대한 기본적인 지식을 가진 사람이다.
⑤ 효과적인 상담자는 명확한 가치기준에 따라 내담자를 수용한다.

02 다음 중 사례관리에 대한 설명으로 가장 옳지 않은 것은?

① 클라이언트에게 필요한 서비스들을 적극적으로 찾아 연결하는 역할을 한다.
② 클라이언트 개인보다는 지역사회의 욕구에 초점을 두고 서비스를 제공한다.
③ 클라이언트가 충분히 지역사회에 적응할 수 있도록 지속적으로 원조한다.
④ 클라이언트의 자유를 최대화하고 지나친 보호를 하지 않도록 한다.
⑤ 필요한 경우 클라이언트의 권리를 옹호하기 위한 역할을 한다.

03 집단지도자의 실제적 지도력은 집단의 내외적 상황을 변화시키는 사회복지사의 자원과 영향력에 의존한다. 다음 중 사회복지사가 소유할 수 있는 실제적 힘의 근원으로서 보기의 내용과 연관된 것은?

> • 집단지도자에 대한 집단성원들의 동일시에 기초한 것으로서, 이때 동일시란 지도자와의 일체감 또는 일체감에 대한 소망을 의미한다.
> • 집단성원들이 집단지도자에게 동일시하려는 성향이 강할수록 지도자에 대한 매력이 더욱 커지는 동시에 지도자의 힘도 커지게 된다.

① 합법적 힘(Legitimate Power) ② 보상적 힘(Reward Power)
③ 준거적 힘(Referent Power) ④ 강제적 힘(Coercive Power)
⑤ 전문가적 힘(Expert Power)

04 다음 중 전문직으로서 사회복지사가 지녀야 할 과학적 요소에 해당하는 것을 모두 고른 것은?

> ㄱ. 사회문제 및 현상에 대한 지식
> ㄴ. 사회복지전문직에 대한 지식
> ㄷ. 사회서비스 및 프로그램에 대한 지식
> ㄹ. 전문적 관계 형성

① ㄱ, ㄴ, ㄷ ② ㄱ, ㄷ
③ ㄴ, ㄹ ④ ㄹ
⑤ ㄱ, ㄴ, ㄷ, ㄹ

05 다음 중 골란(Golan)이 제시한 위기반응 단계를 순서대로 나열한 것은?

> ㄱ. 실제 위기 상태   ㄴ. 취약 상태
> ㄷ. 재통합   ㄹ. 위기촉진요인
> ㅁ. 위험한 사건

① ㄱ → ㄴ → ㄹ → ㅁ → ㄷ
② ㄱ → ㅁ → ㄹ → ㄴ → ㄷ
③ ㅁ → ㄱ → ㄹ → ㄴ → ㄷ
④ ㅁ → ㄴ → ㄹ → ㄱ → ㄷ
⑤ ㅁ → ㄹ → ㄱ → ㄴ → ㄷ

06 다음 중 사회복지실천에 기여한 이론으로 자아심리이론의 내용과 거리가 먼 것은?

① 자기결정의 가치 존중
② 개방체계로서의 퍼스낼리티 개념
③ 인간의 성장과 변화가능성에 대한 낙관적 견해 제공
④ 사회복지사와 동반관계
⑤ 문제에 대한 총체적인 이해

07 다음 중 보기의 내용과 연관된 사회복지사의 역할로 옳은 것은?

> 거동이 불편한 노인을 병원에 가게 하기 위해 자원봉사자를 연계해준다.

① 대변자   ② 옹호자
③ 교육자   ④ 중개자
⑤ 치료자

08 도벽 경험이 있는 청소년에 대해 개입하면서 어릴 적 부모의 이혼이 그 원인임을 밝혔다. 이때 사회복지사가 사용한 이론은?

① 심리사회이론
② 정신분석이론
③ 행동주의이론
④ 문제해결이론
⑤ 인지행동주의이론

09 다음 중 인지행동모델에 대한 설명으로 옳지 않은 것은?

① 자신의 문제에 대한 통제력이 타인에게 있음을 강조한다.
② 행동적 과제의 부여를 중시한다.
③ 불안감을 경험하는 상황에 노출시킨다.
④ 클라이언트의 주관적 경험의 독특성을 강조한다.
⑤ 인식체계의 변화를 위해 구조화된 접근을 한다.

10 다음 중 사회복지실천기록의 목적 및 활용 용도에 대한 설명으로 가장 옳지 않은 것은?

① 클라이언트의 신상정보를 여러 사람들과 공유한다.
② 교육훈련 및 연구조사의 자료로 활용한다.
③ 서비스의 효과성 및 효율성, 서비스의 질을 평가하는 데 사용된다.
④ 전달된 서비스에 대한 비용청구와 프로그램 실시를 위한 재원확보에 사용된다.
⑤ 슈퍼비전, 자문, 동료 검토를 위한 근거를 제공한다.

11 다음 보기의 사회복지사가 사용한 메시지 전달방법으로서 의사소통의 효과성을 증진하기 위한 것은?

> 사회복지사 : (매일 일정한 시간에 지역아동센터를 찾기로 되어있으나 친구와 놀다가 평소보다 늦게 도착한 아동에게) "인태야. 네가 친구들과 놀다가 이렇게 늦게 오다니 선생님은 무척 속상하구나. 왜냐하면 오늘은 선생님이 너와 다른 친구들과 함께 단체운동프로그램을 하기로 되어있었는데, 네가 오지 않아서 선생님도 친구들도 모두 너만 기다리고 있었거든."

① 초점화   ② 세분화
③ 직 면   ④ 명료화
⑤ I-Message

12 다음 중 사회기술훈련의 요소에 해당하는 것을 모두 고른 것은?

ㄱ. 행동의 반복이나 지시	ㄴ. 긍정적 강화
ㄷ. 피드백	ㄹ. 과제제시

① ㄱ, ㄴ, ㄷ   ② ㄱ, ㄷ
③ ㄴ, ㄷ   ④ ㄹ
⑤ ㄱ, ㄴ, ㄷ, ㄹ

13 다음 중 기록유형별 장단점에 대한 설명으로 옳지 않은 것은?

① 이야기체 기록 : 면담 내용이나 서비스 제공 과정에 대해 이야기하듯 서술체로 기록하는 것으로, 체계적이고 전형적인 정보를 구축하는 데 유용하며 정보복구가 용이하다.
② 과정기록 : 클라이언트가 실제로 말한 내용을 정확하게 상기할 수 있도록 대화 형태를 기록하는 것으로, 사례에 대한 개입 기술을 향상시키는 데 도움이 된다.
③ 요약기록 : 클라이언트의 변화에 초점을 두어 기록하는 것으로, 사례가 장기간에 걸쳐 진행되는 경우 유용하다.
④ 문제중심기록 : 문제의 목록화와 진행을 중심으로 기록하는 것으로, 서비스 전달의 복잡성을 간과하는 경향이 있다.
⑤ 복지정보시스템을 이용한 기록 : 실천과정에 따라 정해진 양식에 내용을 입력하는 것으로, 정보검색이 용이하고 관련 정보를 한 번에 보다 수월하게 조회할 수 있다.

14 다음 중 가족치료의 방법으로서 이야기치료(Narrative Therapy)에 대한 설명으로 가장 옳지 않은 것은?

① 사회구성주의 관점에 영향을 받았다.

② 가족의 문제를 가족성원 개인이나 가족 자체의 문제가 아닌 가족에게 부정적인 영향을 미치는 별개의 존재로 이야기하도록 한다.

③ 내담자를 진단적으로 분류하는 것이 아닌 그들을 독특한 개인적 경험을 가진 존재로 다룬다.

④ 상담자는 적극적 경청자로서 클라이언트의 문제해결에 주도적으로 관여한다.

⑤ 내면화된 지배적인 이야기에서 벗어나 새로운 정체감을 형성할 수 있도록 돕는다.

15 다음 중 보웬(Bowen)의 가족치료기법의 적용사례로 옳은 것은?

① 재구성 – 간섭하는 부모와 갈등하는 자녀

② 경계 만들기 – 서로 무관심한 남편과 아내

③ 역설적 지시 – 끊임없이 잔소리하는 시어머니

④ 탈삼각화 – 남편보다 장남인 아들에 집착하는 엄마

⑤ 균형 깨뜨리기 – 독단적으로 자녀문제를 결정하는 아버지

16 다음 중 노든(Northern)이 제시한 집단대상 사회복지실천의 준비단계에서 사회복지사가 고려해야 할 집단구성의 요소에 해당하지 않는 것은?

① 욕구 – 집단에 참여할 가능성이 있는 사람들의 문제나 어려움은 무엇인가?

② 구조 – 집단 운영을 촉진하기 위해 필요한 것은 무엇인가?

③ 친밀도 – 집단에 참여할 가능성이 있는 사람들과 어느 정도 친분관계를 가지고 있는가?

④ 목적 – 집단 전체가 추구하는 목적 및 목표는 무엇인가?

⑤ 구성 – 집단에 참여할 인원 수는 몇 명인가?

17 다음 중 기능 수준에 따른 사회복지사의 역할 분류가 올바르게 연결된 것은?

① 자문가 – 직접 서비스 제공자의 역할
② 프로그램 개발자 – 체계 개발 역할
③ 기획가 – 체계와 연결하는 역할
④ 조정자 – 체계 유지 및 강화 역할
⑤ 상담자 – 연구자 및 조사활용자 역할

18 다음 중 해결중심모델에 대한 설명으로 옳은 것은?

① 이론적이고 규범적이다.
② 클라이언트의 병리적 측면에 초점을 둔다.
③ 단기간의 치료를 위해 문제발생 상황에만 집중한다.
④ 클라이언트의 자원과 과거의 성공 경험을 중시한다.
⑤ 해결과제는 사회복지사의 견해를 토대로 한다.

19 다음 집단 목적에 따른 집단의 분류 중 치료집단과 가장 거리가 먼 것은?

① 클라이언트의 자기인식 증진을 목표로 하는 집단
② 클라이언트에게 지식 및 정보를 제공하는 집단
③ 클라이언트로 하여금 사회적으로 수용되는 행동유형을 학습하도록 하는 집단
④ 클라이언트의 생활사건에 대한 효과적인 대처를 위해 원조하는 집단
⑤ 클라이언트로 하여금 구체적인 과업을 달성하도록 지시하는 집단

20 다음 중 정신역동모델에 대한 설명으로 옳지 않은 것을 모두 고른 것은?

> ㄱ. 현재의 문제를 과거의 경험에서 찾는다.
> ㄴ. 전이의 분석을 통해 클라이언트의 통찰력을 증진시킨다.
> ㄷ. 자기분석이 가능한 클라이언트일수록 효과적이다.
> ㄹ. 클라이언트의 무의식적 충동과 미래의 의지를 강조한다.

① ㄱ, ㄴ, ㄷ   ② ㄱ, ㄷ
③ ㄴ, ㄹ   ④ ㄹ
⑤ ㄱ, ㄴ, ㄷ, ㄹ

21 다음 중 보기의 내용과 연관된 심리사회모델의 개입기법에 해당하는 것은?

> 사회복지사는 클라이언트가 사실 및 사실과 관련된 감정을 표출하도록 하여 긴장을 완화시키고 카타르시스를 경험하도록 원조한다.

① 해석, 통찰, 명확화   ② 격려, 강화, 장려
③ 탐색-기술-환기   ④ 발달적 고찰
⑤ 유형-역동에 대한 고찰

22 다음 중 가족치료의 이론적 근거에 해당하는 것은?
① 순환의 사고   ② 합산의 원칙
③ 개인주의   ④ 선형의 사고
⑤ 객관적 · 보편적 지각

23 다음 중 클라이언트가 자원과 서비스를 받을 권리를 유지하도록 돕거나 클라이언트나 클라이언트 집단에게 부정적 효과를 주는 프로그램과 정책을 변화시키는 운동을 적극적으로 지지하는 역할은?

① 중개인 역할
② 옹호자 역할
③ 행정가 역할
④ 사례관리자 역할
⑤ 임상가 역할

24 다음 중 자아분화(Differentiation of Self)에 대한 설명으로 옳은 것은?

① 생각과 감정을 분리하고 타인과의 관계에서 자주적으로 행동한다.
② 가족 내 지나친 정서적 융합이나 단절이 세대에 걸쳐 지속적으로 나타난다.
③ 과거 중요한 타인에 대해 느꼈던 감정을 현재관계에서 느낀다.
④ 해결되지 못한 정서적 애착으로부터 도피하기 위해 자신을 고립시킨다.
⑤ 가족 내 두 사람 간의 상호작용체계에 다른 가족성원을 끌어들인다.

25 다음 중 집단사회모델에 대한 설명으로 옳지 않은 것은?

① 치료모델에서는 클라이언트에 대한 치료뿐만 아니라 예방적 서비스도 제공한다.
② 상호작용모델에서는 집단활동 이전에 구체적 집단목표를 설정하지 않는다.
③ 치료모델에서 집단은 개인의 치료를 위한 수단임과 동시에 상황이다.
④ 치료모델에서 사회복지사의 역할은 지시적이고 계획적이며 목표지향적이다.
⑤ 인보관에서 발전하여 사회적 기능강화를 목적으로 하는 모델은 치료모델이다.

01 다음 중 펄만과 구린(Perlman & Gurin)이 제시한 지역사회복지실천의 목적 분류 및 그와 연관된 대표적인 학자를 모두 고른 것은?

> ㄱ. Ross – 지역사회 참여와 통합의 강화
> ㄴ. Lippitt – 문제대처 능력의 고양
> ㄷ. Morris & Binstock – 사회조건 및 서비스의 향상
> ㄹ. Grosser – 프로그램 계획 및 서비스의 통합

① ㄱ, ㄴ, ㄷ   ② ㄱ, ㄷ
③ ㄴ, ㄹ   ④ ㄹ
⑤ ㄱ, ㄴ, ㄷ, ㄹ

02 다음 중 웨일과 갬블(Weil & Gamble)의 지역사회복지실천모델과 사회복지사의 역할을 올바르게 연결한 것은?

① 지역사회 사회 · 경제개발모델 – 옹호자
② 프로그램 개발 및 지역사회연계모델 – 계획가
③ 연대활동모델 – 조사자
④ 정치적 · 사회적 행동모델 – 제안서 작성자
⑤ 근린지역사회조직모델 – 선동가

03 다음 중 특정한 문제나 표적집단 관련 욕구보다는 지역사회 전반을 대상으로 한 1차 자료의 생성을 주된 목적으로 하는 지역사회사정의 유형은?

① 자원 사정
② 포괄적 사정
③ 협력적 사정
④ 하위체계 사정
⑤ 문제중심 사정

04 다음 중 지역사회(Community)에 대한 설명으로 옳은 것은?

① 퇴니스(Tünnies)는 사회통합을 기계적 연대와 유기적 연대로 표현하였다.

② 뒤르켐(Durkheim)은 지역사회의 생활을 사회를 움직이는 힘의 집합체로 보았다.

③ 모든 지역사회는 사회(Society)이나, 모든 사회가 지역사회는 아니다.

④ 인구 구성의 사회적 특수성을 기준으로 하여 시 · 군 · 구로 구분할 수 있다.

⑤ 상부상조 기능은 지역사회 구성원에게 법규 순응을 강제한다.

05 다음 중 인보관에 대한 설명으로 옳지 않은 것은?

① 세계 최초의 인보관은 영국의 토인비 홀(Toynbee Hall)이다.

② 일본 최초의 인보관은 킹스레이(Kingsley)관이다.

③ 미국의 인보관 도입 시기는 1886년 근린길드(Neighborhood Guild)의 설립에서 비롯된다.

④ 헐 하우스(Hull House)와 앤도버 하우스(Andover House)는 미국의 대표적인 초창기 인보관이다.

⑤ 인보관의 양적 증가속도는 미국보다 영국에서 급격한 양상을 보였다.

06 다음 중 각국의 지역사회복지 발전 역사에 대한 설명으로 옳은 것을 모두 고른 것은?

> ㄱ. 미국 – 1980년대 레이거노믹스로 중앙정부의 지역사회복지 예산이 축소되었다.
> ㄴ. 영국 – 1980년대 지역사회보호법이 제정 및 시행되었다.
> ㄷ. 일본 – 1990년대 지역복지계획 수립이 법제화되었다.
> ㄹ. 한국 – 2000년대 지역사회복지의 중앙집권이 강화되었다.

① ㄱ, ㄴ, ㄷ   ② ㄱ, ㄷ

③ ㄴ, ㄹ   ④ ㄹ

⑤ ㄱ, ㄴ, ㄷ, ㄹ

07 다음 중 지역사회 조직화 과정에서 사회복지사가 지켜야 할 중요한 원칙으로 옳지 않은 것은?

① 지역사회의 외적 능력에 우선 중점을 두어야 한다.
② 평소 지역사회의 주요 행사에 관심을 가져야 한다.
③ 정기적인 주민모임의 일정을 변경하거나 걸러서는 안 된다.
④ 지역사회 관련 법, 제도, 규칙 등을 알아야 한다.
⑤ 모든 일에 솔직하고 근면하여야 한다.

08 다음 중 보기의 내용과 연관된 정치적 의사결정 모델에 해당하는 것은?

> • 지역사회에서의 주요 의사결정은 이익집단들의 경쟁 과정을 통해 최종정책이 결정된다.
> • 지방자치단체나 지방의회는 이익집단들 간의 경쟁이나 갈등을 중재하는 역할을 수행한다.

① 엘리트주의 의사결정 모델
② 신엘리트주의 의사결정 모델
③ 공공선택 의사결정 모델
④ 다원주의 의사결정 모델
⑤ 시민선택 의사결정 모델

09 다음 중 사회복지관의 기능별 사업분야를 연결한 것으로 가장 옳지 않은 것은?

① 지역사회보호 – 보건의료서비스, 경제적 지원, 재가복지봉사서비스
② 자활지원 – 직업기능훈련, 취업알선, 직업능력개발
③ 가족기능강화 – 가정문제해결, 부양가족지원, 다문화가정지원
④ 교육문화 – 아동 · 청소년 사회교육, 노인 여가 · 문화, 문화복지
⑤ 사례관리 – 지역욕구조사, 실습지도, 서비스연계

10 다음 중 보기의 사례에서 사회복지관에 근무하는 사회복지사의 과업과 가장 밀접하게 연관된 역할에 해당하는 것은?

> ○○사회복지관은 저소득층 밀집지역에 있다. 이 복지관의 A사회복지사는 지역주민들과 마을의 문제에 대해 이야기를 나누다가 어린이놀이터가 제대로 관리되지 못한 채 방치되어 인근 불량청소년들의 탈선이 이루어지는 곳으로 변질되었다는 사실을 알게 되었다. 더욱이 지역주민들이 아이들이 마음껏 놀 수 있는 안전하고 깨끗한 어린이놀이터를 원하고 있다는 사실도 알게 되었다. 이에 A사회복지사는 지역주민들의 불만을 집약하여 이를 해결하기 위한 조직을 결성하도록 도왔다.

① 행정가　　　　　　　　　　　② 조력자
③ 중개자　　　　　　　　　　　④ 분석가
⑤ 조정가

11 다음 중 재가복지봉사서비스의 종류 및 그 내용을 잘못 연결한 것은?

① 결연서비스 – 지역보건의료기관과의 연계
② 정서서비스 – 상담, 말벗
③ 간병서비스 – 병원안내, 신체운동
④ 자립지원서비스 – 직업보도, 기능훈련
⑤ 주민교육서비스 – 보호대상자의 가족, 이웃 등을 대상으로 한 재가보호서비스 교육

12 다음 중 테일러와 로버츠(Taylor & Roberts)의 지역사회복지실천모델에 대한 설명으로 옳은 것은?

① 로스만(Rothman)의 3가지 모델과 차별화된 8가지 유형으로 구분하였다.
② 정치적 권력강화모델은 로스만의 사회계획모델과 유사하다.
③ 지역사회연계모델은 후원자가 클라이언트보다 더 많은 결정 권한이 있다.
④ 프로그램 개발 및 조정모델은 자선조직협회운동 및 인보관운동에 근거한다.
⑤ 지역사회개발모델에서 전문가는 주로 조직가(Organizer)의 역할을 담당한다.

13 다음 중 던햄(Dunham)이 제시한 사회복지협의회의 기능에 해당하는 것을 모두 고른 것은?

> ㄱ. 사회복지기관들 간의 조정 및 협력 증진
> ㄴ. 사회복지에 관한 공동계획의 수립
> ㄷ. 사회복지기관들이 수행하는 업무의 질적 수준 제고
> ㄹ. 지역주민의 욕구해결을 위한 사례관리 및 지역조직화

① ㄱ, ㄴ, ㄷ   ② ㄱ, ㄷ
③ ㄴ, ㄹ   ④ ㄹ
⑤ ㄱ, ㄴ, ㄷ, ㄹ

14 다음 중 몬드로스와 윌슨(Mondros & Wilson)이 제시한 지역사회복지실천모델의 구성요소에 해당하지 않는 것은?

① 전문가의 참여 여부에 대한 확인
② 변화노력을 위한 표적의 확인
③ 직원, 지도자, 구성원들에게 요구되는 구체적인 역할
④ 변화목적 및 변화전략
⑤ 표적체계의 협조 여부에 대한 사정

15 다음 중 시민 걷기대회나 자선골프대회를 통해 공동모금의 필요성을 홍보하면서 재원을 확보하는 모금방법에 해당하는 것은?

① 개별형   ② 단체형
③ 기업중심형   ④ 특별사업형
⑤ 지역배분형

16 다음 중 사회행동모델에서 사회복지사의 역할로서 그로스만(Grossman)이 강조한 정치적 성향의 역할은?

① 조력가   ② 행동가

③ 옹호자   ④ 전문가

⑤ 조직가

17 지역사회의 비영리조직은 모금 상품의 홍보를 위해 커뮤니케이션을 수행한다. 다음 중 코틀러(Kotler) 등이 제시한 효과적인 커뮤니케이션의 구성요소로서 '해독(Decoding)'에 대한 설명으로 옳은 것은?

① 송신인의 의도를 상징적 형태로 전환시키는 과정

② 메시지가 송신인으로부터 수신인에게로 전달되는 커뮤니케이션 경로

③ 수신인이 메시지를 받은 후 보이는 일체의 반응 행동

④ 송신인으로부터 받은 메시지에 일체의 상징적 의미를 부여하는 과정

⑤ 수신인이 송신인에게 되돌려 보내는 반응

18 다음 중 보기의 내용과 연관된 하드캐슬(Hardcastle)의 권력균형 전략으로 가장 적절한 것은?

> A정신보건센터는 B정신병원으로부터 클라이언트를 의뢰받고 있다. 그런데 최근 B정신병원에서 클라이언트를 의뢰해주는 조건으로 병원 내 입원환자들을 위한 상담서비스에 A정신보건센터의 직원을 활용할 수 있도록 요구하였다. A정신보건센터의 입장에서는 현재의 인력 상황을 고려해 볼 때 그와 같은 일방적인 조건을 수용하기가 어려웠다. 이에 A정신보건센터는 자신들 또한 클라이언트를 B정신병원에 의뢰해 줄 수 있음을 강조하면서 양측이 서로 필요한 관계임을 인식시켰다.

① 경쟁(Competition)

② 재평가(Re-evaluation)

③ 호혜성(Reciprocity)

④ 연합(Coalition)

⑤ 강제(Coercion)

19 다음 중 주민참여의 문제점으로 가장 옳지 않은 것은?

① 참여자들의 대표성 문제가 제기될 수 있다.
② 지방행정의 불균형에 따른 사회적 불평등을 증가시킨다.
③ 이해관계가 다른 주민들 간에 갈등이 유발될 수 있다.
④ 시간지연에 따른 진행상의 차질이 유발될 수 있다.
⑤ 행정비용의 증가를 야기한다.

20 다음 지역사회복지실천의 이론적 관점 중 생태학적 관점의 주요 개념으로서 개인, 집단 등이 배경적 특징에 따라 물리적 지역 내에서 서로 떨어져 유사한 배경 및 기능을 중심으로 한데 모이는 과정을 나타내는 것은?

① 중심화(Centralization)
② 우세(Domination)
③ 분리(Segregation)
④ 집결(Concentration)
⑤ 분산(Decentralization)

21 다음 중 우리나라의 지역사회복지 발달에 대한 설명으로 옳은 것을 모두 고른 것은?

ㄱ. 1950년대 – 외국민간원조단체의 한국연합회인 KAVA가 조직되었다.
ㄴ. 1970년대 – 새마을운동이 농촌의 소득증대 시범사업의 형태로 처음 시작되었다.
ㄷ. 1980년대 – 한국형 복지모형론이 등장하였으며 사회복지관사업이 전국적으로 확대되었다.
ㄹ. 1990년대 – 지역사회중심의 자활지원사업이 본격적으로 전개되었다.

① ㄱ, ㄴ, ㄷ
② ㄱ, ㄷ
③ ㄴ, ㄹ
④ ㄹ
⑤ ㄱ, ㄴ, ㄷ, ㄹ

22 사회복지사는 '아동보호를 위한 마을만들기 지원사업'을 시작하기 위하여 지역사회복지이론에 기초한 실천을 계획하였다. 다음 중 각 이론에 따른 실천방법을 연결한 것으로 가장 옳지 않은 것은?

① 갈등이론 – 학부모의 연대가 중요하므로 비학부모는 참여대상에서 제외할 계획이다.

② 기능이론 – 아동보호를 위한 노력이 결국 지역사회에 유익한 것임을 설명할 계획이다.

③ 생태학이론 – 과거부터 지금까지의 아동관련 지역사회 활동을 조사할 계획이다.

④ 사회체계이론 – 학교나 병원과 같은 아동관련 하위체계를 조사하고 방문할 계획이다.

⑤ 사회자본이론 – '아동이 살기 좋은 마을은 모두에게 안전한 마을'이라는 슬로건 하에 지역사회의 호혜성을 강화할 계획이다.

23 다음 중 자활기업의 설립 및 인정 요건에 대한 설명으로 옳지 않은 것은?

① 자활근로사업단을 거친 2인 이상의 수급자 또는 차상위자로 구성한다.

② 조합 또는 부가가치세법상 사업자로 설립한다.

③ 모든 참여자에 대해 최저임금 이상의 임금 지급이 지속적으로 가능한 자활사업단은 원칙적으로 자활기업으로 전환하여야 한다.

④ 자활근로사업단의 자활기업 전환 시 다른 사업으로 전환이 가능하다.

⑤ 자활기업 창업 예정자 중 1/2 이상은 한국자활연수원의 창업 실무교육을 수료해야 한다.

24 다음 중 우리나라 사회복지현장에서 나타나는 현상에 해당하지 않는 것은?

① 시설보호보다 재가보호를 더 강조하고 있다.

② 자활후견기관은 지역자활센터로 명칭이 변경되었다.

③ 사회복지사에 대한 보수교육이 의무화되었다.

④ 이용권(Voucher) 형태의 사회복지서비스가 증가하고 있다.

⑤ 사회복지공동모금회가 지역별로 독립법인화 되었다.

25 다음 중 자활참여자의 맞춤형 자립지원서비스를 위한 'Gate Way' 과정을 순서대로 나열한 것은?

ㄱ. 자활지원계획(ISP) 수립
ㄴ. 개인별 자립경로(IAP) 수립
ㄷ. 초기상담
ㄹ. 진단 · 평가

① ㄱ － ㄷ － ㄴ － ㄹ
② ㄱ － ㄷ － ㄹ － ㄴ
③ ㄷ － ㄱ － ㄴ － ㄹ
④ ㄷ － ㄹ － ㄴ － ㄱ
⑤ ㄷ － ㄴ － ㄹ － ㄱ

제1영역   사회복지정책론

01   **1935년 미국의 사회보장법에 관한 설명으로 옳지 않은 것은?**

① 빈곤의 사회구조적 원인에 관한 인식 증가

② 실업보험은 주정부가 운영

③ 노령연금은 연방정부가 재정과 운영을 담당

④ 사회주의 이념 확산에 따른 노동자 통제 목적

⑤ 공공부조에 대한 연방정부의 재정 지원

02   **다음 중 새로운 사회적 위험이 나타나게 된 배경으로 가장 옳은 것은?**

① 여성의 경제활동참여 증가로 인해 일 · 가정 양립의 문제가 대두되고 있다.

② 국가의 복지에 대한 지출의 증가와 함께 복지국가의 기능 및 역할이 강조되고 있다.

③ 탈산업화로 인해 서비스산업의 고용이 감소하고 있다.

④ 사회복지의 정책적 측면에서 보편주의적인 접근방식으로의 전환이 이루어지고 있다.

⑤ 노동자 계급의 세력이 강화되고 있다.

03   **다음 중 소득재분배의 유형과 사회복지제도가 올바르게 연결된 것은?**

① 세대 간 재분배 – 부과방식의 연금

② 수평적 재분배 – 누진적 소득세

③ 수직적 재분배 – 국민건강보험

④ 장기적 재분배 – 공공부조

⑤ 단기적 재분배 – 국민연금

04 다음 중 사회복지정책의 역사에 대한 설명으로 옳지 않은 것은?

① 1883년 독일은 최초의 사회보험으로서 질병(건강)보험을 도입하였다.

② 1911년 영국은 의료보험과 실업보험을 내용으로 한 국민보험법을 제정하였다.

③ 1970년대 후반 선진자본주의 국가들에서 복지국가 위기론이 등장하였다.

④ 1989년 우리나라는 농어촌 지역주민에서 도시 지역주민으로의 적용범위 확대를 통해 전 국민 국민연금을 달성하였다.

⑤ 2010년 미국 오바마(Obama) 정부의 건강보험 개혁 법안이 연방하원에서 가결되었다.

05 다음 프리그모어와 아서튼(Prigmore & Atherton)이 제시한 사회복지정책의 분석틀 중 비용-편익에 관한 고려사항으로 가장 옳은 것은?

① 해당 정책은 사회사업의 가치에 모순되지 않는가?

② 해당 정책은 정치적으로 수용 가능한가?

③ 해당 정책은 다른 사회문제를 야기할 가능성이 있는가?

④ 현재 고려 중인 정책이 지금의 방식과 모순되지 않는가?

⑤ 해당 정책은 학문적으로 건전한가?

06 다음 중 복지국가 발전 이론에 대한 설명으로 옳은 것은?

① 사회통제이론 : 사회복지정책의 발달을 노동자계급의 정치적 세력확대의 결과로 본다.

② 산업화이론 : 자본주의에서 질병, 노령, 산업재해 등으로 상품화될 수 없는 노동력을 국가가 책임지게 된다.

③ 사회민주주의이론 : 서로 다른 유형의 복지국가라도 시간이 지날수록 유사한 형태로 수렴된다.

④ 이익집단이론 : 전통적 마르크스주의에 기초하여 복지국가의 발전을 독점자본의 필요성의 산물로 본다.

⑤ 사회양심이론 : 복지국가의 발전을 국가조직의 입장에서 본다.

07 다음 중 대처리즘(Thatcherism)과 관련된 것을 모두 고른 것은?

> ㄱ. 복지에 필요한 공공지출의 축소　　　ㄴ. 기업 및 민간의 자유로운 경제활동 보장
> ㄷ. 노동조합의 활동 억제　　　　　　　ㄹ. 인플레이션 억제를 위한 금융 규제

① ㄱ, ㄴ, ㄷ　　　　　　　　　　② ㄱ, ㄷ
③ ㄴ, ㄹ　　　　　　　　　　　　④ ㄹ
⑤ ㄱ, ㄴ, ㄷ, ㄹ

08 다음 중 사회보험과 민간보험에 대한 설명으로 옳지 않은 것은?

① 민간보험은 위험분산(Risk Pooling)을 하지 않는다.
② 민간보험은 임의적 · 선택적 참여가 이루어진다.
③ 사회보험의 보험료는 평균적 위험정도와 소득수준에 기초한다.
④ 사회보험과 민간보험은 급여 제공 시 자산조사에 근거하지 않는다.
⑤ 사회보험은 인플레이션에 대한 대책이 가능한 반면, 민간보험은 인플레이션에 취약하다.

09 다음 중 롤즈(Rawls)의 사회정의론에 대한 설명으로 옳지 않은 것은?

① 사회구성원의 평등을 중시한다는 점에서 평등주의적 전통에 속한다.
② 공평의 원칙에 기초하여 분배의 정의에 대한 이론을 제시한다.
③ 최소극대화 원칙을 통해 평등주의적 분배의 근거를 제공한다.
④ 원초적 상황에서 사회구성원 간의 사회적 계약의 원칙을 도출하고자 한다.
⑤ 개인의 기본적 자유보장을 제1원칙으로 한다.

10 다음 에스핑-안데르센(Esping-Andersen)의 복지국가 유형 중 조합주의 복지국가에 대한 설명으로 옳지 않은 것은?

① 가족의 중요성을 강조하는 종교와 문화적 신념의 영향력이 강하다.
② 여성의 사회진출과 노동시장에의 참여를 강조한다.
③ 사회보험원리를 강조하는 복지 프로그램을 주로 활용한다.
④ 복지급여는 계급과 사회적 지위에 밀접하게 관련되어 있다.
⑤ 산업별 · 직업별 · 계층별로 다른 종류의 복지급여를 제공한다.

11 다음 퍼니스와 틸튼(Furniss & Tilton)의 복지국가 유형 중 적극적 국가에 대한 설명으로 옳은 것을 모두 고른 것은?

> ㄱ. 대표적인 국가로 영국을 들 수 있다.
> ㄴ. 사회복지가 경제성장의 걸림돌이 되는 것을 거부한다.
> ㄷ. 노동자, 여성, 장애인 등의 정치적 참여를 촉진한다.
> ㄹ. 사회보험 프로그램을 강조한다.

① ㄱ, ㄴ, ㄷ   ② ㄱ, ㄷ
③ ㄴ, ㄹ   ④ ㄹ
⑤ ㄱ, ㄴ, ㄷ, ㄹ

12 다음 사회복지정책의 급여 형태 중 기회(Opportunity)에 대한 설명으로 가장 옳은 것은?

① 수급자가 직접 급여에 대한 결정이나 그와 관련된 정책결정에 참여한다.
② 수급자가 일정한 용도 내에서 원하는 재화나 서비스를 선택할 수 있다.
③ 빈곤층자녀의 대학 입학정원 할당, 장애인 의무고용제 등이 해당된다.
④ 목표효율성(Target Efficiency)이 가장 높은 급여형태로 평가받는다.
⑤ 긍정적 차별(Positive Discrimination)의 역기능이 사회문제로 대두된다.

13 다음 사회복지정책 관련 이론 중 음모이론에 대한 설명으로 옳은 것은?

① 피븐과 클라워드(Piven & Cloward)의 빈민규제론에서 비롯된다.

② 사회구성원들의 집단양심을 사회복지의 변수로 본다.

③ 사회복지정책이 시민권의 확립이라는 진화적 과정에 따라 개선 및 확대될 수 있다고 본다.

④ 사회복지정책의 발달을 노동자계급 혹은 노동조합의 정치적 세력의 확대 결과로 본다.

⑤ 1950년대 영국 사회정책학의 통설로 적용된 것으로 사회진화론적 관점을 토대로 한다.

14 다음 중 사회복지정책의 할당원칙에 대한 설명으로 옳은 것을 모두 고른 것은?

> ㄱ. 자산조사 - 개별사례에 대해 전문가가 어떤 재화 또는 서비스를 특별히 필요로 하는지를 판단하는 것
> 이다.
> ㄴ. 보상 - 사회·경제적으로 특별한 공헌을 했는지 또는 사회로부터 부당한 피해를 입었는지 여부에 근
> 거한다.
> ㄷ. 진단 - 필요한 재화나 서비스를 구입할 능력이 없음을 나타내는 증거에 기초한다.
> ㄹ. 귀속적 욕구 - 시장을 통해 충족되지 않는 어떤 욕구를 공통적으로 가진 집단에 속하는지 여부에 근
> 거한다.

① ㄱ, ㄴ, ㄷ   ② ㄱ, ㄷ

③ ㄴ, ㄹ   ④ ㄹ

⑤ ㄱ, ㄴ, ㄷ, ㄹ

15 다음 중 사회복지제도의 재원에 대한 설명으로 옳은 것은?

① 직접세는 조세부담의 전가가 예정되어 있는 조세이다.

② 소득세, 법인세, 개별 소비세는 직접세에 해당한다.

③ 간접세는 비례적이기 때문에 일반적으로 소득재분배에 중립적이다.

④ 간접세 인상은 물가상승의 요인이 된다.

⑤ 조세지출은 비과세·감면·공제 등에 의해 감면을 해주는 것이므로 누진적이다.

16 다음 중 공적연금제도의 적립방식의 장점으로 옳지 않은 것은?

① 보험료의 평준화가 가능하다.

② 세대 간 위험을 분산할 수 있다.

③ 제도 성숙기의 자원을 경제발전에 활용할 수 있다.

④ 인구구조의 변화에 강하다.

⑤ 재정을 안정적으로 운영할 수 있다.

17 다음 중 합리적 사회정책분석의 일반적인 절차를 순서대로 나열한 것은?

ㄱ. 정책대안의 결과 예측	ㄴ. 사회문제의 분석과 정의
ㄷ. 최적대안의 선택 제시	ㄹ. 정책대안의 비교와 평가

① ㄱ - ㄴ - ㄷ - ㄹ   ② ㄴ - ㄱ - ㄹ - ㄷ

③ ㄴ - ㄹ - ㄷ - ㄱ   ④ ㄷ - ㄱ - ㄴ - ㄹ

⑤ ㄹ - ㄴ - ㄱ - ㄷ

18 다음 중 티트머스(Titmuss)의 산업적 성취수행 모형에 대한 설명으로 옳은 것은?

① 가정과 시장이 기능을 하지 못할 때에만 관여하는 응급조치로 인식한다.

② 보편적 프로그램을 강조한다.

③ 사회복지정책을 경제 성장의 수단으로 보고 있어 '시녀적 모형'이라고 불린다.

④ 보편적 서비스를 제공하는 사회의 주요한 통합된 사회제도로 인식한다.

⑤ 노동시장에서 여성들이 평등한 지위를 보장받을 수 있도록 하는 데 필요한 서비스를 제공하는 제도이다.

19 다음 중 정책평가의 필요성에 대한 설명으로 옳지 않은 것은?

① 정책개선에 필요한 정보를 획득한다.

② 정책프로그램의 효과성을 증진한다.

③ 정책활동에 대한 책임성을 확보한다.

④ 정책활동에 대한 통제 및 감사가 필요하다.

⑤ 정책결정이론을 형성한다.

20 사회복지정책의 수급조건에 해당하지 않는 것은?

① 최종 학력

② 자산조사

③ 기여 여부

④ 진단평가

⑤ 연 령

21 다음 중 우리나라의 국민건강보험제도에 대한 설명으로 가장 옳지 않은 것은?

① 연금보험과 달리 단기성 보험이다.

② NHI(National Health Insurance) 방식을 도입한 것이다.

③ 국외에 거주하는 국민은 원칙적으로 적용 대상에서 제외된다.

④ 보험료 부과수준에 관계없이 관계법령에 의해 균등한 보험급여가 이루어진다.

⑤ 진료비 지불방식 중 포괄수가제(DRG)를 2002년 7개 질병군에 한해 시행하였다.

22 국민연금 보험료 부과체계상 소득상한선과 소득하한선에 관한 설명으로 옳지 않은 것은?

① 소득상한선을 낮게 유지할 경우 고소득계층의 부담은 그만큼 더 커지게 된다.

② 소득하한선을 높게 설정할 경우 국민연금 가입자 규모가 감소할 수 있다.

③ 소득하한선은 일정수준 이하의 저소득계층을 제도의 적용으로부터 제외시키는 기능을 한다.

④ 소득상한선은 국민연금 가입자들 상호 간 연금급여의 편차를 일정수준에서 제한하는 기능을 하게 된다.

⑤ 소득상한선은 그 이상의 소득에 대해서는 더 이상 보험료가 부과되지 않는 소득의 경계선을 의미한다.

23 다음 복지공급주체 중 비영리기관의 재원으로 옳은 것을 모두 고른 것은?

ㄱ. 사회보험료	ㄴ. 민간기부금
ㄷ. 사적 이전	ㄹ. 정부보조금

① ㄱ, ㄴ, ㄷ

② ㄱ, ㄷ

③ ㄴ, ㄹ

④ ㄹ

⑤ ㄱ, ㄴ, ㄷ, ㄹ

24 우리나라의 사회복지정책 중 대상을 빈곤층으로 한정하는 정책이 아닌 것은?

① 주거급여
② 생계급여
③ 보육급여
④ 의료급여
⑤ 교육급여

25 다음 중 우리나라의 산업재해보상보험제도에 관한 설명으로 옳지 않은 것은?

① 산업재해보상보험법상 근로자란 근로기준법에 의한 근로자를 말한다.
② 산업재해보상보험법상 보험관계의 성립과 소멸은 보험료징수법으로 정하는 바에 따른다.
③ 업무상 재해의 인정기준으로 업무수행성과 업무기인성을 요구한다.
④ 보험급여로서 직업재활급여와 사회재활급여가 있다.
⑤ 장해등급은 제1급부터 제14급까지 있다.

01 다음 중 사회복지행정에 대한 설명으로 옳지 않은 것은?

① 사회사업적 지식, 기술, 가치 등을 의도적으로 적용한다.
② 사회복지정책과 사회복지실천보다 상위의 개념이다.
③ 사회복지기관을 조직하고 지도하는 과정이다.
④ 사회복지정책을 서비스로 전환시키는 과정이다.
⑤ 목표달성을 위한 내부적 조정과 협력과정이다.

02 다음 중 미국 사회복지행정의 역사에 대한 설명으로 옳지 않은 것은?

① 1910년대 – 미국 사회복지교육협의회(CSWE)에서 대학원 교과과정으로 사회복지행정이 인정되었다.
② 1930년대 – 사회보장법 제정 이후 공공복지행정가에 대한 수요가 증가하였다.
③ 1950년대 – 사회복지교육협의회(CSWE)에서 사회복지행정을 교과과정으로 인정하였다.
④ 1960년대 – 미국 사회복지사협회(NASW) 산하에 사회복지행정위원회가 설립되었다.
⑤ 1980년대 – 민간 사회복지조직에서 재원조달의 문제와 책임성의 문제가 강조되었다.

03 다음 중 일선 슈퍼바이저의 슈퍼비전 기능으로 옳지 않은 것은?

① 일선 사회복지사가 제공하는 서비스를 감독한다.
② 업무에 대한 조정과 통제의 임무를 수행한다.
③ 개별 사례에 대한 목표 및 과업을 결정한다.
④ 일선 사회복지사의 동기와 사기를 진작시킨다.
⑤ 일선 사회복지사의 지식과 기술을 향상시킨다.

04 다음 중 총체적 품질관리(TQM)에 대한 설명으로 옳지 않은 것은?

① 품질은 초기단계부터 고려된다.
② 고객만족을 위한 결과를 중요시한다.
③ 장기적인 성공에 목표를 둔다.
④ 전 직원의 적극적인 참여가 요구된다.
⑤ 최고관리층의 절대적 관심을 기본요소로 한다.

05 다음 파슨스(Parsons)의 사회적 기능에 따른 조직의 분류 중 유형유지조직에 해당하는 것을 모두 고른 것은?

ㄱ. 회사	ㄴ. 학교
ㄷ. 공공기관	ㄹ. 교회

① ㄱ, ㄴ, ㄷ   ② ㄱ, ㄷ
③ ㄴ, ㄹ   ④ ㄹ
⑤ ㄱ, ㄴ, ㄷ, ㄹ

06 다음 중 사회복지조직의 외부환경에 대한 설명으로 옳지 않은 것은?

① 사회복지조직은 외부환경에 대한 의존성이 높다.
② 시장 상황에서 활동하는 사회복지조직은 경쟁조직을 중요한 환경요소로 다룬다.
③ 일반환경(General Environment)은 조직의 거시적인 사회환경을 말한다.
④ 사회복지사업법은 사회복지조직의 정당성과 권위를 제공하는 외부환경 중 하나이다.
⑤ 우리나라 민간 사회복지조직은 정부재정에 의존하는 경향이 비교적 낮은 편이다.

07 가드너(Gardner)는 인간관계이론과 관련하여 조직에 있어서 인간적 요인의 중요성을 강조한 바 있다. 다음 중 그 내용에 포함되지 않는 것은?

① 조직은 기득권과 싸울 수 있는 수단을 가지고 있어야 한다.

② 조직은 반드시 내적 의사소통의 체계를 갖추고 있어야 한다.

③ 조직은 반드시 이미 진행된 것이 아닌 무엇이 진행될 것인지에 대해 관심을 가지고 있어야 한다.

④ 조직은 유연성이 있어야 하나 그 구조는 항상 유지해야 한다.

⑤ 조직은 절차에 사로잡히는 과정에 맞서 싸울 수 있는 수단을 가지고 있어야 한다.

08 다음 중 사회복지법인에서 이사회의 기능에 해당하지 않는 것은?

① 기관의 목표 · 정책 · 프로그램 형성의 책임

② 정책 · 프로그램 개발을 위한 사안의 건의

③ 인사정책, 업무평가에 대한 책임

④ 지역사회로부터의 프로그램에 대한 신뢰

⑤ 역할의 지속성 보장

09 다음 블라우와 스코트(Blau & Scott)의 수혜자 종류에 따른 조직의 분류에서 사회복지기관이 속하는 조직의 유형은?

① 호혜조직   ② 사업조직

③ 서비스조직   ④ 공공조직

⑤ 통합조직

10 다음 사회복지행정이론 중 제도이론에 대한 설명으로 가장 옳지 않은 것은?

① 조직의 생존과 발전에 있어서 합법성과 권력, 인적·물적 자원 등을 강조한다.

② 조직의 규범과 제도적 환경이 조직의 특성과 행태를 좌우한다는 점을 강조한다.

③ 사회복지조직과 관련된 법적 규범이나 가치 체계를 주요 설명요인으로 다룬다.

④ 유사 조직 간의 동형화(Isomorphism) 현상을 모범사례에 대한 모방과 전이 행동으로 설명한다.

⑤ 사회복지조직의 주요 제도적 환경으로는 정부, 전문직, 여론 등을 들 수 있다.

11 다음 중 의사결정에 대한 설명으로 옳지 않은 것은?

① 직관적 의사결정 – 합리성보다는 감정, 육감, 인상에 근거하여 결정한다.

② 문제해결적 의사결정 – 정보수집, 연구, 분석절차에 따라 결정한다.

③ 정형적 의사결정 – 절차, 규정, 방침에 따라 결정한다.

④ 비정형적 의사결정 – 예상치 못한 상황에 대해 사전에 결정된 기준 없이 결정한다.

⑤ 판단적 의사결정 – 기존 지식과 경험에 의해 기계적으로 결정한다.

12 동기부여의 이론은 크게 내용이론과 과정이론으로 분류할 수 있다. 다음 중 그 성격이 나머지 넷과 다른 것은?

① 매슬로우(Maslow)의 욕구계층이론

② 알더퍼(Alderfer)의 ERG이론

③ 맥그리거(McGregor)의 X·Y이론

④ 아담스(Adams)의 형평성·공정성이론

⑤ 허즈버그(Herzberg)의 동기-위생이론

13 다음 중 사회복지관의 책임성에 대해 올바르게 설명한 것은?

① 사회복지조직에서 제공된 서비스나 프로그램이 클라이언트의 욕구와 문제해결에 있어 적절하였는가?

② 서비스가 그 양과 질에 있어 클라이언트의 욕구충족을 위해 충분했는가?

③ 동일한 욕구를 가진 클라이언트에게 동일한 서비스가 제공되었는가?

④ 사회복지조직이 국가나 사회로부터 사회복지서비스 전달에 대해 위임받은 바를 충실하게 수행했는가?

⑤ 클라이언트가 필요한 서비스를 쉽게 이용할 수 있는가?

14 다음 중 카츠(Katz)가 제시한 리더십 기술 중 관리자의 승진에 따라 상대적 중요도가 커지는 것은?

① 전문과업기술　　　　　　　　② 의사소통기술

③ 인간관계기술　　　　　　　　④ 직접서비스기술

⑤ 사례관리

15 다음 중 보기의 내용에 해당하는 직원능력개발방법으로 옳은 것은?

> • 교육훈련은 작업현장을 떠나 이루어진다.
> • 직무의 복잡화로 인해 시간관리, 스트레스 관리, 어학능력개발 등 다양한 형태로 나타나고 있다.

① 분임토의　　　　　　　　　　② 사례발표

③ 시뮬레이션　　　　　　　　　④ OJT

⑤ Off-JT

16 다음 중 사회복지 마케팅 믹스(Marketing Mix)의 4P에 해당하는 것은?

① 기획(Plan)　　　　　　　　　② 과정(Process)

③ 사람(Person)　　　　　　　　④ 가격(Price)

⑤ 성과(Performance)

17 다음 중 보기의 내용과 연관된 사회복지조직 활동의 관료제적 병폐에 해당하는 것은?

> 장애인 직업훈련기관은 한정된 수의 장애인 클라이언트들을 받아들이고 있다. 이와 같은 상황에서 장애인 직업훈련기관에 클라이언트를 선택할 수 있는 재량권을 부여하는 경우, 장애인 훈련기관은 직업훈련의 성과에 따른 상급기관으로부터의 보조금 수급을 위해 가급적 경증장애인을 받아들이려고 할 것이다.

① 레드 테이프(Red Tape)　　　　　② 매너리즘
③ 할거주의　　　　　　　　　　　④ 크리밍(Creaming)
⑤ 특권계층화

18 다음 중 문제해결을 위해 선택 가능한 대안들을 놓고, 각 대안별로 선택할 경우와 선택하지 않을 경우에 나타날 결과를 분석하여, 각 대안들이 갖게 될 장단점에 대해 균형된 시각을 갖도록 돕는 의사결정기법은?

① 대안선택흐름도표(Alternative Choice Flow Chart)
② 의사결정나무분석(Decision Tree Analysis)
③ 동의달력(Consent Calendar)
④ 명목집단기법(Nominal Group Technique)
⑤ 델파이기법(Delphi Technique)

19 다음 중 학자와 리더십의 유형을 잘못 연결한 것은?

① 피들러(Fiedler) – 과업지향형, 관계지향형
② 리피트와 화이트(Lippitt & White) – 권위형, 민주형, 자유방임형
③ 타넨바움과 슈미트(Tanenbaum & Schmidt) – 상급자중심형, 부하중심형
④ 레딘(Reddin) – 분리형, 헌신형, 관계형, 통합형
⑤ 블레이크와 머튼(Blake & Mouton) – 지시형, 지지형, 참여형, 성취지향형

20 다음 중 우리나라의 공공 사회복지전달체계 현황으로 옳은 것을 모두 고른 것은?

> ㄱ. 일반적인 서비스 신청 및 상담은 거주지 주민센터에서도 가능하다.
> ㄴ. 사회보험제도 운영에서 지방자치단체의 책임성이 매우 크다.
> ㄷ. 공공부조의 전달체계에서 시 · 군 · 구/읍 · 면 · 동이 중요한 역할을 하고 있다.
> ㄹ. 사회보장정보시스템을 통해 읍 · 면 · 동에서 국민연금의 징수 · 지급 업무를 수행한다.

① ㄱ, ㄴ, ㄷ   ② ㄱ, ㄷ
③ ㄴ, ㄹ   ④ ㄹ
⑤ ㄱ, ㄴ, ㄷ, ㄹ

21 다음 중 사회복지행정의 주요 과업으로서 직원의 채용과 해고, 직원의 교육훈련, 활동조건의 유지 등과 관련된 인사관리 활동을 의미하는 것은?

① 스태핑(Staffing)
② 모듈화(Module)
③ 단일화된 인테이크(Intake)
④ 사례관리(Case Management)
⑤ 아웃리치(Outreach)

22 다음 중 사회복지조직 재원의 특징으로 가장 옳지 않은 것은?

① 민간 서비스 제공자의 재원조달에 대한 직접적인 통제력이 약하다.
② 법적으로 위탁받은 서비스를 제공하는 경우에도 그 재정을 전적으로 임의할당할 수는 없다.
③ 정부보조금, 재단지원금, 기부금, 상품판매 등의 다양한 재원을 가지고 있다.
④ 정부의 민간 서비스 제공자에 대한 서비스 책무성은 제공자 중심적이기보다는 이용자 중심적인 경향이 있다.
⑤ 재원확보를 위해 사업제안서, 모금행사, 정부와 계약맺기 등의 활동을 한다.

23 다음 중 예산모형에 대한 설명으로 옳은 것은?

① 품목별 예산은 회계책임을 명확히 하고, 기관 운영이나 활동내용을 명확하게 보여준다.

② 성과주의 예산은 지출과 조직의 장기적 목표를 연동시켜 목표를 합리적으로 달성하는 데 유용하다.

③ 영기준 예산은 점증적인 예산책정 방식으로 장기적 계획 수립에 유용하다.

④ 품목별 예산은 다른 예산모형과 결합하여 사회복지조직에서 널리 활용되고 있다.

⑤ 프로그램 기획예산은 예산제도의 편성과 운영에서 분권을 강화하여 조직 목표달성을 극대화할 수 있다.

24 다음 중 조직구조에 대한 설명으로 옳지 않은 것은?

① 수직적 분화의 형태로는 분업화와 부문화가 있다.

② 업무의 표준화는 조직운영의 경제성과 예측성을 높이기 위한 활동이다.

③ 공식화는 구성원들의 업무 편차를 줄이는 데 효과적이다.

④ 공식적 권한의 집중·분산은 조직관리의 효과성·효율성과 연관된다.

⑤ 정보가 과다하게 집중되어 있는 상황에서 의사결정의 집권화는 실패 가능성이 높다.

25 다음 중 보기의 내용에 해당하는 정보관리시스템의 유형으로 옳은 것은?

> • 기업이 경영에 관한 정보를 효과적으로 제공하기 위하여 컴퓨터를 통한 통합시스템을 활용한다.
> • 일반적으로 중간관리층을 지원하기 위한 시스템으로서 경영관리의 효율성을 도모한다.

① 전산자료처리체계(EDPS)

② 관리정보체계(MIS)

③ 지식기반체계(KBS)

④ 의사결정지원체계(DSS)

⑤ 업무수행지원체계(PSS)

01 다음 중 우리나라의 법령 제정에 대한 설명으로 옳은 것은?

① 시행령은 행정 각부의 장이 발하는 명령이다.

② 대통령은 법률에서 구체적으로 범위를 정하여 위임받은 사항에 대해서만 대통령령을 발할 수 있다.

③ 국무총리는 소관사무에 관하여 법률의 위임 없이 직권으로 총리령을 발할 수 없다.

④ 법률안 제출은 국회의원에 한해 가능하다.

⑤ 법률을 제정하기 위해서는 반드시 국회의 의결을 거쳐야 한다.

02 다음 중 가장 먼저 제정된 법률은?

① 사회보장급여의 이용 · 제공 및 수급권자 발굴에 관한 법률

② 고용보험법

③ 사회보장기본법

④ 국민기초생활 보장법

⑤ 저출산 · 고령사회기본법

03 불법행위로 인하여 어려움을 당하는 국민으로 하여금 신속하게 생활의 곤궁을 회피하게 하여 인간다운 생활을 보장하기 위한 사회보장법의 목적에 맞추어 설정된 내용으로서 사회보장법 정신에 잘 맞는 규정은?

① 사회복지서비스

② 수급권

③ 급여권

④ 구상권

⑤ 사회보험

04 다음 중 사회보장수급권에 대한 설명으로 옳은 것은?

① 사회보장수급권은 헌법상 사회적 기본권과 관계가 없다.

② 사회보장수급권은 제한되거나 정지될 수 있는 것이 원칙이다.

③ 사회보장수급권이 행정청의 위법한 처분에 의해 침해된 경우에는 민사소송을 통하여 다투어야 한다.

④ 사회보장기본법은 사회보장수급권을 명시적으로 규정하고 있다.

⑤ 수급권자는 사회보장수급권을 포기할 수 없는 것이 원칙이다.

05 다음 중 사회복지사업법상 사회복지사에 대한 설명으로 옳지 않은 것은?

① 사회복지시설을 설치 · 운영하는 자는 시설거주자의 생활지도업무에 종사하는 자를 사회복지사로 채용하여야 한다.

② 지방자치단체의 장은 사회복지사의 자질 향상을 위하여 필요하다고 인정하면 보건복지부장관의 승인을 받아 사회복지사에게 교육을 받도록 명할 수 있다.

③ 사회복지시설을 운영하는 자는 그 시설에 종사하는 사회복지사에 대하여 법령에 따른 교육을 이유로 불리한 처분을 하여서는 아니 된다.

④ 사회복지시설에 종사하는 사회복지사는 정기적으로 인권에 관한 내용이 포함된 보수교육을 받아야 한다.

⑤ 사회복지사의 복지증진을 도모하기 위하여 한국사회복지사협회를 설립한다.

06 다음 중 사회복지법인의 임원에 대한 설명으로 옳은 것은?

① 법인은 대표이사를 포함한 이사 5명과 감사 2명 이상을 두어야 한다.

② 이사회의 구성에 있어서 특별한 관계에 있는 사람이 이사 현원의 3분의 1을 초과할 수 없다.

③ 이사와 감사의 임기는 각각 2년으로 동일하다.

④ 외국인인 이사는 이사 현원의 5분의 1 미만이어야 한다.

⑤ 법인이 임원을 임면하는 경우 지체 없이 시 · 도지사에게 보고하여야 한다.

07 다음 중 사회복지법령상 청문에 대한 설명으로 옳지 않은 것은?

① 가정폭력방지 및 피해자보호 등에 관한 법령상 가정폭력피해자 보호시설의 인가를 취소하려면 청문을 하여야 한다.

② 아동복지법령상 아동복지시설의 폐쇄를 명하려면 청문을 하여야 한다.

③ 한부모가족지원법령상 한부모가족복지시설의 폐쇄를 명하려면 청문을 하여야 한다.

④ 장애인복지법령상 의지 · 보조기 기사의 자격을 취소하려면 청문을 하여야 한다.

⑤ 사회복지사업법령상 사회복지시설의 시설장 교체를 명하려면 청문을 하여야 한다.

08 다음 중 사회복지사업법령상 사회복지사업의 근거가 되는 법에 해당하지 않는 것은?

① 아동복지법

② 다문화가족지원법

③ 국민건강보험법

④ 농어촌주민의 보건복지증진을 위한 특별법

⑤ 식품기부 활성화에 관한 법률

09 다음 중 시 · 도 사회보장위원회 위원의 결격사유에 해당하지 않는 것은?

① 미성년자

② 피성년후견인, 피한정후견인

③ 파산선고를 받고 복권되지 아니한 사람

④ 마약 · 대마 또는 향정신성의약품의 중독자

⑤ 법원의 판결에 따라 자격이 상실되거나 정지된 사람

10 다음 중 국민연금법령상 부양가족연금액 산정 시 대상자에 포함되지 않는 사람은?

① 배우자

② 19세 미만인 자녀

③ 60세 이상인 부모

④ 장애등급 3급인 20세 이상의 자녀

⑤ 장애등급 2급 이상인 배우자의 부모

11 다음 중 국민건강보험 직장가입자의 보험료 산정에 관한 내용으로 옳은 것은?

① 직장가입자가 공무원인 경우 보수월액보험료는 그가 소속되어 있는 국가 또는 지방자치단체가 전액을 부담한다.

② 직장가입자가 교직원으로서 사립학교에 근무하는 교원인 경우 보수월액보험료는 해당 교직원이 100분의 50을, 그가 소속되어 있는 사립학교의 사용자가 100분의 20을, 국가가 100분의 30을 각각 부담한다.

③ 소득월액보험료는 근로자와 사용자가 100분의 50씩 부담한다.

④ 보수월액은 소득월액의 산정에 포함된 보수를 제외한 직장가입자의 소득을 기준으로 산정한다.

⑤ 직장가입자의 보험료율은 1천분의 80의 범위에서 건강보험정책심의위원회의 의결을 거쳐 대통령령으로 정한다.

12 다음 중 국민건강보험법상 국민건강보험공단의 업무에 해당하지 않는 것은?

① 건강보험에 관한 교육훈련 및 홍보

② 가입자 및 피부양자의 자격관리

③ 가입자 및 피부양자의 질병의 조기발견을 위한 예방사업

④ 보험급여 비용의 지급

⑤ 요양급여의 적정성에 대한 평가

13 **고용보험법의 내용으로 옳은 것은?**

① 고용보험기금은 기획재정부장관이 관리·운용한다.

② "일용근로자"란 6개월 미만 동안 고용되는 사람을 말한다.

③ 취업촉진 수당의 종류로는 구직급여, 직업능력개발 수당 등이 있다.

④ "실업"이란 근로의 의사와 능력이 없어 취업하지 못한 상태에 있는 것을 말한다.

⑤ 국가는 매년 보험사업에 드는 비용의 일부를 일반회계에서 부담하여야 한다.

14 **다음 중 산업재해보상보험법의 적용을 받는 경우에 해당하는 것은?**

① 사립학교교직원 연금법에 따라 재해보상이 되는 사업

② 주택법에 따른 주택건설사업자가 시공하는 연면적 200제곱미터인 건축물의 건축

③ 법인이 아닌 자의 사업으로 상시근로자 수가 3명인 농업

④ 가구 내 고용활동

⑤ 공무원 재해보상법에 따라 재해보상이 되는 사업

15 **다음 중 업무상 재해에 해당하지 않는 것은?**

① 인력업체가 제공한 차량을 운전하고 건설회사의 공사현장으로 출근하던 근로자가 교통사고를 당한 경우

② 출장 중 밤늦게 퇴근한 근로자가 동료들과 함께 자정 무렵까지 회식을 한 다음, 택시로 이동하여 술을 더 마신 후 횡단보도를 건너던 중 교통사고를 당한 경우

③ 근로자가 휴게시간에 구내매점에 간식을 사먹으러 가다가 제품하치장에서 교통사고를 당한 경우

④ 회사의 트럭 운전기사가 술이 깬 후 회사의 생산물을 운반하라는 상사의 구두 지시에 위배하여 트럭을 운행하다가 교통사고로 사망한 경우

⑤ 근로자가 작업시간 전 회사 체력단련실에서 역기에 목이 눌린 상태로 발견되어 병원으로 후송되어 요양하던 중 사망한 경우

16 다음 중 노인장기요양보험법령상 이의신청 등에 대한 설명으로 옳은 것은?

① 심사청구에 대한 결정에 불복하는 자는 결정처분을 받은 날부터 90일 이내에 장기요양심사위원회에 재심사청구를 할 수 있다.

② 국민건강보험공단의 장기요양인정 처분에 이의가 있는 자는 장기요양심사위원회에 이의를 신청할 수 있다.

③ 국민건강보험공단은 장기요양심판위원회를 구성하여 심사청구를 심사하게 하여야 한다.

④ 심사청구는 처분이 있은 날부터 60일 이내에 문서로 하여야 한다.

⑤ 국민건강보험공단의 처분에 이의가 있는 자는 행정소송법으로 정하는 바에 따라 행정소송을 제기할 수 있다.

17 다음 중 국민기초생활보장법령에 대한 내용으로 옳지 않은 것은?

① 보장기관은 수급자가 급여의 전부를 거부한 경우에도 급여의 일부에 한하여 중지할 수 있다.

② 수급자는 급여를 받을 권리를 타인에게 양도할 수 없다.

③ 수급자는 거주지역, 세대의 구성 등이 변동되었을 때에는 지체 없이 관할 보장기관에 신고하여야 한다.

④ 수급자에 대한 급여는 정당한 사유 없이 수급자에게 불리하게 변경할 수 없다.

⑤ 급여 실시 및 급여 내용이 결정된 수급자에 대한 급여는 급여의 신청일부터 시작한다.

18 다음 중 의료급여법령에 대한 설명으로 옳지 않은 것은?

① 국민기초생활 보장법에 따른 의료급여 수급자는 의료급여법에 따른 수급권자이다.

② 관할 시장·군수·구청장은 수급권자가 되려는 자의 인정 신청이 없더라도 직권으로 수급권자를 정할 수 있다.

③ 수급권자가 공무로 생긴 질병으로 다른 법령에 따른 보상을 받게 되는 경우에는 의료급여법에 따른 의료급여를 하지 아니한다.

④ 의료급여기관은 의료급여를 하기 전에 수급권자에게 본인부담금을 청구하여서는 아니 된다.

⑤ 의료급여를 받을 권리는 양도하거나 압류할 수 없다.

19 다음 중 기초연금법의 내용으로 옳지 않은 것은?

① 기초연금 수급권자의 기초연금액은 기준연금액과 국민연금급여액 등을 고려하여 산정한다.

② 기준연금액은 보건복지부장관이 그 전년도의 기준연금액에 대통령령으로 정하는 바에 따라 전국소비자물가변동률을 반영하여 매년 고시한다.

③ 기초연금액이 기준연금액을 초과하는 경우 기준연금액을 기초연금액으로 본다.

④ 보건복지부장관은 매년 기초연금 수급권자의 생활수준 등을 고려하여 기초연금액의 적정성을 평가하여야 한다.

⑤ 기초연금을 지급받으려는 사람은 국민연금공단에 기초연금의 지급을 신청할 수 있다.

20 긴급복지지원법의 내용으로 옳지 않은 것은?

① 주거지가 불분명한 자도 긴급지원대상자가 될 수 있다.

② 국가 및 지방자치단체는 위기상황에 처한 사람에 대한 발굴조사를 연 1회 이상 정기적으로 실시하여야 한다.

③ 위기상황에 처한 사람에게 일시적으로 신속하게 지원하는 것을 기본원칙으로 한다.

④ 누구든지 긴급지원대상자를 발견한 경우에는 관할 시장·군수·구청장에게 신고하여야 한다.

⑤ 국내에 체류하는 모든 외국인은 긴급지원대상자가 될 수 없다.

21 사회복지법상 연령 규정으로 옳지 않은 것은?

① 아동복지법상 "아동"이란 18세 미만인 사람을 말한다.

② 다문화가족지원법상 "아동·청소년"이란 24세 이하인 사람을 말한다.

③ 한부모가족지원법상 "청소년 한부모"란 24세 이하의 모 또는 부를 말한다.

④ 노인복지법상 노인의 정의에 대한 연령 규정은 없다.

⑤ 한부모가족지원법상 "취학 중인 경우의 아동"은 24세 미만인 사람을 말한다.

22 노인복지법상 노인복지시설의 종류에 해당하지 않는 것은?

① 노인의료복지시설 　　　　　② 노인여가복지시설
③ 재가노인복지시설 　　　　　④ 독거노인종합지원센터
⑤ 학대피해노인 전용쉼터

23 다음 중 영유아보육법령의 규정에 따라 사업주가 직장어린이집을 설치하여야 하는 기준으로 옳은 것은?

① 상시 여성근로자 100명 이상을 고용하고 있는 사업장
② 상시 여성근로자 200명 이상을 고용하고 있는 사업장
③ 상시 여성근로자 300명 이상을 고용하고 있는 사업장
④ 상시근로자 200명 이상을 고용하고 있는 사업장
⑤ 상시근로자 300명 이상을 고용하고 있는 사업장

24 장애인복지법에 근거하여 설치 또는 설립하는 것이 아닌 것은?

① 발달장애인지원센터
② 한국장애인개발원
③ 장애인권익옹호기관
④ 장애인 거주시설
⑤ 장애인자립생활지원센터

25 다문화가족지원법령에 관한 설명으로 옳지 않은 것은?

① 대한민국 국민과 사실혼 관계에서 출생한 자녀를 양육하고 있는 다문화가족 구성원도 이 법의 지원대상이 된다.
② 다국어에 의한 서비스 제공 규정은 아직 마련되어 있지 않다.
③ 생활정보 제공 및 교육 지원에 관한 규정을 두고 있다.
④ 가정폭력 피해자에 대한 보호 · 지원 규정을 두고 있다.
⑤ 의료 및 건강관리를 위한 지원 규정을 두고 있다.

1과목	사회복지기초	시험시간	09:30~10:20(50분)	문제수	50문제(각 영역 1~25번)	문제지형별	A
				응시번호			

제1영역 인간행동과 사회환경

01 다음 중 인간발달의 원리에 대한 설명으로 가장 옳은 것은?

① 유전적 요인보다 환경적 요인을 중시한다.

② 연속적인 과정으로 발달의 속도는 일정하다.

③ 발달상의 결정적 시기와 바람직한 성격형성은 무관하다.

④ 일생에 걸쳐 일어나는 예측가능한 변화이다.

⑤ 개인차가 존재하므로 일정한 순서와 방향성을 제시하기 어렵다.

02 다음 중 프로이트(Freud)의 정신분석이론과 구별되는 융(Jung)의 분석심리이론의 특징으로 옳지 않은 것은?

① 성격발달은 전 생애에 걸쳐 이루어지며 후천적으로 변할 수 있다고 보았다.

② 성격은 과거사건 및 미래에 대한 열망에 의해 형성된다고 보았다.

③ 프로이트의 성적 에너지인 리비도의 개념을 확장시켜 창의적인 생활력으로 보았다.

④ 인간행동과 경험의 역동적이고 무의식적인 영향을 연구하였다.

⑤ 성격의 여러 측면을 통합하여 자기실현을 할 수 있는 인생의 후반기를 강조하였다.

03 다음 중 융(Jung)의 분석심리이론에서 "개인이 표출하는 이미지는 가면과도 같다"라고 한 것과 관련이 있는 것은?

① 원 형

② 페르소나

③ 그림자

④ 아니마

⑤ 아니무스

04 아동 및 청소년의 발달에 영향을 미치는 요소로 또래관계를 들 수 있다. 다음 중 또래에 대한 설명으로 가장 옳지 않은 것은?

① 또래는 최소한 그 순간 행동의 복합도가 유사한 수준에서 상호작용하는 개체들을 말한다.

② 또래는 서로에게 중요한 강화자(Reinforcer)로서의 기능을 한다.

③ 또래는 사회적 지지 및 비교의 기능을 한다.

④ 경쟁, 갈등은 또래의 상호작용에 부정적인 영향을 미친다.

⑤ 유아의 또래와의 상호작용은 동등한 지위 관계 속에서 이루어진다.

05 다음 행동주의이론의 접근방법 중 인지적 과정 및 인지적 학습을 강조한 학자는?

① 스키너(Skinner)

② 왓슨(Watson)

③ 손다이크(Thorndike)

④ 반두라(Bandura)

⑤ 파블로프(Pavlov)

06 다음 중 보기의 내용과 연관된 것은?

> 쥐를 전혀 두려워하지 않는 아동에게 쥐를 보여주는 동시에 큰 소리를 내어 공포를 갖게 하는 것을 반복하면, 이후 아동은 쥐만 보아도 공포심을 느끼게 된다.

① 도구적 조건형성

② 강화적 조건형성

③ 대리적 조건형성

④ 조작적 조건형성

⑤ 고전적 조건형성

07 다음 피아제(Piaget)의 도덕성 발달에 대한 내용 중 자율적 도덕성에 대한 설명으로 옳은 것을 모두 고른 것은?

> ㄱ. 구체적 조작기의 도덕적 수준에 해당한다.
> ㄴ. 행위의 의도보다 결과를 중요시한다.
> ㄷ. 규칙위반이 반드시 처벌을 의미하지는 않는다.
> ㄹ. 규칙은 절대적인 것으로서 변경이 불가능하다.

① ㄱ, ㄴ, ㄷ   ② ㄱ, ㄷ
③ ㄴ, ㄹ   ④ ㄹ
⑤ ㄱ, ㄴ, ㄷ, ㄹ

08 다음 중 감각운동기의 발달순서를 올바르게 나열한 것은?

> ㄱ. 반사활동   ㄴ. 1차 순환반응
> ㄷ. 2차 도식의 협응   ㄹ. 2차 순환반응
> ㅁ. 3차 순환반응   ㅂ. 정신적 표상

① ㄱ － ㅂ － ㄴ － ㄷ － ㄹ － ㅁ
② ㄱ － ㅂ － ㄴ － ㄹ － ㄷ － ㅁ
③ ㄱ － ㄷ － ㄴ － ㄹ － ㅁ － ㅂ
④ ㄱ － ㄴ － ㄹ － ㄷ － ㅁ － ㅂ
⑤ ㄱ － ㄴ － ㄷ － ㄹ － ㅁ － ㅂ

09 다음 중 매슬로우(Maslow)의 욕구이론에 대한 설명으로 옳지 않은 것은?

① 욕구를 행동의 동기요인이라 주장하며 욕구 5단계설을 제시하였다.
② 제1형태의 욕구는 결핍성 욕구로 생존적인 경향이 강하다.
③ 욕구위계에서 상위의 욕구만족은 지연될 수 있다.
④ 하위욕구는 성장에 필요하고 상위욕구는 생존에 필요하다.
⑤ 욕구를 충족시키기 위한 행동은 학습에 의한 것이다.

10 다음 중 행동주의이론이 사회복지실천에 미친 영향으로 옳은 것은?

① 가족관계의 역동성을 이해할 수 있는 틀을 제시하였다.

② 중년기의 위기와 문제를 정확히 사정할 수 있게 하였다.

③ 청소년의 정체감 확립과정을 이해할 수 있게 하였다.

④ 환경의 변화를 통해 문제를 해결할 수 있는 기반을 제공하였다.

⑤ 인간의 내면적인 문제를 정확히 사정할 수 있게 하였다.

11 다음 중 학령기(6~12세)에 대한 설명으로 가장 옳은 것은?

① 프로이트(Freud)의 생식기에 해당하는 시기이다.

② 가정에서 학교로 사회적 관계를 확장한다.

③ 사고는 직관적인 수준을 벗어나지 못한다.

④ 자아정체감 형성이 주요 과제이다.

⑤ 에릭슨(Erikson)의 자율성 대 수치심의 단계에 해당하는 시기이다.

12 다음 중 중년기의 위기에 해당하는 것을 모두 고른 것은?

ㄱ. 신체적 노화

ㄴ. 사회·문화적 스트레스 증가

ㄷ. 경제적 스트레스 증가

ㄹ. 이별과 상실감으로 인한 정신적 스트레스 증가

① ㄱ, ㄴ, ㄷ 　　　　　　　② ㄱ, ㄷ

③ ㄴ, ㄹ 　　　　　　　　　④ ㄹ

⑤ ㄱ, ㄴ, ㄷ, ㄹ

13 다음 보기의 내용에 해당하는 조부모의 역할 유형은?

> 손자녀에게 관심을 가지고 필요할 때 돌봐주기도 하지만 자녀양육 문제에 간섭하는 것을 삼간다.

① 대리부모형
② 가족의 지혜 원천형
③ 즐거움을 추구하는 유형
④ 공식적 유형
⑤ 원거리형

14 다음 중 청소년기(12~19세)에 대한 설명으로 옳은 것은?

① 에릭슨은 이 시기를 친밀감 대 고립감의 위기로 표현했다.
② 직업과 배우자 선택, 자녀양육 등으로 스트레스를 받는다.
③ 체벌적 훈육법은 내적 통제능력을 길러준다.
④ 극단적인 정서경험과 함께 공격적인 성향을 보이기도 한다.
⑤ 아동기의 또래집단에 비해 동질적인 특성을 가진다.

15 다음 중 에치오니(Etzioni)의 조직 유형 분류에서 규범적 조직에 해당하는 것을 모두 고른 것은?

ㄱ. 종교조직	ㄴ. 정치조직
ㄷ. 사회복지조직	ㄹ. 학교

① ㄱ, ㄴ, ㄷ
② ㄱ, ㄷ
③ ㄴ, ㄹ
④ ㄹ
⑤ ㄱ, ㄴ, ㄷ, ㄹ

16 다음 중 생태체계이론에 대한 설명으로 옳지 않은 것은?

① 인간과 환경을 지속적인 상호교류 안에 존재하는 하나의 체계로 본다.

② 인간발달단계에 대해 거시적인 접근을 한다.

③ 성격은 타고난 개인의 성향에 의해 좌우된다고 본다.

④ 가족체계를 강조하는 경향이 있다.

⑤ '환경 속의 인간'이라는 사회복지실천의 기본관점을 반영하고 있다.

17 다음 중 로저스(Rogers)가 제시한 '완전히 기능하는 사람'의 특징에 해당하지 않는 것은?

① 창조적으로 살아간다.

② 타인을 신뢰한다.

③ 실존적인 삶을 추구한다.

④ 개방적으로 체험한다.

⑤ 자신의 느낌과 반응에 충실하다.

18 다음 중 보기와 같이 청소년이 정체감의 위기를 경험하지 않은 채 부모나 사회의 요구에 따라 결정하는 것을 무엇이라 하는가?

> 최근 공교육 정책에 대한 비판과 함께 사교육 시장이 과열 양상을 보이고 있어 커다란 사회적 문제로 대두되고 있다. 이러한 현상은 공교육의 사교육화를 주제로 ○○방송 프로그램으로 방영되기도 하여 열풍을 불러일으키기도 하였다. 그러나 교육학자들이나 일선 교사들은 청소년에게 자신의 꿈이나 소질과는 상관없이 부모나 사회의 요구에 따라 무조건 최고 학교에 들어가야만 성공할 수 있다는 그릇된 인식을 심어줌으로써 자아성취에 부작용을 일으킬 수 있다고 경고하고 있다.

① 정체감 유실　　　　　　　　② 정체감 유예

③ 정체감 성취　　　　　　　　④ 정체감 혼란

⑤ 정체감 중지

19 다음 중 에릭슨(Erikson) 이론의 특징에 대한 설명으로 옳지 않은 것은?

① 문화적 · 역사적 요인과 성격구조의 관련성을 중시한다.

② 발달단계에서 외부환경에 대처하고 적응하는 과정을 중시한다.

③ 인간의 공격성과 성적 충동의 영향력을 강조한다.

④ 인간행동은 의식수준에서 통제가능한 자아(Ego)에 의해 동기화된다.

⑤ 발달위기의 극복 여부에 따라 정상적인 측면이나 비정상적인 측면이 나타난다.

20 다음 중 반두라(Bandura)의 모방(Modeling)에 대한 설명으로 가장 옳지 않은 것은?

① 다른 사람의 행동을 관찰하여 그 행동을 학습하는 것이다.

② 학습은 관찰과 함께 외적 강화를 필요로 한다.

③ 시연을 통해 행동을 습득할 수 있다.

④ 대리경험에 의한 학습으로 새로운 행동을 창조해 낼 수 있다

⑤ 쉽고 간단한 것부터 습득하며 점차 어렵고 복잡한 것으로 진전된다.

21 다음 중 출생순서가 성격에 미치는 영향을 강조하며 맏이를 폐위된 왕으로 비유한 학자와 이론을 바르게 연결한 것은?

① 아들러 – 개인심리이론

② 칼 융 – 분석심리이론

③ 에릭슨 – 심리사회이론

④ 피아제 – 인지발달이론

⑤ 콜버그 – 도덕성 발달이론

22 다음 중 하비거스트(Havighurst)가 제시한 청년기의 발달과업에 해당하지 않는 것은?

① 성역할을 동일시한다.

② 배우자를 선택한다.

③ 직업생활을 시작한다.

④ 시민의 의무를 완수한다.

⑤ 마음 맞는 사람들과 사회적 집단을 형성한다.

23 다음 중 노년기(65세 이상)의 특징으로 가장 옳은 것은?

① 사회적 지위가 높아지면서 공식적 · 제도적인 역할이 확대된다.

② 인지능력과 추론능력이 급격히 떨어지는 양상을 보인다.

③ 노화는 주로 외부환경적인 요인에서 비롯된다.

④ 생활주기상 동일한 시기에 있는 사람들과 친구관계를 맺는다.

⑤ 자기중심적인 사고에서 벗어나 문제를 해결하려는 양상을 보인다.

24 다음 중 보기의 내용과 연관된 체계이론의 개념에 해당하는 것은?

> 동일한 집단 프로그램에 참여한 청소년들이라 해도 부모나 교사와의 상호작용 과정에 따라 프로그램의
> 효과가 다르게 나타나게 된다.

① 홀론(Holon)

② 시너지(Synergy)

③ 다중종결성(Multifinality)

④ 엔트로피(Entropy)

⑤ 안정상태(Steady State)

25 다음 집단의 분류 중 자조집단에 해당하는 것을 모두 고른 것은?

> ㄱ. 단주모임
> ㄴ. 청소년 대상의 가치명료화 집단
> ㄷ. 참교육을 위한 학부모연대
> ㄹ. 약물중독자 집단

① ㄱ, ㄴ, ㄷ   ② ㄱ, ㄷ

③ ㄴ, ㄹ   ④ ㄹ

⑤ ㄱ, ㄴ, ㄷ, ㄹ

01 다음 중 초점집단기법과 델파이기법에 대한 설명으로 옳은 것은?

① 초점집단기법은 내용타당도를 높이는 목적으로 사용될 수 있다.
② 초점집단기법은 자료수집 과정에서는 연구자의 주관적 개입이 불가능하다.
③ 초점집단기법은 반대 견해를 가진 사람들이 직접적으로 맞대응하는 것을 피할 수 있다.
④ 델파이기법은 비구조화 방식으로 정보의 흐름을 제어한다.
⑤ 델파이기법은 대면(Face to Face) 집단의 상호작용을 통해 도출된 자료를 분석한다.

02 다음 중 사회복지조사의 필요성에 대한 내용으로 옳은 것을 모두 고른 것은?

ㄱ. 서비스 프로그램의 효과성 및 효율성 검증
ㄴ. 클라이언트의 욕구에 관한 보편적 이론 구축
ㄷ. 전문직 활동으로서 사회적 책임성 구현
ㄹ. 사회복지실무자의 정치적 민감도 제고

① ㄱ, ㄴ, ㄷ
② ㄱ, ㄷ
③ ㄴ, ㄹ
④ ㄹ
⑤ ㄱ, ㄴ, ㄷ, ㄹ

03 사회조사분석단위와 관련된 오류 중 개인을 분석단위로 한 조사결과에 근거하여 집단에 대해서도 같을 것이라고 가정할 때 발생하는 오류는?

① 생태학적 오류
② 개인주의적 오류
③ 축소주의적 오류
④ 환원주의적 오류
⑤ 기회주의적 오류

04 다음 보기의 내용 중 성별과 연관된 변수에 해당하는 것은?

> 키와 취업이라는 두 변수 간에 상관관계가 있다는 연구결과가 나왔다. 그러나 성별에 따라 남자와 여자로
> 구분해보니 상관관계가 없어졌다.

① 매개변수   ② 통제변수
③ 종속변수   ④ 독립변수
⑤ 왜곡변수

05 다음 중 변수에 대한 설명으로 옳은 것은?

① 독립변수는 피예측변수이다.
② 매개변수는 독립변수의 원인변수이다.
③ 선행변수를 통제해도 독립변수와 종속변수 간의 관계는 유지된다.
④ 결과변수는 독립변수와 종속변수 간의 인과관계에 영향을 미치는 제3의 변수이다.
⑤ 연속변수의 대표적인 예는 더미변수이다.

06 다음 중 설문지 문항의 작성방법에 대한 설명으로 옳지 않은 것은?

① 폐쇄형 질문의 응답범주는 상호배타적이어야 한다.
② 신뢰도를 평가하는 질문들은 함께 배치하는 것이 좋다.
③ 답변하기 쉬운 질문이나 일반적인 질문은 앞쪽에 배치한다.
④ 이중질문이나 유도질문은 피하는 것이 좋다.
⑤ 질문은 사실적이고 객관적이어야 하며 간단명료해야 한다.

07 다음 중 보기에서 A 연구자가 연구를 진행할 때 일반적으로 사용할 수 있는 표집방법으로 가장 거리가 먼 것은?

> A 연구자는 시설보호 아동의 학교생활이 어떤 특징적 양상을 나타내 보이는지 그 본질과 맥락에 대해 조사하고자 한다.

① 판단표집(Judgment Sampling)
② 편의표집(Convenience Sampling)
③ 층화표집(Stratified Sampling)
④ 1사례표집(One Case Sampling)
⑤ 이론적 표집(Theoretical Sampling)

08 다음 중 보기에 대한 설명으로 옳은 것은?

> 최근 ○○신문사에서 전국의 고등학생 및 대학생, 일반인을 대상으로 경제이해력에 대한 검증시험을 실시하였다. 지난 회에 이어 두 번째로 치러진 이번 시험에서는 최우수등급인 S등급이 1명도 배출되지 않았으나 각 등급의 분포는 1회 때와 비슷하게 나왔다. 시험의 주최를 맡은 ○○신문사에서는 해당 시험의 시험문항에 대한 적정성, 일관성, 변별력 등을 평가하기 위해 크론바흐 알파계수를 이용하였으며, 그 결과값은 0.52로 나타났다.

① 크론바흐 알파계수는 대안법에 해당한다.
② 신뢰도보다는 타당도를 측정하는 방법에 해당한다.
③ 신뢰도를 저해하는 항목을 찾을 수 없다.
④ 계수는 0~1의 값을 가지며, 값이 높을수록 신뢰도가 높다.
⑤ 위의 결과값인 0.52는 평균치 이상에 해당하므로 바람직하다고 할 수 있다.

09 다음 중 외적 타당도에 대한 설명으로 옳은 것을 모두 고른 것은?

> ㄱ. 연구결과의 인과관계 정도와 관련이 있다.
> ㄴ. 연구결과의 일반화와 관련이 있다.
> ㄷ. 연구대상의 선별요인이 외적 타당도를 저해할 수 있다.
> ㄹ. 연구대상의 반응효과가 외적 타당도를 저해할 수 있다.

① ㄱ, ㄴ, ㄷ   ② ㄱ, ㄷ

③ ㄴ, ㄹ   ④ ㄹ

⑤ ㄱ, ㄴ, ㄷ, ㄹ

10 다음 중 보기의 연구사례에 대한 설명으로 옳지 않은 것은?

> 성차별에 대한 대중의 인식 변화를 알아보기 위해 1960년대부터 현재까지 여성의 사회활동을 소재로 한 문학작품들을 분석하기로 하였다.

① '성차별'에 대한 조작적 정의가 필요하다.

② 사례 수가 많은 경우 표본추출을 통해 이를 줄일 수 있다.

③ 이 조사에서 표본추출의 단위는 여성이다.

④ 연구 모집단을 규정하고 표집틀을 구해야 한다.

⑤ 성차별의 현재적 내용과 잠재적 내용을 구분하여 분석할 수 있다.

11 다음 보기의 설문문항과 같이 강도가 다양한 어떤 태도유형에 대해 가장 약한 표현으로부터 가장 강한 표현에 이르기까지 서열적 순서를 부여하는 척도유형으로 가장 적절한 것은?

[청소년의 인터넷게임중독에 관한 조사]
다음 질문에 대해 '그렇다' 또는 '아니다' 항목에 ○표 하십시오.

질문문항	응답범주	
	그렇다	아니다
1. 지나가는 행인을 무차별적으로 폭행한다.		
2. 다른 아이들의 돈을 갈취한다.		
3. 지각 · 조퇴 · 결석을 자주 한다.		
4. 거짓말을 빈번히 한다.		
5. 성적이 큰 폭으로 하락한다.		
6. 수업시간에 집중하지 않는다.		

① 의미분화척도
② 서스톤척도
③ 리커트척도
④ 거트만척도
⑤ 사회적 거리척도

12 다음 중 보기의 내용에 해당하는 척도의 종류를 순서대로 나열한 것은?

ㄱ. 교육수준 – 중졸 이하 / 고졸 / 대졸 / 대학원 이상
ㄴ. 교육연수 – 정규교육을 받은 기간(년)
ㄷ. 평균학점 – A / B / C / D / F

	ㄱ	ㄴ	ㄷ
①	서열척도	비율척도	등간척도
②	서열척도	등간척도	비율척도
③	등간척도	비율척도	서열척도
④	등간척도	서열척도	비율척도
⑤	비율척도	서열척도	등간척도

13 다음 타당도를 측정하는 방법 중 검사의 내용이 측정하려는 속성과 일치하는지를 논리적으로 분석 · 검토하여 결정하는 것은?

① 예언타당도   ② 공인타당도

③ 구성타당도   ④ 동시타당도

⑤ 내용타당도

14 다음 중 실험대상의 무작위할당이 이루어지지 않고 비교집단이 선정되지 않거나 선정되어도 집단 간의 동질성이 확보되지 않으며 관찰이 한두 번 정도로 제한되는 설계는?

① 순수실험설계   ② 유사실험설계

③ 전실험설계   ④ 비실험설계

⑤ 준실험설계

15 다음 중 단일사례연구에 대한 설명으로 옳지 않은 것을 모두 고른 것은?

> ㄱ. 사례가 하나이다.
> ㄴ. 주목적은 개입의 효과를 관찰하는 것이다.
> ㄷ. 시계열적으로 반복적인 관찰을 한다.
> ㄹ. 외적 타당도가 높다.

① ㄱ, ㄴ, ㄷ   ② ㄱ, ㄷ

③ ㄴ, ㄹ   ④ ㄹ

⑤ ㄱ, ㄴ, ㄷ, ㄹ

16 보기에서 내적 타당도 저해요인 중 외적 요인을 통제하는 방법이 아닌 것을 모두 고른 것은?

ㄱ. 배 합	ㄴ. 무작위할당
ㄷ. 통계적 통제	ㄹ. 변수 조작

① ㄱ, ㄴ, ㄷ
② ㄱ, ㄷ
③ ㄴ, ㄹ
④ ㄹ
⑤ ㄱ, ㄴ, ㄷ, ㄹ

17 다음 중 보기의 내용과 연관된 조사설계에 해당하는 것은?

- 1회 사례연구보다 진일보한 설계이다.
- 시간적 우선성과 비교의 기준이 존재한다.
- 역사요인, 성숙요인 등을 통제할 수 없다.

① 통제집단 전후 비교설계
② 통제집단 후 비교설계
③ 비동일 비교집단설계
④ 단순시계열설계
⑤ 단일집단 전후 검사설계

18 다음 중 델파이(Delphi) 조사에 대한 설명으로 옳지 않은 것은?

① 미래의 사건에 관한 식견이 있는 전문가집단의 의견을 수렴하는 방법으로 활용된다.
② 외형적으로는 설문조사방법과 유사하다.
③ 패널의 후광효과를 방지하기 어렵다.
④ 패널의 의견은 반복되는 설문을 통해 수정될 수 있다.
⑤ 연구자가 사전에 결정한 방향으로 패널의 의견이 유도될 위험이 있다.

19 다음 중 검사의 신뢰도에 영향을 미치는 요인에 대한 설명으로 옳지 않은 것은?

① 모든 조건이 동일한 경우 동질집단일수록 검사 결과의 신뢰도가 높아진다.

② 검사의 길이가 길수록 신뢰도가 높아진다.

③ 쉬운 문항부터 배열하는 경우 신뢰도가 높아진다.

④ 속도요인을 많이 포함하는 경우 신뢰도가 과대평가된다.

⑤ 동일한 검사에 여러 가지 방법을 동시에 사용하여 얻어진 신뢰도 계수는 서로 다르게 나타난다.

20 프로그램이 종료된 이후 행해지는 평가로서 어느 프로그램을 시작할 것인지, 지속할 것인지, 종결할 것인지 또는 여러 개의 대안적인 프로그램들 가운데 어느 것을 택해야 하는지 등을 결정할 경우 실시하는 평가는?

① 형성평가　　　　　　　　　　② 통합평가

③ 총괄평가　　　　　　　　　　④ 개인평가

⑤ 사전평가

21 다음 중 비반응성 혹은 비관여적 연구조사에 관한 설명으로 옳지 않은 것은?

① 관찰현상에 대한 연구자의 영향력을 줄인다.

② 드러난 내용과 숨어 있는 내용을 이해한다.

③ 내용분석법과 2차 자료분석이 대표적이다.

④ 자료수집 및 해석의 신뢰성을 도모하기 위해 다원측정의 원칙을 활용한다.

⑤ 명목수준의 측정에 국한되는 단점이 있다.

22 다음 중 2차 자료분석의 대상에 해당하는 것을 모두 고른 것은?

| ㄱ. 인테이크 자료 | ㄴ. 면접기록표 |
| ㄷ. 서비스대기자 명단 | ㄹ. 지역사회 공개토론회 |

① ㄱ, ㄴ, ㄷ   ② ㄱ, ㄷ

③ ㄴ, ㄹ   ④ ㄹ

⑤ ㄱ, ㄴ, ㄷ, ㄹ

23 다음 중 사회과학의 패러다임으로서 해석주의에 대한 설명으로 가장 옳은 것은?

① 양적 연구방법의 철학적 배경이 된 후기실증주의의 방법론적 유형에 해당한다.

② 일반화를 전개하는 것이 중시된다.

③ 현상의 원인을 과학적 · 객관적으로 측정한다.

④ 문화의 보편적 양상을 통해 사회현상을 설명한다.

⑤ 개인의 일상경험을 해석하고 이해하는 것이 목적이다.

24 양적 조사와 질적 조사의 비교로 옳지 않은 것은?

① 양적 조사에 비하여 질적 조사는 조사결과의 일반화가 어렵다.

② 양적 조사에 비하여 질적 조사는 사회 현상의 주관적 의미에 관심을 갖는다.

③ 질적 조사에 비하여 양적 조사에서는 귀납법을 주로 사용한다.

④ 양적 조사는 가설검증을 지향하고 질적 조사는 탐색, 발견을 지향한다.

⑤ 질적 조사에 비하여 양적 조사의 표본 크기가 상대적으로 크다.

25 다음 중 양적 연구와 질적 연구를 통합한 혼합연구방법(Mixed Method)에 대한 설명으로 옳지 않은 것은?

① 자료나 연구자, 이론이나 방법론을 다원화하는 방법이 있다.

② 질적 연구결과와 양적 연구결과는 동일하게 나타난다.

③ 양적 연구의 결과에서 질적 연구가 시작될 수 있다.

④ 연구자에 따라 두 가지 연구방법의 비중은 상이할 수 있다.

⑤ 실험적 설계를 이용하면서 질적 자료를 수집하여 내용분석을 수행할 수 있다.

제1영역 사회복지실천론

01 다음 중 사회복지사의 목표설정에 대한 지침으로 가장 옳은 것은?

① 목표는 이상적이고 원대할수록 좋다.

② 목표달성 가능성보다 동기부여를 더욱 중요하게 고려한다.

③ 클라이언트와 사회복지사의 목표가 합의되지 않으면 사회복지사 판단으로 결정한다.

④ 기관의 가치나 기능과 맞지 않더라도 클라이언트가 원하면 목표로 설정한다.

⑤ 목표가 여러 가지인 경우 시급성과 달성가능성을 따져 우선순위를 정한다.

02 다음의 설명은 사회복지사의 어느 역할에 대한 내용인가?

클라이언트의 위기상황에서 다양한 스트레스에 대처하도록 돕는 역할

① 조정자의 역할

② 조력자의 역할

③ 중재자의 역할

④ 관리자의 역할

⑤ 교육자의 역할

03 다음 중 보기의 사례와 관련하여 사회복지사가 고려해야 할 윤리원칙으로 가장 적절하지 않은 것은?

> 클라이언트 A씨는 오래전부터 암 투병 생활을 하고 있다. 이미 수차례의 항암치료로 인해 극심한 고통을 경험했으나, 아직 더욱 힘든 치료과정이 남아있다는 의사의 말에 자포자기 상태에 놓이게 되었다.

① 생명보호의 원칙
② 자율성과 자유의 원칙
③ 평등과 불평등의 원칙
④ 삶의 질 원칙
⑤ 사생활과 비밀보장의 원칙

04 콤튼과 갤러웨이(Compton & Galaway)의 6체계모델 중 사회복지사협회는 어느 체계에 속하는가?

① 변화매개체계
② 표적체계
③ 행동체계
④ 전문가체계
⑤ 문제인식체계

05 다음 사회복지의 역사적 사건을 연도순으로 나열한 것은?

> ㄱ. 리치몬드(Richmond)의 『사회진단』
> ㄴ. 우리나라의 태화기독교사회관 보육프로그램 개설
> ㄷ. 바네트(Barnett) 목사에 의한 토인비 홀 설립
> ㄹ. 코이트(Coit)에 의한 근린길드 설립

① ㄷ → ㄹ → ㄱ → ㄴ
② ㄷ → ㄹ → ㄴ → ㄱ
③ ㄹ → ㄷ → ㄱ → ㄴ
④ ㄹ → ㄷ → ㄴ → ㄱ
⑤ ㄱ → ㄴ → ㄷ → ㄹ

06 다음 중 자선조직협회와 인보관 운동에 대한 설명으로 옳지 않은 것은?

① 자선조직협회는 빈곤의 원인을 개인의 나태함과 게으름 등으로 보았다.

② 인보관 운동은 피보호자와 그들의 환경에 대한 지식을 우선적으로 인지해야 한다는 것을 일깨워 주었다.

③ 자선조직협회는 중산층 기독교인의 도덕적 의무와 가치관으로 교화시키는 것을 주된 역할로 삼았다.

④ 인보관 운동은 집단사회사업, 사회행동 및 지역사회조직활동의 원조로 볼 수 있다.

⑤ 자선조직협회는 도덕적 의무를 강조하였으므로 모든 빈민에게 도움을 제공하고자 하였다.

07 다음 중 사회복지실천현장의 특성을 올바르게 연결한 것은?

① 사회복지공동모금회 – 민간기관

② 사회복지재단 – 공공기관

③ 노인요양시설 – 이용시설

④ 지역아동센터 – 생활시설

⑤ 청소년쉼터 – 이용시설

08 다음 중 바틀렛(Bartlet)의 개별사회복지실천 현장분류에 해당하는 것을 모두 고른 것은?

ㄱ. 클라이언트	ㄴ. 지식, 가치, 기술
ㄷ. 서비스 체계	ㄹ. 관심문제

① ㄱ, ㄴ, ㄷ   ② ㄱ, ㄷ

③ ㄴ, ㄹ   ④ ㄹ

⑤ ㄱ, ㄴ, ㄷ, ㄹ

09 다음 중 임파워먼트 관점의 개입 과정에서 발전(Development)단계의 과업에 해당하는 것은?

① 클라이언트와의 파트너십 형성하기

② 강점 확인하기

③ 일차적 목표 설정하기

④ 기회를 확장하기

⑤ 자원역량 분석하기

10 다음 중 사회복지실천의 과정을 순서대로 나열한 것은?

> ㄱ. 클라이언트와의 서비스 계약 실시
> ㄴ. 초기 생태도의 작성
> ㄷ. 사회기술훈련의 제공
> ㄹ. 사후평가의 실시
> ㅁ. 클라이언트의 욕구와 기관의 서비스 내용의 적합성 고려

① ㄱ → ㅁ → ㄴ → ㄷ → ㄹ

② ㄱ → ㄴ → ㅁ → ㄷ → ㄹ

③ ㄴ → ㄱ → ㅁ → ㄹ → ㄷ

④ ㅁ → ㄴ → ㄱ → ㄷ → ㄹ

⑤ ㅁ → ㄱ → ㄴ → ㄷ → ㄹ

11 다음 중 관계형성의 기본원칙과 그 예를 연결한 것으로 가장 적절하지 않은 것은?

① 개별화 – 가출청소년 집단에 대한 편견과 선입관에서 벗어난다.

② 수용 – 클라이언트의 알코올 중독 태도나 행동을 허용한다.

③ 비심판적 태도 – 불법시술로 낙태를 한 클라이언트에 대해 비난을 하지 않는다.

④ 통제된 정서적 관여 – 가부장적인 남편을 비난하는 클라이언트의 감정에 대해 과도하게 반응하지 않는다.

⑤ 의도적인 감정표현 – 클라이언트가 가지고 있는 죄책감을 표현할 수 있도록 격려한다.

12 다음 중 사회복지사의 자기인식에 대한 설명으로 옳지 않은 것은?

① 자신의 장점보다 단점을 더 잘 파악해야 한다.

② 자신의 신념, 태도, 행동습관을 알고 있어야 한다.

③ 민감성, 유연성, 직관력 등으로 문제에 적절히 반응해야 한다.

④ 사회복지 관련 기술·지식·가치와 함께 개인적 경험을 의도적으로 활용한다.

⑤ 서비스 제공에 있어서 자신의 편견이나 선입견이 미치는 영향을 이해한다.

13 다음 중 사후관리(Follow-up Service)에 대한 설명으로 옳지 않은 것은?

① 클라이언트의 적응상태를 확인한다.

② 종결로 인한 클라이언트의 충격을 완화시켜 준다.

③ 자기노력에 대한 격려를 통해 강화를 경험하도록 해준다.

④ 필요한 경우 추가적인 원조를 제공한다.

⑤ 개입과정 중에 수시로 실시한다.

14 다음 중 문제해결모델에서 문제해결의 특성에 대한 설명으로 옳지 않은 것은?

① 클라이언트가 외부의 도움 없이 문제를 해결할 수 있도록 돕는다.

② 문제해결을 위한 클라이언트의 동기를 지지하고 자아의 기능을 강화하도록 한다.

③ 클라이언트 체계의 성장과정에 참여하며 실행 과정상 종결단계에 관심을 기울인다.

④ 사정단계에서는 사회복지사와 클라이언트의 현실 관계에 기초하며 전이현상을 강조하지 않는다.

⑤ 계약단계에서는 역할과 책임에 대한 내용을 명확히 한다.

15 다음 중 생태체계적 접근에 대한 설명으로 옳지 않은 것은?

① 엔트로피는 다른 체계와의 상호작용 능력을 증진시킨다.

② 모든 인간은 내적·외적 변화에 대처능력을 지닌다.

③ 대처방식에 따라 체계 불균형이 더욱 커질 수 있다.

④ 개인의 항상성이 역기능적 상황을 초래할 수도 있다.

⑤ 인간과 환경 모두가 욕구를 지니고 상호 반응한다.

16 다음 중 사회복지사의 자기노출(Self-Disclosure)에 대한 설명으로 옳지 않은 것은?

① '여기-지금'의 자기노출은 사회복지사가 자신의 경험을 토대로 클라이언트가 경험하는 바에 대해 이야기하는 것이다.

② 클라이언트로 하여금 사회복지사를 자신과 마찬가지의 평범한 인간으로 볼 수 있는 기회를 제공한다.

③ 사회복지사의 자기노출의 내용과 감정은 일치해야 한다.

④ 지나치게 솔직한 자기노출은 자제할 필요가 있다.

⑤ 클라이언트의 반응에 따라 자기노출의 양과 형태를 조절해야 한다.

17 다음 중 가족치료의 해결중심모델에서 사용하는 질문기법으로서 보기의 내용과 연관된 것은?

> • "민상이가 엄마에게 짜증을 내지 않고, 소리를 지르지 않을 때는 언제인가요?"
> • "어떤 상황에서 컴퓨터 게임에 빠지지 않고 숙제를 잘하나요?"

① 예외질문

② 기적질문

③ 척도질문

④ 대처질문

⑤ 극복질문

18 다음 중 사회복지실천모델에 대한 설명으로 옳지 않은 것은?

① 문제해결모델 : 진단주의와 기능주의의 관점을 절충한 모델이다.

② 위기개입모델 : 위기상황하에서 현재 기능수준이 흔들려 심리적인 문제가 발견된다.

③ 행동수정모델 : 문제해결과 과제수행을 하는 데 있어서 시간제한을 중요시한다.

④ 인지치료모델 : 클라이언트의 사고를 바꿈으로써 문제를 해결할 수 있다.

⑤ 현실치료모델 : 정신질환 개념을 수용하여 클라이언트의 의식적인 마음을 치료로 접근하는 유일한 영역으로 간주한다.

19 다음 중 과업집단에 대한 설명으로 옳지 않은 것은?

① 수행해야 할 과업에 따라 결성된다.

② 특정한 과업에 대한 토론에 초점이 맞추어진다.

③ 자기노출 수준이 높다.

④ 비밀은 개인적으로 처리될 수 있지만 공개되기도 한다.

⑤ 상호작용이나 임명을 통해 역할이 발달한다.

20 다음 중 사례관리의 개입 원칙에 대한 설명으로 옳지 않은 것은?

① 클라이언트의 개별적인 욕구와 상황에 맞는 맞춤형 서비스를 제공한다.

② 분산된 서비스 체계들을 서로 연계하여 서비스 전달체계의 효율성을 도모한다.

③ 클라이언트의 다양한 욕구를 충족시킬 수 있도록 포괄적인 서비스를 제공한다.

④ 클라이언트를 위해 전문가 주도의 구조화된 서비스를 제공한다.

⑤ 클라이언트의 인종, 성별, 계층 등을 이유로 이용자격 및 절차 등에서 어려움을 겪지 않고 서비스를 쉽게 이용할 수 있도록 원조한다.

21 다음 중 사정(Assessment)의 특징에 대한 설명으로 옳지 않은 것은?

① 인간과 환경에 대한 이중초점(Dual Focus)을 갖는다.

② 클라이언트의 문제와 욕구에 따라 개별화된다.

③ 수평적 탐색과 수직적 탐색을 적절히 수행한다.

④ 사정에서는 의사결정과 판단이 중요하다.

⑤ 사정은 본격적인 개입 이전까지 진행된다.

22 다음 중 보기의 사례에서 사회복지사가 활용한 개입기술로 가장 옳은 것은?

> (클라이언트 A씨는 50세 가장으로 음주문제와 관련하여 사회복지사와 상담을 진행 중이다. A씨는 술을 마신 상태에서 가족들에게 폭언과 폭행을 일삼기도 하였으며, 그로 인해 두 달 전 고등학생인 자녀가 가출을 시도하기도 하였다. A씨는 술을 그만 마시겠다고 가족들과 약속하였으나 여전히 술을 자제하기가 어렵다고 호소하고 있다)
>
> 사회복지사 : "당신은 가장으로서 가족들에게 모범을 보이고 좋은 가정 분위기를 만들고 싶어 하면서도 여전히 술을 마시고 있군요!"

① 재보증(Reassurance)
② 일반화(Universalization)
③ 격려(Encouragement)
④ 환기(Ventilation)
⑤ 직면(Confrontation)

23 다음 중 헵워스와 라슨(Hepworth & Larsen)이 제시한 해석기술을 사용할 때 주의해야 할 사항들을 모두 고른 것은?

> ㄱ. 충분한 정보가 확보된 이후에 사용한다.
> ㄴ. 클라이언트와 충분한 신뢰관계가 형성된 이후에 사용한다.
> ㄷ. 해석은 사회복지사의 추론에 의한 것이므로 항상 틀릴 수 있음을 염두에 둔다.
> ㄹ. 연속적인 해석을 통해 클라이언트의 통찰을 돕는다.

① ㄱ, ㄴ, ㄷ
② ㄱ, ㄷ
③ ㄴ, ㄹ
④ ㄹ
⑤ ㄱ, ㄴ, ㄷ, ㄹ

24 다음 중 보기의 사례에서 사회복지사가 수행한 역할로 가장 적절한 것은?

> 가정폭력으로 인해 가출한 여성들을 임시보호하는 시설에서 사회복지사가 이들을 우울증과 대인기피증
> 으로부터 벗어날 수 있도록 피해여성들을 위한 만남의 자리를 만들었다. 그러나 피해여성들은 서로 비슷
> 한 경험을 한 동료참여자들에게조차 자신의 아픈 경험을 쉽사리 털어놓지 못하고 있었다. 이에 사회복지
> 사는 다양한 심리치료기법들을 동원하여 이들로 하여금 내면의 고통을 표출하도록 함으로써 변화의 노력
> 을 이끌어냈다.

① 조정자   ② 촉진자
③ 행동가   ④ 옹호자
⑤ 전문가

25 다음 중 종결 후 클라이언트를 다른 기관에 의뢰하는 경우 주의해야 할 사항으로 옳지 않은 것은?

① 의뢰하는 기관의 서비스에 대해 명확하게 설명한다.
② 새로운 서비스에 대해서 클라이언트가 느끼는 불신이나 걱정 등을 다룬다.
③ 클라이언트가 안심할 수 있도록 긍정적인 결과를 약속한다.
④ 다른 기관의 사회복지사가 사용할 방법에 대해 알려줄 필요는 없다.
⑤ 클라이언트가 스스로 결정할 수 있도록 한다.

제2영역	사회복지실천기술론

01 다음 중 가족생활주기에 대한 설명으로 옳지 않은 것은?

① 가족이 형성된 시점부터 배우자 사망에 이르기까지의 생활변화를 볼 수 있다.
② 가족구조와 발달과업의 변화를 파악하는 데 활용한다.
③ 가족의 발달에 따른 가족성원 개개인의 역할 변화를 파악하는 데 활용한다.
④ 가족이 발달하면서 경험하게 될 사건이나 위기를 예측하는 데 활용한다.
⑤ 가족생활주기의 단계는 가족 유형이나 사회문화적 배경과 관계없이 일관된 양상을 보인다.

02 다음 가족사정의 기법 중 가족조각을 통해 파악할 수 있는 것을 모두 고른 것은?

> ㄱ. 가족 간의 친밀도 ㄴ. 가족성원 간 세력 구조
> ㄷ. 가족성원들의 감정 ㄹ. 각 성원들의 직업 및 교육수준

① ㄱ, ㄴ, ㄷ   ② ㄱ, ㄷ
③ ㄴ, ㄹ   ④ ㄹ
⑤ ㄱ, ㄴ, ㄷ, ㄹ

03 다음 중 보기의 사례와 연관된 전략적 가족치료의 개입기술로 가장 적절한 것은?

> (A군은 집에서 대다수의 시간을 컴퓨터 게임을 하는 데 보내고 있다. 오늘도 밤을 새워 컴퓨터 게임을 하고는 아침에 이르러 컴퓨터 게임을 중단하려고 한다)
>
> A군의 어머니 : (진지하게) 조금 더 하지 그러니, 그만두지 말고 계속 해.
> 자 녀 : 아니에요, 이젠 그만 할래요.

① 재명명(Reframing)
② 제지(Restraining)
③ 증상처방(Prescribing)
④ 재보증(Reassuarnce)
⑤ 합류하기(Joining)

04 다음 중 집단을 구성할 때 고려할 사항으로 가장 옳지 않은 것은?

① 집단의 목표에 따라 집단의 크기를 융통성 있게 정한다.
② 집단의 응집력을 높이기 위해 참여동기가 유사한 성원들을 모집한다.
③ 집단유형의 결정을 위해 잠재적 성원들에 대한 요구조사를 실시한다.
④ 다양한 성원들의 참여를 유도하기 위해 개방형 집단으로 구성한다.
⑤ 집단성원의 연령이 어릴수록 가급적 큰 규모의 집단으로 구성한다.

05 다음 중 집단성원들 간의 상호작용을 도식화하여 구성원의 지위, 구성원 간의 관계, 하위집단 등을 파악하는 데 유용한 사정도구에 해당하는 것은?

① 생태도(Ecomap)
② 생활력표(Life History Grid)
③ 소시오그램(Sociogram)
④ PIE(Person in Environment) 체계
⑤ DSM-5 분류체계

06 다음 집단의 종류 중 사회화집단에 해당하는 것을 모두 고른 것은?

> ㄱ. 자기주장 훈련집단
> ㄴ. 학교 내의 공격 성향을 띤 아동들을 위한 집단
> ㄷ. 정신병 환자들을 위한 상황대처 훈련집단
> ㄹ. 치료센터에 입소한 아동들의 주별 모임집단

① ㄱ, ㄴ, ㄷ   ② ㄱ, ㄷ
③ ㄴ, ㄹ   ④ ㄹ
⑤ ㄱ, ㄴ, ㄷ, ㄹ

07 다음 중 심리사회모델의 개입기법으로서 클라이언트에 대한 직접적 영향주기의 구체적 기법에 해당하는 것을 모두 고른 것은?

> ㄱ. 직접적인 조언
> ㄴ. 대변적인 행동
> ㄷ. 현실적 제한 설정
> ㄹ. 클라이언트 자신의 제안을 격려 · 강화 · 장려

① ㄱ, ㄴ, ㄷ   ② ㄱ, ㄷ
③ ㄴ, ㄹ   ④ ㄹ
⑤ ㄱ, ㄴ, ㄷ, ㄹ

08 다음 중 심리사회모델의 형성에 기여한 이론에 해당하지 않는 것은?

① 역할이론
② 자아심리이론
③ 대상관계이론
④ 생태체계이론
⑤ 사회구성주의이론

09 다음 중 인지행동모델의 개입기법에 대한 설명으로 옳지 않은 것은?

① '내적 의사소통의 명료화'를 통해 자신의 독백과 생각의 비합리성을 이해할 수 있다.
② '과제수행'을 통해 새로운 행동을 배우거나 과거의 부정적 반응을 제거할 수 있다.
③ '설명'은 클라이언트의 정서가 어떻게 행동에 영향을 미치는 지를 '사건-인지-정서적 결과'의 ABC 모델로 제시한다.
④ '경험적 학습'은 왜곡된 인지에 도전하여 변화를 유도하는 것으로 인지적 불일치의 원리를 적용한다.
⑤ '인지재구조화'는 클라이언트로 하여금 자신의 생각과 이야기 속에 감춰진 인지적 오류와 비합리적인 신념에 대해 통찰하도록 피드백을 전달한다.

10 상담소에 찾아 온 클라이언트는 표적문제를 편입 준비로 삼았다. 이에 해당하는 조작적 과제가 아닌 것은?

① 클라이언트 자신의 편입이 진정으로 필요한지 탐색할 시간을 가진다.
② 편입 가능한 학교의 남은 정원 수를 확인한다.
③ 희망하는 전공학과에 가서 편입의 자격조건과 방법을 알아본다.
④ 편입 시험의 종류를 알아본다.
⑤ 편입 시기를 알아본다.

11 다음 과제중심모델에서 클라이언트의 과제개발 과정을 순서대로 나열한 것은?

> ㄱ. 과제의 공식화
> ㄴ. 과제의 요약 및 정리
> ㄷ. 예견되는 어려움에 대한 점검 및 검토
> ㄹ. 과제에 대한 클라이언트의 이해와 동의 확보
> ㅁ. 과제에 대한 근거 및 보상에 대한 이해 확보
> ㅂ. 클라이언트의 과제수행 계획수립

① ㄱ - ㅁ - ㄷ - ㄹ - ㄴ - ㅂ
② ㄱ - ㅁ - ㄷ - ㄴ - ㄹ - ㅂ
③ ㄱ - ㅁ - ㄹ - ㄴ - ㄷ - ㅂ
④ ㄱ - ㄹ - ㅁ - ㄷ - ㄴ - ㅂ
⑤ ㄱ - ㄹ - ㅁ - ㄴ - ㄷ - ㅂ

12 다음 중 집단수준 사회복지실천에서 공동지도력의 장점으로 옳지 않은 것은?

① 지도력 탈진을 예방할 수 있다.
② 초보 사회복지사 훈련에 효과적이다.
③ 역전이의 방지가 어느 정도 가능하다.
④ 지도자가 한 명 정도 빠져도 대체가 가능하다.
⑤ 비용을 절약할 수 있다.

13 다음 중 얄롬(Yalom)이 제시한 공동지도력의 유의사항에 해당하지 않는 것은?

① 토의시간을 확보한다.
② 서로의 강점을 침해하지 않는다.
③ 동일한 전문용어를 사용하도록 한다.
④ 경쟁력을 확보하여 우월해지도록 노력한다.
⑤ 서로에 대해 개방적인 태도를 유지한다.

14 다음 보기의 사회복지사가 사용한 상담면접기술로서 가장 옳은 것은?

> 클라이언트 : (누군가를 짝사랑하며 심한 우울증을 경험하고 있다)
>
> 사회복지사 : 나도 전에 누군가를 짝사랑한 적이 있어요. 항상 그 사람에게 나의 속마음을 고백하고 싶었지만, 그로 인해 우리의 관계가 악화될까봐 두려워했었죠. 매일 그런 생각에 사로잡혀있다 보니 그 사람의 밝은 표정을 볼 때마다 나의 마음은 더욱 우울했어요. 아마도 당시에는 나보다 더 불행한 사람은 없을 거라 생각했던 것 같아요.

① 적극적 경청　　　　　　　　　　　② 요약하기

③ 명료화　　　　　　　　　　　　　　④ 고취시키기

⑤ 자기노출

15 사례관리의 과정 중 점검(Monitoring) 단계에서는 서비스의 구조적 차원, 서비스의 과정 차원, 서비스의 결과 차원을 고려해야 한다. 다음 중 서비스의 과정 차원에 해당하는 것은?

① 사례관리자의 자격

② 사례관리자에게 할당된 클라이언트 수

③ 클라이언트의 만족 여부

④ 클라이언트 변동률

⑤ 1개월 동안 가정방문 횟수

16 다음 중 행동치료의 강조점에 대한 설명으로 옳지 않은 것은?

① 선행적 사건과 결과로서의 행동에 관심을 둔다.

② 쉽게 성취할 수 있는 과제에서부터 시작하여 이를 단계적으로 확대시켜 나간다.

③ 모델링 학습을 통해 행동을 수정한다.

④ 치료의 전반적인 과정에 대한 과정중심기록을 한다.

⑤ 긍정적 및 부정적 강화요소를 활용한다.

17 다음 중 인지행동이론의 기법으로서 정서적 기법에 해당하는 것은?

① 내담자가 심리적인 고통을 경험했거나 그러할 것으로 예상되는 상황을 상담자와 함께 역할연기를 통해 체험해 본다.

② 상담자는 내담자로 하여금 자신의 문제를 목록표로 만들도록 하며, 이를 통해 자신의 절대론적 사고를 논박하도록 요구한다.

③ 내담자에게 외면적으로 치료를 통해 변화하고자 하는 모습과 정반대로 행동해 보도록 한다.

④ 내담자에게 '~해야 한다' 또는 '~하지 않으면 안 된다'와 같은 표현을 '~하는 것이 더 낫다'와 같은 표현으로 대체하도록 한다.

⑤ 상담자는 내담자가 특정한 과제를 성공적으로 수행한 경우 보상을 하는 반면, 실패한 경우 벌칙을 부과한다.

18 다음 중 집단의 이해를 위한 장 이론(Field Theory)에 대한 설명으로 옳지 않은 것은?

① 개인은 환경에 의해 수동적으로 영향을 받는다.

② 집단은 개별성원들의 총합 이상이다.

③ 집단 내 역동적인 상호작용이 강조된다.

④ 개인의 요구가 변하면 환경에 대한 지각도 변한다.

⑤ 학습은 단순한 행동의 변화가 아닌 인지구조의 변화를 의미한다.

19 다음 중 집단사회복지실천의 종결단계 과업에 해당하는 것을 모두 고른 것은?

> ㄱ. 미래에 대한 계획
> ㄴ. 변화유지 능력의 확인
> ㄷ. 변화 결과를 생활영역으로 일반화하기
> ㄹ. 평가 계획의 수립

① ㄱ, ㄴ, ㄷ   ② ㄱ, ㄷ

③ ㄴ, ㄹ   ④ ㄹ

⑤ ㄱ, ㄴ, ㄷ, ㄹ

20 다음 중 보기의 내용은 어떤 가족치료기법에 대한 예인가?

> 지나치게 권위적이고 외향적인 어머니와 내성적이고 온순하며 자신의 의사표현을 잘하지 못하는 딸 사이에서 사회복지사는 의도적으로 딸의 편을 들었다.

① 경계 만들기
② 합류하기
③ 실 연
④ 탈삼각화
⑤ 균형 깨뜨리기

21 다음 중 보기의 내용과 연관된 집단프로그램의 치료요인으로 적절하지 않은 것은?

> 올해 중학교 2학년인 A양은 작고 왜소한 체격에 성격도 내성적이어서 또래친구들에게서 놀림을 당하면서도 이를 계속해서 참아왔다. 그러던 중 우연히 이른바 '일진'으로 불리는 친구들의 모임에 가입할 기회가 찾아왔고, A양은 이제 더 이상 친구들에게서 놀림을 당하는 일은 없을 것이라 기대하며 모임에 가담하게 되었다. 그러나 그와 같은 기대와 달리 A양은 일진 친구들에게서 오히려 더욱 심한 놀림을 당한 것은 물론 지속적인 폭행과 금품갈취를 당하기까지 하였다. A양은 심리적 안정을 찾기 위해 자신과 비슷한 경험을 한 다른 친구들과 함께 집단프로그램에 참여하게 되었다.

① 집단에의 소속감을 통해 자신이 다른 사람에게서 인정받고 수용되고 있음을 깨닫도록 돕는다.
② 폭력에 적절하게 대처할 수 있는 사회기술을 개발하도록 돕는다.
③ 가족집단의 재현을 통해 가해 상황이나 위협적인 상황에 압도되지 않도록 돕는다.
④ 폭력이 자신만의 문제가 아닌 보편적인 문제이므로 폭력 상황을 적절히 수용하도록 돕는다.
⑤ 폭력에 압도된 감정을 자유롭게 표현하도록 함으로써 카타르시스를 경험하도록 돕는다.

22 다음 중 집단역동을 증진시키기 위한 방안으로 옳지 않은 것은?
① 집단성원들 간의 긴장과 갈등은 하위집단의 출현을 조장하므로 피하도록 한다.
② 집단성원들로 하여금 집단 중심적인 생각과 행동을 보이도록 촉진한다.
③ 집단의 규칙과 규범을 제정하고 이를 준수하도록 한다.
④ 집단성원들 간의 진솔한 의사소통이 이루어지도록 돕는다.
⑤ 집단성원들이 다양한 지위와 역할을 경험할 수 있도록 한다.

23 다음 중 집단사회복지실천의 초기단계에서 효과적인 목표설정의 기준이 되는 것을 모두 고른 것은?

> ㄱ. 목표는 명확하고 구체적이어야 한다.
> ㄴ. 목표는 성취보다는 과정으로 기술되어야 한다.
> ㄷ. 목표는 측정 가능한 표현으로 기술되어야 한다.
> ㄹ. 목표는 미래지향적이어야 한다.

① ㄱ, ㄴ, ㄷ
② ㄱ, ㄷ
③ ㄴ, ㄹ
④ ㄹ
⑤ ㄱ, ㄴ, ㄷ, ㄹ

24 다음 토스랜드와 리바스(Toseland & Rivas)가 제시한 집단사회복지실천의 기술 중 행동기술에 해당하는 것은?

① 개별성원의 말이나 행동을 듣고 이를 이해하고 있다는 것을 나타낸다.
② 집단성원들로 하여금 그들이 어떻게 상호작용을 하고 있는가를 인식하도록 돕는다.
③ 집단성원들이 특정 상황을 파악하고 이를 묘사할 수 있도록 돕는다.
④ 집단성원들의 언어적 · 비언어적 의사소통을 통합한다.
⑤ 집단성원들이 문제 상황을 긍정적으로 인식하도록 재정의한다.

25 다음 중 좋은 기록의 특징으로 옳은 것을 모두 고른 것은?

> ㄱ. 정보의 문서화를 위해 구조화되어 있다.
> ㄴ. 전문가적 윤리를 토대로 한다.
> ㄷ. 서비스 전달이 잘 기술되어 있으며, 모든 문서가 정확하다.
> ㄹ. 사회복지사의 견해를 최대한 배제한다.

① ㄱ, ㄴ, ㄷ
② ㄱ, ㄷ
③ ㄴ, ㄹ
④ ㄹ
⑤ ㄱ, ㄴ, ㄷ, ㄹ

01 하드캐슬(Hardcastle)은 사회복지사의 실천기술과 관련하여 옹호 유형들을 제시하였다. 다음 중 하드캐슬이 제시한 옹호의 유형과 그에 부합하는 사회복지사의 기술을 가장 올바르게 연결한 것은?

① 자기옹호 – 개인 및 가족의 욕구 파악 및 사정 기술

② 집단옹호 – 격려 및 정보제공

③ 지역사회옹호 – 주민을 모으고 조직화하는 기술

④ 체제변환적 옹호 – 특정 법안의 통과를 제안 혹은 저지하기 위한 로비 기술

⑤ 정치 또는 정책적 옹호 – 캠페인 기술 및 미디어 활용기술

02 다음 중 지역사회복지의 주요 이론에 대한 설명으로 옳은 것은?

① 자원동원이론 – 재정자원에 초점을 두고 있어 사회적 소수자의 권리옹호를 위한 실천에는 유용하지 않다.

② 사회교환이론 – 비영리 조직의 마케팅이나 네트워킹 활동을 설명하지 못한다.

③ 기능이론 – 지역사회의 안정성보다는 지역사회의 본질적인 변화를 강조한다.

④ 갈등이론 – 갈등을 둘러싼 연대와 권력형성의 도구가 될 수 있다는 측면에서 사회계획모델에 유용하다.

⑤ 사회체계이론 – 보수적 이론으로 비판받지만 지역사회의 구조와 기능을 설명할 수 있다.

03 다음 중 지역사회복지실천의 기본가치에 포함되는 것을 모두 고른 것은?

ㄱ. 문화적 다양성 존중	ㄴ. 비판의식의 지양
ㄷ. 상호학습	ㄹ. 전문가의 기술적 진단

① ㄱ, ㄴ, ㄷ　　　　　　　　　② ㄱ, ㄷ

③ ㄴ, ㄹ　　　　　　　　　　　④ ㄹ

⑤ ㄱ, ㄴ, ㄷ, ㄹ

04 다음 중 지역사회복지 이념에 대한 설명으로 옳지 않은 것은?

① 정상화 – 1950년대 덴마크를 비롯한 북유럽에서 시작된 이념이다.

② 사회통합 – 지역 내 갈등이나 지역 간 차이를 극복한다.

③ 네트워크 – 이용자 중심의 서비스를 위해 관련기관 간 연계를 도모한다.

④ 주민참여 – 지역주민이 욕구와 문제를 주체적으로 해결한다.

⑤ 탈시설화 – 기본적으로 무시설주의를 지향한다.

05 다음 중 미국의 지역사회복지 역사에 대한 설명으로 옳지 않은 것은?

① 미국의 지역공동모금과 사회복지기관협의회의 발전 시기는 제1차 세계대전 직후이다.

② 지역사회조직사업은 1960년대 들어와서 사회사업 전문분야의 위치를 확고히 하였다.

③ 1886년 뉴욕에 설립된 근린길드는 미국 인보관의 시작을 알렸다.

④ 1960년대 시봄(Seebohm) 보고서 이후 지역사회보호가 주류를 이루었다.

⑤ 레이거노믹스 이후 복지예산 삭감에 대한 압력이 증가하였다.

06 다음 지역사회복지실천 5단계 과정 중 실천 전략의 추진단계에 해당하는 것을 모두 고른 것은?

> ㄱ. 정부보조금, 공동모금, 기업후원금 등을 통해 재원을 확보한다.
> ㄴ. 지역주민의 관심을 유도하여 자주적인 참여가 이루어질 수 있도록 홍보 활동을 추진한다.
> ㄷ. 재정의 확보 및 활용 등에 대한 구체적인 내용을 다양한 채널들을 통해 지역주민들에게 고지한다.
> ㄹ. 유용성, 타당성, 정확성, 윤리성 등을 고려하여 시행한 프로그램의 가치와 의의를 판단한다.

① ㄱ, ㄴ, ㄷ   ② ㄱ, ㄷ

③ ㄴ, ㄹ   ④ ㄹ

⑤ ㄱ, ㄴ, ㄷ, ㄹ

07 다음 중 지역사회집단들 간에 적대적이거나 이해가 상반되는 문제가 있는 경우 또는 논의·협상으로 결정하기 어려운 문제를 해결하고자 하는 경우 적합한 지역사회모델은?

① 기능적 지역사회조직화 모델
② 지역사회 사회·경제개발모델
③ 지역사회개발모델
④ 사회계획모델
⑤ 사회행동모델

08 다음 보기의 내용에 해당하는 지역사회조직모델로 가장 적절한 것은?

> 최근 경기도 이천시의 한 중학교에서 학교폭력을 예방하기 위한 학생, 교사, 학부모가 참여하는 대대적인 '학교폭력 제로화 운동'에 들어갔다. '폭력 없는 세상을 만들자!', '친구를 내 형제처럼 사랑하자!'는 구호와 함께 학교폭력의 추방에 나선 이들은 지역 경찰서 관계자의 강의를 듣고 학교폭력 관련 동영상을 시청하며, 글짓기, 표어, 포스터, 학급토론회 등 학교에서 마련한 다양한 프로그램을 통해 결의를 다졌다.

① 사회운동모델
② 사회계획모델
③ 기능적 지역사회조직모델
④ 정치적·사회적 행동모델
⑤ 연대활동모델

09 레빈과 플레밍(Levin & Fleming)은 사례관리의 수행자와 그 역할에 따라 사례관리모형을 분류하였다. 다음 중 한 명의 사례관리자가 모든 책임을 지고 조정 및 옹호 등의 필요한 서비스를 제공하는 모형에 해당하는 것은?

① 지지적 보호 모형(Supportive Care Model)
② 일반적 모형(Generalist Model)
③ 상호규율적 팀 모형(Interdisciplinary Team Model)
④ 가족 모형(Family Model)
⑤ 치료자-사례관리자 모형(Primary Therapist-Case Management Model)

10 다음 중 사회계획모델에서 모리스와 빈스톡(Morris & Binstock)이 강조한 사회복지사의 역할로 가장 적절한 것은?

① 조력가
② 전문가
③ 옹호자
④ 계획가
⑤ 조직가

11 다음 중 사회자본(Social Capital)의 특성으로 옳지 않은 것은?

① 사용할수록 총량이 늘어나는 특성을 지닌다.
② 관계를 맺고 있는 지역사회주민들과 이익이 공유될 수 있다.
③ 보상에 대한 믿음이 존재할 수 있다.
④ 한 번 획득되더라도 언제든지 사라질 수 있다.
⑤ 교환에 있어서 동시성을 전제로 한다.

12 다음 중 사회복지관에 대한 설명으로 옳지 않은 것은?

① 사례관리, 서비스 제공, 지역조직화 기능 등을 수행한다.
② 지역사회의 특성과 지역주민의 욕구와 문제에 신속히 대응해야 한다.
③ 지역주민의 자유로운 이용을 위해 서비스 이용료를 수납해서는 안 된다.
④ 사업 대상은 사회복지서비스 욕구를 가지고 있는 모든 지역주민으로 한다.
⑤ 지역성, 전문성, 책임성의 원칙 등에 따라 운영되어야 한다.

13 다음 중 지역사회의 임파워먼트를 높이기 위한 구체적인 방법에 해당하는 것을 모두 고른 것은?

ㄱ. 의식 제고　　　　　　　　　　　　ㄴ. 사회자본의 창출
ㄷ. 공공의제의 틀 형성　　　　　　　　ㄹ. 사회경제적 네트워크의 활용

① ㄱ, ㄴ, ㄷ　　　　　　　　　　　② ㄱ, ㄷ
③ ㄴ, ㄹ　　　　　　　　　　　　　④ ㄹ
⑤ ㄱ, ㄴ, ㄷ, ㄹ

14 다음 중 로스만(Rothman)의 지역사회조직 실천모델에 대한 설명으로 가장 옳은 것은?

① 사회계획모델에서는 클라이언트가 전문가의 동지로 여겨진다.
② 사회계획모델은 과업 · 과정 병행의 목표를 강조한다.
③ 지역사회개발모델은 과업지향적 목표를 강조한다.
④ 지역사회개발모델은 지리적 측면에서의 지역사회 전체를 대상집단으로 본다.
⑤ 사회행동모델에서는 변화를 위한 전술로 합의와 집단토의를 사용한다.

15 다음 중 사회복지공동모금회의 분과실행위원회에 해당하지 않는 것은?

① 기획분과실행위원회
② 배분분과실행위원회
③ 관리분과실행위원회
④ 홍보분과실행위원회
⑤ 모금분과실행위원회

16 사회행동조직의 타 조직과의 협력 전략 중 연합(Coalition)에 대한 설명으로 가장 옳은 것은?

① 특정 이슈에 대해 유사한 목표를 가진 조직들이 일시적으로 협력한다.

② 가장 고도의 조직적인 협력관계를 맺는 경우이다.

③ 회원조직들의 회원을 훈련하고 캠페인을 준비하는 등 전문적인 활동이 필요한 경우에 매우 바람직한 협력관계이다.

④ 의사결정 절차상 임시적인 계획이 사안에 따라 만들어진다.

⑤ 조직적 자율성을 최대화하면서 힘을 증대시키는 계속적 협력관계이다.

17 다음 중 보기의 내용과 연관된 아른스테인(Arnstein)의 주민참여 수준으로 옳은 것은?

> 공청회나 집회 등의 방법으로 주민으로 하여금 행정에의 참여를 유도한다. 다만, 이는 형식적인 수준에 그친다.

① 주민회유(Placation)

② 주민상담(Consultation)

③ 주민통제(Citizen Control)

④ 협동관계(Partnership)

⑤ 여론조작(Manipulation)

18 다음 자원봉사센터의 유형 중 수요자 중심의 자원봉사센터에 해당하는 것을 모두 고른 것은?

> ㄱ. 시민단체　　　　　　　　　　　　　ㄴ. 중앙정부 관할 자원봉사센터
> ㄷ. 종합사회복지관의 재가복지봉사서비스　　ㄹ. 종교사회봉사

① ㄱ, ㄴ, ㄷ

② ㄱ, ㄷ

③ ㄴ, ㄹ

④ ㄹ

⑤ ㄱ, ㄴ, ㄷ, ㄹ

19 다음 중 재가복지봉사서비스의 역할에 해당하지 않는 것은?

① 지역주민의 자활을 위한 각종 정보 및 기능훈련 프로그램을 제공한다.

② 서비스 대상자 및 가정의 욕구를 조사하고 문제를 진단한다.

③ 지역사회 내의 다양한 자원들을 연계하여 계층 간 연대감을 고취시킨다.

④ 자원동원 및 활용의 효과에 대해 자체 평가를 하여 사업에 활용되도록 한다.

⑤ 지역주민들 및 자원봉사자들을 대상으로 교양 교육을 제공한다.

20 다음 중 자활센터 운영의 기본원칙에 대한 설명으로 가장 옳지 않은 것은?

① 지역현장 경험을 갖춘 전문적이고 헌신적인 인력에 의해 수행한다.

② 기존의 복지관이나 시설 프로그램의 밑으로 편입시켜 효율적인 운영을 도모한다.

③ 지역주민들의 자활·자립을 위한 종합적인 서비스를 제공할 수 있도록 일정한 규모의 기준시설을 확보한다.

④ 사업 내용 및 방법의 적합성 등을 지속적으로 평가하며 그 결과를 새로운 사업수행에 환류하여 활용한다.

⑤ 저소득층 주민의 자발적 참여로 자조·자립할 수 있도록 주민의 역할과 책임을 장려한다.

21 다음 중 최근 지역사회복지에서 해결해야 할 과제로 옳은 것을 모두 고른 것은?

ㄱ. 민간복지 전달체계의 네트워크 강화
ㄴ. 지역사회복지조직들의 정치적 역량 강화
ㄷ. 복지재정분권화로 인한 지역 간 사회복지재정의 불균형 해소
ㄹ. 중앙정부 중심의 통합적 서비스체계 구축

① ㄱ, ㄴ, ㄷ ② ㄱ, ㄷ

③ ㄴ, ㄹ ④ ㄹ

⑤ ㄱ, ㄴ, ㄷ, ㄹ

22 다음 중 우리나라 지역사회복지 환경의 변화에 대한 내용으로 옳은 것은?

① 2000년 주민생활지원서비스 실시

② 2005년 사회적기업 육성법 제정

③ 2007~2010년 제1기 지역사회복지계획 시행

④ 2012년 사회보장기본법상의 '사회서비스'를 '사회복지서비스'로 변경

⑤ 2015년 '지방재정 건전화를 위한 재원조정 방안'에 따른 아동복지시설 사업의 중앙정부로의 환원

23 다음 중 자활근로소득공제의 공제대상소득에 대한 공제율로 옳은 것은?

① 30%   ② 25%

③ 20%   ④ 15%

⑤ 10%

24 자활근로는 5대 전국표준화사업을 중점사업으로 추진하게 된다. 다음 중 5대 전국표준화사업에 포함되지 않는 것은?

① 간 병   ② 목 욕

③ 집수리   ④ 폐자원재활용

⑤ 음식물재활용

25 다음 중 비영리 민간단체의 기본적인 기능과 가장 거리가 먼 것은?

① 정부와 직·간접적인 계약을 맺거나 독자적으로 인력 및 재정을 갖추어 정부가 제공하지 못하는 사회서비스를 제공한다.

② 사회적 약자로 하여금 단체를 결성하고 자신의 권익을 추구하도록 돕는 것은 물론 직접적으로 그들의 권익을 대변한다.

③ 일반시민들의 리더십 학습 및 공동체의식 배양을 통해 참여민주주의를 배울 수 있도록 한다.

④ 정부와 이익집단 간의 갈등 혹은 이익집단과 다른 이익집단 간의 갈등에 대해 조정자를 자처함으로써 일반시민의 피해를 줄이는 역할을 한다.

⑤ 정부정책을 옹호하고 이를 홍보함으로써 보다 많은 시민들을 수혜대상으로 만든다.

제1영역	**사회복지정책론**

01 다음 중 사회복지정책에 대한 설명으로 가장 옳은 것은?

① 긍정적 차별(Positive Discrimination)은 형평의 가치를 저해하는 것으로 볼 수 없다.

② 사회복지정책은 시장실패의 원인이 된다.

③ 복지국가는 궁극적으로 기회의 평등을 추구한다.

④ 드림스타트(Dream Start)는 결과의 평등을 반영한다.

⑤ 사회복지정책은 소득증대를 목표로 한다.

02 다음 중 사회복지정책의 가치에 대한 설명으로 옳지 않은 것은?

① 벌린(Berlin)이 말하는 적극적 자유는 국가 개입이 감소할수록 보장의 용이를 의미한다.

② 비례적 평등은 형평 또는 공평(Equity)으로도 불린다.

③ 파레토 최적은 사회적 자원이 가장 효율적으로 배분된 상태를 의미한다.

④ 자유시장론적 관점에서 파레토 효율은 시장 효율을 의미한다.

⑤ 국민기초생활보장제도의 최저보장수준은 사회적 적절성에 근거하여 산정한다.

03 다음 중 복지국가의 유형을 사회복지와 경제정책의 연관 또는 분리 정도에 따라 양분한 학자는?

① 티트머스(Titmuss)

② 퍼니스와 틸튼(Furniss & Tilton)

③ 윌렌스키와 르보(Wilensky & Lebeaux)

④ 미쉬라(Mishra)

⑤ 에스핑-안데르센(Esping-Andersen)

04 다음 중 사회복지정책의 원칙과 실체적 프로그램의 연결로 옳은 것을 모두 고른 것은?

> ㄱ. 보충성 – 국민건강보험   ㄴ. 급여수준의 적절성 – 최저생계비
> ㄷ. 대상의 보편성 – 공공부조   ㄹ. 기회의 평등 – 드림스타트

① ㄱ, ㄴ, ㄷ   ② ㄱ, ㄷ
③ ㄴ, ㄹ   ④ ㄹ
⑤ ㄱ, ㄴ, ㄷ, ㄹ

05 다음 중 비례적 평등의 예로 가장 적합한 것은?

① 국민연금제도의 노령연금
② 국민건강보험제도의 요양급여
③ 국민기초생활보장제도의 생계급여
④ 장애인복지제도의 장애수당
⑤ 노인복지제도의 노인요양시설 이용

06 다음 중 신자유주의의 정책적 특성에 대한 설명으로 옳은 것을 모두 고른 것은?

> ㄱ. '작은 정부'를 지향한다.
> ㄴ. 자유의 세계화와 시장의 자율적 경쟁을 강조한다.
> ㄷ. 복지국가는 국민의 책임보다 권리를 강조한다고 비판한다.
> ㄹ. 복지급여수급으로 대체효과가 소득효과보다 커짐으로써 복지수혜자들의 근로동기가 감소된다고 본다.

① ㄱ, ㄴ, ㄷ   ② ㄱ, ㄷ
③ ㄴ, ㄹ   ④ ㄹ
⑤ ㄱ, ㄴ, ㄷ, ㄹ

07 길버트와 스펙트(Gilbert & Specht)는 사회복지정책 형성의 8단계와 함께 각 단계별 전문가의 역할을 제시하였다. 다음 중 대중홍보 단계에서 전문가의 역할로 옳은 것은?

① 사회조사 　　　　　　　　　② 사회계획
③ 운영관리 　　　　　　　　　④ 직접서비스
⑤ 지역사회조직

08 다음 중 조지와 윌딩(George & Wilding)이 제시한 사회복지사상에 대한 설명으로 옳지 않은 것은?

① 사회민주주의는 사회통합과 평등 추구를 위한 사회복지정책의 확대를 지지한다.
② 마르크스주의는 사회복지의 확대를 통해 자본주의의 근본적인 모순을 극복할 수 있다고 본다.
③ 중도우파는 빈곤과 불평등 완화를 위해 사회복지정책이 필요하다고 본다.
④ 신우파는 사회복지정책 확대가 경제적 비효율성과 근로동기 약화를 가져왔다고 비판한다.
⑤ 페미니즘은 가부장적 복지국가를 비판하지만 양성평등을 위한 사회복지정책의 역할도 인정한다.

09 다음 중 1997년 외환위기 이후 우리나라의 사회복지제도 변화에 해당하지 않는 것은?

① 기초연금제도 시행
② 노인장기요양보험제도 시행
③ 국민건강보험법 제정
④ 국민기초생활 보장법 제정
⑤ 고용보험법 제정

10 킹던(Kingdon)은 정책결정의 과정이 3가지 흐름의 우연한 연결에 의해 이루어진다고 주장하였다. 다음 중 이 3가지 흐름을 모두 고른 것은?

ㄱ. 정치의 흐름	ㄴ. 여론의 흐름
ㄷ. 문제의 흐름	ㄹ. 정책대안의 흐름
ㅁ. 선택기회의 흐름	ㅂ. 경제상황의 흐름

① ㄱ, ㄴ, ㄷ   ② ㄱ, ㄷ, ㄹ
③ ㄴ, ㄷ, ㅂ   ④ ㄴ, ㄹ, ㅁ
⑤ ㄹ, ㅁ, ㅂ

11 다음 중 미쉬라(Mishra)가 제시한 복지국가 유형으로서 분화된 복지국가(Differentiated Welfare State)의 특징에 해당하는 것을 모두 고른 것은?

> ㄱ. 사회복지와 경제는 상호의존적이다.
> ㄴ. 사회구성원들의 이익이 통합되는 복지정책의 형태를 추구한다.
> ㄷ. 복지정책은 경제집단들 혹은 계급들 간의 상호 협력에 의해 추진된다.
> ㄹ. 대표적인 국가로 미국, 영국을 들 수 있다.

① ㄱ, ㄴ, ㄷ   ② ㄱ, ㄷ
③ ㄴ, ㄹ   ④ ㄹ
⑤ ㄱ, ㄴ, ㄷ, ㄹ

12 다음 중 공공의 관심을 끌 가치가 있고, 현재의 정부 당국이 합법적으로 다룰 수 있는 문제라고 정치적 공동체의 구성원들이 공통적으로 인지하고 있는 이슈들에 해당하는 것은?

① 공무아젠다   ② 제도아젠다
③ 체제아젠다   ④ 정부아젠다
⑤ 운영아젠다

13 다음 중 티트머스(Titmuss)의 복지국가 이념모델에 대한 설명으로 옳은 것은?

① 잔여적 모델은 '시녀적 모델'로도 불린다.

② 제도적 재분배 모델은 사회의 구조적 불평등 해소를 위해 보편적 급여를 제공한다.

③ 잔여적 모델은 사회보험 프로그램을 강조한다.

④ 제도적 재분배 모델은 공공부조 프로그램을 통해 요보호자에 대한 최소한의 생활을 보장한다.

⑤ 산업적 업적성취 모델은 사회복지를 사회안정의 수단으로 활용한다.

14 다음 사회복지정책대안의 미래예측기법 중 어떤 상황이 시간의 흐름에 따라 일정한 확률로 변해갈 경우 최종적 상태를 예측할 수 있는 확률적 정보를 제공해주는 모형은?

① 유추법   ② 마르코프모형

③ 회귀분석기법   ④ 델파이기법

⑤ 브레인스토밍법

15 다음 중 사회복지정책대안의 비교분석방법으로 일정한 제약 내에서 편익의 극대화 또는 비용의 극소화를 달성할 수 있는 자원의 배분방법에 대한 정보를 제공하는 것은?

① 비용-편익분석법   ② 비용-효과분석법

③ 줄서기 분석기법   ④ 선형계획방법

⑤ 결정분석기법

16 다음 중 사회보험과 민간보험의 공통점에 해당하는 것은?

① 강제가입을 원칙으로 한다.

② 개인적 형평성에 따라 운영된다.

③ 보호수준은 가입자의 요구와 능력에 의해 결정된다.

④ 엄격한 보험수리원칙을 기반으로 한다.

⑤ 위험분산(Risk Pooling)의 기능을 한다.

17 다음 중 복지혼합(Welfare Mix)에 대한 설명으로 옳지 않은 것은?

① 1980년대 미국에서 팽배했던 지배적 정치조류이다.

② 공공부문의 책임성 축소와 민간부문의 자율성 확대를 강조하였다.

③ 욕구에 대한 탄력적 대응 가능성을 강조하였다.

④ 시민의 권리신장보다 도덕적 의무를 중시하였다.

⑤ 복지다원주의(Welfare Pluralism)를 반대하였다.

18 다음 중 인구학적 조건만 갖추면 누구에게나 지급되는 복지혜택, 즉 보편주의의 구체적인 예에
속하는 것은?

① 사회보험   ② 공공부조

③ 부의 소득세   ④ 아동수당

⑤ 실업부조

19 다음 중 우리나라 사회적 경제 주체에 대한 설명으로 옳은 것은?

① 협동조합기본법에 따른 사회적협동조합은 영리를 목적으로 하는 법인이다.

② 고용노동부장관은 사회적협동조합에 대해 경영 및 교육훈련 지원을 하여야 한다.

③ 협동조합기본법에 따른 협동조합의 설립은 고용노동부장관의 허가를 필요로 한다.

④ 사회적기업 육성법에 따라 사회적기업을 운영하려는 자는 기획재정부장관의 인증을 받아야 한다.

⑤ 특정한 사회적기업에 대해 다양한 지원을 하는 연계기업은 사회적기업이 창출하는 이익을 취
할 수 없다.

20 다음 중 보기와 관련한 사회복지급여 형태에 해당하는 것은 무엇인가?

> 최근 장애인의 정상화와 관련하여 장애인복지에 대한 보다 깊은 관심의 필요성이 제기되고 있다. 장애인의 경우 사회복지정책의 사각지대에 놓여 있어 교육 및 취업에 제한을 받음으로써, 장애인 자신은 물론 장애인을 둔 가정에 상당한 부담을 안겨주는 것이 사실이다. 이러한 가운데 제주도의 한 지역선거구 입후보자는 장애인의 건강, 이동편의, 교육 · 취업 · 자립생활을 종합적으로 지원할 수 있는 장애인종합복지대책을 수립하도록 조례를 제정하겠다고 공언하기도 하였다. 특히 장애인을 위한 사회적 일자리를 발굴함으로써 장애인이 사회에 통합될 수 있는 계기를 마련하고자 하는 이러한 시도는 기존의 장애인복지정책과 비교하여 혁신적이라고 할 수 있다.

① 현금급여　　　　　　　　　　　② 현물급여
③ 증 서　　　　　　　　　　　　　④ 기 회
⑤ 권 력

21 다음 중 우리나라 사회서비스 전자바우처 제도에 대한 설명으로 옳지 않은 것은?

① 전자바우처 방식의 사회서비스는 2007년에 최초로 도입되었다.
② 2015년 국민행복카드 출시와 함께 국가바우처 운영체계가 도입되었다.
③ 제도 도입에 따라 공급자 지원방식에서 수요자 직접지원방식으로 전환이 가능해졌다.
④ 사회서비스 제공기관의 지정제로 인해 복지 분야의 독점상태가 가중되었다.
⑤ 이용의 합리성을 제고하기 위해 본인부담금을 도입하였다.

22 다음 중 보건복지부 지역자율형 사회서비스 투자사업에 해당하는 것을 모두 고른 것은?

> ㄱ. 장애인활동 지원사업　　　　　　ㄴ. 가사 · 간병 방문 지원사업
> ㄷ. 노인일자리 및 사회활동 지원사업　ㄹ. 산모 · 신생아 건강관리 지원사업

① ㄱ, ㄴ, ㄷ　　　　　　　　　　② ㄱ, ㄷ
③ ㄴ, ㄹ　　　　　　　　　　　　④ ㄹ
⑤ ㄱ, ㄴ, ㄷ, ㄹ

23 우리나라의 근로장려세제에 관한 설명으로 옳지 않은 것은?

① 근로장려금 신청 접수는 보건복지부에서 담당한다.

② 근로능력이 있는 빈곤층에 대해 근로의욕을 고취한다.

③ 미국의 EITC를 모델로 하였다.

④ 근로장려금은 근로소득 외에 재산보유상태 등을 반영하여 지급한다.

⑤ 근로빈곤층에게 실질적 혜택을 제공하여 빈곤탈출을 지원한다.

24 다음 중 우리나라 국민기초생활보장제도에 대한 설명으로 옳은 것은?

① 교육급여는 교육부가 담당하고 자활급여는 고용노동부가 담당한다.

② 생계급여와 의료급여의 소관부처는 보건복지부이다.

③ 급여는 세대를 단위로 하여 지급하는 것이 기본원칙이다.

④ 주거급여 지원대상은 기준 중위소득의 40% 이하이다.

⑤ 2014년 12월 국민기초생활 보장법 개정 이후의 부양의무자 기준이 법 개정 이전보다 강화되었다.

25 다음 중 긴급복지지원의 기본원칙에 해당하는 것을 모두 고른 것은?

ㄱ. 선지원 후처리 원칙	ㄴ. 가구단위 지원의 원칙
ㄷ. 타법률 중복지원 금지의 원칙	ㄹ. 장기 지원 원칙

① ㄱ, ㄴ, ㄷ   ② ㄱ, ㄷ

③ ㄴ, ㄹ   ④ ㄹ

⑤ ㄱ, ㄴ, ㄷ, ㄹ

01 다음 중 협의의 사회복지행정에 대한 설명으로 옳지 않은 것은?

① 사회복지행정을 개별사회사업, 집단사회사업과 같은 사회사업실천방법의 하나로 보아 사회사업행정이라고도 한다.

② 사회복지조직의 목표달성을 위해 관리자에 의해 수행되는 상호의존적인 과업이다.

③ 클라이언트의 기능향상과 같은 사회사업적 기술보다 사회과학적 지식과 관리과업을 강조한다.

④ 사회복지조직의 관리자에 의해 사회복지조직의 목적과 특성에 영향을 받는다.

⑤ 사회복지조직의 구성원들에게 개입하여 사회복지서비스의 개발 및 전달을 촉진하기 위한 과정이다.

02 다음 중 테일러(Tayler)의 과학적 관리론을 사회복지조직에 적용했을 때의 한계로 가장 옳지 않은 것은?

① 조직에 영향을 미치는 외적인 요소에 집중한 나머지 조직구성원의 내적인 요소를 경시한다.

② 조직구성원 간 교류문제를 소홀히 하며 폐쇄적인 속성을 지닌다.

③ 행정간부에게 조직의 목표를 설정할 수 있는 책임을 집중하기 때문에 엘리트주의적이다.

④ 조직구성원 간 권력배분에 영향을 미치는 내적·외적·정치적 과정을 무시하고 조직을 갈등과 불화가 없는 협동체제로 본다.

⑤ 조직구성원들이 금전적인 요인에만 반응한다고 가정함으로써 인간에 대한 기계적인 견해를 가진다.

03 체계이론에서의 하위체계 중 연구와 기획의 기능을 담당하여 조직의 업무수행능력에 대한 평가와 외부환경의 변화에 대한 모니터링을 통해서 조직변화의 방향을 제시하는 체계는?

① 생산하위체계　　　　　　　　　② 유지하위체계

③ 경계하위체계　　　　　　　　　④ 적응하위체계

⑤ 관리하위체계

04 다음 중 프로그램의 성과목표를 작성하는 SMART 기준에 해당하지 않는 것은?

① 구체적일 것(Specific)
② 측정 가능할 것(Measurable)
③ 달성 가능할 것(Attainable)
④ 관계지향적일 것(Relation-Oriented)
⑤ 시간제한적일 것(Time Bounded)

05 다음 중 사회복지조직의 환경으로서 일반환경과 과업환경에 대한 설명으로 옳지 않은 것은?

① 일반환경은 각 조직에 따라 다르다.
② 과업환경은 일반환경에 의해 영향을 받는다.
③ 과업환경은 주요 사회복지조직에 영향을 미친다.
④ 과업환경은 사회복지조직에 의해 영향을 받기도 한다.
⑤ 복지조직의 입장에서 일반환경은 이미 주어진 것이므로 변경할 수 없다.

06 다음 중 기능 기준의 부문화의 단점으로 옳은 것은?

① 야간서비스에 대한 낙인을 가져올 수 있다.
② 조직성원 개개인의 능력차를 고려하지 못한다.
③ 클라이언트의 문제가 복합적인 경우 적합하지 않다.
④ 업무단위 간 경쟁심이 발로되는 경우 협조 부족의 위험이 있다.
⑤ 인근지역이면서도 다른 업무단위에서 서비스를 제공할 우려가 있다.

07 다음 중 사회복지마케팅에서 고려해야 할 서비스의 특성으로 옳지 않은 것은?

① 무형의 서비스로 이루어지는 경우가 많다.
② 서비스의 생산과 소비는 주로 분리된다.
③ 대체로 목표달성에 대한 측정이 어렵다.
④ 표준화를 통한 대량생산이 어렵다.
⑤ 제공된 서비스를 반환하거나 되팔기 어렵다.

08 다음 중 애드호크라시(Adhocracy) 조직이론에 대한 설명으로 옳지 않은 것은?

① 다양한 전문기술을 가진 비교적 이질적인 전문가들이 프로젝트를 중심으로 집단을 구성한다.

② 태스크포스, 프로젝트팀, 매트릭스조직 등의 조직구조로 나타난다.

③ 변화에 민첩하고 적응적이며, 일시적인 체계에 해당한다.

④ 고도의 수평적 직무 전문화를 통해 혁신을 추구한다.

⑤ 기능별 집단과 목적별 집단이 명확히 구분된다.

09 다음 하젠펠트(Hasenfeld)의 조직 유형 분류에서 공공부조사무소와 요양시설을 클라이언트의 상태와 조직기술에 따라 바르게 분류한 것은?

	클라이언트 상태	조직기술
①	기능적	인간유지기술
②	기능적	인간변화기술
③	역기능적	인간식별기술
④	역기능적	인간유지기술
⑤	역기능적	인간변화기술

10 다음 중 업무자들이 측정 가능한 양적 지표들에 대해서만 관심을 가짐으로써 실질적인 서비스의 효과성에 대해 무관심하게 되는 현상은?

① 거버넌스(Governance)

② 다운사이징(Downsizing)

③ 매몰비용(Sunk Cost)

④ 기회비용(Opportunity Cost)

⑤ 기준행동(Criterion Behavior)

11 다음 중 보기의 내용과 연관된 프로그램 평가 논리모형(Logic Model)의 구성요소로 옳은 것은?

> 청소년 금연 프로그램에 참가한 A군은 흡연으로 인한 신체적 · 심리적 영향에 대해 알게 되었고, 이를 계기로 금연을 하기로 굳게 결심했다.

① 활동(Activities)
② 전환(Throughputs)
③ 투입(Inputs)
④ 산출(Outputs)
⑤ 성과(Outcomes)

12 다음 중 보기의 내용과 연관된 평가기준으로 옳은 것은?

> • 서비스의 우월성과 관련된 클라이언트의 전반적인 평가나 태도를 말한다.
> • 프로그램의 전문성을 강조하며 제대로 된 서비스가 주어졌는지 여부를 판단한다.

① 노력성(Effort)
② 효율성(Efficiency)
③ 효과성(Effectiveness)
④ 서비스의 질(Quality)
⑤ 영향(Impact)

13 다음 의사결정기법 중 목표가 분명하고 예상 가능한 사항의 선택에 적용하는 방법으로 연속적인 질문에 대해 'Yes'와 'No'로 답함으로써 최종적인 결과를 예상하는 기법은?

① 의사결정나무분석
② 대안선택흐름도표
③ 시간별 활동계획 도표
④ 프로그램 평가 검토기법
⑤ 월별 활동계획카드

14 다음 중 수평적 의사전달 방식에 해당하는 것을 모두 고른 것은?

> ㄱ. 지시　　　　　　　　　　　　ㄴ. 게시판
> ㄷ. 직원면접　　　　　　　　　　ㄹ. 사전심사

① ㄱ, ㄴ, ㄷ　　　　　　　　　　② ㄱ, ㄷ
③ ㄴ, ㄹ　　　　　　　　　　　　④ ㄹ
⑤ ㄱ, ㄴ, ㄷ, ㄹ

15 다음 동기부여와 연관된 이론 중 기대감에 의한 행동의 결정을 강조한 학자는?

① 매슬로우(Maslow)　　　　　　② 허즈버그(Herzberg)
③ 알더퍼(Alderfer)　　　　　　　④ 아담스(Adams)
⑤ 브룸(Vroom)

16 다음 중 사회복지조직 이론과 그 특징을 연결한 것으로 가장 옳은 것은?

① 상황이론 : 모든 조직의 이상적 관리방법은 같다.
② 제도이론 : 조직의 생존을 위한 환경에의 능동적 대응에 주목한다.
③ 행정관리이론 : 조직 내 인간적 요소를 경시한다.
④ 정치경제이론 : 외부 자원에 의존이 강한 사회복지조직에는 설명력이 약하다.
⑤ 동기-위생이론 : 조직 외부환경의 영향을 중요하게 인식한다.

17 다음 중 성과주의 예산에 대한 설명으로 옳지 않은 것은?

① 과정중심의 예산형식으로 수행하는 업무에 중점을 둔다.
② 간편하고 주로 점증식으로 평가된다.
③ 예산집행에 신축성을 부여한다.
④ 기관의 목표와 프로그램을 이해하는 데 유리하다.
⑤ 각 세부사업을 '단위원가 × 업무량 = 예산액'으로 표시하여 편성을 한다.

18 다음 중 서비스 구매계약(POSC)의 장점에 대한 설명으로 옳지 않은 것은?

① 서비스의 비용에 대한 관리가 용이하다.
② 단일공급자에 대한 의존성을 줄일 수 있다.
③ 경쟁이 이루어지고 편익비용이 관리자에게 귀속되므로 능률적이다.
④ 사업계획의 규모를 수요 및 자금변화에 맞추어 탄력적으로 조절할 수 있다.
⑤ 계약 과정에서의 부패 관행을 원천적으로 차단할 수 있다.

19 다음 중 사회복지분야에서 정보관리시스템 구축의 긍정적인 측면으로 가장 옳지 않은 것은?

① 수집한 개인정보를 다양한 목적에 활용할 수 있도록 한다.
② 저장된 수천 개의 사례를 기반으로 이론의 발전에 기여한다.
③ 사회복지전문가가 복잡한 의사결정을 쉽게 할 수 있도록 돕는다.
④ 필요한 정보를 통합적으로 제공하여 업무 향상에 기여한다.
⑤ 서비스 이용자의 실적에 대해 월별·분기별·사업현황별로 정기적인 점검이 가능하다.

20 다음 중 최고경영자가 사용하고 예측정보를 주로 다루는 시스템은?

① 전략적 경영정보시스템
② 관리적 경영정보시스템
③ 작업적 경영정보시스템
④ 특수적 경영정보시스템
⑤ 제한적 경영정보시스템

21 다음은 허시와 블랑샤르(Hersey & Blanchard)의 상황이론에 대한 설명이다. 빈칸에 들어갈 용어를 순서대로 제시한 것은?

> 허시와 블랑샤르는 부하직원의 상황에 주목하여 부하의 능력과 의지에 따라 네 가지 차원의 성숙도 상황을 제시하고, 각각에 맞는 리더십을 주장하였다. 부하가 능력도 없고 의지도 없는 경우 (   ) 리더십이 효과적이지만, 부하가 능력과 의지 모두가 있는 경우에는 (   ) 리더십이 효과적이다.

① 자율형, 참여형　　　　　　　　　　② 명령형, 방임형
③ 지시형, 제시형　　　　　　　　　　④ 제시형, 위임형
⑤ 지시형, 위임형

22 다음 중 업무세분화에 따른 단점을 보완하는 방법으로 옳지 않은 것은?
① 직무순환은 주기적으로 다른 업무를 수행하도록 인력을 배치하는 방법이다.
② 사례관리는 사정·연계·옹호 등을 통해 클라이언트 문제를 통합적으로 해결하는 방법이다.
③ 직무순환과 사례관리는 개별 업무자 차원의 노력보다는 조직단위 간 연결을 강조한다.
④ 직무확대는 개별 업무자가 담당하는 과업의 종류나 수를 확대하는 방법이다.
⑤ 치료팀은 조직단위별로 다루어지는 클라이언트 문제를 조직 공동의 노력을 통해 해결하는 방법이다.

23 다음 중 사회복지서비스 결정기준에서 정부의 서비스 제공이 바람직한 경우에 해당하는 것을 모두 고른 것은?

> ㄱ. 기초적인 대규모 서비스　　　　　ㄴ. 개별화가 강한 서비스
> ㄷ. 재원 안정성이 중요한 서비스　　　ㄹ. 표준화가 용이하지 않은 서비스

① ㄱ, ㄴ, ㄷ　　　　　　　　　　② ㄱ, ㄷ
③ ㄴ, ㄹ　　　　　　　　　　　　④ ㄹ
⑤ ㄱ, ㄴ, ㄷ, ㄹ

24 다음 중 사회복지전달체계의 주요 원칙들에 관한 설명으로 옳지 않은 것은?

① 적절성은 서비스의 양과 질의 적정 수준을 강조한다.

② 서비스의 지속성을 높이려면 서비스 간 연계를 강화해야 한다.

③ 비전문적 업무를 전문가가 담당하면 조직운영의 효율성을 높일 수 있다.

④ 책임성을 지나치게 강조할 경우 자원 공급자의 관점이 소홀해질 수 있다.

⑤ 통합성을 지나치게 강조할 경우 특정 문제에 대한 접근성을 약화시킬 수 있다.

25 다음 중 사회복지법인의 예산과 재정관리에 대한 설명으로 옳은 것은?

① 모든 사회복지법인 및 사회복지시설의 회계연도는 정부의 회계연도에 따른다.

② 법인회계의 예산은 세출예산이 정한 목적 외의 용도로 사용할 수 있다.

③ 후원금은 후원자가 지정한 사용용도 외의 용도로 사용하지 못한다.

④ 예산안을 회계연도 개시 5일 전까지 보건복지부장관에게 제출해야 한다.

⑤ 동일 관내의 항간의 전용은 시장·군수·구청장의 승인을 얻어야 한다.

제3영역 **사회복지법제론**

01 다음 중 사회복지법원에 대한 설명으로 옳지 않은 것은?

① 법률은 국회의 의결을 거치는 반면 명령은 국회의 의결을 거치지 않는다.

② 조약, 협정 등 국제법상의 주체인 국가 간에 맺은 문서도 성문법으로서의 법원에 해당한다.

③ 자치법규는 자치권의 범위 내에서만 유효하게 성립된다.

④ 조리는 사물의 도리, 합리성, 본질적 법칙을 의미한다.

⑤ 관습법은 사회인의 사실상 관행에 의한 것으로서 법으로서의 효력을 가지지는 못한다.

02 다음 중 사회보장기본법의 내용으로 옳지 않은 것은?

① 국내에 거주하는 외국인에게 사회보장제도를 적용할 때에는 상호주의의 원칙에 따르되 관계 법령에서 정하는 바에 따른다.

② 국가는 사회보장제도의 안정적인 운영을 위하여 중장기 사회보장 재정추계를 매년 실시하고 이를 공표하여야 한다.

③ 국가와 지방자치단체는 가정이 건전하게 유지되고 그 기능이 향상되도록 노력하여야 한다.

④ 국가와 지방자치단체는 사회보장제도를 시행할 때에 가정과 지역공동체의 자발적인 복지활동을 촉진하여야 한다.

⑤ 모든 국민은 자신의 능력을 최대한 발휘하여 자립·자활할 수 있도록 노력하여야 한다.

03 다음 중 헌법 제34조에서 규정하고 있지 않은 것은?

① 국가는 사회보장·사회복지의 증진에 노력할 의무를 진다.

② 국가는 여자의 복지와 권익의 향상을 위하여 노력하여야 한다.

③ 국가는 노인과 청소년의 복지향상을 위한 정책을 실시할 의무를 진다.

④ 국가는 장애인과 근로능력이 없는 모든 국민을 경제적으로 보호할 의무를 진다.

⑤ 국가는 재해를 예방하고 그 위험으로부터 국민을 보호하기 위하여 노력하여야 한다.

04 다음 보기의 우리나라 사회복지 관련법을 제정 시기가 빠른 순으로 차례대로 나열한 것은?

> ㄱ. 긴급복지지원법　　　　　　　　　　ㄴ. 최저임금법
> ㄷ. 사회복지사업법　　　　　　　　　　ㄹ. 국민건강증진법
> ㅁ. 공무원연금법　　　　　　　　　　　ㅂ. 고용보험법

① ㅁ - ㄴ - ㄷ - ㅂ - ㄱ - ㄹ
② ㅁ - ㄷ - ㄴ - ㅂ - ㄹ - ㄱ
③ ㄷ - ㅁ - ㄴ - ㄹ - ㄱ - ㅂ
④ ㄷ - ㄴ - ㅁ - ㄹ - ㅂ - ㄱ
⑤ ㄴ - ㄷ - ㅁ - ㄱ - ㅂ - ㄹ

05 다음 중 노인장기요양보험법령상 장기요양급여의 종류로서 재가급여에 포함되지 않는 것은?

① 방문요양　　　　　　　　　　　　　② 방문목욕
③ 단기보호　　　　　　　　　　　　　④ 특례요양
⑤ 주 · 야간보호

06 다음 중 사회복지사업법상 과태료 부과 대상에 해당하지 않는 것은?

① 사회복지법인이 아닌 자가 사회복지법인이라는 명칭을 사용한 경우
② 시설의 설치 · 운영의 신고를 한 자가 지체 없이 시설의 운영을 시작하지 아니한 경우
③ 사회복지사가 아닌 자가 사회복지사 또는 이와 유사한 명칭을 사용한 경우
④ 법인의 수익사업에서 생긴 수익을 시설 운영 외의 목적으로 사용하는 경우
⑤ 시설의 운영자가 손해보험회사의 책임보험이나 한국사회복지공제회의 책임공제에 가입하지 아니한 경우

07 다음 중 사회복지시설의 사업정지 또는 폐쇄의 사유에 해당하지 않는 것은?

① 시설이 설치기준에 미달하게 되었을 때
② 시설을 운영하는 법인의 설립허가가 취소되었을 때
③ 비영리법인으로서 수익사업을 하였을 때
④ 설치 목적이 달성되었거나 그 밖의 사유로 계속하여 운영될 필요가 없다고 인정할 때
⑤ 회계부정이 발견되었을 때

08 다음 중 '사회보장급여의 이용·제공 및 수급권자 발굴에 관한 법률'에 대한 설명으로 옳은 것을 모두 고른 것은?

ㄱ. 사회복지전담공무원에 대한 규정을 두고 있다.
ㄴ. 지역사회보장에 관한 계획 수립 및 내용, 계획 시행 및 결과의 평가에 대한 규정을 두고 있다.
ㄷ. 사회보장 관련 자료 및 온라인 서비스 제공을 목적으로 하는 대국민 포털 구축에 대한 규정을 두고 있다.
ㄹ. 한국사회복지협의회의 역할 및 구성에 대한 규정을 두고 있다.

① ㄱ, ㄴ, ㄷ   ② ㄱ, ㄷ
③ ㄴ, ㄹ   ④ ㄹ
⑤ ㄱ, ㄴ, ㄷ, ㄹ

09 다음 중 국민건강보험법령상 건강보험 가입자가 자격을 상실하는 날로 가장 옳은 것은?

① 사망한 날
② 국적을 잃은 날
③ 직장가입자의 피부양자가 된 날의 다음 날
④ 국내에 거주하지 아니하게 된 날의 다음 날
⑤ 의료급여법에 따라 의료급여를 받게 된 날의 다음 날

10 다음 중 국민건강보험법상 보험급여를 받을 수 있는 경우에 해당하는 것은?

① 업무상 부주의로 사고를 당한 경우

② 중대한 과실로 인한 범죄행위에 원인이 있는 경우

③ 공단의 문서 제출 요구를 거부한 경우

④ 고의로 요양기관의 요양에 관한 지시에 따르지 않는 경우

⑤ 다른 법령에 따른 보험급여를 받게 되는 경우

11 다음 중 노인복지법상 직무상 노인학대 신고의무자에 해당하지 않는 사람은?

① 건강가정지원센터의 종사자

② 다문화가족지원센터의 종사자

③ 한부모가족복지시설의 종사자

④ 가정폭력피해자 보호시설의 종사자

⑤ 성폭력피해자 보호시설의 종사자

12 다음 중 아동복지법의 내용으로 옳지 않은 것은?

① 아동을 18세 미만인 사람으로 정의하고 있다.

② 업무 · 고용 등의 관계로 사실상 아동을 보호 · 감독하는 자도 보호자에 해당한다.

③ 보호대상아동은 조화롭고 건강하게 성장하는 데에 필요한 기초적인 조건이 갖추어지지 아니하여 사회적 · 경제적 · 정서적 지원이 필요한 아동을 말한다.

④ 보호자가 아동을 학대하는 등 그 보호자가 아동을 양육하기에 적당하지 아니한 경우 그 아동은 보호대상아동에 포함된다.

⑤ 아동의 보호자가 아동을 방임하는 것은 아동학대에 포함된다.

13 다음 중 의료급여법상 본인부담금 보상제도와 관련하여 보기의 빈칸에 들어갈 내용을 순서대로 올바르게 나열한 것은?

> 1종 수급권자의 경우 매 (   )일간 (   )만원을 초과한 경우 초과금액의 50%를 보상한다.

① 30, 1
② 30, 2
③ 30, 20
④ 180, 30
⑤ 180, 60

14 다음 중 긴급복지지원법령에 대한 내용으로 가장 옳은 것은?

① 생계지원은 생계유지가 곤란한 사람을 대상으로 현물을 지급하는 것을 원칙으로 한다.
② 주거지원은 지원기간을 합하여 총 6개월을 초과하여서는 아니 된다.
③ 의료지원은 위기상황의 원인이 되는 질병 또는 부상을 검사 · 치료하기 위한 범위에서 2회 실시하는 것을 원칙으로 한다.
④ 교육지원은 지원횟수를 합하여 총 두 번을 초과하여서는 아니 된다.
⑤ 긴급지원심의위원회는 긴급지원대상자가 국민기초생활 보장법 또는 의료급여법에 따른 수급권자로 결정된 경우에는 적정성 심사를 하지 아니할 수 있다.

15 다음 중 산업재해보상보험법상 보기의 정의에 해당하는 용어를 순서대로 올바르게 나열한 것은?

> ㄱ. 부상 또는 질병이 치유되었으나 정신적 또는 육체적 훼손으로 인하여 노동능력이 상실되거나 감소된 상태를 말한다.
> ㄴ. 업무상의 부상 또는 질병에 따른 정신적 또는 육체적 훼손으로 노동능력이 상실되거나 감소된 상태로서 그 부상 또는 질병이 치유되지 아니한 상태를 말한다.

	ㄱ	ㄴ
①	장 해	중증요양상태
②	중증요양상태	장 해
③	장 해	진 폐
④	중증요양상태	진 폐
⑤	진 폐	장 해

16 다음 중 고용보험법상 구직급여의 수급 수준에 영향을 미치는 요소와 가장 거리가 먼 것은?

① 가입자의 피보험기간

② 가입자의 연령

③ 가입자의 평균임금

④ 가입자의 가족 수

⑤ 최저임금법에 따른 최저임금액

17 다음 보기는 고용보험법령상 육아휴직 급여의 신청에 관한 것이다. 빈칸에 들어갈 내용을 순서대로 올바르게 나열한 것은?

> 육아휴직 급여를 지급받으려는 사람은 육아휴직을 시작한 날 이후 1개월부터 육아휴직이 끝난 날 이후 (ㄱ) 이내에 신청하여야 한다. 다만, 해당 기간에 대통령령으로 정하는 사유로 육아휴직 급여를 신청할 수 없었던 사람은 그 사유가 끝난 후 (ㄴ) 이내에 신청하여야 한다.

	ㄱ	ㄴ
①	3개월	15일
②	6개월	15일
③	6개월	30일
④	12개월	30일
⑤	12개월	60일

18 다음 중 국민연금법령에 대한 설명으로 옳지 않은 것은?

① 국민연금공단은 법인으로 한다.

② 부담금이란 사업장가입자의 사용자가 부담하는 금액을 말한다.

③ 가입자는 사업장가입자, 지역가입자, 임의가입자 및 임의계속가입자로 구분한다.

④ 자녀가 2명인 경우 가입기간에 6개월을 추가로 산입한다.

⑤ 연금액은 지급사유에 따라 기본연금액과 부양가족연금액을 기초로 산정한다.

19 다음 중 국민연금법령상 유족연금에 관한 설명으로 옳은 것은?

① 가입기간이 20년 이상인 가입자였던 자가 사망한 경우 지급한다.

② 수급권자의 범위에서 배우자의 부모는 제외된다.

③ 유족연금액은 가입기간에 상관없이 정액을 지급한다.

④ 배우자인 수급권자가 재혼하면 수급권은 소멸된다.

⑤ 산업재해보상보험법상 유족급여 수급권자에게 유족연금의 수급권이 발생할 경우에는 지급하지 않는다.

20 다음 중 장애인복지법령상 장애인복지전문인력의 범위에 포함되지 않는 사람은?

① 장애상담치료사

② 한국수어통역사

③ 점역사 · 교정사

④ 의지 · 보조기 기사

⑤ 언어재활사

21 다음 중 기초연금법령상 보기의 빈칸에 들어갈 내용으로 옳은 것은?

> 배우자가 있는 노인가구의 선정기준액 및 저소득자 선정기준액은 배우자가 없는 노인가구의 선정기준액 및 저소득자 선정기준액에 (   )을 곱한 금액으로 한다.

① 100분의 120

② 100분의 140

③ 100분의 150

④ 100분의 160

⑤ 100분의 180

22 다음 중 입양특례법상 양친이 될 자격으로 가장 옳지 않은 것은?

① 양친이 될 사람이 아동학대 · 가정폭력 · 성폭력 · 마약 등의 범죄나 알코올 등 약물중독의 경력이 없을 것

② 양친이 될 사람이 대한민국 국민이 아닌 경우 대한민국의 법에 따라 양친이 될 수 있는 자격이 있을 것

③ 양자를 부양하기에 충분한 재산이 있을 것

④ 양자에 대하여 종교의 자유를 인정하고 사회의 구성원으로서 그에 상응하는 양육과 교육을 할 수 있을 것

⑤ 25세 이상으로서 양자가 될 사람과의 나이 차이가 60세 이내인 사람으로 하되, 양친이 될 사람이 대한민국 국민이 아닌 경우 25세 이상 45세 미만일 것

23 최근 국민기초생활 보장법령의 개정에 따라 2015년 7월부터 정부 복지사업의 주요 기준으로서 '최저생계비'를 대신하여 '기준 중위소득'을 사용하고 있다. 다음 중 국민기초생활 보장법령상 차상위계층의 선정 기준으로 옳은 것은?

① 기준중위소득의 100분의 20 이하

② 기준중위소득의 100분의 30 이하

③ 기준중위소득의 100분의 40 이하

④ 기준중위소득의 100분의 50 이하

⑤ 기준중위소득의 100분의 60 이하

24 다음 중 국민기초생활 보장법령상 보장시설의 장의 의무로 옳지 않은 것은?

① 보장시설의 장은 위탁받은 수급자에게 급여를 실시할 때 성별 · 신앙 또는 사회적 신분 등을 이유로 차별대우를 하여서는 아니 된다.

② 보장시설의 장은 위탁받은 수급자에게 급여를 실시할 때 수급자의 자유로운 생활을 보장하여야 한다.

③ 보장시설의 장은 지역의 자활 촉진을 위하여 비영리법인 등의 신청을 받아 지역자활센터를 지정하고 필요한 지원을 하여야 한다.

④ 보장시설의 장은 위탁받은 수급자에게 보건복지부장관 및 소관 중앙행정기관의 장이 정하는 최저기준 이상의 급여를 실시하여야 한다.

⑤ 보장시설의 장은 위탁받은 수급자에게 종교상의 행위를 강제하여서는 아니 된다.

25 다음 중 장애인연금법에 따른 장애인연금의 종류에 해당하는 것을 모두 고른 것은?

| ㄱ. 요양급여 | ㄴ. 기초급여 |
| ㄷ. 상병급여 | ㄹ. 부가급여 |

① ㄱ, ㄴ, ㄷ   ② ㄱ, ㄷ

③ ㄴ, ㄹ   ④ ㄹ

⑤ ㄱ, ㄴ, ㄷ, ㄹ

나는 이렇게 합격했다

당신의 합격 스토리를 들려주세요
추첨을 통해 선물을 드립니다

베스트 리뷰
갤럭시탭 / 버즈 2

상/하반기 추천 리뷰
상품권 / 스벅커피

인터뷰 참여
백화점 상품권

이벤트 참여방법

합격수기

| SD에듀와 함께한 도서 or 강의 **선택** | > | 나만의 합격 노하우 정성껏 **작성** | > | 상반기/하반기 추천을 통해 **선물 증정** |

인터뷰

| SD에듀와 함께한 강의 **선택** | > | 합격증명서 or 자격증 사본 **첨부**, 간단한 **소개 작성** | > | 인터뷰 완료 후 **백화점 상품권 증정** |

이벤트 참여방법
다음합격의 주인공은 바로 여러분입니다!

QR코드 스캔하고 ▶ ▶ ▶
이벤트 참여하여 푸짐한 경품받자!

합격의 공식
SD에듀

사회복지사 1급

합격 ROADMAP

1단계

기본부터 탄탄히!

다양한 이론이 나오는 사회복지사 1급 시험을 확실
하게 합격할 수 있게 최신기출문제, 영역별 핵심이론,
적중예상문제, 바로암기 OX 등 합격에 필요한 것들을
한권으로 끝내보세요!

2단계

핵심만 쏙쏙!

방대한 사회복지사 이론을 핵심만 쏙쏙 골라 구성했
습니다. 합격에 필요한 핵심이론, 최신 기출문제로 구
성된 실제기출, 출제경향을 반영한 개념쏙쏙 등을 담
은 핵심요약집으로 효율·효과적으로 학습해보세요!

2025

SD에듀

SOCIAL WORKER

베스트셀러
1위
산출기준 후면
표기

2024년 제22회
기출문제해설 및
자료 수록!

편저 **사회복지사 수험연구소** | 주관 및 시행처 **보건복지부 · 한국산업인력공단**

사회복지사 1급

영역별 핵심이론을 담은 핵심암기노트 제공!

핵심노트

+실전동형모의고사

정답 및 해설

SD에듀

(주)시대고시기획

Contents

정답 및 해설

정답 및 해설

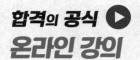

합격의 공식 ▶

온라인 강의

보다 깊이 있는 학습을 원하는 수험생들을 위한
SD에듀의 동영상 강의가 준비되어 있습니다.
www.sdedu.co.kr ➜ 회원가입(로그인) ➜ 강의 살펴보기

한눈에 보는 정답

● 제1회 정답 ●

1과목 사회복지기초

1영역	01	02	03	04	05	06	07	08	09	10	11	12	13	14	15	16	17	18	19	20	21	22	23	24	25
	④	⑤	②	④	③	⑤	③	①	①	①	⑤	④	④	③	③	③	①	⑤	⑤	⑤	⑤	①	①	④	⑤
2영역	01	02	03	04	05	06	07	08	09	10	11	12	13	14	15	16	17	18	19	20	21	22	23	24	25
	④	③	④	③	③	⑤	②	③	⑤	②	①	⑤	③	④	①	④	③	⑤	④	④	⑤	③	①	④	⑤

2과목 사회복지실천

1영역	01	02	03	04	05	06	07	08	09	10	11	12	13	14	15	16	17	18	19	20	21	22	23	24	25
	①	①	⑤	⑤	①	①	③	①	②	①	②	①	⑤	④	⑤	⑤	①	③	①	⑤	③	④	④	③	②
2영역	01	02	03	04	05	06	07	08	09	10	11	12	13	14	15	16	17	18	19	20	21	22	23	24	25
	②	①	⑤	④	①	⑤	③	②	①	①	③	④	①	②	②	①	⑤	①	④	①	①	③	④	⑤	⑤
3영역	01	02	03	04	05	06	07	08	09	10	11	12	13	14	15	16	17	18	19	20	21	22	23	24	25
	④	⑤	⑤	②	⑤	①	③	④	④	②	①	②	⑤	①	①	②	①	③	⑤	⑤	③	④	⑤	①	③

3과목 사회복지정책과 제도

1영역	01	02	03	04	05	06	07	08	09	10	11	12	13	14	15	16	17	18	19	20	21	22	23	24	25
	⑤	②	③	③	①	④	③	④	①	⑤	⑤	①	③	⑤	③	④	⑤	③	①	④	④	⑤	③	①	③
2영역	01	02	03	04	05	06	07	08	09	10	11	12	13	14	15	16	17	18	19	20	21	22	23	24	25
	①	⑤	①	④	②	③	③	②	④	②	⑤	③	②	②	③	⑤	①	③	②	⑤	②	⑤	④	①	②
3영역	01	02	03	04	05	06	07	08	09	10	11	12	13	14	15	16	17	18	19	20	21	22	23	24	25
	⑤	⑤	⑤	③	①	①	②	②	④	②	①	①	③	④	③	④	③	④	⑤	⑤	③	①	②	②	②

● 제2회 정답 ●

1과목 사회복지기초

1영역	01	02	03	04	05	06	07	08	09	10	11	12	13	14	15	16	17	18	19	20	21	22	23	24	25
	②	④	⑤	⑤	③	③	⑤	①	③	⑤	③	⑤	③	⑤	①	④	⑤	③	②	③	③	①	②	②	③
2영역	01	02	03	04	05	06	07	08	09	10	11	12	13	14	15	16	17	18	19	20	21	22	23	24	25
	④	①	④	④	①	②	①	②	⑤	④	③	②	③	②	⑤	①	④	③	⑤	④	④	④	④	④	①

2과목 사회복지실천

1영역	01	02	03	04	05	06	07	08	09	10	11	12	13	14	15	16	17	18	19	20	21	22	23	24	25
	⑤	③	①	①	④	①	③	①	⑤	⑤	④	④	②	⑤	④	②	①	④	③	①	④	④	⑤	④	②
2영역	01	02	03	04	05	06	07	08	09	10	11	12	13	14	15	16	17	18	19	20	21	22	23	24	25
	④	①	①	②	⑤	④	②	⑤	④	①	⑤	⑤	④	①	②	④	①	②	②	②	⑤	⑤	③	①	⑤
3영역	01	02	03	04	05	06	07	08	09	10	11	12	13	14	15	16	17	18	19	20	21	22	23	24	25
	③	①	④	①	②	③	⑤	①	①	①	⑤	①	①	③	②	①	③	⑤	⑤	④	②	①	⑤	④	①

3과목 사회복지정책과 제도

1영역	01	02	03	04	05	06	07	08	09	10	11	12	13	14	15	16	17	18	19	20	21	22	23	24	25
	②	⑤	⑤	④	⑤	⑤	③	③	②	⑤	⑤	④	④	②	①	③	①	④	③	①	②	③	③	①	③
2영역	01	02	03	04	05	06	07	08	09	10	11	12	13	14	15	16	17	18	19	20	21	22	23	24	25
	③	①	②	④	④	③	④	③	⑤	④	③	④	①	②	⑤	④	①	⑤	④	①	⑤	①	⑤	⑤	①
3영역	01	02	03	04	05	06	07	08	09	10	11	12	13	14	15	16	17	18	19	20	21	22	23	24	25
	②	④	③	②	③	①	④	⑤	①	⑤	④	①	③	④	②	⑤	①	⑤	③	②	⑤	③	④	⑤	②

● 제3회 정답 ●

1과목 사회복지기초

1영역	01	02	03	04	05	06	07	08	09	10	11	12	13	14	15	16	17	18	19	20	21	22	23	24	25
	②	⑤	⑤	③	②	⑤	④	①	③	②	③	⑤	③	②	①	③	②	②	⑤	③	②	①	③		
2영역	01	02	03	04	05	06	07	08	09	10	11	12	13	14	15	16	17	18	19	20	21	22	23	24	25
	④	①	④	④	③	①	①	④	⑤	②	⑤	①	④	⑤	②	②	②	③	⑤	②	②	⑤	③	③	

2과목 사회복지실천

1영역	01	02	03	04	05	06	07	08	09	10	11	12	13	14	15	16	17	18	19	20	21	22	23	24	25
	①	⑤	⑤	③	⑤	①	①	③	①	①	③	③	②	②	①	④	②	①	①	②	③	①	②	⑤	①
2영역	01	02	03	04	05	06	07	08	09	10	11	12	13	14	15	16	17	18	19	20	21	22	23	24	25
	⑤	⑤	④	④	①	①	④	②	⑤	③	①	④	②	⑤	④	①	②	①	③	②	④	②	③	③	①
3영역	01	02	03	04	05	06	07	08	09	10	11	12	13	14	15	16	17	18	19	20	21	22	23	24	25
	③	②	②	①	①	②	①	④	⑤	⑤	①	⑤	②	⑤	②	④	③	①	④	①	③	①	①	③	⑤

3과목 사회복지정책과 제도

1영역	01	02	03	04	05	06	07	08	09	10	11	12	13	14	15	16	17	18	19	20	21	22	23	24	25
	①	④	①	②	①	③	④	④	④	②	①	⑤	③	②	④	⑤	③	⑤	⑤	①	②	①	②	④	③
2영역	01	02	03	04	05	06	07	08	09	10	11	12	13	14	15	16	17	18	19	20	21	22	23	24	25
	②	②	⑤	②	④	④	⑤	④	②	⑤	③	⑤	③	③	⑤	③	①	①	②	⑤	④	⑤	⑤	④	③
3영역	01	02	03	04	05	06	07	08	09	10	11	12	13	14	15	16	17	18	19	20	21	22	23	24	25
	①	③	②	③	③	⑤	⑤	⑤	④	⑤	⑤	⑤	①	⑤	⑤	③	②	⑤	②	③	⑤	②	②	②	④

● 제4회 정답 ●

1과목 사회복지기초

1영역	01	02	03	04	05	06	07	08	09	10	11	12	13	14	15	16	17	18	19	20	21	22	23	24	25
	④	②	⑤	④	③	①	③	②	②	④	②	②	⑤	③	②	①	③	②	④	③	⑤	④	②	⑤	⑤
2영역	01	02	03	04	05	06	07	08	09	10	11	12	13	14	15	16	17	18	19	20	21	22	23	24	25
	①	④	①	②	①	③	②	①	④	②	③	④	⑤	②	③	⑤	⑤	③	①	⑤	①	⑤	④	④	④

2과목 사회복지실천

1영역	01	02	03	04	05	06	07	08	09	10	11	12	13	14	15	16	17	18	19	20	21	22	23	24	25
	⑤	④	④	②	④	①	①	③	⑤	①	④	⑤	①	③	⑤	④	③	②	⑤	⑤	②	①	③	②	①
2영역	01	02	03	04	05	06	07	08	09	10	11	12	13	14	15	16	17	18	19	20	21	22	23	24	25
	②	②	③	④	④	①	①	①	⑤	⑤	①	④	④	③	①	④	③	①	⑤	①	①	②	①	⑤	⑤
3영역	01	02	03	04	05	06	07	08	09	10	11	12	13	14	15	16	17	18	19	20	21	22	23	24	25
	①	②	③	⑤	②	①	④	⑤	②	①	④	①	①	④	⑤	④	③	②	③	②	①	④	⑤	④	④

3과목 사회복지정책과 제도

1영역	01	02	03	04	05	06	07	08	09	10	11	12	13	14	15	16	17	18	19	20	21	22	23	24	25
	④	①	①	④	③	②	①	①	①	②	③	③	①	③	④	②	②	③	⑤	①	⑤	①	③	③	④
2영역	01	02	03	04	05	06	07	08	09	10	11	12	13	14	15	16	17	18	19	20	21	22	23	24	25
	②	①	③	②	③	⑤	④	②	③	①	⑤	④	④	②	⑤	④	②	⑤	②	①	④	①	①	②	②
3영역	01	02	03	04	05	06	07	08	09	10	11	12	13	14	15	16	17	18	19	20	21	22	23	24	25
	⑤	②	④	④	②	⑤	⑤	③	④	④	⑤	⑤	②	②	⑤	①	②	④	⑤	⑤	④	③	①	②	

● 제5회 정답 ●

1과목 사회복지기초

1영역	01	02	03	04	05	06	07	08	09	10	11	12	13	14	15	16	17	18	19	20	21	22	23	24	25
	④	④	②	④	④	⑤	②	④	④	④	②	⑤	④	④	⑤	③	②	①	③	②	①	①	④	③	②
2영역	01	02	03	04	05	06	07	08	09	10	11	12	13	14	15	16	17	18	19	20	21	22	23	24	25
	①	②	②	②	③	②	③	④	③	③	④	①	⑤	③	④	④	⑤	③	①	③	⑤	①	⑤	③	②

2과목 사회복지실천

1영역	01	02	03	04	05	06	07	08	09	10	11	12	13	14	15	16	17	18	19	20	21	22	23	24	25
	⑤	④	②	④	③	④	⑤	⑤	④	④	②	①	③	①	③	①	①	⑤	④	⑤	⑤	①	②	④	④
2영역	01	02	03	04	05	06	07	08	09	10	11	12	13	14	15	16	17	18	19	20	21	22	23	24	25
	⑤	⑤	③	⑤	③	⑤	⑤	①	⑤	⑤	⑤	④	②	⑤	⑤	④	①	①	③	⑤	④	①	②	⑤	①
3영역	01	02	03	04	05	06	07	08	09	10	11	12	13	14	15	16	17	18	19	20	21	22	23	24	25
	③	⑤	④	④	②	⑤	③	②	④	⑤	③	①	④	③	②	①	④	④	②	①	③	①	②	⑤	

3과목 사회복지정책과 제도

1영역	01	02	03	04	05	06	07	08	09	10	11	12	13	14	15	16	17	18	19	20	21	22	23	24	25
	①	①	④	③	①	③	②	④	⑤	②	④	③	②	④	⑤	⑤	④	⑤	④	④	③	①	②	①	
2영역	01	02	03	04	05	06	07	08	09	10	11	12	13	14	15	16	17	18	19	20	21	22	23	24	25
	③	①	④	④	②	④	⑤	④	⑤	⑤	④	②	④	③	②	①	①	⑤	②	②	①	④	③	③	
3영역	01	02	03	04	05	06	07	08	09	10	11	12	13	14	15	16	17	18	19	20	21	22	23	24	25
	⑤	②	④	②	④	④	③	①	④	①	③	③	②	⑤	①	④	④	④	①	④	②	④	③	③	

제1과목 | 사회복지기초

1영역		인간행동과 사회환경												
01	02	03	04	05	06	07	08	09	10	11	12	13	14	15
④	⑤	②	④	③	⑤	③	①	①	①	⑤	④	④	③	③
16	17	18	19	20	21	22	23	24	25					
③	①	⑤	⑤	⑤	⑤	①	①	④	⑤					

2영역		사회복지조사론												
01	02	03	04	05	06	07	08	09	10	11	12	13	14	15
④	③	④	③	③	⑤	②	③	⑤	②	①	⑤	③	④	①
16	17	18	19	20	21	22	23	24	25					
④	③	⑤	④	④	⑤	③	①	④	⑤					

제1영역 인간행동과 사회환경

01 ④ 발달은 일정한 순서와 방향성을 가진다. 특히 상부에서 하부로, 중심부위에서 말초부위로, 전체 활동에서 특수활동의 방향으로 진행된다.

02 ⑤ 성역할 변화에 대한 적응은 노년기(65세 이후)의 주요 과업에 해당한다. 중년기(30~65세)의 주요 과업으로는 신체적 · 인지적 변화에 대한 대응, 생산성 및 직업 관리, 부부관계 유지, 자녀양육, 노부모 부양, 사회적 책임 수행, 여가활동 개발 등이 있다.

03 ㄴ. 구강기(0~1세), ㄹ. 항문기(1~3세)

남근기(3~6세)의 주요특성
- 부모와의 동일시 및 적절한 역할 습득
- 양심과 자아이상의 발달, 초자아 성립
- 거세 불안, 남근 선망
- 오이디푸스 콤플렉스, 엘렉트라 콤플렉스

04 마르시아의 자아정체감 범주

정체감 성취	정체감 성취단계에 도달하기 위해 일정 기간 격렬한 결정과정을 겪으며, 많은 노력으로 각자 개별화된 가치를 발달시키고 직업을 결정한다.
정체감 유실	정체감 위기를 경험하지 않은 사람들의 범주로 어린 나이에 부모의 가치나 생각을 기반으로 직업과 가치를 결정한다.
정체감 유예	정체성 위기 동안 격렬한 불안을 경험한 사람으로 개인의 가치나 직업을 정하지 못한 가운데 이들은 끊임없이 결정의 문제를 제기하면서 자신이 믿어야 할 것에 대해 강하게 갈등한다.
정체감 혼란	확고한 견해와 방향성이 없는 상태로 유실이나 부정적 정체감 형성보다 더욱 문제가 있다. 이 범주의 사람들은 정체감 위기를 겪을지라도 이를 해결하지 못하며 자신의 역할을 통합하지 못한다.

05 부적 처벌은 유쾌한 자극을 철회함으로써 부적 행동의 재현 가능성을 감소시키는 것이다. 아이는 컴퓨터(유쾌한 자극)를 하고 싶은 마음에 방청소를 하게 된다.

06 ⑤ 길리건(Gilligan)의 여성도덕성 발달이론의 내용에 해당한다. 길리건은 추상적 도덕원리를 강조하는 콜버그(Kohlberg)의 정의지향적 도덕성에 반발하여 인간관계의 보살핌, 상호의존성, 책임, 유대, 애착, 동정심, 희생, 사랑을 강조하는 대인지향적 도덕성을 제시하였다. 길리건은 남성의 경우 사회적 관계를 위계적으로 해석하여 권리의 도덕성에 초점을 두는 반면, 여성의 경우 인간관계의 배려, 보살핌, 민감성, 타인에 대한 책임에 비중을 둔다고 보았다. 그는 이와 같은 보살핌의 윤리를 소홀히 다룬 과거의 이론을 비판하면서, 여성 특유의 도덕성이 성장 과정에서부터 남성들과 구분되는 특수한 성 역할에서 비롯된다고 주장하였다.

07 ③ 학습장애는 실제적인 학습기능이 낮아 기초적인 학습기능이 낮은 경우의 장애이다.

08 ② 인간이 환경적 자극에 능동적으로 반응하여 나타나는 행동인 조작적 행동을 설명한 학자는 스키너(Skinner)이다. 인간이 환경적 자극에 수동적으로 반응하여 형성되는 행동인 반응적 행동에 몰두한 파블로프(Pavlov)의 고전적 조건형성과 달리 스키너의 조작적 조건형성은 행동이 발생한 이후의 결과에 관심을 가진다.
③ 파블로프는 인간의 인지, 감각, 의지 등 주관적·관념적 특성을 나타내는 것들을 과학적인 연구에서 제외시키고자 하였다. 직접적으로 관찰이 가능한 인간의 행동에 연구의 초점을 맞춘 것이다.
④ 강화와 처벌을 통한 학습을 강조한 학자는 조작적 조건형성을 제시한 스키너이다.
⑤ 쥐 실험을 통해 고전적 조건형성에 의한 공포 반응을 확립하고자 한 학자는 왓슨(Watson)이다.

09 ① 중간체계는 둘 이상의 미시체계 간의 연결이나 상호작용으로 이루어지는 환경을 말한다. 예를 들어, 아동의 학업성취는 학교와 가정의 상호교류에 의해 영향을 받는다.
② 미시체계, ③·⑤ 외체계(외부체계), ④ 거시체계

10 반두라의 사회학습이론은 다양한 사회학습경험이 성격을 형성하는 데 중요한 축을 이루지만 동시에 유전적인 소질, 보상, 벌 등도 성격을 형성하는 데 영향을 미친다는 이론이다.

11 ⑤ 현상학적 장(Phenomenal Field)은 경험적 세계 또는 주관적 경험과 연관된 것으로 특정 순간에 개인이 지각하고 경험하는 모든 것을 의미한다.

12 ④ 조직화는 심리적이고 신체적인 과정을 일관되게 전체로 종합하는 방법이다. 이는 학습하는 것이 아니라 성숙과 더불어 상이한 도식들을 자연스럽게 서로 결합하는 것이다.

13 ④ 전조작기의 유아는 자아중심성(Egocentrism)을 특징으로 한다. 자아중심성은 다른 사람의 관점과 역할을 고려하지 않은 채 자신의 입장에서 세계를 지각하는 유아의 사고 특성에 해당한다.

14 ㄷ. 항상성은 개방체계적인 속성으로서, 환경과 지속적으로 소통하면서 역동적인 균형을 이루는 상태를 말한다.

15 ① 태아가 인간의 모습을 갖추기 시작하는 것은 임신 2개월이다.
② 심장과 소화기관이 발달하는 것은 임신 1개월이다.
④ 임산부의 영양상태 및 약물복용에 가장 영향을 받기 쉬운 때는 임신 초기인 1~3개월이다.
⑤ 임신 말기인 7개월 이후에는 모체에서 분리되어도 생존이 가능하다.

16 ③ 여아가 남아보다 키와 몸무게에서 약간 작다.

17 **퀴블러-로스(Kübler-Ross)의 죽음의 적응단계**
• 제1단계 : 부정(Denial)
– "그럴 리가 없어"라며, 자신이 곧 죽는다는 사실을 부인한다.
– 이와 같은 반응은 갑작스런 심리적 충격에 대한 완충작용을 한다.
• 제2단계 : 분노(Anger)
– "왜 하필이면 나야"라며, 다른 사람들은 멀쩡한데 자신만 죽게 된다는 사실에 대해 분노한다.
– 이와 같은 분노의 감정은 치료진이나 가족에게 투사된다.
• 제3단계 : 타협(Bargaining)
– "우리 딸 결혼식 날까지 살 수 있도록 해주세요"라며, 죽음을 피할 수 없음을 깨달은 채 인생 과업을 마칠 때까지 생이 지속되기를 희망한다.
– 절대적인 존재나 초자연적인 힘에 의지하기도 하며, 치료진이나 가족에게 협력적인 태도를 보이기도 한다.
• 제4단계 : 우울(Depression)
– 이미 죽음을 실감하기 시작하면서 극심한 우울상태에 빠진다.
– 병의 진행에 의한 절망감과 함께 세상의 모든 것들과의 결별에서 오는 상실감을 토로한다.
• 제5단계 : 수용(Acceptance)
– 죽음에 대해 담담하게 생각하고 이를 수용하게 된다.
– 세상으로부터 초연해지면서 마치 마음의 평화를 회복한 듯한 모습을 보인다.

18 ⑤ '완전히 기능하는 사람'은 로저스(Rogers)가 제시한 개념으로서, 이는 자신의 욕구와 자아실현
경향에 따라 행동함으로써 자신의 잠재력을 인식하고 탁월한 능력과 완벽한 이해를 통해 실존
적으로 살아가는 사람을 말한다.

19 ① 열등감은 인간의 보편적인 감정으로서 개인의 발달에 동기가 된다.
② 생애 초기 대략 5~6년 동안의 경험이 성인의 삶을 크게 좌우한다.
③ 생의 목표에 도달하기 위하여 스스로 설계한 좌표에 해당하는 것은 생활양식이다.
④ 사회적 관심과 활동수준에 기반하여 네 가지 생활양식 유형, 즉 지배형, 획득형, 회피형, 사회
적으로 유용한 형을 제안하였다.

20 ⑤ 융은 생애주기에서 중년기와 노년기의 성격발달을 중요하게 다루고 있다. 가장 강조한 단계는
중년기로, 이 시기 성인들의 과제는 진정한 자기(Self)가 되어 내부세계를 형성하고 자신의 정
체성을 확장하는 것이라 하였다.
① 융(Jung)은 실재했던 과거와 가능성을 지닌 미래가 동시에 인간의 현재 행동을 이끌어 간다는
점에 주목하였다. 즉, 융의 인간 성격에 대한 관점은 미래를 고려한다는 점에서 예기적인 동시
에 과거를 고려한다는 점에서 회고적이라 할 수 있다.
② 융은 인간발달의 궁극적인 목표로서 자기실현(Self-actualization)을 강조하였다.
③ 자아(Ego)에 대한 설명에 해당한다. 자아(Ego)가 의식의 중심으로서 의식의 영역만을 볼 수 있
는 반면, 자기(Self)는 의식과 무의식의 주인으로서 전체를 통합할 수 있다.
④ 개인무의식(Personal Unconscious)에 대한 설명에 해당한다. 집단무의식(Collective
Unconscious)은 개인적 경험과는 상관없이 조상 또는 종족 전체의 경험 및 생각과 관계가 있
는 원시적 감정, 공포, 사고, 원시적 성향 등을 포함하는 무의식이다.

21 **에릭슨(E. Erikson)의 심리사회적 발달단계에서 심리사회적 위기의 결과**
- 유아기(0~18개월) : 기본적 신뢰감 대 불신감
- 초기아동기(18개월~3세) : 자율성 대 수치심·회의
- 학령전기 또는 유희기(3~6세) : 주도성 대 죄의식
- 학령기(6~12세) : 근면성 대 열등감
- 청소년기(12~20세) : 자아정체감 대 정체감 혼란
- 성인 초기(20~24세) : 친밀감 대 고립감
- 성인기(24~65세) : 생산성 대 침체감
- 노년기(65세 이후) : 자아통합 대 절망감

22 ① 방어기제는 자아를 보호하기 위한 무의식적 과정이다.

23 ① 청소년기(12~19세)에는 형식적 조작사고의 발달이 이루어진다. 그러나 이는 청소년에게 부정
적인 영향을 미치기도 한다. 즉, 청소년으로 하여금 추상적인 이론과 관념적인 사상에 몰두하
며, 불완전한 현실을 비판하거나 비관하게 한다. 또한 미래사건을 예측할 수 있는 사고능력이
발달함으로써 가까운 미래의 취업, 결혼 등에 대한 지나친 염려로 인해 과도한 불안을 유발하
기도 한다.

24 ① 중년기는 시력저하, 청각신경세포의 둔화 등 감각기관의 능력이 감소하는 시기이다.

② 새로운 것에 대한 학습능력은 저하되지만 통합적인 사고능력이 향상되어 문제해결능력은 오히려 높아진다.

③ 여성의 경우 40대 후반~50대 초반에 여성호르몬인 에스트로겐(Estrogen)의 감소와 함께 폐경을 경험한다.

⑤ 콜버그(Kohlberg)의 도덕성 발달이론에서 전인습적 수준의 도덕성은 4~10세에 주로 나타나며, 자기중심적인 도덕적 판단을 특징으로 한다.

25 ① 스키너(B. Skinner) – 행동조성

② 스키너(B. Skinner) – 타임아웃

③ 반두라(A. Bandura) – 모델링

④ 사티어(V. Satir) – 가족조각

제2영역   사회복지조사론

01 ④ 청소년비행 발생률 감소의 효과는 청소년비행 예방을 위한 프로그램에 의한 것일 수도 있으나, 이 기간 동안 우연하게 발생된 사건이나 범국민적 차원의 캠페인 등 다른 요인에 의한 것일 수도 있다. 이 경우 청소년비행 예방 프로그램은 독립변수, 청소년비행 발생률은 종속변수, 우연한 사건 등의 다른 요인은 제3의 변수에 해당한다. 이와 같은 제3의 변수의 개입은 실험과정에서 통제성이 결여된 경우 나타나며, 그로 인해 실험 결과가 왜곡될 수 있다.

02 ③ 패러다임의 우열을 비교할 수 있는 객관적인 기준은 존재하지 않는다. 즉, 새로운 패러다임이 기존의 패러다임보다 더 좋다고 말할 수 없으며, 이 두 가지 패러다임을 서로 비교할 수 있는 객관적인 언어도 존재하지 않는다.

03 ㄹ. 사회과학은 연구자 개인의 심리상태, 개성 또는 가치관, 세계관 등에 의해 영향을 받는다.

04 ① 종단조사는 질적 연구로도 이루어진다. 이는 특히 양적 연구의 한계를 극복하기 위한 것으로서, 계량적 분석으로 생산되는 수많은 통계 수치에 대해 풍부한 설명과 해석을 가능하게 한다.

② 종단조사의 특징에 해당한다. 반면, 횡단조사는 정태적인 속성을 보인다.

④ 패널조사는 특정응답자 집단을 정해 놓고 그들로부터 상당히 긴 시간 동안 지속적으로 연구자가 필요로 하는 정보를 획득한다.

⑤ 경향분석은 인구센서스, 물가경향조사 등 어떤 광범위한 연구대상의 특정 속성을 여러 시기를 두고 관찰·비교하는 것이므로, 개인의 변화에 대해 명확한 자료를 제공하지 못한다.

05 ③ 귀무가설은 "A와 B는 관계가 없다"고 진술된다.

06 **조사연구의 과정**
- 연구문제 형성(연구주제 선정) : 조사의 주제, 이론적 배경, 중요성 등을 파악하고 이를 체계적으로 정립하는 과정이다.
- 가설 설정(가설 구성) : 선정된 조사문제를 조사가 가능하고 실증적으로 검증이 가능하도록 구체화하는 과정이다.
- 조사설계 : 조사연구를 효과적 · 효율적 · 객관적으로 수행하기 위한 논리적 · 계획적인 전략으로서, 자료수집방법, 연구 모집단 및 표본 수, 표본추출방법, 분석 시 사용할 통계기법 등을 결정하며, 조사도구(설문지) 작성 후 그 신뢰도 및 타당도를 검증한다.
- 자료수집 : 자료는 관찰, 면접, 설문지 등 다양한 방법을 통해 수집되는데, 과학적 조사자료는 조사자가 직접 수집하는 1차 자료와 함께 다른 주체에 의해 이미 수집 · 공개된 2차 자료로 구분된다.
- 자료분석(해석) : 수집된 자료의 편집과 코딩과정이 끝나면 통계기법을 이용하여 자료의 분석이 이루어진다.
- 보고서 작성 : 연구결과를 객관적으로 증명하고 경험적으로 일반화하기 위해 일정한 형식으로 기술하여 타인에게 전달하기 위한 보고서를 작성한다.

07 ② 매개변수(Intervening Variable)는 독립변수에 의해 종속변수를 전부 설명하지 못하거나 일부 설명할 수 없는 경우 이를 설명이 되도록 해주는 변수이다. 따라서 시간적으로 독립변수의 다음에 위치하면서 종속변수를 좀 더 설명해주는 역할을 한다고 볼 수 있다. 예를 들어, 노인의 사회활동이 노인의 우울증 수준에 미치는 영향을 연구한다고 가정하자. 이때 노인의 사회활동은 독립변수, 노인의 우울증 수준은 종속변수에 해당한다. 그런데 노인의 사회활동이 우울증 수준을 설명하는 데 있어서 설명력이 부족하여 제3의 변수를 알아본 결과 자기효율성이 매개변수의 역할을 하였다. 즉, 노인이 사회활동(독립변수)을 하면서 자기효율성(매개변수)이 높아진 결과 노인의 우울증 수준(종속변수)이 낮아진 것이다.

08 ③ 응답자의 익명성이 결여되어 피면접자가 솔직한 응답을 회피할 수 있다.

09 ⑤ 조사연구 문제의 요소를 정확하게 알지 못하는 경우 핵심적인 요점 및 요소가 무엇인가를 명백히 하기 위해 실시하는 탐색적 성격의 조사는 '예비조사(Pilot Test)'에 해당한다. 반면, 사전검사(Pre-test)는 본조사 집행에 필요한 자료를 수집하고 질문어구를 시정하기 위해 실시한다.

10 ② 양적 연구방법은 정량적 연구로서 대상의 속성을 계량적으로 표현하고 그들의 관계를 통계분석을 통해 밝혀내는 조사이다. 선(先) 이론 후(後) 조사의 연역적 방법을 활용하며, 신뢰성 있는 결과의 반복이 가능하므로 일반화 가능성이 높다.

① 심층규명, 즉 프로빙(Probing)은 응답자의 대답이 불충분하거나 정확하지 못한 경우 추가적인 질문을 통해 충분하고 정확한 대답을 얻을 수 있도록 캐묻는 질문을 말한다. 이와 같은 프로빙 기술은 주로 질적 연구방법에 사용된다.

③ 양적 연구방법은 동일한 연구조건이라면 같은 결과가 산출된다고 보기 때문에 연구자를 교체할 수 있다고 본다. 즉, 연구자의 개인적인 자질을 중시하지 않는다.

④ 질적 연구방법의 특징에 해당한다.

⑤ 자료수집 방법으로서 면접과 관찰(특히 심층면접과 참여관찰)은 주로 질적 연구방법에서 사용한다. 양적 연구방법은 주로 질문지나 실험 등의 방법을 사용하며, 구조화된 면접과 관찰을 사용하기도 한다.

11 ① 과학적 지식은 간주관성(Intersubjective)을 특징으로 한다. 간주관성은 '상호주관성'이라고도 불리는 것으로, 과학적 지식이 다른 연구자들에게도 연구과정과 결과가 이해되어야 한다는 것이다. 다시 말해 비록 연구자들이 주관을 달리 할지라도 같은 방법을 사용했을 경우 같은 해석 또는 설명에 도달할 수 있어야 한다는 것이다.

② 재생가능성(Reproducibility)은 일정한 절차, 방법을 되풀이했을 때 누구나 같은 결론을 내릴 수 있는 가능성을 말한다. 즉, 과학적 지식은 동일한 조건 하에서 동일한 결과가 재현되어야 한다는 것이다.

③ 체계성(Systematic)은 과학적 연구가 내용의 전개과정이나 조사과정에서 일정한 틀, 순서, 원칙에 입각하여 진행되어야 한다는 것이다. 이러한 체계성을 통해 과거로부터의 업적들을 지속적으로 축적함으로써 확고한 이론을 정립하는 것이 가능해진다.

④ 패러다임(Paradigm)은 각 학문의 이론과 법칙, 일반화와 연구방법, 그리고 평가·측정과 관찰에 사용되는 도구를 말하는 것으로서, 토마스 쿤(T. S. Kuhn)이 강조한 개념이다. 이러한 패러다임은 각 학문분과에서 대상을 바라보는 세계관의 구조와 결합하며, 과학적 연구 및 이론 형성에 있어서 일관성의 효과를 유도한다.

⑤ 경험성(Empiricism)은 연구대상이 궁극적으로 인간의 감각에 의해 지각될 수 있는 것이어야 한다는 말이다. 추상적인 개념도 구체적인 사실들로부터 여과하여 생성된 것인 만큼 그 자체로는 추상적일지라도 궁극적으로는 경험적으로 인식이 가능한 것이라고 할 수 있다.

12 ① 리커트척도(Likert Scale)는 서열적 수준의 변수를 측정하는 서열척도의 일종으로서, 척도의 신뢰도와 타당도를 높이기 위해 일련의 수 개 문항들을 하나의 척도로 사용하는 다문항척도이다.

② 일단의 태도문항들로 구성되어 있으며, 이 문항들은 거의 동일한 태도가치를 가진다고 인정된다.

③ 서스톤척도(Thurstone Scale)에 해당한다. 서스톤척도는 일단의 평가자(Judges)를 사용하여 척도에 포함될 문항들이 척도상의 어느 위치에 속할 것인지를 판단하도록 한 다음, 조사자가 이를 바탕으로 하여 척도에 포함될 적절한 문항들을 선정하여 척도를 구성한다.

④ 거트만척도(Guttman Scale)에 해당한다. 거트만척도는 강한 태도를 갖는 문항에 긍정적 견해를 표명한 사람은 약한 태도를 갖는 문항에 대해서도 긍정적 반응을 보일 것이라는 논리를 적용하여 문항을 배열한다.

13 ③ 유사실험설계는 순수실험설계에 비해 내적 타당도가 낮다. 다만, 사회과학에서는 순수실험설계를 위해 인위적인 통제와 조작을 하는 것이 현실적으로 어려우므로, 사실상 유사실험설계를 더 많이 사용한다.

① 순수실험설계는 무작위할당을 전제로 한다.

② 유사실험설계 중 단순시계열설계는 별도의 통제집단을 두지 않은 채 동일집단 내에서 수차례에 걸쳐 실시된 사전검사 점수와 사후검사 점수를 비교하여 실험조치의 효과를 추정한다.

④ 유사실험설계의 주요 유형으로서 비동일 통제집단설계, 단순시계열설계, 복수시계열설계 모두 사전검사의 과정을 거친다.

⑤ 단일집단 사전사후검사설계는 전실험설계이다. 조사대상에 대해 사전검사를 한 다음 독립변수를 도입하며, 이후 사후검사를 하여 인과관계를 추정한다.

14 ④ 조사설계의 유형은 변수의 조작 가능성에 따라 실험설계와 비실험설계로 구분된다. 특히 실험설계는 무작위할당에 의한 실험집단과 통제집단의 동질화, 실험자극의 도입에 의한 독립변수의 조작, 실험집단과 통제집단 간의 비교를 특징으로 한다. 예를 들어, 무료급식 서비스를 받는 노인의 변화를 분석한다고 가정하자. 우선 A지역에 있는 노인복지관들 중 일부를 무작위로 선정하여 실험집단과 통제집단으로 구분한 후, 실험집단의 노인복지관 이용자들에게는 무료급식 서비스를 제공하는 반면, 통제집단의 노인복지관 이용자들에게는 해당 서비스를 제공하지 않는다. 일정 기간이 지난 후 이들 두 집단을 비교했을 때 노인들의 신체적·심리적 상태에 어떠한 차이가 있는지 확인할 수 있을 것이다.

15 **관여적 연구조사와 비관여적 연구조사**

관여적 연구조사	연구대상 스스로 자신이 연구대상임을 알고 있으므로, 연구자와 연구대상자 간의 상호작용에 따른 반응성으로 인해 연구대상자들의 부자연스러운 대답이나 행동을 초래할 수 있다.
비관여적 연구조사	관여적 연구조사의 반응성 문제를 해결하기 위해 기존의 통계자료나 문헌, 기록물이나 역사자료, 물리적 흔적 등을 분석함으로써 연구대상자와 아무런 상호작용 없이 비관여적으로 자료를 수집한다.

16 ④ 둘 이상의 시점에서 반복적인 측정이 이루어지는 것은 종단조사이다. 종단조사에는 경향분석 또는 추세연구, 코호트 조사 또는 동년배 연구, 패널조사 또는 패널연구 등이 있으며, 그중 패널조사(패널연구)는 동일대상 반복측정을 원칙으로 한다.

종단조사의 주요 유형

경향분석 (추세연구)	• 일정한 기간 동안 전체 모집단 내의 변화를 연구하는 것으로, 일정 주기별 인구변화에 대한 조사에 해당 • 어떤 광범위한 연구대상의 특정 속성을 여러 시기를 두고 관찰·비교하는 방법
코호트 조사 (동년배 연구)	• 동기생·동시경험집단 연구에 해당 • 일정한 기간 동안 어떤 한정된 부분 모집단의 변화를 연구하는 것으로, 특정 경험을 같이 하는 사람들이 가지는 특성들에 대해 두 번 이상의 다른 시기에 걸쳐서 비교·연구하는 방법
패널조사 (패널연구)	• 동일집단 반복연구에 해당 • '패널(Panel)'이라 불리는 특정응답자 집단을 정해 놓고 그들로부터 상당히 긴 시간 동안 지속적으로 연구자가 필요로 하는 정보를 획득하는 방법

17 근거이론

- 1960년대에 개발된 것으로서, 현실에서 수집된 자료에 근거한 이론이라는 의미에서 '근거이론'이라 명명되었다.
- 이론은 현장, 특히 사람들의 행동이나 상호작용, 사회적 과정 등에 의해 수집된 자료에 근거한다고 본다.
- 주로 면접이나 관찰 등의 방법을 사용하여 자료를 수집하며, 수집된 자료들을 분석하여 이론을 도출하는 데 관심을 갖는다.
- 근거이론 연구에서는 조사 목적에 적합한 사례들을 의도적으로 선정하는 유의표집(판단표집)이 선호된다.
- 근거이론 연구에서는 조사자와 조사대상자가 상호작용하면서 서로 영향을 준다고 본다.

18 ⑤ 외부로 나타나지 않는 사실이나 개인의 사사로운 문제들에 대해 관찰을 하는 것은 어렵다. 예를 들어, 부부싸움이라든지 성생활 등은 관찰을 통해 자료를 수집하는 것이 어려우며, 그에 대한 관찰은 특히 윤리적인 문제와도 결부되어 있다.

19 ④ 삼각측정 또는 교차검증(Triangulation)은 복수의 관점을 활용하여 조사 대상의 의미를 명확히 파악하기 위한 방법이다. 즉, 동일 현상에 대해 복수의 자료나 복수의 조사자를 두고 그 결과를 수렴하는 것이다. 특히 질적 연구의 경우 조사자의 주관적 판단이나 편견, 오류 등이 개입되는 문제가 발생할 수 있는데, 삼각측정은 이와 같은 다중적 접근을 통해 측정오류의 발생가능성을 낮춘다.

20 ④ 유의표집(판단표집)은 연구자의 주관적 판단에 따라 조사 목적에 적합한 대상을 의도적으로 표본으로 선정하는 방법이다. 따라서 연구자의 주관적 판단에 대한 타당도 여부가 표집의 질을 결정하게 된다.

① 집락표집(군집표집)은 추출된 군집 내에서 다시 군집표집을 실시하는 다단계 표본추출이 가능하다.

② 층화표집은 전체모집단에서 표본을 추출하는 것이 아닌 모집단을 일단 여러 개의 동질적인 하위집단으로 층화시킨 후 각각의 하위집단에서 표본을 추출한다.

③ 할당표집은 실제 조사 과정에서 조사자의 자의가 개입될 소지가 있으므로, 어떤 특성을 지닌 사람이 표본에서 배제될 수 있는 단점을 지니고 있다.

⑤ 체계적 표집(계통표집)은 목록 자체가 일정한 주기성을 가지고 배열되어 있는 경우 편향된 표본이 추출될 수 있는 단점을 지니고 있다.

21 신뢰도(Reliability)

측정도구가 측정하고자 하는 현상을 일관성 있게 측정하는 능력을 말한다. 즉, 어떤 측정도구를 사용해서 동일한 대상을 측정하였을 때 항상 같은 결과가 나온다면, 이 측정도구는 신뢰도가 매우 높다고 할 수 있다. 그러나 신뢰도가 높다고 해서 훌륭한 과학적 결과를 보장하는 것은 아니다. 다만, 신뢰도가 없는 훌륭한 과학적 결과는 존재할 수 없다. 다시 말해 신뢰도는 연구조사 결과와 그 해석에 있어서 충분조건은 아니지만 필요조건에 해당한다고 볼 수 있다.

22 ③ 질적 연구는 특정 문화집단과 그곳에 소속된 개인들의 삶을 대면적인 접촉을 통해 상세히 기술하며, 내부자적 관점을 얻어 이해를 구하는 것을 목표로 한다. 또한 제보자의 역할을 하는 연구대상자들에 대해 심층면담을 하고 연구대상 집단의 행위에 대해 참여관찰을 함으로써 경험적 자료에 근거한 이론을 개발하는 것을 목표로 한다.

① 연구자들은 서로 피드백, 정서적 지원, 대안적 시각, 자료수집 및 기존 자료의 의미에 대한 새로운 아이디어를 교류함으로써 연구의 엄격성을 높일 수 있다.

② 연구자는 연구대상자들의 삶의 현장을 찾아 장기간에 걸쳐 그들의 일상생활에 참여하고 관찰하며, 그들과 지속적이고 깊이 있는 인간관계를 맺을 필요가 있다.

④ 일반적으로 사회학적 질적 연구에서는 연구자가 연구대상자 또는 문화에 동일시되어 자신의 정체성이나 연구 자세를 상실하는 원주민화(Going Native)가 문제시되므로, 이를 경계하려는 노력이 필요하다.

⑤ 연구자가 자신의 편견으로 해석에 적합한 정보만을 수집하는 경우 질적 연구의 타당성은 저하될 수밖에 없다. 따라서 연구자는 그와 같은 편견을 극복하기 위해 자신의 기대 혹은 설명이 일치되지 않은 부정적인 사례(Negative Case)를 찾아내어 이를 면밀히 검토할 필요가 있다.

23 ① 형평성 : 서로 같은 위치에 있는 사람들을 동일하게 대우하는 수평적 형평성과 서로 다른 위치에 있는 사람들을 다르게 대우하는 수직적 형평성이 있다.

② 통합성 : 상호 연관된 서비스들을 얼마나 통합적으로 제공하고 있는가를 평가한다.

③ 효과성 : 프로그램이 어느 정도 목표를 달성하였는가를 평가한다.

④ 노력성 : 프로그램에 대한 적극적인 활동 등을 통해 얼마나 노력하고 있는가를 평가한다.

⑤ 효율성 : 투입 대비 산출의 비율을 의미하는 것으로 최소한의 비용으로 최대한의 산출을 나타내고 있는가를 평가한다.

24 ④ 외부사건 또는 역사요인은 조사기간 중에 연구자의 의도와는 상관없이 일어난 통제 불가능한 사건으로서 결과변수에 영향을 미칠 수 있는 사건을 의미한다. 방과 후 프로그램 담당자는 현재의 수업방식이 아동들의 성적 향상에 효과적인 것으로 결론을 내리고 있으나, 이는 방과 후 프로그램의 효과가 아닌 정규수업의 효과나 아동들의 개별적인 과외활동 등 다른 외부사건에 의한 것일 수도 있다. 이와 같은 외부사건의 예로는 직업훈련 실시기간 중 경기침체, 고등학생 대상의 스트레스 완화 프로그램 시 학교의 축제 등을 들 수 있다.

25 ⑤ 단순시계열설계는 실험조치를 하기 이전 또는 이후에 일정한 기간 동안 정기적으로 수차례 결과변수(종속변수)를 측정하므로, 결과변수(종속변수)의 변화를 추적 · 비교할 수 있다.

① 단순시계열설계는 유사실험설계(준실험설계) 중 하나이다.

② · ③ 단순시계열설계는 통제집단을 별도로 가지고 있지 않으며, 그 대신 동일집단 내 여러 번에 걸친 사전검사를 통해 실험처치로 인한 효과를 확인한다. 이와 같이 통제집단을 사용하지 않으므로 중대한 변화가 과연 실험조치에 의한 것인지 또는 우연한 사건(역사요인)이나 회귀요인에 의한 것인지 확신할 수 없다.

④ 단순시계열설계의 낮은 내적 타당도를 개선한 것이 복수시계열설계이다. 복수시계열설계는 단순시계열설계에 통제집단을 추가함으로써 단순시계열설계의 우연한 사건 등에 의한 내적 타당도의 문제점을 개선한다.

제2과목 | 사회복지실천

1영역		사회복지실천론												
01	02	03	04	05	06	07	08	09	10	11	12	13	14	15
①	①	⑤	⑤	①	①	③	①	②	①	②	①	⑤	④	⑤
16	17	18	19	20	21	22	23	24	25					
⑤	①	③	①	⑤	③	④	④	③	②					

2영역		사회복지실천기술론												
01	02	03	04	05	06	07	08	09	10	11	12	13	14	15
②	①	⑤	④	①	⑤	③	②	①	①	④	①	①	②	②
16	17	18	19	20	21	22	23	24	25					
⑤	①	⑤	①	④	①	①	③	①	④					

3영역		지역사회복지론												
01	02	03	04	05	06	07	08	09	10	11	12	13	14	15
④	⑤	⑤	②	①	③	④	④	②	②	④	②	⑤	①	①
16	17	18	19	20	21	22	23	24	25					
②	①	③	⑤	⑤	④	⑤	①	③						

제1영역 사회복지실천론

01 ① 개인주의는 수혜자격의 축소를 가져왔다. 이는 개인주의가 개인의 권리와 함께 의무를 강조하면서 빈곤의 문제를 개인의 책임으로 간주하였기 때문이다. 특히 최소한의 수혜자격 원칙 또는 열등처우의 원칙을 통해 저임금 노동자에게 더 낮은 보조를 받도록 하였다.

02 ① 엘리자베스 구빈법(1601년)은 기본적으로 빈민의 통제와 노동력 확보를 목적으로 기존의 빈민법을 집대성한 것이나, 구빈의 책임이 교회가 아닌 국가에 있음을 인정하고 구빈을 담당하는 행정기관을 설립함으로써 빈민구제에 대한 전국적 행정구조를 수립한 근대적 사회복지의 출발점이라 할 수 있다.

03 미국사회복지사협회(NASW)에 의한 사회복지실천의 목적
- 첫째, 인간과 사회환경에 대한 생태체계적 관점을 기초로 하여 개인, 가족, 집단으로 하여금 문제해결능력과 대처능력을 향상하도록 돕는다.
- 둘째, 인간이 필요로 하는 각종 사회자원 및 서비스 등 환경체계의 상호작용이 원활히 이루어지도록 돕는다.
- 셋째, 다양한 사회복지기관 또는 조직이 양질의 사회자원 및 서비스를 제공할 수 있도록 운영에 있어서 효과성 및 효율성을 추구한다.

- 넷째, 새로운 사회정책의 개발 및 향상을 위해 실천 활동을 펼친다.

04 ㄱ. 1915년, ㄴ. 1917년, ㄷ. 1929년, ㄹ. 1957년

05 장애인이나 노약자 등 사회적 약자의 권리를 옹호하는 사회복지사의 역할은 옹호자 또는 대변자에 해당한다. 옹호자는 근본적으로 사회정의를 지키기 위한 목적으로 개인이나 집단의 입장을 지지하고 대변하는 것은 물론 사회적인 행동을 제안하는 적극적인 활동을 펼친다.

06 **사회복지실천의 기능 범위**
- 미시적 수준 : 개인 간의 상호작용에 기초한 직접적인 실천방법에 해당되며, 부부관계, 자녀관계 등 개인 간의 심리상태에 문제가 있는 경우 사회복지사가 클라이언트와 일대일로 접근하여 문제해결을 돕는다.
- 중간적(중시적) 수준 : 미시적 수준과 거시적 수준의 중간단계로서 지역사회를 중심으로 지역의 자원을 발굴하거나 관련 단체 간의 연계활동을 조정하며, 자조집단, 치료집단 등의 조직을 관리·운영한다.
- 거시적 수준 : 국가 또는 사회 전체를 대상으로 하며 간접적인 실천방법에 해당한다. 특정 클라이언트에 대해 서비스를 제공하는 것이 아닌 사회복지정책개발 및 정책대안 등을 제시하여 간접적인 사회복지서비스를 제공한다.

07 **6체계 모델(문제해결과정 모델)의 6가지 체계유형(Compton & Galaway)**
- 표적체계(Target System) : 목표를 달성하기 위해 변화시키는 것이 필요한 사람
- 클라이언트체계(Client System) : 서비스나 도움을 필요로 하는 사람
- 변화매개체계(Change Agent System) : 사회복지사와 사회복지사를 고용하고 있는 기관 및 조직
- 행동체계(Action System) : 변화노력을 달성하기 위해 상호작용하는 사람
- 전문가체계(Professional System) : 전문가 단체, 전문가를 육성하는 교육체계 등
- 문제인식체계(Problem Identification System) 또는 의뢰-응답체계(Referral-respondent System) : 잠재적 클라이언트를 사회복지사의 관심영역으로 끌어들이기 위해 행동하는 체계

08 사회복지실천현장은 기관의 운영목적에 따라 1차 현장과 2차 현장으로 분류된다. 1차 현장은 기관의 일차적인 기능이 사회복지서비스를 제공하기 위한 것으로 사회복지사가 중심이 되어 활동하는 실천현장이다. 이에 반해 2차 현장은 사회복지전문기관은 아니지만 기관의 운영과 서비스 효과성에 사회복지서비스가 긍정적으로 영향을 미치기 때문에 사회복지사가 부분적으로 개입하는 실천현장을 말한다. 1차 현장으로는 종합사회복지관, 노인복지관, 여성복지관, 사회복귀시설 등이 있고, 2차 현장으로는 병원, 학교, 교정시설, 정신보건시설, 주민자치센터 등이 있다.

09 ① 한국외원단체협의회(KAVA)는 1952년 7개 기관이 모여 조직되었다가 1955년에 사무국을 둠으로써 비로소 연합회로서의 기능을 갖추게 되었다.
③ 2003년부터 사회복지사 1급 국가시험이 시행되었다.
④ 1987년 사회복지전문요원제도가 시행되어 공공영역에 사회복지전문요원이 배치되었다.
⑤ 2008년 7월 1일부터 노인장기요양보험제도가 시행되었다.

10 ① 비어스텍(Biestek)이 제시한 사회복지사와 클라이언트의 관계형성 7대 원칙 중 개별화의 원칙은 클라이언트 개개인의 독특한 자질을 알고 이해하는 것으로, 보다 나은 적응을 할 수 있도록 각 개인을 원조하는 데에 있어서 상이한 원리나 방법을 활용하는 것이다.

11 기능 수준에 따른 사회복지사의 역할
- 직접 서비스 제공자의 역할 : 개별상담자, 집단상담자(지도자), 정보제공자, 교육자
- 체계와 연결하는 역할 : 중개자, 사례관리자, 조정자, 중재자, 클라이언트옹호자
- 체계 유지 및 강화 역할 : 조직분석가, 촉진자, 팀 성원, 자문가
- 연구자 및 조사활용자 역할 : 프로그램 평가자, 조사자
- 체계 개발 역할 : 프로그램 개발자, 기획가(계획가), 정책 및 절차개발자

12 사정단계
- 사회복지사와 클라이언트 간에 발생하는 것으로 정보를 수집 · 분석 · 종합화하면서 다면적으로 공식화하는 과정이다.
- 과거 전통적인 사회사업에서는 의료모델의 입장에서 '진단'이라고 했으나, 사회복지실천과정에서는 클라이언트의 역기능 측면뿐만 아니라 그들의 자원, 동기, 장점, 능력 등을 모두 보기 때문에 진단보다는 '사정'이라는 용어를 더 많이 사용한다.
- 사정은 문제에 대한 분명한 진술, 클라이언트 체계에 대한 뚜렷한 기술, 환경적 요소 등 모든 정보의 통합성을 견지한다.
- 사정은 클라이언트와 사회복지사의 지속적인 상호작용 과정으로서 사실상 개입의 전 과정 동안 계속된다.

13 ⑤ 사회복지실천목표는 클라이언트가 바라는 바, 즉 클라이언트의 욕구와 연결되어야 한다.

14 개입 수준 및 기능에 따른 사회복지사의 역할 분류(Miley et al.)

개입 수준	단 위	사회복지사의 역할
미시 차원	개인, 가족	조력자, 중개자, 옹호자, 교사
중범위 차원	조직, 공식적 집단	촉진자, 중재자, 훈련가
거시 차원	지역사회, 사회	계획가, 행동가, 현장개입가
전문가집단 차원	사회복지전문가 집단	동료, 촉매자, 연구자/학자

15 ⑤ 전문화 중심의 교육 · 훈련은 사회복지사들의 분야별 직장 이동에 도움이 되지 않았다.

16 ⑤ 가족조각(Family Sculpting)은 특정 시기의 정서적인 가족관계를 사람이나 다른 대상물의 배열을 통해 나타내는 것이다. 가족성원들은 말을 사용하지 않은 채 대상물의 공간적 관계나 몸짓 등으로 의미 있는 표상을 만든다. 이러한 가족조각의 목적은 가족관계 및 가족의 역동성을 진단함으로써 치료적인 개입을 하는 데 있다.

17 ① 전략적 모형은 인간행동의 원인에는 관심이 없으며, 단지 문제행동을 변화시키는 해결방법을 기술하는 데 초점을 맞추고 있다.

18 ① 초점화(Focusing)는 클라이언트와의 의사소통에 있어서 중요한 부분을 강조하거나 집중시키고자 할 때 사용하는 표현적 의사소통기술이다.

② 환기(Ventilation)는 클라이언트로 하여금 이해와 안전의 분위기 속에서 자신의 슬픔, 불안, 분노, 증오, 죄의식 등 억압된 감정을 자유롭게 털어놓을 수 있도록 돕는 기법이다.

④ 격려(Encouragement)는 클라이언트의 행동이나 태도 등을 인정하고 칭찬함으로써 클라이언트의 문제해결 능력과 동기를 최대화시켜 주는 기법이다.

⑤ 조언(Advice)은 클라이언트가 해야 할 것을 추천하거나 제안하는 기법으로서, 문제에 대한 해결책을 직접 제시해주는 것은 아니다.

19 비자발적인 클라이언트의 동기화를 위한 행동지침(Kirst-Ashman & Hull, Jr.)
- 사회복지사는 비자발적 클라이언트들이 스스로 원해서 찾아온 것이 아니라는 사실을 명심한다.
- 서비스에 대한 저항의 실체를 있는 그대로 이해한다.
- 부정적인 감정을 표출하도록 유도한다.
- 클라이언트가 원하는 것을 어느 수준까지 해결해 줄 수 있는지를 고려한다.
- 희망을 갖게 하고 용기를 준다.
- 사회복지사에 대한 신뢰감이 즉시 형성될 것이라는 무리한 기대를 가지지 않도록 한다.

20 ⑤ 사례관리는 클라이언트에 대한 치료적 접근보다는 보호의 연속성, 비용의 효과성, 접근성과 책임성, 1차 집단의 보호능력 향상, 사회적 기능의 향상 등을 개입의 목적으로 하며 서비스의 조정과 연결 등을 강조한다.

21 PIE(Person-In-Environment) 분류체계
- 요소(Factor) Ⅰ : 사회적 기능수행 문제(Social Functioning Problems)
- 요소(Factor) Ⅱ : 환경 문제(Environment Problems)
- 요소(Factor) Ⅲ : 정신건강 문제(Mental Health Problems)
- 요소(Factor) Ⅳ : 신체건강 문제(Physical Health Problems)

22 ① 시간제한이 없는 종결에서는 종결 시기를 정하는 것이 매우 중요하다. 이때 종결 시기는 클라이언트에게 더 이상의 서비스 제공이 필요하지 않거나 현 시점에서 더 이상 이득이 되지 않는다고 판단되는 경우 내리도록 한다.

② 시간제한이 있는 종결에서는 클라이언트가 얻은 것을 명확히 하고 종결에 따른 클라이언트의 상실감을 줄이도록 돕는다. 또한 사후세션(사후관리)을 계획하는 한편, 지속적인 개입의 필요성 여부에 따라 또 다른 계획을 세우도록 한다.

③ 클라이언트에 의한 일방적인 종결에서 사회복지사는 우선 클라이언트에게 부정적인 감정에 대해 논의하기를 원한다는 의사를 표시하고 종결에 대해 신중히 생각할 것을 권고한다. 그러나 무엇보다도 클라이언트의 자기결정권을 존중하고 전문가로서 적절한 의견을 제시해야 한다.

⑤ 사회복지사가 다른 부서로 이동하거나 새로운 직장으로 이직하는 경우, 클라이언트에게 자신의 상황에 대해 미리 알려주어야 하며, 클라이언트로 하여금 종결의 상황에 대해 정서적으로 준비할 수 있도록 배려해야 한다. 또한 클라이언트의 남아 있는 문제와 목표들을 재점검하며, 집단 과정을 통해 클라이언트가 획득한 변화나 기술, 기법 등이 지속적으로 유지될 수 있도록 지지한다.

23 의뢰(Referral) 시 주의사항
- 의뢰에 대한 클라이언트의 준비상태를 확인한다.
- 새로운 서비스에 대해 클라이언트가 느끼는 불신이나 걱정 등을 다룬다.
- 의뢰하는 기관의 서비스에 대해 명확하게 설명한다.
- 제공될 서비스에 대해 비현실적으로 보증하는 것을 삼간다.
- 가능한 대안을 제시하고 클라이언트가 스스로 결정하도록 돕는다.
- 클라이언트에게 의뢰하는 기관의 서비스에 대해 명확하게 설명하지만, 그곳의 사회복지사가 사용할 방법까지 구체적으로 알려주지 않는다.

24 사회적 지지의 유형
- 정서적 지지 : 관심, 애정, 신뢰, 존중감, 경청 등
- 정보적 지지 : 정보, 제안, 지시 등
- 물질적(도구적) 지지 : 현금, 현물, 노동력 등
- 평가적 지지 : 수용, 피드백, 긍정적 자기평가 등

25 ② 폐쇄형 질문은 질문을 하는 사회복지사나 응답하는 클라이언트의 사고를 자극하지 않으므로, 그것만으로는 더 이상 의사소통을 진행하기 어려울 수 있다. 따라서 초점화나 명료화(명확화) 등 초점을 모을 수 있는 유효한 기술들을 함께 사용하는 것이 바람직하다.

제2영역　사회복지실천기술론

01 사회복지실천기술은 같은 문제를 지닌 클라이언트라도 개별적인 상황이나 특성에 따라 다르게 적용되어야 한다. 또한 다양한 실천적 이론에 근거하여 클라이언트의 문제 상황을 고려하며, 적합한 기술을 선택하고 적용해야 한다.

02 ① '대처질문'은 어려운 상황에서의 적절한 대처 경험을 상기시키도록 함으로써 클라이언트로 하여금 스스로의 강점을 발견하도록 돕는 것이다.
　② 예외질문, ③·④ 기적질문, ⑤ 척도질문

03 역량강화모델(임파워먼트모델 혹은 권한부여모델)의 개입 과정
- 제1단계 : 대화(Dialogue)
- 제2단계 : 발견(Discovery)
- 제3단계 : 발전 또는 발달(Development)

04 ④ 과제 또는 과업은 클라이언트와 사회복지사가 문제해결을 위해 함께 계획하고 동의한 후 수행하는 문제해결 활동을 말하는 것으로, 일반적으로 클라이언트만 과제를 수행하는 것이 아니라 사회복지사도 함께 과제를 수행한다.

05 ① 발달적 위기는 아이의 출생, 대학졸업, 중년기 직업변화, 은퇴 등 인간이 성장하고 발달해 가는 가운데 발생하는 사건을 가리킨다. 문제에서는 남편의 은퇴와 큰아이의 대학입학에 따른 뒷바라지로 인해 겪는 부인의 위기를 가리키므로 발달적 위기에 속한다.

06 ⑤ 심리사회모델은 자아심리학이론, 정신분석학, 문화인류학, 체계이론, 역할이론, 대상관계이론, 생태체계이론 등의 다양한 이론에 기초한다. 클라이언트의 과거 경험이 현재 심리 혹은 사회기능에 미치는 영향을 다루며, 클라이언트의 과거와 현재의 경험과 관련한 내적 갈등을 이해하고 통찰함으로써 클라이언트가 성장할 수 있도록 돕는다.

07 ③ 심리사회모델은 클라이언트의 과거 경험이 현재 심리 혹은 사회기능에 미치는 영향을 다루며, 클라이언트의 과거와 현재의 경험과 관련한 내적 갈등을 이해하고 통찰함으로써 클라이언트가 성장할 수 있다고 본다. 이와 같이 심리사회모델은 클라이언트의 과거에 대한 탐구를 필요로 하므로 제한된 시간 내에서의 단기개입으로는 적합하지 않다.

08 ㄴ · ㄹ. 치료집단 프로그램의 목적에 해당한다.

09 ① 인지행동모델의 기술을 적용할 때 사회복지사는 개입 및 치료 과정에서 적극적이어야 한다. 즉, 클라이언트에게 그와 같은 기술들을 활용하는 목적을 분명히 설명하고 이를 수용할 수 있어야 한다.
② 클라이언트는 자신의 사고 · 감정 · 행동의 관계 및 인지행동이론에서 적용하고자 하는 기술을 충분히 이해할 수 있어야 하므로, 일정 수준의 지적 능력이 요구된다.
③ 인지행동모델의 기술들은 보통 4~14회 정도의 치료기간이 소요되므로, 자살의도를 가진 사람, 가정폭력의 피해자 등 즉각적인 개입을 필요로 하는 클라이언트에게는 적용하기 어렵다.
④ 인지행동모델에서 클라이언트는 능동적 · 적극적인 참여자이어야 한다. 따라서 새로운 시도에 대한 의지가 약한 클라이언트에게 적용하는 데 어려움이 따른다.
⑤ 예를 들어, 공포로 인해 두려움을 가지고 있는 클라이언트에게 이를 줄여 주기 위한 의도로 지속적인 공포 상황에의 노출을 감행하는 경우, 클라이언트는 오히려 과도한 공포감으로 인해 증상이 더욱 악화될 수도 있다.

10 ㄹ. 사회기술훈련은 의사소통기술이 부족하거나 만족스러운 대인관계를 형성하는 데 어려움을 가지고 있는 클라이언트에게 유용하다. 특히 정신지체를 가진 클라이언트의 사회기술 향상을 위해서도 널리 활용되고 있다.

11 ④ 정신역동모델의 치료기술은 자신에 대한 이해나 문제인식이 미약한 클라이언트로 하여금 저항감을 불러일으킬 수 있다.

12 ③ 설명(Explanation)은 클라이언트의 정서가 어떻게 행동에 영향을 미치는지를 '사건-인지-정서적 결과'의 ABC 모델을 통해 설명하기 위해 사용된다. 즉, 클라이언트로 하여금 선행요인(A ; Activating Event)이 있은 후 비합리적 신념체계(B ; Belief)에 의해 이야기하도록 하며, 이와 같은 자기대화로부터 야기된 정서적 결과(C ; Consequence)를 사회복지사가 설명하는 것이다.

13 ㄹ. 과제중심모델은 객관적인 조사연구를 강조하는 경험지향형 모델로서, 통합적인 접근을 통해 특정 이론이 아닌 다양한 접근방법을 활용한다.

14 ② 기능주의는 1930년대 미국 펜실베이나대학교(University of Pennsylvania)의 타프트, 스몰리, 로빈슨(Taft, Smally & Robinson)에 의해 제기된 것으로서, 전통적 정신분석이론에 근거한 진단주의 학파에 대한 비판에서 비롯되었다. 인간에 대한 낙관적인 견해를 가진 랭크(Rank)의 심리학에 영향을 받아 인간의 성장가능성과 함께 문제해결에 있어서 클라이언트의 '의지(Will)'를 강조하였다.
① 진단주의 학파는 1920년대를 전후로 프로이트(Freud)의 정신분석이론과 리치몬드(Richmond)의 『사회진단(Social Diagnosis)』에 영향을 받아 발달하게 되었다. 반면, 기능주의 학파는 1930년대 후반 제2차 세계대전과 대공황으로 인해 대량실업이 발생하고 빈민이 사회문제로 제기되는 과정에서 기존의 진단주의에 대한 비판으로 발달하게 되었다.
③ 클라이언트의 생활력(Life History)을 강조한 것은 진단주의 학파이다.
④ 기능주의는 과거의 사건에 얽매이기보다는 현재의 경험과 개인의 동기에 대한 이해를 중시하였다.
⑤ 진단주의 학파와 기능주의 학파 간의 논쟁은 1950년대까지 지속되었다. 펄만(Perlman)은 1950년대 후반에 진단주의와 기능주의를 혼합한 '문제해결모델(Problem-solving Model)'이라는 새로운 이론을 제시하였다. 이는 기본적으로 진단주의의 입장에서 기능주의를 부분적으로 통합한 것이었다.

15 ㄴ. 초기단계, ㄹ. 종결단계

중간단계에서의 주요 과업

- 집단회합의 준비
- 성원의 참여와 권한 부여
- 저항적인 성원 독려
- 집단구조화를 위한 활동
- 성원의 목적성취 원조
- 모니터링

16 **응집력이 높은 집단의 특징**
- 자기 자신을 개방하며, 자기 탐색에 집중한다.
- 다른 성원들과 고통을 함께 나누며, 이를 해결해 나간다.
- 자유로운 분위기에서 집단 활동에 적극적으로 동참한다.
- 자신의 생각과 느낌을 즉각적으로 표현한다.
- 서로를 보살피며, 있는 그대로 수용해준다.
- 보다 진실되고 정직한 피드백을 교환한다.
- 건강한 유머를 통해 친밀감을 느끼며, 기쁨을 함께 한다.
- 깊은 인간관계를 맺으므로 중도이탈자가 적다.
- 집단의 규범이나 규칙을 준수하며, 이를 지키지 않는 다른 집단성원을 제지한다.

17 ① 가계도(Genogram)의 사정내용에 해당한다. 참고로 사회관계망표(Social Network Grid)는 클라이언트의 환경 내에 영향을 미치는 중요한 사람이나 체계로부터 물질적·정서적 지지, 원조 방향, 충고와 비판, 접촉 빈도 및 시간 등에 관한 정보를 제공한다.

18 ⑤ 구성원들의 행위를 제한하는 규칙이 집단의 합의과정에서 도출되는 것은 개방형 가족체계의 특징에 해당한다.

19 가족개입을 위한 합류(Joining)를 촉진하기 위한 기법
- 따라가기(Tracking) : 치료자가 가족의 기존 상호작용의 흐름에 거슬리지 않도록 들어가는 것이다.
- 유지하기(Accomodation) : 치료자가 가족과의 합류를 위해 자신의 행동을 가족의 상호작용에 맞추는 것이다.
- 흉내 내기(Mimesis) : 치료자가 가족의 언어적·비언어적 행동을 활용함으로써 합류를 촉진하는 것이다.

20 ㄹ. '긴장 고조시키기'는 가족 내 긴장을 고조시킴으로써 대안적 갈등해결방법을 사용하도록 돕는 구조적 가족치료모델의 주요 기법이다.
ㄱ. 전략적 가족치료모델, ㄴ. 다세대적 가족치료모델(세대 간 가족치료모델), ㄷ. 해결중심적 가족치료모델

21 ① 교육적 목적으로 쓰인 과정기록이 기관의 공식적인 기록은 아니다. 매우 상세한 클라이언트의 정보가 들어 있으므로 공식적으로 사용되려면 정보의 보완이 필요하다.

22 ① 명료화 또는 명확화는 클라이언트가 자신의 생각이나 감정을 분명하게 표현할 수 있도록 격려하는 것이다. 위의 경우 클라이언트가 가족 내에서의 자신의 상황을 애매모호하게 표현하고 있으므로 상황을 보다 구체적으로 묘사해줄 것을 요구할 필요가 있다.

23 ③ 사회복지사가 피드백을 제공할 때는 클라이언트의 단점보다는 장점에 초점을 두는 것이 좋다. 클라이언트는 장점으로부터 성장하는 것이지 단점으로부터 성장하는 것이 아니기 때문이다.

24 심리사회모델의 직접적 개입기법

지 지	경청, 수용, 신뢰감 표현, 불안이나 죄책감에 대한 재보상, 선물주기 등
지시(직접적 영향주기)	직접적인 조언, 대변적인 행동, 현실적 제한 설정, 클라이언트 자신의 제안을 격려·강화·장려 등
탐색-기술-환기	초점 잡아주기, 부분화하기, 화제 전환하기 등
인간-상황에 대한 고찰	상황 속 인간에 대한 6가지 하위영역에 대한 고찰
유형-역동에 대한 고찰	해석, 통찰, 명확화 등
발달적 고찰	해석, 통찰, 명확화, 논리적 토의·추론, 설명, 일반화, 변화, 역할극, 강화교육 등

25 ② 사회복지실천평가는 서비스의 효과성 및 효율성에 대한 신뢰성 있는 검증이 요구됨에 따라 더욱 중요시되고 있다. 특히 효과성의 평가는 사회복지실천평가의 1차적 목적에 해당한다.

01 지역사회복지의 특성
- 연대성·공동성 : 공동의 관심사에 따라 인간은 연대를 형성하고 공동으로 이를 확대시켜 나가는 특성을 가지고 있다. 즉, 개인적 문제를 연대와 공동성으로 해결하게 된다.
- 예방성 : 주민의 욕구 또는 문제해결을 조기에 발견함으로써 이에 대응할 수 있는 네트워크를 형성한다.
- 지역성 : 주민의 생활권 영역에 대한 지리적 특성을 파악하며 고려해야 한다.
- 통합성·전체성(포괄성) : 공급자 중심에서는 공급의 용이성 및 효율성을 언급하며 서비스를 분리시켜 제공하지만, 이용자 측면에서 볼 때 주민의 생활은 분리할 수 없으므로 이러한 현상은 부적절한 조치이다. 즉, 공급자와 이용자 간의 단절된 서비스를 통합하여 제공하는 특성을 가지고 있다.

02 ① 지역사회를 지리적 지역사회와 기능적 지역사회로 구분한 학자는 로스(Ross)이다.
② 퇴니스(Tüonnies)는 구성원의 결합의지에 따라 사회집단을 '공동사회(Gemeinschaft)'와 '이익사회(Gesellschaft)'로 구분하였다. 즉, 공동사회는 가족이나 촌락과 같이 구성원의 비의도적 결합의지에 의해 구성되는 반면, 이익사회는 회사나 정당과 같이 구성원의 의도적 결합의지에 의해 구성된다는 것이다. 특히 산업화 이후에는 구성원의 이해관계에 따라 계약 등의 일정한 절차에 의해 구성된 이익사회의 비중이 더욱 커지고 있다.
③ 지역사회는 의사소통, 교환, 상호작용의 필요성이 점차 늘어나고 있다. 이는 다양한 계층의 특정한 속성 및 이해관계를 기초로 공동체의 생활양식 및 가치를 강조하는 기능적 지역사회가 더욱 확대되고 있기 때문이다.
④ 장애인 부모회는 기능적 지역사회에 해당한다.

03 ⑤ 사회체계이론은 지역사회를 지위·역할·집단·제도들로 이루어진 하나의 체계로 보고 다양한 체계들 간의 상호작용을 강조한다.
①·② 지역사회 상실이론, ③ 생태학이론, ④ 사회구성론

04 맥닐(McNeil)의 사회복지실천의 7대 원칙
- 지역사회조직은 주민들과 주민의 욕구에 관심을 가진다.
- 지역사회조직의 일차적인 클라이언트는 지역사회이다.
- 지역사회는 있는 그대로 이해되고 수용되어야 한다.
- 지역사회의 모든 사람은 보건과 복지서비스에 관심을 가진다.
- 모든 사회복지기관과 단체는 상호의존적이어야 한다.
- 과정으로서의 지역사회조직은 사회사업의 한 방법이다.
- 지역사회 주민들의 욕구와 관계는 계속 변화한다.

05 **지역사회개발모델에서 사회복지사의 사회치료자로서의 역할(Ross)**

- 지역사회 공동의 관심사를 저해하는 금기적 사고나 전통적인 태도에 대해 지역사회 수준에서 진단하고 치료하여 이를 제거하도록 도와주는 역할을 말한다.
- 지역사회에 따라서는 공동의 노력을 심각하게 저해하는 금기적 사고나 전통적인 태도로 인해 긴장이 조성되고 집단들이 서로 분리되기도 한다.
- 사회복지사는 지역사회 수준에서 적절한 진단과 치료를 수행해야 하며, 이를 위해 지역사회 전체 혹은 그 일부의 기원 및 역사, 현재의 믿음이나 관습에 대한 사회적 근원과 실제와의 관계, 지역사회의 권력구조 및 지역 내 역할들 간의 관계에 대해 알아야 한다.
- 사회복지사는 진단을 통해 규명된 성격 및 특성을 지역주민들에게 제시하여 그들의 올바른 이해를 돕고 긴장을 해소하도록 함으로써 협력적인 작업을 방해하는 요인들을 제거해 나간다.

06 ㄱ. 거틴(Gurteen) 목사에 의해 1877년 뉴욕 주 버팔로(Buffalo) 시에 미국 최초의 자선조직협회가 창설되었다.

ㄴ. 헐 하우스(Hull House)는 미국의 초창기 인보관으로서 아담스(Adams)에 의해 1889년 시카고(Chicago)에 건립되었다.

ㄷ. 현대적인 의미의 전국 최저임금제도의 시행을 골자로 한 공정노동기준법(Fair Labor Standards Act)이 제정된 것은 1938년이다.

ㄹ. 1964년 미국의 존슨(Johnson) 행정부는 '빈곤과의 전쟁(War on Poverty)'을 선언하였으며, 특히 1965년 빈곤층의 아동들을 대상으로 한 교육정책의 일환으로 헤드스타트(Head Start) 프로그램을 도입하였다.

ㅁ. 1980년대 레이건(Reagan) 행정부는 '작은 정부' 지향으로 사회복지에 대한 지원을 연방정부 책임 하에서 지방정부, 민간기업, 가족에 중심을 두는 방향으로 전환하였다.

07 ③ 자원동원론적 관점상 자원에는 돈, 정보, 사람, 조직성원 간의 연대성, 사회운동의 목적과 방법에 대한 정당성 등이 포함된다. 이 관점은 지역사회 현장에서 사회적 약자의 권리를 옹호하기 위한 활동을 전개하거나, 그들을 대변하고자 사회운동을 조직하고 이를 행동화하는 데 있어서 중요한 이론적 토대가 된다.

① 생태학적 관점에 해당한다.

② 사회교환론적 관점에 해당한다.

④ 자원동원론적 관점에서 사회운동의 발전과 전개과정은 축적된 사회적 불만의 팽배보다는 사회의 구조적 불평등이나 약자의 권리옹호를 위한 자원동원의 가능성 여부와 그 정도에 의해 결정된다.

⑤ 사회구성론적 관점에 해당한다.

08 ④ 과정중심의 목표는 지역사회의 유지와 기능을 강화하는 것으로 지역주민의 능동적 참여·협력과 집단 간 협동관계 구축을 통해 지역사회의 다양한 문제를 스스로 해결할 수 있도록 자치역량을 향상시키는 것이다. 반면, 지역사회의 특정문제 해결은 과업중심의 목표에 해당한다.

09 ④ 전문가인 사회복지사의 실증적 조사와 지역주민의 자발적·주체적 참여를 강조하는 것은 통합모델 중 계획·개발모델에 해당한다. 계획·개발모델은 사회계획에 개발적 요소가 혼합된 형태로서, 사회계획을 토대로 지역주민의 자발적이고 적극적인 참여를 유도하여 지역사회의 문제를 해결한다. 이 모델에서는 특히 전문가에 의한 실증적 조사와 객관적 자료분석, 주민참여의 민주성·주체성 등이 강조된다.

10 ② 근린지역사회조직모델은 지역사회구성원에게 조직 능력을 개발하고 범지역적인 계획 및 외부개발의 영향을 변화시킬 수 있는 능력을 개발하도록 하는 것이다. 이 모델에서 사회복지사는 조직가, 교사, 코치, 촉진자의 역할을 수행한다.

11 ④ 프로그램 개발 및 지역사회연계모델은 지역주민들의 욕구를 충족시키기 위해 지역사회와 연계된 다양한 수준의 프로그램을 개발하고, 기관 프로그램의 방향을 재설정하거나 확대하는 것을 목표로 한다. 이와 같은 목표를 달성하기 위해 잠재적 클라이언트로서 지역주민들과 기관실무자들 간의 연계 및 상호작용을 강조하며, 보다 효과적인 프로그램을 위해 지역사회로부터 피드백을 받을 수 있는 메커니즘을 구축하고자 한다. 이는 단순히 프로그램을 개발하는 것이 아닌, 다양한 지역사회 구성원들과 지역사회 기관들이 상호 연계된 형태에서 보다 효과적인 프로그램을 개발하고자 하는 것이다.

12 ② 지역사회로 하여금 문제해결에 따른 목표를 설정하고, 이를 해결하는 방도를 강구하도록 돕는 것은 로스(Ross)가 제시한 지역사회개발모델에서 사회복지사의 역할 중 안내자로서의 역할에 해당한다.

13 테일러와 로버츠(Taylor & Roberts)의 지역사회복지실천모델
- 지역사회개발모델(Community Development Model)
- 프로그램개발 및 조정모델(Program Development and Coordination Model)
- 계획모델(Planning Model)
- 지역사회연계모델(Community Liaison Model)
- 정치적 권력강화모델 또는 정치적 행동 및 역량강화모델(Political Action & Empowerment Model)

14 정책형성의 과정(Gilbert & Specht)
문제의 발견 → 분석 → 대중홍보 → 정책목표의 설정 → 일반의 지지와 합법성 구축 → 프로그램의 설계 → 실천(집행) → 평가와 사정

15 상대집단을 이기기 위한 힘의 확보 전략
- 정보력 : 현재의 사건이나 상황에 대한 정보를 정부당국이나 정치인에게 제공한다.
- 힘의 과시 : 상대집단의 반대에 맞서 불편과 손해를 가함으로써 힘을 과시한다.
- 잠재력 : 실제로 피해를 입히기보다 피해를 입힐 수 있다는 능력이 있음을 강조한다.
- 약점의 이용 : 상대집단의 약점을 자극하여 수치심을 가지도록 한다.
- 집단동원력 : 집단을 조직하여 이끄는 것은 사회행동의 가장 중요한 힘이다.

16 사회행동조직이 타 조직(집단)과 맺는 협력관계 유형

- 협조관계
  - 특정 이슈에 관해 유사한 목표를 가진 조직들의 일시적인 연결
  - 임시적 계획이 사안에 따라 만들어짐
  - 언제든지 한쪽에 의해 중단될 수 있음
- 연합관계
  - 계속적이나 느슨하게 구조화된 협력으로 조직적 자율성을 최대화하면서 힘을 증대시킴
  - 선출된 대표들이 정책을 결정하지만 각 개별조직들의 비준이 있어야 함
  - 참여조직들은 모든 행동에 참여할 필요가 없으나 협력구조는 지속됨
- 동맹관계
  - 기술적인 정보를 제공하고 로비활동에 역점을 두는 전문가를 둔 영속적인 구조
  - 회원조직으로부터 승인이 필요하지만 결정할 수 있는 힘은 중앙위원회나 전문직원이 가짐
  - 중앙위원회나 직원에 의해 장기적인 활동 수행

17 ① 사회행동의 전략으로는 상대집단을 이기기 위한 힘의 확보 전략, 사회행동의 합법성을 확보하기 위한 전략, 타 집단과의 협력 전략 등이 있으며, 여기에는 다양한 전술들이 포함된다. 특히 이와 같은 전략이나 전술들은 상대방의 약점을 이용하거나 힘을 과시하는 방법으로도 표출할 수 있으나, 그와 같은 과정은 합법적인 범위 내에서 이루어져야 하며, 폭력행위로 변질되어서는 안 된다.

18 ③ 자활기관협의체는 시장·군수·구청장이 조건부수급자 등 저소득층에 대한 자활지원사업의 효율적인 추진을 위하여 직업안정기관·자활사업실시기관 및 사회복지시설 등의 장으로 구성한 상시적인 협의체이다.

① 자활사업은 2000년 10월 국민기초생활보장제도의 시행과 함께 본격적으로 실시되었다.
② 광역자활센터는 2004년 시범적으로 설치·운영되었다.
④ 자활급여특례자는 희망 시 참여할 수 있다.
⑤ 조건부수급자는 자활사업 의무참여자에 해당한다.

19 자원봉사센터 직영제체 운영방식

완전직영형	지방자치단체 내에 자원봉사 전담부서가 센터의 기능을 하며, 직원들도 공무원으로 구성된다.
혼합직영형	지방자치단체가 예산지원 및 지도감독의 권한을 행사하고 자치단체장이 센터의 대표이지만, 센터의 공간과 직원 구성은 모두 민간 전문가들로 구성된다.

20 후원개발 등 지역사회 자원동원의 의의
- 복지사회 이념의 성공적 실현을 위한 지역사회 구성원 간 연대의식 및 공동체의식 함양
- 프로그램을 통한 지역주민의 자발적인 참여 유도
- 참여주민 혹은 후원자 개인의 자아실현 기회 제공
- 지역사회 내 가용 복지자원의 총량 확대
- 복지수요의 급증에 따른 공공자원의 한계 극복
- 민간비영리조직의 자율성 향상 기여 등

21 ③ 사회복지협의회는 사회복지사업법에 설립 근거를 두고 있으며, 전국 단위의 한국사회복지협의회(중앙협의회), 시·도 단위의 시·도 사회복지협의회, 시·군·구 단위의 시·군·구 사회복지협의회를 2025년 1월부터 의무적으로 설치하도록 하고 있다.

22 지역사회복지실천에의 참여수준(Brager & Specht)
단순정보수혜자 → 조직대상자 → 자문담당자 → 계획단계에의 참가 → 의사결정권의 보유 → 기획과 집행에서의 책임과 권한부여

23 ① 상호작용적 평가(Interactive Evaluation)는 프로그램의 전달에 관한 정보를 제공하는 평가로서, 새로운 프로그램의 수행 과정이나 개선 내용을 기술하는 것은 물론, 직원들에게 프로그램이 특정한 방향으로 수행되는 이유 등에 대해 이해할 수 있도록 해준다.
② 설명적 평가(Clarification Evaluation)는 프로그램의 내적 구조 및 기능에 대해 설명하는 평가로서, 여기에는 하나의 프로그램이 의도하는 최종결과의 성취와 관련된 변인매개체에 대한 설명이 포함된다.
③ 선제적 평가(Proactive Evaluation)는 프로그램이 실제로 설계되기 이전에 수행되는 평가로서, 프로그램 기획가들로 하여금 어떤 유형의 프로그램이 필요할 것인가에 대해 결정할 수 있도록 해준다.
④ 모니터링 평가(Monitering Evaluation)는 일단 프로그램이 본 궤도에 올라있어 지속적으로 수행되는 경우에 사용하는 평가로서, 프로그램의 과정상 절차들이 제안서나 계약서 상에 명시된 바에 따라 이루어지고 있는지를 평가한다.

24 ㄹ. 지역사회보장계획 수립을 위한 지역사회보장조사는 원칙적으로 4년마다 실시한다. 다만, 필요한 경우에는 수시로 실시할 수 있다(사회보장급여의 이용·제공 및 수급권자 발굴에 관한 법률 시행령 제21조 제1항 참조).

25 ① 상부상조의 기능
② 생산·분배·소비의 기능
④ 사회통제의 기능
⑤ 사회화의 기능

제3과목 | 사회복지정책과 제도

1영역								사회복지정책론						
01	02	03	04	05	06	07	08	09	10	11	12	13	14	15
⑤	②	③	③	①	④	③	④	①	⑤	⑤	①	⑤	③	③
16	17	18	19	20	21	22	23	24	25					
④	⑤	③	①	④	④	⑤	③	①	③					

2영역								사회복지행정론						
01	02	03	04	05	06	07	08	09	10	11	12	13	14	15
①	⑤	①	④	②	③	③	②	④	②	⑤	③	②	②	③
16	17	18	19	20	21	22	23	24	25					
⑤	①	①	②	②	⑤	⑤	④	①	②					

3영역								사회복지법제론						
01	02	03	04	05	06	07	08	09	10	11	12	13	14	15
⑤	⑤	⑤	③	①	①	③	②	⑤	②	①	①	②	③	④
16	17	18	19	20	21	22	23	24	25					
④	③	④	⑤	⑤	③	①	②	②	②					

제1영역 사회복지정책론

01 ⑤ 롤즈(Rawls)는 『정의론(A Theory of Justice)』에서 공평의 원칙에 기초하여 분배의 정의에 대한 이론을 제시하였다. 공평의 원칙은 사회경제적 취약계층에게 보다 많은 장점을 주는 방법을 개발하여 이해갈등과 불평등을 완화해 가는 것이다. 특히 롤즈는 최소극대화 원칙을 통해 평등주의적 분배의 근거를 제공하는데, 이는 사회적 · 경제적 불평등에 있어서 공평한 기회의 평등(공평한 기회의 원칙)과 최소 수혜자의 최대 편익(차등의 원칙)을 강조하는 것이다.

02 **사회복지정책의 일반적인 기능**
- 사회통합과 정치적 안정
- 사회문제 해결과 사회적 욕구 충족
- 개인의 자립 및 성장, 잠재능력 향상을 통한 재생산의 보장
- 기회의 재분배를 통한 사회구성원의 사회화
- 소득재분배와 최저생활 확보

03 외부효과
- 특정한 재화 혹은 서비스는 시장에서 교환가치 이외의 요인들에 의해 가격이 결정된다. 이와 같이 교환가치 이외에 다른 요인들이 가격결정에 영향을 미치는 현상을 '외부효과(External Effect)' 또는 '외부경제(External Economy)'라 한다.
- 외부효과는 어떠한 경제적 활동이 본래의 의도와는 달리 제3자에게 특정한 혜택을 주거나 손해를 끼치는 방향으로 나타난다. 이때 전자의 경우를 '긍정적 외부효과'라 하며, 후자의 경우를 '부정적 외부효과'라 한다.
- 외부효과는 국가 개입의 필요성을 제기하는데, 긍정적 외부효과를 확대하기 위해 국가에서 이를 직접 제공하는 것이 효과적이며, 부정적 외부효과를 축소하기 위해 국가가 다양한 규제 혹은 조세정책을 펼침으로써 그에 따른 비용 발생을 최소화할 수 있는 것이다.

04 ③ 사회복지정책의 기본적인 기능은 가치를 적절히 배분하는 것이다. 그러나 가치는 근본적으로 객관화·일반화·수량화하기 어렵고 정치적·경제적인 상황에 의해 영향을 받게 된다. 이는 인간의 행태와 사고를 대상으로 하는 사회과학이 연구자 개인의 심리상태, 개성 내지 가치관, 세계관 등에 의해 영향을 받는 것과 마찬가지의 원리로서 가치중립성을 견지하기 어렵다는 사실을 반영한다.

05 ㄹ. 국가개입주의 혹은 페이비언 사회주의의 내용에 해당한다. 이 둘은 사회적 선을 추구하는 데 있어서 국가가 매우 긍정적인 역할을 수행한다고 믿는다. 다만, 페이비언 사회주의는 궁극적으로 자본주의를 수정의 대상이 아닌 극복의 대상으로 간주한다는 점에서 국가개입주의와 다른 입장을 보인다.

06 ④ 복지국가의 위기는 자원배분의 비효율성, 신보수주의의 확산, 낮은 경제성장률, 재정적자의 증가 등의 원인이 있다. 이후 나타나는 변화들은 신자유주의의 등장, 권리와 책임의 균형, 복지공급주체의 다원화, 경제정책과 사회정책의 통합, 노동과 복지의 연계 강화 등이 있다. 특히 학자들은 복지국가의 위기와 관련하여 악화된 경제상황 및 세입액 감소, 정부의 부담 가중 및 재원 마련을 위한 적자예산, 복지국가에 대한 지지도 감소 등을 제시하고 있다. 실제로 1970년대 중반 이후 서구의 복지국가들이 복지정책의 과도한 확대로 인해 산업생산 부문의 위축, 노동공급의 감소, 투자의 위축 등 경제상황의 악화를 가져오면서 복지국가를 주장하는 정당들의 지지도 감소와 함께 복지국가의 정당성에 대해 이의를 제기하는 등의 문제가 발생하였다.

07 ㄱ. 반집합주의(Anti-collectivism)는 국가온정주의 및 정치적 안정유지를 위한 최소한의 복지급여를 제공할 필요가 있다고 본다.
ㄷ. 수정이데올로기 모형에서 '중도노선(The Middle Way)'으로 수정된 것은 소극적 집합주의(Reluctant Collectivism)이다.

08 ④ 인보관 운동의 내용에 해당한다.
① 자선조직협회는 무계획적인 시여에서 벗어나 빈민에 대한 환경조사와 자선기관들 사이의 협력을 통해 중복구제를 방지함으로써 구제의 합리화와 조직화를 이루고자 하였다.
② 주로 중산층 부인들로 구성된 우애방문원의 개별방문에 의해 개별적 조사와 등록이 이루어졌다.

③ 자선조직협회는 사회진화론에 영향을 받아 빈곤의 문제를 개인적인 속성에서 기인한 것으로 보았으며, 그에 따라 빈민의 성격변화를 통한 자립을 강조하였다.

⑤ 'Not Alms but a Friend'는 자선조직협회의 슬로건으로서 '시여가 아닌 친구로서'의 의미를 지니고 있다.

09 ① 베버리지 보고서는 정액기여의 원칙(균일갹출의 원칙)을 제시하여 모든 국민이 소득수준과 관계없이 정액의 보험료를 납부할 것을 강조하였다.

② 피보험자, 고용주, 국가(재정의 1/6)가 재정을 공동으로 부담할 것을 제시하였다.

③ 포괄성의 원칙(위험과 대상의 포괄성의 원칙)에 해당한다.

④ 베버리지 보고서는 실업이나 노동 불가능 기간에 취업 시의 가득금액(Earning During Work)과 동등하거나 그 이상의 액수를 지급하는 것은 위험하다고 보았다. 그로 인해 고용보장을 위해서는 취업기간 중 소득과 취업중단 기간 중 소득 간의 차이가 모든 사람에게 있어서 가능한 한 커야 한다고 주장하였다.

⑤ 급여 충분성의 원칙(급여 적절성의 원칙)에 해당한다.

10 **시민권이론의 한계**
- 영국을 비롯한 서구 복지국가에는 유용하게 적용될 수 있어도 공산주의국가나 개발도상국에서는 통용되기 어렵다.
- 사회권의 개념이 구체적으로 명료하게 규정되어 있지 못하며, 서로 다른 속성을 가진 권리들을 시민권의 범주로 한 데 묶는 것은 무리이다.
- 사회복지정책 발달 과정에서의 집단갈등이나 집단행동 등 정치적 역학관계를 설명하는 데 한계가 있다.

11 ⑤ 에스핑-안데르센(Esping-Andersen)은 노동력의 탈상품화를 강조하며 복지국가의 유형을 자유주의 복지국가, 조합주의 복지국가, 사회민주주의 복지국가로 분류하였다. 자유주의 복지국가의 경우 시장의 효율성과 노동력의 상품화를 강조함으로써 노동력의 탈상품화 정도가 최소화되어 나타나는 반면, 사회민주주의 복지국가의 경우 보편주의에 입각한 사회권을 통해 탈상품화 효과가 가장 크다고 주장하였다.

12 ① 엘리트이론은 사회복지정책과 관련된 엘리트들이 자신들의 이익을 위해 사회복지정책에 영향을 미친다는 것이다. 엘리트이론에서는 역사를 계급투쟁의 산물이 아닌 엘리트의 교체과정으로 본다.

13 ① 신마르크스주의는 전통적 마르크스주의에 이론적 기초를 둔 갈등주의적 시각이다.

② 신마르크스주의의 구조주의 관점은 국가가 노동자 계급을 통제 혹은 분열시키기 위한 전략으로 사회복지정책을 확대한다고 본다.

③ 국가의 자율적 역할 정도에 따라 도구주의 관점과 구조주의 관점으로 대별된다. 도구주의 관점은 국가가 자본가들의 이익을 위한 도구로서의 역할을 수행한다고 보는 반면, 구조주의 관점은 독점자본주의에서 국가의 기능이 곧 자본가의 이익과 합치된다고 본다.

④ 복지국가의 발전을 독점자본주의의 속성과 관련시켜 분석한다.

14 ① · ② · ④ · ⑤ 성과분석의 사례에 해당한다.

사회복지정책의 분석방법(Gilbert, Specht & Terrell)
- 과정분석 : 정책형성 과정에 대한 분석
- 산물분석 : 정책선택의 형태와 내용에 대한 분석
- 성과분석 : 정책선택에 의해 실행된 프로그램의 산출결과에 대한 기술 및 평가분석

15 사회복지정책의 형성과정
- 문제형성(제1단계) : 고통을 주는 상황이나 조건을 해결해야 할 문제로 인식하는 것을 말한다.
- 아젠다형성 또는 의제형성(제2단계) : 문제가 공공이나 정책결정자들의 관심을 끌어 정책형성에 대한 논의가 가능한 상태가 되는 것을 말한다.
- 대안형성 및 정책입안(제3단계) : 정책문제를 파악하고 이를 달성할 수 있는 정책수단으로서의 정책대안을 개발하며, 이를 비교 · 분석하여 정책입안의 내용을 마련한다.
- 정책결정(제4단계) : 대안의 선택 또는 우선순위를 확정하는 것을 말한다.
- 정책집행(제5단계) : 결정된 정책을 구체화하는 것을 말한다.
- 정책평가(제6단계) : 정책활동의 가치를 따져보기 위해 정보를 수집, 분석, 해석하는 것을 말한다.

16 ㄱ. 점증모형에 대한 내용에 해당한다.
ㄴ. 최적모형에 대한 내용에 해당한다.
ㄷ. 만족모형은 합리모형의 비현실성을 극복하고 있으나, 만족 수준에 대한 명확한 기준이 없다.

17 ① 정책문제평가는 사회복지문제를 정책문제로 이슈화시키기 위한 것으로서 문제의 내용, 대상집단의 특성, 문제의 인지도, 문제의 심각성 등의 탐색적인 기준이 사용된다.
② 정책의제평가는 사회복지문제가 정책꾼들에 의해 어떻게 다루어지는가를 평가하는 것으로서 반응성, 사회적 형평, 공정성 등이 중요한 기준으로 나타난다.
③ 정책결정평가는 정책결정 내용에 대한 평가와 결정과정에 대한 평가로 나눌 수 있으며 능률성, 효과성, 사회적 형평, 공정성, 반응성, 합법성 등이 주요 평가기준으로 사용된다.
④ 정책집행평가는 정책이 계획된 대로 시행되느냐에 관한 평가로서 정책집행의 일관성, 공정성, 반응성, 능률성, 효과성, 사회적 형평 등이 주요 평가기준이다.

18 ③ 공공부조 시행에 필요한 비용은 중앙정부와 지방정부가 함께 부담한다.

19 ① 사회복지정책의 가치인 평등성 추구는 사회복지서비스 전달체계의 유형으로서 중앙정부의 필요성에 해당한다. 중앙정부는 공공재적인 성격이 강하거나 규모의 경제성을 가지는 서비스에 유리하며, 평등과 사회적 적절성을 실현하는 데 효과적이다. 또한 중앙정부는 다양한 복지욕구를 체계화하여 여러 형태의 프로그램을 통합 · 조정하기 위해, 나아가 이를 지속적이고 안정적으로 유지하기 위해 필요하다.

20 ㄹ. 1964년 1월부터 시행
ㄴ. 1988년 1월부터 시행
ㄷ. 1995년 7월부터 시행
ㄱ. 2000년 7월부터 시행

21 ④ 우리나라 국민연금은 보험료 부과체계상에 소득상한선을 두어 연금급여의 편차를 일정수준에서 제한하는 한편, 소득하한선을 두어 저소득계층의 과도한 분배적 부담을 억제한다. 다만, 소득상한선을 높게 설정할 경우 고소득계층의 부담이 그만큼 더 커지게 되며, 소득하한선을 높게 설정할 경우 국민연금 가입자 규모가 감소할 수 있다.

22 **급여의 종류별 수급자 선정기준**
- 교육급여 수급자 선정기준선 : 중위소득 50%
- 주거급여 수급자 선정기준선 : 중위소득 43%
- 의료급여 수급자 선정기준선 : 중위소득 40%
- 생계급여 수급자 선정기준선 : 중위소득 30%

23 ③ 우리나라에서는 근로연계복지의 개념이 근로의무를 조건으로 하는 급여와 급여 수급기간 제한 등 약간은 징벌적 성격을 가진 제도로 인식되는 경향이 있다. 이는 우리나라의 근로연계복지정책의 토대가 되는 국민기초생활보장제도의 관련 규정이 빈곤의 궁극적 책임이나 근로빈곤층의 문제에 있어서 국가의 책임을 강조하는 유럽의 복지국가 모델과 달리 개인의 책임을 보다 강조하는 미국의 '요보호가족일시구호(TANF ; Temporary Assistance for Needy Families)'나 영국의 '일하는 복지(Welfare to Work)'모델에 근접해 있기 때문이다.

24 **국민보건서비스 방식(NHS ; National Health Service)**
- 국민의 의료문제는 국가가 모두 책임져야 한다는 관점을 토대로 의료의 사회화를 이루고자 한다.
- 정부가 일반조세로 재원을 마련하며, 모든 국민에게 무상으로 의료를 제공하여 직접적으로 의료를 관장하는 방식이다.
- 의료기관은 상당부분 사회화 내지 국유화되어 있다.
- '조세 방식' 또는 '베버리지 방식'이라고도 한다.
예 영국, 스웨덴 등

25 **빈곤갭(Poverty Gap)**
빈곤선을 기준으로 빈곤선 이하(혹은 미만)에 있는 사람들의 빈곤선과 개인(혹은 가구)의 소득 간의 차이를 계산한 값이다. 즉, 빈곤선 이하(혹은 미만)에 있는 개인(혹은 가구)의 소득을 빈곤선 상태로 끌어올리는 데 필요한 액수를 의미한다.
총빈곤갭은 빈곤층 전체의 빈곤갭을 합한 것이므로, 즉 550만원에 해당한다.

$$[(100-0) \times 5] + [(100-90) \times 5] = 500 + 50 = 550(만원)$$

01 ㄹ. 사회복지조직의 목표는 애매모호하다. 이는 사회복지조직의 대상이 인간이므로, 조직의 목표에 대해 구체적인 합의를 도출하는 데 어려운 점이 많기 때문이다.

하젠펠트(Hasenfeld)가 제시한 사회복지조직의 특성
- 사회복지조직은 변화되어야 할 속성을 가지고 있는 클라이언트와 직접 접촉하여 활동하고 있다.
- 사회복지조직은 서비스를 제공받는 클라이언트의 복지를 유지하고 증진하도록 사회로부터 위임을 받았으며, 이를 통해 조직의 존재가 정당화된다.
- 사회복지조직은 투입되는 원료가 도덕적 가치를 지닌 인간이다.
- 사회복지조직의 목표는 애매모호하다.
- 사회복지조직을 둘러싸고 있는 도덕적 모호성으로 인해 가치와 이해관계에 있어서 갈등이 있고, 환경과의 관계에서도 많은 어려움이 있다.
- 사회복지조직은 서비스 제공과 관련하여 불완전한 지식 및 기술을 사용한다.
- 사회복지조직의 핵심적인 활동은 조직성원과 서비스 대상자인 클라이언트의 관계이다.
- 사회복지서비스의 효과성을 타당성 있고 신뢰성 있게 측정할 수 있는 표준척도가 없다.

02 ⑤ 상황이론에 해당한다. 상황이론은 조직화에 있어서 유일한 최선의 방법이란 존재하지 않으며, 그로 인해 관리자가 조직의 상황에 따라 적절한 조직화 방법을 결정하고 적합한 대응책을 선택해야 한다고 주장한다. 기존의 조직이론이 환경과의 관계를 도외시한 반면, 상황이론은 환경적 변수의 중요성을 강조하였고, 이러한 측면이 사회복지조직에 적용 가능성을 더욱 크게 하고 있다.

03 ① 분권교부세의 도입을 통해 지방재정분권을 본격화한 것은 지난 2005년부터이다. 본래 2005년부터 2009년까지 한시적으로 도입하였다가 2014년까지 연장하였으나, 지방교부세법 개정으로 2015년에 폐지되어 보통교부세로 통합되었다.

04 ① 사회복지행정은 일반행정에 비해 투입과 산출이 명확하지 않다.
② 사회복지행정은 일반행정에 비해 환경적 요소에 크게 영향을 받는다.
③ 사회복지행정은 수평적 특성과 비공식적인 조직을 중시한다.
⑤ 사회복지행정은 불완전성을 지니고 있다.

05 ② 대상자 선정 과정의 강한 엄격성은 그동안 공공복지 행정체계의 단점으로 지적되어 왔다. 일반 행정인력이 공공복지행정을 담당함으로써 나타나는 관료주의적 권위주의, 경직성, 획일주의, 행정편의주의는 대상자 선정 과정에서도 복지사각지대의 문제를 야기하였으며, 복지수요자의 다양한 욕구에 대해 능동적으로 대처하지 못했다. 반면, 민간전달체계는 신속성, 접근성, 창의성, 융통성, 서비스의 다양성 및 전문성으로 공공전달체계의 문제점을 극복하면서, 복지사각지대에 놓인 비수급자에게까지 서비스를 확대한 것은 물론 복지수요자의 다양한 욕구에 부합하도록 서비스 선택의 기회를 확대하였다.

06 ③ 투과성 조직은 영역의 유지구조가 매우 약하고 역할구조도 복잡하다.

07 ③ 학습조직이론은 1990년대 미국에서 각광받았던 것으로 벤치마킹의 체질화와 환경변화에 대한 유연성을 강조한 신경영기법이다. 조직원이 학습할 수 있도록 모든 기회와 자원을 제공하여 학습결과에 따라 지속적인 변화를 도모하는 조직으로, 인간조직기술을 유기적으로 통합해 기업의 생산성을 극대화하며 지식의 경제적 가치를 효과적으로 관리하는 데 역점을 둔다.

08 ② 위원회는 조직 전반에 관계되는 문제에 관한 협조와 정보를 제공하는 데 효율적이며, 제안을 평가하거나 관련된 여러 전문가의 의견을 들을 수 있고, 행정의 참여적 관리를 실현하여 지역주민의 참여를 독려할 수 있다는 장점이 있다.

09 **규정준수 회계감사 또는 규정순응 감사(Compliance Audit)**
- 기관의 재정운영이 적절한 절차에 의해 시행되고 있는지, 재정이나 다른 보고서들이 적절히 구비되어 있는지, 조직이 각종 규칙 및 규제들을 제대로 준수하고 있는지 등을 확인한다.
- 전형적인 품목별(항목별) 예산 방식에서 요구하는 방식으로서, 주어진 자금이 규정된 항목별로 올바르게 사용되고 있는지를 평가한다.
- 업무의 효과성이나 경비지출의 능률성(효율성) 등을 중시하기보다는 규칙 및 절차, 항목의 규정에 따른 예산집행이 적절히 이루어지고 있는지에 초점을 둔다.

10 ② 관리실무자는 일상적 업무 및 사소한 절차에 국한된다.

11 ⑤ 집권화(Centralization) 및 분권화(Decentralization)는 조직 내 의사결정의 권한이 어느 한 지점에 집중되어 있는 정도를 의미한다. 특히 집권화는 조직의 상층부를 중심으로 하위단위들에 대한 체계적인 관리에 유리한 반면, 분권화는 변화하는 외부환경에의 유연한 대처에 유리하다.

12 ① 전문적 관료구조, ② 사업부제 구조, ④ 단순구조, ⑤ 애드호크라시

13 ② '직무순환(Job Rotation)'은 작업자들이 완수해야 하는 직무는 그대로 둔 채 작업자들의 자리를 교대 이동시키는 방법으로, 업무세분화에 의해 야기되는 고유 업무 반복의 문제를 해소하고 작업자가 다양한 직무경험을 쌓도록 하기 위한 것이다.

14 ② 같이 근무하면서 업무에 필요한 교육을 하므로 직장훈련이고, 슈퍼바이저가 부하직원을 업무과정에서 지도·감독하므로 슈퍼비전이다.

15 ① 사례연구방법 : 사례를 작성·배부하고 여기에 관한 토론을 하는 방식
② 역할연기법 : 참가자 중에서 실연자를 선출하고 주제에 따르는 역할을 실제로 연출시킴으로써 공명과 체험을 통하여 훈련효과를 높이는 방법
④ 로테이션 : 일정한 훈련계획 하에서 순차적으로 직무를 바꾸어서 담당하게 함으로써 지식과 경험을 쌓게 하는 훈련방법
⑤ 패널 : 토의법의 하나로서 사회자의 사회 아래 정해진 테마에 대하여 지식과 경험이 풍부한 수명의 전문가가 토의를 하고 연수자는 그 토의를 듣는 학습방식

16 ⑤ 계획예산제도(PPBS ; Planning-Programming-Budgeting System)는 장기적인 계획수립과 단기적인 예산편성을 프로그램 작성을 통해 유기적으로 결합시킴으로써 자원배분에 관한 의사결정의 합리성을 도모하는 예산체계 모델이다. 이러한 계획예산제도는 실행되는 프로그램에 대한 비용-효과분석을 통해 조직 전체의 목적과 장기계획을 달성하는 데 최적의 상황을 제공해 준다는 장점이 있다. 다만, 특성상 산출·효과의 계량화에 중점을 두고 있으나 그와 같은 달성 성과의 계량화가 곤란하다는 점, 조직품목과 예산이 직접 연결되지 않으므로 실제 운영상 환산작업이 곤란하다는 점 등이 단점으로 제시되고 있다.

17 ① 공평성(형평성) 평가기준에 해당한다. 공평성 평가는 프로그램의 효과와 비용이 사회집단 또는 지역 간에 공평하게 배분되었는지를 평가하는 것이다.

18 ③ 공적 전달체계와 사적 전달체계는 운영주체별 구분에 해당한다.

19 ② 정부 혹은 정부출연 연구기관이 제시한 자료(기준 또는 규범)를 토대로 특정 지역의 욕구를 파악하는 방식이므로 '규범적 욕구'와 연관된다.

욕구의 4가지 유형(Bradshaw)

규범적 욕구	• 기준 또는 규범의 개념에 욕구를 대입한 것으로서, 관습이나 권위 또는 일반적 여론의 일치로 확립된 표준 또는 기준의 존재를 가정한다. • 일반적으로 기존의 자료나 유사한 지역사회 조사, 또는 전문가의 판단에 의해 제안된 욕구에 해당한다.
인지적 욕구 (체감적 욕구)	• 욕구는 사람들이 그들의 욕구로 생각하는 것 또는 욕구로 되어야 한다고 느끼는 것으로 정의될 수 있다. • 보통 사회조사를 통해 응답자가 선호하는 대상에 대해 질문함으로써 욕구를 파악한다.
표현적 욕구 (표출적 욕구)	• 욕구를 가진 당사자가 욕구를 충족시키기 위해 행위로 표현하는 욕구를 말한다. • 서비스에 대한 수요에 기초하여 느껴진 욕구가 표출되는 것으로서, 개인이 서비스를 얻기 위해 어떠한 노력을 기울이고 있는지가 핵심적인 변수에 해당한다.
비교적 욕구 (상대적 욕구)	• 욕구는 한 지역사회에 존재하는 서비스 수준과 함께 다른 유사한 지역사회나 지리적 영역에 존재하는 서비스 수준 간의 차이로 측정된다. • 해당 지역사회가 다른 유사한 지역사회에서 제공하는 것과 흡사한 서비스를 제공하고 있지 않은 경우 욕구가 있는 것으로 볼 수 있다.

20 ⑤ 변혁적 리더십이론에서 변혁적 리더는 구성원 스스로 업무에 대한 확신감을 가질 수 있도록 동기를 부여하고 업무결과에 대한 욕구를 자극함으로써, 구성원 스스로 추가적인 노력을 통해 기대 이상의 성과를 가져오도록 유도한다.

① 행동이론(행위이론)은 리더십의 유형을 크게 과업지향적인 것(직무중심적, 생산에 대한 관심)과 인간지향적인 것(종업원 중심적, 인간과 인간관계에 대한 관심)으로 구분한다.

②·③ 서번트 리더십이론에 해당한다. 그린리프(Greenleaf)는 리더를 다른 사람에게 봉사하는 하인(Servant)으로, 구성원을 섬김의 대상으로 간주함으로써 구성원 성장에의 헌신과 함께 이를 통한 공동체 목표의 달성을 강조하였다. 이는 구성원이 성장할 때 공동체의 목표를 보다 탁월하게 달성할 수 있다는 주장에서 비롯된다.

④ 상황적 리더십이론에 해당한다. 허시와 블랑샤르(Hersey & Blanchard)는 리더의 행동을 인간관계지향적 행동과 과업지향적 행동으로 구분하고, 상황변수로서 팔로워(조직성원 또는 부하)의 심리적 성숙도(Maturity)를 강조한 3차원적 유형의 상황적 리더십을 제시하였다.

21 성과주의 예산(PB ; Performance Budget)의 장단점

장 점	단 점
• 목표와 프로그램에 대한 명확한 이해 • 정책이나 사업계획 수립 용이 • 효율적 관리수단 제공 및 자금배분의 합리화 • 예산집행의 신축성	• 세출통제의 곤란 • 비용산출 단위설정의 어려움 • 회계책임의 불분명과 공금관리의 소홀 • 운영상의 문제점

22 ⑤ 프로그램 수행 과정의 불확실성이 감소된다.

기획의 필요성
- 효율성의 증진 : 제한된 자원, 최소의 노력과 비용으로 목표를 달성한다.
- 효과성의 증진 : 이용자들에게 효과적인 서비스를 제공하기 위해 사전계획이 필요하다.
- 책임성의 증진 : 정부와 지역사회의 재원을 사용하므로 서비스의 효과성 및 효율성에 대한 책임을 진다.
- 합리성의 증진 : 더욱 타당하게 적용될 수 있는 수단을 제공한다.
- 미래의 불확실성의 감소 : 급변하는 환경과 불확실한 미래상황에 대처한다.
- 조직성원의 사기진작 : 기획과정에 많은 조직성원들을 참여시킴으로써 사기를 진작한다.

23 ④ 총체적 품질관리(TQM ; Total Quality Management)에서 품질은 고객에 의해 정의된다.

총체적 품질관리의 원리
- 품질은 고객에 의해 정의된다.
- 품질은 초기단계부터 고려된다.
- 고품질의 서비스는 조직구성원 간 협력의 결과이다.
- 품질관리는 결과보다 과정을 중시하며 인간 위주의 경영시스템을 지향한다.
- 품질의 개선을 위한 지속적인 개선노력과 전 직원의 적극적인 참여가 요구된다.

24 X이론

사람은 본래 일하는 것을 싫어하며 가능하면 일을 하지 않으려고 한다. 이러한 속성 때문에 조직의 목표를 성취하려면 통제와 지시가 필요하다. 즉, 인간은 일을 싫어하기 때문에 통제와 지시가 필요하다고 전제한다.

25 허즈버그(Herzberg)의 동기-위생이론

- 위생요인 : 조직의 정책과 관리, 감독, 보수, 대인관계, 근무조건 등을 의미하며, 인간의 동물적 · 본능적 측면 또는 욕구계층상 하위욕구와 연관된다.
- 동기부여요인 : 직무 그 자체, 직무상의 성취, 직무성취에 대한 인정, 승진, 책임, 성장 및 발달 등을 의미하며, 인간의 정신적 측면이나 자기실현욕구, 존경욕구 등 상위욕구와 연관된다.

제3영역 사회복지법제론

01 ⑤ 사회복지법의 법원으로서 명령은 보통 시행령과 시행규칙으로 표현된다.

02 법원(法源)

- 성문법 : 법률, 명령(대통령령, 총리령, 부령 등), 자치법규, 국제조약 및 국제법규 등
- 불문법 : 관습법, 판례법, 조리 등

03 ① 위법 또는 부당한 처분을 받거나 필요한 처분을 받지 못함으로써 권리 또는 이익을 침해받은 국민은 행정심판법에 따른 행정심판을 청구하거나 행정소송법에 따른 행정소송을 제기하여 그 처분의 취소 또는 변경 등을 청구할 수 있다(사회보장기본법 제39조).

② 수급자나 급여 또는 급여 변경을 신청한 사람은 시장 · 군수 · 구청장(교육급여인 경우에는 시 · 도교육감을 말한다)의 처분에 대하여 이의가 있는 경우에는 그 결정의 통지를 받은 날부터 90일 이내에 해당 보장기관을 거쳐 시 · 도지사(특별자치시장 · 특별자치도지사 및 시 · 도교육감의 처분에 이의가 있는 경우에는 해당 특별자치시장 · 특별자치도지사 및 시 · 도교육감을 말한다)에게 서면 또는 구두로 이의를 신청할 수 있다(국민기초생활 보장법 제38조 제1항).

③ 지원대상자 또는 그 친족이나 그 밖의 이해관계인은 한부모가족지원법에 따른 복지 급여 등에 대하여 이의가 있으면 그 결정을 통지받은 날부터 90일 이내에 서면으로 해당 복지실시기관에 심사를 청구할 수 있다(한부모가족지원법 제28조 제1항).

④ 피보험자격의 취득 · 상실에 대한 확인, 실업급여 및 육아휴직 급여와 출산전후휴가 급여 등에 관한 처분에 이의가 있는 자는 고용보험심사관에게 심사를 청구할 수 있고, 그 결정에 이의가 있는 자는 고용보험심사위원회에 재심사를 청구할 수 있다(고용보험법 제87조 제1항).

04 ③ 기초연금법에 따라 연금 지급대상자의 선정기준이 되는 일정 금액(선정기준액 및 저소득자 선정기준액)은 노인가구의 소득 · 재산 수준과 생활실태, 물가상승률 등을 고려하여 보건복지부장관이 결정 · 고시하는 금액으로 한다(기초연금법 시행령 제4조 제1항 및 제4항 참조).

05 ① 헌법 제34조 협의의 복지권에 관한 규정이 아닌 헌법 제36조 혼인 · 가족생활 · 모성보호 · 보건권에 관한 규정에 해당한다(헌법 제36조 제2항 참조).

06 ㄱ. 사회복지사업법 : 1970년 1월 1일 제정, 1970년 4월 2일 시행
ㄴ. 영유아보육법 : 1991년 1월 14일 제정, 같은 날 시행
ㄷ. 국민기초생활 보장법 : 1999년 9월 7일 제정, 2000년 10월 1일 시행
ㄹ. 긴급복지지원법 : 2005년 12월 23일 제정, 2006년 3월 24일 시행

07 ㄱ. 지방자치법 제28조
ㄴ. 헌법 제117조 제1항
ㄷ. 지방자치법 제30조
ㄹ. 헌법 제118조 제1항

08 ② 보건복지부장관은 사회복지법인 및 사회복지시설의 종사자, 거주자 및 이용자에 관한 자료 등 운영에 필요한 정보의 효율적 처리와 기록 · 관리 업무의 전자화를 위하여 정보시스템을 구축 · 운영할 수 있다(사회복지사업법 제6조의2 제1항). 이는 강제조항이 아닌 임의조항에 해당한다.
① 동법 제6조의2 제2항
③ 동법 제6조의2 제3항
④ 동법 제6조의2 제4항
⑤ 동법 제6조의2 제5항

09 ④ 사회복지사업법 제21조 제1항
① 법인은 대표이사를 포함한 이사 7명 이상과 감사 2명 이상을 두어야 한다(동법 제18조 제1항).
② · ③ 이사의 임기는 3년으로 하고 감사의 임기는 2년으로 하며, 각각 연임할 수 있다(동법 제18조 제4항).
⑤ 해산한 법인의 남은 재산은 정관으로 정하는 바에 따라 국가 또는 지방자치단체에 귀속된다(동법 제27조 제1항).

10 ② 양로시설은 노인복지법상 노인주거복지시설에 해당한다(노인복지법 제32조 제1항 참조).
노인복지시설의 종류
• 노인주거복지시설 : 양로시설, 노인공동생활가정, 노인복지주택
• 노인의료복지시설 : 노인요양시설, 노인요양공동생활가정
• 노인여가복지시설 : 노인복지관, 경로당, 노인교실
• 재가노인복지시설 : 방문요양서비스, 주 · 야간보호서비스, 단기보호서비스, 방문 목욕서비스, 재가노인지원서비스 등의 서비스를 제공하는 시설
• 노인보호전문기관 : 중앙노인보호전문기관, 지역노인보호전문기관
• 노인일자리지원기관 : 지역사회 등에서 노인일자리의 개발 · 지원, 창업 · 육성 및 노인에 의한 재화의 생산 · 판매 등을 직접 담당하는 기관
• 학대피해노인 전용쉼터

11 **사회보장기본법상 정의(사회보장기본법 제3조 참조)**
- 사회보장 : 출산, 양육, 실업, 노령, 장애, 질병, 빈곤 및 사망 등의 사회적 위험으로부터 모든 국민을 보호하고 국민 삶의 질을 향상시키는 데 필요한 소득·서비스를 보장하는 사회보험, 공공부조, 사회서비스를 말한다.
- 사회보험 : 국민에게 발생하는 사회적 위험을 보험의 방식으로 대처함으로써 국민의 건강과 소득을 보장하는 제도를 말한다.
- 공공부조 : 국가와 지방자치단체의 책임 하에 생활 유지 능력이 없거나 생활이 어려운 국민의 최저생활을 보장하고 자립을 지원하는 제도를 말한다.
- 사회서비스 : 국가·지방자치단체 및 민간부문의 도움이 필요한 모든 국민에게 복지, 보건의료, 교육, 고용, 주거, 문화, 환경 등의 분야에서 인간다운 생활을 보장하고 상담, 재활, 돌봄, 정보의 제공, 관련 시설의 이용, 역량 개발, 사회참여 지원 등을 통하여 국민의 삶의 질이 향상되도록 지원하는 제도를 말한다.
- 평생사회안전망 : 생애주기에 걸쳐 보편적으로 충족되어야 하는 기본욕구와 특정한 사회위험에 의하여 발생하는 특수욕구를 동시에 고려하여 소득·서비스를 보장하는 맞춤형 사회보장제도를 말한다.
- 사회보장 행정데이터 : 국가, 지방자치단체, 공공기관 및 법인이 법령에 따라 생성 또는 취득하여 관리하고 있는 자료 또는 정보로서 사회보장 정책 수행에 필요한 자료 또는 정보를 말한다.

12 ① 사회보장급여의 이용·제공 및 수급권자 발굴에 관한 법률 제3조
② '수급자'란 사회보장급여를 받고 있는 사람을 말한다(동법 제2조 제3호).
③ '수급권자'란 사회보장기본법에 따른 사회보장급여를 제공받을 권리를 가진 사람을 말한다(동법 제2조 제2호).
④ '사회보장급여'란 보장기관이 사회보장기본법에 따라 제공하는 현금, 현물, 서비스 및 그 이용권을 말한다(동법 제2조 제1호).
⑤ 보장기관의 업무담당자가 사회보장급여의 제공을 직권으로 신청할 경우 지원대상자의 동의를 받아야 하며, 동의를 받은 경우에는 지원대상자가 신청한 것으로 본다(동법 제5조 제2항).

13 ② 장애인의 복지를 향상해야 할 국가의 의무가 다른 다양한 국가과제에 대하여 최우선적인 배려를 요청할 수 없을 뿐 아니라, 나아가 헌법의 규범으로부터는 '장애인을 위한 저상버스의 도입'과 같은 구체적인 국가의 행위의무를 도출할 수 없는 것이다. 국가에게 헌법 제34조에 의하여 장애인의 복지를 위하여 노력을 해야 할 의무가 있다는 것은, 장애인도 인간다운 생활을 누릴 수 있는 정의로운 사회질서를 형성해야 할 국가의 일반적인 의무를 뜻하는 것이지, 장애인을 위하여 저상버스를 도입해야 한다는 구체적 내용의 의무가 헌법으로부터 나오는 것은 아니다(헌재 2002헌마52).

14 ① 수급권자는 1종 수급권자와 2종 수급권자로 구분한다(의료급여법 시행령 제3조 제1항).
② 의료급여법의 구법인 의료보호법에서는 보호대상자를 1종 보호대상자, 2종 보호대상자, 의료부조대상자로 구분하여 이들에게 각각 황색, 녹색, 청색의 의료보호수첩을 세대당 1매씩 교부한 바 있으나, 현행 의료급여법에서는 이와 같은 색깔 구분이 더 이상 존재하지 않는다.

④ 보장기관의 수급권자에 대한 사례관리 시행 여부는 "~하여야 한다"의 강제조항이 아닌 "~할 수 있다"의 임의조항에 해당한다(의료급여법 제5조의2 제1항 참조).

⑤ 의료급여의 내용에는 진찰·검사, 약제·치료재료의 지급, 처치·수술과 그 밖의 치료, 예방·재활, 입원, 간호, 이송과 그 밖의 의료목적 달성을 위한 조치 등이 포함된다(동법 제7조 제1항 참조).

15 ④ 대한적십자사 조직법에 따른 대한적십자사, 사회복지공동모금회법에 따른 사회복지공동모금회 등의 사회복지기관·단체와의 연계 지원은 '민간기관·단체와의 연계 등의 지원'에 해당한다(긴급복지지원법 제9조 제1항 제2호 참조).

①·②·③·⑤ 금전 또는 현물 등의 직접지원으로는 생계지원, 의료지원, 주거지원, 사회복지시설 이용 지원, 교육지원, 그 밖의 지원 등이 있다(동법 제9조 제1항 제1호 참조).

16 **활동지원사의 자격(장애인활동 지원에 관한 법률 시행령 제20조 참조)**
- 노인복지법에 따른 요양보호사
- 사회복지사업법에 따른 사회복지사
- 의료법에 따른 간호사
- 의료법에 따른 간호조무사

17 ③ 장해급여는 장해등급에 따라 장해보상연금 또는 장해보상일시금으로 하되, 그 장해등급의 기준은 대통령령으로 정한다(산업재해보상보험법 제57조 제2항).

①·② 휴업급여는 업무상 사유로 부상을 당하거나 질병에 걸린 근로자에게 요양으로 취업하지 못한 기간에 대하여 지급하되, 1일당 지급액은 평균임금의 100분의 70에 상당하는 금액으로 한다. 다만, 취업하지 못한 기간이 3일 이내이면 지급하지 아니한다(동법 제52조).

④ 장해보상연금의 수급권자가 재요양을 받는 경우에도 그 연금의 지급을 정지하지 아니한다(동법 제60조 제1항).

⑤ 산업재해보상보험법상 보험급여의 결정과 지급은 근로복지공단에서 수행한다(동법 제11조 제1항 참조).

18 **상병보상연금표(산업재해보상보험법 제66조 및 별표 4 참조)**
- 중증요양상태등급 제1급 : 평균임금의 329일분
- 중증요양상태등급 제2급 : 평균임금의 291일분
- 중증요양상태등급 제3급 : 평균임금의 257일분

19 고용보험법에 따른 실업급여는 크게 구직급여와 취업촉진 수당으로 구분하며, 이때 취업촉진 수당에는 조기재취업 수당, 직업능력개발 수당, 광역 구직활동비, 이주비 등이 포함된다(고용보험법 제37조 참조). 자영업자인 피보험자의 실업급여의 종류도 이와 같은 고용보험법에 따른 실업급여의 종류에 따르나, 훈련연장급여, 개별연장급여, 특별연장급여 등의 연장급여와 조기재취업 수당은 제외한다(동법 제69조의2 참조).

20 요양급여(국민건강보험법 제41조 제1항)

가입자와 피부양자의 질병, 부상, 출산 등에 대하여 다음의 요양급여를 실시한다.

- 진찰 · 검사
- 약제 · 치료재료의 지급
- 처치 · 수술 및 그 밖의 치료
- 예방 · 재활
- 입 원
- 간 호
- 이 송

21 국민연금법상 지역가입자(국민연금법 제9조 참조)

사업장가입자가 아닌 자로서 18세 이상 60세 미만인 자는 당연히 지역가입자가 된다. 다만, 18세 이상 27세 미만인 자로서 학생이거나 군 복무 등의 이유로 소득이 없는 자(연금보험료를 납부한 사실이 없는 자)는 제외한다.

22 설립허가 취소 등(사회복지사업법 제26조 제1항 참조)

시 · 도지사는 법인이 다음의 어느 하나에 해당할 때에는 기간을 정하여 시정명령을 하거나 설립허가를 취소할 수 있다.

- 거짓이나 그 밖의 부정한 방법으로 설립허가를 받았을 때(반드시 취소)
- 설립허가 조건을 위반하였을 때
- 목적 달성이 불가능하게 되었을 때
- 목적사업 외의 사업을 하였을 때
- 정당한 사유 없이 설립허가를 받은 날부터 6개월 이내에 목적사업을 시작하지 아니하거나 1년 이상 사업실적이 없을 때
- 법인이 운영하는 시설에서 반복적 또는 집단적 성폭력범죄 및 학대관련범죄가 발생한 때
- 법인이 운영하는 시설에서 중대하고 반복적인 회계부정이나 불법행위가 발생한 때
- 법인 설립 후 기본재산을 출연하지 아니한 때(반드시 취소)
- 임원 정수를 위반한 때
- 이사선임에 관한 규정을 위반한 때
- 임원의 해임명령을 이행하지 아니한 때
- 그 밖에 이 법 또는 이 법에 따른 명령이나 정관을 위반하였을 때 등

23 기준 중위소득의 산정(국민기초생활 보장법 제6조의2 제1항)

기준 중위소득은 통계법 제27조(통계의 공표)에 따라 통계청이 공표하는 통계자료의 가구 경상소득(근로소득, 사업소득, 재산소득, 이전소득을 합산한 소득을 말한다)의 중간값에 최근 가구소득 평균 증가율, 가구규모에 따른 소득수준의 차이 등을 반영하여 가구규모별로 산정한다.

24 ② 아동의 건강한 성장을 도모하고, 범국민적으로 아동학대의 예방과 방지에 관한 관심을 높이기 위하여 매년 11월 19일을 아동학대예방의 날로 지정하고, 아동학대예방의 날부터 1주일을 아동학대예방주간으로 한다(아동복지법 제23조 제1항).

① 매년 12월 10일은 '세계인권선언일'이다.

③ 매년 9월 7일은 '사회복지의 날'이다.

④ 매년 6월 15일은 '노인학대예방의 날'이다.

⑤ 매년 5월 11일은 '입양의 날'이다.

25 ② 국공립어린이집 외의 어린이집을 설치·운영하려는 자는 특별자치시장·특별자치도지사·시장·군수·구청장의 인가를 받아야 한다. 인가받은 사항 중 중요 사항을 변경하려는 경우에도 또한 같다(영유아보육법 제13조 제1항).

① 국가나 지방자치단체는 국공립어린이집을 설치·운영하여야 한다(동법 제12조 제1항).

③ 어린이집의 폐쇄명령을 받고 5년이 경과되지 아니한 자는 어린이집을 설치·운영할 수 없다(동법 제16조 참조).

④ 교육부장관은 이 법의 적절한 시행을 위하여 보육실태조사를 3년마다 하여야 한다(동법 제9조).

⑤ 보육에 관한 각종 정책·사업·보육지도 및 어린이집 평가에 관한 사항 등을 심의하기 위하여 교육부에 중앙보육정책위원회를, 특별시·광역시·특별자치시·도·특별자치도 및 시·군·구에 지방보육정책위원회를 둔다. 다만, 지방보육정책위원회는 그 기능을 담당하기에 적합한 다른 위원회가 있고 그 위원회의 위원이 자격을 갖춘 경우에는 시·도 또는 시·군·구의 조례로 정하는 바에 따라 그 위원회가 지방보육정책위원회의 기능을 대신할 수 있다(동법 제6조 참조).

제1과목 | 사회복지기초

1영역							인간행동과 사회환경							
01	02	03	04	05	06	07	08	09	10	11	12	13	14	15
②	④	⑤	④	③	③	⑤	①	③	⑤	③	⑤	③	⑤	①
16	17	18	19	20	21	22	23	24	25					
④	⑤	③	②	③	③	①	②	②	③					

2영역							사회복지조사론							
01	02	03	04	05	06	07	08	09	10	11	12	13	14	15
④	①	④	④	①	②	①	①	⑤	④	③	②	③	②	⑤
16	17	18	19	20	21	22	23	24	25					
①	④	③	⑤	④	④	④	④	④	①					

제1영역　인간행동과 사회환경

01 ② 발달은 상부에서 하부로, 중심부위에서 말초부위로 진행된다.

02 ④ 사회복지실천은 '환경 속의 인간(Person in Environment)'이라는 기본전제 하에 개인과 사회환경을 별개로 구분하지 않은 채 인간과 환경 간의 상호작용에 초점을 둔다.

03 ① 융(Jung)의 분석심리이론에서 특히 중년기의 과제에 해당한다. 융은 중년기 성인들의 과제를 '개성화', 즉 전체성의 회복으로 보았다. 이는 진정한 자기(Self)가 되어 내부세계를 형성하고 자신의 정체성을 확장하는 것을 의미한다.

② 거세불안과 남근선망은 주로 남근기(3~6세)에 나타난다.

③ 원초아(Id)는 쾌락의 원리를 따르는 것으로, 학습되지 않은 힘으로 구성된 단순하고 미발달된 속성과 연관된다.

④ 방어기제는 갈등과 불안에 대처하기 위해 자아(Ego)가 사용하는 심리적 기제에 해당한다.

04 **로저스의 현상학적 이론**
- 현상은 눈에 보이는 것이 아니라 대상에 대한 현재의 의식, 지각, 인식, 판단, 평가 등의 의식이다.
- 현상은 현재 의식, 곧 대상에 부과하는 의미이다.
- 대상에 대한 현재의 의식을 이해해야 행동을 이해할 수 있다.
- 행동을 유발하는 것은 현재의 의식이다.
- 현재의 의식이란 '지금, 여기'에서의 주체가 체험하는 의식이다.
- 의식이 변화하면 행동이 변화한다.

05 ③ 콜버그(Kohlberg)의 도덕성 발달이론은 남성만을 연구대상으로 하였으며, 특히 여성이 남성보다 도덕수준이 낮다는 성차별적 관점을 가지고 있다.
① 콜버그는 도덕성의 단계적 발달과정이 불변적인 순서로 진행되며, 퇴행이란 없다고 주장하였다.
② 콜버그는 도덕적 사고를 지나치게 강조한 반면, 도덕의 원천으로서 이타심이나 사랑 등의 정의적인 측면을 소홀히 다루었다.
④ 콜버그는 단계에서 단계로의 이행을 아동의 자발적인 행동의 결과로 간주함으로써, 도덕성 발달에 영향을 미칠 수 있는 교육이나 사회화의 상황적·환경적 영향력을 간과하였다.
⑤ 콜버그는 상이한 도덕성 발달단계에서는 각기 다른 인지능력이 필요하다고 주장하였다.

06 ③ 고정비율계획은 일정한 수의 반응이 일어난 후 강화를 주는 것으로, 고정간격계획보다 높은 수준의 조작적 반응을 유도한다.

07 **행동주의이론의 특징(인간관)**
- 인간행동은 내적 충동보다 외적 자극에 의해 동기화된다.
- 인간행동은 결과에 따른 보상 혹은 처벌에 의해 유지된다.
- 인간행동은 법칙적으로 결정되고 예측이 가능하며, 통제될 수 있다.
- 인간행동은 환경의 자극에 의해 동기화된다.
- 자아나 인지기능, 내면적인 동기로는 인간의 행동을 설명할 수 없다.
- 개인의 행동발달 유형은 개인의 유전적 배경 및 환경적 조건에 따라 다르게 나타난다.
- 강화된 행동은 자극일반화와 자극변별을 가능하도록 한다.

08 ① 전조작기(2~7세)의 아동은 비가역성(불가역성)을 특징으로 한다. 비가역성은 일련의 논리나 사건을 원래 상태로 역전시킬 수 없다고 생각하는 경향을 말한다. 예를 들어, 납작해진 진흙 공은 다시 본래 모습인 둥근 공 모양의 진흙 공으로 되돌아 갈 수 없다고 생각한다.
② 전조작기의 아동은 전체 상황 중에서 하나의 차원이나 측면(예 길이, 높이 등)에만 주의를 기울이고 다른 차원은 무시하는 중심화 경향(Centration)을 특징으로 한다.
③ 전조작기의 아동은 타인의 관점과 역할을 고려하지 않은 채 자신의 입장에서 세계를 지각하는 자아중심성(자기중심성)을 특징으로 한다.
④ 전조작기의 아동은 사물이나 사건의 개별적 특성만을 고려하여 추리하는 전도추리(Transductive Reasoning)를 특징으로 한다.
⑤ 전조작기의 아동은 수와 종류는 알지만 상위개념(예 공)과 하위개념(예 축구공, 농구공)을 완전히 구분하지 못하는 불완전한 분류능력을 특징으로 한다.

09 ① 평 형

② · ⑤ 도 식

④ 보존개념

10 매슬로우(Maslow)의 욕구(단계)이론과 사회복지실천

- 매슬로우의 인간본성에 대한 긍정적인 관점은 인간을 전체로 다루고 환경과 상호작용하는 존재로 보며, 개인의 경험에 대한 해석과 이해를 존중함으로써 클라이언트 중심의 개입을 가능하게 한다.
- 매슬로우의 욕구단계이론은 사회복지사로 하여금 클라이언트의 욕구를 사정하는 데 유용한 지침이 될 수 있다.
- 매슬로우의 욕구단계이론을 토대로 사회복지사는 우선 클라이언트의 기본적 욕구충족을 도우며, 이후 더 높은 단계의 욕구를 다룰 수 있게 된다.

11 다운증후군의 특징

- 몽고증이라고도 하며, 염색체의 이상으로 생긴다.
- 대부분(약 95%)은 21번째 염색체가 3개(정상은 2개) 있어서 전체가 47개(정상은 46개)로 되어 있는 기형이다.
- 나이가 많은 초산부(35세 이상)에서 흔히 이런 아이가 태어나며 600~700명 중 1명꼴로 있다.

12 ⑤ 가장 심각한 불안정 애착은 혼란 애착에 해당한다. 혼란 애착이 형성된 유아는 어머니가 안정된 존재인지 혼란스러워하며, 회피 애착과 저항 애착을 동시적으로 나타내 보이기도 한다. 특히 이러한 혼란 애착은 유아의 부모가 스트레스나 우울증 등의 상황에 처한 경우 많이 나타나며, 유아는 대인관계에 있어서 적대적이고 사회성이 부족한 양상을 보인다.

13 ③ 일차적 성 특징, 즉 일차성징(Primary Sexual Character)은 성 결정인자에 의해 나타나는 생식선의 차이 혹은 남/녀, 암/수의 구분을 의미한다. 반면 이차적 성 특징, 즉 이차성징(Secondary Sex Character)은 생식기관의 성숙, 신체골격, 피하지방, 음성의 차이 등 사춘기에 이르러 나타나는 성 특징을 말한다.

14 노년기의 심리사회적 변화

- 내향성, 의존성이 증가한다.
- 우울증 경향이 두드러진다.
- 변화를 두려워하는 보수성 · 경직성 경향이 증가한다.
- 친근한 사물에 애착을 가지며, 옛것을 회상한다.
- 성역할에 대한 지각이 변화한다.
- 시간에 대한 전망이 변화한다.
- 유산을 남기려는 경향이 증가한다.
- 조부모로서의 새로운 역할을 부여받는다.

15 ① 성역할에 대한 정체감이 확고해짐으로써 성적 사회화(Sexual Socialization)가 이루어지는 시
기는 청년기(대략 19~29세)에 해당한다. 성적 사회화는 특정 성에 따른 사회의 역할 기대를 내
면화하는 과정을 의미한다.

16 주의력 결핍 및 과잉행동장애(ADHD)의 주요 특징
- 주의력 결핍 또는 부주의 : ADHD를 가진 아동은 과제를 수행하거나 놀이를 할 때 주의를 지속
시키지 못한다.
- 과잉행동 : 과잉행동은 행동을 조절하거나 억제력이 부족하다는 점에서 충동성과 공통점을 가진다.
- 충동성 : ADHD를 가진 아동은 행동에 앞서 보고, 듣고, 생각하지 못한다. 이러한 충동성은 과
잉행동보다 오래 지속되는 경향이 있다.

17 ⑤ 인간행동의 객관성과 보편성을 강조하는 것은 자연과학적 심리이론의 특징에 해당한다. 아들러
(Adler)의 개인심리이론은 성격형성에 있어서 자유와 선택을 강조함으로써 개인이 스스로 자신
의 삶을 만들어 나가며, 생(生)의 의미로서 목표를 설정하고 이를 달성하기 위해 노력한다는 점
을 강조한다. 따라서 개인이 유전과 경험을 토대로 '창조적 자기(Creative Self)'를 형성하며,
자신의 고유한 '생활양식(Style of Life)'을 형성한다고 주장한다.

18 파블로프의 조건반사설의 학습원리
- 시간의 원리 : 조건자극은 무조건자극과 시간적으로 동시에 혹은 그에 조금 앞서서 주어져야 한다.
- 강도의 원리 : 무조건자극은 조건자극보다 그 강도가 강하거나 동일하여야 한다. 즉, 나중의 자
극이 먼저 자극보다 강하거나 동일하여야 조건반사가 성립한다.
- 일관성 원리 : 조건자극은 일관된 자극물이어야 한다.
- 계속성의 원리 : 자극과 반응의 결합관계의 반복되는 횟수가 많을수록 조건화가 잘 성립한다(시
행착오설의 연습의 법칙, 빈도의 법칙과 유사).

19 ② 프리맥의 원리(Premack's Principle)란 빈도가 높은 행동이 빈도가 낮은 행동에 대해서 강화력
을 가지는 원리를 말한다.

20 ③ 체계로서의 지역공동체가 추구하는 최상의 목표는 지역공동체 구성원들의 삶의 질을 향상시키
는 것이다.

21 에릭슨(Erikson) 심리사회이론에 의한 성격발달단계
- 유아기(0~18개월) : 기본적 신뢰감 대 불신감
- 초기아동기(18개월~3세) : 자율성 대 수치심·회의
- 학령전기(3~5세) : 주도성 대 죄의식
- 학령기(5~12세) : 근면성 대 열등감
- 청소년기(12~20세) : 자아정체감 대 정체감 혼란
- 성인초기(20~24세) : 친밀감 대 고립감
- 성인기(24~65세) : 생산성 대 침체
- 노년기(65세 이후) : 자아통합 대 절망

22 사랑의 3가지 요소(Sternberg)
- 친밀감(Intimacy) : 사랑의 정서적 요소
- 열정(Passion) : 사랑의 동기유발 요소
- 전념 또는 헌신(Commitment) : 사랑의 인지적 요소

23 ② 현대사회처럼 급변하는 사회는 사람들의 이동이 빈번하여 동질성이 감소하고 새로운 지역공동체 의식을 발전하는 데 장애가 많다.

24 ㄴ. 성장집단, ㄹ. 지지집단

25 ③ 동화(Assimilation)는 고유문화(원문화)의 정체감 및 특성을 유지하지 않은 채 새로 접한 문화에 녹아들어가는 현상으로서, 주류문화에 지속적으로 다가가 흡수되려는 경향을 말한다.

문화변용의 양상(Berry)

차 원		고유문화(원문화)의 정체감 및 특성 유지	
		네	아니오
주류문화의 유입 및 관계 유지	네	통합(Integration)	동화(Assimilation)
	아니오	분리(Separation)	주변화(Marginalization)

제2영역 사회복지조사론

01 ④ 관찰 신뢰도는 관찰자의 역량과 밀접한 관련이 있다. 각각의 관찰자가 지각하는 현상 자체의 강도 및 질적 양상에서 차이가 발생할 수 있으며, 관찰자들이 사실을 인식하는 데 있어서 준거틀의 차이에 의해 오류가 발생할 수도 있다.

02 사회복지조사의 윤리성 문제
- 조사대상자의 사생활을 보호하고 익명성을 보장해야 한다.
- 조사대상자에게 조사의 목적 및 내용을 알려주어야 한다.
- 조사대상자의 자발적인 참여와 동의를 이끌어내야 한다.
- 조사대상자에게 직 · 간접적인 피해를 주지 않도록 해야 한다.
- 조사대상자를 속이거나 특정 답변을 유도해서는 안 된다.
- 조사연구에 있어서 인간을 수단으로 이용해서는 안 된다.
- 동료조사자들에 대한 정보 개방을 통해 조사의 효율성을 기해야 한다.

03 ④ 연역법과 귀납법은 상호보완적인 관계를 형성한다.

04 ④ 해석주의(Interpretivism)는 객관적·역사적 사실 자체를 맹목적으로 보편화하려는 실증주의의 역사관을 거부한 채 역사의 문제를 개인의 다양한 경험에 대한 해석 및 이해와 함께 사회의 복잡한 규범들 속에서 해석하고자 한다. 이러한 해석주의는 모든 개별적 삶의 현상들을 꿰뚫는 일정한 형식으로서의 역사적 보편성에 관심을 기울이나, 방법적 차원에서 보편적으로 적용할 수 있는 분석도구가 존재하지 않는다고 주장함으로써 상대주의적인 양상을 보인다.

05 명제(Proposition)
- 실세계에 대한 하나의 진술을 말하는 것으로서, 경험적 근거가 확인된 가설이라고 할 수 있다.
- 항상 두 개 또는 두 개 이상의 개념을 포함하는 것으로서, 개념 간의 관계에 의해서 실세계를 나타낼 수 있어야 한다.
- 옳고 그름을 판단할 수 있도록 해주어야 하며, 관찰 가능한 현상에 속하고 있는 것이 무엇인지를 알려줄 수 있어야 한다.
- 몇 개의 명제가 묶어져 있는 것이 바로 '이론(Theory)'이다.

06 가설의 작성
- 가설(Hypothesis)은 2개 이상의 변수나 현상 간의 특별한 관계를 검증할 수 있는 형태로 서술하여 이들의 관계를 예측하려는 진술이나 문장이다.
- 가설은 이론적인 근거를 토대로 해야 하며, 경험적으로 검증할 수 있어야 한다.
- 가설은 구체적이어야 하고 현상과 관련성을 가져야 한다.
- 가설은 간단명료하며 계량화할 수 있어야 한다.
- 가설은 조건문 형태의 복문으로 나타낸다.
- 가설은 광범위한 범위에 적용할 수 있어야 한다.

07 ㄹ. 외생변수(Extraneous Variable)는 두 개의 변수 간에 상관관계가 있는 것처럼 보이지만 실제로는 가식적인 관계에 불과한 경우 그와 같은 가식적인 관계를 만드는 제3의 변수를 말한다. 인과관계가 성립되기 위해서는 원인으로 작용하는 독립변수가 종속변수의 결과를 일으키는 반면, 종속변수의 결과는 독립변수 이외에는 일어나지 않아야 한다. 즉, 순수한 인과관계를 밝히기 위해서는 종속변수에 영향을 미칠 수 있는 외생변수의 영향이 제거된 상태에서 검증이 이루어져야 한다.
ㄱ. 매개변수(Intervening Variable)는 독립변수의 영향을 종속변수에 전달하는 역할을 하는 것으로서, 독립변수에 의해 종속변수를 전부 설명하지 못하거나 일부를 설명할 수 없을 경우 이를 설명이 되도록 해주는 변수이다.
ㄴ. 조절변수(Moderating Variable)는 독립변수와 종속변수 사이의 관계를 체계적으로 변화시키는 일종의 독립변수로서, 종속변수에 영향을 미치는 독립변수의 인과관계를 조절할 수 있는 또 다른 독립변인에 해당한다.
ㄷ. 통제변수(Control Variable)는 독립변수와 종속변수 간의 허위적 관계를 밝히는 데 활용되는 것으로서, 독립변수가 종속변수에 미치는 영향의 정도를 보다 정확하게 알기 위해 통제되는 변수이다.

08 ① 성숙요인(성장요인)은 시간의 흐름에 따라 발생하는 조사대상 집단의 신체적·심리적 특성의 변화 또는 실험이 진행되는 기간으로 인해 실험집단이 성숙하게 되어 독립변수의 순수한 영향 이외의 변화가 종속변수에 미치게 되는 경우를 말한다.

② 역사요인(우연한 사건)은 조사기간 중에 연구자의 의도와는 상관없이 일어난 통제 불가능한 사건으로서, 결과변수에 영향을 미칠 수 있는 사건을 의미한다.

③ 상실요인(실험대상의 탈락)은 정책집행 기간 중에 관찰대상 집단 일부의 탈락 또는 상실로 인해 남아있는 대상이 처음의 관찰대상 집단과 다른 특성을 갖게 되는 현상이다.

④ 검사요인(테스트 효과)은 프로그램의 실시 전과 실시 후에 유사한 검사를 반복하는 경우 프로그램 참여자들의 시험에 대한 친숙도가 높아져서 측정값에 영향을 미치는 현상이다.

⑤ 도구요인은 프로그램 집행 전과 집행 후에 측정자의 측정기준이 달라지거나, 측정수단이 변화함에 따라 정책효과가 왜곡되는 현상이다.

09 ⑤ 폐쇄형 질문의 응답 범주는 총망라적이어야 한다. 그럼에도 불구하고 보기에서는 사회복지사 1급 국가시험의 영역 일부가 누락되어 있다.

10 ④ 연구 목적이 연구 문제와 반드시 일치하는 것은 아니다. 연구 목적은 연구의 계기와 결과를 둘러싼 함의에 초점이 맞추어진 반면, 연구 문제는 보다 직접적으로 연구의 관심이나 의문의 대상을 제시하는 것이다.

11 ① 영가설은 '귀무가설'이라고도 한다. 이러한 귀무가설에 대립되는 가설은 '대립가설'이다.

② 연구자가 연구를 통해 입증되기를 기대하는 예상이나 주장하는 내용은 '대립가설'에 해당한다. 연구가설을 '대립가설'이라고도 하는데, 이는 영가설에 대립되는 가설이라는 의미이다.

④ 가설검증을 할 때는 연구가설을 직접증명하기보다는 그것과 반대되는 의미를 가진 영가설(귀무가설)을 설정한 후 그것이 기각될 때 연구가설을 채택하게 된다.

⑤ 두 개 모집단의 평균을 각각 'μ_1'와 'μ_2'로 표기할 때, 개입의 효과를 평가하는 연구에서 영가설은 '$\mu_1=\mu_2$', 대립가설은 '$\mu_1 \neq \mu_2$'로 나타낼 수 있다.

12 **면접 설문조사(면접법)의 단점**
- 비용과 시간이 많이 소요된다.
- 응답자에 대한 편의가 제한적이다.
- 응답자가 기록한 사실에 대해 확인할 시간을 줄 수 없다.
- 응답자의 익명성이 결여되어 정확한 내용을 도출하기 어렵다.
- 면접자와 응답자 사이에 친숙한 분위기가 형성되지 않거나 상호 이해가 부족한 경우에 조사 외적인 요인들로부터 오류가 개입될 가능성이 있다.

13 ③ 리커트척도(Likert Scale)는 주로 인간의 태도를 측정하는 태도척도로서, 서열적 수준의 변수를 측정하는 일종의 서열척도이다. 일단의 태도문항들로 구성되어 있으며, 이들 제 문항은 거의 동일한 태도가치를 가진다고 인정된다.

① · ④ 누적척도(Cumulative Scale)는 측정하려는 개념에 대한 일정한 강도를 가진 문항들이 논리적으로 배열되어 있으므로, 이들 문항들 간의 체계적인 서열화가 가능한 척도를 말한다. 대표적인 누적척도로 보가더스의 사회적 거리척도(Bogardus Social Distance Scale)와 거트만척도(Guttman Scale)를 예로 들 수 있다.

② 의미분화척도(Semantic Differential Scale)는 어떤 대상이 개인에게 주는 의미를 측정하는 방법으로서, 하나의 개념을 주고 응답자로 하여금 여러 가지 의미의 차원에서 이 개념을 평가하도록 한다. 특히 척도의 양 극점에 서로 상반되는 형용사나 표현을 제시하여 정도의 차이에 의한 일련의 형용사 쌍을 만들며, 이에 응답자의 주관적인 판단이나 느낌을 반영하도록 한다.

⑤ 서스톤척도(Thurstone Scale)는 등간-비율척도의 일종으로서, 리커트척도를 구성하는 문항들의 간격이 동일하지 않다는 문제점을 보완하기 위해 중요성이 있는 항목에 가중치를 부여한 것이다. 이와 같은 서스톤척도는 일단의 평가자들에 의해 많은 질문문항들 가운데 측정 변수와 보다 직접적으로 연관된 문항들이 선정됨으로써 문항의 선정이 비교적 정확하다는 장점이 있다. 그러나 평가를 위한 문항의 수가 많고 동원되는 평가자들이 다수이므로 척도 구성에 있어서 많은 시간과 노력이 소요되는 단점도 있다.

14 **계통표집 또는 체계적 표집(Systematic Sampling)**
- 무작위적인 방법을 통해 표본을 추출하는 확률표집방법 중 하나로, 모집단 목록에서 구성요소에 대해 일정한 순서에 따라 매 K번째 요소를 추출하는 방법이다.
- 계통표집에서 표집간격(K)은 모집단 요소의 수를 표본의 크기로 나누는 것으로서, 이는 다음의 공식으로 나타낼 수 있다.

$$K = \frac{N}{n} \text{(단, } K\text{는 표집간격, } N\text{은 모집단 수, } n\text{은 표본수)}$$

- 우선 문제에서 표집이 7번, 11번, 15번, … 등의 순서로 이루어지므로 표집간격(K)은 '4'이다. 이를 위의 공식에 대입하는 경우, 표본수(n)는 다음과 같다.

$$4 = \frac{1,000}{n} \qquad \therefore \text{표본수}(n)\text{는 '250'이다.}$$

15 ① 양적 조사는 물론 질적 조사도 평가연구에 활용될 수 있다.
② 실험설계의 유형 중 유사실험설계(준실험설계)에 포함되는 시계열설계는 양적 조사로써 평가연구에 활용될 수 있다.
③ 추이조사 또는 경향연구(Trend Study)는 대표적인 종단연구 방식으로서, 동일한 표본을 대상으로 하지 않으면서 시간에 따른 변화를 조사한다.
④ 패널조사(Panel Study)에 대한 설명에 해당한다.

16 **설명적 조사**

- 기술적 조사연구 결과의 축적을 토대로 어떤 사실과의 관계를 파악하여 인과관계를 규명하거나 미래를 예측하는 조사이다.
- '왜(Why)'에 대한 대답을 제공하는 조사이다.
- 현상에 대한 단순한 기술이 아닌 인과론적 설명을 전개한다는 점에서 기술적 조사와 다르다.
- 사회적 문제의 발생 원인을 밝히고, 이를 해결하기 위한 정책대안을 마련하기 위해 널리 활용된다.
- 인과관계의 규명을 위해 실험설계 등의 방법을 실시한다.

17 ④ 표집틀(Sampling Frame)은 표본추출 시 필요한 모집단의 구성요소와 표본추출 단계별로 표본 추출단위가 수록된 목록을 말한다. 즉, 표집틀은 모집단이 수록된 목록으로서, 보기의 내용에 서는 건강관리 프로그램 이용자 명부가 해당한다.

18 ③ 요인설계는 독립변수가 복수인 경우 적용하며, 실험집단에 둘 이상의 프로그램을 실시하게 된다. 실험집단과 통제집단을 설정한 후 개별 독립변수와 종속변수, 복수의 독립변수와 종속변수의 인과관계를 검증함으로써, 둘 이상의 독립변수가 상호작용에 의해 종속변수에 미치는 영향을 파악할 수 있다. 실험결과의 외적 타당도는 높으나, 독립변수가 많은 경우 시간과 비용이 많이 소요되는 단점이 있다.

19 ① 신뢰도에 대한 설명이다.
② · ③ 내용타당도에 해당한다.
④ 수렴타당도에 해당한다.

20 ① 내적 일관성 분석법은 단일의 신뢰도 계수를 계산할 수 없는 반분법의 단점을 고려하여, 가능한 한 모든 반분신뢰도를 구한 다음 그 평균값을 신뢰도로 추정하는 방법이다.
② 반분법은 측정도구를 임의대로 반으로 나누고 그 각각을 독립된 척도로 간주하여 이들의 측정 결과를 서로 비교하는 방법이다.
③ 대안법은 유사한 형태의 둘 이상의 측정도구를 사용하여 동일한 표본에 적용한 결과를 서로 비교하여 신뢰도를 측정하는 방법이다.
⑤ 관찰자 신뢰도는 관찰의 안정성을 기초로 한 측정방법으로서, '관찰자 내 신뢰도'와 '관찰자 간 신뢰도'로 구분된다.

21 호손 효과(Hawthrone Effect)와 조사반응성(Research Reactivity)
- 인간관계이론의 창시자인 메이요(Mayo)가 호손(Hawthorne) 공장에서 수행한 일련의 실험에서 비롯된 것으로서, 실험이나 연구에 참여하는 사람들이 연구의 대상으로 정해져서 특별한 취급을 받는다는 느낌을 가지게 될 때 좀 더 긍정적인 방향으로 행동하려는 양상을 보인다는 것이다.
- 외적 타당도의 저해요인 중 하나인 '조사반응성(Research Reactivity)'과 밀접하게 연관된 것으로서, 실험집단의 구성원들이 통제집단에 비해 관심을 받고 있다는 사실을 인식함으로써 평소와는 다른 반응을 보이게 된다.
- 이와 같은 호손 효과 혹은 조사반응성을 없애기 위해서는 피험자에게 실험의 대상이 되어 있다는 사실을 알리지 않거나, 실험 기간을 장기화함으로써 피험자로 인식되고 있다는 사실에 둔감해지도록 하는 방법이 있다. 또한 실험집단과 유사하지만 특별한 처치를 받지 않은 비처치 통제집단을 추가하는 방법도 호손 효과에 의한 외적 타당도의 저해를 방지할 수 있다.

22 ④ 비확률표집방법은 조사자나 면접자의 주관적인 판단에 의하여 모집단에서 표본의 구성원들을 추출하는 것을 말한다. 모집단 구성원이 표본에 포함될 확률을 사전에 알 수 없기 때문에 표본이 모집단을 어떻게 대표하는지 알 수 없으며, 따라서 표본오차도 평가할 수 없다.

23 ④ 내용분석법은 현재적인 내용뿐만 아니라 문맥에 숨어 있는 잠재적인 내용도 분석에 포함된다.

24 ④ 구조화 면접은 일관성 있게 면접이 수행되므로 응답 결과의 신뢰도가 높은 반면, 비구조화 면접은 응답자의 특성 및 상황에 부합하는 면접이 수행되므로 응답 결과의 타당도가 높다.

25 ② 서론에는 조사의 목적 및 방법, 연구의 필요성 및 문제제기 이유를 첨부한다.
③ 본문에는 가급적 필요한 내용만 선별하여 기록한다.
④ 결론에는 연구합의에 관한 내용을 기록한다.
⑤ 통계자료 분석의 결과는 가능한 한 숫자나 도표를 사용한다.

1영역		사회복지실천론												
01	02	03	04	05	06	07	08	09	10	11	12	13	14	15
⑤	③	①	①	④	①	③	①	⑤	⑤	④	④	②	⑤	④
16	17	18	19	20	21	22	23	24	25					
②	①	④	③	①	④	④	⑤	④	②					

2영역		사회복지실천기술론												
01	02	03	04	05	06	07	08	09	10	11	12	13	14	15
④	①	①	②	⑤	④	②	⑤	④	①	⑤	⑤	④	①	③
16	17	18	19	20	21	22	23	24	25					
④	①	②	②	②	⑤	⑤	③	①	⑤					

3영역		지역사회복지론												
01	02	03	04	05	06	07	08	09	10	11	12	13	14	15
③	①	④	①	②	①	⑤	①	①	①	①	⑤	①	②	③
16	17	18	19	20	21	22	23	24	25					
⑤	⑤	④	②	①	③	⑤	②	④	①					

제1영역 사회복지실천론

01 사회복지실천의 6가지 기능[전미사회복지사협회(NASW), 1981]
- 첫째, 사람들의 역량을 확대하고 문제해결능력 및 대처능력을 향상하도록 돕는다.
- 둘째, 사람들이 자원을 획득하도록 원조한다.
- 셋째, 조직이 개인의 요구에 부응하도록 돕는다.
- 넷째, 개인과 환경 내의 다른 사람 및 조직과의 상호관계를 촉진시킨다.
- 다섯째, 조직 및 제도 간의 상호관계에 영향력을 행사한다.
- 여섯째, 사회정책과 환경정책에 영향을 미친다.

02 ③ 바람직한 것, 좋은 것에 관한 가정은 가치에 해당한다.
가치와 윤리
- 가치 : 신념이자 선호이며, 바람직한 것 혹은 좋은 것에 관한 가정이다.
- 윤리 : 어떤 행동의 옳고 그름에 대한 판단이자, 선악의 속성이나 도덕적 의무를 결정하는 일련의 지침이다.

03 사회복지 전문직의 가치(Levy)

사람 우선 가치	전문직 수행의 대상인 사람 자체에 대해 전문직이 갖추고 있어야 할 기본적인 가치이다. 예 인간존엄성 존중, 개별성 인정 등
결과 우선 가치	개인이 성장할 기회를 제공하고, 욕구를 충족시킬 수 있는 서비스를 제공하는 것에 역점을 두는 가치이다. 예 개인의 기본적 욕구 충족, 교육이나 주택문제 등의 사회문제 제거 등
수단 우선 가치	서비스를 수행하는 방법 및 수단과 도구에 대한 가치이다. 예 클라이언트의 자기결정권 존중, 비심판적인 태도 등

04 전 이
클라이언트가 치료과정에서 자신이 유년기에 갈등을 겪었던 대상과의 경험을 치료자에게 옮겨서 재경험하는 것이다.

05 기능주의
- 성격에 있어서 조직하는 힘으로서의 의지
- 개인이 자신을 타인과 구별하려는 욕구의 표명으로서 반대의지
- 치료적 전개의 근원으로서 현재 감정
- 타인 또는 치료자로부터 분리의 중요성
- 인간의 타고난 창조력
- 클라이언트 중심
- 기관의 기능활용 강조
- 성장의 심리학 및 원조 강조

06 ㄹ. '전문성 개발을 위한 노력'에 해당한다.
사회복지사의 전문가로서의 자세
- 사회복지사는 전문가로서의 품위와 자질을 유지하고, 자신이 맡고 있는 업무에 대해 책임을 진다.
- 사회복지사는 클라이언트의 종교·인종·성·연령·국적·결혼상태·성 취향·경제적 지위·정치적 신념·정신, 신체적 장애·기타 개인적 선호, 특징, 조건, 지위를 이유로 차별 대우를 하지 않는다.
- 사회복지사는 전문가로서 성실하고 공정하게 업무를 수행하며, 이 과정에서 어떠한 부당한 압력에도 타협하지 않는다.

07
① 밀착된 가족 : 가족 간 상호작용이 너무 지나쳐 서로에 대한 간섭이 심하고 개개 구성원이 독립적이지 못하다.
② 대칭적 관계 : 한 사람의 행동이 상대방에게 영향을 주고 다시 그 행동의 영향을 받아 서로 계속 상호작용 하는 것을 의미한다.
④ 부모화 : 자녀가 가족 내에서 자녀로서 수행해야 할 역할이 아니라 부모나 배우자의 역할을 대신 수행하는 것을 말한다.
⑤ 삼각관계 : 상호관계에서 압력, 무력감 또는 실망을 경험한 사람이 제3자를 끌어들여 동료 혹은 상대방을 질타하는 사람으로 행동하도록 유도하는 것을 말한다.

08 ㄱ. 한국사회사업학회 창설 : 1957년

ㄴ. 한국사회사업가협회 창설 : 1967년

ㄹ. 사회복지전문요원 배치 : 1987년

ㄷ. 정신보건사회복지사 자격시험 도입 : 1997년

ㅁ. 사회복지사 1급 국가시험 실시 : 2003년

09 ⑤ 스핀햄랜드법(1795년)은 빈민의 노동에 대한 임금을 보충해주기 위한 제도로서, 최저생활기준에 미달되는 임금의 부족분을 구빈세로 보조하였다. 이는 오늘날 가족수당이나 최저생활보장의 기반이 되었다.

10 ⑤ 고지된 동의는 사회복지사가 제공할 서비스와 관련된 목적 및 내용, 위험성, 한계, 감수해야 할 사항, 대안, 거부할 수 있는 권리, 시간 설정 등에 대해 클라이언트에게 명확히 알리는 것을 말한다. 클라이언트에 대한 원조 초기 단계에서부터 전 과정을 통해 이루어지는 지속적인 절차로서, 기록, 녹음, 녹화 등 과정상의 구체적 절차에 대해서도 행해져야 한다.

11 ④ 사회복지관은 제한된 자원, 최소의 노력과 비용으로 목표를 달성함으로써 클라이언트를 위해 보다 많은 서비스를 기획 · 제공할 수 있다. 그러나 이것은 사회적 요구와 기관의 요구 사이의 불일치, 경제적 효과성 중심의 프로그램 평가, 자원배분의 형평성 등 행정적인 측면에서 윤리적인 문제와 연관된다.

12 **면접의 특성**
- 전후관계나 장을 가진다.
- 목적지향적이다.
- 계약적 · 한정적이다.
- 특수한 역할관계를 수반한다.

13 ② 공감(Empathy)은 상담자로서 사회복지사의 바람직한 태도 중 하나이며, 사회복지사가 클라이언트의 경험 또는 클라이언트의 사적인 세계를 민감하고 정확하게 이해하려는 노력을 말한다. 일반적으로 클라이언트와의 면접은 주로 정서적인 면과 연관되므로, 사회복지사 또한 클라이언트의 감정에 대한 호응을 위해 정서적으로 관여한다. 이것은 전문적 관계형성의 기본요소 중 통제된 정서적 관여에 해당하는 것으로서, 사회복지사는 완전한 관여가 아닌 통제된 관여로써 임해야 하며, 전문적인 판단에 따라 문제에 관여해야 한다.

14 ⑤ 면접 시 사회복지사가 면접의 내용을 상세히 기록하고자 자주 시선을 돌리는 경우 클라이언트의 불안감을 유발할 수 있다. 따라서 가급적 중요한 내용이나 잊어버리기 쉬운 숫자 등을 기록하며, 면접이 끝난 후 정리하도록 한다.

15 ④ 목표는 작더라도 성취 가능한 것이 유용하다.

16 ② 클라이언트의 가족, 이웃, 친구, 친척, 학교 등 다양하고 구체적인 정보들은 탐색 및 자료수집의 과정에서 입수하는 정보들이다.

17 사례관리 과정 중 점검(Monitoring) 단계
- 클라이언트의 욕구에 부합하는 서비스가 제대로 원활히 이루어지고 있는지 사례관리자가 실행하는 활동적이고 유동적인 과정이다.
- 서비스 지원계획에 따른 목표의 성취도 또는 개입의 진행 정도, 사회적인 지지 정도, 클라이언트의 욕구 변화 유무 및 서비스 계획 변경의 필요성 파악 등을 총체적으로 검토한다.
- 이러한 과정을 통해 개입계획 또는 문제해결전략을 수정하기도 한다.

18 ④ 중재자는 관련된 사람들 사이의 분쟁에 개입하여 타협점을 찾고 서로의 차이를 화해시킴으로써 상호 만족의 상태에 이르도록 하는 역할에 해당한다.

19 ㄱ. 체계와 연결하는 역할, ㄷ. 체계 개발 역할

20 ② 표적체계 : C군과 C군의 친구들
③ 클라이언트체계 : 어머니 B씨
④ 변화매개체계 : 사회복지사 A씨와 그가 속한 기관
⑤ 행동체계 : 학교사회복지사

21 ④ 생태체계적 관점은 개인의 생활상의 문제를 단순히 개인적 부적응이나 역기능으로 파악하는 것이 아닌, 그 개인을 둘러싼 환경과 생활공간 내에서 이해해야 한다고 본다.

22 ㄱ·ㄴ·ㄷ. 개방형 질문에 해당한다.

23 라포(Rapport) 형성을 위한 사회복지사의 노력
- 감정이입 : 클라이언트가 두려움 없이 사회복지사를 신뢰하고 좋은 관계를 유지하도록 사회복지사가 클라이언트의 기분과 경험 등을 이해할 수 있어야 한다.
- 진실성 : 사회복지사는 방어적이지 않으며 일관되고 솔직하게 자신을 드러내야 한다.
- 온정 : 클라이언트가 안정감을 느끼며, 수용되고 이해되고 있음을 알 수 있도록 유도해야 한다.
- 인정 : 클라이언트의 외양이나 행동, 처한 환경 등과 무관하게 가치 있는 존엄한 존재로 대해야 한다.

24 ① 임상적 사정은 사회복지실천의 의료모델과 결부된 것이다. 의료모델은 병리지향적이고 문제에 대한 책임을 개인이 지는 것으로 보므로, 대부분의 사회복지사들은 이와 같은 사정을 받아들이기 어렵다고 본다.
② 심리사회적 사정은 원인론적, 역동적 및 임상적 사정을 통합할 수 있는 광범위한 사정이다. 사회복지사는 클라이언트에게 영향을 미치고 스트레스를 유발하는 심리사회적 요인에 주목한다. 특히 이와 같은 사정은 클라이언트 상황의 강점과 약점을 모두 이해하는 데 주안점을 둔다.
③ 역동적 사정은 클라이언트의 과거와 현재의 여러 가지 힘의 상호작용을 인식하고, 그것들이 클라이언트에 있어서 현존하는 문제에 어떻게 영향을 미치는가를 규명한다.
⑤ 잠정적 사정은 정보의 부족함에 대한 인식에서 비롯되는 것으로서, 클라이언트가 직면하는 상황에 대한 보다 많은 이해를 할 수 있는 정보를 확보하기 위한 과정이다.

25 ② 명령조의 어투나 비난하는 말투는 오히려 사회복지사와 클라이언트 사이의 관계형성에 부정적인 영향을 미침으로써 올바른 사정을 저해한다. 따라서 사회복지사는 클라이언트에게 문제를 해결하기 위해 어떠한 노력을 해왔으며, 그와 같은 노력이 효과가 있었는지 구체적으로 질문하는 것이 바람직하다.

제2영역 사회복지실천기술론

01 비합리적 신념의 예(Ellis)
- 인간은 주위의 모든 중요한 사람들에게서 항상 사랑과 인정을 받아야만 한다.
- 인간은 모든 면에서 반드시 유능하고 성취적이어야 한다.
- 어떤 사람은 악하고 나쁘며 야비하다. 따라서 그와 같은 행위에 대해서는 반드시 준엄한 저주와 처벌이 내려져야 한다.
- 일이 내가 바라는 대로 되지 않는 것은 끔찍스러운 파멸이다.
- 인간의 불행은 외부 환경 때문이며, 인간의 힘으로는 그것을 통제할 수 없다.
- 위험하거나 두려운 일이 일어날 가능성은 상존하므로, 그것이 실제로 일어날 가능성에 대해 항상 유념해야 한다.
- 인생에 있어서 어떤 난관이나 책임을 직면하는 것보다 회피하는 것이 더욱 쉬운 일이다.
- 인간은 타인에게 의지해야 하며, 자신이 의지할만한 더욱 강력한 누군가가 있어야 한다.
- 인간의 현재 행동과 운명은 과거의 경험이나 사건에 의해 결정되며, 인간은 과거의 영향에서 결코 벗어날 수 없다.
- 인간은 다른 사람의 문제나 곤란에 대해 항상 신경을 써야 한다.
- 인간의 문제에는 항상 정확하고 완전한 해결책이 있으므로, 이를 찾지 못하는 것은 매우 유감스러운 일이다.

02 ① 과제중심모델에서 클라이언트와의 관계는 보호가 아닌 협조적인 노력으로 이루어진다. 특히 치료전략에서 더욱 효과적인 개입을 고안하기 위해, 클라이언트의 문제해결능력을 발달시키기 위해 클라이언트를 광범위하게 참여시킨다.

03 ① 직면은 클라이언트의 말과 행동 사이의 불일치를 직접적으로 지적하는 것이다. 이 기술은 클라이언트의 강한 감정적 반응을 불러올 수 있으므로 신중히 사용해야 하지만 적절한 시기의 직면은 클라이언트가 스스로의 잘못에 대한 회피 성향을 반성할 수 있도록 해준다.

04 ② 유도질문은 상담면접 시 피해야 할 질문으로서 클라이언트에게 특정한 방향의 응답을 하도록 이끄는 질문이다. 클라이언트는 사회복지사의 유도질문에 당황스러워하거나 또 다른 거짓말을 할 수도 있다.

05 ⑤ 집단지도자는 집단성원들 간의 이해를 증진시키고, 개방적 의사소통을 통해 상호신뢰관계를 형성하도록 집단과정을 촉진시켜야 한다. 집단과정의 촉진은 집단지도자가 집단성원들 간의 유대감을 강화하는 방향으로 전개되며, 이는 직접적인 개입에 앞서 이루어진다.

06 위기개입의 목표(Rapoport)
- 첫째, 위기로 인한 증상을 제거한다.
- 둘째, 위기 이전의 기능 수준으로 회복한다.
- 셋째, 불균형 상태를 야기한 촉발사건에 대해 이해한다.
- 넷째, 클라이언트나 가족이 사용하거나 지역사회 자원에서 이용할 수 있는 치료기제에 대해 규명한다.
- 다섯째, 현재의 스트레스를 과거의 경험 · 갈등과 연결한다.
- 여섯째, 새로운 인식, 사고, 정서 양식을 개발하고, 위기상황 이후에도 사용할 수 있는 새로운 적응적 대처기제를 개발한다.

07 비밀보장의 원칙
전문직업적 관계에서 나타나게 되는 클라이언트의 정보에 대한 비밀을 보호하는 것으로 사회복지사의 윤리적 의무이며 절대적인 것은 아니다.

08 ⑤ 구조적 가족치료모델은 가족의 구조를 변화시킴으로써 체계 내 개인의 경험이 변화되어 구조를 평가하고 새로운 구조로 변화시키는 전략을 사용한다. 특히 경직된 경계선에서의 분리와 혼돈된 경계선에서의 밀착이 모두 가족의 문제를 유발할 수 있다고 보고, 가족성원들 간의 상호지지 및 독립과 자율이 허용되는 명확한 경계선을 강조한다. 명확한 경계선은 개인체계뿐만 아니라 하위체계 간의 경계가 명백하여, '부모−자녀' 체계에서 부모는 자녀에게 권위를 지켜야 하고 부부 중 어느 한 쪽이 자녀와 배우자보다 더 친하지 말아야 함을 강조한다.

09 ㄱ · ㄴ · ㄷ. 가족수준의 미시적 차원에 기반한 개입과제가 아닌 지역사회를 중심으로 한 중간적 차원 혹은 국가나 사회 전체를 대상으로 한 거시적 차원의 개입과제에 해당한다.

10 ① 일반적으로 자조집단이나 교육집단의 경우 개방적으로 운영하는 반면, 치료가 주목적인 치료집단 중 알코올 중독자 치료집단이나 약물 중독자 치료집단과 같은 치유집단은 폐쇄집단으로 운영하는 것이 바람직하다.

11 ⑤ 과업의 달성, 성과물의 산출, 명령이나 지시의 수행 등을 목적으로 하는 것은 과업집단(Task Group)에 해당한다.

12 역설적 지시(Paradoxical Directives) 또는 증상처방(Prescribing The Symptom)
- 전략적 가족치료모델의 주요 기술로서, 문제행동을 계속하도록 지시하여 역설적 치료 상황을 조장하는 것이다.
- 클라이언트가 자기 자신이나 가족의 변화를 위해 도움을 청하면서도 동시에 변화에 저항하려는 양가감정을 가지고 있음을 역으로 이용한 것으로, '치료의 이중구속'이라고도 한다.

13 위기의 형태

- 실존적 위기 : 자유, 책임감, 내면의 갈등이나 불안 등
- 상황적 위기 : 예측하지 못한 질병, 사고, 이혼, 가까운 사람의 죽음 등
- 발달적 위기 : 청소년의 정체성 위기, 중년의 위기(갱년기 증상), 노년의 위기 등
- 사회 · 문화적 위기 : 과거의 전통과 새로운 문화의 충돌에 의해 초래되는 위기, 문화적 충격 등

14 인지행동모델

- 인지이론과 행동주의적 요소가 결합된 개념으로서, 생각하고 정보를 처리하는 과정인 인지과정의 연구로부터 도출된 개념과 함께 행동주의와 사회학습이론으로부터 나온 개념들을 통합하여 적용한 것이다.
- 개인의 역기능적인 사고가 잘못된 생각 또는 인지체계에 의해 나타나며, 그것이 정서상의 왜곡과 함께 행동에 직접적인 영향을 미친다는 것을 기본전제로 한다.
- 클라이언트로 하여금 자신의 문제에 대해 파악하도록 하고, 사고 및 행동의 통제를 위한 대처기제를 학습하도록 하기 위해 교육적인 접근을 강조한다.

15 ③ 문제해결모델에 대한 설명에 해당한다. 반면, 행동수정모델은 클라이언트의 문제 행동에 대한 변화를 목표로 바람직한 적응행동은 강화하는 한편, 바람직하지 못한 부적응행동은 소거하는 행동수정의 원리를 토대로 한다.

16 과제중심모델의 개입과정

- 제1단계 : 시작하기
  - 다른 기관으로부터 의뢰된 비자발적 클라이언트의 경우 의뢰 이유, 의뢰기관이 제시한 목표, 클라이언트의 목표에 대한 이해도, 목표달성을 위한 외부기관의 자원 등을 파악한다.
  - 자발적 클라이언트의 경우 클라이언트가 제시하는 문제와 우선순위를 확인한다. 만약 기관에서 서비스를 받는 것이 적합하지 않은 것으로 판단되는 경우 다른 기관을 추천한다.
- 제2단계 : 문제 규정(규명)
  - 클라이언트가 현재 자신의 문제를 어떻게 보고 있는지 탐색한다.
  - 클라이언트와 함께 표적문제를 구체적으로 설정하며, 표적문제의 우선순위를 정한다.
  - 본격적인 사정에 앞서 신속한 초기 사정을 수행하여 클라이언트의 강점과 단점, 가족관계, 주변 환경, 의사소통 양상, 스트레스 상황에서의 전형적인 행동 양상 등을 파악한다.
- 제3단계 : 계약
  - 클라이언트와의 동의하에 계약이 이루어지며, 이때 계약은 계약 당사자인 사회복지사와 클라이언트의 판단에 의해 추후 변경할 수 있다.
  - 계약 내용에는 주요 표적문제와 구체적인 목표, 사회복지사와 클라이언트의 과제, 개입 일정 및 기간, 면접 날짜 및 장소, 참여자 등이 포함된다.

- 제4단계 : 실행
  - 후속 사정을 통해 초기 사정에서 불충분한 부분들을 보완하며, 이때 사정은 개입의 초점이 되는 현재 문제에 국한하여 집중적인 탐색이 이루어진다.
  - 실현 가능한 대안들을 모색하며, 목표와 개입 내용을 재확인하여 구체적으로 설정 및 변경한다.
  - 과제를 개발하고 클라이언트의 과제수행을 지지하며, 과제수행의 장애물을 찾아내어 이를 제거 · 완화 · 변경한다.
  - 지속적인 모니터링을 통해 클라이언트의 문제가 경감되는 과정을 재검토하며, 진행이 만족스럽지 못한 경우나 새로운 문제가 발견되는 경우 계약의 일부를 수정 또는 변경한다.
- 제5단계 : 종결
  - 클라이언트로 하여금 달성한 것을 확인하도록 하며, 이를 스스로 수행해 나갈 수 있도록 돕는다.
  - 앞으로의 전망을 검토하며, 사후지도를 수행한다.

17 ② 과잉일반화 : 한두 가지의 사건을 토대로 결론을 내리고, 이를 일반화하는 것
③ 이분법적 사고 : 흑백논리
④ 개인화 : 자신과 상관없는 사건을 자신과 관련이 있는 것으로 이야기하는 것
⑤ 임의적 추론 : 어떤 납득할 만한 증거가 없으면서도 임의대로 추론하는 것

18 **임파워먼트 관점(역량강화모델)의 개입 과정에 따른 과업**
- 대화(Dialogue) : 클라이언트와의 파트너십(협력관계) 형성하기, 현재 상황을 명확히 하기(도전들을 자세히 설명하기), 방향 설정하기(일차적 목표 설정하기) 등
- 발견(Discovery) : 강점 확인하기, 자원체계 조사하기(잠재적 자원을 사정하기), 자원역량 분석하기(수집된 정보를 조직화하기), 해결책 고안하기(구체적인 행동계획을 수립하기) 등
- 발전 또는 발달(Development) : 자원을 활성화하기, 동맹관계를 창출하기, 기회를 확장하기, 성공을 인식(인정)하기, 결과(달성한 것)를 통합하기 등

19 ② '직접적 영향 또는 지시하기(Direct Influence)'는 클라이언트의 행동을 촉진하거나 기능을 향상시키기 위한 조언, 충고, 제안 등을 통해 사회복지사의 의견을 클라이언트가 받아들이도록 하는 기법이다. 다만, 이는 사회복지사 자신이 조언하고 싶은 욕구에 의해 조언하는 것이 아니라 클라이언트의 욕구에 따라 조언하는 것이다.

20 ② 요약기록은 시간의 흐름에 따라 변화된 상황, 개입활동, 중요한 정보 등을 요약하여 기록하는 것으로 사회복지기관에서 가장 많이 사용되는 기록형태이다.

21 ⑤ 정보제공자의 역할은 직접적으로 대면하여 서비스를 제공하는 직접 서비스 제공자의 역할에 해당한다.

22 집단사회복지실천에서는 집단 상호작용의 촉진과 목적 달성을 위해 적절한 집단프로그램을 활용한다. 사회복지사(집단지도자)는 프로그램의 집단규범과의 적합성, 집단성원의 참여 동의, 프로그램의 안전성, 프로그램 활용의 시기적절성 등을 고려해서 선택해야 하며, 프로그램 자체에 대한 지나친 강조로 집단성원들에게 스트레스를 주지 않도록 유의해야 한다. 집단프로그램에 있어서 사회복지사는 집단 전체의 목적 달성과 역동성에 영향을 주기 위해 개입하며, 집단성원이 변화할 수 있도록 원조한다.

23 SOAP 형식

- S(Subjective Information) : 클라이언트와 가족들이 주관적으로 기술하는 문제와 정보
- O(Objective Information) : 사회복지사가 관찰한 클라이언트에 대한 객관적인 정보
- A(Assessment) : 전문가의 해석이나 분석에 의한 기술
- P(Plan) : 사정을 기반으로 확인된 문제를 해결하기 위한 방법 및 계획의 기술

24 '항상성'은 현재 상태를 유지하거나 바람직한 상태를 유지하기 위해 변화에 저항하는 동시에 균형을 이루려는 체계의 속성을 말한다. 따라서 가족체계에서의 항상성은 가족이 구조와 기능에 균형을 유지하려는 속성으로 볼 수 있다. 예를 들어 부부는 서로간의 관계를 원만하게 유지하려고 노력함으로써 가정의 화목과 평안을 이룬다.

25 가족의 기능과 구조 사정

가족의 기능과 구조 사정 시 포함되는 내용은 가족체계의 외부 경계선, 내부 경계선과 가족의 하위체계, 가족의 권력구조, 가족목표, 가족신화와 인식성향, 가족의 강점, 가족 외부체계와의 상호작용, 가족역할, 가족규칙, 가족 의사소통구조, 가족규칙의 융통성 정도, 삼각관계 형성 여부 등이 있다.

제3영역　지역사회복지론

01 ③ 힐러리(Hillery)는 '지역사회(Community)'라는 용어가 현대사회에서 상황에 따라 다양하게 사용되는 매우 복잡한 개념이라는 견해를 밝히면서 나름대로 3가지 공통적인 요소, 즉 지리적 영역(Area), 사회적 상호작용(Social Interaction), 공동의 유대(Common Tie)를 제시한 바 있다.
① 로스(Ross), ② 메키버(Maciver), ④ 던햄(Dunham), ⑤ 워렌(Warren)

02 ① 사회진화론은 적자생존의 자연법칙을 인간사회에 적용한 것으로서, 사회에 적합한 계층은 살아남는 반면 부적합한 계층은 소멸된다는 원리이다. 사회복지실천의 이념에서 사회진화론은 사회통제적 측면이 강하며, 사회적 빈곤층이 현 상태를 유지하도록 최소한의 도움을 제공해야 한다는 주장에 명분을 제공하고 있다. 특히 자선조직협회(COS)와 같은 초창기 사회복지실천에서는 중산층의 기독교적 도덕관을 토대로 사회부적합 계층을 사회적합 계층으로 변화시키고자 하는 시도가 있었으나, 이는 사실상 사회적합 계층인 우월한 자의 사회부적합 계층인 열등한 자에 대한 일방적인 시혜로 전개되었다.

03 ① 지역사회복지실천은 지역사회를 대상으로 하는 사회복지실천을 의미하므로, 지역사회 자체가 개입의 대상이자 사회복지실천의 장이 된다.
② 지역사회보호(Community Care)는 기존의 시설보호 위주의 서비스에서 탈피하여 지역사회와 상호 보완하여 서비스를 개선시키고자 등장한 개념이다.
③ 지역사회조직사업(Community Organization)은 정부 관련 부서나 민간 사회복지기관의 전문 사회복지사에 의해 계획적·조직적으로 이루어진다.
⑤ 지역사회복지가 궁극적으로 추구하는 것은 이상적인 지역사회(Ideal Community)의 건설이다.

04 ② 연합모델(연대활동모델) : 연합의 공통된 이해관계에 대응할 수 있도록 자원을 동원하며, 영향력 행사를 위해 다조직적인 권력기반을 형성한다.

③ 사회계획모델 : 선출된 기관이나 인간서비스계획 협의회가 지역복지계획을 마련하는 등 행동을 하기 위한 제안을 한다.

④ 정치적 · 사회적 행동모델 : 정책 및 정책입안자의 변화에 초점을 둔 사회정의 실현 활동을 전개한다.

⑤ 기능적 지역사회조직모델 : 행위와 태도의 옹호 및 변화에 초점을 둔 사회정의를 위한 행동 및 서비스를 제공한다.

05 연계체계의 수준

- 연락 : 낮은 수준의 연계 · 협력으로서, 개별기관이 서비스 제공에 필요한 정보를 교환 및 공유하는 단계이다.
- 조정 : 서비스의 중복을 방지하고 자원 활용의 효율성을 도모하기 위해 조직의 정체성을 유지하면서 정기모임이나 회의를 통해 활동이 이루어지도록 조력한다.
- 협력 : 분리된 각 조직이 단일한 프로그램이나 서비스를 결합하여 함께 제공하기 위한 목적을 가지고 연계하되, 조직의 정체성을 유지하면서 자원을 공유한다.
- 통합 : 개별기관들이 각자의 정체성을 유지하지 않고 서비스 제공을 위해 하나의 조직체로 통합함으로써 새로운 조직체로의 정체성을 갖는다.

06 임파워먼트 실천을 위한 사회복지사의 실천원칙(Lee)

- 사회복지사와 클라이언트는 억압에 도전한다.
- 사회복지사는 억압 상황에 대해 총체적인 시각을 유지한다.
- 클라이언트는 스스로 역량을 강화하며, 사회복지사는 이를 원조할 뿐이다.
- 공통기반을 공유하는 사람들은 역량강화를 위해 서로를 필요로 한다.
- 사회복지사는 클라이언트와 일대일의 관계를 정립한다.
- 사회복지사는 클라이언트로 하여금 자신의 말로 이야기하도록 격려한다.
- 사회복지사는 개인에 대해 희생자가 아닌 승리자(생존자)의 초점을 유지한다.
- 사회복지사는 사회변화의 초점을 유지한다.

07 지역사회복지 전달체계 개편 과정

ㄴ. 보건복지사무소 시범사업 : 1995년 7월~1999년 12월(4년 6개월간 시범실시)

ㄱ. 사회복지사무소 시범사업 : 2004년 7월~2006년 6월(2년간 시범실시)

ㅁ. 주민생활지원서비스 시행 : 2006년 7월 실시

ㄷ. 희망리본프로젝트 시범사업 : 2009년 3월~ 2010년 2월(1차 년도 시범실시)

ㅂ. 희망복지 지원단 운영 : 2012년 5월 실시

ㄹ. 읍 · 면 · 동 복지기능 강화 시범사업 : 2014년 5월 실시

08 ① 지역사회 자원동원에 의한 재정 확충은 민간비영리조직이 정부나 지방자치단체의 공공재정에 지나치게 의존하는 것을 막아주며, 자율성 향상에 기여한다.

09 ② 주민참여 : 지역주민이 자신의 욕구와 문제를 주체적으로 해결할 수 있도록 하는 것이다.

③ 탈시설화 : 지역사회복지의 확대 발전에 따라 기존의 대규모 시설 위주에서 소규모의 그룹홈, 주간 보호시설 등으로 전개하는 것이다.

④ 사회통합 : 지역사회 내의 갈등이나 지역사회 간의 차이 또는 불평등을 뛰어넘어 사회 전반의 통합을 이루는 것이다.

⑤ 네트워크 : 기존의 공급자 중심의 서비스에서 탈피하여 이용자 중심의 서비스로 발전하기 위한 공급체계의 네트워크화 및 관련기관 간의 연계를 이루는 것이다.

10 지역사회복지 네트워크의 성공요인
- 협력의 목적과 비전이 공유되어야 한다.
- 원활한 참여를 위해 자원이 풍부하여야 한다.
- 조직의 힘은 균등하여야 한다.
- 조직의 자발성이 인정되어야 한다.
- 네트워크 관리자의 역할이 중요하다.

11 지역사회개발모델은 지역주민의 적극적인 참여와 강력한 주도권을 강조하며 민주적인 절차, 자발적인 협동, 토착적인 지도자의 개발, 교육 등을 기초로 한다.

예 새마을운동, 지역복지관의 지역개발사업, 자원봉사운동 등

12 ㄱ. 분석가로서의 역할 : 지역사회의 현존 문제에 대한 분석에서 사회변화를 위한 프로그램 과정의 분석에 이르기까지 지역사회의 변화를 위한 전반적인 분석과 평가를 수행한다.

ㄴ. 계획가로서의 역할 : 지역사회의 현존 문제를 해결하기 위해 기술적인 것뿐만 아니라 인간적 · 철학적인 면에서 계획을 수립한다. 또한 목표달성을 위한 수단적 측면을 검토한다.

ㄷ. 조직가로서의 역할 : 조직의 수립과 실천과정에 지역주민은 물론 지역사회의 행정체계를 참여시킨다.

ㄹ. 행정가로서의 역할 : 프로그램이 실제로 운영되어 그 계획이 효과적으로 달성되기 위한 모든 물적 · 인적 자원을 관리한다.

13 ① 지역사회 자활은 근로능력을 가진 빈곤층에 대해 지역사회에서 노동의 기회 및 다양한 서비스를 제공함으로써 빈곤으로부터 벗어나도록 하는 조직적 · 체계적인 원조활동이다. 이는 과거의 일방적인 급여제공방식 중심의 빈곤프로그램과 달리 지역사회 차원에서 공동으로 해결방안을 모색하고 자활의지를 고취시킴으로써 지역사회로의 통합 및 사회연대를 강화하는 것을 목표로 한다.

14 지역사회기능의 비교척도(Warren)
- 지역적 자치성 : 지역사회가 제 기능을 수행할 때 타 지역에 어느 정도 의존하는가에 관한 것
- 서비스 영역의 일치성 : 상점, 학교, 공공시설, 교회 등의 서비스 영역이 동일 지역 내에서 어느 정도 이루어지고 있는가에 관한 것
- 지역에 대한 주민들의 심리적 동일시 : 지역주민들이 자신이 소속된 지역에 대해 어느 정도 소속 감을 가지고 있는가에 관한 것
- 수평적 유형 : 지역사회 내에 있는 상이한 단위조직들이 구조적 · 기능적으로 얼마나 강한 관련 을 가지고 있는가에 관한 것

15 ① 자기옹호(Self-advocacy)는 자조집단 또는 지지집단으로 구성해서 활동하거나 클라이언트 개 인 및 집단이 스스로 자신을 옹호하는 활동을 말한다.
② 집단옹호(Group Advocacy)는 비슷한 문제를 경험하는 클라이언트들을 구성집단으로 하여, 집 단의 공동문제를 해결하기 위해 활동하는 것을 말한다.
④ 지역사회옹호(Community Advocacy)는 지역사회 대신 다른 사람들이 옹호하거나 지역주민 스스로 지역사회를 옹호하는 경우를 말한다.
⑤ 정치 또는 정책적 옹호(Political/Policy Advocacy)는 입법영역과 행정영역, 그리고 사법영역 에 있어서 사회정의와 복지를 증진시키기 위해 다양한 형태로 전개하는 옹호활동을 말한다.

16 후원자와 클라이언트 간의 의사결정 영향 정도(Taylor & Roberts)

실천모델	의사결정 영향 정도
프로그램 개발 및 조정모델	후원자가 100% 결정 권한을 가짐
계획모델	후원자가 대략 7/8 정도 결정 권한을 가짐
지역사회연계모델	후원자와 클라이언트가 각각 1/2 정도 결정 권한을 가짐
지역사회개발모델	클라이언트가 대략 7/8 정도 결정 권한을 가짐
정치적 권력강화모델	클라이언트가 100% 결정 권한을 가짐

17 ⑤ 중앙정부전달체계는 서비스에 관한 지역 수급자의 욕구 반영이 어려우며, 배분의 효율성을 기 할 수 없다는 문제점이 있다. 또한 독점성으로 인해 가격 및 질적 측면에서 수급자에게 불리하 며, 수급자의 서비스에 대한 접근성이 떨어진다는 단점이 있다.

18 사회복지공동모금회의 배분사업 유형
- 신청사업 : 사회복지 증진을 위하여 자유주제 공모형태로 복지사업을 신청받아 배분하는 사업
- 기획사업 : 모금회가 그 주제를 정하여 배분하는 사업 또는 배분대상자로부터 제안받은 내용 중 에서 선정하여 배분하는 시범적이고 전문적인 사업
- 긴급지원사업 : 재난구호 및 긴급구호, 저소득층 응급지원 등 긴급히 지원해야 할 필요가 있는 경우에 배분하는 사업
- 지정기탁사업 : 사회복지 증진을 위하여 기부자가 기부금품의 배분지역 · 배분대상자 또는 사용 용도를 지정한 경우 그 지정취지에 따라 배분하는 사업

19 ② 지방자치제 실시에 따라 지역 간 사회복지 수준의 격차가 확대되고 공적 이익과 사적 이익의 충돌이 발생하면서 지역적 이기주의가 강화되었다.

20 ① 지역사회 서베이, 지역사회포럼, 주요정보제공자 조사 등은 지역사회의 문제를 정확하고 객관적으로 확인하기 위해 활용하는 자료수집 방법들로서 케트너 등(Kettner, Daley & Nichol)이 제시한 지역사회복지실천의 9단계 과정 중 제1단계와 연관된다.

지역사회복지실천 9단계 과정(Kettner, Daley & Nichol)
변화기회 확인(제1단계) → 변화기회 분석(제2단계) → 목적 및 목표 설정(제3단계) → 변화노력 설계 및 구조화(제4단계) → 자원계획(제5단계) → 변화노력 실행(제6단계) → 변화노력 점검(제7단계) → 변화노력 평가(제8단계) → 재사정 및 변화노력 안정화(제9단계)

21 ③ 지역자활센터는 근로능력이 있는 저소득층에게 집중적·체계적인 자활지원서비스를 제공하여 자활의욕을 고취하고 자립능력 향상을 지원하는 직접 서비스 기관에 해당한다.
①·②·④·⑤ 간접 서비스 기관에 해당한다. 간접 서비스 기관은 다른 기관들의 사업을 용이하게 하거나 향상시킴으로써 지역주민들을 간접적으로 돕는 역할을 한다.

22 ⑤ 호만스(Homans)와 블라우(Blau)에 의해 형성된 이론은 교환이론(사회교환론)이다. 교환이론은 인간의 사회적 상호작용이 교환 관계에서 비롯된다는 사실을 전제로 하여, 교환 행동이 어떠한 경로를 통해 사회적 평등과 불평등 또는 사회적 유대와 차별적 지위구조를 형성하는가에 대해 관심을 가진다.

23 ㄴ. 힘 의존이론 또는 권력의존이론(Power Dependency Theory)의 내용에 해당한다.
ㄹ. 교환이론은 물질적 또는 비물질적인 자원의 교환을 인간의 기본적인 상호작용의 형태로 간주한다.

사회교환론
• 인간은 최대의 이익을 추구하는 경향이 있으며, 인간의 행동은 타인과의 보상이나 이익을 교환하는 방식으로 전개된다.
• 사람들 사이에 자원을 교환하는 반복된 현상으로서 사회적 행동에 주목한다.
• 인간관계에 대한 경제적 관점을 토대로, 이익이나 보상에 의한 긍정적인 이득을 최대화하는 한편, 비용이나 처벌의 부정적인 손실을 최소화하는 교환의 과정을 분석한다.
• 교환은 상호신뢰를 토대로 평등한 관계에서 이루어지는 호혜성, 권력이나 지위를 토대로 차별적인 관계에서 이루어지는 시혜성의 양상으로 나타난다.
• 지역사회에서의 주요 교환자원으로는 상담, 기부금, 정보, 정치적 권력, 재정적 지원, 의미, 힘 등이 있다.
• 지역사회에서 힘의 균형전략으로는 경쟁, 재평가, 호혜성, 연합, 강제 등이 있다.
• 지역사회에서 교환관계에 불균형이 발생하거나 교환자원이 고갈되는 경우 지역사회문제가 발생할 수 있다.

24 펄만과 구린(Perlman & Gurin)이 제시한 지역사회복지실천과정상 사회문제해결의 단계

문제에 대한 정의 → 문제를 개진할 구조와 커뮤니케이션의 구축 → 정책대안의 분석 및 정책의 채택 → 정책계획의 개발과 실시 → 반응조사와 환류

25 아른스테인(Arnstein)의 주민참여 단계

구 분	주민참여	참여의 효과
8단계	주민통제(Citizen Control)	주민권력 수준 (Degree of Citizen Power)
7단계	권한위임(Delegated Power)	
6단계	협동관계(Partnership)	
5단계	주민회유(Placation)	형식적 참여 (Degree of Tokenism)
4단계	주민상담(Consultation)	
3단계	정보제공(Informing)	
2단계	대책치료(Therapy)	비참여(Non-participation)
1단계	여론조작(Manipulation)	

1영역		사회복지정책론												
01	02	03	04	05	06	07	08	09	10	11	12	13	14	15
②	⑤	⑤	⑤	⑤	③	③	②	③	②	③	⑤	④	④	②
16	17	18	19	20	21	22	23	24	25					
①	③	①	②	①	②	②	③	①	③					

2영역		사회복지행정론												
01	02	03	04	05	06	07	08	09	10	11	12	13	14	15
③	①	②	④	①	③	④	③	①	③	⑤	①	④	④	①
16	17	18	19	20	21	22	23	24	25					
⑤	②	④	③	④	①	⑤	①	⑤	①					

3영역		사회복지법제론												
01	02	03	04	05	06	07	08	09	10	11	12	13	14	15
②	④	③	③	①	②	①	①	③	①	⑤	④	①	③	④
16	17	18	19	20	21	22	23	24	25					
②	⑤	⑤	③	②	⑤	③	④	⑤	②					

제1영역 사회복지정책론

01 ㄴ. 사회복지정책은 실천적인 측면에서 국가 혹은 특정 지방 전체를 개입대상으로 거시적으로 개
입하는 간접적 방법이다.
ㄹ. 사회복지정책의 형태론적 접근은 객관적인 사실만을 다루므로, 형식적 과학주의나 이론적 보
수성에 의해 질적 혹은 가치판단적인 문제를 다루는 데 적합하지 않다.

02 ⑤ 민간보험과 사회보험은 양자 모두 수리적 계산이 필요하다(수입과 지출의 균형).
민간보험과 사회보험의 공통점
- 양자 모두 위험 이전에 기초하고 있고, 위험의 광범위한 공동분담에 기초를 둔다.
- 적용범위, 급여 및 재정과 관련된 모든 조건을 구체적이고 완전하게 제공한다.
- 급여의 적격 여부와 양이 엄격한 수리적 계산을 필요로 한다.
- 프로그램의 비용을 충족시키는 데 충분한 기여금과 보험료 지불을 필요로 한다.
- 드러난 욕구에 기초하지 않고 사전에 결정된 급여를 제공한다.

03 ① 형평 또는 공평(Equity)은 비례적 평등의 개념이다. 비례적 평등은 개인의 욕구, 능력, 기여에 따라 사회적 자원을 상이하게 배분하는 것이다.

② 긍정적 차별 또는 적극적 차별(Positive Discrimination)은 사회의 불이익 집단들에 대한 과거의 부정적 차별(Negative Discrimination)을 보상하는 것이므로 평등의 가치를 저해하는 것으로 볼 수 없다.

③ 기회의 평등은 결과가 평등한가 아닌가의 측면은 무시한 채 결과를 얻을 수 있는 과정상의 기회만을 똑같이 주는 것이므로 평등의 개념 가운데 가장 소극적이라고 볼 수 있다.

④ 결과의 평등 또는 수량적 평등은 모든 사람을 똑같이 취급하여 사람들의 욕구나 능력의 차이에는 상관없이 사회적 자원을 똑같이 분배하는 것이다. 평등의 개념 가운데 가장 적극적인 의미로서, 특히 저소득층에게 보다 많은 자원이 할당된다. 소극적 자유는 '타인의 간섭이나 구속으로부터의 자유'를 의미하므로, 결과의 평등으로 인해 부자들의 소극적 자유가 침해될 가능성이 높다.

04 **지자체 개별보조와 포괄보조의 비교**

구 분	개별보조	포괄보조
대상사업	전국적 통일성·보편성이 있거나 최저생활보장을 위한 사업	• 지역 특성이 강한 사업 • 보편적 욕구가 있더라도 집행 재량이 필요한 사업
장 점	통일된 기준을 설정·집행하여 지역 간 형평성 달성	• 지역 실정에 맞는 사업 운영 • 지방재정 운영의 자율성 확대 • 실험적 사업 용이 • 지역사회 자원연계 강화
단 점	• 집행의 경직성 • 사업 간 분절적 운영	• 지역수요를 반영한 보조금 총액편성 필요 • 지역 간 편차 발생 유의

05 ⑤ 신우파는 1973년 오일쇼크로 인한 경제위기의 원인을 단순히 유가 상승에만 돌린 것이 아닌 국가의 경제개입 및 복지개입의 확대에서 찾았다. 그들은 경제성장과 고용증대를 이루기 위해 국가개입의 축소 및 복지지출의 감소를 주장하였으며, 민영화를 통해 정부 역할을 축소해야 한다고 주장하였다.

①·② 신우파는 국가의 복지책임을 줄이고 민영화를 추진하려는 계획에서 출발하였으나, 이는 복지혼합(Welfare Mix)을 통한 복지다원주의를 강조하기 위한 것이지 사회복지서비스 공급에 있어서 국가의 의도적인 역할 축소나 회피를 근본적인 목적으로 한 것은 아니다. 다시 말해 현실에 대한 정확한 분석을 통해 국가 본연의 기능에 충실할 것을 강조한 것이다.

③ 신우파는 자유시장을 옹호하면서 국가개입의 축소를 주장하는 세력인 반면, 신보수주의(Neo-conservatism)는 국가와 가족의 전통적 권위 회복과 사회적 규율의 강화를 보다 강조하는 세력이라는 점에서 약간의 차이가 있다. 그러나 이 둘은 차별성보다는 유사성이 매우 크므로 보통 하나의 그룹으로 취급되는 경향이 있다. 특히 전통적 가치와 국가 권위의 회복을 강조하는 것은 신보수주의의 주요 특징에 해당한다.

④ 신우파는 복지국가의 위기와 관련하여 복지국가가 투자 및 노동 유인을 감소시킴으로써 시장의 질서와 유인을 대체시키는 등 경제적 비효율을 초래한다고 보았다. 또한 비생산적 공공부문이 생산적 민간부문의 물적 및 인적자본을 박탈하여 총량적으로 비생산성을 유발한다고 주장하였다.

06 국가중심이론

- 국가의 자율성과 적극적인 역할을 강조하는 이론이다.
- 국가 자체의 독특한 내적 논리나 구조에 초점을 두며, 국가 자체를 독특한 이해관계를 가진 행위 자로 간주한다.
- 사회복지의 수요 증대에 관심을 두는 다른 이론들과 달리, 사회복지의 공급 측면에 초점을 두어 복지국가의 발전 과정을 설명한다.
- 복지국가의 발전에 있어서 국가조직 형태, 사회복지정책 관련 정부부처, 전문 관료의 개혁성 등 사회복지를 제공하는 주체로서 국가의 측면에 주목한다.
- 복지정책의 공식화 및 시행에 있어서 국가의 관료화 및 중앙집권화 정도가 그 국가의 역량을 반 영한다.
- 복지정책은 무(無)의 상태에서 공식화되는 것이 아닌 이전 정책들에 대한 평가에 기초하여 만들 어진다.

07 ③ 국민들에게 경제적 혜택을 직접 제공하기보다는 인적 자원에 대한 투자 및 사회적 자본의 확충 을 강조하는 기든스(Giddens)의 사회투자국가론을 지지하였다.

08 ② 1935년 사회보장법에 의해 도입된 사회보험 프로그램으로는 연방노령보험과 실업보상보험이 있다. 전 국민 의료보험을 위한 의료개혁법안은 지난 2010년 3월 21일 하원의회 표결에서 법안 통과에 필요한 의석수를 가까스로 넘김으로써 어렵게 통과되었다. 그러나 의료개혁을 지지하는 민주당과 달리 공화당은 반대여론을 동원하여 연방정부의 의료보험 시행에 대한 지속적인 저지 행동을 펼치고 있다.

09 ㄱ. 집합주의는 정치적으로 사회민주주의, 사회진보주의, 급진주의 등 좌파의 사상과 밀접하게 연 관되어 있다.
ㄷ. 집합주의가 산업자본주의의 사회경제적 역기능에 따른 폐단을 지적한다고 해서 자본주의 체제 를 인정하지 않는 것은 아니다. 다만, 시장 중심의 개인주의가 사회적 불평등과 각종 사회문제 를 야기한다는 점을 강조한다.

10 ② 최적모형은 정책결정의 질적인 적정화를 기하기 위해서 정책결정자 개인의 지적인 합리성만을 고려할 수 없으며, 보다 적극적인 요인으로서 초합리적인 요소(직관력, 창의력, 판단력 등)가 개입되어야 한다고 본다.
① 합리모형, ③ 만족모형, ④ 점증모형, ⑤ 쓰레기통모형

11 보충성의 원리
급여를 받으려는 자는 우선 자신의 노동력, 소득, 부양의무자, 그리고 타법에 의한 지원 등 개인적 으로 가능한 모든 자원을 동원하여 생활유지에 최대한 노력해야 하고 그래도 부족할 경우에 그 부 족분을 공공부조를 통해 급여한다는 원리이다. 이러한 자격조건을 조사하는 것이 자산조사이다.

12 ⑤ 퍼니스와 틸튼(Furniss & Tilton)은 국가개입의 유형으로서 적극적 국가, 사회보장국가, 사회복지국가를 제시하였다. 그중 사회보장국가는 국가개입의 측면에 있어서 개인의 자유 및 국가의 경제성장을 강조하는 적극적 국가, 평등의 이념 및 보편적 사회복지서비스를 강조하는 사회복지국가의 중간지점에 위치한다. 이러한 사회보장국가는 경제정책의 중요성을 강조하되, 경제와 연관된 복지를 통해 국민의 최저생활을 보장하고자 한다. 또한 개인의 책임과 함께 일정 수준의 사회적 평등을 강조한다.

① · ② 적극적 국가의 특징에 해당한다.

③ · ④ 사회복지국가의 특징에 해당한다.

13 ① · ③ 자유주의 복지국가, ② · ⑤ 보수주의(조합주의) 복지국가

에스핑-안데르센(Esping-Andersen)에 의한 복지국가 유형

자유주의 복지국가	• 노동력의 상품화 강조, 소득조사에 의한 공공부조 수용 • 노동력의 탈상품화 정도 최소화 • 계급 및 신분의 계층화 정도가 높음 예 미국, 영국, 호주 등
보수주의(조합주의) 복지국가	• 전통적 가족과 교회의 기능 및 역할 강조, 사회보험 수용 • 노동력의 탈상품화에 한계가 있음 • 산업별 · 직업별 · 계층별로 다른 종류의 복지급여 제공 예 프랑스, 독일, 오스트리아 등
사회민주주의 (사민주의) 복지국가	• 보편주의에 입각, 평등 지향 • 노동력의 탈상품화 효과가 가장 큼 • 복지급여로 인한 계층화가 발생하지 않음 예 스웨덴, 덴마크, 노르웨이 등

14 ① 자산조사는 선별주의 원칙에 부합하여 낙인(Stigma)이 발생할 수 있으므로 평등 가치를 실현하는 데 불리하다. 참고로 기여를 수급자격 요건의 하나로 만든 것은 보편주의 원칙에 부합하는 사회보험에 해당한다.

② 조세지출은 사회복지의 공공재원 중 하나로서 정부가 세금을 부과하여 지출하는 것이 아닌 비과세 · 감면 · 공제 등의 방법으로 정책적인 감면을 해주는 제도이다. 이러한 조세지출은 조세부과 및 대상자 선별에 소요되는 비용을 줄이는 효과가 있지만, 그 수혜자가 주로 중상위계층에 해당한다는 점을 고려할 때 역진적이라 할 수 있다.

③ 서비스 이용의 접근성은 지리적 · 재정적 · 문화적 · 기능적 측면에서 살펴볼 수 있다. 특히 재정적 접근성은 서비스 이용에 있어서 금전적인 부담 또는 재정적인 장벽을 말하는 것으로, 특히 민영화는 서비스 이용자의 재정적 접근성에 부정적인 영향을 미친다.

⑤ 최소 가입기간은 공적연금의 재정 안정성과 밀접하게 연관된 것이다. 최소 가입기간을 늘리는 경우 연금재정의 장기적인 재정 안정성 확보에 어느 정도 유리한 반면, 최소 가입기간을 줄이는 경우 재정 안정성 확보에 오히려 불리하다.

15 현금급여

- 수급자에게 현금을 지급하여 자신이 원하는 재화나 서비스를 선택적으로 구매할 수 있도록 하는 급여이다.
- 연금, 수당, 공공부조 등 사회복지급여에서 가장 큰 비중을 차지한다.
- 수급자의 효용을 극대화하고 자기결정권을 고양할 수 있도록 하기 위한 급여형태이다.
- 수급자의 수치심이나 낙인감을 감소시키며, 프로그램 운영비의 절감으로 운영 효율성을 높일 수 있다.
- 급여가 수급자의 직접적인 문제욕구에 사용되지 않음으로써 오용의 위험이 있다.
- 국민연금의 노령연금, 유족연금, 장애연금이나 산재보험의 휴업급여, 장해급여 등을 예로 들 수 있다.

16 ① 부(負)의 소득세(Negative Income Tax)는 소득세에 사회보장제도로서 공공부조를 결합한 제도이다. 세금을 감면받는 점, 즉 면세점을 기준으로 소득자의 소득이 그 이상인 경우 정상적으로 소득세를 과세하지만, 반대로 그 이하인 경우 부(−)의 세율을 적용하여 계산한 금액을 정부에서 지원한다.

17 사회복지정책의 이슈(Issue)와 관련된 개념

- 억압된 이슈(Depressed Issue) 혹은 없이슈(Non-issue) : 공공의 관심에도 불구하고 정책결정자들의 통제에 의해 정책아젠다에 등록되지 못하는 이슈
- 가짜이슈(Pseudo-issue) : 정책결정자들의 문제해결을 위한 실질적인 노력이 배제된 채 형식적인 관심에 의해 정책아젠다로 등록은 되었으나 논의되지 않는 이슈
- 이슈유발장치(Issue Trigger Device) : 어떤 문제가 이슈로 전환되는 과정에 영향을 주는 예기치 못한 사건

18 ① 국가 간의 노동인구 이동이 증가함에 따라 검증되지 않거나 노동의 질이 낮은 해외노동력의 무분별한 유입과 함께 불법체류, 인권침해의 증가 등 사회적 문제가 확산되고 있다.

19 ① 사회의 불평등 정도와 밀접하게 연관된 것은 상대적 빈곤이다. 절대적 빈곤은 빈곤을 최소한의 수준, 즉 최저생활 유지를 위한 수준에조차 미치지 못하는 생활상태로 보는 반면, 상대적 빈곤은 한 사회의 소득수준을 계층별로 비교하여 소득의 고저 수준에 따라 상대적으로 소득이 낮은 계층을 빈곤층으로 간주한다.

③ 로렌츠(Lorenz) 곡선은 소득금액의 누적백분율과 소득자의 누적백분율을 대비시킨 것으로서, 완전평등선(균등분포선)과 멀수록, 즉 아래쪽으로 볼록할수록 소득이 불균등하게 분배되었음을 나타낸다.

④ '빈곤갭(Poverty Gap)'은 빈곤층의 소득을 빈곤선까지 상향시키는 데 필요한 총비용을 말하는 것으로서, 빈곤의 심도를 나타낸다.

⑤ 시장소득 기준 지니계수와 가처분소득 기준 지니계수의 차이는 직접세, 공적이전소득, 사회보장세 등 정부정책의 효과를 의미한다.

20 ① 산물분석(산출분석)은 정책선택의 형태와 내용을 분석하는 방식으로서, 길버트, 스펙트, 테렐 (Gilbert, Specht & Terrell)은 산물분석을 기본틀로 하여 사회복지정책의 선택차원으로서 다음의 '할당, 급여, 재정, 전달'을 제시하였다.

> • 할당(Allocation) : 사회적 급여를 누구에게 줄 것인가?
> • 급여(Benefits) : 선정된 수혜자에게 무엇을 줄 것인가?
> • 재정(Finance) : 자원 및 재원은 어떻게 마련할 것인가?
> • 전달(Delivery) : 어떤 방법으로 급여를 줄 것인가?

② 과정분석, ③ · ④ · ⑤ 성과분석

21 ㄴ. 국민건강보험의 본인일부부담금은 사용자부담으로서 민간재원에 해당한다.
ㄹ. 사업주가 부담하는 퇴직급여는 기업복지로서 민간재원에 해당한다.

22 ② 국가는 전체 사회안전망이 합리적으로 운영될 수 있도록 하기 위해 일차적 사회안전망과 이차적 사회안전망 상호 간 기능의 연계체계를 구축할 필요가 있다. 특히 이차적 사회안전망은 일차적 사회안전망의 기능을 보완할 수 있는 방향으로 설계되어야 한다.

23 **사회복지서비스 전달체계의 문제점(Gilbert & Specht)**
- 분열 또는 단편성(Fragmentation) : 사회복지서비스를 제공하는 각각의 기관들이 서로 통합되어 있지 않음으로써 서비스가 한 장소에서 모두 실행되지 않고 각각 분열되어 실행되는 것을 말한다.
- 단절 또는 비연속성(Discontinuity) : 사회복지서비스의 제공자들 간에 충분한 의사전달이 이루어지지 않음으로써 클라이언트가 서비스를 이용하는 데 불편을 야기하는 상태를 말한다.
- 비책임성(Unaccountability) : 사회복지서비스 제공자가 클라이언트의 욕구와 이익에 대해 무감각하게 반응하는 상태를 말한다.
- 비접근성(Inaccessibility) : 클라이언트의 소득이나 종교, 연령, 비용, 지리적 위치 등으로 인해 클라이언트가 서비스 이용에 제한을 받는 것을 말한다.

24 **기초생활보장의 기준 중위소득**
최근 우리나라의 기초생활보장은 그간 수급자 선정 및 급여 기준으로 활용되어온 최저생계비를 국민 가구소득의 '중위값'으로 개편함으로써 '상대적 빈곤' 개념을 도입하였다.

25 **실제소득 산정에서 제외되는 금품(국민기초생활 보장법 시행령 제5조 제2항 참조)**
- 퇴직금, 현상금, 보상금, 조세특례제한법에 따른 근로장려금 및 자녀장려금 등 정기적으로 지급되는 것으로 볼 수 없는 금품
- 보육 · 교육 또는 그 밖에 이와 유사한 성질의 서비스 이용을 전제로 받는 보육료, 학자금, 그 밖에 이와 유사한 금품
- 법령에 따라 지방자치단체가 지급하는 금품으로서 보건복지부장관이 정하는 금품

01 ③ 사회복지조직의 활동은 전문적인 과정으로서 주로 전문가에 의존하며, 조직의 운영 등 제반 업무들에 있어서 전문가의 역할을 요구한다.

① 사회복지조직은 지속적인 변화를 거듭하는 인간과 사회를 대상으로 하므로, 그 변화에 대응하여 목표를 달성하는 데 있어서 불완전한 지식과 기술을 사용할 수밖에 없다.

② 사회복지조직의 목표는 모호하고 질적인 요소를 많이 포함하며, 다양한 이해관계자들 간의 타협을 요구한다.

④ 사회복지조직은 인간의 도덕적 가치를 고려함으로써 목표달성의 효과성 및 효율성을 측정하는 데 어려움이 있다.

⑤ 사회복지조직의 서비스 기술은 도덕적으로 정당화될 수 있는 것이어야 하며, 그 효과성은 인간적 가치의 측면에서 고려되어야 한다.

02 ① 관료제이론은 전문적인 능력과 기술을 바탕으로 합법적인 규칙과 합리적인 결정, 업무의 효율성과 행정의 능률성을 강조한다. 위계적인 권위구조와 공식적인 규칙체계를 통해 조직의 안정성을 유지하며, 이를 위해 사적인 감정을 배제한 채 명확하고 고도로 전문화된 업무 분업을 강조한다.

03 ② 명문화 · 세분화된 직무는 직무기술서에 의해 그 책임과 권한이 명백히 규정되고 통제범위 또한 구체적으로 제시됨으로써 작업조직의 경직성을 초래한다. 따라서 인적자원관리의 최근 경향은 기존의 세분화된 직무에 기반을 둔 전통적인 직무중심 인적자원관리에서 구성원 개개인의 창의성과 역량 강화를 강조하면서 유연한 인력관리가 가능한 이른바 속인중심 인적자원관리로 변모되고 있다.

04 ㄹ. '기관 개별성의 원칙'이 아닌 '기관 전체성의 원칙'이다.

트래커(Trecker)가 제시한 사회복지행정의 원칙

- 사회사업가치의 원칙
- 기관 목적의 원칙
- 의도적인 관계의 원칙
- 전문적 책임의 원칙
- 지도력의 원칙
- 조직의 원칙
- 커뮤니케이션의 원칙
- 자원활용의 원칙
- 평가의 원칙
- 지역사회와 클라이언트 요구의 원칙
- 문화적 장의 원칙
- 기관 전체성의 원칙
- 참여의 원칙
- 계획의 원칙
- 권한 위임의 원칙
- 조정의 원칙
- 변화의 원칙
- 성장의 원칙

05 ② 'SWOT'는 기관의 환경분석을 통해 '강점(Strength)', '약점(Weakness)', '기회(Opportunity)', '위협(Threat)'요인을 규정하고 이를 토대로 마케팅전략을 수립하는 분석기법이다.

③ '시간별 활동계획 도표 또는 간트 차트(Gantt Chart)'는 세로 바에 목표, 활동 및 프로그램을 기입하고 가로 바에 시간을 기입하여 사업의 소요시간을 막대로 나타내는 도표이다.

④ '방침관리기획(PDCA Cycle)'은 '계획(Plan) – 실행(Do) – 확인(Check) – 조정(Act)'의 일련의 절차를 프로그램 기획과정으로 보는 것으로, 조직의 핵심적인 목표달성을 위해 조직의 자원을 결집시키고 조직구성원 전체의 노력을 조정하기 위한 기법이다.

⑤ '목표관리(MBO ; Management By Objectives)'는 목표 중심의 민주적 · 참여적 관리기법으로, 조직성원들의 광범위한 참여와 합의 하에 조직의 목표를 설정 · 평가 · 환류함으로써 조직 운영의 효율성을 향상시키는 기획방법이다.

06 ③ 변증법적 토의(Dialectical Inquiry)는 상반된 의견이나 견해를 가진 사람들로 두 집단을 구성하여, 그중 한 집단에서 먼저 의견을 제시하면 다른 집단에서 그에 반대하는 새로운 대안을 만들어 제시하도록 하는 방법이다.

07 ④ 영기준 예산방식은 신년도 예산편성에 있어 전년도 예산과 전혀 관계없이 신년도에 꼭 필요한 부분만을 근거로 하여 예산을 짜는 것을 말한다. 예산규모의 무질서한 팽창과 경직화를 방지하고 낭비요인을 제거하는 예산편성 방법이다.

08 ① 비공식조직은 공식조직의 경직성을 완화하고 조직구성원의 귀속감과 안정감을 부여하며, 조직구성원 간 유대 및 협력을 통해 업무능률의 향상을 가져오는 등 긍정적인 기능을 수행하기도 한다.

② 비공식조직은 비공식적인 인간관계로 인해 정실주의를 조장하고 비합리적인 의사결정을 내릴 수도 있으므로 공직조직의 합리적인 의사결정을 대체하도록 허용하는 것은 바람직하지 않다.

④ 비공식조직은 의사전달 통로로서의 기능을 수행하기도 하며, 이는 직무수행의 효율성으로 이어지기도 한다.

⑤ 비공식조직은 단지 사적인 관심이나 연고로 의해 만들어지는 것이 아닌 직무수행과 관련하여 구성되기도 하며, 이는 직무에 관한 개인의 창의력 고취와 직무수행의 능률적 분위기 조성에 유리한 측면이 있다.

09 ② 핵심운영 부문은 조직의 최일선 부서로서, 작업현장에서 제품이나 서비스를 생산한다.

③ 전략부문은 조직의 최고권력 부서로서, 조직에 대한 전반적인 책임을 지고, 조직 전체의 생산성 향상을 위해 지휘 · 통제를 한다.

④ 기술구조부문은 조직 내의 기술개발 및 유지에 대한 책임을 지고, 과업 과정과 산출물의 표준화 등을 전문적으로 담당한다.

⑤ 중간라인 부문은 최고관리층과 일선 현장부서를 연결하는 중간관리자로서의 역할을 담당한다.

10 ② 이사회는 위원회에 비해 수혜자가 참여하는 경우가 드물다.

11 ⑤ 소진(Burnout)은 과도한 스트레스에 노출되어 신체적·정신적 기력이 고갈됨으로써 직무수행능력이 떨어지고 단순 업무에만 치중하는 현상을 말한다. 휴먼서비스 인력의 소진을 유발하는 스트레스의 요인에는 여러 가지가 있으나, 특히 직원들 간의 과도한 경쟁을 유발하는 평가시스템의 폐해, 즉 성과평가에 따른 성과급 확대 및 연봉제 도입 등을 주된 요인으로 제시할 수 있다.

12 ㄹ. 안전욕구는 매슬로우의 욕구계층이론과 연관된다.

알더퍼(Alderfer) ERG 이론에서 욕구의 3단계
- 존재욕구(Existence Needs)
- 인간관계욕구(Relatedness Needs)
- 성장욕구(Growth Needs)

13 환경에 대한 체계적 관점

폐쇄체계적 관점	• 다른 체계와의 상호교류에 관심을 기울이지 않으며, 상황이나 환경에 대한 관점에서 폐쇄적이다. • 조직의 엄격한 경계 내에서 합리적인 의사결정과 체계적인 관리를 강조한다. 예 관료제이론, 과학적 관리론, 인간관계이론, 맥그리거(McGregor)의 X·Y이론, 룬트슈테트(Lundstedt)의 Z이론, 공공행정이론 등
개방체계적 관점	• 상황, 환경, 기술의 영향에 따른 조직의 가변성을 강조한다. • 조직의 외부환경에 관심을 가지며, 조직들 상호 간의 의존적 성격을 강조한다. 예 상황이론(상황적합이론, 경로-목표이론), 조직환경이론(정치경제이론, 자원의존이론, 조직군생태이론), (신)제도이론 등

14 ① · ⑤ 산출(Outputs), ② 투입(Inputs), ③ 성과(Outcomes)

논리모형에 의한 프로그램 설계의 진행 흐름

투 입 (Inputs)	프로그램에 투여되거나 프로그램에 의해 소비되는 인적·물적·기술적 자원을 말한다. 예 이용자, 직원, 봉사자, 자금, 예산, 시설, 장비, 소모품 등
전 환 (Throughputs)	임무를 수행하기 위해 프로그램에서 투입으로 활동하는 것을 말한다. 예 상담, 직업훈련, 치료 및 교육, 보호, 청소년 대인관계지도 등
산 출 (Outputs)	프로그램 활동의 직접적인 산물(실적)을 말한다. 예 상담 수, 서비스에 참여한 참여자 수, 취업인원, 서비스 시간, 분배된 교육적 자료의 수, 지도한 집단 수 등
성 과 (Outcomes)	프로그램 활동 중 또는 활동 이후의 참여자들이 얻은 이익을 말한다. 예 새로운 지식, 향상된 기술, 태도 및 가치변화, 행동의 수정, 향상된 조건, 변화된 지위, 생활만족도 등
영 향 (Impact)	프로그램 활동의 결과로 인해 원래 의도했던 혹은 의도하지 않았던 변화가 나타났는지를 말한다. 예 관심분야의 확대, 바람직한 관계의 지속 등

15 사회복지서비스에 대한 클라이언트의 활용성(접근성)을 높이기 위한 전술
- 아웃리치(Outreach)
- 홍 보
- 종합적인 정보와 의뢰시스템(I&R)
- 클라이언트와의 신뢰구축
- 서비스 조직의 개선 등

16 ⑤ 시장 포지셔닝은 고객의 마음 속에 상품이나 서비스를 위치시키는 것으로 고객만족도를 가장 높일 수 있는 방법이다.

17 2차원적 갈등관리모형의 5가지 갈등처리 방식(Ruble & Thomas)
- 회피(Avoiding)
- 경쟁(Competing)
- 순응(Accommodating)
- 타협(Compromising)
- 제휴(Collaborating)

18 ④ 정치경제이론은 조직과 환경 간의 상호작용이 조직의 내부 역학 관계에 어떠한 영향을 미치는가에 초점을 둔다. 즉, 조직은 합법성이나 세력 등의 정치적 자원과 함께 인적·물적 자원 등의 경제적 자원을 통해 서비스 활동을 수행하면서 생존하게 되는데, 이와 같은 외부환경적 요소가 조직의 내부에 영향을 미치게 되어 조직 내부의 권력관계와 조직 외부의 이익집단 간의 역학관계에 의해 조직의 의사결정에 크게 영향을 미친다고 주장한다.

19 ⑤ 1인당 GDP나 실업률 등의 경제적 조건, 헌법 제34조(복지권)나 사회복지관 시설평가 규정 등의 정치적·법적 조건, 연령·성별·인종·거주지역 등의 사회인구 통계학적 조건, 사회의 가치나 규범 등의 문화적 조건, 컴퓨터 기술이나 행동수정기술 등의 기술적 조건 등은 사회복지 조직의 일반환경에 해당한다.

20 ④ 슈퍼비전의 유형 중 동료집단 슈퍼비전(Peer-group Supervision)은 특정한 슈퍼바이저 없이 모든 집단성원들이 동등한 자격으로 참여한다.

21 전략적 기획과 프로그램 기획
- 전략적 기획(Strategy Planning) : 조직의 구체적 목표의 설정 및 변경, 구체적 목표달성을 위한 자원, 그 자원의 획득, 사용, 분배에 대한 정책을 결정하는 과정이다. 즉, 전략적 기획은 기관의 사명과 가치를 설정하고 자원 할당을 통해 기관이 목표로 하는 전략적인 방향을 설정하는 과정이라 할 수 있다.
- 프로그램 기획(Program Planning) : 근본적으로 현재와 미래의 환경변화에 대응하기 위한 것이다. 프로그램의 목표 설정에서부터 실행, 평가에 이르기까지 제반 과정들을 합리적으로 결정함으로써 미래의 행동 계획을 구체화하는 과정에 해당한다.

22 **사회복지정책결정의 이론모형으로서 점증모형**
- 린드블롬과 윌다브스키(Lindblom & Wildavsky)가 제시한 의사결정(정책결정) 모형으로서, 현실적 모형 또는 실증적 모형에 해당한다.
- 인간 이성의 한계와 의사결정 수단의 기술적 제약 등 현실적 제약을 고려하여 기존의 정책이나 의사결정을 점진적·부분적으로 수정해 나가는 방식이다.
- 이 모형은 계획성이 결여되고 의사결정의 명확한 평가기준이 없으며, 정치적 합리성에 따른 단기적·임기응변적 정책에 관심을 두는 단점이 있다.
- 보수적 성격으로 과감한 의사결정 및 정책 전환이 어려우며, 강자에게 유리한 반면 약자에게 불리한 문제점도 있다.

23 **사회복지조직 내의 갈등**
- 관념적 갈등 : 조직이 수행할 목표와 현재 수행하는 목표 사이의 갈등
- 구조적 갈등 : 조직 요원들과 이를 통제하는 기제 사이의 갈등
- 기능적 갈등 : 조직 내 다양한 하부 단위들 사이의 기능적인 분화가 갈등을 야기, 조화와 협조를 이루지만 권력관계 등으로 갈등함

24 **예산통제의 원칙(Lohmann)**
- 개별화의 원칙 : 재정통제체계는 개별기관 그 자체의 제약조건, 요구 및 기대사항에 맞게 고안되어야 한다.
- 강제의 원칙 : 재정통제체계는 강제성을 띠는 명시적 규정이 있어야 하며, 이를 통해 공평성과 활동에 공식성이 부여된다.
- 예외의 원칙 : 예외적인 상황에 적용할 수 있는 예외적 규정이 명시되어야 한다.
- 보고의 원칙 : 재정통제체계는 보고의 규정을 두어야 하며, 이를 통해 재정 관련 행위를 공식적으로 감시 및 통제할 수 있다.
- 개정의 원칙 : 일정한 기간이 지난 후에는 규칙을 새로 개정할 수 있어야 한다.
- 효율성의 원칙 : 예산통제에는 시간과 비용이 많이 드는 경우가 있는데, 비용과 활동을 최적화하는 정도에서 통제가 이루어져야 한다.
- 의미의 원칙 : 효과적인 통제를 위해 모든 관계자가 잘 이해할 수 있는 규칙, 기준, 의사소통, 계약 등이 전달되어야 한다.
- 환류의 원칙 : 재정통제체계에 관한 규칙, 기준, 의사소통 및 계약 등을 적용할 때 관련자들로부터 장단점 및 부작용을 수렴하여 개선의 기초로 삼아야 한다.
- 생산성의 원칙 : 재정통제로 인해 서비스 전달의 생산성에 장애가 발생하지 않도록 유의해야 한다.

25 ① 감성 마케팅은 고객의 기분과 감정에 영향을 미치는 감성적인 자극을 통해 브랜드와 유대관계를 강화하도록 한다.

01 ② 사회복지법인의 재산에 관한 사회복지사업법 제23조 제3항 제1호는 사회복지법인의 특수성을 고려하여 그 재산의 원활한 관리 및 유지 보호와 재정의 적정을 기함으로써 사회복지법인의 건전한 발달을 도모하고 사회복지법인으로 하여금 그 본래의 사업목적에 충실하게 하려는 데 그 목적이 있다. 따라서 그 입법목적은 정당하고, 법인의 기본재산을 처분함에 있어 사회복지법인이 설립자나 법인 운영자의 사익이나 자의적 경영을 방지하기 위하여 보건복지부장관의 허가를 받도록 하는 것은 그 목적을 달성하는 데 적절한 수단이라고 할 수 있다. 또한 사회복지법인의 모든 재산에 대하여 보건복지부장관의 허가를 요하는 것이 아니라 정관에 등재된 기본재산만을 허가의 대상으로 제한하고 있고, 파산법에 의한 파산절차를 통한 채권변제절차를 막고 있는 것도 아니므로, 위 법률규정은 피해의 최소성이라는 요건을 갖춘 것이다. 아울러 입법자가 위 법률조항의 입법을 통하여 사회복지법인의 운영자유와 거래의 안전이나 거래의 상대방의 재산권보다 사회복지법인의 재정의 건전화에 대한 공익적 요구를 더욱 중요한 가치로 선택한 것을 두고 합리적인 근거가 없는 기본권의 침해라 할 수 없다(2004헌바10, 2005.2.3).

02 ④ 청소년기본법(1991년), 고용보험법(1993년)
① 의료보호법(1977년), 산업재해보상보험법(1963년)
② 사회복지사업법(1970년), 국민기초생활 보장법(1999년)
③ 노인복지법(1981년), 긴급복지지원법(2005년)
⑤ 사회복지공동모금회법(1999년 전부개정), 다문화가족지원법(2008년)

03 ③ 대통령은 법률안의 일부에 대하여 또는 법률안을 수정하여 재의를 요구할 수 없다(헌법 제53조 제3항).
① 헌법 제52조
② 헌법 제53조 제1항
④ 헌법 제53조 제2항
⑤ 헌법 제53조 제7항

04 ① 자치법규로는 조례와 규칙을 들 수 있다.
② 지방자치단체의 장이 법령이나 조례가 위임한 범위 안에서 그 권한에 속하는 사무에 관하여 제정하는 규범은 '규칙'에 해당한다.
④ 주민은 복지조례의 제정을 청구할 수 있다.
⑤ 규칙으로 정하여야 하는 사항을 조례로 정하는 경우 위법에 해당한다.

05 ② 사회복지법의 근거가 되는 헌법규정은 사회복지 관련 하위법규의 존립근거인 동시에 재판의 규범으로서 효력을 가진다.

③ '무효'는 법률행위에 중대한 하자가 있어 처음부터 법적 효력을 가지지 않는 경우를, '취소'는 효력이 있는 법률행위에 하자가 있는 경우 이를 이유로 그 효력을 행위 시에 소급하여 무효로 하는 것을 말한다. 위헌이나 위법인 경우 소급하여 적용하기도 하지만, 일정 기간을 정하여 그 이내의 기간 동안 효력을 유효한 것으로 유지하기도 한다.

④ 사회복지행정기관의 지침은 특정 기관의 절차 또는 관례를 명시한 규칙에 해당하므로 법규성이 원칙적으로 부정된다.

⑤ 우리나라의 경우 단일의 사회복지법전은 존재하지 않는다. 다만, 여러 개별 법률들로 구성되어 있다.

06 **사회보장위원회의 실무위원회에 두는 분야별 전문위원회(사회보장기본법 시행령 제12조 제1항 참조)**
- 기획 전문위원회
- 제도조정 전문위원회
- 평가 전문위원회
- 재정 전문위원회
- 통계 · 행정데이터 전문위원회
- 그 밖에 실무위원회의 위원장이 필요하다고 인정하는 전문위원회

07 ㄹ. 사회복지입법청구권은 절차적 권리에 해당한다.

08 ① 장애인에게 공공시설 안의 매점이나 자동판매기 운영을 우선적으로 위탁하는 등의 생업지원에 관한 사항은 장애인복지법령의 규정에 따른다(장애인복지법 제42조 참조).

② 아동복지전담공무원은 사회복지사업법에 따른 사회복지사의 자격을 가진 사람으로 하고 그 임용 등에 필요한 사항은 해당 시 · 도 및 시 · 군 · 구의 조례로 정한다(아동복지법 제13조 제2항).

③ 사회보장사무 전담기구의 사무 범위, 조직 및 운영 등에 필요한 사항은 해당 특별자치시 및 시 · 군 · 구의 조례로 정한다(사회보장급여의 이용 · 제공 및 수급권자 발굴에 관한 법률 제42조 제3항).

④ 사회보장급여법에 규정된 사항 외에 지역사회보장협의체 및 실무협의체의 조직 · 운영에 필요한 사항은 보건복지부령으로 정하는 바에 따라 해당 시 · 군 · 구의 조례로 정한다(동법 제41조 제6항).

⑤ 의료급여법에서 정한 사항 외에 기금의 관리 · 운용에 관하여 필요한 사항은 보건복지부령으로 정하는 바에 따라 해당 지방자치단체의 조례로 정한다(의료급여법 제26조 제4항).

09 ⑤ 기초연금 환수금을 환수할 권리와 기초연금 수급권자의 권리는 5년간 행사하지 아니하면 시효의 완성으로 소멸한다(기초연금법 제23조).

① 보건복지부장관은 선정기준액을 정하는 경우 65세 이상인 사람 중 기초연금수급자가 100분의 70 수준이 되도록 한다(동법 제3조 제2항).

② '소득인정액'이란 본인 및 배우자의 소득평가액과 재산의 소득환산액을 합산한 금액을 말한다(동법 제2조 제4호).

③ 본인과 그 배우자가 모두 기초연금 수급권자인 경우에는 각각의 기초연금액에서 기초연금액의 100분의 20에 해당하는 금액을 감액한다(동법 제8조 제1항).

④ 국가는 지방자치단체의 노인인구 비율 및 재정 여건 등을 고려하여 기초연금의 지급에 드는 비용 중 100분의 40 이상 100분의 90 이하의 범위에서 대통령령으로 정하는 비율에 해당하는 비용을 부담한다(동법 제25조 제1항). 국가가 부담하는 비용을 뺀 비용은 특별시·광역시·특별자치시·도·특별자치도(시·도)와 시·군·구가 상호 분담한다(동법 제25조 제2항).

10 ① 국민기초생활 보장법상 급여신청에 따른 조사 내용에 포함된다(국민기초생활 보장법 제22조 제1항 참조).

사회보장급여 제공계획(지원계획)에 포함되어야 할 사항(사회보장급여의 이용·제공 및 수급권자 발굴에 관한 법률 제15조 제1항 참조)
- 사회보장급여의 유형·방법·수량 및 제공기간
- 사회보장급여를 제공할 기관 및 단체
- 동일한 수급권자에 대하여 사회보장급여를 제공할 보장기관 또는 관계 기관·법인·단체·시설이 둘 이상인 경우 상호 간 연계방법
- 사회보장 관련 민간 법인·단체·시설이 제공하는 복지혜택과 연계가 필요한 경우 그 연계방법

11 ⑤ 보건복지부장관은 사회복지사가 거짓이나 그 밖의 부정한 방법으로 자격을 취득한 경우 그 자격을 취소하여야 한다(사회복지사업법 제11조의3 제1항 참조).

12 ④ 시·군·구 지역사회보장계획의 경우 지역사회보장협의체, 시·도 지역사회보장계획의 경우 시·도 사회보장위원회의 심의를 거친다.

사회복지시설 운영위원회의 심의사항(사회복지사업법 제36조 제1항 참조)
- 시설운영계획의 수립·평가에 관한 사항
- 사회복지 프로그램의 개발·평가에 관한 사항
- 시설 종사자의 근무환경 개선에 관한 사항
- 시설 거주자의 생활환경 개선 및 고충 처리 등에 관한 사항
- 시설 종사자와 거주자의 인권보호 및 권익증진에 관한 사항
- 시설과 지역사회의 협력에 관한 사항
- 그 밖에 시설의 장이 운영위원회의 회의에 부치는 사항

13 ① 산업재해보상보험법 시행령 제2조 제1항 참조

② 부상 또는 질병이 3일 이내의 요양으로 치유될 수 있으면 요양급여를 지급하지 아니한다(산업재해보상보험법 제40조 제3항).

③ 간병급여는 요양급여를 받은 자 중 치유 후 의학적으로 상시 또는 수시로 간병이 필요하여 실제로 간병을 받는 사람에게 지급한다(동법 제61조 제1항).

④ 근로자를 진료한 산재보험 의료기관은 그 근로자의 재해가 업무상의 재해로 판단되면 그 근로자의 동의를 받아 요양급여의 신청을 대행할 수 있다(동법 제41조 제2항).

⑤ 산업재해보상보험의 보험료 고지 및 수납 업무는 국민건강보험공단이 고용노동부장관의 위탁을 받아 수행한다(고용보험 및 산업재해보상보험의 보험료징수 등에 관한 법률 제4조 참조).

14 **실업급여의 종류(고용보험법 제37조)**
- 실업급여는 구직급여와 취업촉진 수당으로 구분한다.
- 취업촉진 수당의 종류는 다음과 같다.
  - 조기(早期)재취업 수당
  - 직업능력개발 수당
  - 광역 구직활동비
  - 이주비

15 ㄴ. 장애인연금은 「장애인연금법」에 따른 급여에 해당한다.

ㄷ. 장해급여는 「산업재해보상보험법」에 따른 급여에 해당한다.

16 **가입자 자격의 상실 시기(국민건강보험법 제10조 제1항)**
- 사망한 날의 다음 날
- 국적을 잃은 날의 다음 날
- 국내에 거주하지 아니하게 된 날의 다음 날
- 직장가입자의 피부양자가 된 날
- 수급권자가 된 날
- 건강보험을 적용받고 있던 사람이 유공자 등 의료보호대상자가 되어 건강보험의 적용배제신청을 한 날

17 ⑤ 국민건강보험법 제63조 참조

① 국민건강보험공단은 자산의 관리·운영 및 증식사업을 할 수 있으며, 여기에는 특별법에 따라 설립된 법인이 발행하는 유가증권의 매입이나 공단의 업무에 사용되는 부동산의 취득 및 일부 임대 등도 포함된다(동법 제14조 참조).

② 요양급여의 기준 및 요양급여비용에 관한 사항을 심의·의결하는 곳은 건강보험정책심의위원회이다(동법 제4조 참조).

③ 요양급여비용의 계약 및 보험료의 결손처분 등에 관한 사항을 심의·의결하는 곳은 재정운영위원회이다(동법 제33조 참조).

④ 건강보험심사평가원의 업무를 효율적으로 수행하기 위하여 심사평가원에 진료심사평가위원회를 둔다(동법 제66조 제1항).

18 **사회복지시설의 서비스 최저기준(사회복지사업법 시행규칙 제27조)**
- 시설 이용자의 인권
- 시설의 환경
- 시설의 운영
- 시설의 안전관리
- 시설의 인력관리
- 지역사회 연계
- 서비스의 과정 및 결과
- 그 밖에 서비스 최저기준 유지에 필요한 사항

19 ③ 생계급여 선정기준은 기준 중위소득의 100분의 30 이상으로 한다(국민기초생활 보장법 제8조 제2항).

① 생계급여는 금전을 지급하는 것으로 한다. 다만, 금전으로 지급할 수 없거나 금전으로 지급하는 것이 적당하지 아니하다고 인정하는 경우에는 물품을 지급할 수 있다(동법 제9조 제1항).

② 수급품은 대통령령으로 정하는 바에 따라 매월 정기적으로 지급하여야 한다. 다만, 특별한 사정이 있는 경우에는 그 지급방법을 다르게 정하여 지급할 수 있다(동법 제9조 제2항).

④ 생계급여는 수급자의 주거에서 실시한다. 다만, 수급자가 주거가 없거나 주거가 있어도 그곳에서는 급여의 목적을 달성할 수 없는 경우 또는 수급자가 희망하는 경우에는 수급자를 보장시설이나 타인의 가정에 위탁하여 급여를 실시할 수 있다(동법 제10조 제1항).

⑤ 보장기관은 대통령령으로 정하는 바에 따라 근로능력이 있는 수급자에게 자활에 필요한 사업에 참가할 것을 조건으로 하여 생계급여를 실시할 수 있다(동법 제9조 제5항).

20 노인일자리전담기관의 설치·운영 등(노인복지법 제23조의2 제1항)

노인의 능력과 적성에 맞는 일자리지원사업을 전문적·체계적으로 수행하기 위한 전담기관(노인일자리전담기관)은 다음의 기관으로 한다.

- 노인인력개발기관 : 노인일자리 개발·보급사업, 조사사업, 교육·홍보 및 협력사업, 프로그램 인증·평가사업 등을 지원하는 기관
- 노인일자리지원기관 : 지역사회 등에서 노인일자리의 개발·지원, 창업·육성 및 노인에 의한 재화의 생산·판매 등을 직접 담당하는 기관
- 노인취업알선기관 : 노인에게 취업 상담 및 정보를 제공하거나 노인일자리를 알선하는 기관

21 단기보호시설과 장기보호시설(가정폭력방지 및 피해자보호 등에 관한 법률 제7조의2 제1항 참조)

- 단기보호시설 : 피해자 등을 6개월의 범위에서 보호하는 시설
- 장기보호시설 : 피해자 등에 대하여 2년의 범위에서 자립을 위한 주거편의 등을 제공하는 시설

22 ③ 입양에 대한 교육 및 홍보는 입양특례법상 국가 및 지방자치단체가 국내입양 활성화와 입양 후 가정생활의 원만한 적응을 위해 실시하는 사업에 해당한다(입양특례법 제3조 참조).

다문화가족지원법의 지원 내용(법 제5조~제12조)

- 다문화가족에 대한 이해증진
- 생활정보 제공 및 교육 지원
- 평등한 가족관계의 유지를 위한 조치
- 가정폭력 피해자에 대한 보호·지원
- 의료 및 건강관리를 위한 지원
- 아동·청소년 보육·교육
- 다국어에 의한 서비스 제공
- 다문화가족 종합정보 전화센터의 설치·운영
- 다문화가족 지원센터의 설치·운영 등

23 ④ 장기요양보험료는 국민건강보험법에 따른 보험료와 통합하여 징수한다. 이 경우 국민건강보험 공단은 통합 징수한 장기요양보험료와 건강보험료를 각각의 독립회계로 관리하여야 한다(노인 장기요양보험법 제8조 참조).

① 등급판정에 따른 장기요양인정의 유효기간은 최소 1년 이상으로서 대통령령으로 정한다(동법 제19조 제1항).

② 장기요양보험사업의 보험자는 국민건강보험공단으로 한다(동법 제7조 제2항).

③ '장기요양급여'란 6개월 이상 동안 혼자서 일상생활을 수행하기 어렵다고 인정되는 자에게 신체 활동·가사활동의 지원 또는 간병 등의 서비스나 이에 갈음하여 지급하는 현금 등을 말한다(동 법 제2조 제2호).

⑤ 장기요양급여는 노인 등이 가족과 함께 생활하면서 가정에서 장기요양을 받는 재가급여를 우선 적으로 제공하여야 한다(동법 제3조 제3항).

24 요양보호사의 직무 · 자격증의 교부 등(노인복지법 제39조의2)
- 노인복지시설의 설치 · 운영자는 보건복지부령으로 정하는 바에 따라 노인 등의 신체활동 또는 가사활동 지원 등의 업무를 전문적으로 수행하는 요양보호사를 두어야 한다.
- 요양보호사가 되려는 사람은 요양보호사를 교육하는 기관(요양보호사교육기관)에서 교육과정을 마치고 시 · 도지사가 실시하는 요양보호사 자격시험에 합격하여야 한다.
- 시 · 도지사는 요양보호사 자격시험에 합격한 사람에게 요양보호사 자격증을 교부하여야 한다.
- 시 · 도지사는 요양보호사 자격시험에 응시하고자 하는 사람과 자격증을 교부 또는 재교부 받고자 하는 사람에게 보건복지부령으로 정하는 바에 따라 수수료를 납부하게 할 수 있다.
- 요양보호사의 교육과정, 요양보호사 자격시험 실시 및 자격증 교부 등에 관하여 필요한 사항은 보건복지부령으로 정한다.

25 성폭력 실태조사(성폭력방지 및 피해자보호 등에 관한 법률 제4조 제1항)
여성가족부장관은 성폭력의 실태를 파악하고 성폭력 방지에 관한 정책을 수립하기 위하여 3년마다 성폭력 실태조사를 하고 그 결과를 발표하여야 한다.

제1과목 | 사회복지기초

1영역		인간행동과 사회환경												
01	02	03	04	05	06	07	08	09	10	11	12	13	14	15
②	⑤	⑤	③	②	⑤	④	①	③	②	③	⑤	②	③	②
16	17	18	19	20	21	22	23	24	25					
①	③	③	②	②	⑤	③	②	①	③					

2영역		사회복지조사론												
01	02	03	04	05	06	07	08	09	10	11	12	13	14	15
④	①	④	④	③	①	①	④	⑤	②	⑤	①	④	⑤	②
16	17	18	19	20	21	22	23	24	25					
②	③	②	③	⑤	②	②	⑤	③	③					

제1영역 인간행동과 사회환경

01 ② 전의식은 의식과 무의식의 중간지점에 있으면서 이들 사이의 교량역할을 한다. 현재는 의식하지 못하지만 조금만 노력하면 의식으로 가져올 수 있는 것으로, 인식의 표면 밑에 있는 내용을 말한다.

02 ⑤ 프로이트는 인간은 유아기부터 청소년기까지 5단계에 걸쳐 성격이 발달한다고 보았으며, 청소년기 이후의 단계에 대해서는 그다지 중요하게 생각하지 않았다.

03 발달 및 그와 유사한 개념
- 발달(Development) : 출생에서부터 사망에 이르기까지 전 생애에 걸쳐 계속적으로 일어나는 변화의 양상 과정으로서, 신체적 · 지적 · 정서적 · 사회적 측면 등 전인적인 측면에서 변화하는 것이다.
- 성장(Growth) : 성장은 신체 크기의 증대, 근력의 증가 등과 같은 양적인 확대를 의미한다. 특히 신체적 부분에 국한된 변화를 설명할 때 주로 사용된다.
- 성숙(Maturation) : 경험이나 훈련에 관계없이 인간의 내적 또는 유전적 기제의 작용에 의해 체계적이고 규칙적으로 진행되는 신체 및 심리의 변화를 의미한다.

- 학습(Learning) : 후천적 변화의 과정으로서 특수한 경험이나 훈련 또는 연습과 같은 외부자극이나 조건, 즉 환경에 의해 개인이 내적으로 변하는 것을 의미한다.

04 **성숙이론에 의한 발달의 원리**
- 자기규제의 원리 : 아동은 자기규제를 통해 자신의 수준과 능력에 맞게 성장을 조절해 나간다.
- 상호적 교류의 원리 : 발달상 서로 대칭되는 양측은 점차적으로 효과적인 체제화를 이루어나간다.
- 기능적 비대칭의 원리 : 발달은 구조상 대칭적이더라도 기능상 약간 불균형을 이루어서 어느 한쪽이 우세한 경우 오히려 더욱 기능적이다.
- 개별적 성숙의 원리 : 성숙은 내적 요인에 의해 통제되는 과정으로서 외적 요인에 의해 영향을 거의 받지 않는다.
- 발달 방향의 원리 : 발달의 방향은 특정한 순서대로 진행되도록 성숙에 의해 지속적으로 지시를 받는다.

05 ② 시간의 원리(근접의 원리)는 고전적 조건형성의 기본원리로서, 조건형성의 과정에서 조건 자극이 무조건 자극보다 시간적으로 동시에 또는 약간 앞서서 주어져야 한다는 것이다.

조작적 조건형성의 기본원리
- 강화의 원리 : 강화자극(보상)이 따르는 반응은 반복되는 경향이 있으며, 조작적 반응이 일어나는 비율을 증가시킨다.
- 소거의 원리 : 일정한 반응 뒤에 강화가 주어지지 않으면 반응은 사라진다.
- 조형의 원리 : 조형은 실험자 또는 치료자가 원하는 방향 안에서 일어나는 다양한 반응들만을 강화하고, 원하지 않는 방향의 행동에 대해 강화 받지 못하도록 하여 결국 원하는 방향의 행동을 할 수 있도록 하는 것이다.
- 자발적 회복의 원리 : 일단 습득된 행동은 만족스러운 결과가 주어지지 않는다고 하여 즉시 소거되지는 않으며, 동일한 상황에 직면하는 경우 다시 나타난다.
- 변별의 원리 : 변별은 보다 정교하게 학습이 이루어지는 것으로서, 유사한 자극에서 나타나는 조그만 차이에 따라 다른 반응을 보이는 것이다.

06 ⑤ 스키너와 반두라의 이론에서는 강화속성이나 환경적 자극의 변화를 통해 인간행동은 변화할 수 있다고 본다.

07 ㄹ. 억제(Suppression)는 일종의 의식적인 거부로서, 비생산적이고 감정소모적인 논란거리로부터 주의를 의도적으로 다른 곳으로 돌리는 것이다.
　예 평소 사업자금을 달라고 조르던 아들이 아버지 회사의 부도위기 사실을 알게 되어 그와 같은 요구를 삼가는 경우
　ㄱ. 주지화(Intellectualization)는 위협적이거나 고통스러운 정서적 문제를 피하기 위해 또는 그것을 둔화시키기 위해 사고, 추론, 분석 등의 지적 능력을 사용하는 것이다.
　예 죽음에 대한 불안감을 덜기 위해 죽음의 의미와 죽음 뒤의 세계에 대해 추상적으로 사고하는 경우

ㄴ. 투사(Projection)는 사회적으로 인정받을 수 없는 자신의 행동과 생각을 마치 다른 사람의 것인 양 생각하고 남을 탓하는 것이다.

　　예 자기가 화가 난 것을 의식하지 못한 채 상대방이 자기에게 화를 낸다고 생각하는 경우

ㄷ. 억압(Repression)은 죄의식이나 괴로운 경험, 수치스러운 생각을 의식에서 무의식으로 밀어내는 것으로서 선택적인 망각을 의미한다.

　　예 부모의 학대에 대한 분노심을 억압하여 부모에 대한 이야기를 무의식적으로 꺼리는 경우

08 ① 비고츠키(Vygotsky)는 피아제(Piaget)의 인지발달이론에 사회문화적인 접근을 시도함으로써 새로운 인지발달이론을 전개하였다. 즉, 피아제의 인지발달이론이 개인의 인지적 · 심리적 발달을 내면적이고 개별적인 것으로 간주한 반면, 비고츠키의 사회문화적 인지이론은 사회문화 현상 및 사람들과의 상호작용에 의한 것으로 간주하였다.

② 아동의 환경 속에 존재하는 다양한 사회적 맥락이 아동의 학습 발달에 지대한 영향을 미친다. 즉, 학습은 아동 스스로 학습하려는 노력과 함께 사회가 부모나 교사, 또래 등을 통해 가르치려고 하는 노력을 통해 이루어진다.

③ 성숙이 특정한 인지발달을 위한 기본전제가 될 수는 있으나, 그것이 전적으로 발달을 결정하는 것은 아니다.

④ 사회적 상호작용의 영역으로서 '근접발달영역(Zone of Proxima Development)'은 아동 스스로 해결할 수 있는 문제에 의해 결정되는 실제적 발달수준과 성인이나 다른 동료 학습자의 지원에 의해 문제 해결이 가능한 잠재적 발달수준 간의 차이를 의미한다.

⑤ 비고츠키는 효과적인 교수-학습을 위해 '비계설정(Scaffolding)'이라는 용어를 사용하였다. 비계설정은 근접발달영역 내에서 개인정신 간의 국면이 개인정신 내의 국면으로 전환하는 것을 말한다. 즉, 아동은 자신의 노력과 함께 부모나 교사 또는 유능한 또래의 도움을 통해 스스로 문제를 해결할 수 있는 능력을 습득하게 된다.

09 부모의 유형
- 축소전환형 : 부모는 아이의 슬픔, 분노 등의 부정적인 감정이 좋지 않다는 생각에서 이를 무시한 채 다른 감정으로 전환시킨다.
- 억압형 : 부모는 아이의 부정적인 감정을 전환하는 데 그치지 않고 아이로 하여금 그와 같은 감정을 느끼는 것 자체를 금지한다.
- 방임형 : 부모는 아이에게 자신의 감정을 마음대로 표현하도록 내버려둔다.
- 감정코치형 : 가장 바람직한 부모 유형으로서, 부모는 아이가 느끼는 감정이 잘못된 것이 아님을 알려주며, 그와 관련된 문제를 해결하도록 돕는다.

10 에릭슨(Erikson) 심리사회이론의 주요 특징
- 인간의 전 생애는 세 가지 주요체계인 '신체적 체계', '자아체계', '사회적 체계'에 의한 내적 경험 및 사회적 환경 간의 지속적인 상호작용에서 비롯된다.
- 성장하는 모든 것은 기본 계획으로서 기초안(Ground Plan)을 가지며, 인간발달은 이와 같은 기초 위에서 이루어진다는 '점성원리(Epigenetic Principle)'를 강조한다. 즉, 인간은 발달을 위한 기본적인 요소들을 앞서 가지고 있으며, 이러한 요소들이 시간의 경과에 따라 결합 또는 재결합함으로써 새로운 구조가 형성된다는 것이다.

- 인간의 행동은 사회적 관심에 대한 욕구, 유능성에 대한 욕구(환경을 통제하고자 하는 욕구), 사회적 사건의 구조 및 질서에 관한 욕구 등 사회적 충동에서 비롯된다.

11 융모생체표본검사

'융모생체표본검사' 또는 '융모막융모검사'는 보통 임신 9~13주 사이에 시행한다. 복부 또는 자궁경부를 통해 태반 조직을 채취하여 태아의 염색체를 분석하거나 기타 태아 관련 질환을 검사하는 방법이다. 초음파 영상을 확인하면서 작은 튜브를 복부 또는 자궁경부에 삽입하여 태반 조직 일부를 채취하며, 이렇게 채취한 태반 조직세포를 배양하여 염색체 이상 유무를 진단한다. 이 검사는 임신 초기에 시행하는 방법이므로 태아의 이상을 조기에 발견할 수 있는 장점이 있으나, 이후에 실시하는 양수 검사에 비해 유산의 위험성이 대략 1.5~3% 정도로 높으므로 35세 이상 임산부에게만 제한적으로 실시된다.

12 ⑤ 발달과정에서 자기대화의 중요성을 강조한 학자는 비고츠키(Vygotsky)이다. 그는 특히 자기대화를 언어의 발달과정으로 설명하는데, 아동은 점차적으로 사고와 언어가 통합되면서 자기중심적 언어로써 자기대화를 하기 시작하며, 이와 같은 자기대화는 7세 이후 내적 언어로 발달하게 된다는 것이다.

13 ② 네겐트로피 또는 역엔트로피는 개방체계적인 속성으로 체계 내부의 불필요한 에너지가 감소하는 상태를 말한다. 개방체계는 외부환경으로 배출하는 에너지보다 더 많은 에너지를 외부환경으로부터 받아들임으로써 다른 체계와의 상호작용을 지속적으로 유지한다.

① 엔트로피는 체계가 소멸해가거나, 무질서해지고 비조직화되는 과정을 말하는 것으로서, 폐쇄체계를 구성하고 있는 부분들이 시간이 지나감에 따라 서로 간의 구별이 없어지게 되어 점차 동일성을 띠게 되는 것을 의미한다.

③ 시너지는 각 부분들이 공동작용이나 협동을 통해 기능적 측면에서 상승효과를 발휘함으로써 전체적 효과에 기여하는 것을 의미한다.

④ 항상성은 개방체계적인 속성으로서 환경과 지속적으로 소통하면서 역동적인 균형을 이루는 상태를 말한다.

⑤ 균형은 폐쇄체계적인 속성으로서 외부환경과의 에너지 소통 없이 현상을 유지하려는 상태를 말한다.

14 ③ 집단성원들 간의 상호작용은 본질적으로 대면적이므로 협의로 정의된 역할에 전적으로 근거하지 않고 전인격적으로 이루어진다. 즉, 집단목적이 집단성원들의 욕구에서 비롯되므로 명시적이기보다는 묵시적인 경향이 있다.

15 ② 자조집단에 대한 내용이다.

16 ① 사회경제적·문화적 배경을 고려할 필요는 있으나 부모의 사회적 배경은 정상여부의 기준으로 고려할 수 없다.

17 인생주기별 주요 발달과제(발달과업)
- 영아기(출생~18개월 또는 2세) : 애착관계 형성, 신체적 성장, 감각기능 및 운동기능의 성숙, 감정의 분화
- 유아기(18개월 또는 2~4세) : 언어발달, 운동능력 정교화, 자기통제능력 습득
- 전기아동기(학령전기, 4~6세) : 초기 수준의 도덕성 발달, 성역할개념 습득, 집단놀이를 통한 사회적 관계 형성
- 후기아동기(학령기, 6~12세) : 구체적 조작사고 발달, 왕성한 신체활동, 학습능력 및 기술의 습득, 사회적 규범 학습, 단체놀이를 통한 협동·경쟁·협상·분업의 원리 체득
- 청소년기(12~19세) : 형식적 조작사고 발달, 자아정체감 형성, 신체적 성숙, 성적 성숙, 교우관계 및 남녀관계 성립, 부모나 다른 성인으로부터 정신적 독립의 요구
- 청년기(성인 초기, 19~29세) : 부모로부터의 독립, 직업선택, 결혼, 자율성 확립, 자기주장능력, 사회적 친밀감 형성능력
- 중년기(장년기, 30~65세) : 신체적·인지적 변화에 대한 대응, 생산성 및 직업관리, 부부관계 유지, 자녀양육, 노부모 부양, 사회적 책임수행, 여가활동개발
- 노년기(65세 이후) : 자아통합, 노화에 의한 신체적 쇠약 및 인지능력 감퇴에의 적응, 은퇴에 대한 대응, 역할변화에 대한 적응, 자기 동년배집단과의 유대관계 강화, 생애에 관한 회고 및 죽음에 대한 두려움 극복

18 반두라의 관찰학습과정
- 주의집중과정 : 모델에 주의를 집중시키는 과정
- 보존과정(기억과정, 파지과정) : 모방한 행동을 상징적 형태로 기억 속에 담는 과정
- 운동재생과정 : 모델을 모방하기 위해 심상 및 언어로 기호화된 표상을 외형적인 행동으로 전환하는 과정
- 동기화 과정(자기강화의 과정) : 학습한 행동을 수행할 가능성을 높이는 과정

19 자기실현을 한 사람(자기실현자)의 주요 특성(Maslow)
- 감성이 풍부하다.
- 현실 중심적이다.
- 창의적이다.
- 문제해결 능력이 탁월하다.
- 수단과 목적을 구분한다.
- 사생활을 즐긴다.
- 환경과 문화에 영향을 받지 않는다.
- 사회적인 압력에 굴하지 않는다.
- 민주적인 가치를 옹호한다.
- 인간적·공동체적이다.
- 인간적인 관계를 깊이 한다.
- 공격적이지 않은 유머를 즐긴다.
- 관대하고 타인을 수용한다.

- 자연스러움과 간결함을 좋아한다.
- 최대한 많은 것을 알고 경험하려 한다.
- 개방적이고 솔직하며 자연스럽다.
- 자율적이고 실수를 두려워하지 않는다.
- 사람과 주변환경을 객관적이고 명확하게 지각한다.

20 ② 대리학습(Vicarious Learning)은 타인의 행동에 대한 관찰 및 모방에 의한 학습을 통해 내담자로 하여금 문제행동을 수정하거나 학습을 촉진시키는 기법이다.
① 소거(Extinction)는 강화물을 계속 주지 않을 때 반응의 강도가 감소하는 것이다.
③ 행동조성 또는 조형(Shaping)은 행동을 구체적으로 세분화하여 단계별로 구분한 후 각 단계마다 강화를 제공함으로써 내담자가 단번에 수행하기 어렵거나 그 반응을 촉진하기 어려운 행동 또는 복잡한 행동 등을 학습하도록 유도하는 기법이다.
④ 자기강화(Self-reinforcement)는 자신이 통제할 수 있는 보상을 자기 스스로에게 주어서 자신의 행동을 유지하거나 변화시키는 것이다.
⑤ 부적 강화(Negative Reinforcement)는 강화기법의 일종으로서, 불쾌 자극을 철회하여 행동의 빈도를 증가시키는 것이다.

21 청년기(성인초기)는 10대의 청소년기를 벗어나 독립된 생활을 성취하기 위한 준비기로서, 적합한 성역할을 습득하고 직업선택과 관련된 발달과업을 수행해야 하는 중요한 전환의 시기이다. 또한 사랑(결혼)과 일(직업)을 통한 구체적인 자아실현의 시기이기도 하다.

22 ㄱ. 전인습적 수준(4~10세)의 도덕성
ㄷ. 후인습적 수준(13세 이상)의 도덕성

23 ② 동일문화권에 속하는 사람들은 문화의 공유를 통해 영향을 받기도 하나, 기본적으로 각자 차별화된 성격적 특징을 나타내 보인다. 동일문화권이 전형적인 성격유형을 나타내 보일 수는 있어도, 그 구성원 각각의 성격까지 동일하게 만들 수는 없다.

24 인생구조이론을 주창한 레빈슨(Levinson)은 출생에서 죽음에 이르는 과정으로서 '인생구조' 또는 '인생주기'가 마치 자연의 사계절과 같은 진행과정을 나타내 보이는 데 주목하였다. 그는 인간발달이 안정과 변화의 계속적인 과정을 통해 순환하면서 점진적으로 이루어지며, 그 변화 과정을 과거·현재·미래를 연결하는 연속선상에서 파악할 수 있다고 보았다. 그는 인생구조를 크게 '성인이전 시기(0~22세)', '성인전기(17~45세)', '성인중기(40~65세)', '성인후기(60세 이후)'의 사계절 또는 4개의 시대(Era)로 구분하였으며, 각 시대를 대략 5년 정도 지속되는 몇 개의 시기(Period)들의 계열로 제시하였다.

25 환경 속의 인간(Person in Environment)

- 인간을 이해하기 위해서는 인간 고유의 심리 내적인 특성은 물론 환경 또는 상황까지 통합적으로 고려해야 한다.
- '환경 속의 인간'은 인간과 환경을 분리된 실체가 아닌 하나의 통합된 총체로 이해한다. 즉, 인간과 환경 사이에 일어나는 상호작용 영역에 초점을 두고 양자 간의 상호교환을 통해 어떤 일이 진행되고 있는가에 관심의 초점을 두는 것이다.
- 개인이 경험하는 사회복지적 문제의 책임을 개인 또는 환경 어느 한 쪽에 일방적으로 부여하지 않으며, 이들 양자 간의 공동책임으로 간주한다.
- 환경은 단순히 자연환경을 말하는 것이 아닌 개인이 밀접하게 관계하는 가족 및 친구는 물론, 지역사회와 국가제도, 자연생태 등을 포괄한다.
- 개인은 다양한 환경체계들과 긴밀하게 교류하여 상호 간에 영향을 주고받으며, 균형, 안정, 항상성을 유지하고자 한다.
- 개인 · 환경 간 상호작용 증진을 위해 개인의 역량을 강화하는 것은 물론 환경의 변화를 시도한다.
- 사회복지사는 클라이언트를 이해하기 위해 클라이언트의 개인 내적인 측면은 물론 가족, 학교, 직장 등 다양한 환경체계들에도 관심을 가져야 한다. 이와 같이 인간과 환경에 동시적으로 주의를 기울이는 것을 '이중초점(Dual Focus)'이라고 한다.

제2영역　사회복지조사론

01 ④ 과학적 조사방법은 연구결과에 대해 일시적 · 잠정적이다.

과학적 조사방법의 특징

- 확률에 의한 인과성이 있다.
- 일시적 · 잠정적인 결론이다.
- 과학적 조사는 논리적 · 체계적이다.
- 일정한 규칙과 절차를 통해 이루어진다.
- 일반화를 통해 보편적인 것을 지향한다.
- 관찰로부터 수집된 자료를 토대로 한다.
- 새로운 이론에 의해 언제든 수정이 가능하다.
- 간결화를 통해 최소한의 설명변수로 최대의 설명력을 유도한다.
- 구체화를 통해 검증하고자 하는 개념을 정확히 측정한다.
- 간주관성에 의해 서로 다른 동기에도 불구하고 동일한 결과가 나타난다.
- 경험적인 검증 가능성에 의해 이론의 유용성이 인정된다.

02 **조사연구의 과정**

- 연구문제 형성(연구주제 선정) : 조사의 주제, 이론적 배경, 중요성 등을 파악하고 이를 체계적으로 정립하는 과정이다.(ㄱ)
- 가설 설정(가설 구성) : 선정된 조사문제를 조사가 가능하고 실증적으로 검증이 가능하도록 구체화하는 과정이다.(ㄴ)
- 조사설계 : 조사연구를 효과적·효율적·객관적으로 수행하기 위한 논리적·계획적인 전략으로서, 자료수집방법, 연구모집단 및 표본 수, 표본추출방법, 분석 시 사용할 통계기법 등을 결정하며, 조사도구(설문지) 작성 후 그 신뢰도 및 타당도를 검증한다.(ㄷ)
- 자료의 수집 : 자료는 관찰, 면접, 설문지 등 다양한 방법을 통해 수집되는데, 과학적 조사자료는 조사자가 직접 수집하는 1차 자료와 함께 다른 주체에 의해 이미 수집·공개된 2차 자료로 구분된다.(ㄹ)
- 자료의 분석(해석) : 수집된 자료의 편집과 코딩과정이 끝나면 통계기법을 이용하여 자료의 분석이 이루어진다.
- 보고서 작성 : 연구결과를 객관적으로 증명하고 경험적으로 일반화하기 위해 일정한 형식으로 기술하여 타인에게 전달하기 위한 보고서를 작성한다.

03 ④ 실험법은 엄격히 통제된 상황에서 두 변수 사이의 인과관계를 검증하는 방법으로서, 독립변수의 조작, 외생변수의 통제, 실험대상의 무작위화를 조건으로 한다. 즉, 인과관계를 추리하기 위해 무작위로 실험집단과 통제집단으로 나누고 실험집단에 자극을 가하여 나타난 결과를 통제집단과 비교하는 방식이다. 반면, 조사법은 현상이나 모집단의 특성에 대한 분포 및 발생빈도 등의 특성을 파악하기 위해 행하는 조사로서, 명백한 문제선정, 사용할 기술과 접근방법의 확정, 연구대상의 선정, 주의 깊은 조사절차의 확정 등을 조건으로 한다.

04 ④ 축적된 지식이 없는 경우에 연역적 방법의 활용이 어렵기 때문에 관찰을 통한 일반화로 이론을 정립해 가는 귀납법이 유용하다.

05 ③ 가설에 대한 통계적 검증과정에 따라 영가설과 대립가설로 구분된다. 영가설(Null Hypothesis)은 연구가설과 논리적으로 반대의 입장을 취하는 것으로서 처음부터 버릴 것을 예상하는 가설이다. 이러한 영가설은 차이나 관계가 없거나 의미 있는 차이나 관계가 없는 경우의 가설에 해당하는 것으로서, 보통 "A는 B와 관계(차이)가 없을 것이다"는 식으로 표현된다. 반면 대립가설은 영가설에 대립되는 가설로서, 영가설이 거짓일 때 채택하기 위해 설정하는 가설이다. 이러한 대립가설은 보통 "~의 관계(차이)가 있을 것이다"라고 기술하는 명제를 말한다.

06 ㄱ. 독립변수는 원인을 가져다주는 기능을 하는 변수이다.
ㄴ. 종속변수는 결과를 나타내는 기능을 하는 변수이다.
ㄷ. 조절변수는 독립변수와 종속변수 사이의 관계를 체계적으로 변화시키는 일종의 독립변수로서, 종속변수에 영향을 미치는 독립변수의 인과관계를 조절할 수 있는 또 다른 독립변인을 말한다. 조절변수는 매개변수와 유사하나, 매개변수의 경우 독립변수와 종속변수 간에 직접적인 관련이 없이 제3의 변수가 두 변수의 중간에서 매개자 역할을 하여 두 변수 간에 간접적인 관계를 맺도록 하는 변수에 해당한다.

07 **제1종 오류와 제2종 오류**
- 제1종 오류 : 귀무가설이 참인데도 이를 기각하는 경우
- 제2종 오류 : 귀무가설이 거짓인데도 이를 채택하는 경우

08 ㄱ · ㄴ. 등간척도, ㄷ. 서열척도
비율척도
연령, 무게, 키, 수입, 출생률, 사망률, 이혼율, 가족 수, 사회복지학과 졸업생 수 등

09 ⑤ 보기의 사례에서 실험집단은 평소 아동학대 예방에 관심을 가지고 자의로 부모교육 프로그램에 참여한 학부모집단으로 구성된 반면, 통제집단은 평소 아동학대 예방에 별다른 관심이 없어서 부모교육 프로그램에 참여하지 않은 학부모집단으로 구성되어 있다. 이 경우 프로그램에 참여한 학부모집단에서 아동학대에 대한 의식이 높아져서 개선의 정도가 다르게 나타났다고 하여, 이를 프로그램의 효과로 단정하기는 어렵다. 이는 내적 타당도에 영향을 미치는 요인으로서, 실험 실행 이전에 실험집단과 통제집단을 나눌 때 문제시되는 선별요인, 즉 편향된 선별(Selection Bias)과 연관된다.

10 **검사도구의 주요 조건**
- 타당도(Validity) : 측정하고자 하는 개념이나 속성을 얼마나 실제에 가깝게 정확히 측정하고 있는가?
- 신뢰도(Reliability) : 동일한 대상에 대해 같거나 유사한 측정도구를 사용하여 반복 측정할 경우 동일하거나 비슷한 결과를 얻을 수 있는가?
- 객관도(Objectivity) : 검사자의 채점이 어느 정도 신뢰할만하고 일관성이 있는가?
- 실용도(Usability) : 검사도구가 얼마나 적은 시간과 비용, 노력을 투입하여 얼마나 많은 목표를 달성할 수 있는가?

11 ⑤ 사회복지조사에서는 개인, 가족, 집단, 조직, 사회적 가공물 등이 분석단위가 된다.

12 ① 무작위적 오류는 조사대상자의 상태에 의해 발생할 수 있다. 예를 들어, 설문문항이 지나치게 많을 경우 응답자는 측정 과정에서 피로감을 느끼게 되고, 그로 인해 단지 측정을 가능한 한 빨리 마치기 위해 되는 대로 응답함으로써 측정의 무작위 오류를 야기하게 된다.
② · ③ 무작위 오류는 체계적 오류와 달리 일정한 양태나 일관성을 가지지 않는 오류로서, 특히 신뢰도를 낮추는 주요 원인에 해당한다.
④ 무작위 오류는 비일관적인 양상을 보이므로 사실상 통제가 어려우며, 다양한 원인에서 비롯되므로 이를 파악 및 제거하기가 쉽지 않다.
⑤ 중앙집중경향의 오류는 체계적 오류의 대표적인 예에 해당한다.

13 ④ 표본오차 또는 표집오차(Sampling Error)는 표본의 선정 과정에서 발생하는 오차로서, 표본의 통계치와 모수치 간의 차이, 즉 표본의 대표성으로부터의 이탈 정도를 의미한다. 따라서 표본의 대표성과 적합성이 인정되기 위해서는 가급적 표본오차가 작아야 한다.

14 ⑤ 비동일 비교집단 설계는 무작위할당에 의해 실험집단과 통제집단을 동등하게 할 수 없는 경우, 무작위할당 대신 실험집단과 유사한 비교집단을 구성하는 유사실험설계 또는 준실험설계에 해당하며, 임의적 할당에 의한 선택의 편의가 발생할 수 있고, 실험집단의 결과가 통제집단으로 모방되는 것을 차단하기 어려운 단점을 지닌다.

15 ② 순수조사와 응용조사는 조사의 용도 혹은 조사의 동기에 따른 분류에 해당한다. 순수조사의 경우 순전히 사회현상에 대한 지적인 이해나 지식습득과 같은 조사자의 호기심을 충족시키기 위한 조사인 반면, 응용조사는 조사결과를 직·간접적으로 사회현상에 응용하여 구체적인 실제 문제의 해결이나 개선을 위해 수행하는 조사이다.

16 ② 사전검사의 영향을 제거해 내적 타당도를 높일 수 있다.

17 ③ 정규분포곡선(Normal Distribution Curve)의 첨도는 '0', 평균은 '0', 표준편차는 '1'이다.

18 **공변법**
- 어떤 현상이 특정한 방식으로 변화할 때마다 다른 현상도 특정한 방향으로 변화한다면 이들 두 현상은 인과적으로 연관되어 있다고 간주하는 인과관계 추리방법이다.
- 관찰하는 어떤 사실의 변화와 함께 현상의 변화가 일어난 경우 그 변화의 원인을 판단할 수 있다.
- 예를 들어 식사량의 증감으로 몸무게에 변화가 일어났다면, 식사량과 몸무게는 인과관계가 있는 것으로 추론할 수 있다.

19 **표집(표본추출)의 과정**
모집단 확정 → 표집틀 선정 → 표집방법 결정 → 표집크기 결정 → 표본 추출

20 ⑤ 내용분석은 장기간에 걸쳐 일어난 과정을 조사할 수 있으므로 역사적 분석과 같은 시계열 분석도 적용할 수 있으며, 시간과 비용 면에서도 경제적이다.

21 ② 연구자에 대한 정보를 자세히 기록하지 않는다.

22 ② 대인면접법은 개별적으로 진행하는 면접환경을 표준화할 수 있으며, 피면접자의 프라이버시가 보장되는 조용한 곳에서 면접이 이루어지도록 면접환경을 통제할 수 있다.
① 대인면접법은 조사에 소요되는 시간 및 비용, 조사인력이 많이 든다.
③ 대인면접법은 피면접자 혼자서 대답하므로 대리응답이나 제삼자의 개입을 방지할 수 있다.
④ 대인면접법은 피면접자의 특성이나 면접 상황에 따라 질문을 조정하면서 조사할 수 있는 융통성이 있다.
⑤ 대인면접법은 피면접자에 대한 비언어적 행위의 관찰과 함께 복합적이고 내면적인 측면을 파악할 수 있으므로 심층적인 정보를 얻을 수 있다.

23 ㄱ. 사회복지조사의 하나인 욕구조사는 대상자 선정 및 욕구의 종류와 수준을 파악함으로써 사회
복지서비스를 계획적으로 제공할 수 있도록 해준다.

ㄴ. 사회복지조사는 사회복지 활동에 대한 이론과 실제 혹은 동기와 결과를 경험적으로 연결시킴
으로써 사회복지 전문직의 책임성을 제고하는 역할을 한다.

ㄷ. 사회복지조사는 과학적이고 객관적인 방법을 통해 서비스 프로그램의 효과성 및 효율성을 평
가·검증할 수 있도록 한다.

ㄹ. 사회복지조사는 사회복지 관련 현상에 관한 체계적인 지식을 제공하는 것은 물론 이를 토대로
서비스의 질을 높일 수 있는 실천기술을 개발하는 데 유용하다.

24 ③ 비용-편익평가는 프로그램 수행에 소요되는 모든 비용과 편익을 화폐가치로 환산하여 효율성
을 평가하는 방법이다. 비화폐적 요소에 대한 측정에 한계가 있으나 경제적 합리성에 따른 장
기계획에 유리하다.

①·② 비용-성과평가 또는 비용-효과평가는 비용은 화폐단위로, 효과는 재화단위나 용역단위 등
의 유효한 단위로 환산하여 효율성을 평가하는 방법이다. 다른 단위를 사용함으로써 직접적인
증거로 제시하기가 곤란하나, 사회복지정책 대안 비교분석에 보다 유효하다.

④ 형성평가는 프로그램의 수행이나 전달과정 중에 실시하는 평가로서 과정평가라고도 한다. 사업
내용의 수정·변경 여부의 결정에 도움을 주고 사업의 효과나 부작용의 경로를 밝힘으로써 총
괄평가를 보완하는 기능을 수행한다.

⑤ 메타평가는 평가 자체에 대한 평가로서, 평가자 자신에 의해 이루어질 수도 있으나 일반적으로
는 상급자나 외부전문가들에 의해 이루어진다. '2차적 평가' 또는 '평가의 평가'라고도 한다.

25 ③ 눈덩이표집은 누적표집이라고도 하며, 첫 단계에서 연구자가 임의로 선정한 제한된 표본에 해
당하는 사람으로부터 추천을 받아 다른 표본을 선정하는 과정을 되풀이하여 마치 눈덩이를 굴
리듯이 표본을 누적해 가는 방법이다. 연구자가 특수한 모집단의 구성원을 전부 파악하고 있지
못할 때 적합한 방법이다.

제2과목 | 사회복지실천

1영역		사회복지실천론												
01	02	03	04	05	06	07	08	09	10	11	12	13	14	15
①	⑤	⑤	③	⑤	①	①	③	①	①	③	③	②	②	①
16	17	18	19	20	21	22	23	24	25					
④	②	①	①	②	③	①	②	⑤	①					

2영역		사회복지실천기술론												
01	02	03	04	05	06	07	08	09	10	11	12	13	14	15
⑤	⑤	④	⑤	①	①	④	③	⑤	③	①	④	②	⑤	④
16	17	18	19	20	21	22	23	24	25					
①	②	①	③	②	④	②	③	③	①					

3영역		지역사회복지론												
01	02	03	04	05	06	07	08	09	10	11	12	13	14	15
③	②	②	①	①	②	①	④	⑤	⑤	①	⑤	②	⑤	②
16	17	18	19	20	21	22	23	24	25					
④	③	①	④	①	③	①	①	③	⑤					

제1영역   사회복지실천론

01 사회복지실천의 특징(Pincus & Minahan)
- 사람들이 자신의 문제를 해결하거나 처리하는 능력을 향상시키며, 그 능력을 적절하게 이용할 수 있도록 돕는다.
- 사람들과 자원체계 사이의 연결고리를 설정하도록 한다.
- 사람들과 사회자원체계 사이의 상호작용을 촉진시키고 수정하며, 새로운 관계를 수립하도록 한다.
- 사회정책의 개발과 수정에 이바지한다.
- 물질적인 자원을 분배하는 것이다.
- 사회통제의 매개체로서 기능한다.

02 ① 수단적 가치는 궁극적 가치를 달성하기 위한 수단이나 방법이다.
② 윤리적 가치는 성실, 타인에 대한 존경, 정직과 같은 인간의 행동을 지배하는 것으로 임의로 받아들이게 되는 정의, 책임 있는 행동에 관한 개념이다.
③ 도덕적 가치는 대인관계에서 정의와 의무의 기준에 의하여 반대되거나 유익한 어떤 일의 성질에 관한 가치이다.
④ 개인적 가치는 개성, 자존심, 자기의존, 자기실현과 같이 개인을 위한 권리와 선을 생각하는 가치이다.

03 **사회복지실천상 윤리문제**
- 가치의 상충 : 사회복지사가 가장 빈번하게 겪는 것으로, 2개 이상의 가치가 상충될 경우를 말한다.
- 의무의 상충 : 의무의 상충으로 인한 윤리적 딜레마는 인간을 다루는 수단으로서 선호하는 가치와 밀접하게 연관된다.
- 클라이언트체계의 다중성 : 클라이언트체계에서 누가 클라이언트인가, 누구의 이익이 최우선인가, 어떤 문제에 우선성이 있는가 또는 개입의 초점은 무엇인가 하는 것이다.
- 결과의 모호성 : 클라이언트가 스스로 자기결정을 할 수 없는 경우 클라이언트를 대신해서 또는 클라이언트와 함께 결정을 내려야 하는 상황에서 최선책이 무엇인가 하는 것이다.
- 능력 또는 권력의 불균형 : 클라이언트와 사회복지사 또는 사회복지사 간의 정보, 능력 또는 권력의 불균형으로 인해 윤리적인 딜레마가 초래된다.

04 ㄱ. 조력자(Enabler) : 클라이언트가 직면하고 있는 문제를 보다 분명하게 해주고 해결방안을 찾도록 돕는 역할을 말한다.
  ㄴ. 교사(Teacher) : 클라이언트의 사회적응 기능이나 문제해결능력이 향상될 수 있도록 다양한 정보를 제공하고 기술을 가르치는 등 교육하는 역할을 말한다.
  ㄷ. 중개자(Broker) : 클라이언트로 하여금 지역사회 내에 있는 서비스체계나 자원을 활용할 수 있도록 돕거나 안내해주는 역할을 말한다.

05 ⑤ '의도적인 감정표현'은 클라이언트로 하여금 자신의 감정을 자유롭게 표현하도록 하는 것으로서, 특히 자신이 비난받게 될지 모르는 부정적인 감정을 표현하도록 돕는 것이다.
  ① 개별화, ② 자기결정, ③ 비심판적 태도, ④ 수용

06 ② 표적체계, ③ 클라이언트체계, ④ 전문가체계, ⑤ 행동체계

07 **전이(Transference)와 역전이(Counter Transference)**
  '전이'는 클라이언트가 어린 시절 경험한 누군가에 대한 소망, 원망, 사랑, 두려움 등의 무의식적인 감정을 사회복지사에게 보이는 것인 반면, '역전이'는 사회복지사가 클라이언트를 마치 자신의 과거 경험 속 인물인 것처럼 착각하여 무의식적으로 반응하는 것이다.

08 **사회복지실천의 구성요소로서 4P와 6P(Perlman)**
- 4P : 사람(Person), 문제(Problem), 장소(Place), 과정(Process)
- 6P : 4P + 전문가(Professional Person), 제공(Provision)

09 ① 생태체계적 관점은 인간과 환경이 특정 문화와 역사적 맥락에서 서로 끊임없이 영향을 미치는 점을 고려하여 인간과 환경을 하나의 체계로 본다. 클라이언트 체계가 대처하고 생존하며, 필요한 자원을 위한 경쟁을 통해 변화하는 환경에 적응하는 다양한 방법을 이해할 수 있도록 해준다. 그러나 문제를 인과론적으로 보지 않으며, 사회구조 개선 등에 대하여 특정 개입기법을 제시하지도 않는다.

10 접수단계에서 사회복지사의 과제
- 클라이언트의 동기화
- 클라이언트의 문제 확인
- 필요시 다른 기관으로의 의뢰
- 라포(Rapport)의 형성 또는 원조 관계의 수립
- 클라이언트의 양가감정 수용 및 저항감 해소

11 ③ 개입단계에서 이루어져야 할 과업이다.

12 ③ 사회복지사의 반응에 있어서 유의해야 할 점은 진실성이 있어야 한다는 것이다. 즉, 사회복지사는 자신에 대해 솔직해야 하며, 내적 경험과 외적 표현이 일치해야 한다.

13 ㄴ. 사회복지사와 클라이언트 간의 협력과 파트너십이 강조된다.
ㄹ. 클라이언트의 삶의 전문가는 개인, 가족, 지역사회이다.

14 ② 생태지도는 가족관계에 대한 도식, 즉 클라이언트의 상황에서 의미 있는 체계들과의 관계를 그림으로 표현함으로써 특정 문제에 대한 개입계획을 세우는 데 유용한 도구이다. 이는 환경 속의 클라이언트에 초점을 두므로 클라이언트를 생태학적 관점에서 이해하는 데 도움을 준다.

15 개입 수준 및 기능에 따른 사회복지사의 역할 분류(Miley et al.)

개입 수준	단 위	사회복지사의 역할
미시 차원	개인, 가족	조력자, 중개자, 옹호자, 교사
중범위 차원	조직, 공식적 집단	촉진자, 중재자, 훈련가
거시 차원	지역사회, 사회	계획가, 행동가, 현장개입가
전문가집단 차원	사회복지전문가 집단	동료, 촉매자, 연구자/학자

16 사회복지실천의 방법

직접 실천	• 클라이언트와의 직접적인 대면접촉을 통해 서비스를 제공하는 실천방식이다. • 주로 개인, 가족, 집단을 대상으로 대인관계 및 환경과의 상호작용 능력을 강조함으로써 이들의 사회적인 기능 향상을 도모한다. • 임상사회사업 분야에서 클라이언트에 대한 상담 및 면접, 치료 등의 형태로 운영된다.
간접 실천	• 클라이언트와의 직접적인 대면접촉 없이 클라이언트의 문제해결을 위해 간접적으로 조력한다. • 지역사회를 중심으로 클라이언트를 둘러싼 환경체계에 개입하여 지역의 자원 및 지지체계를 발굴하여 이를 연계한다. • 지역사회조직, 지역복지계획, 사회복지정책, 사회복지행정 등의 형태로 운영된다.

17 ② 클라이언트는 자신의 내밀한 문제에 대해 비밀을 간직하려는 욕구를 가지고 있다. 따라서 사회복지사는 클라이언트의 동의 없이 클라이언트에 대해 알게 된 사실을 다른 사람에게 함부로 공개해서는 안 되며, 클라이언트의 사생활과 비밀유지에 대한 권리를 최대한 존중해야 한다. 다만, 이것은 사회복지사의 윤리적 의무에 해당하며 절대적인 것은 아니다.

18 ① 실연은 가족치료의 과정에서 가족이 문제의 행동을 어떠한 방식으로 나타내고 있는지를 직접 보여줌으로써 치료자가 이를 관찰하고 변화를 유도하도록 하는 가족치료기법이다.

19 **사회적 목표모델**
- 인보관에서 발전한 초기 집단사회사업의 전통적 모델로서, 사회적 의식과 책임을 구성원들의 기본과업으로 한다.
- 시민 참가, 인간관계 훈련, 지도력 연마 등의 '개인의 성숙'과 민주적 과정의 습득, 시민참여활동 등의 '민주시민의 역량'을 개발하여 사회의식과 사회책임을 발전시킨 것이다.
- 집단사회복지사는 집단 내의 사회의식을 개발하기 위한 영향력 있는 사람뿐만 아니라 사회적 책임의 가치를 심어주고 책임 있는 시민으로서 적합한 행동 형태를 자극하고 강화하는 역할모델로서 기능한다.
- 사회복지사는 집단의 민주적 기능을 증진시키는 상담자, 능력부여자, 교사의 역할을 담당한다.

20 ② 통솔은 면접자가 클라이언트의 이야기를 시종 경청하면서 표면에 나타나지 않게 면접을 지도하며 통솔하는 것이다. 특히 면접자가 클라이언트로 하여금 의식적으로 자기감정을 표현하도록 하는 데 사용한다.

21 **사례관리의 필요성(등장배경)**
- 클라이언트의 욕구가 더욱 다양화·복잡화되고 있다.
- 클라이언트에 대한 지속적인 지원을 위한 통합적인 서비스가 요구되고 있다.
- 클라이언트 및 그 가족의 과도한 책임부담이 사회적인 문제로 제기되고 있다.
- 탈시설화 및 재가복지서비스를 강조하는 추세이다.
- 복잡하고 분산된 서비스 체계로 인해 서비스 공급의 중복과 누수를 방지할 필요가 있다.
- 사회복지서비스의 공급주체가 다원화되고 있다.
- 산업화에 따라 가족의 기능이 약화되었다.
- 사회적 지지체계의 중요성에 대한 목소리가 커지고 있다.
- 노령화 등의 인구사회학적인 변화가 뚜렷해지고 있다.

22 **현실치료모델**
- 클라이언트의 현재 행동과 현실 세계에 초점을 둔다.
- '지금-여기'를 강조한다.
- 클라이언트 자신의 행동에 대한 책임성을 강조한다.
- 클라이언트의 책임 있는 행동을 적극 지지한다.
- 클라이언트가 스스로를 정확히 인식하고 현실에 직면하도록 하여 성공적인 정체감을 가질 수 있도록 원조한다.

23 기능적인 가정의 특징(Lewis)
- 가족성원 간에 권력을 상호 공유한다.
- 가족성원들은 상대방의 개성을 존중한다.
- 분리와 상실에 대해 현실적인 대처능력을 육성하는 구조를 가지고 있다.
- 따뜻하고 풍부한 감정을 드러낼 줄 안다.
- 세월의 흐름과 저항하기 어려운 변화를 수용하는 경향이 있다.

24 ⑤ 클라이언트와의 면접 과정에서 불필요한 방황과 시간낭비를 막아주는 기술은 '초점제공기술'에 해당한다. 참고로 표현촉진기술은 클라이언트의 정보노출을 위해 말을 계속하도록 하는 기술을 말한다.

25 ① 생활모델에서는 생활에서 발생하는 스트레스와 같은 고통스러운 문제들을 인간과 환경 사이에 적응적 교류의 균형이 깨지면서 발생하는 것으로 본다.

제2영역　사회복지실천기술론

01 사회복지전문직의 속성(Greenwood)
- 기본적인 지식과 체계적인 이론체계
- 전문직의 문화
- 전문가집단의 힘과 특권
- 사회로부터의 승인
- 명시적이며 체계화된 윤리강령
- 클라이언트와의 관계에서 부여된 전문적(전문직) 권위와 신뢰

02 전문직으로서 사회복지사가 지녀야 할 예술적 요소
- 사랑(동정)과 용기
- 창의성과 상상력
- 판단력과 사고력
- 자신만의 전문가로서의 스타일
- 전문적 관계 형성
- 희망과 에너지
- 개인적인 가치관

03 ④ 상호작용모델은 개별성원과 집단 간의 상호관계에 초점을 두는 모델로서, 상호적인 관계를 통한 집단성원의 요구 및 문제해결에 초점을 둔다. 사회복지사는 개인과 집단의 조화를 도모하며, 상호원조체계가 이루어지도록 중재자(Mediator)로서의 역할을 한다. 집단활동 이전에 구체적인 목표를 정하지 않으며, 사회복지사와 집단성원들이 상호작용을 하며 목표를 정한다. 즉, 목표설정은 집단작용의 본질적인 부분이 된다.

04 ㄱ. '단일사례설계(단일사례연구)'는 단일사례를 대상으로 하여 개입의 효과성을 측정하는 데 사용되는 조사방법이다. 개인, 가족, 집단(단체) 등을 분석대상으로 하여 그들이 직면하고 있는 문제를 해결하기 위해 적용한 개입이 어떠한 효과가 있는지를 검증한다.

ㄴ. 단일사례설계는 통제집단을 가지지 않은 경우에 사용되며, 하나의 사례를 반복적으로 측정함으로써 개입의 효과를 파악하여 이를 일반화 할 수 있다.

ㄷ. 단일사례설계의 유형 중 '복수기초선설계'는 특정 개입방법을 여러 사례, 여러 클라이언트, 여러 표적행동, 여러 다른 상황에 적용하는 설계이다. 둘 이상의 개입 단계를 사용하나, 각 기초선의 서로 다른 관찰점에서 개입이 도입된다.

ㄹ. 단일사례설계는 관여적 · 비관여적 관찰이 모두 사용될 수 있다. 특히 비관여적 관찰은 연구대상이 관찰을 인식하여 조사반응성이나 사회적 바람직성을 나타낼 수 있는 비관여적 관찰의 한계를 극복하기 위해 사용된다. 또한 클라이언트의 주관적 사고나 감정 등의 내면적 상태가 표적이 되는 경우 간접측정을 하기도 하며, 자기보고(Self-report) 형식을 통해 표적행동의 측정이 이루어지기도 한다.

05 ① 직면(Confrontation)은 클라이언트가 문제해결의 과정에서 저항하는 모습을 보이거나 비순응적인 태도를 보이거나 혹은 클라이언트의 말과 행동 사이에 불일치나 모순이 있는 경우 그것을 직접적으로 지적하는 것이다. 다시 말해 직면은 핵심이 되는 문제 자체에 초점을 두기보다는 내담자의 불일치성(Discrepancy)에 초점을 맞춘다.

06 ① 인지행동모델에 입각한 치료방법으로서 엘리스(Ellis)의 합리적 · 정서적 행동치료와 벡(Beck)의 인지치료가 대표적이다. 엘리스가 개인이 가진 비합리적 신념을 문제의 초점으로 두었다면, 벡은 개인이 가진 정보처리 과정상의 인지적 왜곡에 초점을 두었다.

07 ABCDE 모델(Ellis)

- 선행사건(Activating Event) : 내담자의 감정을 동요시키거나 내담자의 행동에 영향을 미치는 사건을 의미한다.
- 비합리적 신념체계(Belief System) : 선행사건에 대한 내담자의 비합리적 신념체계나 사고체계를 의미한다.
- 결과(Consequence) : 선행사건을 경험한 후 자신의 비합리적 신념체계를 통해 그 사건을 해석함으로써 느끼게 되는 정서적 · 행동적 결과를 말한다.
- 논박(Dispute) : 내담자가 가지고 있는 비합리적 신념이나 사고에 대해 그것이 사리에 부합하는 것인지 논리성 · 현실성 · 효용성에 비추어 반박하는 것으로서, 내담자의 비합리적 신념체계를 수정하기 위한 것이다.
- 효과(Effect) : 논박으로 인해 나타나는 효과로서, 내담자가 가진 비합리적인 신념을 철저하게 논박하여 합리적인 신념으로 대체한다.

08 ② 사회복지사는 위기상황에 처해 있는 개인이나 가족을 초기에 발견하여 문제 중심의 단기적 접근을 수행하며, 위기개입에 있어서 적극적이고 직접적인 역할을 수행한다.

09 ⑤ 문제해결 면접기술은 미시적 기술에 해당된다.

10 지지적 기법과 지시적 기법
- 지지적 기법 : 경청, 수용, 신뢰감 표현, 격려, 불안이나 죄책감에 대한 재보상, 선물주기 등
- 지시적 기법 : 직접적인 조언, 대변적인 행동, 현실적 제한 설정, 클라이언트의 제안에 대한 격려·강화·장려 등

11 ② 대처질문
③ 기적질문
④ 상담 전 변화질문
⑤ 예외질문

12 ④ 명료화는 클라이언트가 보다 명시적으로 말하도록 격려하고 그가 한 말에 대해 사회복지사가 이해하고 있음을 입증하기 위해 질문하는 기술이다.

13 ② 탐색과 시험의 단계에 해당한다. 오리엔테이션 단계에서는 집단구성원 간의 인간적 유대관계가 생기며, 투쟁적 리더를 중심으로 의사소통이 이루어진다.

14 가족의 기능
- 애정의 기능
- 경제적 기능
- 성적 통제의 기능
- 자녀출산의 기능
- 자녀양육 및 사회화의 기능
- 정서적 안정 및 지지의 기능
- 문화 및 전통 계승의 기능

15 ④ 증상처방(Prescribing The Symptom) 또는 역설적 지시(Paradoxical Directives)는 문제행동을 계속하도록 지시하여 역설적 치료 상황을 조장하는 것으로서, 가족치료에서는 가족이 그 가족 내에서 문제시 해온 행동을 과장하여 계속하도록 하는 기법에 해당한다. 클라이언트가 자기 자신이나 가족의 변화를 위해 도움을 청하면서도 동시에 변화에 저항하려는 양가감정을 가지고 있음을 역으로 이용한 것으로, '치료의 이중구속'이라고도 한다. 가족치료의 의사소통모델이나 전략적 모델에서 주로 사용한다.

16 자아분화 또는 자기분화(Differentiation of Self)
- 보웬(Bowen)이 다세대적 가족치료모델(세대 간 가족치료모델)에서 강조한 개념으로, 개인이 가족의 정서적인 혼란으로부터 자유롭고 독립적인 사고나 행동을 할 수 있는 정도를 의미한다.
- 정서적인 것과 지적인 것의 분화를 의미하는 것으로서, 감정과 사고가 적절히 분리되어 있는 경우 자아분화 수준이 높은 것으로 간주한다.
- 자아분화 수준이 높은 사람은 타인에게 자신의 감정과 사고를 자유롭게 표현하며, 타인과 친밀감을 유지하면서도 자신의 독특한 세계를 지켜나가는 독립된 개체로서 행동하게 된다.

17 정적 환류와 부적 환류
- 정적 환류(Positive Feedback)는 체계가 안정적인 상태를 거부한 채 체계 자체를 변화시키려는 방향으로 피드백이 이루어지는 것을 말하는 반면, 부적 환류(Negative Feedback)는 체계가 변화를 거부한 채 안정적인 상태를 유지하려는 방향으로 피드백이 이루어지는 것을 말한다.
- 정적 환류는 체계가 새로운 행동을 받아들여 변화를 수용하는 일탈 확장의 역할을 하는 반면, 부적 환류는 체계가 규범에서 벗어나는 행동을 저지하여 안정성을 유지하려는 일탈 감소의 역할을 한다.
- 부모와 자녀 간의 의사소통 과정에서 말과 행동에 뒤이은 반응들은 그들 간의 갈등을 오히려 증폭시키고 있다. 이는 정적 환류에 의한 일탈의 확장에 해당하는 것으로서, 변화의 수용에 따라 가족체계의 항상성을 깨뜨리는 결과를 초래한다.

18 ① 구조적 가족치료모델은 가족구조를 재조정 혹은 재구조화하여 가족이 적절한 기능을 수행할 수 있도록 돕는다.
② 전략적 가족치료모델
③ 다세대적 가족치료모델(세대 간 가족치료모델)
④ 이야기치료 모델
⑤ 해결중심적 가족치료모델

19 ③ 새로운 정보의 유입에 부정적이며, 소수 의견이 집단의 논리에 의해 거부되는 것은 폐쇄집단의 특징에 해당한다.

20 집단성원의 중도탈락에 영향을 미치는 요소
- 거리가 너무 멀거나 다른 일정과 겹치는 등의 외부요인
- 초기의 관계수립에 문제가 있는 경우
- 감정변화에 대한 두려움
- 사회복지사의 능력 부족
- 개인치료와 집단치료가 동시에 진행되는 복잡한 경우
- 집단치료에 대한 부적절한 오리엔테이션
- 하위집단이 형성됨으로써 일어나는 문제
- 희생양이나 몇몇 지배적인 성원으로 인해 의사소통이나 상호작용이 제대로 이루어지지 않은 경우
- 집단의 응집력이 부족한 경우

21 갈랜드의 집단발달단계
친밀 전 단계 → 권력과 통제단계 → 친밀단계 → 특수화 단계 → 이별단계

22 ② 지도자의 역전이 방지는 공동지도력의 장점에 해당한다.

23 ③ 치유집단은 일반적으로 다소 심한 정서적·개인적 문제를 가진 성원들로 구성되며, 집단성원 개개인의 행동변화, 개인적인 문제의 개선 및 재활을 목표로 한다. 특히 개별성원의 문제, 관심, 목표에 초점을 둔다.
① 성장집단은 집단성원의 잠재력을 발견하고 사회심리적·정서적 건강을 향상시키며, 집단을 성원 자신의 성장기회로 알고 활용하도록 하는 것을 목표로 한다.

② 지지집단은 유사한 문제를 경험하는 사람들로 구성되며, 삶에서 장차 일어날 사건에 대해 좀 더 효과적으로 적응하기 위한 대처기술을 발전시키는 것을 목표로 한다.

④ 과업집단은 과업의 달성, 성과물의 산출, 명령 수행 등을 목표로 한다.

⑤ 사회화 집단은 사회적 관계형성에 어려움이 있는 성원들로 하여금 사회생활에 필요한 사회적 기술을 학습하고 이를 증진시키는 것을 목표로 한다.

24 ③ 사회복지실천평가는 서비스의 효과성 및 효율성에 대한 신뢰성 있는 검증이 요구됨에 따라 더욱 중요시되고 있다. 특히 효과성의 평가는 사회복지실천평가의 1차적 목적이다.

25 **슈퍼바이저의 역할**
- 교육적 기능 : 직원교육
- 지지적 기능 : 지원과 지지
- 행정적 기능 : 조직의 구조와 자원을 효율적으로 이용할 수 있도록 지원(지식 및 기술제공)

제3영역 지역사회복지론

01 ③ 지역사회복지는 개인 및 가족 등 미시적 수준의 활동을 보완하는 위치에 있다. 지역사회복지가 목표달성을 위해 거시적 실천의 개입을 필요로 하지만, 그것이 미시적 실천과 관련 없이 이루어지는 것은 아니다. 거시적 실천이 개별적인 미시적 실천의 한계를 넘어서는 것이지만, 거시적 실천 또한 개별 클라이언트와의 일대일 활동 과정에서 확인되는 욕구와 문제에 기반을 둔다는 점에서 미시적 실천이 거시적 실천의 기초가 되는 것이다. 또한 미시적 실천가들도 조직이나 지역사회의 변화를 위한 책임을 가지고 있으며, 이를 위해 개별 클라이언트들의 욕구와 문제를 모아 다수의 집합적인 쟁점을 구축함으로써 조직이나 지역사회 전체의 체계적인 변화를 위한 개입으로서 거시적 실천으로 나아가게 된다.

02 ㄴ. 재가복지봉사센터 설립 : 1992년
ㄹ. 정신보건사회복지사 자격시험 도입 : 1997년
ㄷ. 사회복지시설평가 법제화 : 1998년
ㄱ. 1기 시 · 군 · 구 지역사회복지계획 수립 : 2007년

03 ② 사회통합의 기능 - 종교제도

04 **좋은 지역사회의 기준(Warren)**
- 구성원 사이에 인격적 관계가 이루어질 수 있어야 한다.
- 권력이 폭넓게 분산되어 있어야 한다.
- 다양한 소득, 인종, 종교, 이익집단이 포함되어 있어야 한다.
- 지역주민들의 자율권은 충분히 보장되어야 한다.
- 정책형성과정에서 갈등을 최소화하면서 협력을 최대화해야 한다.

05 ㄹ. 지방분권화는 지방자치단체의 지역복지에 대한 권한 및 자율성, 책임의식을 강화시킬 수 있다.

06 지역사회에 관한 기능주의 관점과 갈등주의 관점의 비교

구 분	기능주의 관점	갈등주의 관점
주요 내용	체계의 안정을 위한 구조적 적응	갈등의 긍정적 측면에 대한 인식
사회의 형태	안정지향적	집단 간의 갈등
각 요소의 관계	조화, 적응, 안정, 균형	경쟁, 대립, 투쟁, 갈등
대상요인	사회부적응	사회불평등
중요 가치 결정	합의에 의한 결정	지배계급의 이데올로기
지위 배분	개인의 성취	지배계급에 유리
변 화	점진적, 누진적	급진적, 비약적

07 지역사회복지의 이념
- 정상화 : 지역주민이 지역사회와 관계를 맺고 사회의 온갖 다양한 문제들에서 벗어나 사회적으로 가치 있는 역할을 수행할 수 있도록 하는 것을 말한다.
- 탈시설화 : 지역사회복지의 확대 발전에 따라 기존의 대규모 시설 위주에서 그룹홈, 주간 보호시설 등의 소규모로 전개되는 것을 말한다.
- 주민참여 : 지역주민이 자신의 욕구와 문제를 주체적으로 해결할 수 있도록 하는 것을 말한다.
- 사회통합 : 지역사회 내의 갈등이나 지역사회 간의 차이 또는 불평등을 뛰어넘어 사회 전반의 통합을 이루는 것을 말한다.
- 네트워크 : 사회복지실천의 측면에서 기존의 공급자 중심의 서비스에서 탈피하여 이용자 중심의 서비스로 발전하기 위한 공급체계의 네트워크화 및 관련기관 간의 연계를 말한다.

08 지역사회복지실천의 주요 이론
- 체계이론 : 지역사회를 하나의 체계로 간주하여 지역사회의 구성, 지역사회를 구성하는 구성체들의 관계, 지역사회와 외부환경의 관계 등을 설명한다.
- 자원동원론 : 금전, 정보, 사람, 조직원 간 연대성, 운동 목적의 정당성 등 다양한 형태로 나타나는 자원을 토대로 사회운동가의 활동과 사회운동조직의 역할 및 한계를 설명한다.
- 사회구성론 : 사회를 구성하는 주류계층 및 소외계층의 각기 다른 문화적 가치와 규범을 가진 클라이언트에 대해 지속적이고 집중적인 이해를 당부하며, 사회적으로 구성된 지식을 절대적인 것으로 받아들여서는 안 된다고 주장한다.
- 생태이론 : 지역사회를 환경의 여러 요소들과의 지속적인 상호작용에 의해 적응 및 진화를 해나가는 하나의 체계로 간주하면서 지역사회와 관련된 현상들을 설명한다.

09 ⑤ 오가통(五家統)은 각 하급 지방행정구획을 세분하여 그 구역 내의 구성원이 지역의 치안을 유지하고 복리를 증진하며, 교화를 향상하여 지방행정의 운영을 돕도록 한 일종의 지방자치제도이다.

10 ⑤ 지역사회조직의 존재 이유는 개인에게 있다. 지역사회조직 자체 또는 그것에 포함된 기관, 직원, 사업 및 프로그램, 지식 및 기술 등은 목적이 아닌 수단에 불과하다. 사회복지실천의 근본적인 목적은 인간의 복지와 성장에 있다.

11 ② 사회계획모델은 특정 사회문제를 해결하고자 하는 기술적인 과정을 강조하는 모델로서, 문제해결을 위해 합리적으로 계획을 수립하고 기술적인 통제로 변화를 유도해야 한다고 본다.
③ 연합모델 또는 연대활동모델은 웨일과 갬블(Weil & Gamble)의 모델로서, 지역사회의 문제가 어느 한 집단의 노력으로만 해결되기 어렵다는 점을 강조하며, 분리된 집단들을 사회변화에 집합적으로 동참시키고자 한다.
④ 사회행동모델은 사회정의와 민주주의에 입각하여 지역사회의 소외된 계층에 대한 처우 개선 등을 지역사회에 요구하는 모델로서, 권력이나 자원의 재분배와 지역사회정책 결정에의 참여가능성 확대로 정부나 공공기관의 정책의 근본적인 변화를 유도해야 한다고 본다.
⑤ 프로그램 개발 및 지역사회연계모델은 웨일과 갬블의 모델로서, 지역주민의 욕구를 충족시키기 위해 지역사회와 연계된 다양한 수준의 프로그램을 개발 및 확대하고자 한다.

12 칸(Kahn)의 계획과정(Planning Process)
계획의 선동(Planning Instigators) → 탐색(Explorations) → 계획과업의 결정(Definition) → 정책형성(Policy Forming) → 프로그램화(Programming) → 평가의 환류(Feedback)

13 ② 매년 4월 20일은 정부지정 '장애인의 날'이다. 참고로 '새마을의 날'은 매년 4월 22일이다.

14 추진회의 원칙(Ross)
• 추진회(Association)는 지역사회의 현 조건에 대한 지역주민들의 불만에 의해 결성된다. (①)
• 지역주민들의 불만은 관련 문제에 대해 계획을 세우고 이를 실천에 옮길 수 있도록 집약되어야 한다.
• 활동 수행을 위한 불만은 지역주민들에게 널리 인식되어야 한다. (②)
• 지역사회의 주요 집단들에 의해 지목 또는 수용될 수 있는 공식적 · 비공식적 지도자들을 참여시켜야 한다. (④)
• 지역주민들에게서 지지를 받을 수 있는 목표와 운영방법을 갖춰야 한다.
• 추진회가 수행하는 사업에는 정서적 내용을 지닌 활동들이 포함되어야 한다.
• 지역사회에 현존하는 현재적 · 잠재적 호의를 활용해야 한다. (③)
• 회원 상호 간에 또는 지역사회와의 관계에서 효과적인 대화 통로를 개발해야 한다.
• 관련 집단들을 지원 · 강화하여 협동적인 참여가 이루어지도록 해야 한다.
• 정상적인 업무상의 결정 과정을 저해하지 않는 범위 내에서 절차상 융통성을 발휘할 필요가 있다.
• 사업을 수행하는 데 있어서 지역사회의 현존 조건에 부응해야 한다.
• 효과적인 지도자를 개발하기 위해 노력해야 한다.
• 지역사회의 지도자를 참여시키고 문제를 적절히 해결할 수 있는 능력을 가져야 하며, 지역사회로부터 안전성과 신뢰성을 인정받아야 한다.

15 옹호(Advocacy)의 전술로서 설득(Persuasion)의 구성요소

- 전달자(Communicator) : 전달자는 신뢰성, 전문성, 동질성, 비언어적 강점 등을 갖추는 것이 좋다.
- 전달형식(Format) : 메시지는 직접 대면을 통해 전달하는 것이 설득의 효과가 크다.
- 메시지(Message) : 메시지는 반복적이면서 전달 대상에게 이익과 보상을 가져다주는 것일수록 설득력을 지닌다.
- 대상(Audience) : 메시지의 전달 대상이 전달자를 이미 알거나 평소 좋아하는 경우, 메시지를 이미 신뢰하고 있거나 과거 유사한 명분으로 동조한 경험이 있는 경우, 소기의 행동을 취할 시간과 자원을 가진 경우 전달자의 설득이 상대적으로 쉽다.

16 ④ 대화, 강점확인, 자원동원기술 등을 포함하는 것은 임파워먼트기술에 해당한다. 이는 사회복지실천모델로서 임파워먼트모델의 대화(Dialogue), 발견(Discovery), 발전 또는 발달(Development)의 3단계 개입과정과 연관된다.

17 지역사회 인적자원을 동원하는 기술

- 기존 조직의 활용 : 가장 빨리 사람을 동원할 수 있는 방법 중 하나이다. 사회복지사는 지역사회의 여러 조직들을 면밀히 조사한 후 참여 가능성이 높은 조직이나 집단의 지도자들과 접촉하여 지역사회실천에 동참할 것을 권유한다.
- 개별적 접촉 : 지역주민들을 개별적으로 접촉하여 지역사회실천에 동참하도록 하는 방법이다. 특히 잠재적 참여자들에게 스스로의 힘으로 변화를 가져올 수 있다는 확신을 강조하는 것이 효과적이다.
- 네트워크의 활용 : 네트워크(Network)는 서로 이미 사회적으로 알고 있는 사람들 사이의 결속관계를 의미한다. 특히 네트워크에 속해 있는 사람을 직접적으로 접촉하기보다는 내부의 동료를 통해 접촉하는 것이 더욱 효과적이다.

18 ② 지역사회조직모델(Community Organizing Model)은 타 복지기관 간의 상호협력을 강조하는 모델로서, 사회복지사는 조직가, 촉매자, 관리자로서의 역할을 수행한다.

③ 사회ㆍ지역계획모델(Social/Community Planning Model)은 사회적 상황을 분석하고 목표와 우선순위를 설정하며, 서비스 혹은 프로그램의 실행 및 평가를 강조하는 모델로서, 사회복지사는 조력자, 촉진자로서의 역할을 수행한다.

④ 지역사회보호모델(Community Care Model)은 지역주민의 복지욕구를 충족시키기 위한 자조의 개념을 개발하는 데 중점을 두는 모델로서, 사회복지사는 조직가, 자원봉사자로서의 역할을 수행한다.

⑤ 지역사회교육모델(Community Education Model)은 교육과 지역사회 간의 관계를 보다 밀접하고 동등한 관계로 방향을 설정하고자 모색하는 모델로서, 사회복지사는 교육자, 촉진자로서의 역할을 수행한다.

19 ④ 재가복지봉사서비스의 내실화와 함께 대상자 및 가정의 욕구와 문제해결을 위해 지역사회 내의 인적·물적 자원을 동원·활용한다.

20 ② 시장진입형 자활근로는 시장진입 가능성이 높고 자활기업 창업이 용이한 사업으로, 매출액이 총 투입 예산의 30% 이상 발생하는 사업이다.
③ 근로유지형 자활근로는 현재의 근로능력 및 자활의지를 유지하면서 향후 상위 자활사업 참여를 준비하는 형태의 사업이다.
④·⑤ 인턴·도우미형 자활근로는 지자체, 지역자활센터, 사회복지시설 및 일반기업체 등에서 자활사업대상자가 자활인턴사원으로 근로를 하면서 기술·경력을 쌓은 후 취업을 통한 자활을 도모하는 취업유도형 자활근로사업이다.

21 ③ '외부자극을 통한 조직화'는 지역의 이익을 현저히 침해하는 정책 등에 대해 지역주민들이 자신들의 권리를 주장하는 조직적인 운동이다. 지역주민들은 자발적이고 주체적으로 활동하며, 정치적인 영향력을 행사하기도 한다. 이와 같은 활동은 지역주민들의 대중적인 참여가 이루어지고 정치적 영향력이 강하게 발휘될 수 있으나, 지역주민들의 요구가 공공성을 확보하고 있는지, 그와 같은 활동이 지역사회의 발전에 지속적으로 기여할 수 있는지 등이 고려되어야 한다. 대표적인 예로 빈민지역의 강제철거에 저항하는 철거민들의 조직화, 폐기물시설이나 화장시설 등 혐오시설의 입지를 반대하는 주민들의 조직화 등이 있다.

22 지역사회 욕구사정(2단계)
- 사회조사, 기존 자료 분석, 주민 간담회, 공청회, 참여관찰법 등을 활용하여 지역주민들이 필요로 하는 복지 관련 문제들을 발견한다.
- 각종 조사를 통해 수집된 자료들에 대해 정확한 진단을 수행한다.
- 지역사회의 욕구조사와 함께 인적·물적 자원조사를 병행한다.
- 주민생활과 밀접한 정책 및 법률의 제정 또는 개정 사항, 보건복지서비스, 자원봉사 참여 등에 관한 사항을 파악한다.

23 시·군·구 지역사회보장계획의 수립
- 제1단계 : 시장·군수·구청장은 지역주민 등 이해관계인의 의견을 들어 지역의 복지욕구 및 복지자원을 조사한다.
- 제2단계 : 시·군·구 지역사회보장계획안을 마련한다.
- 제3단계 : 지역사회보장협의체의 심의를 받는다.
- 제4단계 : 시·군·구 의회에 보고한다.
- 제5단계 : 시·도지사에게 제출한다.

24 ③ 사회복지공동모금회에서는 기업사회책임(CSR ; Corporate Social Responsibility) 활동 및 사회공헌활동을 통해 다양한 참여기업으로부터 현금 및 현물을 기부 받고 있다. 여기에는 임직원 참여를 통한 직장모금 캠페인, 기업물품기부, 기업의 상품판매를 통한 기부(공익연계마케팅) 등의 방법이 활용되고 있다.

　① 사회복지에 있어서 민간부문의 자원을 동원하는 것을 목적으로 한다.

　② 연말 집중모금은 물론 연중 기부금품의 모집 · 접수도 하고 있다.

　④ 현재는 기업이나 정부후원에 의한 모금이 높은 비중을 차지하고 있다.

　⑤ 정치적 · 종교적 목적에 이용되는 경우 배분대상에서 제외된다.

25 ① 법적 행동은 비교적 차분하고 비가시적인 반면, 사회적 대결은 상대적으로 소란스럽고 가시적이다.

　② 조직의 세를 유지하기 어려운 것은 사회적 대결의 문제점에 해당하는 반면, 오랜 시일이 소요되어 회원들을 지루하게 만드는 것은 법적 행동의 단점에 해당한다.

　③ 법적 행동이 사회행동조직의 정당성을 확실히 높일 수 있는 방법인데 반해, 사회적 대결은 사회행동조직의 정당성에 손상을 가할 개연성이 내포되어 있다.

　④ 법적 행동은 게임의 규칙에 대한 존중을 표시하는 반면, 사회적 대결은 게임의 규칙을 무시한 채 정부나 기업에게 자신들의 요구에 승복할 것을 요구한다.

제3과목 | 사회복지정책과 제도

1영역		사회복지정책론												
01	02	03	04	05	06	07	08	09	10	11	12	13	14	15
①	④	①	②	①	③	④	④	④	②	①	⑤	③	②	④
16	17	18	19	20	21	22	23	24	25					
⑤	③	⑤	⑤	①	②	①	②	④	③					

2영역		사회복지행정론												
01	02	03	04	05	06	07	08	09	10	11	12	13	14	15
②	②	⑤	②	④	④	⑤	④	④	⑤	③	⑤	③	③	⑤
16	17	18	19	20	21	22	23	24	25					
③	①	①	②	⑤	④	⑤	⑤	④	③					

3영역		사회복지법제론												
01	02	03	04	05	06	07	08	09	10	11	12	13	14	15
①	③	③	②	③	⑤	⑤	⑤	④	⑤	⑤	⑤	①	⑤	⑤
16	17	18	19	20	21	22	23	24	25					
③	②	⑤	②	③	⑤	②	②	②	④					

제1영역 사회복지정책론

01 ① 기회의 평등(Equality of Opportunity)은 결과가 평등한가 아닌가의 측면은 무시한 채 결과를 얻을 수 있는 과정상의 기회만을 똑같이 주는 것으로서, 평등의 개념 가운데 가장 소극적이라고 볼 수 있다. 결과를 달성하는 과정에서의 평등에 초점을 두므로, 일반적으로 자유주의 사상과 쉽게 연결된다. 그로인해 출발의 기회에서 이미 차이가 나는 문제, 사회구조적으로 불평등한 결과를 낳는 문제를 해결하는 데 한계가 있다. 사회복지국가는 기회의 평등에 그치는 것이 아니라 결과의 평등(Equality of Outcome)과 사회적 차별의 해소를 포함하는 사회적 평등(Social Equality)을 강조한다.

02 베버리지 보고서에 규정된 영국 사회의 5대 사회악 및 해결방안
- 불결(Squalor) → 주택정책
- 궁핍 또는 결핍(Want) → 소득보장(연금)
- 무지(Ignorance) → 의무교육
- 나태(Idleness) → 노동정책
- 질병(Disease) → 의료보장

03 바우처(Voucher) 제도

현금급여와 현물급여의 중간 형태로서 수급자가 일정한 용도에 한하여 필요로 하는 상품이나 서비스를 자유롭게 선택할 수 있도록 함으로써 현금급여의 오용 위험성과 현물급여의 소비자 주권 침해와 관련한 단점을 보완하기 위한 것이다.

04 ② 누리과정은 유아학비와 보육료를 학부모의 소득수준에 상관없이 만 3~5세의 모든 유아에게 지원하는 보편주의(Universalism)에 입각한 제도이다. 보편주의는 사회복지급여를 모든 국민의 사회적 권리로 인식하므로 별도의 자산조사를 요구하지 않는다.

① · ③ · ④ · ⑤ 선별주의(Selectivism)는 개인의 욕구에 근거하여 도움을 필요로 하는 사람들에게만 급여를 제공하는 방식으로서, 이때 도움을 필요로 하는 사람인지 아닌지를 판별하는 기준은 보통 자산조사에 근거한다. 우리나라에서는 대표적으로 국민기초생활보장제도, 의료급여제도, 기초연금제도, 장애인연금제도 등이 선별주의에 입각한 제도에 해당한다.

05 ① 비스마르크는 지주계급과 노동자계급에 대한 견제를 목적으로 사회보험제도를 시행하였다. 1883년 질병보험이 최초로 제정되었으며, 이후 1884년에 산업재해보험, 1889년에 노령 및 폐질보험 순으로 사회보험 입법이 추진되었다.

② 1884년 산업재해보험(산재보험)의 재원은 사용자만 부담하였다.

③ 1889년 노령 및 폐질보험은 육체노동자와 저임금의 화이트칼라 노동자를 대상으로 시행되었다.

④ 질병보험은 기존의 임의조직 및 자조조직을 활용하여 이들에 대해 국가가 감독하는 방식으로 운영되었다.

⑤ 비스마르크는 사회주의운동을 탄압하는 동시에 노동자의 국가에 대한 충성심을 확보하기 위해 사회보험제도를 적극 도입하였다.

06 ③ 페이비언 사회주의(Fabian Socialism)는 이타주의와 사회통합을 위해 노력하며, 궁극적으로 사회주의의 목표에 도달하고자 한다.

07 ④ 사회투자국가는 복지의 투자적 성격과 생산적 성격을 부각시킨 것으로서, 복지와 성장, 사회정책과 경제정책의 상호보완성을 강조한 새로운 복지패러다임이다. 특히 시민권의 권리와 의무 간의 균형을 강조함으로써 유급노동을 통한 자활을 시민의 의무로 간주하며, 결과의 평등보다는 기회의 평등을, 불평 등의 해소보다는 사회적 배제의 감소에 더 큰 중요성을 부여한다.

08 ④ 자선조직협회(COS)는 공공의 구빈정책을 반대하고 자선, 기부, 자원봉사활동 등 순수민간의 구제노력을 지지하였다.

09 ㄹ. 세대 간 재분배는 현 근로세대와 노령세대 또는 현 세대와 미래세대 간의 소득을 재분배하는 형태이다.

ㄱ. 수직적 재분배는 소득수준을 기준으로 한 소득계층 간 재분배 형태로서, 대체적으로 소득이 높은 계층으로부터 소득이 낮은 계층으로 재분배가 이루어진다.

ㄴ. 수평적 재분배는 소득수준과 관계없이 특정한 사회적 기준을 토대로 해당 조건을 갖춘 사람들에게 재분배가 이루어진다.

ㄷ. 세대 내 재분배는 동일한 세대 내에서 소득이 재분배되는 형태로서, 젊은 시절 소득을 적립해 놓았다가 노년기에 되찾는 방식이다.

10 ① 사회보험 프로그램을 강조하는 것은 조합주의(보수주의) 복지국가의 특징에 해당한다. 반면, 자유주의 복지국가는 저소득층을 대상으로 소득조사에 의한 공공부조 프로그램을 강조한다.
③ 조합주의 복지국가는 전통적 가족과 교회의 기능 및 역할을 강조함으로써 보수적인 양상을 보인다.
④ 복지정책의 다차원적인 사회계층체제가 발생하는 것은 자유주의 복지국가에 해당한다.
⑤ 사회민주주의 복지국가에서는 중산층을 중요한 복지 대상으로 포괄한다.

11 ① 정책결정에 있어서 직관, 판단력, 통찰력 등 초합리적 요소를 강조하는 것은 최적모형에 해당한다.

12 ⑤ 과정평가는 정책집행 과정상 나타난 활동에 대해 평가하는 것으로 주로 질적 방법을 활용하는 반면, 총괄평가는 정책집행 후 그 효과성 여부를 평가하는 것으로 주로 양적 방법을 활용한다.

13 ③ 사회복지정책분석의 접근방법으로는 '과정분석', '산물분석(산출분석)', '성과분석'이 있다. 과정분석은 사회복지정책의 형성과정을 기술적·방법적 관점에서 분석하고, 산물분석은 사회복지정책의 선택 형태 및 내용을 분석하며, 성과분석은 특정한 정책의 실행에 의해 나타난 결과를 기술·평가하여 효과성을 판단하는 것이다.

14 ①·③ 진단에 의한 할당
④ 보상에 의한 할당
⑤ 자산조사에 의한 할당

15 ④ 보편주의는 평등의 가치를 토대로 재분배 기능에 초점을 두며, 사회적 효과성을 강조한다. 이러한 사회적 효과성은 보통 각 정책제안들이 낳을 결과에 대한 가정에 근거하여 추정된다. 참고로 그와 같은 결과들에는 소득보장정책이 근로동기, 출산 및 가족의 유지, 사회통합 등에 미칠 영향 등이 포함된다.

16 복지국가 유형화를 위한 탈상품화 점수(Decommodification Score)
'탈상품화 점수'란 연금, 건강보험, 실업보험 등 사회보험에 있어서 다음의 요소들을 점수로 매긴 것이다.
- 급여 수급 자격요건(가입기간)
- 전체 재정 중 수급자 부담의 비중
- 전체 인구 중 실제 수급자의 비율
- 사회보험 최저 급여액의 평균임금에 대한 비율
- 사회보험 평균 급여액의 평균임금에 대한 비율(소득대체율을 의미) 등

17 **복지의 사회적 분화 유형(Titmuss)**
- 사회복지(Social Welfare) : 광의의 사회복지서비스에 해당하는 것으로서, 정부의 직접적인 재정지출에 의한 소득보장, 의료, 교육, 주택, 개별적 사회서비스 등을 모두 포함한다.
- 재정복지(Fiscal Welfare) : 정부의 조세정책에 의해 국민의 복지를 간접적으로 높이는 것으로서, 아동이 있는 가구에 대해 조세감면 등의 세제상 혜택을 주는 정책을 예로 들 수 있다.
- 직업복지(Occupational Welfare) : 기업복지와도 일맥상통하는 것으로서 개인이 속한 기업에서 제공하는 다양한 복지급여에 해당한다. 각종 복리후생, 사내근로복지기금, 교육훈련, 국민연금에서 고용주의 기여금 등을 예로 들 수 있다.

18 ⑤ 목표는 정부 지도자의 명령 혹은 지시에 따라 주어지기보다는 조직의 역할 수행을 규정하는 제약 조건으로 간주되며, 이와 같은 제약 조건들의 해결은 갈등의 가해결(Pseudo Solving) 방법에 의존한다. 특히 목표들 간의 갈등은 각 목표들에 대한 순차적인 관심에 의해 해결된다.

19 ① 소득세가 소비세보다 소득재분배 효과가 크다.
② 재산세는 지방정부의 재원에 해당한다.
③ 사회보장성 조세는 명목상 세금은 아니며, 세금과 같은 기능을 한다.
④ 조세비용은 특정 집단에게 조세를 감면하여 조세 부과 및 수혜대상자 선별에 드는 시간적 · 인적 비용을 줄일 수 있는 반면, 주로 조세를 많이 납부한 자에게 혜택이 돌아가므로 역진적이다.

20 ㄹ. 영국, 스웨덴 등은 국민보건서비스(NHS ; National Health Service) 방식에 해당한다. 국민건강보험(NHI ; National Health Insurance) 방식을 도입한 대표적인 국가로서 우리나라와 대만 등을 예로 들 수 있다.

21 ② 사회보험식 공적연금은 일정 기간 동안 자신 또는 고용주와 함께 보험료를 납입하고 이를 재원으로 하여 연금을 지급하는 형태이다.

22 ① 최근 우리나라에서도 상대적 빈곤 문제에 보다 효과적으로 대응하기 위해 기초생활보장의 주요 기준으로 기존의 '최저생계비' 대신 '중위소득(기준 중위소득)'을 적용하고 있다.

23 **3층 연금체계**
- 1층 보장 : 최저수준 노후생활 보장 예 국민연금
- 2층 보장 : 안정적인 노후생활 보장 예 기업연급 또는 직역연금
- 3층 보장 : 여유 있는 노후생활 보장 예 개인연금

24 ① 공공부조는 신청주의를 원칙으로 한다.
② 공공부조의 책임과 관련하여 중앙정부의 부담을 줄이고 지방정부의 부담을 늘리는 것이 세계적 현상이다.
③ 공공부조의 수혜자들은 프로그램의 재원을 위해 자신이 별도로 경제적인 기여를 하지 않는다.
⑤ 공공부조는 고소득층에서 저소득층으로 수직적 재분배가 이루어지므로 상대적으로 소득재분배 효과가 크다.

25 ① · ③ 부과방식은 현재의 근로세대가 은퇴세대의 연금급여에 필요한 재원을 부담하는 방식이므로, 노령화 등 인구학적 변동에 취약하며, 세대 간 공평성의 문제가 야기될 수 있다.

② 집단적 노인부양의 의미를 가지는 것은 부과방식이다.

④ 적립방식은 장기적 경제예측을 필요로 한다.

⑤ 우리나라는 적립방식과 부과방식의 중간 형태인 수정적립방식의 형태를 취하고 있다.

제2영역 사회복지행정론

01 ② 일차집단(Primary Association)은 가족과 친구 등 혈연과 지연으로 구성된 집단을 말하는 반면, 이차집단(Secondary Association)은 종교집단, 경제집단, 정치집단 등 국가와 시장의 중간에 자발적으로 형성된 집단을 의미한다. 워렌(Warren)은 지역주민의 자발성과 자치성에 기초한 자발적 결사체(Voluntary Association)의 사회참여를 강조하였는데, 이때 자발적 결사체는 이차집단에 해당한다.

02 ㄴ. 사회복지행정은 일반 행정과 관리에 관한 지식을 초월하는 범위를 가진다.

ㄹ. 사회복지행정은 직접적으로 사회복지서비스를 계획하고 실천하기보다는 사회복지실천의 효과적인 수행을 위해 지원활동을 펼치는 간접적인 사회복지실천방법에 해당한다.

03 ⑤ 룬트슈테트의 Z이론은 X · Y이론의 결함을 보완하기 위한 것으로 과학자, 연구자 등의 특수직에 종사하는 사람의 경우 관리자가 그들의 자유의지에 의해 업무를 수행할 수 있도록 자율적인 분위기를 조성하는 것이 효과적이라는 이론이다.

04 ② 공공부문은 공적 사회복지 전달체계의 관련 부서들이 분리되어 있으므로 통합성이 결여되어 서비스의 단편성을 초래하고 있다.

05 **위원회의 장점(Bedeian)**
- 조직성원 전반에 관계된 문제에 대한 협조와 관련 정보를 계속 제공하는 데 효율적이다.
- 제안을 평가하고 전문가의 의견을 듣는 방법이 된다.
- 관련된 여러 사람의 의견을 들을 수 있다.
- 참여관리의 수단이 된다.
- 관련된 사람들의 헌신적인 참여를 구축할 수 있다.
- 조직의 행정책임자의 결정을 보조해준다.

06 **투과성 조직**
- 조직구성원 · 클라이언트의 자발적인 참여가 이루어진다.
- 업무와 사적 활동에 분명한 구분이 있어 가정과 사생활을 침해하지 않는다.
- 조직의 통제가 약하며 조직의 활동이 노출되는 조직이다.
- 영역의 유지구조는 매우 약하고 역할구조는 복잡하다.
- 자원봉사활동조직이 해당된다.

07 ⑤ 학습조직은 조직의 외부와 내부의 정보를 조직의 요구에 부합하도록 가공하여 조직성원들 간의 공유는 물론 일상업무에 적용함으로써 새로운 지식을 창출하고 이를 조직 전체에 확산·보급하는 조직 형태이다. 이러한 학습조직은 급변하는 환경에 대처할 수 있는 능력과 함께 조직 전체의 성장발전 능력을 능동적으로 향상시킬 수 있도록 지속적이고 조직적인 학습활동을 전개한다.

08 ④ '기획(Planning)'과 '계획(Plan)'은 엄밀한 의미에서 차이가 있다. '기획'은 계획을 수립하고 집행하는 과정인 반면, '계획'은 기획을 통해 산출되는 결과이다. 즉, 기획은 절차와 과정을 의미하지만, 계획은 문서화된 활동목표와 수단을 의미한다.

09 **기획의 과정(Skidmore)**
목표설정 → 자원의 고려 → 대안 모색 → 결과 예측 → 계획 결정 → 구체적 프로그램 수립 → 개방성 유지

10 ⑤ 조직군생태이론 : 환경적 요인에 가장 적합한 조직이 피동적으로 선택된다고 가정한다.
① 구조-상황이론 : 조직의 합리적인 선택에 의한 적응을 가정한다.
② 정치경제이론 : 외부환경과의 상호작용이 조직 내부 역학관계에 영향을 미친다고 가정한다.
③ 신제도이론 : 조직의 특성 및 형태가 제도적 환경에 의해 좌우된다고 가정한다.
④ 자원의존이론 : 조직전략 등에 의해 환경에 의도적으로 적응할 수 있다고 가정한다.

11 ③ 총체적 품질관리(TQM ; Total Quality Management)는 품질에 중점을 둔 관리기법으로서, 조직운영, 제품, 서비스의 지속적인 개선을 통해 고품질과 경쟁력을 확보하기 위한 전 종업원의 체계적인 노력으로 볼 수 있다. 특히 품질(Quality)을 조직의 중심적인 목표로 인식하며, 고객(Customers)을 품질에 대해 정의를 내리는 사람, 즉 품질의 최종 결정자로 간주한다.

12 ① 생산하위체계에서 조직은 생산과 관련된 과업을 수행한다.
② 유지하위체계에서 조직은 계속성을 확보하고 안정 상태를 유지한다.
③ 경계하위체계에서 조직은 외부환경의 변화에 대해 적절히 반응하고 대응한다.
④ 적응하위체계에서 조직은 실제 조직변화를 위한 최적의 대안을 찾기 위해 연구·평가한다.

13 ① 수(數) 기준 부문화 : 동일 역할을 하는 사람들을 한 명의 슈퍼바이저 밑에 소속시키는 방법으로 수에 의해 업무를 부문화하는 것이다.
② 서비스 기준 부문화 : 개별사회사업, 집단사회사업 등 사회사업 실천방법에 따라 부문화하는 것이다.
④ 기능 기준 부문화 : 조직요원의 능력, 선호도, 관심 등에 근거하여 직무상 적성에 맞는 분야에 사람을 배치하는 것이다.
⑤ 고객 기준 부문화 : 클라이언트의 특성에 따라 아동복지, 청소년복지, 노인복지 등으로 업무를 부문화하는 것이다.

14 **재정관리의 일반적인 과정**
예산편성 → 심의·의결 → 예산집행 → 결산 및 회계감사

15 허시와 블랑샤르(Hersey & Blanchard)의 상황적 리더십이론
- 리더의 행동을 관계지향적 행동과 과업지향적 행동으로 구분하고, 상황변수로서 팔로워(조직성원 또는 부하)의 심리적 성숙도(Maturity)를 강조한 3차원적 유형의 상황적 리더십을 제시하였다.
- 팔로워의 업무와 심리적인 성숙도가 효율적인 리더십을 위한 리더십 유형의 결정에 매우 중요하다.
- 성숙도는 조직의 인생 사이클 단계와 팔로워의 이전 교육 및 훈련과 연관된다.

16 ① · ② · ④ 지시적 리더십의 장점에 해당한다.
⑤ 자율적 리더십(위임적 리더십)의 장점에 해당한다.
참여적 리더십의 장점
- 조직목표에 대한 참여동기가 증가한다.
- 집단의 지식과 기술을 활용하기 쉽다.
- 조직활동에 더욱 헌신하도록 만든다.
- 개인적 가치와 신념을 고취시킨다.
- 참여를 통해 경영에 대한 사고와 기술들을 익힐 수 있다.
- 자유로운 의사소통 및 정보교환을 장려한다.

17 ① 정부기관이 민간 사회복지조직에 대해 권위주의 전략을 사용할 수 있다. 조직의 세력이 크고 자금을 관장한다면 조직 내에서 우세한 우위를 차지하는 것은 당연한 것이며, 그것이 곧 권위이다. 예를 들어, 현재 세력이 크고 자금을 관장하는 중앙정부기관이 지방정부기관에게 적용하는 경우로서, 중앙정부의 사업지침이 지방정부의 사업 프로그램 세부사항을 규정하도록 하며, 지방정부 행정기관을 통해 자금을 집행하도록 한다. 이와 같이 권위를 전략으로 사용하더라도 각 조직들의 자율성에 영향을 미치지 않고 각 조직들이 교환조건에 응할 수 있으므로 효과적이라고 할 수 있다. 다만, 이는 민주적이고 지방분권적인 정치체계에서 적용될 수 있다.

18 예산편성의 과정
조직의 목표설정 → 기관의 운영에 관한 사실의 확인 → 운영대안의 검토 → 우선순위의 결정 → 예산에 대한 최종적 결정 → 적절한 해석 및 홍보

19 ② 비공식적 조직은 구성원 상호 간의 접촉이나 친근관계로 인해서 형성되는 조직으로서 구조가 명확하지 않은 조직이다. 그러나 의사소통의 통로, 응집력의 유지, 성원의 자존심 향상 등에서 유용성을 가지므로, 변화를 위한 매개역할을 한다. 하지만 비공식적 조직이 공식적 조직을 대체하는 것은 바람직하지 않다.

20 ① '현혹효과'는 고과자가 피고과자의 어떠한 면을 기준으로 해서 다른 것까지 함께 평가해버리는 경향을 말한다.
② '중심화 경향'은 평가의 결과가 평가상의 중간으로 나타나기 쉬운 경향을 말한다.
③ '논리적 오류'는 서로 상관관계가 있는 요소 간에 어느 한 쪽이 우수하면 다른 요소도 당연히 그럴 것이라고 판단하는 경향을 말한다.
④ '지각적 방어'는 자기가 지각할 수 있는 사실을 집중적으로 파고 들어가면서 보고 싶지 않은 것을 외면해 버리는 경향을 말한다.

21 프로그램 평가의 평가기준에 따른 분류
- 노력성 평가 : 목표달성을 위해 필요한 프로그램 활동의 양 및 종류를 평가하는 것으로서, 투입 시간, 물적 자원의 배분 및 사용, 클라이언트의 참여, 담당자의 제반활동 등과 연관된다.
- 효율성 평가 : 특정 프로그램이 주어진 자원들을 경제적 · 효율적으로 적절하게 활용하고 있는지 파악하는 것으로서 투입 대 산출의 비율로 측정한다.
- 효과성 평가 : 프로그램에 의해 의도된 결과나 급부들이 성취되었는가를 파악하는 것으로서 목표달성도, 프로그램 또는 프로젝트의 성공 여부와 연관된다.

22 예산에 첨부하여야 할 서류(사회복지법인 및 사회복지시설 재무 · 회계 규칙 제11조)
예산에는 다음 각 호의 서류가 첨부되어야 한다. 다만, 단식부기로 회계를 처리하는 경우에는 제1호 · 제2호 · 제5호 및 제6호의 서류만을 첨부할 수 있고, 국가 · 지방자치단체 · 법인 외의 자가 설치 · 운영하는 시설로서 거주자 정원 또는 일일 평균 이용자가 20명 이하인 시설은 제2호 · 제5호 (노인장기요양기관의 경우만 해당) 및 제6호의 서류만을 첨부할 수 있으며, 영유아보육법에 따른 어린이집은 보건복지부장관이 정하는 바에 따른다.
1. 예산총칙
2. 세입 · 세출명세서
3. 추정재무상태표
4. 추정수지계산서
5. 임직원 보수 일람표
6. 예산을 의결한 이사회 회의록 또는 예산을 보고받은 시설운영위원회 회의록 사본

23 희망복지지원단
- 복합적 욕구를 가진 대상자에게 통합사례관리를 제공하고, 지역 내 자원 및 방문형 서비스 사업 등을 총괄 관리함으로써 지역단위 통합서비스 제공의 중추적 역할을 수행하는 전담조직
- 민관협력을 통한 지역단위 통합적 서비스 제공 체계를 구축 · 운영함으로써 맞춤형 서비스 제공 및 지역주민의 복지체감도 향상
- 희망복지지원단을 중심으로 읍 · 면 · 동 주민센터, 지역사회보장협의체, 지역 내 서비스 제공기관과의 연계 및 협력을 통해 통합사례관리사업, 자원관리, 지역보호체계 운영, 읍 · 면 · 동 복지사업 지원 · 관리 등 업무 수행
- 사회보장정보시스템(행복e음), 복지자원관리시스템을 통한 대상자 통합사례관리

24 ③ · ④ 약점 · 기회전략은 조직의 약점을 극복하고 환경의 기회를 활용하는 전략에 해당한다.
① 환경의 기회를 활용하기 위해 조직의 강점을 활용하는 강점 · 기회전략에 해당한다.
② 환경의 위협을 피하기 위해 조직의 강점을 활용하는 강점 · 위협전략에 해당한다.
⑤ 환경의 위협을 피하고 조직의 약점을 최소화하는 약점 · 위협전략에 해당한다.

25 ③ 중간관리층의 리더십에서 요구되는 기술에 해당한다.

01 ① 사회보장기본법 제3조 제1호는 "사회보장이란 출산, 양육, 실업, 노령, 장애, 질병, 빈곤 및 사망 등의 사회적 위험으로부터 모든 국민을 보호하고 국민 삶의 질을 향상시키는 데 필요한 소득·서비스를 보장하는 사회보험, 공공부조, 사회서비스를 말한다."고 규정하고 있다.

02 ③ 헌법 제53조 제5항
①·② 국회에서 의결된 법률안은 정부에 이송되어 15일 이내에 대통령이 공포한다(헌법 제53조 제1항).
④ 대통령은 법률안의 일부에 대하여 또는 법률안을 수정하여 재의를 요구할 수 없다(헌법 제53조 제3항).
⑤ 법률은 특별한 규정이 없는 한 공포한 날로부터 20일을 경과함으로써 효력을 발생한다(헌법 제53조 제7항).

03 ③ 실체법은 법의 실체인 권리·의무를 규율하는 법을 말하며, 절차법은 권리·의무의 실질적 내용을 실현하기 위한 절차를 규율하는 법을 말한다. 실제 사회서비스 영역의 법제는 실체법적 규정과 함께 절차법적 규정도 두고 있다.
① 헌법은 성문법으로서 복지권(제34조)에 관한 규정을 두고 있으므로, 사회복지법의 법원(法源)으로 볼 수 있다.
② 국민기초생활 보장법은 공공부조법에 해당하지만, 국민연금법은 사회보험법에 해당한다.
④ 법 적용의 우선순위는 '신법인 특별법 > 구법인 특별법 > 신법인 일반법 > 구법인 일반법' 순이다.
⑤ 사회복지사업법은 사회보장기본법과 비교할 때 특별법에 해당하므로, 특별법 우선의 원칙에 따라 사회복지사업법이 우선 적용된다.

04 사회보장위원회는 위원장 1명, 부위원장 3명과 행정안전부장관, 고용노동부장관, 여성가족부장관, 국토교통부장관을 포함한 30명 이내의 위원으로 구성한다(사회보장기본법 제21조 제1항). 위원장은 국무총리가 되고 부위원장은 기획재정부장관, 교육부장관 및 보건복지부장관이 된다(동법 제21조 제2항).

05 **사회복지관의 사회복지서비스 우선 제공 대상자(사회복지사업법 제34조의5 제2항 참조)**
- 국민기초생활 보장법에 따른 수급자 및 차상위계층
- 장애인, 노인, 한부모가족 및 다문화가족
- 직업 및 취업 알선이 필요한 사람
- 보호와 교육이 필요한 유아·아동 및 청소년
- 그 밖에 사회복지관의 사회복지서비스를 우선 제공할 필요가 있다고 인정되는 사람

06 ① 시설의 운영자는 화재로 인한 손해배상책임을 이행하기 위하여 손해보험회사의 책임보험에 가입하거나 사회복지사 등의 처우 및 지위 향상을 위한 법률에 따른 한국사회복지공제회의 책임공제에 가입하여야 한다(사회복지사업법 제34조의3 제1항).

② 시설의 장은 시설에 대하여 정기 및 수시 안전점검을 실시하여야 한다(동법 제34조의4 제1항).

③ 시설의 장은 상근하여야 한다(동법 제35조 제1항).

④ 시설의 장은 후원금품대장 등 보건복지부령으로 정하는 서류를 시설에 갖추어두어야 한다(동법 제37조).

07 시·군·구 지역사회보장계획에 포함되어야 할 사항(사회보장급여의 이용·제공 및 수급권자 발굴에 관한 법률 제36조 제1항 참조)
- 지역사회보장 수요의 측정, 목표 및 추진전략(ㄱ)
- 지역사회보장의 목표를 점검할 수 있는 지표(지역사회보장지표)의 설정 및 목표(ㄴ)
- 지역사회보장의 분야별 추진전략, 중점 추진사업 및 연계협력 방안
- 지역사회보장 전달체계의 조직과 운영
- 사회보장급여의 사각지대 발굴 및 지원 방안(ㄷ)
- 지역사회보장에 필요한 재원의 규모와 조달 방안
- 지역사회보장에 관련한 통계 수집 및 관리 방안(ㄹ)
- 지역 내 부정수급 발생 현황 및 방지대책
- 그 밖에 대통령령으로 정하는 사항

08 ⑤ 국민연금법 제66조 제1항
① 장애 정도에 관한 장애등급은 1급, 2급, 3급 및 4급으로 구분하되, 등급 구분의 기준과 장애 정도의 심사에 관한 사항은 대통령령으로 정한다(동법 제67조 제4항).

② 가입기간이 10년 이상인 가입자 또는 가입자였던 자가 사망하면 그 유족에게 유족연금을 지급한다(동법 제72조 제1항 참조).

③ 분할연금 수급권자에게 노령연금 수급권이 발생한 경우에는 중복급여의 조정규정에도 불구하고 분할연금액과 노령연금액을 합산하여 지급한다(동법 제65조 제4항).

④ 분할연금은 수급요건을 모두 갖추게 된 때부터 5년 이내에 청구하여야 한다(동법 제64조 제3항).

09 **직장가입자의 피부양자가 될 수 있는 사람(국민건강보험법 제5조 제2항 참조)**
건강보험의 피부양자는 다음의 어느 하나에 해당하는 사람 중 직장가입자에게 주로 생계를 의존하는 사람으로서 소득 및 재산이 보건복지부령으로 정하는 기준 이하에 해당하는 사람을 말한다.
- 직장가입자의 배우자
- 직장가입자의 직계존속(배우자의 직계존속 포함)
- 직장가입자의 직계비속(배우자의 직계비속 포함)과 그 배우자
- 직장가입자의 형제·자매

10 구직급여의 소정급여일수(고용보험법 제50조 제1항 참조)

하나의 수급자격에 따라 구직급여를 지급받을 수 있는 날(소정급여일수)은 대기기간이 끝난 다음 날부터 계산하기 시작하여 피보험기간과 연령에 따라 다음에서 정한 일수가 되는 날까지로 한다.

구 분		피보험기간				
		1년 미만	1년 이상 3년 미만	3년 이상 5년 미만	5년 이상 10년 미만	10년 이상
이직일 현재 연령	50세 미만	120일	150일	180일	210일	240일
	50세 이상	120일	180일	210일	240일	270일

* 단, 장애인고용촉진 및 직업재활법에 따른 장애인은 50세 이상인 것으로 보아 위 표를 적용한다.

11 ⑤ 산업재해보상보험법 제74조 제2항

① 휴업급여는 업무상 사유로 부상을 당하거나 질병에 걸린 근로자에게 요양으로 취업하지 못한 기간에 대하여 지급하되, 1일당 지급액은 평균임금의 100분의 70에 상당하는 금액으로 한다. 다만, 취업하지 못한 기간이 3일 이내이면 지급하지 아니한다(동법 제52조).

② 요양 또는 재요양을 받고 있는 근로자가 그 요양기간 중 일정기간 또는 단시간 취업을 하는 경우에는 그 취업한 날 또는 취업한 시간에 해당하는 그 근로자의 평균임금에서 그 취업한 날 또는 취업한 시간에 대한 임금을 뺀 금액의 100분의 80에 상당하는 금액을 지급할 수 있다. 다만, 최저임금액을 1일당 휴업급여 지급액으로 하는 경우에는 최저임금액에서 취업한 날 또는 취업한 시간에 대한 임금을 뺀 금액을 지급할 수 있다(동법 제53조 제1항).

③ 유족보상연금을 받을 수 있는 자격이 있는 자가 원하면 유족보상일시금의 100분의 50에 상당하는 금액을 일시금으로 지급하고 유족보상연금은 100분의 50을 감액하여 지급한다(동법 제62조 제3항).

④ 1일당 휴업급여 지급액이 최저 보상기준 금액의 100분의 80보다 적거나 같으면 그 근로자에 대하여는 평균임금의 100분의 90에 상당하는 금액을 1일당 휴업급여 지급액으로 한다. 다만, 그 근로자의 평균임금의 100분의 90에 상당하는 금액이 최저 보상기준 금액의 100분의 80보다 많은 경우에는 최저 보상기준 금액의 100분의 80에 상당하는 금액을 1일당 휴업급여 지급액으로 한다(동법 제54조 제1항).

12 ⑤ '보수'란 소득세법에 따른 근로소득에서 비과세 근로소득을 뺀 금액을 말한다(고용보험 및 산업재해보상보험의 보험료징수 등에 관한 법률 제2조 제3호 및 시행령 제2조의2).

13 ① 보장기관은 수급자의 소득·재산·근로능력 등이 변동된 경우에는 직권으로 또는 수급자나 그 친족, 그 밖의 관계인의 신청에 의하여 그에 대한 급여의 종류·방법 등을 변경할 수 있다(국민 기초생활보장법 제29조 제1항).

② 보장기관이 차상위자에 대해서 가구별 생활여건을 고려하여 지급하는 급여는 자활급여로 한다 (동법 제7조 제3항 및 시행령 제5조의5 제1항 참조).

③ 신청인에 대한 급여의 결정 등의 통지는 급여의 신청일부터 30일 이내에 하여야 한다. 다만, 부 양의무자의 소득·재산 등의 조사에 시일이 걸리는 특별한 사유가 있는 경우, 수급권자 또는 부 양의무자가 조사나 자료제출 요구를 거부·방해 또는 기피하는 경우에는 신청일부터 60일 이내 에 통지할 수 있다(동법 제26조 제4항).

④ 교육급여 수급권자는 부양의무자가 없거나, 부양의무자가 있어도 부양능력이 없거나 부양을 받 을 수 없는 사람으로서 그 소득인정액이 중앙생활보장위원회의 심의·의결을 거쳐 결정하는 금 액 이하인 사람으로 한다. 이 경우 교육급여 선정기준은 기준 중위소득의 100분의 50 이상으로 한다(동법 제12조 제3항).

⑤ 지방자치단체의 조례에 따라 국민기초생활 보장법에 따른 급여 범위 및 수준을 초과하여 급여 를 실시하는 경우 그 초과 보장비용은 해당 지방자치단체가 부담한다(동법 제43조 제5항).

14 의료급여기관(의료급여법 제9조 참조)

제1차 의료급여기관	• 의료법에 따라 시장·군수·구청장에게 개설신고를 한 의료기관 • 지역보건법에 따라 설치된 보건소·보건의료원 및 보건지소 • 농어촌 등 보건의료를 위한 특별조치법에 따라 설치된 보건진료소 • 약사법에 따라 개설 등록된 약국 및 한국희귀·필수의약품센터
제2차 의료급여기관	의료법에 따라 시·도지사의 개설허가를 받은 의료기관
제3차 의료급여기관	제2차 의료급여기관 중 보건복지부장관이 지정하는 의료기관

15 ⑤ 환수금을 환수할 권리와 기초연금 수급권자의 권리는 5년간 행사하지 아니하면 시효의 완성으 로 소멸한다(기초연금법 제23조).

16 노인의 날 등(노인복지법 제6조 참조)
• 노인의 날 : 매년 10월 2일
• 경로의 달 : 매년 10월
• 어버이날 : 매년 5월 8일
• 노인학대예방의 날 : 매년 6월 15일

17 ② 노인복지법에 의한 재가노인복지시설, 노인공동생활가정, 노인요양공동생활가정 및 학대피해 노인 전용쉼터는 건축법의 규정에 불구하고 단독주택 또는 공동주택에 설치할 수 있다(노인복 지법 제55조 제1항).
①·③ 동법 제54조
④ 동법 제55조
⑤ 동법 제49조

18 ⑤ 국가기관과 지방자치단체의 장, 공공기관의 운영에 관한 법률에 따른 공공기관과 대통령령으로 정하는 공공단체의 장은 아동학대의 예방과 방지를 위하여 필요한 교육(아동학대 예방교육)을 연 1회 이상 실시하고, 그 결과를 보건복지부장관에게 제출하여야 한다(아동복지법 제26조의2 제1항).

① 동법 제3조 제1호

② 보건복지부장관은 아동정책의 효율적인 추진을 위하여 5년마다 아동정책기본계획을 수립하여야 한다(동법 제7조 제1항).

③ 동법 제50조 제2항

④ 아동의 권리증진과 건강한 출생 및 성장을 위하여 종합적인 아동정책을 수립하고 관계 부처의 의견을 조정하며 그 정책의 이행을 감독하고 평가하기 위하여 국무총리 소속으로 아동정책조정위원회를 둔다(동법 제10조 제1항).

19 **아동보호전문기관의 업무(아동복지법 제46조 제2항 참조)**
- 피해아동, 피해아동의 가족 및 아동학대행위자를 위한 상담 · 치료 및 교육(ㄴ)
- 아동학대예방 교육 및 홍보(ㄷ)
- 피해아동 가정의 사후관리(ㄹ)
- 그 밖에 대통령령으로 정하는 아동학대예방사업과 관련된 업무

20 ③ 국공립어린이집 외의 어린이집을 설치 · 운영하려는 자는 특별자치시장 · 특별자치도지사 · 시장 · 군수 · 구청장의 인가를 받아야 한다. 인가받은 사항 중 중요 사항을 변경하려는 경우에도 또한 같다(영유아보육법 제13조 제1항).

21 ⑤ 장애인복지법 시행령 제2조 및 별표 1에 규정된 장애인은 지체장애인, 뇌병변장애인, 시각장애인, 청각장애인, 언어장애인, 지적장애인, 자폐성장애인, 정신장애인, 신장장애인, 심장장애인, 호흡기장애인, 간장애인, 안면장애인, 장루 · 요루장애인, 뇌전증장애인 등 총 15종이다.

22 **활동지원급여의 종류(장애인활동 지원에 관한 법률 제16조)**
- 활동보조 : 활동지원인력인 활동지원사가 수급자의 가정 등을 방문하여 신체활동, 가사활동 및 이동보조 등을 지원하는 활동지원급여
- 방문목욕 : 활동지원인력이 목욕설비를 갖춘 장비를 이용하여 수급자의 가정 등을 방문하여 목욕을 제공하는 활동지원급여
- 방문간호 : 활동지원인력인 간호사 등이 의사, 한의사 또는 치과의사의 지시서에 따라 수급자의 가정 등을 방문하여 간호, 진료의 보조, 요양에 관한 상담 또는 구강위생 등을 제공하는 활동지원급여
- 그 밖의 활동지원급여 : 야간보호 등 대통령령으로 정하는 활동지원급여

23 **성폭력피해상담소의 업무(성폭력방지 및 피해자보호 등에 관한 법률 제11조)**
- 성폭력피해의 신고접수와 이에 관한 상담
- 성폭력피해로 인하여 정상적인 가정생활 또는 사회생활이 곤란하거나 그 밖의 사정으로 긴급히 보호할 필요가 있는 사람과 성폭력피해자보호시설 등의 연계
- 피해자 등의 질병치료와 건강관리를 위하여 의료기관에 인도하는 등 의료 지원
- 피해자에 대한 수사기관의 조사와 법원의 증인신문 등에의 동행
- 성폭력행위자에 대한 고소와 피해배상청구 등 사법처리 절차에 관하여 법률구조법에 따른 대한 법률구조공단 등 관계 기관에 필요한 협조 및 지원 요청
- 성폭력 예방을 위한 홍보 및 교육
- 그 밖에 성폭력 및 성폭력피해에 관한 조사 · 연구

24 **노숙인복지시설의 종류(노숙인 등의 복지 및 자립지원에 관한 법률 제16조)**
- 노숙인일시보호시설
- 노숙인자활시설
- 노숙인재활시설
- 노숙인요양시설
- 노숙인급식시설
- 노숙인진료시설
- 쪽방상담소
- 그 밖에 보건복지부령으로 정하는 시설

25 ④ 정신질환자에 대해서는 정신건강증진시설에 자신의 의지에 따른 입원 또는 입소가 권장되어야 한다(정신건강증진 및 정신질환자 복지서비스 지원에 관한 법률 제2조 제5항 참조).

정답 및 해설

제1과목 | 사회복지기초

1영역		인간행동과 사회환경												
01	02	03	04	05	06	07	08	09	10	11	12	13	14	15
④	②	⑤	④	③	①	③	②	②	④	②	②	⑤	③	②
16	17	18	19	20	21	22	23	24	25					
②	①	④	②	④	③	⑤	④	③	⑤					

2영역		사회복지조사론												
01	02	03	04	05	06	07	08	09	10	11	12	13	14	15
①	④	①	②	①	③	②	①	④	②	③	④	⑤	②	③
16	17	18	19	20	21	22	23	24	25					
③	⑤	⑤	③	①	⑤	①	⑤	④	④					

제1영역 인간행동과 사회환경

01 ④ 인간발달은 기능 및 구조의 성장 또는 성숙에 의한 '상승적 변화'와 함께 그에 대비되는 기능 및 구조의 약화 또는 쇠퇴에 의한 '하강적(퇴행적) 변화'로 구분된다. 즉, 인간발달은 이와 같은 상승적 변화는 물론 하강적 변화 모두를 포함하는 개념이다. 일반적으로 인간은 청년기 또는 성인초기에 이르기까지 신체 크기의 증대와 더불어 심리 기능의 고차원화가 이루어지는 반면, 그 이후로부터 신체적·심리적 기능이 약해지고 위축되면서 하강적 변화를 경험하게 된다.

02 **공유영역**
- 두 가지 체계가 함께 공존하는 곳으로서 체계 간의 교류가 일어난다.
- 경계는 체계의 정체성을 유지하기 위해 필요한 반면, 공유영역은 서로 다른 두 체계가 공통의 이익이나 관심을 추구하기 위해 필요하다. 입양기관의 지도자와 실습생의 다른 체계가 공유하는 영역은 계약서일 수 있다.

03 ⑤ 거시체계는 일반적으로 정치, 사회, 법, 경제, 종교, 교육정책 등 광범위한 사회적 맥락을 의미하는 것으로서, 개인의 삶에 직접적으로 개입하지는 않는다. 다만, 전체적인 관점에서 사회구조적인 맥락을 포함하고 있으므로, 비록 간접적이긴 하나 강력한 영향력을 행사한다.

04 부모의 양육태도에 따른 가정의 유형(Baldwin)
- 민주적 가정 : 가정의 운영이 합리적 · 타협적 · 개인적이다. 부모는 자녀의 흥미와 요구를 잘 이해하며, 부모와 자녀 간에 의견교환이 원활히 이루어진다.
- 전제적 가정 : 가정의 운영에 있어서 엄격한 제한과 훈련과정상의 마찰이 나타난다. 부모는 자녀의 흥미나 요구를 이해하려 하지 않으며, 모든 일에 대해 명령과 지시로써 복종시키려고 한다.
- 과보호 가정 : 가정의 운영에서 맹목적이며, 이성적인 면이 부족하다. 과보호는 자녀를 너무도 감싸줌으로써 자녀가 혼자 할 수 있는 일까지 적극적으로 돌봐주는 경우, 자녀의 어떠한 요구든지 모두 들어주려고 하면서 자유방임하는 경우로 구분된다.
- 거부적 가정 : 가정의 운영에 있어서 자녀에게 명령적이고 강제적이다. 자녀가 복종하지 않는 경우 체벌을 가하는 등 애정이 부족하며, 그로 인해 자녀는 자기를 과시하고 부모의 관심을 얻기 위해 부모의 물건을 훔친다거나 고의로 학업을 게을리 하는 경향이 있다.

05 ③ 일반적으로 임신 3개월 이전에는 '배아'라 부르며, 임신 3개월 이후부터 '태아'라 부른다. 임신 3개월의 태아는 팔, 다리, 손, 발의 형태가 나타나며, 성별이 구별된다. 보통 임신 7~9개월의 임신 말기 이후에는 신체내부기관과 두뇌 및 신경체계의 발달이 완성되어 태아가 모체에서 분리되어도 생존이 가능하다.

06 ② 동화(Assimilation)는 새로운 정보를 접했을 때 이를 자신이 이미 가지고 있는 도식이나 행동양식에 맞춰가는 인지적 과정이다.
③ 도식(Schema)에 대한 설명에 해당한다.
④ 조절(Accommodation)은 기존의 도식이 새로운 대상을 동화하는 데 적합하지 않은 경우 새로운 대상에 맞도록 기존의 도식을 변경하는 인지적 과정이다.
⑤ 적응(Adaptation)은 개인이 자신의 주위환경의 조건을 조정하는 능력으로서, 주위환경과 조화를 이루고 생존하기 위해 변화하는 과정이다.

07 ③ 전치(Displacement)는 자신이 어떤 대상에 느낀 감정을 보다 덜 위협적인 다른 대상에게 표출하는 것이다. 회사에서 상사에게 질책을 받은 사람이 집에 와서 아이들에게 공부를 안 하고 게임을 한다며 화를 내는 경우도 전치에 해당한다.

08 ② 가역성(Reversibility)은 어떤 변화가 일어났을 때 이를 이전 상태로 되돌려놓는 것을 의미하며, 사고의 가역성은 사고의 진행과정을 거슬러 올라 사고하는 것을 말한다. 전기아동기(4~6세)의 아동은 비가역적인 사고를 하므로 양의 보존에 관한 실험에서 서로 다른 길이나 부피의 용기에 담긴 물을 처음 용기에 도로 부으면 결과적으로 액체의 양이 동일하다는 사실을 이해하지 못한다.

09 ② '자기강화'는 자신이 통제할 수 있는 보상을 자기 스스로에게 주어서 자신의 행동을 유지하거나 변화시키는 과정을 말한다. 즉, 어떠한 활동의 수행과 관련하여 자기 스스로 일정한 기준을 설정한 후 자신의 기대를 달성하거나 반대로 기대에 미치지 못하는 결과에 이르는 경우 그에 따른 보상이나 처벌을 자신에게 내린다는 것이다. 이와 같이 수행이나 성취의 기준에 따른 기대치의 달성 또는 미달 정도에 따라 자신에 대한 보상 여부가 결정된다.

10 ① 탐색 반사 또는 젖찾기 반사는 아기의 입 주위를 손가락으로 가볍게 찌르면 어머니의 젖을 빨 때처럼 입을 움직이는 것이다.

② · ③ 경악 반사 또는 모로 반사는 갑작스러운 큰 소리를 들으면 자동적으로 팔과 다리를 쫙 펴는 것이다.

⑤ 빨기 반사는 입술을 오므려 젖꼭지를 입안에 넣고 모유가 입안으로 들어갈 수 있도록 하는 것이다.

11 ② 스키너(Skinner)는 인간의 행동이 환경적 자극에 의해 동기화되며, 그에 따르는 강화에 의해 행동의 빈도 및 강도가 결정된다고 보았다.

① 인간이 환경적 자극에 수동적으로 반응하여 형성되는 행동인 반응적 행동(Respondent Behavior)을 중시한 것은 파블로프(Pavlov)의 고전적 조건화(고전적 조건형성)이다.

③ '자기효율성(Self-efficacy)'은 반두라(Bandura) 사회학습이론의 주요개념에 해당한다. 반두라는 인간이 자기효율성을 성취하기 위해 행동을 규제한다고 보았다.

④ · ⑤ 스키너는 인간이 자신의 행동을 통제할 수 있는 힘을 가지고 있지 않다고 보았다. 특히 외적 강화 없이는 어떠한 행동의 학습이나 수정도 이루어질 수 없다고 보았다. 즉, 인간은 어떻게 행동하도록 강화되었느냐에 따라 행동한다는 것이다.

12 ㄴ. 성장동기의 내용에 해당한다. 성장동기는 유기체가 일차적으로 현재 상태에서 즐거움과 만족을 느끼면서 긍정적으로 가치 있는 목표를 추구하는 것을 말한다. 반면, 결핍동기는 유기체 내에 있는 부족한 어떤 것을 충족시키려는 욕구를 말한다.

ㄹ. 결핍인지를 가진 사람은 강한 욕구로 인해 단지 욕구충족과 관련하여 환경을 자각하게 된다. 반면, 성장인지를 가진 사람은 비판적이면서 있는 그대로를 인식하는 경향이 있다.

13 아들러(Adler)의 창조적 자기(Creative Self)

- '창조적 자기'는 아들러의 개인심리이론을 특징짓는 개념으로서, 인간이 스스로 자신의 삶을 만들어 나간다는 것을 의미한다.
- 자유와 선택을 강조하는 개념으로서, 개인이 생(生)의 의미로서 목표를 설정하고 이를 달성하기 위해 노력을 기울이는 과정을 담고 있다.
- 자아의 창조적인 힘이 인생의 목표와 목표추구 방법을 결정하며, 사회적 관심을 발달시킨다.
- 개인은 유전과 경험을 토대로 창조적 자기를 형성하며, 자신의 고유한 생활양식을 형성한다.

14 ③ 로저스(Rogers)의 현상학이론에 의한 인간중심상담(인간중심치료)은 비지시적 상담(치료)을 원칙으로 하며, 내담자의 능동적 참여를 강조한다.

15 ② 청소년기(12~19세)의 특징에 해당한다. 청소년기는 아동에서 성인으로 전환하는 과도기로서, 신체적 · 성적 성숙이 빠르게 진행되는 '제2성장 급등기(The Second Growth Spurt)'에 해당한다.

16 ② 만 2세경 처음으로 자아의식이 싹트며 자기주장이 강해지는 걸음마기를 '제1의 반항기'라고 하며, 이후 청소년기에 이르러 성숙된 자아의식이 자리를 잡게 되는데 이 시기를 '제2의 반항기'라고 한다. 청소년기는 정서가 매우 강하고 변화가 심한 '질풍노도의 시기'이다. 또한 '심리적 이유기'로서 사회적 관계의 확대와 함께 가족으로부터 독립을 준비하고자 한다. 영아기의 제1성장 급등기와 흡사하게 급격한 신장의 증가와 함께 뼈와 근육의 성장이 이루어지므로 '제2성장 급등기'라고도 하며, 사회적으로 아직 주변인에 머물러 있으므로 '사회적 주변인의 시기'라고도 한다.

17 ① 욕구충족 수단으로서의 도덕성은 전인습적 수준의 2단계 개인적 · 도구적 도덕성을 말한다. 이 단계에서는 복종해야 할 절대적 규율이 있다는 생각에서 벗어나 상대적 쾌락주의에 의해 도덕성을 결정하게 된다.

18 구체적 조작기와 형식적 조작기
- 구체적 조작기는 이론적 · 논리적 사고는 발달하나 가설 · 연역적 사고가 발달하지 못한 단계이다.
- 형식적 조작기는 추상적 사고가 발달하며, 가설의 설정 및 검증, 연역적 사고가 가능하다.

19 반응률이 높은 강화계획 순서는 '가변비율(VR ; Variable-ratio Schedule) > 고정비율(FR ; Fixed-ratio Schedule) > 가변간격(VI ; Variable-interval Schedule) > 고정간격(FI ; Fixed-interval Schedule)' 순이다.

20 개인의 자아정체감을 구성하는 4가지 차원
- 인간성 차원 : 각 개인이 인간이라는 느낌
- 성별 차원 : 남성 혹은 여성이라는 느낌
- 개별성 차원 : 각 개인이 독특하고 특별하다는 인식
- 계속성 차원 : 시간경과에도 불구하고 동일한 사람이라는 인식

21 ③ 수평적 전이는 같은 수준에서 일어나는 전이이고, 수직적 전이는 낮은 수준에서 높은 수준으로 일어나는 전이이다.

22 사회의 4가지 차원체계(Parsons)

상위체계	• 문화체계 : 가치관, 신념, 규범 • 사회체계 : 정치, 경제, 사법
하위체계	• 인격체계 : 사람의 태도, 사회적 존재 • 행동적 유기체계 : 인간의 생명체

23 폐쇄형 가족체계

가족성원들의 외부와의 상호작용과 출입을 엄격히 제한하며, 가족 안의 권위자가 가족공간에 명확한 경계를 설정하여 이웃 및 지역사회와의 소통을 통제한다. 보통 부모의 자녀에 대한 감시, 대중매체의 통제, 높은 담장과 굳게 닫힌 문 등의 모습으로 나타난다.

24 ② 활동이론 : 노년기의 사회적인 활동과 친교관계의 유지는 노인으로 하여금 자아개념을 강화하는 동시에 건강을 유지하는 데 긍정적인 영향을 미친다. 이와 같이 노인의 활동 참여 정도가 높을수록 노인의 심리적 만족감과 생활 만족도가 높게 나타나며, 노인의 신체적·정신적 기능 유지에 도움이 된다.

① 현대화 이론 : 생산기술의 발달, 도시화 및 교육의 대중화 등 현대화로 인해 노인들의 지위는 낮아진다. 노인이 독점하던 지식은 젊은 세대에게 이전되고, 전문가로서의 역할 또한 특수교육을 받은 각 분야의 전문가에게 이전된다.

③ 교환이론 : 사회적 행동을 적어도 두 사람 사이의 활동의 교환으로 간주할 때, 노인은 대인관계나 보상에서 불균형을 경험할 수밖에 없다. 노인은 젊은이와 상호작용 시 훨씬 적은 권한을 가지고 있으며, 이는 노인이 가지고 있는 자원의 부족(낮은 수입, 낮은 교육 등)에 기인한다.

④ 하위문화이론 : 노인들은 그들의 공통된 특성과 사회·문화적인 요인으로 인해 그들만의 집단을 형성하며, 이러한 집단 내부에서의 상호작용에 의해 노인 특유의 하위문화가 생성된다.

⑤ 연령 계층화 이론 : 사회는 연령층으로 구분되어 있으며, 각각의 연령층에 따라 사람들은 동시대의 유사한 경험을 가진다. 그로 인해 그들의 관념이나 가치, 태도 등은 동일 연령대의 사람들과 거의 흡사하지만, 다른 연령대의 사람들과는 사뭇 다르다. 이러한 차이로 인해 각각의 연령층에 부여되는 권리와 특권 또한 다르게 나타난다.

25 ㄱ. 사회화의 기능
ㄴ. 욕구충족의 기능
ㄷ. 사회통제의 기능
ㄹ. 사회존속의 기능

01 ① 기여조건(Contributory Condition)은 어떤 사상이 일어날 가능성을 증가시켜 주는 요건을 말한다. 보기의 예에서 마약의 사용은 마약중독의 필요조건은 되지만 충분조건은 되지 않을 수 있다. 이때 마약중독이 되게끔 하는 어떤 조건이 있다면, 그것이 곧 기여조건이 된다.

② 부수조건(Contingent Condition)은 어떤 요인이 한 현상의 기여조건이 될 수 있도록 해주는 조건을 말한다.

③ 대체조건(Alternative Condition)은 기여조건이 많은 경우 기여조건들 사이의 관계에서 다른 기여조건을 말한다.

④ 필요조건(Necessary Condition)은 한 사상이 일어나기 위해 없어서는 안 될 원인적 조건을 말한다. 예를 들어, 술을 마시지 않고서는 알코올중독자가 될 수 없다. 이때 술을 마시는 것이 알코올중독의 필요조건에 해당한다.

⑤ 충분조건(Sufficient Condition)은 어떤 원인적 조건이 일어나기만 하면 항상 한 사상이 일어나는 경우를 말한다. 예를 들어, AIDS 환자의 피를 수혈 받는 것은 AIDS에 걸리는 충분조건이다. 그러나 AIDS의 발병원인은 단지 AIDS 환자로부터의 수혈에만 있는 것이 아닌 AIDS 환자와의 성행위 등으로도 가능하다.

02 ④ 하나의 가설에 변수가 많을수록 가설 검증에 불리하다. 다시 말해 가설 설정 시 조건부에서나 종결부에서 가급적 단순변수를 포용하는 것이 바람직하다. 예를 들어, "한 국가에서 구성원들 간의 이익분쟁이 심하면 심할수록, 지역적 격차가 크면 클수록, 역사적 대결 경험이 많으면 많을수록, 가치 배분상의 불평등이 심하면 심할수록 정치의 안정도를 달성하기 어렵다"고 가정하자. 이 경우 조건부상에 규정된 독립변수(이익분쟁, 지역적 격차, 역사적 대결 경험, 가치 배분상의 불평등) 자체가 다수이므로, 과연 무엇이 한 사회의 정치 안정도에 절대적인 영향을 미치는 인자인지를 가늠하기 어렵게 만든다.

03 과학적 혁명(Kuhn)
- 패러다임(Paradigm)이란 각 학문과의 이론과 법칙, 일반화와 연구방법, 그리고 평가·측정과 관찰에 사용되는 도구를 말한다.
- 쿤(Kuhn)은 기존의 패러다임을 부정하고 새롭게 출발할 때 과학은 혁명적으로 발전한다고 주장하였다. 즉, 종래의 과학은 관찰, 가설 설정, 가설 검증, 이론 구축의 반복적·누적적인 과정을 통해 궁극적으로 진리를 향해 나아간다고 주장하지만, 쿤은 그와 같은 누적적 프로세스에 의한 진보의 과학관을 부정하였다.
- 쿤은 과학발전의 패턴을 과학자집단(Scientific Community)의 패러다임 확보, 해당 패러다임에 의한 이른바 정상과학(Normal Science)의 전개, 변칙의 발생에 따른 패러다임의 위기, 새로운 패러다임으로의 전환에 이르는 과정으로 도식화하였다.
- 쿤의 이와 같은 과학발전의 패턴은 기존의 누적적 프로세스에 의한 진보의 과학관이 아닌 비누적적 프로세스에 의한 과학혁명(Scientific Revolutions)을 의미한다.

04 ② 조작적 정의는 어떤 개념에 대해 응답자가 구체적인 수치(Number)를 부여할 수 있는 형태로 상세하게 정의를 내린 것이다. 즉, 추상적인 개념을 측정가능한 구체적인 현상과 연결하는 과정이자, 그 개념에 대한 경험적인 해석이 가능하도록 하는 방법이다. 예를 들어 '지능'이라는 추상적인 개념을 지능검사에 따른 지표화된 지능지수로 전환할 수 있으며, '빈곤'은 빈곤지수로 나타낼 수 있다.

05 ① 독립변수는 원인을 가져다주는 기능을 하는 변수이며, 종속변수는 결과를 나타내는 기능을 하는 변수이다. 조절변수는 이와 같은 독립변수와 종속변수 사이의 관계를 체계적으로 변화시키는 일종의 독립변수로서, 종속변수에 영향을 미치는 독립변수의 인과관계를 조절할 수 있는 또 다른 독립변인을 말한다. 보기에서 '집단프로그램 회기 수'는 일종의 원인으로, '집단응집력'은 결과로 간주할 수 있다. 그리고 '집단의 구성'은 결과에 대한 영향력을 조절하는 기능을 하는 것으로 볼 수 있다.

06 ③ 차이법은 서로 상이한 결과가 나타나는 점을 비교하여, 그 결과로써 나타나는 현상을 제거하지 않고서는 배제될 수 없는 선행조건이 있다면, 이는 곧 그 현상의 원인이라는 것이다.

밀(Mill)의 실험설계에 대한 기본논리
- 일치법 : 특정 현상이 발생하는 둘 이상의 사례에서 단 하나의 공통요소만을 가지고 있다면, 그 요소는 그러한 특정 현상의 원인(결과)이다.
- 차이법 : 만약 특정 현상이 발생하는 사례와 발생하지 않는 사례가 있을 경우 두 사례 간에 단 하나의 요소를 제외한 모든 요소를 공통적으로 가지고 있다면, 그 요소는 특정 현상의 원인(결과)이다.
- 간접적 차이법 : 만약 특정 현상이 발생하는 둘 이상의 사례에서 하나의 공통요소만을 가지고 있고, 그 현상이 발생하지 않는 둘 이상의 사례에서 그러한 공통요소가 없다는 점 외에 공통사항이 없다면 그 요소는 그러한 특정현상의 원인이다.
- 잔여법(잉여법) : 어떤 현상에서 귀납적 방법의 적용으로 인과관계가 이미 밝혀진 부분을 제외할 때, 그 현상에서의 나머지 부분은 나머지 선행요인의 결과이다.
- 공변법(공동변화법) : 어떤 현상이 변화할 때마다 다른 현상에 특정한 방법으로 변화가 발생한다면 그 현상은 다른 현상의 원인 또는 결과이거나 일정한 인과관계의 과정으로 연결되어 있다.

07 기술적 조사
- 횡단조사와 종단조사로 분류된다.
- 현상을 정확하게 기술하는 것을 주목적으로 한다.
- 어떠한 사건이나 현상의 크기, 비율, 수준 등에 대한 단순 통계적인 자료를 수집하여 문제에 대한 답을 구한다.
- 보통 기술적 연구는 탐색적 연구에 의해 얻어진 지식과 자료를 토대로 전개된다.
- 특히 발생빈도와 비율을 파악할 때 실시하며, 둘 이상 변수 간의 상관관계를 기술할 때 적용한다.
- 실업자 수, 빈곤가구 수 등의 사회적 문제에 대해 정확한 실태 파악을 하여 정책적 대안을 마련하기 위한 목적에서 실시한다.

08 ① 할당표집은 조사자나 면접자의 주관적인 판단에 의해 모집단에서 표본의 구성원들을 추출하는 비확률표집에 해당한다. 이러한 비확률표집은 모집단 구성원이 표본에 포함될 확률을 사전에 알 수 없으므로 표본이 모집단을 어떻게 대표하는지 알 수 없으며, 따라서 표집오차도 평가할 수 없다.

09 ④ 복수기초선(복수기준선)설계는 개입중단의 문제점을 개선하면서 AB 설계를 여러 문제, 여러 상황, 여러 사람에게 적용하여 같은 효과를 얻음으로써 개입의 인과적 효과의 확신을 높이는 것이다.

10 ② 리커트척도는 사실에 대한 판단보다는 개인의 가치나 태도를 묻는 문항들로 구성된다.

11 ③ 비체계적인 오류는 측정대상, 측정과정, 측정수단, 측정자 등에 일관성이 없이 영향을 미침으로써 발생하는 오류를 말하는 것으로, 측정항목의 수를 늘리는 것도 비체계적인 오류를 줄이는 방법에 해당한다.

12 ④ 패널자료는 횡단자료와 시계열자료의 특징을 통합한 자료로 시계열에 따른 계량화된 정보를 제공함으로써 종단조사와 양적 조사의 특징을 보인다. 또한 문제에서 빈곤이 청소년에 미치는 인과관계를 탐색하는 것은 설명적 조사에 해당한다.

13 ⑤ 소득(수입)은 산술적인 계산이 가능하면서도 실제적인 의미의 영(零), 즉 절대영점을 갖춘 비율척도이다. 비율척도는 척도 중 가장 수준이 높은 것으로서, 이때 수준이 높다는 것은 비율척도로부터 많은 통계적 정보를 얻을 수 있으며, 다양한 통계기법을 적용하여 평균, 표준편차 등의 기술통계를 비롯하여 인과관계를 검증할 수 있는 회귀분석, 경로분석 등 높은 수준의 분석기법을 적용할 수 있다는 것을 의미한다. 이러한 비율척도는 분석력이나 민감도에서 높은 수준을 보이지만, 측정하는 데 다소 어려움이 따른다.

14 ② 우연한 사건(역사요인)은 조사기간 중에 연구자의 의도와는 상관없이 일어난 통제 불가능한 사건으로서, 이는 결과변수에 영향을 미칠 수 있는 외생변수에 해당한다. 이론상 이와 같은 문제를 예방하는 데 있어서 가장 적합한 방법은 무작위(Randomization)를 활용하는 것이다. 예를 들어, 노인우울증 개입프로그램의 효과성을 입증하기 위해 실험설계를 사용할 경우, 실험에 참가할 노인들을 섞어놓고 무작위로 실험집단과 통제집단에 할당하는 방법이다.

15 통제집단 후 비교설계
- 통제집단 전후 비교설계의 단점을 보완하기 위해 실험대상자를 무작위로 할당하고 사전검사 없이 실험집단에 대해서는 조작을 가하고 통제집단에 대해서는 아무런 조작을 가하지 않은 채 그 결과를 서로 비교하는 방법이다.
- 사전검사의 영향을 제거할 수 있으며, 통제집단 전후 비교설계에 비해 간단하고 비용이 적게 소요된다.
- 종속변수의 측정결과를 단지 독립변수의 조작에 의한 결과라고 단정할 수 없다.
- 사전검사를 하지 않으므로 실험집단과 통제집단의 동질성을 확신할 수 없다.

16 ③ 기록단위는 분석하고자 하는 내용의 특정 요소가 한 번 나타나는 것을 의미하는 분석의 최소단위이다. 반면, 맥락단위는 이와 같은 기록단위의 성격을 좀 더 명확히 하고자 검토하는 기록단위의 보다 상위개념에 해당한다. 예를 들어, 단어가 기록단위라면 그 단어가 어떤 의미로 쓰이는지를 알기 위해 그 단어가 들어 있는 하나의 문장 혹은 몇 개의 문장을 맥락단위로 규정할 수 있다.

① 내용분석법은 문헌연구의 일종으로서, 인간의 의사소통의 기록을 객관적·체계적·수량적으로 기술한다. 일반적으로 자료를 수량화(계량화)하여 그 결과를 양적 분석에 사용하는 경우가 많다.

② 하나의 단락 안에 두 개 이상의 주제가 들어 있는 경우 단락을 맥락단위로 한다. 맥락단위는 기록단위보다 더 큰 것이어야 한다.

④ 내용분석에서 흔히 사용되는 주요 기록단위로는 단어, 주제, 인물, 문장(문단 또는 단락), 항목 등이 있으며, 그중 단어는 조사에서 일반적으로 적용되는 최소단위로서 다른 기록단위보다 많은 양의 자료수집이 이루어진다.

⑤ 맥락단위를 분석하는 것이 기록단위를 분석하는 것보다 시간이 더 소요된다.

17 **참여행동연구(Participatory Action Research)**
- 참여, 권력 및 권한 강화, 평가와 행동을 핵심요소로 한다.
- 소위 지식이 권력집단의 이해를 대변하고 그들의 사회적 위치를 공고히 하는 데 기여한다는 것에 대한 문제의식에서 비롯된다.
- 연구자가 연구대상자보다 우위에 있다는 암묵적 가정에 도전하여 민주적인 방식을 견지하며, 참여자로서 연구대상자의 역량을 강화하고 자기결정권을 존중하는 방향으로 전개된다.
- 개인과 사회의 변화를 통해 소외된 집단이나 탄압받는 사람들의 해방을 도모하며, 건전한 비판의식의 활성화를 통해 사회적·경제적으로 불평등한 의사결정구조를 변화시키고자 한다.
- 평가와 실천의 지속적인 과정을 전제로 하여 교육, 분석, 조사, 행동의 연속적인 순환으로 구성된다.

18 ⑤ 현장연구조사 또는 현지조사는 연구문제를 설정하거나 가설을 형성하기 위해 현장에 나가서 직접 자료를 수집하는 조사이다. 관찰법, 면접법, 사례연구 등을 통해 자료를 수집하며, 영향요인에 대해 실험조작을 가하지 않은 채 상황을 있는 그대로 조사한다.

① 모집단의 특성인 모수를 추정하는 것을 목적으로 하는 것은 표본조사이다. 표본조사에서는 모집단에서 표본을 추출하여 표본에서 구한 통계량을 토대로 모수를 추정한다.

② 원하는 변수를 미리 설정하여 측정하는 것은 실험조사 방법에 해당한다. 실험조사는 독립변수의 효과를 측정하거나, 독립변수가 종속변수에 영향을 미치는 인과관계에 대한 가설을 검증하는 조사방법이다.

③ 현장연구조사는 질적 연구방법으로서, 장기간의 참여관찰을 통해 사회적 과정을 연구하는 것이 가능하다.

④ 가설을 계량적으로 검증할 수 있는 것은 실험설계, 서베이(Survey), 통계분석 등의 양적 연구방법이다.

19 ③ 표준편차(Standard Deviation)는 점수집합 내에서 점수들 간의 상이한 정도를 나타내는 변산도 측정도구로서, 변수값이 평균값에서 어느 정도 떨어져 있는지를 알 수 있도록 한다. 즉, 표준편차가 클수록 평균값에서 이탈한 것이고, 표준편차가 작을수록 평균값에 근접한 것이다.

① 평균편차(Mean Deviation)는 각 자료들이 평균으로부터 평균적으로 어느 정도 떨어져 있는지를 나타내는 지표이다. 각 자료들의 편차에 대한 절대값을 산술평균하여 구한 값으로서, 사실상 사용되는 경우가 극히 드물다.

② 범위(Range)는 점수분포에 있어서 최고점수와 최하점수까지의 거리를 의미한다. 범위를 'R'로 표현하면 'R = 최고점수 − 최저점수 + 1'의 공식이 성립된다.

④ 상관계수(Correlation Coefficient)는 두 변수가 관계를 가지고 있는지를 알 수 있도록 하는 수치이다. 보통 'r'로 표시하며, 'r'의 값이 '+1'에 가까울수록 정적 상관관계(Positive Correlation)를, '−1'에 가까울수록 부적 상관관계(Negative Correlation)를, '0'인 경우 두 변수가 아무런 관계가 없는 것을 의미한다.

⑤ 표준오차(Standard Error)는 표집의 과정에서 발생하는 오차와 연관된 것으로서 추정량의 정도를 나타내는 측정도구이다. 이러한 표준오차는 각 표본들의 평균과 전체 평균 간의 간격을 의미한다.

20 ㄱ. 표본의 크기가 클수록 비용이 많이 드나 일정 수준 조사의 신뢰성을 높일 수 있다. 반면, 크기가 작을수록 비용은 적게 들지만 조사의 정확성은 떨어진다. 다만, 표본의 크기가 클수록 표본 결과의 정밀도가 항상 증가하는 것은 아니며, 오히려 비표집오차의 개입으로 인해 조사의 정확성이 떨어질 수도 있다.

ㄴ. 표본의 크기가 클수록 모수와 통계치의 유사성도 커진다.

ㄷ. 표집오차가 클수록 표본이 모집단을 대표하는 정확성은 낮아진다.

21 ⑤ 지역사회 공개토론회는 보통 참석자 중 일부만 의견을 발표하게 된다. 따라서 지역주민들의 문제에 대한 관심을 증폭시킬′수는 있어도 다양한 요구를 충족시킬 수는 없으며, 오히려 문제 해소가 되지 않아 실망을 초래할 수도 있다.

22 ① 내부평가자는 관련 분야의 전문가들로 구성되는 외부평가자들에 비해 전문성이 결여될 수 있으며, 평가의 신뢰도 확보에 있어서 상대적으로 불리하다.

23 ⑤ 외적 타당도(External Validity)는 연구의 결과에 의해 기술된 인과관계가 연구대상 이외의 경우로 확대·일반화될 수 있는가, 즉 종속변수의 변화가 상이한 대상이나 상이한 상황에서도 나타날 수 있는가에 관한 문제이다. 예를 들어, 서울의 A지역사회복지관에서 시행한 홀몸노인의 우울감 극복을 위한 프로그램이 홀몸노인의 우울증 개선 효과를 나타냈다고 가정하자. 만약 이 프로그램을 제주도의 B지역사회복지관에서 역시 홀몸노인을 대상으로 시행할 때 마찬가지로 우울증 개선 효과를 나타낼 것인가의 문제가 곧 외적 타당도의 문제에 해당한다.

① 조사대상의 성숙, 즉 성숙효과는 내적 타당도에 영향을 미치는 요인이다.

② 플라시보 효과(Placebo Effect)는 외적 타당도를 저해하는 요인이다.

③ 호손 효과(Hawthrone Effect)는 외적 타당도를 저해하는 요인이다.

④ 연구결과에 대한 대안적 설명 가능성 정도는 내적 타당도와 연관된다.

24 ④ 기준타당도는 경험적 근거에 의해 타당도를 확인하는 방법으로서, 이미 전문가가 만들어놓은 신뢰도와 타당도가 검증된 측정도구에 의한 측정결과를 기준으로 한다. 만약 현재 사용하고 있는 측정도구의 측정값과 이미 전문가가 만들어놓은 기준이 되는 측정도구의 측정값 간의 상관관계가 높게 나타났다면 타당도가 있다고 말할 수 있다.

① 개념타당도는 측정하고자 하는 개념이 전반적인 이론적 틀 속에서 논리적으로나 실제적으로 적절한 관련성이 있는지를 검증하는 것이다.

② 수렴타당도는 개념타당도를 측정하는 방법으로서, 검사 결과가 이론적으로 해당 속성과 관련 있는 변수들과 어느 정도 높은 상관관계를 가지고 있는지를 측정한다.

③ 판별타당도는 개념타당도를 측정하는 방법으로서, 검사 결과가 이론적으로 해당 속성과 관련 없는 변수들과 어느 정도 낮은 상관관계를 가지고 있는지를 측정한다.

⑤ 안면타당도는 내용타당도와 마찬가지로 측정항목이 연구자가 의도한 내용대로 실제로 측정하고 있는가 하는 것으로서, 내용타당도가 전문가의 평가 및 판단에 근거한 반면, 안면타당도는 전문가가 아닌 일반인의 일반적인 상식에 준하여 분석한다.

25 ④ 서베이 조사는 설문지, 면접, 전화 등을 사용하여 응답자로 하여금 연구주제와 관련된 질문에 답하도록 함으로써 체계적이고 계획적으로 자료를 수집 및 분석하는 조사방법이다. 일정한 시점에서 다수의 조사대상자로부터 직접 자료를 수집하는 방법으로서, 본질적으로 모집단의 특성을 파악하기 위해 일정 수의 표본을 추출하여 조사를 실시하는 양적 자료분석 방법이다. 따라서 서베이 조사는 한 개인이나 집단, 혹은 프로그램이라는 단일한 사례를 대상으로 질적이고 심층적인 분석을 필요로 하는 주제에는 적합하지 않다.

1영역		사회복지실천론												
01	02	03	04	05	06	07	08	09	10	11	12	13	14	15
⑤	④	④	②	④	①	①	③	⑤	①	⑤	④	①	③	⑤
16	17	18	19	20	21	22	23	24	25					
⑤	④	③	③	③	②	⑤	⑤	②	①					

2영역		사회복지실천기술론												
01	02	03	04	05	06	07	08	09	10	11	12	13	14	15
②	②	③	①	④	⑤	④	①	①	①	⑤	⑤	①	④	④
16	17	18	19	20	21	22	23	24	25					
③	④	③	④	③	①	②	①	②	⑤					

3영역		지역사회복지론												
01	02	03	04	05	06	07	08	09	10	11	12	13	14	15
①	②	②	③	⑤	②	①	④	⑤	②	①	④	①	①	④
16	17	18	19	20	21	22	23	24	25					
⑤	④	③	②	③	②	①	④	⑤	④					

제1영역   사회복지실천론

01 ⑤ 윤리강령은 법적 제재의 힘을 가지지 못한다. 다만, 사회적 · 윤리적 제재의 힘을 가질 뿐이다.
윤리강령의 의의 및 기능
- 개인의 가치관과 사회의 가치관의 급격한 변화와 함께 시대적 흐름에 따른 윤리관의 변화에 따라 나타난 다양한 갈등을 해결하기 위해 등장하게 되었다.
- 윤리적 실천을 수행하기 위한 구체적인 지침을 체계적으로 규정한 것이다.
- 전문직으로서의 사명과 전문적 활동의 방법론에 관한 규범을 수립하는 데 있어서 기준을 제시한다.
- 사회복지사의 전문직으로서의 전문성을 확보하며, 이를 일반대중에게 널리 알리는 수단으로 활용된다.

02 **윤리적인 딜레마 해결을 위한 준거틀(Loewenberg & Dolgoff)**
- 윤리원칙1 : 생명보호의 원칙
- 윤리원칙2 : 평등과 불평등의 원칙
- 윤리원칙3 : 자율과 자유의 원칙(자기결정의 원칙)
- 윤리원칙4 : 최소 해악(최소 손실)의 원칙
- 윤리원칙5 : 삶의 질 원칙

- 윤리원칙6 : 사생활보호와 비밀보장의 원칙
- 윤리원칙7 : 진실성과 정보 개방의 원칙

03 ④ 가치는 상대적인 것으로 결코 고정불변하지 않다. 윤리의 경우 보편타당한 행위규범의 존재를 인정하는 절대주의적 입장과 보편타당한 행위규범의 존재를 인정하지 않는 상대주의적 입장이 공존한다.

04 ① 비난형 : 타인의 말이나 행동을 비난하고 통제하며 명령함
③ 초이성형 : 자신의 감정을 잘 표현하지 않으며 실수하지 않으려고 노력함
④·⑤ 혼란형(주의산만형) : 상황을 제대로 파악하여 적절하게 반응하지 못하고, 의사표현에 초점이 없고 모호함

05 미혼모인 클라이언트는 사회복지사의 설득에도 불구하고 자기 스스로 선택하고 결정을 내리려는 '자기결정(Self-determination)'의 욕구를 가지고 있다. 반면, 사회복지사는 클라이언트의 복지, 행복, 욕구, 이익, 가치 등을 배타적으로 위한다는 근거로 정당화될 수 있는 개인의 자유로운 행위에 대한 간섭인 '온정주의(Paternalism)'의 입장을 취하고 있다. 이는 사회복지사가 겪게 되는 윤리적 딜레마로서, 클라이언트의 이익을 위해 클라이언트의 바람을 제한하거나 자유를 방해하는 결과를 가져올 수 있다. 이와 같은 경우 사회복지사는 자기결정의 원칙에 따라 클라이언트에게 선택과 관련하여 직접적인 제안을 하는 태도를 삼가야 하며, 클라이언트의 잠재력을 발견하고 이를 적극 활용할 수 있도록 도와야 한다.

06 ① 자휼전칙은 조선 정조 때 보호자가 없는 아동이나 굶주린 아동을 수용·보호하기 위한 목적으로 만들어진 일종의 법령체계로서, 오늘날 아동복지의 중요한 토대로 간주되고 있다.

07 ㄱ·ㄴ·ㄷ. 지역자활센터, 지역아동센터, 장애인복지관은 기관의 일차적인 기능이 사회복지서비스의 제공에 있으며, 사회복지사가 중심이 되어 활동하는 1차 현장인 동시에 사회복지서비스에 주거서비스가 포함되지 않는 이용시설에 해당한다.
ㄹ. 정신보건센터는 정신보건서비스의 질적 향상과 함께 초기 및 중증 정신질환자를 위한 지역사회 정신보건전달체계 및 지지체계 형성, 정신질환의 예방 및 정신건강의 증진을 도모하기 위한 것으로서, 사회복지전문기관은 아니지만 사회복지사가 간접적으로 개입하는 2차 현장이자 이용시설에 해당한다.

08 ③ 심리 내적인 측면을 강조하는 것은 전통적인 방법의 내용이다.

09 ① 통제된 정서적 관여
② 자기결정의 원칙
③ 비밀보장의 원칙
④ 비심판적 태도

10 ㄹ. 상담자로서 사회복지사는 클라이언트의 표현에 면박을 주거나 비판하지 않으며, 클라이언트가 처한 현실과 감정을 거부하지 않고 있는 그대로 수용해야 한다.

11 ⑤ 목표설정은 클라이언트와 사회복지사의 합의를 전제로 한다.

12 **치료 면담의 목적**
- 클라이언트의 변화 : 클라이언트의 자신감 및 자존감 향상, 자기효율성(자기효능감) 강화, 문제 해결능력 강화, 기술훈련을 통한 필요한 기술의 습득 등
- 환경의 변화 : 클라이언트와 관련된 중요 인물들과의 면담, 클라이언트의 권리 및 이익 옹호, 지역사회나 사회복지기관과의 연계 등

13 ② · ③ 자료수집과 사정, ④ 개입과 모니터링, ⑤ 종결과 평가
사회복지실천의 일반적인 과정(Sheafor et al.)
접수와 관계형성 → 자료수집과 사정 → 계획과 계약 → 개입과 모니터링 → 평가와 종결(종결과 평가)

14 ③ 시간적 구속요인에 의한 계획된 종결이나 사회복지사의 개인적인 사정으로 인한 종결의 경우 의뢰를 적절히 수행하는 것이 바람직하지만, 클라이언트에 의한 일방적인 종결의 경우 의뢰를 수행하는 것이 무의미할 수 있다.

15 **집단사회복지실천(집단사회사업실천)의 원칙**
- 개별화의 원칙(ㄹ)
- 수용의 원칙(ㄴ)
- 참가의 원칙
- 체험의 원칙
- 갈등해결의 원칙
- 규범의 원칙(ㄱ)
- 계속평가의 원칙(ㄷ)

16 생태도는 클라이언트의 상황에서 의미 있게 체계들과의 관계를 그림으로 표현함으로써 특정 문제에 대한 개입 계획을 세우는 데 매우 유용한 도구이다. 생태도는 환경 속의 클라이언트에 초점을 두므로 클라이언트를 생태학적 관점에서 이해하는 데 도움을 준다. 생태도를 보고 파악할 수 있는 것으로는 개별 가족성원들과 환경체계들 간의 관계, 가족체계에 필요한 자원의 소재와 내용, 가족 내 역동 등이 있다.

17 ㄹ. 행동시연은 직접적 개입방법 가운데 대인관계 개선기법에 해당한다.
간접적 개입방법
- 서비스 조정 : 클라이언트의 욕구 해결을 위한 서비스 연결 및 의뢰
- 프로그램 계획 및 개발 : 클라이언트가 필요로 하는 새로운 서비스의 확보
- 환경조작 : 클라이언트의 사회적 역량 강화를 위해 주위환경에 영향력 행사
- 옹호 : 클라이언트의 권익수호를 위한 개인 또는 집단의 영향력 행사

18 ③ 개방집단은 언제든 새로운 구성원이 추가될 수 있는 집단인 반면, 폐쇄집단은 처음 시작한 구성원으로만 지속해 나가는 집단형태를 말한다. 집단사회복지사는 신규성원을 받아들일 것인지(개방집단), 받아들이지 않고 기존의 성원으로만 집단 활동을 할 것인지(폐쇄집단) 결정해야 한다. 다만, 개방집단과 폐쇄집단 중 어느 하나를 선택하는 것은 집단목표와 환경에 따라 달라질 수 있다.

19 체계의 행동적 특성
- 투입(Inputs) : 체계가 환경으로부터 에너지, 정보 등을 받아들이는 방법을 말한다. 생물학적 · 심리학적 생존 및 성장은 이와 같은 투입의 과정을 통해 보장받는다.
- 전환(Throughputs) : 유입된 에너지나 정보를 처리하는 과정으로서, 투입체가 활용되는 단계를 말한다.
- 산출(Outputs) : 처리과정이 진행됨에 따라 체계는 적극적으로 환경에 반응하게 되는데, 이와 같은 전환과정을 거쳐 배출된 결과물을 의미한다.
- 환류(Feedback) : 체계의 반응은 환경에 직접적으로 영향을 미치면서 다른 체계에 대해 투입으로 작용하는 동시에 환류를 통해 다시 투입으로 작용하게 된다. 다시 말해 환류는 새로운 정보에 자신의 행동결과를 포함시켜 이를 통해 다음의 행동을 수정하는 과정이다.

20 ③ 외부의 투입이 없는 폐쇄체계적인 속성을 가질 경우 '엔트로피(Entropy) 상태'가 된다. 반면, 네겐트로피(Negentropy) 또는 역엔트로피(Negative Entropy)는 개방체계적인 속성을 가지며, 체계 외부로부터 에너지가 유입됨으로써 체계 내부의 불필요한 에너지가 감소하는 상태를 말한다.
① 건전한 체계는 반투과성 경계를 가진다. 반투과성 경계는 체계가 성장하고 발달하기 위해 적절한 수준에서 개방성을 유지하는 체계의 속성을 말한다.
② 체계의 변화방향을 설정하고 조정하는 핵심과정은 '전환(Throughputs)'에 해당한다. 산출(Outputs)은 전환과정을 거쳐 배출된 결과물을 의미한다.
④ 다중종결성(Multinality)은 체계를 구성하는 요소들의 상호작용 성격에 따라 유사한 조건이라도 각기 다른 결과를 초래하는 경우를 말한다.
⑤ 시너지(Synergy)의 특성에 해당한다. 시너지는 체계의 각 부분들이 공동작용이나 협동을 통해 기능적 측면에서 상승효과를 발휘함으로써 전체적 효과에 기여하는 것을 의미한다.

21 ① 촉진자 : 클라이언트들이 변화하려는 노력을 하도록 격려하는 집단지도자로서의 역할이다.
③ 조사연구자 : 사회복지와 관련된 전문적인 이론과 기술을 발전시키고, 사회복지실천 및 프로그램의 질을 향상시키는 역할이다.
④ 행동가 : 사회적 불의, 불평등, 박탈 등에 관심을 가지고 갈등, 대면, 협상 등을 활용하여 사회적 환경이 개인의 욕구를 보다 잘 충족하도록 변화시키는 역할이다.
⑤ 전문가 : 사회복지사업을 수행하는 데 필요한 자료를 조사하여 제공하고, 기술상의 정보와 방법에 대한 조언을 하는 역할이다.

22 ⑤ 상담자로서 사회복지사는 클라이언트의 침묵을 섣불리 깨뜨리려 하지 말고, 인내심을 가지고 어느 정도 기다려보는 것이 바람직하다.

23 ⑤ 지지적 기법은 자기불신이나 자기비하를 하는 클라이언트의 부정적인 감정을 제거하기 위해 억압된 감정을 자유롭게 표출할 수 있도록 하는 것으로 흥미와 관심, 수용과 격려, 안도감 및 선물주기 등이 있다.

24 ② '재명명(Relabeling)' 또는 '재구성(Reframing)'은 클라이언트로 하여금 문제를 다른 시각에서 보거나 다른 방법으로 이해하도록 돕는 기술이다. 특히 인지행동치료에서 많이 활용되는 기술로서, 클라이언트의 인지 및 사고과정의 변화와 함께 행동수정을 목표로 한다.

25 가족신화(Family Myth)

가족성원 모두에게 아무런 의심 없이 공유되고 지지되는 가족의 믿음으로서, 특정의 정형화된 관계나 기능을 의미한다. 이러한 가족신화는 가족의 항상성 유지에 기여하기도 하지만, 때로 가족관계를 파괴할 정도로 위협적인 긴장을 유발하기도 한다. 가족신화에 집착하는 가족은 새로운 시도를 거부하여 관계가 변화되는 것에 저항하며, 습관적으로 부적응 상태를 유지하려고 한다.

제2영역 사회복지실천기술론

01 ① 집단상담은 궁극적으로 개인의 성장을 목적으로 한다.
③ 집단상담은 의식적 사고와 행동, 그리고 허용적 현실에 초점을 둔 정화, 신뢰, 돌봄, 이해, 수용 및 지지 등의 치료적 기능들을 포함하는 일종의 역동적인 대인 간 과정이다.
④ 집단상담의 지도자는 상담심리학, 성격심리학 등의 학문에 대한 전문적 지식을 보유하고 있어야 하며, 개인상담에 대한 성공적인 경험, 성격역동에 대한 광범위한 이해, 집단역동에 관한 올바른 이해, 타인과의 의사소통 및 인간관계 형성 발생의 능력 등을 갖춘 전문가이어야 한다.
⑤ 효과적인 상담자는 치료적 관계에서 통합되고 비방어적이며, 신뢰적이고 진솔하다. 또한 내담자에 대한 수용과 무조건적 긍정적 존중, 비소유적인 온정을 제공한다.

02 ② 사례관리는 서비스의 개별화를 원칙으로 한다. 이는 클라이언트의 독특한 신체적·정신적·사회적 상황에 따라 각 클라이언트의 욕구에 부합하도록 서비스를 제공하는 것을 의미한다.

03 ① 합법적 힘은 집단지도자가 집단성원들을 위한 행동을 수행할 합법적 권리를 가지고 있고, 집단성원들이 그 영향력을 받아들여야 할 의무가 있다는 인식에서 비롯된다.
② 보상적 힘은 집단지도자가 개별성원의 행동에 반응하여 부정적 결과를 제거하거나 보상을 실시할 능력이 있다는 집단성원들의 인식에서 비롯된다.
④ 강제적 힘은 집단지도자가 긍정적 결과를 제거하거나 반대의 결과를 가져오게 할 수 있다고 믿는 집단성원들의 인식에서 비롯된다.
⑤ 전문가적 힘은 집단지도자가 지닌 특수 분야에 대한 지식이나 숙련성에 대한 집단성원들의 인식에서 비롯된다.

04 전문직으로서 사회복지사가 지녀야 할 요소

예술적 요소	과학적 요소
• 사랑(동정)과 용기 • 전문적 관계 형성 • 창의성과 상상력 • 희망과 에너지 • 판단력과 사고력 • 개인적인 가치관 • 자신만의 전문가로서의 스타일	• 사회문제에 대한 지식 • 사회현상에 대한 지식 • 사회복지전문직에 대한 지식 • 사회복지실천방법에 대한 지식 • 사회제도 및 정책, 사회서비스 및 프로그램에 대한 지식

05 위기반응 단계(Golan)

위험한 사건 → 취약 상태 → 위기촉진요인 → 실제 위기 상태 → 재통합

06 자아심리이론

- 인격에 대한 신념과 자율적인 에고(자아)의 개념은 현재의 생활개념을 지향하는 원조노력에 중요성 부여
- 개방체계로서의 퍼스낼리티의 개념, 투입의 중요성
- 인간의 성장과 변화 가능성에 대한 낙관적 견해 제공
- 개인을 능동적이고 의식적으로 참여하는 존재로 파악(사회복지사와 동반관계)
- 사회복지사와 클라이언트체계의 목표와 자기결정의 가치에 중요성 상기

07 ④ 사회복지사의 중개자 역할은 클라이언트와 지역사회의 자원이나 서비스를 연결하도록 돕는 역할이다.

08 ① 심리사회이론은 클라이언트의 과거 경험이 현재 심리 내적 혹은 사회기능에 미치는 영향을 강조하는 이론이다.

09 ① 인지행동모델은 클라이언트가 자신의 정서적·행동적 문제를 다른 사람의 탓으로 돌리지 않고 자신의 책임으로 수용할 것을 강조한다.

10 사회복지실천기록의 목적 및 활용

- 클라이언트의 욕구를 파악하고 개입을 위한 기초자료를 얻는다.
- 클라이언트와 서비스에 관한 정보를 필요시 이용할 수 있게 보존한다.
- 클라이언트와 사회복지사 간의 정보공유를 통해 의사소통을 촉진시킨다.
- 슈퍼비전, 자문, 동료검토를 위한 근거를 제공한다.
- 교육훈련 또는 연구조사의 자료로 사용된다.
- 서비스의 효과성 및 효율성, 서비스의 질을 평가하는 데 사용된다.
- 사회복지사와 사회복지기관이 행정절차상의 규정이나 기준들을 준수하고 있는지를 보여준다.
- 전달된 서비스에 대한 비용청구와 프로그램 실시를 위한 재원확보에 사용된다.
- 사회복지사가 부득이하게 교체되어야 하는 경우에도 기록을 통해 사례에 대한 현재까지의 진행과정을 알 수 있어 사례의 지속성이 보장된다.

11 ⑤ '나전달법(I-Message)'은 분명하고 직접적인 메시지를 보냄으로써, 갈등이나 논쟁의 상황 등에서 효과적으로 의사를 전달하는 방법이다. 특히 화자의 실망이나 분노 등의 감정을 적절하게 표출하여 의사소통의 오류를 방지한다.

12 **사회기술훈련의 요소**
- 행동적 요소 : 행동의 반복이나 지시, 긍정적 강화, 피드백, 과제제시 등
- 인지적 요소 : 자기목표의 설정, 상황에 대한 인지의 재구성, 분노나 다른 감정의 통제 및 수정

13 **이야기체 기록(Narative Recording)의 장단점**

장 점	• 클라이언트의 상황이나 서비스 교류의 특성이 잘 나타난다. • 사례마다 주제를 정하여 정리함으로써 문서들을 조직화할 수 있다. • 면담 내용이나 서비스 제공 과정에 대해 이야기하듯 서술체로 기록하는 방법이므로 일정한 양식이나 틀에 얽매이지 않은 채 총괄적인 기록이 가능하다. • 중요한 것과 그렇지 않은 것을 구분하여 융통성 있게 기록할 수 있으며, 특수한 상황을 반영할 수 있다.
단 점	• 기록자의 문장력이 기록의 질에 영향을 미친다. • 지나치게 단순화하거나 초점이 흐려질 우려가 있다. • 기록할 것과 제외할 것을 구분하여 재구성하는 과정이 필요하므로 시간이 많이 소요된다. • 이야기를 재구성하는 방식이므로 나중에 본래대로의 정보를 복구하기 어렵다. • 기록자가 중요하게 생각하는 내용은 충실히 반영될 수 있으나 그렇지 않은 내용은 누락될 수 있다.

14 ④ 이야기치료에서 상담자는 치료 과정에 주도적으로 관여하거나 목표 달성에 있어서 적극적인 역할을 수행하지는 않는다. 상담자는 클라이언트로 하여금 자신을 둘러싼 문화가 그에게 문제 중심의 삶을 받아들이게 했다는 사실을 깨닫도록 돕는다. 상담자는 클라이언트의 이야기가 지배적인 문화에 의해 구성되는 것이며, 이는 본질적이거나 영구적인 특질은 아니라고 생각한다. 따라서 상담자는 클라이언트에게 낡은 문제에서 자유로워져서 자신의 삶의 이야기를 다시 쓸 수 있는 공간을 제공하는 데 보다 관심을 기울인다. 즉, 상담자는 클라이언트가 새로운 이야기를 만들도록 돕는 공동저작자로서의 역할을 선호한다.

15 ④ 삼각관계(Triangle)는 스트레스의 해소를 위해 두 사람 간의 상호작용체계에 다른 가족성원을 끌어들임으로써 갈등을 우회시키는 것이다. 다세대적 가족치료모델을 제시한 보웬(Bowen)은 이와 같은 삼각관계를 가장 불안정한 관계체계로 보았으며, 그것이 가족의 정서체계를 혼란스럽게 만들어 증상을 더욱 악화시킨다고 주장하였다. 탈삼각화(Detriangulation)는 이와 같은 가족 내 삼각관계를 교정하여 가족성원으로 하여금 미분화된 가족자아집합체로부터 벗어나도록 돕는다.
① 재구성(Reframing)은 '재정의', '재명명', '재규정'이라고도 불리는 것으로서, 특히 경험적 가족치료모델에서 사용하는 기법이다. 가족성원의 문제를 다른 시각에서 보거나 다른 방법으로 이해하도록 돕는 것으로서, 이미 경험한 사실에 대한 관점이나 감정을 좀 더 구체화하고 이를 긍정적으로 재규정하여 사건과 관련된 가치판단이나 감정을 변화시키는 방법이다.
② 경계 만들기(Boundary Making)는 특히 구조적 가족치료모델에서 사용하는 기법으로서, 개인체계뿐만 아니라 하위체계 간의 경계를 명확히 함으로써 가족성원 간 상호지지의 분위기 속에서 독립과 자율을 허용하도록 하는 것이다.

③ 역설적 지시(Paradoxical Directives)는 특히 전략적 가족치료모델에서 사용하는 기법으로서, 문제를 유지하는 순환고리를 끊기 위해 오히려 문제 행동을 수행하도록 지시하는 것이다.

⑤ 균형 깨뜨리기(Unbalancing)는 특히 구조적 가족치료모델에서 사용하는 기법으로서, 가족 내 희생당하거나 낮은 위치에 있는 구성원을 위해 가족체계 내의 지위나 권력구조를 변화시키는 것이다.

16 준비단계에서의 고려해야 할 집단구성의 요소(Northern & Kurland)

• 욕구 : 집단에 참여할 가능성이 있는 잠재적 성원들의 문제나 어려움은 무엇인가?

• 목적 : 집단 전체가 추구하는 목적 및 목표는 무엇인가? 집단 내 개별성원의 목표는 무엇인가? 집단 전체의 목적과 목표, 개별성원의 목표는 어떤 상관성이 있는가?

• 구성 : 집단에 참여할 인원수는 몇 명인가? 잠재적 성원들의 공통점과 차이점은 무엇인가? 집단 을 이끌 사회복지사는 누구인가?

• 구조 : 집단 운영을 촉진하기 위해 필요한 것은 무엇인가? 집단의 모임 시간 및 장소와 관련하여 고려해야 할 점을 무엇인가?

• 내용 : 집단 목적을 성취하기 위해 활용될 도구는 무엇인가? 집단 내에서 실제로 어떤 일들이 전 개될 것인가?

• 사전접촉 : 집단 참여에 필요한 인원은 몇 명 확보할 것인가? 집단 참여를 위해 잠재적 성원들을 어떻게 준비시킬 것인가?

17 ① 자문가 : 체계 유지 및 강화 역할

③ 기획가 : 체계 개발 역할

④ 조정자 : 체계와 연결하는 역할

⑤ 상담자 : 직접 서비스 제공자의 역할

18 ①·⑤ 탈이론적이고 탈규범적이며, 클라이언트의 견해를 존중한다.

② 병리적인 것 대신 건강한 것에 초점을 둔다. 특히 클라이언트의 과거 실패보다는 성공 경험 및 그 방법에 초점을 두고 이를 치료에 활용한다.

③ 문제가 발생하지 않는 상황, 즉 예외적인 상황을 포착하여 클라이언트가 가지고 있는 장점을 파 악하고자 한다.

19 ⑤ 구체적인 과업의 달성, 성과물의 산출, 명령이나 지시의 수행 등을 특징으로 하는 것은 과업집 단에 해당한다.

① 치료집단 중 성장집단에 해당한다.

② 치료집단 중 교육집단에 해당한다.

③ 치료집단 중 사회화집단에 해당한다.

④ 치료집단 중 지지집단에 해당한다.

20 ㄹ. 정신역동모델은 인간의 행동이 무의식적 동기에 의해 크게 좌우된다고 가정한다. 특히 클라이 언트의 어린 시절 경험을 강조하면서, 클라이언트의 과거경험을 이해해야 그의 행동을 이해할 수 있다고 주장한다.

21 ③ '탐색-기술-환기(Exploration-Description-Ventilation)'는 심리사회모델의 직접적 개입에 동원되는 기법으로서, 여기서 '탐색-기술'은 클라이언트의 문제와 관련하여 클라이언트, 클라이언트의 환경 혹은 클라이언트와 환경과의 상호작용에 관한 사실을 그대로 말할 수 있도록 돕는 의사소통기술을 말하며, '환기'는 클라이언트로 하여금 사실과 관련된 감정을 끄집어냄으로써 카타르시스를 경험하도록 원조하는 기술을 의미한다.

22 가족치료의 이론적 근거
- 순환의 사고
- 비합산의 원칙
- 구성에 의한 현실
- 관계와 체제의 사고
- 가족심리와 관계심리

23 사회복지사의 옹호자(Advocate)로서의 역할
- 옹호자는 사회정의를 지키기 위한 목적으로 개인이나 집단의 입장을 지지하고 대변하며, 사회적인 행동을 제안한다.
- 클라이언트 개인이나 집단이 필요로 하는 새로운 자원이나 서비스가 제공될 수 있도록 사회적·정치적인 역량을 발휘한다.
- 클라이언트를 대신하여 그들이 지속적으로 자원과 서비스를 받을 수 있도록 돕는다.
- 클라이언트에게 부정적인 영향을 미치는 프로그램이나 정책을 변화시키기 위해 사회적인 운동을 펼치는 등 적극적으로 노력한다.
- 가정폭력피해여성들의 인권침해, 장애자의 고용차별, 이주노동자의 열악한 노동환경 등 다양한 문제들을 사회적으로 이슈화하여 시민운동을 전개하거나 새로운 정책 또는 법률이 마련될 수 있도록 힘쓴다.

24 ① 자기분화 또는 자아분화(Differentiation of Self)는 개인이 가족의 정서적인 혼란으로부터 자유롭고 독립적인 사고나 행동을 할 수 있는 과정을 의미한다. 여기서 자아분화는 정서적인 것과 지적인 것의 분화를 의미하며, 감정과 사고가 적절히 분리되어 있는 경우 자아분화 수준이 높은 것으로 간주된다.

② 다세대 전수과정(Multigenerational Transmission Process)에 해당한다. 특히 가족 내 지나친 정서적 융합 또는 단절이 지속화되어 여러 세대에 걸쳐 나타남으로써 정신적·정서적 장애를 유발하게 된다.

③ 전이(Transference)에 해당한다. 전이는 정신분석 가족치료의 주요 개념으로서, 특히 개인이 유아기 때 중요한 대상인 부모에 대해 가졌던 관계를 타인에게 표출하는 것이다.

④ 정서적 단절(Emotional Cut-off)에 해당한다. 정서적 단절은 특히 부모의 투사과정에 많이 개입된 자녀에게서 나타나는 현상으로서, 부모 또는 원가족과의 접촉에 의해 발생하는 불안을 회피하고 해결되지 못한 정서적 애착으로부터 도피하기 위해 자신을 부모 또는 원가족으로부터 분리시키는 것이다.

⑤ 삼각관계(Triangles)에 해당한다. 두 사람의 관계체계에서는 관계의 균형을 유지하기 위한 시도가 펼쳐지며, 그 과정에서 스트레스가 발생한다. 삼각관계는 이러한 스트레스의 해소를 위해 두 사람 간의 상호작용체계에 다른 가족성원을 끌어들임으로써 갈등을 우회시키는 것이다.

25 ⑤ 인보관에서 발전한 것은 사회적 목표모델이다.

제3영역　지역사회복지론

01 ㄹ. 그로서(Grosser)는 지역사회복지실천의 목적으로 불이익집단의 이익증대를 강조하였다. 이는 특수집단이 받아야 할 물질적 재화와 서비스의 몫을 늘리는 동시에 지역사회의 주요 결정에 있어서 그들의 참여와 역량을 확대함으로써 그들의 전반적인 이익을 증대시키고자 하는 것이다.

02 지역사회복지실천모델과 사회복지사의 역할(Weil & Gamble)
- 근린지역사회조직모델 : 조직가, 교사, 코치, 촉진자
- 기능적 지역사회조직모델 : 조직가, 옹호자, 정보전달자, 촉진자
- 지역사회 사회 · 경제개발모델 : 협상자, 촉진자, 교사, 계획가, 관리자
- 사회계획모델 : 조사자, 관리자, 정보전달자, 제안서 작성자
- 프로그램 개발 및 지역사회연계모델 : 대변자, 계획가, 관리자, 제안서 작성자
- 정치적 · 사회적 행동모델 : 옹호자, 조직가, 조사자, 조정자
- 연대활동(연합)모델 : 중개자, 협상자, 대변자
- 사회운동모델 : 옹호자, 촉진자

03 ① '자원 사정'은 지역사회에서 이용할 수 있는 권력, 전문기술, 재정, 서비스 등 자원영역을 검토하는 것이다.
③ '협력적 사정'은 지역사회 참여자들이 완전한 파트너로서 조사계획, 참여관찰, 분석 및 실행 국면 등에 관계되면서 지역사회에 의해 수행된다.
④ '하위체계 사정'은 전체 지역사회를 사정하는 것이 아닌 지역의 특정 부분이나 일면을 조사하는 것으로, 특히 지역사회의 하위체계에 초점을 둔다.
⑤ '문제중심 사정'은 전체 지역사회와 관련되지만 지역사회의 중요한 특정 문제(예 아동보호, 정신건강 등)에 초점을 둔다.

04 ② · ③ 모든 지역사회는 사회이지만, 모든 사회가 지역사회는 아니다. 파크와 버제스(Park & Burgess)는 지리적인 지역사회를 언급하면서, 지역사회의 생활이란 곧 '사회를 움직이는 힘(Social Forces)의 집합체'라고 하였다.
① 사회통합을 기계적 연대와 유기적 연대로 표현한 학자는 사회통합연구의 선구자인 뒤르켐(Durkheim)이다. 기계적 연대는 문화적-규범적 통합을 의미하는 것으로서, 공통의 가치와 신념을 통한 부분들의 통합을 말한다. 반면, 유기적 연대는 기능적 통합을 의미하는 것으로서, 유기체의 부분들이 상호의존을 통해 전체에 기여하는 것을 말한다.

④ 인구구성의 사회적 특수성을 기준으로 하여 저소득층 밀집주거지역, 외국인 주거지역, 새터민 주거지역 등으로 구분할 수 있다.

⑤ 지역사회 구성원에게 법, 도덕, 규칙 등의 규범을 준수하도록 강제력을 발휘하는 것은 지역사회의 사회통제 기능에 해당한다. 반면, 상부상조의 기능은 주요 사회제도에 의해 자신들의 욕구를 충족할 수 없는 경우에 필요하게 되는 사회적 기능을 말한다.

05 ⑤ 미국의 인보관은 영국의 인보관에 비해 양적 증가속도가 매우 빨랐다. 1891년 6개소에 불과하던 미국의 인보관은 1897년 74개소, 1900년 413개소, 그리고 1915년 550개소로 증가하였으며, 이는 세계 최초로 인보관이 설립된 영국의 경우(1920년 66개소로 증가)보다 높은 수준이었다.

06 ㄴ. 영국의 '국민보건서비스 및 지역사회보호법(National Health Services and Community Care Act)'은 1990년에 제정되어 국민보건서비스 부문의 경우 1991년 4월부터, 지역사회보호 부문의 경우 지방재정 부담으로 2년 연기되어 1993년 4월부터 시행되었다.

ㄹ. 2000년대 우리나라에서는 참여복지를 목표로 지역사회복지에 있어서 지역주민의 능동적인 역할을 강조하는 동시에 보편적 서비스 제공을 위해 국가의 역할이 증대되었다. 특히 2003년 사회복지사업법 개정을 통해 2005년 7월 31일부터 시·도 및 시·군·구 지역사회복지계획을 4년마다 수립·시행하도록 의무화하였으며, 이는 2007~2010년 제1기 지역사회복지계획의 수립·시행으로 이어졌다.

07 ① 지역사회의 겉모습만을 보고 판단하지 않고, 지역사회의 내적 능력에 우선 중점을 두어야 한다.

08 **정치적 의사결정 모델**
• 엘리트주의 의사결정 모델 : 지역사회에서의 주요 의사결정이 지역사회 내의 엘리트들에 의해 이루어진다고 본다.
• 다원주의 의사결정 모델 : 주요 의사결정이 이익집단들의 경쟁 과정을 통해 최종정책이 결정되는 점을 전제로 한다.
• 공공선택 의사결정 모델 : 주요 의사결정은 이익집단들이 정치가들에게 제공할 수 있는 자원(예 기부금, 투표, 미디어 활용 등)의 크기에 영향을 받는다.
• 신엘리트주의 의사결정 모델 : 이익집단들이 엘리트층에게 일정한 수단(예 기부금, 투표, 미디어 활용 등)을 지원함으로써 의사결정의 영향력을 높일 수 있다고 본다.

09 **사회복지관의 기능별 사업분야**
• 사례관리기능 : 사례발굴, 사례개입, 서비스연계
• 서비스 제공기능
 - 가족기능강화 : 가족관계증진사업, 가족기능보완사업, 가정문제해결·치료사업, 부양가족지원사업, 다문화가정·북한이탈주민 등 지역 내 이용자 특성을 반영한 사업
 - 지역사회보호 : 급식서비스, 보건의료서비스, 경제적 지원, 일상생활 지원, 정서서비스, 일시보호서비스, 재가복지봉사서비스
 - 교육문화 : 아동·청소년 사회교육, 성인기능교실, 노인 여가·문화, 문화복지사업
 - 자활지원 등 기타 : 직업기능훈련, 취업알선, 직업능력개발, 그 밖의 특화사업

- 지역조직화기능
  - 복지네트워크 구축 : 지역사회연계사업, 지역욕구조사, 실습지도 등
  - 주민조직화 : 주민복지증진사업, 주민조직화 사업, 주민교육 등
  - 자원개발 및 관리 : 자원봉사자 개발·관리, 후원자 개발·관리 등

10 ② 조력자로서 사회복지사는 불만을 집약하는 일, 조직화를 격려하는 일, 좋은 대인관계를 육성하는 일, 공동목표를 강조하는 일 등을 통해 지역사회의 문제를 해결하는 동시에 지역주민들의 욕구를 해소하기 위해 조력한다.

11 재가복지봉사서비스의 종류
- 가사서비스 : 집안청소, 취사, 세탁, 청소 등
- 간병서비스 : 병간호, 병원안내, 병원동행, 신체운동 등
- 정서서비스 : 상담, 말벗, 여가 및 취미활동 제공 등
- 결연서비스 : 재정적 지원 알선, 의부모·의형제 맺어주기 등
- 의료서비스 : 지역보건의료기관과의 연계·결연, 수시방문진료 등
- 자립지원서비스 : 직업보도, 기능훈련, 취업알선 등
- 주민교육서비스 : 보호대상자의 가족, 이웃, 친지를 비롯한 지역주민을 위한 재가보호서비스 방법에 대한 교육
- 그 밖에 사회복지관 내의 시설을 활용한 서비스 등

12 ① 테일러와 로버츠(Taylor & Roberts)는 로스만(Rothman)의 기본 3가지 모델을 분화하여 지역사회복지실천모델을 지역사회개발모델, 프로그램 개발 및 조정모델, 계획모델, 지역사회연계모델, 정치적 권력강화모델(정치적 행동 및 역량강화모델)의 5가지 유형으로 구분하였다.
② 정치적 권력강화모델은 로스만 모델의 사회행동모델과 유사하여 특히 사회적으로 배제된 집단의 권리 확보를 강조한다.
③ 지역사회연계모델은 클라이언트의 요구와 후원자의 판단 모두에 근거하여 문제해결을 위해 다양한 연계 노력을 전개하는 모델로서, 후원자와 클라이언트의 영향력이 비교적 동등하게 적용된다.
⑤ 지역사회개발모델에서전문가는 조직가(Organizer)의 역할보다는 주로 조력자(Enabler)로서의 역할을 담당한다.

13 ㄹ. 사례관리 및 지역조직화는 사회복지관의 기능에 해당한다.

14 지역사회복지실천모델의 구성요소(Mondros & Wilson)
- 변화목적 및 변화전략
- 이슈 선택의 과정
- 변화노력을 위한 표적의 확인
- 표적체계의 협조 여부에 대한 사정
- 변화를 위한 필요자원의 이해
- 변화과정에서의 조직역할에 대한 이해
- 직원, 지도자, 구성원들에게 요구되는 구체적인 역할

15 공동모금회의 모금방법
- 개별형 : 개인이나 가정의 헌금을 통해 모금하는 형태
- 기업중심형 : 회사, 공장 및 사업체 등과 그 근로자를 대상으로 모금하는 형태
- 단체형 : 재단, 협회 등의 단체를 대상으로 모금하는 형태
- 특별사업형 : 특별한 프로그램이나 사업(Special Events)을 통해 모금하는 형태
  예 시민 걷기대회, 자선골프대회, 카드 발매 등

16 사회복지사의 조직가로서의 역할(Grossman)
- 이해의 대립이 첨예한 지역에 집단행동을 조직하고 승리를 도모하는 기술상의 과업을 수행한다.
- 지역주민의 정치적 의식을 증대하고 체제의 실상을 드러나게 하는 등의 이데올로기 성격을 지닌 과업을 수행한다.
- 사회행동을 통해 주민들에게 정치적인 기술을 가르치는 것도 포함한다.

17 ① 부호화(Encoding)
② 매체(Media)
③ 반응(Response)
⑤ 피드백(Feedback)

18 사회교환론(교환이론)에서의 권력균형 전략(Hardcastle, Wenocur & Powers)

경 쟁 (Competition)	A가 필요한 자원을 B가 독점하여 일방적인 복종이 예상되는 경우, B와의 교환을 포기한 채 C나 D 등 다른 대상자에게서 필요한 자원을 획득하려고 한다.
재평가 (Re-evaluation)	A가 B의 자원을 재평가함으로써 B에 대한 종속을 회피하려고 한다.
호혜성 (Reciprocity)	A가 B에게 서로 필요한 관계임을 인식시킴으로써 일방적인 의존관계를 쌍방적이고 동등한 관계로 변모시킨다.
연 합 (Coalition)	B에 종속된 A가 역시 B에 종속되어 있는 C나 D 등 다른 대상자들과 연대적인 관계를 구축함으로써 집단적으로 B와 교환관계를 맺는다.
강 제 (Coercion)	B에 종속된 A가 물리적인 힘을 동원하여 B가 가지고 있는 자원을 장악한다.

19 ② 지방정부는 성장과 분배에 의해 유지되고 존속된다. 그에 따라 서비스 및 재정배분의 재정력이 취약한 지방정부가 한정된 재원을 성장 중심의 개발사업에 치중하는 경우 행정상의 불균형이 야기되며, 그로 인해 사회적 불평등이 증가하게 된다. 이때 주민참여는 지방정부로 하여금 형평을 추구하도록 압력을 행사함으로써 불평등을 완화시킬 수 있다.

20 ① '중심화'는 지역의 기능, 사회시설 및 서비스 등이 지역의 중심으로 몰리는 것을 말한다.
② '우세'는 기능적으로 우위에 있는 단위가 다른 단위에 대해 영향력을 행사하는 것을 말한다.
④ '집결'은 개인들이 도시 등으로 이주하며 유입되는 것을 말한다.
⑤ '분산'은 구성원들이 밀도가 높은 중심으로부터 밀도가 낮은 외곽으로 빠져나가는 것을 말한다.

21 ㄴ. 1970년대 새마을운동은 본래 농한기 농촌마을 가꾸기 시범사업 형태로 시작되어 농촌생활환경 개선사업으로 이어졌으며, 이후 소득증대사업으로 확대되었다.

ㄹ. 지역사회중심의 자활지원사업이 본격화된 것은 2000년 10월 국민기초생활 보장법의 시행에서 비롯된다.

22 ① 갈등이론은 지역사회에 존재하는 갈등 현상에 주목하며, 갈등을 사회발전의 요인과 사회통합의 관점에서 다루는 이론이다. 알린스키(Alinsky)는 지역사회 수준에서 갈등이론을 적용하면서, 지역사회조직의 목표를 경제적으로 부자이든 빈자이든 동일한 사회적 혜택을 받는 것이라고 주장하였다. 이는 대중(혹은 사회적 약자)의 조직적 결성과 대항을 통해 달성할 수 있는 것으로서, 그들은 조직적 결성과 대항을 통해 기득권층과의 갈등을 해결하고 타협하는 과정에서 자원과 힘을 획득할 수 있는 것이다.

23 ④ 자활근로사업단의 자활기업 전환 시 사업의 동일성을 유지해야 한다.

24 ⑤ 우리나라의 공동모금회는 1997년에 제정된 사회복지공동모금법에 의해 중앙에 '전국공동모금회'를 16개의 시·도에 '지역공동모금회'를 각 독립법인으로 설립하여 연맹형의 형태로 시작하였다. 이후 '사회복지공동모금법'을 '사회복지공동모금회법'으로 개칭하여 법률개정을 하면서 지역공동모금회를 중앙공동모금회의 지회로 전환하였다.

25 Gate Way 과정
- 제1단계 : 초기상담
- 제2단계 : 진단·평가
- 제3단계 : 개인별 자립경로(IAP ; Individual Action Plan) 수립 및 기초교육 실시
- 제4단계 : 자활지원계획(ISP ; Individual Service Plan) 수립
- 제5단계 : 자활프로그램 제공(자활지원계획 실행)
- 제6단계 : 평가
- 제7단계 : 사후관리

1영역		사회복지정책론												
01	02	03	04	05	06	07	08	09	10	11	12	13	14	15
④	①	①	④	③	②	①	①	①	②	③	③	①	③	④
16	17	18	19	20	21	22	23	24	25					
②	②	③	⑤	①	⑤	①	③	③	④					

2영역		사회복지행정론												
01	02	03	04	05	06	07	08	09	10	11	12	13	14	15
②	①	③	②	③	⑤	④	②	③	①	⑤	④	④	②	⑤
16	17	18	19	20	21	22	23	24	25					
④	④	④	⑤	②	①	④	③	①	②					

3영역		사회복지법제론												
01	02	03	04	05	06	07	08	09	10	11	12	13	14	15
⑤	②	④	④	②	⑤	⑤	③	④	④	⑤	⑤	⑤	⑤	②
16	17	18	19	20	21	22	23	24	25					
⑤	①	②	④	⑤	④	③	①	②						

제1영역   사회복지정책론

01 ④ 독일의 비스마르크(Bismarck) 사회보험입법의 목적에 해당한다. 반면, 1935년 미국의 사회보장법은 대공황으로 인해 대량의 실업자와 빈곤자가 양산되었고, 이것이 미국의 정치 · 경제 · 사회 전반에 부정적인 영향을 미치게 됨으로써 연방정부의 적극적인 개입을 통한 경제회복을 주된 목적으로 하였다.

02 ② 국가의 재정 건전성이 강조됨으로써 사회지출의 억제에 따라 복지국가의 기능 및 역할이 도전을 받게 되었다.
③ 탈산업화에 의해 산업생산 방식이 기존의 제조업에서 서비스업 중심으로 전환됨으로써 서비스업의 고용이 증가된 반면, 제조업의 고용은 급격히 감소되었다.
④ 사회복지의 정책적 측면에서 개인의 적극적인 참여를 전제조건으로 하는 프로그램이 확대되었으며, 사회적 취약계층에 대한 표적화를 통해 사회안전망을 가동하는 선별주의적인 접근방식으로의 전환이 이루어졌다.
⑤ 계급이념의 쇠퇴로 인해 복지국가의 전통적 지지세력인 노동자계급의 세력이 약화되었다.

03 ② 누진적 소득세는 수직적 재분배에 해당한다.

③ 국민건강보험은 수평적 재분배에 해당한다.

④ 공공부조는 단기적 재분배에 해당한다.

⑤ 국민연금은 장기적 재분배에 해당한다.

04 ④ 국민연금이 아닌 건강보험(의료보험)에 해당한다. 우리나라 건강보험의 경우 1988년 1월에 농어촌 지역주민으로, 이듬해인 1989년 7월에 도시 지역주민으로 확대됨으로써 전 국민 건강보험이 달성되었다. 반면, 국민연금의 경우 1995년 7월에 농어촌 지역주민으로, 1999년 4월에 도시 지역주민으로 확대됨으로써 전 국민 국민연금이 달성되었다.

05 **사회복지정책의 분석틀(Prigmore & Atherton)**

• 문화적 가치에 관한 고려사항

　– 해당 정책은 공평과 정의에 기여하는가?

　– 해당 정책은 사회사업의 가치에 모순되지 않는가?(①)

　– 해당 정책은 사회의 다른 중요한 가치에 부합하는가?

　– 현재 고려 중인 정책이 지금의 방식과 모순되지 않는가?(④)

• 영향 및 의사결정의 차원

　– 해당 정책은 합법적인가?

　– 해당 정책은 정치적으로 수용 가능한가?(②)

　– 해당 정책은 그와 관련된 이익집단들을 만족시키는가?

• 지식에 관한 고려사항

　– 해당 정책은 합리적인가?

　– 해당 정책은 학문적으로 건전한가?(⑤)

• 비용–편익에 관한 고려사항

　– 해당 정책은 실현가능한가?

　– 해당 정책은 효율적인가?

　– 해당 정책은 다른 사회문제를 야기할 가능성이 있는가?(③)

　– 해당 정책은 경제적 측면에서 다른 어떤 대안보다 더 나은가?

06 ② · ③ 산업화 이론(수렴이론)은 산업화가 노동력을 상품화하는 사람들을 크게 증가시키고 전문화된 노동자의 지속적인 공급을 필요로 하는 한편, 실업, 질병, 노령, 산업재해 등의 사회문제와 연결되어 있으므로, 그에 대한 국가의 개입을 요구한다고 본다. 특히 산업화이론은 산업사회의 사회구조를 결정짓는 것은 기술, 즉 산업화에 달려 있으며, 어느 정도 산업화를 이룬 나라들의 사회제도는 어느 한 점에서 수렴되어 비슷하다고 본다.

① 권력자원이론(사회민주주의이론)의 내용에 해당한다. 권력자원이론은 산업화로 인해 그 수가 급격히 증가한 노동계급이 노동조합을 조직하여 확대된 힘을 가지게 되며, 그들이 자신들의 이익을 대변하는 정당을 지지하게 됨으로써 사회권의 확대를 가져온다고 본다.

④ 독점자본이론의 내용에 해당한다. 독점자본이론은 계급갈등과 국가의 역할이라는 측면을 기준으로 도구주의 관점, 구조주의 관점, 그리고 정치적 계급투쟁의 관점 등으로 분류한다.

⑤ 국가중심이론에 해당한다. 국가중심이론은 복지국가 발전을 국가구조와 관리자의 입장에서 보는 이론이다. 산업화, 독점자본, 이익집단, 노동자 계급 등을 복지국가 발전에 영향을 준 요인으로 인지하나, 그 각각의 영향들이 독립적인 국가조직에 의해 매개된다고 봄으로써 소극적인 역할이 아닌 적극적인 행위자로서의 국가역할을 강조한다.

07 대처리즘(Thatcherism)의 주요 내용
- 금융규제 완화
- 국영기업의 민영화
- 노동조합의 활동 억제
- 기업 및 민간의 자유로운 경제활동 보장
- 복지에 필요한 공공지출의 축소

08 ① 사회보험과 민간보험은 공통적으로 위험분산(Risk Pooling) 또는 위험이전(Risk Transfer)에 기초한다.

09 ① · ⑤ 롤즈(Rawls)의 사회정의론은 개인의 자유를 중시한다는 점에서 자유주의적 전통에 속한다. 특히 평등한 자유의 원칙을 제1원칙으로 고려함으로써, 모든 개인의 평등한 기본적 자유 보장의 권리를 강조한다.

② 롤즈는 『정의론(A Theory of Justice)』에서 공평의 원칙(Fairness Principle)에 기초하여 분배의 정의에 대한 이론을 제시하였다. 공평의 원칙은 사회경제적 취약계층에게 보다 많은 장점을 주는 방법을 개발하여 이해갈등과 불평등을 완화해 가는 것이다.

③ · ④ 롤즈는 원초적 상황(Original Position)에서 사회구성원 간의 사회적 계약의 원칙을 도출하고자 하였다. 롤즈의 원초적 상황은 전통적인 사회계약론에 있어서 자연 상태에 해당하는 것으로서, 롤즈가 자신의 공정성으로서의 정의를 유도하기 위해 만든 가상적인 상황이다. 원초적 상황에 있는 사람들은 무지의 베일(Veil Of Ignorance)에 싸여 최소극대화 원칙(Maximin Rule)을 선택하게 된다고 본다. 그 이유는 사람들은 자신들이 어떤 위치에 있는지 모르는 상태에서 어떤 위치에 놓일 수도 있다는 것에 대비해야 하고, 원초적 상태에서는 매우 다양한 사회가 존재하며, 따라서 가장 나쁘지 않은 대안으로서 가장 불행한 사람에게 가장 불행하지 않은 상황을 제공하는 사회를 선택할 것이기 때문이다.

10 ② 조합주의(보수주의) 복지국가는 전통적 가족과 교회의 기능 및 역할을 강조함으로써 보수적인 양상을 보인다. 전통적으로 가부장제가 강하여 전형적인 남성생계부양자 모델에 속한다.

11 ㄱ. 영국은 퍼니스와 틸튼(Furniss & Tilton)의 복지국가 유형 중 사회보장국가(Social Security State)에 해당한다. 사회보장국가는 경제정책의 중요성을 강조하되, 경제와 연관된 복지를 통해 국민의 최저생활을 보장하고자 한다.
　 ㄷ. 사회복지국가(Social Welfare State)의 내용에 해당한다. 경제성장 및 안정, 자유와 사유재산 보장을 강조하는 적극적 국가(Positive State)와 달리, 사회복지국가는 평등과 공동체의식을 강조하며, 보편적인 사회복지서비스를 제공하고자 한다.

12 ③ 기회(Opportunity)는 사회 불이익 집단에게 유리한 기회를 제공하여 시장경쟁에 적응할 수 있도록 유도하는 무형의 급여 형태로서, 빈곤층 자녀의 대학입학정원 할당, 장애인 의무고용제도, 농어촌 특별전형제도, 여성고용할당제도 등이 해당된다.
① 권력(Power)에 해당한다.
② 이용권 또는 증서(Voucher)에 해당한다.
④ 목표효율성이 가장 높은 급여 형태는 현물급여에 해당한다.
⑤ 긍정적 차별(Positive Discrimination)은 사회 불이익 집단에게 유리한 기회를 제공함에 따라 나타나는 것으로서, 이는 적극적 차별시정조치로 볼 수 있다.

13 ① 피븐과 클라워드(Piven & Cloward)는 빈민규제론을 통해 대량실업 등 심각한 사회문제가 사회의 무질서를 야기할 때 정부가 공적 복지제도를 확대하는 반면, 사회가 안정되면 복지를 위축시키는 현상에 주목하였다. 특히 구빈제도의 일차적인 목표가 노동을 규제하는 데 있으며, 그 방법은 대량실업에 의한 실업자들을 질서유지 차원에서 흡수·통제하는 것이라고 보았다.
②·⑤ 사회양심이론, ③ 시민권이론, ④ 권력자원이론

14 ㄱ. 진단, ㄷ. 자산조사
할당의 세부원칙(Gilbert & Terrell)
• 귀속적 욕구에 의한 할당 : 욕구의 규범적 준거, 집단적 할당
• 보상에 의한 할당 : 형평의 규범적 준거, 집단적 할당
• 진단에 의한 할당 : 욕구의 기술적 진단, 개인적 할당
• 자산조사에 의한 할당 : 욕구의 경제적 기준, 개인적 할당

15 ④ 간접세는 조세가 물품의 가격에 포함되어 있으므로, 간접세의 인상이 물가상승의 요인이 된다.
① 직접세는 납세의무자와 실제 그 세금을 부담하는 자가 일치하고 조세부담의 전가가 예정되어 있지 않은 조세이다.
② 소득세와 법인세의 경우 직접세에 해당하는 반면, 개별소비세의 경우 간접세에 해당한다.
③ 누진적 세율 적용에 따라 소득재분배 효과를 기대할 수 있는 직접세와 달리, 간접세는 소득과 상관없이 부과되므로 고소득층에게 상대적으로 유리한 역진적 조세에 해당한다.
⑤ 조세지출(조세비용)은 정부가 비과세·감면·공제 등의 방법으로 정책적인 감면을 해주는 제도를 말하는 것으로, 조세를 많이 낸 사람, 즉 소득이 많은 사람에게 더 많은 혜택이 돌아가는 만큼 역진적이다.

16 ② 세대 간 위험을 분산하는 것은 부과방식의 장점에 해당한다. 부과방식은 현재의 근로세대가 은퇴세대의 급여를 충당하는 방식이다.

공적연금제도 적립방식의 장단점

장 점	• 제도 성숙기의 자원을 경제발전에 활용할 수 있다. • 인구구조의 변화에 강하며, 재정의 안정적인 운영이 가능하다. • 연금지출이 적은 초기부터 제도 성숙기에 이르기까지 보험료를 평준화할 수 있으므로 보험료의 세대 간 공평한 부담이 가능하다.
단 점	• 인플레이션에 상대적으로 취약하다. • 장래의 변화하는 지출을 예측하기 어려우므로 제도 시행 초기에 적정 보험료율을 산정하기 어렵다. • 제도 시행 초기부터 보험료의 과중한 부담으로 피보험자의 가계에 부정적인 영향을 미칠 수 있다.

17 정책분석의 일반적인 절차
- 문제인식과 명확한 목표 설정(제1단계) : 정책분석에 앞서 무엇이 문제인지를 파악하며, 문제해결을 통해 이루고자 하는 목표를 명확히 설정한다. (ㄴ)
- 대안탐색 및 기준 결정(제2단계) : 광범위한 조사를 통해 목표달성을 위한 대안들을 탐색하며, 여러 대안들 중 올바른 대안을 선택하기 위한 기준을 결정한다. 특히 정책대안들에 대한 본격적인 분석에 앞서 예비분석을 실시하여 정책대안의 결과를 예측한다. (ㄱ)
- 대안의 비교와 평가(제3단계) : 탐색된 대안들을 효과성, 실현가능성, 비용과 편익, 정치적 여건, 현실적 제약, 각 대안이 미치게 될 영향 등을 종합적으로 고려하여 비교 · 평가한다. (ㄹ)
- 대안의 선택(제4단계) : 앞선 과정들을 통해 설정된 목표에 가장 적합하다고 판단되는 최적의 정책대안을 선택한다. (ㄷ)

18 ① 잔여적 모형, ② · ④ 제도적 재분배 모형, ⑤ 페미니즘

19 ⑤ 정책평가는 학문적 · 이론적 측면에서 정책현상의 이론화에 기여하지만, 정책결정이론의 형성을 목적으로 하지는 않는다.

20 ② 자산조사 – 자산조사(자산조사 욕구)에 의한 할당
③ 기여 여부 – 보상에 의한 할당
④ 진단평가 – 진단(진단적 차등)에 의한 할당
⑤ 연령 – 귀속적 욕구에 의한 할당

21 ⑤ 우리나라는 1997년부터 2001년까지 3차에 걸쳐 질병군별 포괄수가제도 시범사업을 실시하였으며, 이후 2002년부터 8개 질병군에 대해 요양기관에서 선택적으로 참여하는 방식으로 본 사업을 실시하였고, 2003년 9월 이후에는 정상분만을 제외한 7개 질병군에 대해 선택 적용하였다.

22 ① 우리나라 국민연금은 보험료 부과체계상에 소득상한선을 두어 연금급여의 편차를 일정수준에서 제한하는 한편, 소득하한선을 두어 저소득계층의 과도한 분배적 부담을 억제한다. 다만, 소득상한선을 높게 설정할 경우 고소득계층의 부담이 그만큼 더 커지게 되며, 소득하한선을 높게 설정할 경우 국민연금 가입자 규모가 감소할 수 있다.

23 ③ 비영리 사회복지기관의 재원으로는 정부보조금(국고 및 지방자치단체의 보조금), 후원금수입(기부금, 찬조금, 결연후원금 등), 이용료수입 등으로 구성된다.

24 ③ 우리나라는 소득과 관계없이 만 0~5세 어린이집을 이용하는 영유아에 대해 보육료 등을 지원하고 있다.

① · ② · ④ · ⑤ 주거급여, 생계급여, 의료급여, 교육급여 등은 국민기초생활보장법에 따른 급여로서, 저소득 취약계층을 대상으로 한다.

25 ④ 직업재활급여에는 일자리 자문 · 상담, 직업소개 · 준비 · 적응 · 재훈련, 양성훈련, 향상훈련, 기타 직업재활도움 등이 포함된다. 반면, 사회재활급여에는 가사노동 지원, 차량의 특수시설장착 지원, 특수운전면허 취득비용 지원, 직장의 특수시설 설치비용 지원, 사회교육 및 심리상담 비용 지원 등이 포함된다. 현행 우리나라의 산업재해보상보험법에는 직업재활급여 항목은 있으나 산업재해로 인한 직접손해 이외의 부가적으로 발생하는 간접손해로서 사회재활급여의 항목은 명시되어 있지 않다.

제2영역 사회복지행정론

01 ② 사회복지행정은 사회복지정책으로 표현된 추상적인 것을 실제적인 사회복지서비스로 전환하는 공 · 사의 전 과정으로서, 거시적인 정책이나 미시적인 현장사업을 통합하는 중간적인 활동영역에 해당한다.

02 ① 미국 사회복지교육협의회(CSWE)에서 대학원 교과과정으로 사회복지행정이 인정된 것은 미국 사회복지행정의 발전기(1935~1960년)에 해당하는 1952년이다.

03 ③ 슈퍼비전은 사회복지조직에서 활동하고 있는 직원들이 전문성과 능력을 발휘할 수 있도록 교육 · 지도 · 원조하는 과정으로서, 궁극적으로 클라이언트에 대해 효과적이고 질 높은 서비스를 제공하여 기관의 책임성을 높이는 것을 목적으로 한다. 일선 슈퍼바이저는 사회복지조직의 각 부서 업무들을 총괄하는 책임자로서 직원들의 효과적인 서비스 공급을 지도 · 감독하며, 아울러 조직의 타 부서 및 관리자를 연결하는 역할을 담당한다. 또한 직원의 업무를 조직 · 모니터링 · 평가하는 전형적인 행정적 책임 이외에 교육자로서 슈퍼바이지의 전문성 개발에 기여하며, 그들에게 정서적 · 사회적인 지지를 제공하는 역할을 수행한다. 이와 같이 슈퍼바이저는 슈퍼바이지인 사회복지조직의 직원들에 대해 슈퍼비전을 제공하는 역할을 하는 것이지 개별 클라이언트의 사례에 대한 목표 및 과업을 결정하는 역할을 수행하는 것은 아니다.

04 ② 총체적 품질관리(TQM)는 전원참여에 의해 고객만족과 조직구성원 및 사회에 대한 이익창출로써 장기적인 성공에 목표를 두는 조직 전체의 체계적인 노력이다. 또한 결과보다는 과정을 중시하며 지속적인 개선 노력을 강조하는 인간 위주의 경영시스템이다.

05 사회적 기능에 따른 분류(Parsons)
- 생산조직 : 회사, 공기업 등
- 정치조직 : 공공행정기관, 정당 등
- 통합조직 : 사법기관, 경찰, 정신병원 등
- 유형유지조직 : 학교, 교회, 문화단체 등

06 ⑤ 우리나라 민간 사회복지조직은 재정자원을 정부나 다른 민간단체, 일반 시민 또는 영리기업 등 조직 외부의 다양한 재정지원자에게 의존한다. 비록 민간사회복지조직이 사업을 수행하기 위해 자체적으로 수익사업을 하거나 후원자를 개발하기 위해 노력한다고 해도, 여전히 정부재정에 의존하는 경향이 상대적으로 높은 편이다.

07 조직에 있어서 인간적 요인의 중요성(Gardner)
- 첫째, 조직은 반드시 직원의 모집 및 직원의 능력개발을 위한 효과적인 프로그램을 가지고 있어야 한다.
- 둘째, 조직은 반드시 성원에 대하여 우호적인 환경이 조성되어야 한다.
- 셋째, 조직은 반드시 자기비판을 위한 기제를 갖추고 있어야 한다.
- 넷째, 조직의 내적 구조는 유연성이 있어야 하며, 필요한 경우 조직의 구조를 변경시킬 수 있어야 한다.(④)
- 다섯째, 조직은 반드시 내적 의사소통의 체계를 갖추고 있어야 한다.(②)
- 여섯째, 조직은 절차에 사로잡히는 과정에 맞서 싸울 수 있는 수단을 가지고 있어야 한다.(⑤)
- 일곱째, 조직은 기득권과 싸울 수 있는 수단을 가지고 있어야 한다.(①)
- 여덟째, 조직은 반드시 이미 진행된 것이 아닌 무엇이 진행될 것인지에 대해 관심을 가지고 있어야 한다.(③)
- 아홉째, 조직은 성원에게 동기를 부여하고 확신을 심어주며, 사기를 고취시켜야 한다.

08 ② 위원회의 기능에 해당한다.
사회복지법인에서 이사회의 기능
- 기관의 법인체 형성
- 기관의 목표 · 정책 · 프로그램 형성의 책임
- 지역사회에의 기관 활동 설명
- 지역사회로부터의 프로그램에 대한 신뢰
- 인사정책, 업무평가에 대한 책임
- 재원의 확보와 지출에 대한 책임
- 기관 활동에 대한 평가
- 역할의 지속성 보장

09 ③ 블라우와 스코트(Blau & Scott)는 조직의 유형을 수혜자의 종류에 따라 호혜조직, 사업조직, 서비스조직, 공공조직으로 구분하였으며, 그중 사회복지기관을 비롯하여 학교, 병원 등을 서비스조직으로 분류하였다.

10 ① 정치경제이론의 내용에 해당한다. 정치경제이론은 조직과 환경의 상호작용에 초점을 두면서, 특히 조직의 생존과 발전에 있어서 정치적 자원과 경제적 자원을 중시한다. 조직은 정치적 자원으로 인해 조직의 목표 달성을 위한 적절한 권위와 영향력을 행사할 수 있으며, 재원, 인력, 클라이언트 등 생산과 서비스를 위한 경제적 자원에 의해 정상적으로 가동될 수 있다는 것이다.

11 ⑤ 판단적 의사결정(Judgemental Decisions)은 기존의 지식과 경험이 아닌 개인이 가지고 있는 지식과 경험을 기초로 판단하여 결정하는 것이다.

12 ④ 과정이론에 해당한다. 과정이론은 행동을 유발하는 요인은 물론 그 행동의 과정, 방향 또는 선택에 관심을 기울인다.
① · ② · ③ · ⑤ 내용이론에 해당한다. 내용이론은 동기화된 행동을 유발 혹은 촉진시키는 여러 가지 요인에 관심을 기울인다.

13 ① 효과성
② 적절성
③ 공평성
⑤ 접근성

14 ② 카츠(Katz)는 리더가 갖추어야 할 기술을 기술적(전문적) 기술, 인간적(대인적) 기술, 개념적(의사소통 및 결정) 기술들로 나누고, 이러한 기술들은 개인의 성향에 따라, 조직이 처한 환경에 따라, 혹은 개인이 처한 조직위계수준에 따라 요구되는 정도들이 각기 달라진다고 보았다. 대부분의 하급관리자들에게는 기술적인 기술이 중요하고, 상급으로 올라가면 개념적 기술이 더 중요시되며, 인간관계기술은 조직의 하급이나 상급 모두에게 동등하게 중요시 되는 기술이라고 하였다.

15 ① 분임토의 또는 신디케이트(Syndicate) : 10명 내외의 각 소집단별로 동일한 문제에 대해 토의를 하고 그에 대한 해결방안을 작성하도록 한 후 전체가 모인 자리에서 집단별로 문제해결방안에 대해 토론하는 것
② 사례발표 : 직원들이 돌아가며 자신의 사례를 발표하고 그에 대해 다른 직원들의 평가와 토의가 이루어지는 방식
③ 시뮬레이션 : 실제 업무 이전에 해야 할 업무를 사전에 연습함으로써 직원으로 하여금 업무기술을 익히도록 하는 것
④ OJT(On-the-job Training) : 교육훈련의 기본적인 형태로서, 직원은 자신이 일할 근무처 또는 다른 부서의 업무를 직접 수행해보거나 관찰하면서 선임자로부터 대면지도, 개별지도, 훈련지도를 받아 직무수행능력을 개발하는 것

16 사회복지 마케팅 믹스(Marketing Mix)의 4P
- 상품(Product) : 상품(프로그램)의 차별화 전략
- 유통(Place) : 장소개발, 접근편리성 등의 전략
- 촉진(Promotion) : 이벤트, 광고, 자원봉사자 활용 등의 전략
- 가격(Price) : 가격 및 후원금 개발 전략

17 크리밍 현상
- 크리밍은 서비스조직들이 접근성메커니즘을 조정함으로써 보다 유순하고 성공 가능성이 높은 클라이언트를 선발하기 위해 비협조적이거나 어려울 것으로 예상되는 클라이언트들을 배척하고자 하는 것이다.
- 모든 전문직은 자신들의 개입전략에 잘 맞아떨어지는 그래서 결과가 성공적으로 나타날 가능성이 높은 케이스를 선호하려는 자연스러운 경향이 있다.
- 사회복지조직 또한 투입비용을 줄이는 동시에 자원을 극대화하기 위해 비교적 성공 가능성이 높은 클라이언트를 선별적으로 모집하려는 경향이 있다.
- 특히 민간 사회서비스 기관들에서는 재량권 행사의 폭이 넓으므로, 이와 같은 크리밍 현상의 문제가 현저히 나타난다.
- 사회복지조직이 자원 확보와 유지에 몰두한 나머지 보다 열악한 상태에서 서비스를 절실히 필요로 하는 클라이언트를 배제하는 경우 윤리적인 문제가 대두될 수 있다.

18 ② 의사결정나무분석 : 불확실한 상황 하에서 확률을 지속적으로 추정하고 새로운 정보입수에 의해 확률을 단계적으로 수정해 나가면서 최종적으로 가장 합리적인 의사를 가려내는 기법이다. 개인이 가능한 한 여러 대안을 발견하여 나열하고, 선택했을 때와 선택하지 않았을 때를 연속적으로 그려가면서 최종적인 결과를 예상한다.
① 대안선택흐름도표 : 목표가 분명하고 예상 가능한 사항의 선택에 적용될 수 있는 것으로서, 'Yes'와 'No'로 답할 수 있는 질문을 연속적으로 만들어 예상되는 결과를 결정하도록 하는 도표이다.
③ 동의달력 : 집단 참여자들의 표결에 의해 찬성의 지지를 받은 안들을 수록한 일종의 목록집을 말한다.
④ 명목집단기법 : 비교적 빠른 시간 내에 다양한 배경을 가진 집단의 이익을 수렴하기 위한 것으로서, 대화나 토론 없이 어떠한 비판이나 이의제기가 허용되지 않는 가운데 각자 아이디어를 서면으로 제시하도록 하여 우선순위를 결정한 후 최종 합의를 도출하기 위해 사용된다. 이러한 명목집단기법은 개인이나 집단의 장점을 살리는 동시에 한 사람이 의견을 주도하는 상황을 방지할 수 있다.
⑤ 델파이기법 : 전문가·관리자들로부터 우편으로 의견이나 정보를 수집하여 그 결과를 분석한 후 그것을 다시 응답자들에게 보내어 의견을 묻는 식으로 만족스러운 결과를 얻을 때까지 계속하는 방법이다.

19 ⑤ 블레이크와 머튼은 무기력형, 인간중심형 또는 컨트리클럽형, 생산지향형 또는 과업형, 중도형, 이상형 또는 팀형을 제시하였다.

20 ㄴ. 사회보험은 국가의 책임으로 시행되므로, 사회보험제도 운영에서 중앙정부의 책임성이 크다고 볼 수 있다.
ㄹ. 국민연금 급여의 결정 및 지급은 국민연금공단에서, 연금보험료 징수업무는 2011년 1월 1일부터 사회보험 징수통합에 따라 국민건강보험공단에서 담당한다.

21 ② 모듈화는 정보관리와 관련된 용어로서, 정보 단위들을 쉽게 분리되거나 결합할 수 있도록 만드는 것을 말한다.
③ 단일화된 인테이크 또는 인테이크의 단일화는 클라이언트의 다양한 욕구를 종합적으로 평가하여 적절한 서비스 계획을 개발하도록 인테이크를 전담하는 창구를 개발하는 것이다. 인테이크의 단일화를 통해 접수과정을 반복함으로써 발생하는 번거로움을 해소하며, 클라이언트가 필요로 하는 서비스를 체계적이고 종합적으로 받을 수 있도록 한다.
④ 사례관리는 복합적인 욕구를 가진 사람들의 기능향상 및 복지를 위해 총체적이고 통합적인 일련의 다양한 서비스를 문제의 심각성 정도 및 해결과정의 수준에 따라 단계별로, 그러나 각 단계들 간의 지속적인 연관성이 있도록 제공하는 문제해결 과정이다. 개인의 욕구를 지역을 기반으로 하는 공식적·비공식적 자원과 연계시키며, 서비스의 조정을 통해 효과적인 서비스를 제공한다. 또한 보호의 연속성·지속성을 보장하며, 환경의 이용을 원활히 하여 클라이언트로 하여금 잠재력을 개발하도록 돕는다.
⑤ 아웃리치는 '출장서비스' 또는 '대외추적'이라고도 하며, 서비스기관이나 담당자들이 적극적으로 서비스 이용자들을 찾아 나서는 시도를 말한다. 아웃리치 업무자들은 전문적 휴먼서비스 직원들과 지역주민들 사이의 격차를 메워주는 역할을 한다.

22 ④ 사회복지조직은 재원조달에 있어서 직접적인 통제력이 약하다. 정부가 민간 서비스 제공자에게 대부분의 시설운영 보조금 지원의 형식으로 사회서비스의 공급을 제한적으로 지원하고 있는 만큼, 사실상 서비스 선택과 관련하여 이용자가 주요 고객이기보다는 재정 지원의 권한을 가진 정부가 주요 고객이 될 수밖에 없다. 그로 인해 민간 사회복지조직은 정부와 사실상 종속적 의존관계를 맺게 됨으로써 정부의 법률적·행정적 규제를 받게 된다.

23 ① 품목별 예산(LIB)은 가장 고전적인 예산제도로서 지출의 대상, 성질을 기준으로 하여 세출예산의 금액을 분류하는 것이다. 투입중심의 예산으로서 행정재량 범위의 제한 및 통제가 용이하고 회계책임이 명확한 반면, 세부 목표의 제시가 어렵고 프로그램의 내용 및 결과에 대한 고려가 부족하다.

② 지출과 조직의 장기적 목표를 연동시켜 목표를 합리적으로 달성하는 데 유용한 예산모형은 프로그램 기획예산(PPB)에 해당한다.

③ 영기준 예산(ZBB)은 전년도 예산을 기준으로 하여 점증적으로 예산을 책정하는 것을 탈피하여 조직의 모든 사업활동에 대해 영기준을 적용하는 것이다. 프로그램 각각의 효율성, 효과성, 중요성 등을 체계적으로 분석하고 사업의 존속, 축소, 확대 여부를 분석 · 검토하며, 우선순위가 높은 사업을 선택하여 실행예산을 결정하는 예산모형으로서, 특히 1년 단위의 단기적 계획 수립에 유용하다.

⑤ 프로그램 기획예산(PPB)은 장기적인 계획수립과 단기적인 예산편성을 프로그램 작성을 통해 유기적으로 결합시킴으로써 자원배분에 관한 의사결정의 합리성을 도모하는 것이다. 목표지향주의의 예산모형으로서 정책결정과정의 일원화와 장기계획의 신뢰성 유지에 유리하나, 목표설정이 어렵고 지나친 중앙집권화를 초래하는 문제점을 가지고 있다.

24 ① '분업화(Specialization)'와 '부문화(Departmentation)'는 수평적 분화의 형태로 볼 수 있다. '분업화'는 분업의 원리에 따라 과업을 세분하여 개인에게 할당하는 것인 반면, '부문화'는 분업화된 전문인력을 업무의 유사성에 따라 묶어주는 것이다.

25 ① 전산자료처리체계(EDPS)는 컴퓨터를 통해 복잡한 계산을 수행하며, 대량의 자료를 처리하기 위한 시스템이다.

③ 지식기반체계(KBS)는 정보자원 및 정보시스템 자원을 경영의 전략적 자원으로 활용하기 위해 구축하는 시스템으로서, '전문가시스템(Expert System)', '사례기반추론(CBR ; Case-based Reasoning)', '자연음성처리(NLP ; Natural Language Processing)'의 단계로 구분된다.

④ 의사결정지원체계(DSS)는 관리정보체계(MIS)보다 발전된 것으로 상위관리층의 비구조적 · 비정형적 업무 또는 전략적 문제해결을 위한 의사결정을 지원하는 대화식 시스템이다.

⑤ 업무수행지원체계(PSS)는 현장에서 업무수행에 필요한 정보를 지원하고 필요한 정보를 통합함으로써 업무수행능력을 향상시키기 위한 시스템이다.

01 ⑤ '법률'은 헌법의 하위에, 명령이나 규칙의 상위에 있는 규범으로서, 국회의 의결을 거쳐 대통령이 서명·공포함으로써 성립한다.

① '시행령'은 대통령령으로 공포되는 것으로서, 법에서 위임된 사항을 비롯하여 그 시행에 관하여 필요한 사항을 정한 것이다. 행정 각부의 장이 소관사무에 관하여 법률이나 대통령령의 위임 또는 직권으로 발하는 명령은 '부령'에 해당한다.

② '대통령령'은 대통령이 발하는 명령으로서, 그 성질 및 효력에 따라 '법규명령'과 '행정명령(행정규칙)'으로 구분된다. '법규명령'은 국민의 권리와 의무에 관계되는 것으로서, 헌법이나 법률에서 구체적으로 범위를 정하여 위임받은 사항에 대해서만 효력을 발할 수 있다. 이에 반해 '행정명령'은 행정조직의 내부만을 규율하는 것으로서, 대통령이 직권의 범위 내에서 당연히 효력을 발할 수 있다.

③ 국무총리는 소관사무에 관하여 법률이나 대통령령의 위임 또는 직권으로 '총리령'을 발할 수 있다.

④ 헌법 제52조에는 국회의원과 정부가 법률안을 제출할 수 있다고 명시되어있다.

02 ② 고용보험법은 1993년 12월 27일 제정되어 1995년 7월 1일부터 시행되었다.

① 사회보장급여의 이용·제공 및 수급권자 발굴에 관한 법률은 2014년 12월 30일 제정되어 2015년 7월 1일부터 시행되었다.

③ 사회보장기본법은 1995년 12월 30일 제정되어 1996년 7월 1일부터 시행되었다.

④ 국민기초생활 보장법은 1999년 9월 7일 제정되어 2000년 10월 1일부터 시행되었다.

⑤ 저출산·고령사회기본법은 2005년 5월 18일 제정되어 2005년 9월 1일부터 시행되었다.

03 **불법행위에 대한 구상(사회보장기본법 제15조)**

제3자의 불법행위로 피해를 입은 국민이 그로 인하여 사회보장수급권을 가지게 된 경우 사회보장제도를 운영하는 자는 그 불법행위의 책임이 있는 자에 대하여 관계 법령에서 정하는 바에 따라 구상권(求償權)을 행사할 수 있다.

04 ④ 모든 국민은 사회보장 관계 법령에서 정하는 바에 따라 사회보장급여를 받을 권리(사회보장수급권)를 가진다(사회보장기본법 제9조).

① 헌법상 사회적 기본권의 핵심이 되는 '인간다운 생활을 할 권리'는 사회보장수급권의 연원에 해당한다.

② 사회보장수급권은 제한되거나 정지될 수 없다. 다만, 관계 법령에서 따로 정하고 있는 경우에는 그러하지 아니하다(동법 제13조 제1항).

③ 사회보장수급권이 행정청의 위법한 처분에 의해 침해된 경우에는 행정소송법에 따른 행정소송을 통하여 다투어야 한다.

⑤ 사회보장수급권은 정당한 권한이 있는 기관에 서면으로 통지하여 포기할 수 있다(동법 제14조 제1항).

05 ② · ④ 사회복지사의 교육에 관한 명령권자는 보건복지부장관이다. 보건복지부장관은 사회복지사의 자질 향상을 위하여 필요하다고 인정하면 사회복지사에게 교육을 받도록 명할 수 있다. 다만, 사회복지법인 또는 사회복지시설에 종사하는 사회복지사는 정기적으로 인권에 관한 내용이 포함된 보수교육을 받아야 한다(사회복지사업법 제13조 제2항).

① 동법 시행령 제6조 제1항 참조

③ 동법 제13조 제3항 참조

⑤ 동법 제46조 제1항 참조

06 ⑤ 법인은 임원을 임면하는 경우에는 보건복지부령으로 정하는 바에 따라 지체 없이 시 · 도지사에게 보고하여야 한다(사회복지사업법 제18조 제6항).

① 법인은 대표이사를 포함한 이사 7명 이상과 감사 2명 이상을 두어야 한다(동법 제18조 제1항).

② 이사회의 구성에 있어서 대통령령으로 정하는 특별한 관계에 있는 사람이 이사 현원의 5분의 1을 초과할 수 없다(동법 제18조 제3항).

③ 이사의 임기는 3년으로 하고 감사의 임기는 2년으로 하며, 각각 연임할 수 있다(동법 제18조 제4항).

④ 외국인인 이사는 이사 현원의 2분의 1 미만이어야 한다(동법 제18조 제5항).

07 청문의 실시(사회복지사업법 제49조)

보건복지부장관, 시 · 도지사 또는 시장 · 군수 · 구청장은 다음에 해당하는 처분을 하려면 청문을 실시하여야 한다.

- 사회복지사의 자격취소
- 사회복지법인의 설립허가 취소
- 사회복지시설의 폐쇄

08 사회복지사업법령상 사회복지사업의 근거가 되는 법(사회복지사업법 제2조 제1호 참조)

- 국민기초생활 보장법
- 아동복지법(①)
- 노인복지법
- 장애인복지법
- 한부모가족지원법
- 영유아보육법
- 성매매방지 및 피해자보호 등에 관한 법률
- 정신건강증진 및 정신질환자 복지서비스 지원에 관한 법률
- 성폭력방지 및 피해자보호 등에 관한 법률
- 국내입양에 관한 특별법 및 국제입양에 관한 법률
- 일제하 일본군위안부 피해자에 대한 생활안정지원 및 기념사업 등에 관한 법률
- 사회복지공동모금회법
- 장애인 · 노인 · 임산부 등의 편의증진 보장에 관한 법률
- 가정폭력방지 및 피해자보호 등에 관한 법률

- 농어촌주민의 보건복지증진을 위한 특별법(④)
- 식품 등 기부 활성화에 관한 법률(⑤)
- 의료급여법
- 기초연금법
- 긴급복지지원법
- 다문화가족지원법(②)
- 장애인연금법
- 장애인활동 지원에 관한 법률
- 노숙인 등의 복지 및 자립지원에 관한 법률
- 보호관찰 등에 관한 법률
- 장애아동 복지지원법
- 발달장애인 권리보장 및 지원에 관한 법률
- 청소년복지 지원법
- 그 밖에 대통령령으로 정하는 법률

09 ④ 사회복지사의 결격사유에는 해당하지만, 시·도 사회보장위원회 위원의 결격사유에는 해당하지 않는다(사회보장급여의 이용·제공 및 수급권자 발굴에 관한 법률 제40조 제4항 참조).

10 부양가족연금액(국민연금법 제52조 제1항)
부양가족연금액은 수급권자(유족연금의 경우에는 사망한 가입자 또는 가입자였던 자)를 기준으로 하는 다음의 자로서 수급권자에 의하여 생계를 유지하고 있는 자에 대하여 다음에 규정된 각각의 금액으로 한다. 이 경우 생계유지에 관한 대상자별 인정기준은 대통령령으로 정한다.
- 배우자 : 연 15만 원
- 19세 미만이거나 장애등급 2급 이상인 자녀(배우자가 혼인 전에 얻은 자녀를 포함) : 연 10만 원
- 60세 이상이거나 장애등급 2급 이상인 부모(부 또는 모의 배우자, 배우자의 부모 포함) : 연 10만 원

11 ⑤ 국민건강보험법 제73조 제1항
① 직장가입자가 공무원인 경우 보수월액보험료는 해당 공무원과 그가 소속되어 있는 국가 또는 지방자치단체가 100분의 50씩 부담한다(동법 제76조 제1항 참조).
② 직장가입자가 교직원으로서 사립학교에 근무하는 교원인 경우 보수월액보험료는 그 직장가입자가 100분의 50을, 그가 소속되어 있는 사립학교의 사용자가 100분의 30을, 국가가 100분의 20을 각각 부담한다(동법 제76조 제1항 참조).
③ 직장가입자의 소득월액보험료는 직장가입자가 전액 부담한다(동법 제76조 제2항).
④ 직장가입자의 소득월액은 보수월액의 산정에 포함된 보수를 제외한 직장가입자의 소득을 기준으로 산정한다(동법 제71조 참조).

12 ⑤ 요양급여비용을 심사하고 요양급여의 적정성을 평가하기 위하여 건강보험심사평가원을 설립한다(국민건강보험법 제62조).

13 ⑤ 고용보험법 제5조 제1항

① 고용보험기금은 고용노동부장관이 관리·운용한다(동법 제79조 제1항).

② "일용근로자"란 1개월 미만 동안 고용되는 사람을 말한다(동법 제2조 제6호).

③ 취업촉진 수당의 종류로는 조기재취업 수당, 직업능력개발 수당, 광역 구직활동비, 이주비 등이 있다(동법 제37조 제2항 참조).

④ "실업"이란 근로의 의사와 능력이 있음에도 불구하고 취업하지 못한 상태에 있는 것을 말한다(동법 제2조 제3호).

14 **산업재해보상보험의 적용 제외사업(산업재해보상보험법 시행령 제2조 참조)**
- 공무원 재해보상법 또는 군인 재해보상법에 따라 재해보상이 되는 사업. 다만, 공무원 재해보상법에 따라 순직유족급여 또는 위험직무순직유족급여에 관한 규정을 적용받는 경우는 제외
- 선원법, 어선원 및 어선 재해보상보험법 또는 사립학교교직원 연금법에 따라 재해보상이 되는 사업
- 가구 내 고용활동
- 농업, 임업(벌목업 제외), 어업 및 수렵업 중 법인이 아닌 자의 사업으로서 상시근로자 수가 5명 미만인 사업

15 ② 근로자가 사업장을 떠나 출장 중인 경우에는 그 용무의 이행 여부나 방법 등에 있어 포괄적으로 사업주에게 책임을 지고 있다할 것이어서 특별한 사정이 없는 한 출장과정의 전반에 대하여 사업주의 지배하에 있다고 말할 수 있으므로 그 업무수행성을 인정할 수 있다. 다만 출장 중의 행위가 출장에 당연히 또는 통상 수반하는 범위 내의 행위가 아닌 자의적 행위이거나 사적 행위일 경우에 한하여 업무수행성을 인정할 수 없고, 그와 같은 행위에 즈음하여 발생한 재해는 업무기인성을 인정할 여지가 없게 되어 업무상 재해로 볼 수 없다(대법원 1998. 5. 29. 선고 98두2973 판결).

16 ⑤ 국민건강보험공단의 처분에 이의가 있는 자와 국민건강보험공단에의 이의신청 또는 장기요양심판위원회에의 재심사청구에 대한 결정에 불복하는 자는 행정소송법으로 정하는 바에 따라 행정소송을 제기할 수 있다(노인장기요양보험법 제57조 참조).

① 심사청구에 대한 결정에 불복하는 사람은 그 결정통지를 받은 날부터 90일 이내에 장기요양재심사위원회에 재심사를 청구할 수 있다(동법 제56조 제1항).

② 장기요양인정·장기요양등급·장기요양급여·부당이득·장기요양급여비용 또는 장기요양보험료 등에 관한 국민건강보험공단의 처분에 이의가 있는 자는 공단에 심사청구를 할 수 있다(동법 제55조 제1항).

③ 심사청구 사항을 심사하기 위하여 국민건강보험공단에 장기요양심사위원회를 둔다(동법 제55조 제3항).

④ 심사청구는 그 처분이 있음을 안 날부터 90일 이내에 문서로 하여야 하며, 처분이 있은 날부터 180일을 경과하면 이를 제기하지 못한다. 다만, 정당한 사유로 그 기간에 심사청구를 할 수 없었음을 증명하면 그 기간이 지난 후에도 심사청구를 할 수 있다(동법 제55조 제2항).

17 ① 보장기관은 수급자에 대한 급여의 전부 또는 일부가 필요 없게 된 경우 또는 수급자가 급여의 전부 또는 일부를 거부한 경우, 급여의 전부 또는 일부를 중지하여야 한다(국민기초생활보장법 제30조 제1항).

② 동법 제36조

③ 수급자는 거주지역, 세대의 구성 또는 임대차 계약내용이 변동되거나 신청에 의한 조사사항이 현저하게 변동되었을 때에는 지체 없이 관할 보장기관에 신고하여야 한다(동법 제37조).

④ 동법 제34조

⑤ 동법 제27조 제1항

18 ② 의료급여법령은 관할 시장·군수·구청장이 수급권자 인정 신청을 한 사람 중에서 수급권자의 인정 기준에 따라 수급권자를 정하여야 한다고 규정하고 있다(의료급여법 제3조의3 제5항 참조). 다만, 수급권자의 소득, 재산상황, 근로능력 등이 변동되었을 때에는 직권으로 또는 수급권자나 그 친족, 그 밖의 관계인의 신청을 받아 의료급여의 내용 등을 변경할 수 있다고 규정하고 있다(동법 제16조 제1항 참조).

① 동법 제3조 제1항 제1호

③ 동법 제4조 제1항

④ 의료급여기관은 의료급여를 하기 전에 수급권자에게 본인부담금을 청구하거나 수급권자가 의료급여법에 따라 부담하여야 하는 비용과 비급여비용 외에 입원보증금 등 다른 명목의 비용을 청구하여서는 아니 된다(동법 제11조의4).

⑤ 동법 제18조

19 ④ 보건복지부장관은 5년마다 기초연금 수급권자의 생활수준, 국민연금법에 따른 기본연금액의 변동률, 전국소비자물가변동률 등을 종합적으로 고려하여 기초연금액의 적정성을 평가하고 그 결과를 반영하여 기준연금액을 조정하여야 한다(기초연금법 제9조 제1항).

① 동법 제5조 제1항

② 동법 제5조 제2항

③ 동법 제7조

⑤ 기초연금을 지급받으려는 사람 또는 보건복지부령으로 정하는 대리인은 특별자치시장·특별자치도지사·시장·군수·구청장에게 기초연금의 지급을 신청할 수 있다(동법 제10조 제1항). 보건복지부장관 또는 특별자치시장·특별자치도지사·시장·군수·구청장은 기초연금 지급 신청의 접수 업무를 국민연금법에 따른 국민연금공단에 위탁할 수 있다(동법 제28조 제2항 참조).

20 ⑤ 국내에 체류하고 있는 외국인 중 대통령령으로 정하는 사람이 이 법에 따른 긴급지원대상자에 해당하는 경우에는 긴급지원대상자가 된다(긴급복지지원법 제5조의2).

① 긴급복지지원법에 따른 지원은 긴급지원대상자의 거주지를 관할하는 시장·군수·구청장이 한다. 다만, 긴급지원대상자의 거주지가 분명하지 아니한 경우에는 지원요청 또는 신고를 받은 시장·군수·구청장이 한다(동법 제6조 제1항).

② 동법 제7조의2 제1항

③ 긴급복지지원법에 따른 지원은 위기상황에 처한 사람에게 일시적으로 신속하게 지원하는 것을 기본원칙으로 한다(동법 제3조 제1항).

④ 동법 제7조 제2항

21 ⑤ '아동'이란 18세 미만(취학 중인 경우에는 22세 미만을 말하되, 병역법에 따른 병역의무를 이행하고 취학 중인 경우에는 병역의무를 이행한 기간을 가산한 연령 미만을 말한다)의 자를 말한다(한부모가족지원법 제4조 제5호).

22 노인복지시설의 종류(노인복지법 제31조 참조)
- 노인주거복지시설
- 노인의료복지시설(①)
- 노인여가복지시설(②)
- 재가노인복지시설(③)
- 노인보호전문기관
- 노인일자리지원기관
- 학대피해노인 전용쉼터(⑤)

23 직장어린이집의 설치(영유아보육법 시행령 제20조 제1항)
영유아보육법에 따라 사업주가 직장어린이집을 설치하여야 하는 사업장은 상시여성근로자 300명 이상 또는 상시근로자 500명 이상을 고용하고 있는 사업장으로 한다.

24 ① 발달장애인지원센터는 발달장애인 권리보장 및 지원에 관한 법률에 근거하여 설치하는 발달장애인 전문기관이다. 관련 법률에 따라 보건복지부장관은 중앙발달장애인지원센터를, 시·도지사는 지역발달장애인지원센터를 설치하여야 한다(발달장애인 권리보장 및 지원에 관한 법률 제33조 참조).

25 ② 국가와 지방자치단체는 다문화가족지원법에 따른 지원정책을 추진함에 있어서 결혼이민자 등의 의사소통의 어려움을 해소하고 서비스 접근성을 제고하기 위하여 다국어에 의한 서비스 제공이 이루어지도록 노력하여야 한다(다문화가족지원법 제11조).

① 동법 제14조

③ 동법 제6조

④ 동법 제8조

⑤ 동법 제9조

제1과목 | 사회복지기초

1영역									인간행동과 사회환경					
01	02	03	04	05	06	07	08	09	10	11	12	13	14	15
④	④	②	④	④	⑤	②	④	④	④	②	⑤	④	④	⑤
16	17	18	19	20	21	22	23	24	25					
③	②	①	③	②	①	①	④	③	②					

2영역									사회복지조사론					
01	02	03	04	05	06	07	08	09	10	11	12	13	14	15
①	②	③	②	③	②	③	④	③	③	④	①	⑤	③	④
16	17	18	19	20	21	22	23	24	25					
④	⑤	③	①	③	⑤	①	⑤	③	②					

제1영역 인간행동과 사회환경

01 ④ 발달에는 개인차가 존재하므로 그 속도나 진행 정도가 동일하지는 않지만, 체계적이며 일관성 있는 원리에 따라 진행되므로 예측이 가능한 변화이다.

① 발달은 유전적 요인과 환경적 요인의 상호작용으로 진행된다.

② 발달은 전 생애를 통해 계속되는 연속적인 과정이지만, 발달의 속도가 일정한 것은 아니다.

③ 심리발달 및 신체발달에는 발달이 가장 용이하게 이루어지는 결정적 시기가 있다.

⑤ 발달은 개인차가 존재하나 일정한 순서와 방향 제시가 가능하다. 예를 들어, 특정한 나이에 대한 일반적인 신장, 몸무게, 사고수준 등을 예측할 수 있다.

02 ④ 인간행동과 경험의 역동적이고 무의식적 영향을 연구한 학자는 프로이트(Freud)이다. 반면, 융(Jung)은 인간의 마음이 개인의 경험을 합한 것 이상으로 보고, 개인의 경험이 집단무의식(Collective Unconscious) 안에 융합되어 개인의 특정 경험과 관련이 없는 모든 인류의 공통적인 하부구조를 형성한다고 보았다.

03 ② 페르소나(Persona)는 개인이 외부세계에 내보이는 이미지 혹은 가면을 말한다. 개인이 사회적인 요구나 기대치에 부응하기 위해 나타내는 일종의 '적응원형'으로 볼 수 있다.

04 ④ 미드(Mead)는 또래의 상호작용이 협력, 경쟁, 갈등, 토론 등에서 이루어진다고 보았다. 그는 이와 같은 또래의 상호작용이 아동으로 하여금 주관적인 동시에 객관적인 자기(Self)를 이해하도록 도우며, 그 과정을 통해 자기체계(Self-system)를 발달시키는 데 중요한 역할을 한다고 주장하였다.

05 **행동주의이론의 세 가지 접근방법**
- 고전적 조건화 : 인간이 환경적 자극에 수동적으로 반응하여 형성되는 행동인 반응적 행동을 설명한다.
  예 파블로프(Pavlov), 왓슨(Watson) 등
- 조작적 조건화 : 인간이 환경적 자극에 능동적으로 반응하여 나타내는 행동을 설명한다.
  예 손다이크(Thorndike), 스키너(Skinner) 등
- 인지적 학습 : 인간행동에 영향을 미치는 인지적 요인의 역할을 설명한다.
  예 반두라(Bandura), 마이켄바움(Meichenbaum) 등

06 **고전적 조건형성(Classical Conditioning)**
행동주의자 왓슨(Watson)은 유명한 쥐 실험을 통해 고전적 조건형성에 의한 공포반응을 확립하고자 하였다. 왓슨은 존스홉킨스대학(Johns Hopkins University)에서 생후 9개월 된 아기 알버트(Albert)에게 쥐 실험을 하였다. 우선 아기가 선천적으로 동물에 거부감을 가지고 있는지 실험하기 위해 흰쥐, 토끼, 강아지, 원숭이를 차례대로 노출시켰다. 그러자 아기는 별다른 거부감 없이 동물들에게 호감을 보였다. 다음으로 아기에게 흰쥐를 전달하고, 알버트가 흰쥐를 손으로 만지려는 순간 금속성 파열음을 울리는 과정을 반복적으로 시행하였다. 그러자 알버트는 점차적으로 쥐에게 거부감을 나타내더니 나중에는 쥐를 보자마자 도망을 치기 시작하였다. 이러한 실험은 토끼와 강아지를 소재로 하여 이어졌으며, 알버트는 그러한 털짐승에 대해서는 물론 심지어 단순한 솜뭉치에도 거부감을 표시하였다. 이로써 왓슨은 아기의 공포반응은 학습된 것이며, 비슷한 조건에서 그 공포가 전이된다는 사실을 발견하였다.

07 **피아제의 도덕성 발달단계**

타율적 도덕성	자율적 도덕성
• 전조작기의 도덕적 수준에 해당한다. • 아동은 성인이 정한 규칙에 일방적으로 복종한다. • 규칙은 절대적인 것으로서 변경이 불가능하다.(ㄹ) • 행위의 의도보다 결과를 중요시한다.(ㄴ)	• 구체적 조작기의 도덕적 수준에 해당한다.(ㄱ) • 아동은 규칙이 상호합의에 의해 이루어진 것으로서 변경이 가능하다는 사실을 인식한다. • 행위의 결과 자체보다는 그 의도의 옳고 그름에 따라 판단한다. • 규칙위반이 반드시 처벌을 의미하지는 않는다.(ㄷ)

08 감각운동기의 발달순서

반사활동(0~1개월)	반사가 좀 더 효율적으로 이루어짐
1차 순환반응(1~4개월)	유쾌한 행위의 반복, 습관 형성
2차 순환반응(4~10개월)	우연히 발견한 사건을 의도적으로 반복함
2차 도식의 협응(10~12개월)	기존의 도식을 새로운 상황에 적용함
3차 순환반응(12~18개월)	새로운 문제해결을 위해 새로운 시도를 펼침
정신적 표상(18~24개월)	행동을 내면화하며, 행동 이전에 사고를 하기 시작함

09 ④ 하위욕구는 생존에 필요하고 상위욕구는 성장에 필요하다.

1단계 욕구 (생리적 욕구)	먹고 자는 것, 종족보존 등 최하위 단계의 욕구
2단계 욕구 (안전에 대한 욕구)	추위 · 질병 · 위험 등으로부터 자신을 보호하는 욕구
3단계 욕구 (애정과 소속에 대한 욕구)	어떤 조직이나 단체에 소속되어 애정을 주고받는 욕구
4단계 욕구 (자기존중의 욕구)	소속단체의 구성원으로 명예나 권력을 누리려는 욕구
5단계 욕구 (자아실현의 욕구)	자신의 재능과 잠재력을 충분히 발휘하여 자기가 이룰 수 있는 모든 것을 성취하려는 최고 수준의 욕구

10 ④ 초기의 행동주의자들은 과학적 법칙성에 의해 인간의 행동을 설명할 수 있다고 보았다. 즉, 환경의 자극에 반응하는 수동적인 양상을 통해 인간의 행동을 유전과 환경의 상호작용으로 설명함으로써 기계론적 · 결정론적인 입장을 보였다. 그러나 이후 점차적으로 인간이 환경에 영향을 줄 수 있음을 강조하면서, 인간의 자유와 의지적 선택을 중심으로 한 인간의 능동적인 측면을 강조하는 경향으로 발전해나갔다.

11 ② 학령기(6~12세)의 아동은 가정에서 학교로 사회적 관계를 확장함으로써 부모의 도움 없이 다른 사람과 경쟁하는 입장에 선다.
① 프로이트(Freud)의 잠복기(잠재기)에 해당하는 시기이다.
③ 사고는 직관적인 수준을 벗어나 논리적인 사고를 할 수 있게 된다. 다만, 여전히 지각의 한계를 벗어나지 못함으로써 가설 · 연역적 사고에 이르지는 못한다.
④ 자아정체감 형성을 주된 발달과업으로 하는 시기는 청소년기(12~19세)이다.
⑤ '자율성 대 수치심'의 단계는 초기아동기(18개월~3세)이며, 학령기는 '근면성 대 열등감'에 해당한다.

12 중년기의 4대 위기(Marmor)
- 신체의 노화
- 경제적 스트레스 증가
- 사회 · 문화적 스트레스 증가
- 정신적 스트레스 증가

13 뉴가튼(Neugarten)이 제시한 조부모의 역할

공식적 유형	손자녀에게 관심을 가지고 필요할 때 돌봐주기도 하지만 자녀의 양육문제에 간섭하는 것을 삼간다.
즐거움을 추구하는 유형	손자녀와 비공식적이고 재미있는 상호작용을 유지한다.
대리부모형	부모가 모두 직업을 가진 경우 아이의 양육을 대신 책임진다.
가족의 지혜 원천형	조부모가 지혜, 기술, 자원을 베풀고 부모 및 손자녀는 이에 복종하는 다소 권위적인 관계이다.
원거리형	생일 또는 명절 때나 방문하며, 보통 손자녀와 거의 접촉이 없는 유형이다.

14 ① 에릭슨(Erikson)은 청소년기의 심리사회적 위기로서 '자아정체감 대 정체감 혼란'을 제시하였다. 참고로 '친밀감 대 고립감'은 성인 초기의 심리사회적 위기에 해당한다.
② 직업과 배우자의 선택은 청년기(19~29세)의 가장 큰 변화이다. 또한 자녀양육은 중년기(30~65세)의 주된 관심사 중 하나이다.
③ 체벌은 부정적인 형태의 훈육방법으로서 외적인 통제를 수반한다. 특히 체벌적 훈육법이 획일성을 목표로 한 억압이나 제재의 양상을 보이는 경우, 청소년은 내적 통제능력을 상실한 채 외적인 통제에 의해서만 움직이게 된다.
⑤ 아동기의 또래집단에 비해 이질적인 특성을 가진다. 이는 아동기 또래집단의 경우 비교적 동질적인 환경에서 조성되는 반면, 청소년기 또래집단의 경우 상대적으로 이질적인 환경에서 조성되기 때문이다.

15 ⑤ 규범적 조직은 도덕적인 개입과 사회적인 수용을 통제수단으로 하며, 구성원들에게 조직에 대한 소속감을 부여하여 헌신적인 태도를 이끌어낸다. 종교단체, 대학, 병원을 비롯하여, 정치조직, 사회복지조직 등이 해당한다.

16 ③ 생태학적 관점 및 생태체계이론에서는 인간이 단순히 환경에 영향을 받는 것이 아닌 환경과의 상호작용 속에서 환경을 재구성하는 역동적인 실체임을 강조한다.

17 ② '자신'이라는 유기체에 대해 신뢰한다.

18 마르시아의 자아정체감 범주

정체감 성취	정체성 위기와 함께 정체감 성취에 도달하기 위한 격렬한 결정과정을 경험한다.
정체감 유예	정체성 위기로 격렬한 불안을 경험하지만 아직 명확한 역할에 전념하지 못한다.
정체감 유실	정체성 위기를 경험하지 않았음에도 사회나 부모의 요구와 결정에 따라 행동한다.
정체감 혼란	정체성 위기를 경험하지 않았으며 명확한 역할에 대한 노력도 없다.

19 ③ 공격성과 성적 충동이 개인의 심리적 기능에 미치는 영향에 몰두한 학자는 프로이트(Freud)이다. 이에 반해 에릭슨(Erikson)은 인간의 행동은 사회적 관심에 대한 욕구, 유능성에 대한 욕구(환경을 통제하고자 하는 욕구), 사회적 사건의 구조 및 질서에 관한 욕구 등 사회적 충동에서 비롯된다고 보았다.

20 ② 모방(Modeling)은 다른 사람이 행동하는 것을 관찰하여 그 행동을 학습하는 것이므로 관찰학습, 모방학습, 대리학습, 모델링 등으로도 불린다. 그러나 모방은 모델로부터 어떤 행동을 학습하기 위해 개인이 직접 그 행동에 참여하는 것을 전제로 하지 않는다. 즉, 개인은 모델이 어떻게 그 행동을 수행하는지를 보기만 해도 된다. 이와 같이 한 행동은 단순히 그것이 일어나는 것을 관찰하는 것으로도 학습될 수 있다.

21 **출생순서가 성격에 미치는 영향(Adler)**
• 맏이 : 동생의 출생에 의해 '폐위된 왕'으로 비유된다.
• 중간아이 : 맏이보다 더 뛰어나다는 것을 입증하려는 경쟁심을 가진다.
• 막내 : 부모의 과잉보호 대상이 되어 독립심이 부족하기도 하며, 열등감을 경험하기도 한다.

22 **청년기의 발달과업(Havighurst)**
• 가정을 꾸민다.
• 배우자를 선택한다.
• 직업생활을 시작한다.
• 시민의 의무를 완수한다.
• 배우자와 함께 생활하는 방법을 학습한다.
• 자녀를 낳고 기르며, 가정을 관리한다.
• 마음 맞는 사람들과 사회적 집단을 형성한다.

23 ① 노인은 직업적 역할의 상실로 인해 경제적 능력이 약화된다. 또한 사회적 지위가 저하되면서 공식적 · 제도적 역할이 축소된다.
② 노인은 인지적 능력이 감소하는 경향이 있으나 추론능력 등 경험의 축적을 통해 습득된 능력은 비교적 유지된다.
③ 노화의 주된 요인은 신체 내적인 것으로서, 이러한 노화에 의해 신체기능이 점진적으로 약화되어 결국 죽음에 이르게 된다.
⑤ 노인은 자기중심적이고 원시적인 방법으로 문제를 해결하려는 경향을 나타내 보인다.

24 ③ 다중종결성(Multifinality)은 체계를 구성하는 요소들의 상호작용 성격에 따라 유사한 조건이라도 각기 다른 결과를 초래하는 경우를 말한다. 반면, 동등종결성(Equifinality)은 서로 다른 조건이라도 유사한 결과를 초래하는 경우를 말한다.

25 ㄴ. 성장집단, ㄹ. 치유집단

01 ② 초점집단기법은 기본적으로 가정이나 질문 등 인위적인 상황을 조성하여 자료를 수집한다는 점에서 연구자의 주관적 개입을 완전히 배제할 수는 없다.

③ · ⑤ 초점집단기법은 대면(Face to Face) 집단의 상호작용을 통해 도출된 자료를 분석하는 반면, 델파이기법은 익명(Anonymous) 집단의 상호작용을 통해 도출된 자료를 분석한다. 그에 따라 델파이기법은 반대 견해를 가진 사람들이 직접적으로 맞대응하는 것을 피할 수 있다.

④ 델파이기법은 구조화된 방식으로 정보의 흐름을 제어한다.

02 **사회복지조사의 필요성**
- 개인 및 지역주민의 복지욕구와 사회적 문제에 대한 자료수집
- 클라이언트의 문제해결을 위한 유효한 정보 제공
- 전문직 활동으로서 사회적 책임성 구현(ㄷ)
- 조사 과정에서의 비윤리적 행위 예방
- 서비스 프로그램의 효과성 및 효율성에 대한 평가 · 검증(ㄱ)
- 체계적인 업무수행, 사회복지실천 능력의 제고
- 개입에 대한 효과성 평가기준 제시
- 사회복지의 일반적 지식 확대에 공헌

03 **과학적 연구의 분석단위에 관한 오류**

생태학적 오류	분석단위를 집단에 두고 얻어진 연구의 결과를 개인에게 동일하게 적용함으로써 발생하는 오류 예 한 학급의 성적이 전반적으로 낮을 때, 그 학급의 어느 학생에 대해서도 성적이 좋지 못할 것이라 단정하는 경우
개인주의적 오류 (개체주의 오류)	분석단위를 개인에 두고 얻어진 연구의 결과를 집단에 동일하게 적용함으로써 발생하는 오류 예 담배를 피우는 여자들은 모두 불량스러울 것이라고 단정하는 경우
환원주의적 오류 (축소주의 오류)	넓은 범위의 인간의 사회적 행위를 이해하는 데 필요한 변수 또는 개념의 종류를 지나치게 한정시킴으로써 발생하는 오류 예 인류문화에 대한 광범위한 연구에서 사회학자의 경우 사회학적 변수에, 경제학자의 경우 경제학적 변수에 대해서만 고려하는 경우

04 ② 키와 취업이라는 두 변수 간에 상관관계가 있다고 연구결과가 나왔으나 이후 성별에 따른 구분의 과정에서 상관관계가 없는 것으로 나타났다면, 이는 두 변수 간에 가식적인 관계를 만드는 제3의 변수인 외생변수와 연관된다. 문제에서는 이러한 외생변수를 연구과정에서 통제하였으므로 결과적으로 통제변수라고 볼 수 있다.

05 ③ 선행변수는 인과관계에서 독립변수에 앞서면서 독립변수에 유효한 영향력을 행사하는 변수를 말한다. 선행변수를 통제해도 독립변수와 종속변수 사이의 관계는 사라지지 않지만, 독립변수를 통제하는 경우 선행변수와 종속변수 사이의 관계는 약화되거나 사라진다.

① 독립변수는 '예측변수(Predict Variable)', 종속변수는 '피예측변수(Predicted Variable)'라고도 한다.

② 매개변수는 독립변수의 결과인 동시에 종속변수의 원인이 된다.

④ 독립변수와 종속변수 간의 인과관계에 영향을 미치는 제3의 변수로는 매개변수, 외생변수(외재변수), 억압변수(억제변수), 왜곡변수 등이 있다.

⑤ '0'과 '1'의 값만 가지는 더미변수는 이산변수의 대표적인 예에 해당한다.

06 ② 신뢰도를 평가하는 질문들은 서로 떨어진 상태로 배치하는 것이 좋다. 한 설문지 내에 표현은 각기 다르지만 동일한 질문 목적을 가진 문항 짝(Pair)들을 배치하는 경우가 있는데, 이는 신뢰도를 측정하기 위한 것이다. 이와 같은 문항들은 가급적 서로 멀리 떨어져 있어야 한다.

07 ③ 시설보호아동이 경험한 학교생활의 본질과 맥락에 대한 연구를 위해서는 시설보호아동의 입장에서 그들의 학교생활 경험을 살펴보는 과정이 필요하다. 즉, 시설보호아동의 경험의 본질 혹은 의미를 이해하기 위해 실제 현장에서 시설보호아동이 행하고 생각하고 있는 것을 관찰해야 할 필요가 있으며, 이를 위해서는 양적 연구가 아닌 질적 연구가 보다 효과적이다. 질적 연구는 특정한 연구목적이 있으며, 연구 결과를 일반화하지 않으므로 연구의 대상이 되는 특정 연구대상이나 특정 지역, 특정 사건을 추출하여 연구를 진행한다. 반면, '층화표집'은 무작위적인 방법을 통해 표본을 추출하는 확률표집방법 중 하나로, 주로 양적 연구에서 사용되는 표집방법이다.

① '판단표집'은 연구자가 해당 조사의 성격상 요구하고 있는 사항을 충족시킬 수 있도록 적절한 판단과 전략을 세워, 그에 따라 모집단을 대표하는 제 사례를 추출하는 비확률표집방법이다.

② '편의표집 또는 임의표집'은 표본선정의 편리성에 기초하여 임의로 추출하는 방법으로서, 모집단에 대한 정보가 없고 구성요소 간의 차이가 별로 없다고 판단될 때 사용하는 비확률표집방법이다.

④ '1사례표집'은 하나의 특정한 사례에 초점을 둔 질적 연구에서의 표집방법이다.

⑤ '이론적 표집'은 연구자의 개인적 자질에서 비롯되는 이론적 민감성과 관련하여 연구자의 연구 문제나 이론적 입장, 분석틀 및 분석방법 등을 염두에 두고 대상 집단의 범주를 선택하는 질적 연구에서의 표집방법이다.

08 ① 대안법이 아닌 내적 일관성 분석방법에 해당한다.

② 크론바흐 알파계수는 신뢰도 측정방법으로 널리 이용된다.

③ 신뢰도가 낮은 경우 신뢰도를 저해하는 항목을 찾을 수 있다.

⑤ 알파값은 0.7 이상이 바람직하며, 0.8~0.9 정도를 신뢰도가 높은 것으로 본다.

09 ㄱ. 내적 타당도는 각 변수 사이의 인과관계를 추론하여 그것이 실험에 의한 진정한 변화에 의한 것인지를 판단하는 인과조건의 충족 정도를 말한다. 반면, 외적 타당도는 연구의 결과에 의해 기술된 인과관계가 연구대상 이외의 경우로 확대·일반화될 수 있는 정도를 말한다.

ㄷ. 연구대상의 본질적 특성 차이를 고려하지 않은 채 선택함으로써 나타나는 선별요인(선택요인)은 내적 타당도를 저해하는 요인에 해당한다.

10 ③ 표본추출단위 혹은 표집단위(Sampling Unit)는 표본추출의 각 단계에 있어서 표본으로 선정되는 요소 또는 요소의 집합을 말하는 것으로서, 일반적으로 표본을 구성하고 있는 연구대상을 지칭하는 것으로 볼 수 있다. 따라서 이 조사에서 표본추출의 단위는 '여성'이 아닌 '문학작품'이다.

① 내용분석법은 질적인 내용을 양적인 자료로 전환하는 방법으로서, 이를 위해 개념적 정의와 함께 연구 개념들을 조작적으로 정의하는 과정도 필요하다.

②·④ 내용분석법에서도 자료의 양이 많거나 사례 수가 많은 경우 모집단 내에서 표본을 추출하여 분석할 수 있다. 특히 표본을 추출하기 위해서는 모집단의 요소 혹은 표집단위가 수록된 목록이 필요한데, 이와 같이 표본이 선정되는 표집단위의 실제 목록을 표집틀(Sampling Frame)이라고 한다.

⑤ 내용분석법은 메시지의 현재적 내용뿐만 아니라 그 이면에 숨어 있는 잠재적 내용도 분석한다.

11 ④ 거트만(Guttman)척도는 서열척도의 일종으로서, 강도가 다양한 어떤 태도유형에 대해 가장 약한 표현으로부터 가장 강한 표현에 이르기까지 서열적 순서를 부여하는 방법이다. 거트만척도의 중요한 전제조건으로는 측정의 대상이 되는 척도가 하나의 요소이어야만 한다는 것이다. 만약 이 태도가 일관성이 없는 여러 개의 요소들이나 심지어 서로 상충되는 요소들로 구성되어 있다면, 이 척도는 실패할 수밖에 없다. 이러한 조건을 이른바 '단일차원성'이라고 한다.

12 척도의 적용 범주
- 명목척도 : 성별, 결혼유무, 종교, 인종, 직업유형, 장애유형, 지역, 계절 등
- 서열척도 : 사회계층, 선호도, 석차, 소득수준, 교육수준, 수여받은 학위, 자격등급, 장애등급, 변화에 대한 평가, 서비스 효율성 평가 등
- 등간척도 : IQ, EQ, 온도, 학점, 시험점수, 물가지수, 사회지표 등
- 비율척도(비례척도) : 연령, 무게, 신장, 수입, 매출액, 출생률, 사망률, 이혼율, 경제성장률, 졸업생 수, 정규교육을 받은 기간, 서비스 대기인수, 서비스 수혜기간 등

13 ⑤ 내용타당도는 논리적 타당도라고도 하며, 검사가 측정하고자 하는 속성을 제대로 측정하였는지를 논리적 사고에 입각한 논리적 분석과정을 통해 주관적으로 판단하는 타당도에 해당한다.

① 예언타당도는 예측타당도라고도 하며, 어떠한 행위가 일어날 것이라고 예측한 것과 실제 대상자 또는 집단이 나타낸 행위 간의 관계를 측정하는 것이다.

②·④ 공인타당도는 동시타당도라고도 하며, 새로 제작한 검사의 타당도를 위해 기존에 타당도를 보장받고 있는 검사와의 유사성 혹은 연관성에 의해 타당도를 검증하는 것이다.

③ 구성타당도는 구인타당도 또는 개념타당도라고도 하며, 검사가 측정하고자 하는 이론적 개념이나 특성을 잘 측정하는 정도를 말한다.

14 ③ 전실험설계는 무작위할당에 의해 연구대상을 나누지 않고, 비교집단 간의 동질성이 없으며, 독립변수의 조작에 따른 변화의 관찰이 제한된 경우에 실시하는 설계유형이다. 특히 단일집단 전후 검사설계는 조사대상에 대해 사전검사를 한 다음 독립변수를 도입하며, 이후 사후검사를 하여 인과관계를 추정하는 방법이다. 이와 같은 실험설계는 특히 사회복지 분야에서 통제집단을 모집하기 곤란한 경우 또는 사전검사가 불가능한 경우 종종 실행된다.

15 단일사례연구의 특징
- 사례가 하나이며, 기본적으로 외적 타당도가 낮다.
- 어떤 표적행동에 대한 개입의 효과를 관찰하여 분석한다.
- 시계열적인 반복관찰을 통해 개입 전과 개입 후의 상태를 비교한다.
- 연구조사와 실천을 통합하고 실천 지향의 연구조사를 한다.

16 내적 타당도 저해요인 중 외적 요인의 통제방법
- 배합 : 조사자가 사전에 알고 있는 외생변수를 실험집단과 통제집단에 동등하게 배치하여 외생변수의 영향을 동등하게 함으로써 실험집단과 통제집단을 동일하게 만드는 방법이다.
- 무작위할당 : 연구대상자들을 실험집단 및 통제집단에 무작위적으로 배치하는 방법으로서 두 집단이 동질적인 집단이 될 가능성을 가장 높이는 방법, 즉 외생변수들을 가장 효과적으로 통제하는 방법이다.
- 통계적 통제 : 일종의 사후통제방법이다. 이 방법은 실험이 이루어진 후에 통제를 시도한다. 통제해야 할 변수들을 독립변수로 간주하여 실험연구설계에 포함시키고 실험을 실시한 후 결과를 분석함에 있어 통계적으로 그 영향을 통제한다.

17 ⑤ 단일집단 전후 검사설계(단일집단 사전사후 검사설계)는 전실험설계의 일종으로, 1회 사례연구의 한계를 보완한 것이다. 조사대상에 대해 사전검사를 한 다음 독립변수를 도입하며, 이후 사후검사를 하여 인과관계를 추정하는 방법이다. 실험조치의 전후에 걸친 일정 기간의 측정상 차이를 실험에 의한 영향으로 확신하기 어려우며, 역사요인(우연한 사건), 성숙요인 등의 외생변수를 통제할 수 없는 단점이 있다.

18 ③ 델파이 조사에서 모든 패널 참가자는 익명성을 유지한다. 이와 같은 참가자의 익명성 보장 구조는 시류 편승의 효과(다수의 견해에 쉽게 동조하는 경향)나 후광효과(권위 있는 사람의 견해에 쉽게 현혹되는 경향)를 최소화하고, 자신의 견해를 자유롭게 개진해 나갈 수 있도록 돕는다.

19 ① 동일한 검사의 경우 집단의 성질, 즉 집단의 동질성 또는 이질성에 따라 신뢰도가 달라진다. 모든 조건이 동일한 경우에 이질집단일수록 관찰변량이 커지며, 그로 인해 검사 결과의 신뢰도가 높아진다.

20 ③ 총괄평가는 프로그램 운영이 끝날 때 행해지는 평가조사로서, 기관의 정책 또는 프로그램이 달성하고자 했던 목표를 얼마나 잘 성취했는가의 여부를 평가하는 것이다. 이에 반해 형성평가는 서비스 전달체계 향상 및 서비스의 효율성 증진을 도모하기 위해 프로그램 운영 도중에 이루어지는 평가를 말한다.

21 ⑤ 비관여적 연구조사는 많은 변수를 토대로 다변량 자료분석을 시도하며, 이때 분석할 자료의 속성에 따라 측정단위를 다르게 적용한다. 즉, 분석자료가 질적 자료에 해당하는 경우 명목척도나 서열척도를 이용할 수 있는 반면, 분석자료가 양적 자료에 해당하는 경우 등간척도나 비율척도를 이용할 수 있다.

22 ㄹ. 지역사회 공개토론회는 직접 관찰법에 해당한다.
ㄱ·ㄴ·ㄷ. 2차 자료분석의 대상에는 인테이크 자료, 면접기록표, 기관의 각 부서별 업무일지, 서비스대기자 명단 등 협회나 연구소 등의 각종 사회단체에서 수집한 정보 등이 해당된다.

23 해석주의(Interpretivism)
- 해석주의는 질적 연구방법의 철학적 배경이 된 후기실증주의(Post-positivism)의 방법론적 유형 중 하나로서, 해석학, 현상학, 사회언어학, 근거이론, 상징적 상호작용주의와 밀접하게 연관된다.
- 딜타이(Dilthey)는 역사의 본질이나 그 연구에 대해 자연과학의 방법론을 그대로 적용하기 어렵다고 보았다. 즉, 역사학과 같은 정신과학은 추체험(Nacherleben)을 통한 '이해(Verstehen)'에 의해 연구되어야 한다는 것이다.
- 인간에 대한 이해는 자연과학의 정태적인 범주로는 포착할 수 없는 인간 존재의 역동성 및 역사성에 대한 인식의 회복에서 비롯된다. 즉, 자연과학과 같이 현상의 원인을 과학적·객관적으로 측정하는 것이 아닌 개인의 다양한 경험에 대한 해석과 이해를 통해 사회적 현상을 설명하고자 한다.
- 개인의 정체성, 세계관을 비롯하여 다양한 인지적 요인들은 그 사회의 문화에 의해 영향을 받으며, 이러한 문화적 산물들이 개인의 지각과 이해를 형성하게 된다.
- 인간 행위의 동기나 의도를 문화적인 코드 또는 사회의 복잡한 규범들의 맥락 속에서 파악하고자 한다.

24 ③ 질적 조사(질적 연구방법)는 과정에 관심을 가지며, 선(先)조사 후(後)이론의 귀납적 방법을 주로 활용한다. 반면, 양적 조사(양적 연구방법)는 결과에 관심을 가지며, 선(先)이론 후(後)조사의 연역적 방법을 주로 활용한다.

25 ② 혼합연구방법은 체계적인 관찰이나 설문지를 사용하는 양적 연구와 함께 내담자에 대한 깊이 있는 관찰이나 면접을 사용하는 질적 연구를 혼합한 연구방법에 해당한다. 질적 연구와 양적 연구의 관계에 대한 학자들의 견해는 차이가 있으며, 그 주된 주제는 어느 접근법이 더 나은가, 두 접근법의 통합이 가능한가, 두 접근법이 상반된 결과를 도출하는가 등으로 구분된다. 실제로 양적 연구와 질적 연구를 통합한 혼합연구방법에서는 두 접근법의 상반된 결과 도출에 따른 문제점이 제기되는데, 특히 타당도 확보를 위한 질적 연구의 전통적 관점에서 반증사례를 어떻게 처리할 것인지, 이를 전형적인 것으로 혹은 예외적인 것으로 간주할 것인지, 그와 같은 차이 또는 모순이 연구결과 전반에 어떠한 영향을 미치는지 등에 대해 주의를 기울일 것을 요구하고 있다.

제2과목 | 사회복지실천

1영역		사회복지실천론												
01	02	03	04	05	06	07	08	09	10	11	12	13	14	15
⑤	②	③	④	①	⑤	①	⑤	④	④	②	①	⑤	③	①
16	17	18	19	20	21	22	23	24	25					
①	①	⑤	③	④	⑤	⑤	①	②	③					

2영역		사회복지실천기술론												
01	02	03	04	05	06	07	08	09	10	11	12	13	14	15
⑤	①	③	⑤	③	⑤	⑤	⑤	⑤	①	⑤	⑤	④	⑤	⑤
16	17	18	19	20	21	22	23	24	25					
④	①	①	①	⑤	④	①	②	⑤	①					

3영역		지역사회복지론												
01	02	03	04	05	06	07	08	09	10	11	12	13	14	15
③	⑤	②	⑤	④	②	⑤	③	②	④	⑤	③	①	④	③
16	17	18	19	20	21	22	23	24	25					
⑤	②	②	①	②	①	③	①	②	⑤					

제1영역 사회복지실천론

01 ① 목표는 현실적이고 달성 가능한 것이어야 한다.
② 목표설정 시 동기부여보다 달성 가능성을 더욱 중요하게 고려한다.
③ 목표설정은 클라이언트와 사회복지사의 성취목표가 같음을 보증하는 과정이다. 즉, 목표설정은 클라이언트와 사회복지사의 합의를 전제로 한다.
④ 목표설정은 기관의 가치나 기능과 일치해야 한다.

02 ② 조력자로서의 역할은 클라이언트의 위기상황에서 다양한 스트레스에 대처하도록 돕는 역할이다. 조력자의 역할에 필요한 기술에는 희망을 전하고 저항의 양가감정을 줄여 주며 감정을 인식하고 관리하는 것과 개인의 강점이나 사회적 자원을 발굴하고 지지해주는 것 등이 있다.

03 **윤리적 의사결정을 위한 지침(Loewenberg & Dolgoff)**
- 윤리원칙1 : 생명보호의 원칙
  인간의 생명보호가 다른 모든 원칙에 우선한다.
- 윤리원칙2 : 평등과 불평등의 원칙
  인간은 개개인의 능력과 권력에 따라 동등하게 또는 차별적으로 취급받을 권리가 있다.
- 윤리원칙3 : 자율과 자유의 원칙(자기결정의 원칙)
  인간의 자유와 자율에 대한 권리는 소중하지만 무제한적인 것은 아니다.
- 윤리원칙4 : 최소 해악(최소 손실)의 원칙
  클라이언트의 특정문제해결을 위해 부득이 대안을 선택할 수밖에 없는 경우, 언제나 클라이언트에게 최소한의 유해한 것을 선택하도록 한다.
- 윤리원칙5 : 삶의 질 원칙
  삶의 질을 긍정적인 방향으로 발전시킬 수 있도록 선택이 이루어져야 한다.
- 윤리원칙6 : 사생활보호와 비밀보장의 원칙
  클라이언트의 인격과 사생활 보호를 위해 클라이언트의 비밀이나 사생활은 보호되어야 한다.
- 윤리원칙7 : 진실성과 정보 개방의 원칙
  사회복지사는 클라이언트에게 진실된 태도를 유지해야 하며, 관련 정보는 공개해야 한다.

04 ④ 전문가체계 : 전문가 단체, 전문가를 육성하는 교육체계

05 ㄷ. 1884년, ㄹ. 1886년, ㄱ. 1917년, ㄴ. 1921년

06 ⑤ 자선조직협회(COS)는 구조를 받을만한 가치가 있는 빈곤자에게는 도움을 제공하는 반면, 일할 능력이 있는 빈곤자에게는 도움을 제공하지 않음으로써 "일하지 않으면 먹지도 말라"는 도덕적 의무를 강조하였다.

07 ② 사회복지법인이나 재단·사단법인 등은 민간기관이다.
③·⑤ 노인요양시설 및 청소년쉼터는 사회복지서비스에 주거서비스가 포함된 생활시설이다.
④ 지역아동센터는 사회복지서비스에 주거서비스가 포함되지 않은 이용시설이다.

08 **바틀렛의 개별사회복지실천 현장분류**
- 서비스 체계 : 정책과 프로그램, 공공기관과 민간기관, 정부기관과 비정부기관, 이용시설과 생활시설
- 관심문제 : 물질남용, 학대, 빈곤, 비행, 가족갈등, AIDS, 노숙 등
- 클라이언트 : 아동, 청소년, 노인, 여성, 장애인 등
- 지식, 가치, 기술 : 관점의 차이, 접근방법, 모델 등

09 **임파워먼트 관점의 개입 과정에 따른 과업**
- 대화(Dialogue) : 클라이언트와의 파트너십(협력관계) 형성하기, 현재 상황을 명확히 하기(도전들을 자세히 설명하기), 방향 설정하기(일차적 목표 설정하기) 등
- 발견(Discovery) : 강점 확인하기, 자원체계 조사하기(잠재적 자원을 사정하기), 자원역량 분석하기(수집된 정보를 조직화하기), 해결책 고안하기(구체적인 행동계획을 수립하기) 등

• 발전 또는 발달(Development) : 자원을 활성화하기, 동맹관계를 창출하기, 기회를 확장하기, 성공을 인식(인정)하기, 결과(달성한 것)를 통합하기 등

10 ㅁ. 접수와 관계형성(제1단계)
ㄴ. 자료수집과 사정(제2단계)
ㄱ. 계획과 계약(제3단계)
ㄷ. 개입과 모니터링(제4단계)
ㄹ. 종결과 평가(제5단계)

11 ② 수용은 클라이언트를 있는 그대로 이해하고 받아들이는 것을 말한다. 그러나 이는 클라이언트의 일탈된 태도나 행위를 허용하는 것이 아닌, 그것을 사회적·논리적 판단기준에 따라 평가하지 않는다는 의미이다.

12 ① 사회복지사는 끊임없는 성찰을 통해 사회복지실천에 있어서 자신의 강점(장점)과 약점(단점)을 명확히 인식하고 있어야 한다.

13 사후관리(Follow-up Service)
• 클라이언트가 얻은 이득을 강화하기 위해 문제해결의 기본원칙을 파악하도록 돕는다.
• 종결 후 일정 기간(보통 1~6개월) 사이에 클라이언트가 잘 적응하고 있는지, 변화의 유지 정도를 확인하는 것이다.
• 클라이언트의 기능적 퇴보를 막도록 적절한 원조를 계획하거나, 종결 이후 발생한 문제 혹은 잔여문제를 다룰 수 있는 기회를 제공하기도 한다.
• 사회복지사가 지속적으로 관심을 가지고 있다는 것을 보여줌으로써 클라이언트의 종결로 인한 충격을 최소화할 수 있는 이점이 있다.

14 ③ 문제해결모델은 클라이언트가 문제를 해결할 수 있도록 돕는 것을 강조하므로 클라이언트의 동기에 대한 지지, 자아기능의 강화, 문제해결에 대한 지지가 중요하다. 따라서 종결단계보다는 인테이크단계를 더욱 강조하는 경향이 있다.

15 ① 엔트로피(Entropy)는 폐쇄체계적인 속성으로 체계 내부의 에너지만 소모함으로써 유용한 에너지가 감소하는 상태를 말한다.

16 ① 자기노출에는 사회복지사가 클라이언트와 대화하는 동안 경험하게 되는 자신의 생각이나 느낌을 이야기하는 '여기-지금'의 자기노출과 함께, 과거에 있었던 사회복지사 자신의 경험과 느낌을 토대로 현재 클라이언트가 경험하고 있는 바의 것에 대해 이야기하는 과거 경험의 자기노출이 있다.

17 ② 기적질문 : 기적이 일어나 문제가 해결되었다고 상상해보게 함으로써 기적이 일어났을 때 달라질 수 있는 일들을 실제 행동해보게 하는 것
③ 척도질문 : 구체적인 숫자를 이용하여 문제의 정도, 변화 정도를 표현해 보게하는 것
④·⑤ 대처/극복질문 : 문제 상황에 있는 내담자에게 경험을 활용하도록 하고 새로운 힘을 갖게 하며, 자신의 자원과 강점을 발견하도록 하는 데 도움이 되는 질문

18 ⑤ 정신질환이 존재한다는 전통적인 정신분석과 달리, 현실치료모델은 기본적으로 클라이언트가 정신질환을 앓고 있다는 개념 자체를 받아들이지 않는다. 즉, 현실치료모델은 클라이언트를 자신의 행동에 대해 책임질 수 없는 정신질환자로 간주하는 경우 치료 자체가 어렵다고 주장한다.

19 ③ 자기노출 수준이 낮다.

20 ④ 사례관리자는 전문가 주도의 구조화된 서비스를 제공하기보다는 서비스 과정에 있어서 클라이언트의 자율성을 극대화하여 클라이언트의 자기결정권을 보장하도록 한다(자율성의 원칙).
① 개별화의 원칙, ② 연계성의 원칙, ③ 포괄성의 원칙, ⑤ 접근성의 원칙

21 **사정(Assessment)의 특징**
- 시작시점부터 종결시점에 이르기까지 전 과정에 걸쳐 이루어지는 지속적인 과정이다.
- 클라이언트를 사회적·환경적 맥락에서 이해하는 '이중초점(Dual Focus)'을 가진다.(①)
- 클라이언트와 사회복지사의 상호과정이다.
- 정보의 수집, 상황에 대한 이해, 전체 과정으로의 통합적 사고로 이어지는 사고의 전개과정이 있다.
- 수평적 탐색(현재의 기능, 인간관계 등)과 수직적 탐색(과거력, 개인력 등)이 적절하게 이루어져야 한다.(③)
- 클라이언트를 이해하는 데는 지식적 근거가 필요하다.
- 인간의 상황은 모두 다르므로 사정 또한 개별화하는 것이 바람직하다.(②)
- 의사결정과 판단이 중요하다.(④)
- 복합적 수준에서 클라이언트의 개인적·환경적 강점을 사정한다.
- 사정을 통해 클라이언트를 완전히 이해하는 것은 불가능하다.

22 ⑤ '직면'은 클라이언트의 말이나 행동이 일치하지 않은 경우 또는 클라이언트의 말에 모순점이 있는 경우 사회복지사가 그것을 지적해주는 기법이다.

23 **해석기술을 사용할 때 주의해야 할 사항(Hepworth & Larsen)**
- 첫째, 클라이언트가 사회복지사의 동기를 오해하여 방어적인 반응을 할 수 있으므로, 충분한 신뢰관계가 형성된 이후에 해석기술을 사용한다.(ㄴ)
- 둘째, 클라이언트는 자기탐색을 할 준비가 되어 있어야 하며, 사회복지사는 충분한 정보를 확보한 이후에 해석기술을 사용한다.(ㄱ)
- 셋째, 연속적인 해석은 오히려 클라이언트를 혼란스럽게 할 수 있으므로, 해석 후 충분히 생각할 시간을 주도록 한다.
- 넷째, 해석은 사회복지사의 추론에 의한 것이므로, 항상 틀릴 수 있음을 염두에 두도록 한다.(ㄷ)

24 ② 촉진자 역할은 클라이언트들이 변화하려는 노력을 하도록 격려하는 집단지도자로서의 역할을 말한다.

25 ③ 서비스에 대해 비현실적으로 보증하는 것은 피한다.

01 ⑤ 가족생활주기의 각 단계는 가족 유형(예 한부모가족, 다세대가족 등)이나 사회문화적 배경에 따라 상이할 수 있다.

02 ㄹ. 가족성원들의 직업 및 교육수준 등은 가계도(Genogram)를 통해 파악할 수 있다.
가족조각(Family Sculpture)을 통해 파악할 수 있는 요소
- 가족 간의 친밀도
- 가족성원 간 연합 또는 세력 구조
- 상황대처 양상 혹은 의사소통 양상
- 비언어적인 의사소통 유형
- 가족성원들의 감정(숨겨진 감정)
- 가족규칙, 가족신화 등

03 ③ '증상처방' 또는 '역설적 지시'는 문제행동을 계속하도록 지시하여 역설적 치료 상황을 조장하는 것이다. 즉, 가족이 그 가족 내에서 문제시 해온 행동을 과장하여 계속하도록 함으로써 문제를 유지하는 순환고리를 끊도록 하는 것이다.
① '재명명(재구성)'은 이미 경험한 사실에 대한 관점이나 감정을 좀 더 구체화하고 이를 긍정적으로 재규정하여 사건과 관련된 가치판단이나 감정을 변화시키는 방법이다.
② '제지'는 변화의 속도가 지나치게 빠를 때 천천히 변화하도록 권하거나, 개선이 생길 때 재발 가능성에 대해 염려하고 이를 경고하는 역설적 기법이다.
④ '재보증'은 자신의 능력이나 자질에 대해 무력감을 느끼고 있는 클라이언트에게 사회복지사가 그의 능력과 자질을 재확인하고 다시 보증하는 기법이다.
⑤ '합류하기'는 치료자가 가족성원들과의 관계형성을 위해 기존의 가족구조에 참여하는 것이다.

04 ⑤ 집단성원의 연령이 어릴수록 가급적 작은 규모의 집단으로 구성하는 것이 바람직하다. 예를 들어, 초등학교 저학년 아동을 대상으로 집단을 구성하는 경우, 이들은 다른 아동의 말을 경청한다거나 차례를 기다리는 등의 사회적 기술을 아직 제대로 갖추고 있지 못한 상태이다. 또한 많은 수의 아동을 하나의 집단으로 구성할 경우 아동을 통제하는 것이 쉽지 않으며, 안전 문제 또한 제기될 수 있다.

05 ① 생태도는 환경 속의 클라이언트에 초점을 두고 클라이언트의 상황에서 의미 있는 체계들과의 관계를 그림으로 표현함으로써 특정 문제에 대한 개입계획을 세우는 데 유효한 정보를 제공한다.
② 생활력표는 각각의 가족구성원의 삶에 있어서 중요한 사건이나 시기별로 중요한 문제의 전개 상황을 시계열적으로 도표화함으로써 현재 역기능적인 문제 등을 특정 시기의 어려움이나 경험 등과 연관시켜 이해할 수 있도록 해 준다.
④ PIE 체계는 '환경 속의 인간'의 관점에서 인간과 환경 간의 상호작용, 즉 개인의 역할기능 수행과 아울러 개인 주변으로부터의 지지상황 모두를 고려하여 문제를 분류한다.
⑤ DSM-5 분류체계는 정신장애의 증상 및 진단에 관한 세밀한 정보와 기준을 제시해준다.

06 사회화집단은 타인과의 관계 또는 사회적인 관계에서 어려움을 겪고 있는 클라이언트를 중심으로 사회생활에 잘 적응하고 효과적으로 기능하도록 사회기술을 학습하거나 사회적으로 수용되는 다양한 행동 형태를 배우도록 하는 데 목적이 있다.

07 심리사회모델의 개입기법으로서 직접적 영향주기의 구체적인 기법
- 직접적인 조언
- 대변적인 행동
- 현실적 제한 설정
- 클라이언트 자신의 제안을 격려 · 강화 · 장려 등

08 심리사회모델은 정신분석이론, 자아심리이론, 의사소통이론, 문화인류학, 체계이론, 역할이론, 대상관계이론, 생태체계이론 등의 다양한 이론에 기초한다.

09 ⑤ 내적 의사소통의 명료화(Clarifying Internal Communication) 기법에 해당한다. 참고로 인지재구조화(Cognitive Restructuring)는 클라이언트의 역기능적 사고를 순기능적 사고로 대치할 수 있도록 돕는 것이다.

10 표적문제
클라이언트가 인정하는 문제로 클라이언트 자신의 노력으로 해결 가능한 문제, 구체적인 문제로 정한다. 과업 또는 과제는 목표를 달성하기 위하여 클라이언트와 사회복지사가 수행해야 하는 활동으로서 일반적 과제와 조작적 과제로 나눈다. 일반적 과제는 목표달성과 관련된 상위과제로 행동의 방향을 설정하는 것이고 조작적 과제는 상위과제에 도달하기 위한 구체적인 활동을 제시하는 것이다.

11 과제중심모델에서 클라이언트의 과제개발 과정
과제의 공식화 → 과제에 대한 클라이언트의 이해와 동의 확보 → 과제에 대한 근거 및 보상에 대한 이해 확보 → 과제의 요약 및 정리 → 예견되는 어려움에 대한 점검 및 검토 → 클라이언트의 과제수행 계획수립

12 ⑤ 공동지도력은 지도자가 두 사람 이상이므로 비용이 많이 든다는 단점이 있다.

13 공동지도력의 유의사항(Yalom)
- 토의시간을 확보한다.
- 서로의 강점을 침해하지 않는다.
- 동일한 전문용어를 사용하도록 한다.
- 경쟁적이지 않고 상호지지적이어야 한다.
- 서로에 대해 편안하고 개방적이어야 한다.

14 ⑤ 자기노출은 사회복지사가 클라이언트에게 자신의 경험이나 느낌 등 사적인 이야기를 털어놓는 것이다. 이 기술은 사회복지사 또한 평범한 인간으로서 클라이언트가 겪는 고통을 경험해왔음을 인식시킴으로써 더욱 공감어린 분위기를 형성하는 데 도움을 준다.

15 ① · ② · ④ 서비스의 구조적 차원, ③ 서비스의 결과 차원

16 ④ 행동치료는 상호협의된 계약서 작성을 중시하며, 문제중심기록 또는 목표중심기록을 한다.

17 ① 인지행동모델에서의 정서적 기법은 인지적 개입을 보완하고 강화하기 위한 것으로서, 직접적으로 내담자의 비합리적 신념을 다루기보다는 인지적 기법을 통해 얻은 긍정적 변화를 더욱 강화하고 확대하기 위한 것이다. 그중 '합리적 역할극'은 내담자의 비합리적 신념을 확인하는 기회가 될 수 있는 것은 물론 내담자에게 다양한 피드백을 제공하는 기회가 되기도 한다.
② 인지적 기법 중 '인지적 과제 부여하기'에 해당한다.
③ 행동적 기법 중 '역설적 과제'에 해당한다.
④ 인지적 기법 중 '내담자의 언어 변화시키기'에 해당한다.
⑤ 행동적 기법 중 '강화와 처벌 기법'에 해당한다.

18 ① 장(場) 이론은 인간의 행동을 개인과 환경 간의 상호작용의 산물로 본다. 따라서 인간행동의 동기는 그 전체적인 차원에서 파악 · 분석되어야 하며, 특정 시점에서 개인의 행동 동기를 파악하기 위해서는 그 개인에 대한 정보는 물론 환경적 조건이나 그가 속한 집단 또는 사회심리적 구조에 대해서도 이해해야 한다고 주장한다.

19 ㄹ. 집단의 목적, 구조, 운영 등에 대한 사전계획을 세우는 것은 집단사회복지실천의 일반적인 과정 중 준비단계(계획단계)에서의 과업으로 볼 수 있다. 평가는 목적달성의 진전 상황을 점검하는 것으로서, 만약 준비단계(계획단계)에서 매우 구체적인 목적이 세워졌다면 매우 쉽게 성공 여부를 결정지을 수 있게 된다.
집단의 종결단계에서 사회복지사의 주요 과업(과제)
• 불만족스러운 종결의 사유에 대한 이해
• 변화노력의 유지 혹은 변화유지 능력의 확인(ㄴ)
• 변화 결과를 생활영역으로 일반화하기(ㄷ)
• 집단에 대한 의존성 감소
• 종결에 따른 감정 다루기
• 미래에 대한 계획(ㄱ)
• 부가적인 서비스나 자원이 필요한 경우 타 부서 혹은 타 기관으로의 의뢰
• 개입의 효과성에 대한 평가

20 ⑤ 균형 깨뜨리기는 가족 내 하위체계들 간의 역기능적 균형을 깨뜨리기 위한 기법이다.

21 ① 집단응집력, ② 사회기술의 개발, ③ 1차 가족집단의 교정적 재현, ⑤ 정화(Catharsis)

22 ① 집단 활동을 수행하는 과정에서 집단성원들 간의 대인관계가 형성되고, 집단성원들이 각자 자신들의 욕구를 충족하기 위해 다른 성원들과 상호작용을 하는 과정에서 서로 상이한 목표와 가치들로 인해 긴장과 갈등이 필연적으로 발생하게 된다. 물론 이와 같은 긴장과 갈등이 심각한 수준에 이르거나 오랜 기간 동안 지속되는 경우 집단성원들의 심리적인 분열과 심리사회적 기능의 와해를 야기할 수 있으나, 이와 같은 긴장과 갈등이 항상 부정적인 영향을 미치는 것은 아니다. 그것은 오히려 집단관계에서 건설적인 힘이 되며, 상호작용의 토대를 이루기도 한다. 다시 말해 집단성원들은 긴장과 갈등을 건설적으로 해결하는 과정을 거치면서 더욱 성장할 수 있는 것이다.

23 ㄴ. 목표는 과정보다는 성취로 기술되어야 한다.
ㄹ. 목표는 현실적이어야 한다.

24 집단사회복지실천의 기술 범주(Toseland & Rivas)

집단과정 촉진기술	• 집단성원 참여촉진 • 표현기술 • 집단의사소통의 초점유지 • 내용의 명료화	• 주의집중(①) • 반응기술 • 집단 과정의 명료화(②) • 집단 상호작용의 지도 등
자료수집 및 사정기술	• 확인 및 묘사기술(③) • 요약 및 세분화 기술 • 분석기술 등	• 정보요청, 질문 및 탐색기술 • 통합기술(④)
행동기술	• 지 지 • 재구조화 및 재정의(⑤) • 조언, 제안, 교육 • 직면기술 • 모델링, 역할연습, 예행연습 및 지도 등	• 지 시 • 집단성원 간 의사소통 연계 • 자원제공 • 갈등해결

25 좋은 기록의 특징(Kagle)
- 서비스의 결정 및 행동에 초점을 둔다.
- 사정, 개입, 평가의 기초로서 클라이언트와 상황에 관한 정보를 포함한다.
- 각 단계에서의 목표, 계획, 과정, 진행, 서비스전달 등에 관한 정보를 포함한다.
- 사회복지사의 견해와 상황에의 기술이 명확히 분리되어 있다.
- 정보의 문서화를 위해 구조화되어 있다.(ㄱ)
- 서비스 전달이 잘 기술되어 있으며, 모든 문서가 정확하다.(ㄷ)
- 기록이 간결하고 구체적이며, 타당하고 논리적이다. 또한 시기적절하고 유의미하며, 사실에 근거한다.
- 전문가적 윤리를 토대로 한다.(ㄴ)
- 수용된 이론에 기초한다.
- 전문가의 견해를 담고 있으면서도 클라이언트의 관점을 소홀히 하지 않는다.

01 옹호의 유형
- 자기옹호(Self-Advocacy) : 행정적 · 기술적 지원, 격려 및 정보제공
- 개인옹호(Individual Advocacy) : 개인 및 가족의 욕구 파악 및 사정 기술
- 집단옹호(Group Advocacy) : 집단사회복지실천기술, 의사소통기술
- 지역사회옹호(Community Advocacy) : 주민을 모으고 조직화하는 기술
- 체제변환적 옹호(Advocacy For Systems Change) : 캠페인기술, 조직화 기술, 미디어 활용 기술
- 정치 또는 정책적 옹호(Political/Policy Advocacy) : 특정법안의 통과를 제안 혹은 저지하기 위한 로비 기술

02 ① 자원동원이론은 사회운동의 발전 및 전개과정이 축적된 사회적 불만의 팽배보다는 사회의 구조적 불평등이나 사회적 소수자의 권리옹호를 위한 자원동원의 가능성 여부와 그 정도에 의해 결정된다고 본다. 따라서 의사결정 시 상대적으로 적은 자원을 가진 계층들이 집중적으로 자원을 지원받아 이와 같은 불균형을 해소할 수 있는 지에 대해 고려한다.
② 마케팅(Marketing)을 교환을 통한 인간의 요구(Needs) 및 욕구(Want) 충족과 기업의 생존 및 성장 목적의 연결로 간주할 때, 네트워크(Network)를 개인이나 조직 및 기관 간의 상호작용과 자원교환의 사회적 체계로 간주할 때, 사람들 사이에 자원을 교환하는 반복된 현상으로서 사회적 행동에 주목하는 사회교환이론이 이들을 적절히 설명할 수 있다.
③ 기능이론은 지역사회의 본질에 대한 변화보다는 상호협력과 안정성을 강조한다.
④ 갈등이론은 갈등을 둘러싼 연대와 권력형성의 도구가 될 수 있다는 측면에서 사회행동모델에 유용하다.

03 지역사회복지실천의 기본가치
- 문화적 다양성 존중 : 지역사회 내외의 차이 및 문화의 다양성을 인정하고 소외된 집단을 정책결정 과정에 참여하도록 유도한다.
- 자기결정과 임파워먼트 : 지역사회에서 지역주민이 스스로 문제를 해결할 수 있도록 역량을 강화시키도록 한다.
- 비판의식의 개발 : 집단성원 간의 상호작용은 물론 건전한 비판의식을 통해 지역의 긍정적인 발전 및 변화를 도모한다.
- 상호학습 : 특정한 가치와 신념을 신봉하거나 강요하지 아니하며, 지역의 다양한 문화적 배경을 학습하도록 한다.
- 배분적 사회정의 : 자원의 균등한 배분을 토대로 사회정의를 수호하고자 하는 사명감을 가진다.

04 ⑤ 탈시설화는 지역사회복지의 확대 발전에 따라 기존의 대규모 시설 위주에서 그룹홈, 주간 보호 시설 등의 소규모로 전개되는 것을 말하는 것으로, 이는 무시설주의를 지향하는 것이 아니다.

05 ④ 시봄 보고서(Seebohm Report)는 영국의 지역사회복지 역사와 관련된다.

06 ㄴ. 실천 전략의 계획(제3단계), ㄹ. 평가 및 재사정(제5단계)

지역사회복지실천의 과정
- 제1단계 : 지역사회에 대한 사정
- 제2단계 : 지역사회의 욕구파악
- 제3단계 : 실천 전략의 계획
- 제4단계 : 실천 전략의 추진
- 제5단계 : 평가 및 재사정

07 사회행동모델
- 사회정의와 민주주의에 입각하여 지역사회의 소외된 계층에 대한 처우개선을 목표로 한다. 지역사회집단들 간에 적대적이거나 이해관계가 상충되는 경우, 그로 인해 논의나 협상 등으로 문제를 해결하기 어려운 경우 적합한 모델로서, 지역사회의 기존제도를 비롯하여 현실적인 문제에 대한 근본적인 변화를 추구한다.
- 불리한 처지에 놓여있거나 불이익을 받는 집단을 위해 그들의 반대세력이나 강압세력을 합법적인 적으로 간주하며, 이들에 대항하여 집단행동을 조직하여 압력을 가하는 것을 기본 전략으로 한다.
- 사회행동모델에서 사회복지사는 옹호자, 행동가로서 갈등이나 대결의 전술을 사용하여 소외된 계층에 대한 권력이나 자원의 재분배, 지역사회정책 결정에 대한 참여를 주장한다. 예를 들어 인권운동, 학생운동, 여권신장운동, 환경보호운동, 노동조합, 급진정당 등이 사회행동모델에 해당한다.

08 ③ 기능적 지역사회조직모델은 행동과 태도변화를 통한 사회정의구현 및 서비스 제공을 목표로 하는 것으로 특정 문제 및 이해관계를 중심으로 지역사회의 입장을 대변하는 역할을 한다.

09 ② 일반적 모형에서 사례관리자는 다양한 분야에 대한 지식과 기술을 갖추고 문제와 그에 대한 해결책에 포괄적으로 접근하는 사회복지실천가에 해당한다. 이와 같은 모형에서 사례관리자는 전문가들 간의 의사소통을 촉진시키고 그들의 활동을 조정함으로써 보호의 연속성을 조장한다.
① 지지적 보호 모형에서 사례관리자는 지역사회 내에서 클라이언트를 부양하는 데 필요한 심리적 지지를 활성화하며, 클라이언트와 지역사회 지지를 효과적이고 경제적인 방법으로 연결하는 역할을 수행한다.
③ 상호규율적 팀 모형에서 사례관리자들은 각자가 전문적인 특수한 영역의 서비스 활동에 대해 특정한 책임을 지는 상호규율적인 전문화된 팀을 구성한다.
④ 가족 모형은 가족이 다른 전문가들보다 만성 정신질환에 대한 사례관리 서비스를 더 잘 제공한다는 점에 착안하여, 가족성원들을 중심으로 보다 질 높은 서비스가 이루어지도록 전문가들이 필요한 지식과 기술을 그 가족에게 제공한다.
⑤ 치료자-사례관리자 모형에서 사례관리자는 클라이언트에게 필요한 사례관리의 과업을 수행하기보다는 치료자로서 치료서비스를 제공하는 데 보다 역점을 둔다.

10 **사회복지사의 계획가로서의 역할**(Morris & Binstock)
- 사회서비스의 개선과 사회문제 완화를 위해 지배세력에 영향력을 행사하여 정부나 지방자치단체의 정책에 적절한 수정이 이루어지도록 유도하는 역할이다.
- 사회복지사는 친분관계나 합리적 설득, 유인 및 압력 등으로 영향력을 발휘한다.
- 사회복지사는 돈, 신용, 전문성, 사회적·정치적 기반 등을 동원하여 영향력을 발휘한다.

11 ⑤ 사회자본은 지역사회 구성원의 사회적 관계에 바탕을 둔 자원으로서, 조직화된 행동을 유도하여 사회발전의 효율성을 증대시키는 대인 간 신뢰, 규범 및 네트워크를 의미한다. 이러한 사회자본은 물리적 자본과는 다른 양상을 보이는데, 특히 교환에 있어서 동시성을 전제로 하지 않는다는 점이다. 이는 사회적 교환관계에 있어서 서로가 주고받는 도움에 대해 언젠가 보상을 받으리라는 믿음이 존재해야 한다는 가정에서 비롯된다. 그와 같은 맥락에서 사회자본은 '일반적 호혜성'에 기반을 둔 자원인데, 그 호혜성은 불확실성 혹은 위험성으로 인해 근본적으로 불안정한 성격을 띠게 된다.

12 ③ 사회복지관의 사업수행은 주민의 의타심을 방지하고 사업의 효과를 높이기 위해 사업에 소요되는 최소한의 실비를 이용자로부터 수납할 수 있다. 다만, 실비이용료 수납 프로그램에 대하여는 국민기초생활보장 수급권자 및 혜택을 못 받는 저소득층 등 무료 이용자를 20% 내외로 한다.

13 ㄹ. 사회경제적 네트워크의 활용은 지역사회복지의 실천기술 중 자원개발·동원기술의 인적 자원을 동원하기 위한 구체적인 방법에 해당한다.
지역사회의 임파워먼트를 높이기 위한 구체적인 방법
- 의식 제고 : 무력감에 빠진 개인들을 대상으로 문제의 원인이 자신들에게 있기보다는 사회구조에서 비롯된 것임을 인식시킨다.
- 자기주장(자기 목소리) : 클라이언트로 하여금 두려움이나 위축감에서 벗어나 공개적으로 자신의 주장을 개진할 수 있도록 돕는다.
- 공공의제의 틀 형성 : 문제의 쟁점에 대해 일반대중의 관심을 이끌 수 있도록 이를 의제화한다.
- 권력 키우기 : 자원동원 및 조직화를 통해 지역주민들의 권력을 키운다.
- 역량 건설 : 클라이언트의 역량을 강화하기 위해 조직을 설립하며, 자신들의 주장을 보다 효과적으로 표출할 수 있도록 캠페인을 전개한다.
- 사회자본의 창출 : 사회자본은 지역사회 구성원들의 사회적 관계에 기초한 자원으로서, 이는 구성원들 간의 협력 및 연대감을 높이는 데 기여한다. 특히 사회자본은 물리적 자본과 달리 사용할수록 총량이 증가한다.

14 ① 클라이언트를 사회변화를 위해 함께 나아가야 할 동지로 보는 것은 사회행동모델에 해당한다.
② 사회계획모델은 과업지향적 목표를 강조한다. 참고로 과업·과정 병행의 목표를 강조하는 것은 사회행동모델이다.
③ 지역사회개발모델은 과정지향적 목표를 강조한다.
⑤ 사회행동모델에서는 변화를 위한 전술로 갈등 또는 경쟁, 대결 및 직접적인 행동, 협상 등을 사용한다.

15 **분과실행위원회(사회복지공동모금회법 제13조 제1항)**

모금회의 기획 · 홍보 · 모금 · 배분 업무에 관한 사항을 심의하기 위하여 해당 분야의 전문가와 시민대표 등으로 구성되는 기획분과실행위원회, 홍보분과실행위원회, 모금분과실행위원회 및 배분분과실행위원회 등 분과실행위원회를 둔다.

16 ① · ④ 협조관계, ② · ③ 동맹관계

사회행동조직의 타 조직과의 협력 전략

- 협조(Cooperation) : 타조직과 최소한의 협력을 유지하는 유형
- 연합(Coalition) : 참여조직들 간에 이슈와 전략을 합동으로 선택하는 보다 조직적인 유형
- 동맹(Alliance) : 대규모의 조직관계망을 가지는 고도의 조직적인 유형

17 **주민참여 수준 8단계(Arnstein)**

- 조작 또는 여론조작(제1단계, Manipulation) : 행정과 주민이 서로 간의 관계를 확인한다는 점에서 의의를 찾을 수 있다. 다만, 공무원이 일방적으로 교육 및 설득을 하고, 주민은 단순히 참석하는 데 그친다.
- 처방 또는 대책치료(제2단계, Therapy) : 주민의 욕구불만을 일정한 사업에 분출시켜 치료하는 단계이다. 다만, 이는 행정의 일방적인 지도에 그친다.
- 정보제공(제3단계, Informing) : 행정이 주민에게 일방적으로 정보를 제공한다. 다만, 이 과정에서 환류는 잘 일어나지 않는다.
- 주민상담 또는 협의(제4단계, Consultation) : 공청회나 집회 등의 방법으로 주민으로 하여금 행정에의 참여를 유도한다. 다만, 이는 형식적인 수준에 그친다.
- 회유 또는 주민회유(제5단계, Placation) : 각종 위원회 등을 통해 주민의 참여범위가 확대된다. 다만, 최종적인 판단이 행정기관에 있다는 점에서 제한적이다.
- 협동관계 또는 파트너십(제6단계, Partnership) : 행정기관이 최종적인 의사결정권을 가지고 있으나 주민들이 경우에 따라 자신들의 주장을 협상으로 유도할 수 있다.
- 권한위임(제7단계, Delegated Power) : 주민들이 특정 계획에 대해 우월한 결정권을 행사하며, 집행단계에 있어서도 강력한 권한을 행사한다.
- 주민통제(제8단계, Citizen Control) : 주민들이 스스로 입안하며, 결정에서부터 집행 그리고 평가단계에 이르기까지 통제한다.

18 **자원봉사센터의 유형**

공급자 중심	민간단체의 민간형태 비사회사업적 영역에서 기관 본연의 목적을 수행하기 위해 자원봉사를 활용한다. 예 교육기관, 기업, 종교사회봉사 등
수요자 중심	사회사업적 목적을 수행하기 위해 자원봉사자를 직접 활용한다. 예 사회복지 관련 시설, 병원의료사회사업실, 시민단체, 환경단체 등
조정자 중심	자원봉사의 수요와 공급을 적절히 조정하고, 자원봉사센터 간 효율적인 연계 역할을 수행한다. 예 보건복지부, 행정안전부, 여성가족부, 문화체육관광부 등 공공 형태의 중앙정부 관할 자원봉사센터 등

19 ① 지역자활센터의 역할에 해당한다.

재가복지봉사서비스(재가복지봉사센터)의 기능 및 역할
- 조사 및 진단 : 재가복지봉사서비스 대상자 및 가정의 욕구를 조사하고 문제를 진단하여 필요한 서비스의 종류를 선정한다.(②)
- 서비스 제공 : 재가복지봉사서비스 대상별 측정된 욕구와 문제의 진단 내용을 토대로 대상자 및 가정에 대한 직·간접적인 서비스를 제공한다.
- 자원동원 및 활용 : 재가복지봉사서비스의 내실화와 함께 대상자 및 가정의 욕구와 문제해결을 위해 지역사회 내의 인적·물적 자원을 동원·활용한다.
- 사업평가 : 재가복지봉사서비스의 기능 및 분야별 효과, 자원동원 및 활용의 효과 등에 대해 자체 평가를 하며, 이를 재가복지봉사서비스사업에 활용되도록 한다.(④)
- 교육기관의 역할 : 지역주민들 및 자원봉사자들을 대상으로 사회복지사업을 비롯하여 각종 취미·교양 등에 관한 교육을 제공한다.(⑤)
- 연대의식 고취 : 지역사회 내의 다양한 인적·물적 자원의 연계를 통해 계층 간의 연대감을 고취시킨다.(③)

20 ② 자활센터 운영의 기본원칙 중 '독립성의 원칙'은 자활센터가 독립된 행정체계와 운영체계를 가져야 하며, 기존 복지관이나 시설의 프로그램 일부로 편입되어 운영되어서는 안 된다고 강조하고 있다.

자활센터 운영의 기본원칙
- 참여주민의 고유성과 존엄성의 원칙
- 주민 자발성의 원칙
- 독립성의 원칙
- 기준시설 확보의 원칙
- 전문가에 의한 사업수행의 원칙
- 지역사회 제반자원 활용의 원칙
- 사업실행 평가의 원칙

21 ㄹ. 지역사회 중심의 통합적 복지 서비스체계의 발전이 이루어져야 한다. 지역사회에 존재하는 여러 종류의 공공·민간복지와 보건서비스의 협력 및 조정을 통하여 서로 연계될 때, 다양한 복지서비스를 필요로 하는 사람들에 대한 통합적인 서비스가 제공될 수 있다. 통합적인 복지서비스를 발전시키기 위해서는 먼저 지역사회복지연계망이 구축되어야 한다. 그 외에도 서비스 수요자의 욕구에 대한 포괄적인 진단 및 통합적인 서비스를 제공할 수 있는 서비스의 모형개발과 사례관리, 그리고 평가체계 등이 마련되어야 할 것이다.

22 ① 주민생활지원서비스가 실시된 것은 2006년 7월부터이다.
② 사회적기업 육성법이 제정된 것은 2007년 1월 3일이며, 2007년 7월 1일부터 시행되었다.
④ 2012년 사회보장기본법상의 '사회복지서비스 및 관련 복지제도'가 '사회서비스'로 변경되었다.
⑤ 2013년 9월 정부가 발표한 '지방재정 건전화를 위한 재원조정 방안'에 따라 노인양로시설, 장애인거주시설, 정신요양시설사업 등은 중앙정부로의 환원이 이루어졌으나, 아동복지시설 사업은 제외되었다.

23 자활근로소득공제 산출방법
- 기초생활보장급여 산정 시 소득인정액에서 자활소득의 30%를 공제하여 소득인정액 산정, 급여 지급 및 보장유지 여부를 처리한다.
- 타 근로소득공제와 중복을 방지한다. 즉, 둘 이상의 근로·사업소득 공제 항목에 해당하는 경우 가장 유리한 하나의 항목을 적용한다.

24 5대 전국표준화사업
- 간 병
- 청 소
- 집수리
- 폐자원재활용
- 음식물재활용

25 ⑤ 비영리 민간단체의 중요한 기능 중 하나로 국가와 시장이 지닌 권력을 비판하고 감시하는 견제 기능을 들 수 있다. 국가는 강제력과 독점력을 가지고 시민들을 억압하거나 부패하는 경향이 있다. 또한 시장은 자본을 가지고 이윤을 추구하면서 사회적 불평등과 환경파괴를 조장하는 경향이 있다. 비영리 민간단체는 이와 같은 국가와 시장의 힘을 견제하여 사회개혁을 이끌어내며, 시민원리를 획득하고 이를 보호하는 역할을 맡게 된다.
① 복지 기능
② 대변 기능
③ 교육 기능
④ 조정 기능

1영역		사회복지정책론												
01	02	03	04	05	06	07	08	09	10	11	12	13	14	15
①	①	④	③	①	①	⑤	②	⑤	②	④	③	②	②	④
16	17	18	19	20	21	22	23	24	25					
⑤	⑤	④	⑤	④	④	③	①	②	①					

2영역		사회복지행정론												
01	02	03	04	05	06	07	08	09	10	11	12	13	14	15
③	①	④	④	①	④	②	⑤	④	⑤	⑤	④	②	④	⑤
16	17	18	19	20	21	22	23	24	25					
③	②	⑤	①	①	⑤	③	②	③	③					

3영역		사회복지법제론												
01	02	03	04	05	06	07	08	09	10	11	12	13	14	15
⑤	②	④	②	④	④	③	①	④	①	③	③	②	⑤	①
16	17	18	19	20	21	22	23	24	25					
④	④	④	④	①	④	②	④	③	③					

제1영역 사회복지정책론

01 ① 긍정적 차별 또는 적극적 차별(Positive Discrimination)은 사회의 불이익집단들에 대한 과거의 부정적 차별(Negative Discrimination)을 보상하는 것으로서, 공평(형평)의 가치를 저해하는 것으로 볼 수 없다.
② 사회복지정책은 시장실패를 시정하여 자원배분의 효율화 기능을 수행한다.
③ 복지국가는 기회의 평등에 그치는 것이 아니라 결과의 평등과 함께 사회적 차별의 해소를 포함하는 사회적 평등을 강조한다.
④ 드림스타트(Dream Start)는 기회의 평등을 반영한다.
⑤ 사회복지정책은 소득재분배를 목표로 한다.

02 ① 벌린(Berlin)이 말하는 적극적 자유(Positive Freedom)는 자신의 삶에 대해 독자적 혹은 독립적인 방향을 설정할 수 있고, 자신의 존재에 대해 스스로 주인이 될 수 있는 능력, 즉 자신이 원하는 것을 할 수 있는 자유로서 '자율성(Autonomy)'의 의미를 가진다. 자유를 개인주의적 차원에서 고려하는 소극적 자유(Negative Freedom)와 달리 적극적 자유는 사회적 · 집단적 측면에서 고려하므로, 이를 실현하기 위해 국가의 적극적인 개입을 요구하기도 한다.

03 ④ 미쉬라(Mishra)는 사회복지와 경제정책의 연관 또는 분리 정도에 따라 분화된 복지국가와 통합된 복지국가로 구분하였다.

① 티트머스(Titmuss)는 사회복지정책을 잔여적(보충적) 모델, 산업적 업적성취 모델, 제도적 재분배 모델로 구분하였다.

② 퍼니스와 틸튼(Furniss & Tilton)은 복지에 대한 국가개입의 유형을 적극적 국가, 사회보장국가, 사회복지국가로 구분하였다.

③ 윌렌스키와 르보(Wilensky & Lebeaux)는 사회복지정책을 잔여적(보충적) 모델과 제도적(보편적) 모델로 구분하였다.

⑤ 에스핑-안데르센(Esping-Andersen)은 탈상품화의 정도, 국가와 사회계층제의 형태, 시장 및 가족과의 관계 등을 기준으로 자유주의 복지국가, 보수주의(조합주의) 복지국가, 사회민주주의(사민주의) 복지국가로 구분하였다.

04 ㄱ. 보충성은 국민기초생활보장제도 등의 공공부조에서 급여의 기본원칙에 해당한다. 보충성의 원칙에 의해 급여는 수급자가 자기 생활의 유지·향상을 위해 그 소득·재산·근로능력 등을 활용하여 최대한 노력하는 것을 전제로 한다.

ㄷ. 대상의 보편성은 국제노동기구(ILO)의 사회보장원칙에 해당한다. 대상의 보편성의 원칙에 의해 사회보장의 대상은 전체 국민을 포괄한다.

05 ① 비례적 평등이란 욕구, 노력, 능력, 기여에 따라 사회적 자원을 상이하게 분배하는 것으로서, 사회보험에서 보험료를 많이 낸 사람에게 많은 급여를 주는 것을 그 예로 들 수 있다.

06 ㄹ. 경제학 용어로 '소득효과(Income Effect)'는 임금이 고정되어 있다는 가정 하에 소득이 증가하는 경우 사람들이 더 많은 여가를 선호하는 동시에 더 적은 근로를 할 것임을 의미한다. 반면 '대체효과(Substitution Effect)'는 소득이 고정되어 있다는 가정 하에 임금이 상승하는 경우 여가의 가격이 올라감에 따라 여가의 수요가 감소하는 대신 노동공급이 증가할 것임을 의미한다. 신자유주의자들은 복지급여수급으로 소득효과가 대체효과보다 커짐으로써 복지수혜자들의 근로동기가 감소하는 동시에 경제성장이 저해된다고 주장하였다.

07 사회복지정책 형성 단계별 전문가의 역할(Gilbert & Specht)

구 분	정책 형성 단계	전문가의 역할
제1단계	문제발견	직접서비스
제2단계	문제분석	사회조사
제3단계	대중홍보	지역사회조직
제4단계	정책목표 설정(정책목표 개발)	사회계획
제5단계	일반의 지지와 합법성(정당성) 구축	지역사회조직
제6단계	프로그램 설계	사회계획
제7단계	실천(집행)	운영관리와 직접서비스
제8단계	평가와 사정	사회조사와 직접서비스

08 ② 마르크스주의는 복지국가 및 복지정책을 자본주의의 산물로 간주하여 그러한 개념 자체를 부정한다.

① '사회민주주의' 또는 '민주적 사회주의'는 이전 모형의 '페이비언 사회주의'와 일맥상통한다. 시장경제의 문제점을 제거하기 위해 정부가 적극적으로 개입해야 한다고 주장하면서, 한편으로 경제성장을 통한 사회자본의 증대를 강조하고, 다른 한편으로 경제성장으로 야기되는 불평등 문제의 해결을 강조한다. 이러한 사회민주주의는 사회통합과 평등 추구를 위한 사회복지정책 확대를 지지하면서 민주주의에 기반을 둔 대중의 참여를 주장한다.

③ '중도노선' 또는 '중도우파'는 이전 모형의 '소극적 집합주의'와 일맥상통한다. 신우파에 비해 실용적인 성격을 가지고 있으므로, 자본주의의 효율적인 운용을 위해 정부의 제한적인 개입을 인정한다. 이러한 중도노선은 빈곤이나 불평등과 같은 사회병리를 개선하고 사회결속을 유지하기 위해 사회복지정책이 필요하다고 본다.

④ '신우파'는 이전 모형의 '반집합주의' 또는 '자유방임주의'와 일맥상통한다. 특히 자유를 단순히 강제가 없는 상태를 의미하는 소극적인 개념으로 파악함으로써 개인의 자유를 침해하는 정부의 개입에 부정적인 입장을 취한다. 이러한 신우파는 정부 주도의 사회복지정책 확대가 경제적 비효율성을 야기했다고 주장하며, 이상적 복지국가를 위해서는 정부 대신 시장이 주도적인 역할을 수행해야 한다고 본다.

⑤ '페미니즘'은 한편으로 복지국가를 여성의 사회적 평등과 여성들을 위한 서비스를 제공한다는 점을 강조하여 긍정적으로 보기도 하는 반면, 복지국가가 남성들이 정책입안자가 되어 정책수혜자인 여성을 지배하는 국가에 해당한다고 주장하여 부정적으로 보기도 한다. 이러한 양면적인 관점에도 불구하고, 페미니스트들은 여성의 빈곤화가 남성의 빈곤화보다 더욱 현저하다는 점에 초점을 두어 복지국가가 여성의 평등과 경제적 욕구해결에 실패했음을 주장한다.

09 ⑤ 고용보험법은 1993년 12월 27일 제정되어 1995년 7월 1일 시행되었다.

① 기초연금제도는 기존의 '기초노령연금제도'를 대체한 것으로서 2014년 7월 1일 시행되었다.

② 노인장기요양보험제도는 2008년 7월 1일 시행되었다(단, 일부는 2007년 10월 1일부터 시행).

③ 국민건강보험법은 1999년 2월 8일 제정되어, 2000년 1월 1일 시행되었다.

④ 국민기초생활 보장법은 1999년 9월 7일 제정되어, 2000년 10월 1일 시행되었다.

10 킹던(Kingdon)은 '조직화된 무정부상태(혼란상태)' 속에서 정책이 우연히 결정된다고 보는 정책결정의 쓰레기통모형을 발전시켰다. 그는 인간 이성의 합리성이나 의도가 아닌 비합리적이고 우연적인 요인들에 의해 정책결정이 이루어진다고 주장하였다. 정책의제 설정 및 정책결정 과정을 문제의 흐름(Problem Stream), 정책대안의 흐름(Policy Stream), 정치의 흐름(Political Stream) 등 3가지로 나누어 논의하였으며, 그와 같은 3가지 흐름의 우연한 연결에 의해 '정책의 창(Policy Window)'이 열릴 때 정책대안이 마련될 수 있다고 보았다.

11 ㄹ. 미국, 영국은 대표적인 '분화된 복지국가(Differentiated Welfare State)' 유형에 해당한다. 반면, '통합된 복지국가(Integrated Welfare State)'의 대표적인 국가로 오스트리아, 스웨덴을 들 수 있다.

ㄱ·ㄴ·ㄷ. 통합된 복지국가의 특징에 해당한다. 반면, 분화된 복지국가는 사회복지가 경제와 구분되고 대립된다고 보며, 복지정책이 이익집단들의 다양한 이익추구 과정에서 이루어지므로 포괄적이지 못한 채 단편화되는 경향이 있다.

12 콥과 엘더(Cobb & Elder)의 아젠다 분류
- 공공아젠다(체제아젠다) : 공공의 관심을 끌 가치가 있고, 현재의 정부 당국이 합법적으로 다룰 수 있는 문제라고 정치적 공동체의 구성원들이 공통적으로 인지하고 있는 모든 이슈들로 구성된다.
- 정부아젠다(제도아젠다) : 권위 있는 의사결정자가 뚜렷이 적극적이고도 진지한 관심을 기울이는 이슈들의 모음으로 정의된다.

13 ① · ③ 산업적 업적성취 모델(Industrial-achievement-performance Model)의 내용에 해당한다.
④ 잔여적(보충적) 모델(Residual Model)의 내용에 해당한다.
⑤ 산업적 업적성취 모델은 사회복지를 경제성장의 수단으로 활용한다.

14 ① 유추법 : 비슷한 구조 또는 같은 꼴 구조의 사례를 통해 미래 상황을 추정하는 방법
③ 회귀분석기법 : 변수들 사이의 인과관계를 전제로 한 회귀방정식을 통해 미래를 예측하는 방법
④ 델파이기법 : 전문가·관리자들로부터 우편으로 의견이나 정보를 수집하여 그 결과를 분석한 후 그것을 다시 응답자들에게 보내어 의견을 묻는 식으로 만족스러운 결과를 얻을 때까지 계속하는 방법
⑤ 브레인스토밍법 : 집단성원들 간의 대화나 토론을 통한 자유발언의 기회를 제공하여 일정한 주제에 대해 각자 아이디어를 제시하도록 함으로써, 자유분방한 사고과정에서 우수한 아이디어를 수집하기 위한 방법

15 ① 비용-편익분석법은 정책대안을 집행할 때 사용될 비용과 화폐화된 예상편익을 비교하는 방법이다.
② 비용-효과분석법은 정책대안을 집행할 때 사용될 비용과 화폐화되지 않은 예상효과를 비교하는 방법이다.
③ 줄서기 분석기법은 대기시간 등의 사회적 비용과 사용할 수 있는 시설의 수준에 관한 정보를 제공하는 방법이다.
⑤ 결정분석기법은 발생 가능한 확률적 사건을 나뭇가지처럼 그려놓고 분석하는 방법이다.

16 ⑤ 사회보험과 민간보험은 공통적으로 '위험분산(Risk Pooling)' 또는 '위험이전(Risk Transfer)'에 기초한다. 보험은 위험분산의 효과를 기본적인 기능으로 하며, 그로 인해 보험가입자들은 자발적 또는 강제적으로 위험분산 능력이 있는 보험서비스에 가입한다.

사회보험과 민간보험의 차이점

구 분	사회보험	민간보험
원 리	사회적 충분성(적절성)	개인적 형평성
참 여	강제적 · 비선택적	임의적 · 선택적 · 자발적
보험료 · 기여금 부과 기준	평균적 위험정도, 소득수준	개별적 위험정도, 급여수준
보호수준	최저보호수준	요구와 능력에 의해 결정
급여 근거	법	계 약
운 영	정부독점	보험시장에서의 경쟁
비용예측	비교적 어려움	비교적 용이함
인플레이션	인플레이션에 대한 대책 가능	인플레이션에 취약

17 ⑤ 복지혼합은 1980년대 영국의 대처리즘(Thatcherism)과 미국의 레이거노믹스(Reaganomics) 등으로 대표되는 신보수주의의 입장을 대변하는 용어이다. 신보수주의는 1970년대에 등장하여 1980년대 미국에서 팽배했던 지배적 정치조류로서, 원래는 20세기 초 서유럽에서 진보주의에 대립하여 자유주의적 전통을 보존하려는 정치적 신념체계를 지칭한다. 자유방임주의와 흡사하게 거대정부의 비능률을 강조하여 개인과 재산 등 사적(私的) 영역에 대한 정부의 간섭을 최대한 배제하려고 하였으며, 사회복지에 대한 국가의 책임과 역할을 시장, 가족, 지역사회, 자원조직 등 다양한 공급주체들로 대체할 것을 주장하였다.

18 ④ 선별주의는 개인적 욕구에 근거하여 사회복지서비스를 신체적 · 사회적 · 교육적 기준에 따라 제한적으로 제공하는 방식인 반면, 보편주의는 사회적 권리로서 국가가 사회의 모든 구성원들에게 사회복지서비스를 제공하는 방식이다. 보육, 노령 등의 생애주기별 욕구는 특정 인구범주에 소속된 사람들의 공통적인 욕구에 해당하는 것으로 볼 수 있으며, 이와 같이 욕구를 제한적인 집단에 귀속된 것으로 한정하는 경우 귀속적 욕구에 의한 할당이 이루어진다. 일반적으로 귀속적 욕구에 의한 할당은 자산조사에 의한 선별주의 원칙이 적용되는 경우가 대부분이지만, 보편적 아동수당이나 노령수당, 초 · 중등학교의 무상교육 등과 같이 보편주의 원칙에 의해 급여를 제공할 수도 있다.

19 ⑤ 사회적기업 육성법 제3조 제4항

① 사회적협동조합은 지역주민들의 권익·복리 증진과 관련된 사업을 수행하거나 취약계층에게 사회서비스 또는 일자리를 제공하는 등 영리를 목적으로 하지 아니하는 협동조합을 말한다(협동조합 기본법 제2조 제3호 참조).

② 협동조합 기본법에 따라 기획재정부장관은 사회적협동조합에 경영 및 교육훈련 지원을 할 수 있다(동법 제10조의2 내지 제10조의3 참조).

③ 협동조합을 설립하려는 경우에는 5인 이상의 조합원 자격을 가진 자가 발기인이 되어 정관을 작성하고 창립총회의 의결을 거친 후 주된 사무소의 소재지를 관할하는 시·도지사에게 신고하여야 한다(동법 제15조 제1항).

④ 사회적기업을 운영하려는 자는 인증 요건을 갖추어 고용노동부장관의 인증을 받아야 한다(사회적기업 육성법 제7조 제1항).

20 ④ 기회는 사회의 불이익 집단들에게 유리한 기회를 주어 시장의 경쟁에서 평등한 기회를 주는 일종의 역차별에 해당한다. 장애인 의무고용제도 등이 그 예이다.

21 ④ 우리나라 사회서비스 전자바우처 제도는 사업당 2개 이상의 제공기관을 지정·운영하도록 함으로써 복지 분야의 독점상태를 해소하는 동시에 경쟁체계를 구축하였다.

22 **보건복지부 지역자율형 사회서비스 투자사업**
- 지역사회서비스 투자사업
- 산모·신생아 건강관리 지원사업
- 가사·간병 방문 지원사업

23 ① 근로장려금 신청 접수는 관할 세무서에서 담당한다. 근로장려세제(EITC ; Earned Income Tax Credit)는 근로소득 수준에 따라 산정된 근로장려금을 세금 환급 형태로 지급하여 근로빈곤층의 근로유인을 제고하고 실질소득을 지원하기 위한 근로연계형 소득지원제도이다. 환급 가능한 세액공제제도의 일종이므로 일반적인 환급금과 동일하게 관할 세무서에 신청한 경우에 한하여 적용한다.

24 ① 교육급여의 소관부처는 교육부이고, 자활급여의 소관부처는 보건복지부이다.

③ 급여는 '가구'를 단위로 하여 지급하는 것이 기본원칙이다. 주민등록상 세대는 실제 함께 살고 있는 사람과 다르게 등록될 수 있기 때문에 실제 함께 살고 있는 사람만 포함하는 가구와 다른 개념이다.

④ 수급권자는 소득인정액이 국민기초생활 보장법에 따른 중앙생활보장위원회의 심의·의결을 거쳐 결정하는 금액 이하인 사람으로 한다. 이 경우 주거급여 선정기준은 기준 중위소득의 100분의 43 이상으로 한다(주거급여법 제5조 제1항 참조).

⑤ 2014년 12월 국민기초생활 보장법 개정 이후의 부양의무자 기준은 법 개정 이전에 비해 대폭 완화되었다.

25 긴급복지지원의 기본원칙
- 선지원 후처리 원칙
- 단기 지원 원칙
- 타법률 중복지원 금지의 원칙
- 가구단위 지원의 원칙

제2영역 **사회복지행정론**

01 ③ 클라이언트의 기능향상과 같은 사회사업적 기술보다 사회과학적 지식과 관리과업을 강조하는 것은 광의의 사회복지행정이다.

02 ① 과학적 관리론은 조직구성원의 인간으로서의 감정적·정서적·심리적 요소를 경시하는 것은 물론 조직에 영향을 미치는 외적 요소 또한 경시한다. 조직이 달성하고자 하는 객관적인 기준과 목표를 규정하고 조직구성원의 과업수행에 대한 과학적 표준화를 고안함으로써 경제적·기계적 인간관을 가진다.

03 ① 생산하위체계 : 클라이언트에게 서비스를 제공하는 활동(조직의 기본적인 역할)
② 유지하위체계 : 조직의 계속성을 확보하고 조직을 안정상태로 유지하는 것(조직활동의 공식화, 보상체계의 확립, 교육과 훈련을 통해 이루어짐)
③ 경계하위체계 : 외부환경과 영향을 주고받는 체계(외부환경에 대한 적절한 반응과 대응이 필요)
⑤ 관리하위체계 : 다른 4가지 하위체계를 조정·통합하기 위한 리더십을 제공

04 프로그램 목표설정의 원칙(SMART 원칙)
- 구체적일 것(Specific)
- 측정 가능할 것(Measurable)
- 달성 가능할 것(Attainable)
- 결과지향적일 것(Result-oriented)
- 시간제한적일 것(Time Bounded)

05 ① 일반환경은 조직의 거시적인 사회환경으로서, 직접적이기보다는 업무환경을 통해 간접적으로 조직에 영향을 미치는 영역을 말한다. 경제적 조건, 사회인구 통계학적 조건, 문화적 조건, 정치적 조건, 법적 조건, 기술적 조건 등으로 이루어지며, 국가나 지역사회의 모든 조직에서 유사하게 나타난다.

06 ① 시간 기준 부문화의 단점이다.
② 수 기준 부문화의 단점이다.
③ 서비스 기준 부문화의 단점이다.
⑤ 지리적 영역 기준 부문화의 단점이다.

07 ② 사회복지부문의 서비스는 생산과 소비가 동시에 일어나는 경우가 많다. 이는 생산자와 소비자가 서비스 생산과정에 동시에 참여한다는 것을 의미한다.

08 ⑤ 기능별 집단과 목적별 집단이 공존한다. 즉, 조직구성원들은 조직의 운영상 각자의 기능별 부서(총무부, 판매부, 생산부 등)에 속해 있으면서 혁신업무를 위해 목적별 집단(프로젝트 팀)에 소속되어 있다.

09 클라이언트 상태와 조직기술에 따른 분류(Hasenfeld)

구 분	정상기능	비정상기능
인간식별기술	〈유형 1〉 순기능적 클라이언트 업무처리조직 예 대학신입생선발, 신용카드회사 등	〈유형 2〉 역기능적 클라이언트 업무처리조직 예 소년법원, 진료소 등
인간유지기술	〈유형 3〉 순기능적 클라이언트 지지조직 예 사회보장청, 양로시설 등	〈유형 4〉 역기능적 클라이언트 지지조직 예 공공부조사무소, 요양시설 등
인간변화기술	〈유형 5〉 순기능적 클라이언트 변화조직 예 공립학교, YMCA 등	〈유형 6〉 역기능적 클라이언트 변화조직 예 병원, 수용치료센터 등

10 ① '거버넌스'의 개념 정의는 아직 학문적인 합의에 이르지 못하였다. 다만, 광의의 정의로서 공동의 관심사를 해결하기 위해 공식적인 제도 및 비공식적인 제약 하에 이루어진 다양한 참여자들 간의 상호작용의 결과를 의미하며, 협의의 정의로서 공식적인 통제권 없이 소기의 목적을 달성하고 구성원들 간의 갈등을 해결하는 등의 기능을 수행할 수 있는 능력을 말한다.
② '다운사이징'은 해고에 의한 감원, 원가절감을 위한 기구통폐합 등 조직을 축소하는 것을 말한다.
③ '매몰비용'은 이미 지출이 되었지만 회수가 사실상 불가능한 비용을 말한다.
④ '기회비용'은 어떤 기회를 포기하거나 상실함으로써 발생하는 비용을 말한다.

11 프로그램 평가의 논리모형 구성요소

투 입	프로그램에 투여되거나 프로그램에 의해 소비되는 인적 · 물적 · 기술적 자원들을 말한다. 예 이용자, 직원, 봉사자, 자금, 예산, 시설, 장비, 소모품 등
전 환 (활 동)	임무를 수행하기 위해 프로그램에서 투입으로 활동하는 것을 말한다. 예 상담, 직업훈련, 치료 및 교육, 보호, 청소년 대인관계지도 등
산 출	프로그램 활동의 직접적인 산물(실적)을 말한다. 예 상담 수, 서비스에 참여한 참여자 수, 취업인원, 서비스 시간, 분배된 교육적 자료의 수, 지도한 집단 수 등
성 과 (결 과)	프로그램 활동 중 또는 이후의 참여자들이 얻은 이익을 말한다. 예 새로운 지식, 향상된 기술, 태도 및 가치변화, 행동의 수정, 향상된 조건, 변화된 지위, 생활만족도 등
영 향	프로그램 활동의 결과로 인해 원래 의도했던 혹은 의도하지 않았던 변화가 나타났는지를 말한다. 예 관심분야의 확대, 바람직한 관계의 지속 등

12 ④ 서비스의 질은 서비스의 우월성과 관련된 클라이언트의 전반적인 평가나 태도를 말하는 것으로
서, 특히 서비스의 질 평가는 클라이언트의 서비스 품질에 대한 기대와 서비스 품질 지각의 불
일치 정도를 파악할 수 있도록 해준다.

① 노력성은 프로그램을 위해 동원한 자원이 어느 정도인가에 대한 것으로서, 노력성 평가는 서비
스 제공을 위해 양질의 물리적 공간과 인력, 기타 자원을 어느 정도 사용했는지 파악할 수 있도
록 해준다.

② 효율성 평가는 시간, 비용, 노력 등의 투입에 대한 산출, 즉 목표달성 정도의 비율을 평가하는
것으로서, 자원의 효율적인 사용에 대한 정보를 제공해준다.

③ 효과성 평가는 프로그램의 성과 유무에 관한 정보를 얻기 위한 것으로서, 서비스의 목표 달성
정도를 파악할 수 있도록 해준다.

⑤ 영향 평가는 성과평가(총괄평가)의 한 유형으로서, 서비스 제공 이전과 이후를 비교함으로써 프
로그램의 순효과를 파악할 수 있도록 해준다.

13 ① 의사결정나무분석(Decision Tree Analysis)은 불확실한 상황 하에서 확률을 지속적으로 추정
하고 새로운 정보입수에 의해 확률을 단계적으로 수정해 나가면서 최종적으로 가장 합리적인
의사를 가려내는 기법이다.

③ 시간별 활동계획 도표(Gantt Chart)는 세로 바에는 목표, 활동 및 프로그램을 기입하고 가로
바에는 시간을 기입하여 사업의 소요시간을 막대로 나타내는 도표이다.

④ 프로그램 평가 검토기법(PERT)은 목표달성을 위해 설정된 주요 세부목표와 프로그램의 상호관
계 및 시간계획을 연결시켜 도표화한 것이다.

⑤ 월별 활동계획카드(Shed-U Graph)는 바탕종이의 위쪽 가로에는 월별이 기록되어 있고 특정
활동이나 업무를 조그만 카드에 기입하여 월별 아래 공간에 삽입하거나 붙이는 기법이다.

14 수직적 의사전달과 수평적 의사전달

방 식		종 류
수직적 의사전달	상의하달식	• 명령(지시, 훈령, 발령, 규정, 규칙, 요강, 고시 등) • 일반정보(편람, 게시판, 기관지 등)
	하의상달식	보고, 제안 제도(품의), 면접, 의견조사 등
수평적 의사전달		회의, 사전심사 제도(전문가의 의견 등), 회람(결정 후 통지하는 것)

15 브룸(Vroom)의 기대이론

• 인간이 행동하는 방향과 강도는 그 행동이 일정한 성과로 이어진다는 기대와 강도, 실제로 이어
진 결과에 대해 느끼는 매력에 달려 있다.

• 일정한 행동을 작동시키는 동기는 성과에 대한 유의성과 자신의 행동이 성과를 초래하리라는 기
대감에 의해 결정된다.

16 ③ 행정관리이론(공공행정이론)은 상부(위)에서 조직의 목적을 성취하기 위한 업무의 최적방법을 도출하고, 그에 따라 조직을 설계하는 과정에 주목한다. 조직 내 인간적 요소를 경시한 점, 경험적으로 구체화시키지 못한 점, 관리원칙들 사이의 논리적인 모순이 있는 점 등의 단점이 지적되고 있다.

① 상황이론(상황적합이론)은 상황조건이 달라지면 효율적인 조직화 방법도 다르다고 봄으로써, 모든 문제를 해결하기 위한 한 가지 최선의 방법은 존재하지 않는다고 주장한다.

② 제도이론은 조직의 생존을 위한 환경에의 수동적 대응에 주목한다. 특히 조직의 지속적인 생존의 이유를 사회적 정당성과 결부시킨다.

④ 과학적 관리론의 한계점에 해당한다. 과학적 관리론은 조직을 외부환경과 아무런 상관이 없는 폐쇄체계로 규정하고, 사회복지조직이 환경에 의존적이라는 점을 간과하고 있다.

⑤ 동기-위생이론은 특히 조직의 정책과 관리, 감독, 보수, 대인관계, 근무조건 등 조직 내부의 영향요인을 위생요인(불만족 요인)으로 제시하였다.

17 ② 예산의 형식으로서 전년도의 예산을 근거로 일정한 금액만큼 증가시킨 이른바 '점증주의적 예산 방식'을 취하는 것은 항목별(품목별) 예산(LIB ; Line-Item Budget)이다.

18 서비스 구매계약(POSC) 방식의 장단점(Savas)

장 점	• 경쟁이 이루어지고 편익비용이 관리자에게 귀속되므로 능률적이다.(③) • 정부가 직접 소유하지 않은 전문적인 기술의 활용이 가능하다. • 사업계획의 규모를 수요 및 자금변화에 맞추어 탄력적으로 조절할 수 있다.(④) • 새로운 사업계획의 실험이 용이하다. • 서비스의 비용이 계약가격에 드러나므로 관리가 용이하다.(①) • 단일공급자에 대한 의존성을 줄일 수 있다.(②) • 직원의 수 측면에서 정부의 규모를 축소한다. • 민간부문의 연구를 자극한다.
단 점	• 계약 과정에서 부패의 관행이 나타날 수 있다. • 자격을 갖춘 공급자가 부족한 경우 경쟁 자체가 무의미해진다. • 계약 관리 및 업적 점검에 비용이 소요된다. • 정부의 능력을 약화시킨다. • 비상시에 정부의 탄력성을 제한한다. • 규모의 경제를 실현하는 기회가 제한된다. • 정부지출을 위한 로비가 발생할 수 있다.

19 ① 정보관리시스템은 정보관리에 있어서 체계성과 효율성을 기할 수 있으나 개인정보 유출 등 비밀보장 측면에서 위험성을 지니고 있다. 따라서 개인정보 수집은 목적에 필요한 최소한의 범위로 적법하고 정당하여야 하며, 수집 목적범위 내에서 이용하도록 제한하고 있다.

20 정보관리시스템 도입에 따른 위계별 활용 시스템
• 전략적 경영정보시스템 : 전략적 목표의 방침 설정, 장기 기업모델 작성 등 주로 최고경영자에 의해 활용된다.
• 관리적 경영정보시스템 : 내부정보, 기간정보 등을 다루어 종합적인 관리를 수행하는 중간관리자에 의해 활용된다.
• 작업적 경영정보시스템 : 정형화된 관리의 자동화 등에 사용하며 현장관리자에 의해 활용된다.

21 **허시와 블랑샤르(Hersey & Blanchard)의 상황이론**
- 준비상황 1 : 부하가 능력도 없고 의지도 없는 경우 → 모든 것을 지시하고 점검해주는 지시형 리더십이 효과적이다.
- 준비상황 2 : 부하가 능력은 없는데 의지만 있는 경우 → 아이디어를 제시해주고 방향을 제시해 주는 제시형 리더십이 효과적이다.
- 준비상황 3 : 부하가 능력은 있는데 의지가 없는 경우 → 참여를 유도해서 부하가 책임감을 느끼 게 하고 이를 통해 의지를 성장시킬 수 있게 하는 참여형 리더십이 효과적이다.
- 준비상황 4 : 부하가 능력과 의지 모두가 있는 경우 → 일을 위임하면서 함께 일해 나가는 위임 형 리더십이 효과적이다.

22 ③ 직무순환은 작업자들이 완수해야 하는 직무는 그대로 둔 채 작업자들의 자리를 교대 이동시키 는 방법으로서, 작업자로 하여금 다양한 직무경험을 쌓도록 하기 위한 것이다. 또한 사례관리 는 사정·연계·옹호 등을 주된 서비스로 하여 사례관리자의 책임 하에 개별 클라이언트의 복 합적인 문제들을 다양하게 세분화된 서비스에 연결하며, 그 결과를 체계화하여 클라이언트의 문제를 해결하려는 통합적인 방법이다. 이러한 대안적 방법들은 조직단위 간 연결을 강조하기 보다는 직무수행자의 직무반복에 따른 문제를 해결하기 위한 직무의 조정 및 통합, 클라이언트 에게 제공되는 세분화된 서비스의 조정 및 통합을 강조한다.

23 ㄴ. 사회복지서비스 전달에서 공공과 민간의 상대적인 장점을 고려할 때 개별화가 강한 서비스의 경우 민간에서 역할을 부담하는 것이 바람직하다.
ㄹ. 표준화가 용이한 서비스의 경우 정부가 제공하는 것이 좋지만, 표준화가 용이하지 않은 서비스 의 경우 민간이 제공하는 것이 바람직하다.

24 ③ 사회복지전달체계는 전문성을 원칙으로 한다. 그러나 복지 분야의 종사자라도 전문성 정도에 따라 전문가(Professional), 준전문가(Para-professional), 비전문가(Non-professional)로 구분한다. 이는 낮은 수준의 전문성을 요구하는 업무의 경우 준전문가에게, 비숙련 업무 혹은 일반 행정업무의 경우 비전문가나 자원봉사자에게 일임함으로써 조직운영의 효율성을 높이기 위한 것이다.

25 ③ 법인의 대표이사와 시설의 장은 후원금을 후원자가 지정한 사용용도 외의 용도로 사용하지 못 한다(사회복지법인 및 사회복지시설 재무·회계 규칙 제41조의7 제1항).
① 법인 및 시설의 회계연도는 정부의 회계연도에 따른다. 다만, 영유아보육법에 따른 어린이집의 회계연도는 매년 3월 1일에 시작하여 다음 연도 2월 말일에 종료한다(동규칙 제3조 참조).
② 법인회계 및 시설회계의 예산은 세출예산이 정한 목적 외에 이를 사용하지 못한다(동규칙 제15조).
④ 법인의 대표이사 및 시설의 장은 확정한 예산을 매 회계연도 개시 5일전까지 관할 시장·군 수·구청장에게 제출하여야 한다(동규칙 제10조 제2항).
⑤ 법인의 대표이사 및 시설의 장은 관·항·목간의 예산을 전용할 수 있다. 다만, 법인 및 시설(소 규모 시설은 제외)의 관간 전용 또는 동일 관내의 항간 전용을 하려면 이사회의 의결 또는 시설 운영위원회에의 보고를 거쳐야 하되, 법인이 설치·운영하는 시설인 경우에는 시설운영위원회 에 보고한 후 법인 이사회의 의결을 거쳐야 한다(동규칙 제16조 제1항).

01 ⑤ 관습법은 사회인의 사실상 관행이 계속적이고 일반적으로 행해짐에 따라 법으로서의 효력을 가지는 불문법으로서의 법원에 해당한다.

02 ② 국가는 사회보장제도의 안정적인 운영을 위하여 중장기 사회보장 재정추계를 격년으로 실시하고 이를 공표하여야 한다(사회보장기본법 제5조 제4항).
① 동법 제8조
③ 동법 제6조 제1항
④ 동법 제6조 제2항
⑤ 동법 제7조 제1항

03 **헌법 제34조(복지권)**
• 제1항 : 모든 국민은 인간다운 생활을 할 권리를 가진다.
• 제2항 : 국가는 사회보장·사회복지의 증진에 노력할 의무를 진다.(①)
• 제3항 : 국가는 여자의 복지와 권익의 향상을 위하여 노력하여야 한다.(②)
• 제4항 : 국가는 노인과 청소년의 복지향상을 위한 정책을 실시할 의무를 진다.(③)
• 제5항 : 신체장애자 및 질병·노령 기타의 사유로 생활능력이 없는 국민은 법률이 정하는 바에 의하여 국가의 보호를 받는다.
• 제6항 : 국가는 재해를 예방하고 그 위험으로부터 국민을 보호하기 위하여 노력하여야 한다.(⑤)

04 ㅁ. 공무원연금법 : 1960년 1월 1일 제정
ㄷ. 사회복지사업법 : 1970년 1월 1일 제정
ㄴ. 최저임금법 : 1986년 12월 31일 제정
ㅂ. 고용보험법 : 1993년 12월 27일 제정
ㄹ. 국민건강증진법 : 1995년 1월 5일 제정
ㄱ. 긴급복지지원법 : 2005년 12월 23일 제정

05 **장기요양급여의 종류(노인장기요양보험법 제23조 참조)**
• 재가급여 : 방문요양, 방문목욕, 방문간호, 주·야간보호, 단기보호, 기타재가급여
• 시설급여 : 장기요양기관에 장기간 입소한 수급자에게 신체활동 지원 및 심신기능의 유지·향상을 위한 교육·훈련 등을 제공하는 장기요양급여
• 특별현금급여 : 가족요양비, 특례요양비, 요양병원간병비

06 ④ 법인이 수익사업에서 생긴 수익을 법인 또는 법인이 설치한 사회복지시설의 운영 외의 목적에 사용한 경우 1년 이하의 징역 또는 1천만원 이하의 벌금에 처한다(사회복지사업법 제54조 제2호).
①·②·③·⑤ 300만원 이하의 과태료(동법 제58조 제2항)

07 수익사업(사회복지사업법 제28조 제1항)
법인은 목적사업의 경비에 충당하기 위하여 필요할 때에는 법인의 설립 목적 수행에 지장이 없는 범위에서 수익사업을 할 수 있다.

08 ㄹ. 사회복지협의회 역할 및 구성 등에 대해서는 사회복지사업법 제33조에 규정되어 있다.
ㄱ. 사회보장급여의 이용·제공 및 수급권자 발굴에 관한 법률 제43조
ㄴ. 동법 제35조 내지 제39조
ㄷ. 동법 제25조

09 국민건강보험 가입자의 자격상실 시기(국민건강보험법 제10조 참조)
- 사망한 날의 다음 날
- 국적을 잃은 날의 다음 날
- 국내에 거주하지 아니하게 된 날의 다음 날
- 직장가입자의 피부양자가 된 날
- 수급권자가 된 날
- 건강보험을 적용받고 있던 사람이 유공자 등 의료보호대상자가 되어 건강보험의 적용배제신청을 한 날

10 급여의 제한(국민건강보험법 제53조 제1항)
국민건강보험공단은 보험급여를 받을 수 있는 사람이 다음의 어느 하나에 해당하면 보험급여를 하지 아니한다.
- 고의 또는 중대한 과실로 인한 범죄행위에 그 원인이 있거나 고의로 사고를 일으킨 경우
- 고의 또는 중대한 과실로 공단이나 요양기관의 요양에 관한 지시에 따르지 아니한 경우
- 고의 또는 중대한 과실로 공단이 요구한 문서와 그 밖의 물건의 제출을 거부하거나 질문 또는 진단을 기피한 경우
- 업무 또는 공무로 생긴 질병·부상·재해로 다른 법령에 따른 보험급여나 보상(報償) 또는 보상(補償)을 받게 되는 경우

11 **노인학대 신고의무자(노인복지법 제39조의6 제2항 참조)**

다음의 어느 하나에 해당하는 자는 그 직무상 65세 이상의 사람에 대한 노인학대를 알게 된 때에는 즉시 노인보호전문기관 또는 수사기관에 신고하여야 한다.

- 의료법에 따른 의료기관에서 의료업을 행하는 의료인 및 의료기관의 장
- 방문요양과 돌봄이나 안전확인 등의 서비스 종사자, 노인복지시설의 장과 그 종사자 및 노인복지상담원
- 장애인복지시설에서 장애노인에 대한 상담 · 치료 · 훈련 또는 요양업무를 수행하는 사람
- 가정폭력 관련 상담소 및 가정폭력피해자 보호시설의 장과 그 종사자(④)
- 사회보장급여의 이용 · 제공 및 수급권자 발굴에 관한 법률에 따른 사회복지전담공무원 및 사회복지시설의 장과 그 종사자
- 장기요양기관의 장과 그 종사자
- 119구급대의 구급대원
- 건강가정기본법에 따른 건강가정지원센터의 장과 그 종사자(①)
- 다문화가족지원법에 따른 다문화가족지원센터의 장과 그 종사자(②)
- 성폭력방지 및 피해자보호 등에 관한 법률에 따른성폭력피해상담소 및 성폭력피해자보호시설의 장과 그 종사자(⑤)
- 응급의료에 관한 법률에 따른 응급구조사
- 의료기사 등에 관한 법률에 따른 의료기사
- 국민건강보험법에 따른 국민건강보험공단 소속 요양직 직원
- 지역보건법에 따른 지역보건의료기관의 장과 종사자
- 노인복지시설 설치 및 관리 업무 담당 공무원
- 병역법에 따른 사회복지시설에서 복무하는 사회복무요원(노인을 직접 대면하는 업무에 복무하는 사람으로 한정한다)

12 ③ '보호대상아동'이 아닌 '지원대상아동'에 해당한다(아동복지법 제3조 제5호)

① 동법 제3조 제1호 참조

② '보호자'란 친권자, 후견인, 아동을 보호 · 양육 · 교육하거나 그러한 의무가 있는 자 또는 업무 · 고용 등의 관계로 사실상 아동을 보호 · 감독하는 자를 말한다(동법 제3조 제3호).

④ '보호대상아동'이란 보호자가 없거나 보호자로부터 이탈된 아동 또는 보호자가 아동을 학대하는 경우 등 그 보호자가 아동을 양육하기에 적당하지 아니하거나 양육할 능력이 없는 경우의 아동을 말한다(동법 제3조 제4호).

⑤ '아동학대'란 보호자를 포함한 성인이 아동의 건강 또는 복지를 해치거나 정상적 발달을 저해할 수 있는 신체적 · 정신적 · 성적 폭력이나 가혹행위를 하는 것과 아동의 보호자가 아동을 유기하거나 방임하는 것을 말한다(동법 제3조 제7호).

13 **의료급여의 본인부담금 보상제도(의료급여법 시행령 제13조 제5항 참조)**

- 1종 수급권자 : 매 30일간 2만원을 초과한 경우 초과금액의 50% 보상
- 2종 수급권자 : 매 30일간 20만원을 초과한 경우 초과금액의 50% 보상

14 ⑤ 긴급복지지원법 제14조 제2항

① 생계지원은 긴급지원대상자에게 현금을 지급하는 것을 원칙으로 한다. 다만, 긴급지원대상자가 거동이 불편하여 물품구매가 곤란한 경우 등 현금을 지급하는 것이 적절하지 아니하다고 판단되는 경우에는 이에 상당하는 현물을 지급할 수 있다(긴급복지지원법 시행령 제2조 참조).

② 주거지원은 지원기간을 합하여 총 12개월을 초과하여서는 아니 된다(긴급복지지원법 제10조 제3항 참조).

③ 의료지원은 위기상황의 원인이 되는 질병 또는 부상을 검사·치료하기 위한 범위에서 한 번 실시하며, 교육지원도 원칙적으로 한 번 실시한다(동법 제10조 제2항).

④ 교육지원은 지원횟수를 합하여 총 네 번을 초과하여서는 아니 된다(동법 제10조 제3항 참조).

15 **장해, 중증요양상태, 진폐의 정의(산업재해보상보험법 제5조 제5호~제7호)**

- 장해 : 부상 또는 질병이 치유되었으나 정신적 또는 육체적 훼손으로 인하여 노동능력이 상실되거나 감소된 상태를 말한다.
- 중증요양상태 : 업무상의 부상 또는 질병에 따른 정신적 또는 육체적 훼손으로 노동능력이 상실되거나 감소된 상태로서 그 부상 또는 질병이 치유되지 아니한 상태를 말한다.
- 진폐 : 분진을 흡입하여 폐에 생기는 섬유증식성 변화를 주된 증상으로 하는 질병을 말한다.

16 ①·② 하나의 수급자격에 따라 구직급여를 지급받을 수 있는 날은 대기기간이 끝난 다음날부터 계산하기 시작하여 피보험기간과 연령에 따라 법령에서 정한 일수가 되는 날까지로 한다(고용보험법 제50조 제1항).

③ 구직급여의 산정 기초가 되는 임금일액(기초일액)은 수급자격의 인정과 관련된 마지막 이직 당시 근로기준법에 따라 산정된 평균임금으로 한다(동법 제45조 제1항).

⑤ 산정된 기초일액이 그 수급자격자의 이직 전 1일 소정근로시간에 이직일 당시 적용되던 최저임금법에 따른 시간 단위에 해당하는 최저임금액을 곱한 금액(최저기초일액)보다 낮은 경우에는 최저기초일액을 기초일액으로 한다(동법 제45조 제4항).

17 **육아휴직 급여의 신청기간(고용보험법 제70조 제2항)**

육아휴직 급여를 지급받으려는 사람은 육아휴직을 시작한 날 이후 1개월부터 육아휴직이 끝난 날 이후 12개월 이내에 신청하여야 한다. 다만, 해당 기간에 대통령령으로 정하는 사유로 육아휴직 급여를 신청할 수 없었던 사람은 그 사유가 끝난 후 30일 이내에 신청하여야 한다.

18 **출산에 대한 가입기간 추가 산입(국민연금법 제19조 제1항)**

2명 이상의 자녀가 있는 가입자 또는 가입자였던 자가 노령연금수급권을 취득한 때에는 다음에 따른 기간을 가입기간에 추가로 산입한다. 다만, 추가로 산입하는 기간은 50개월을 초과할 수 없으며, 자녀수의 인정방법 등에 관하여 필요한 사항은 대통령령으로 정한다.

- 자녀가 2명인 경우 : 12개월
- 자녀가 3명 이상인 경우 : 둘째 자녀에 대하여 인정되는 12개월에 2자녀를 초과하는 자녀 1명마다 18개월을 더한 개월 수

19 ④ 국민연금법 제75조 제1항 제2호

① 가입기간이 10년 이상인 가입자 또는 가입자였던 자가 사망하면 그 유족에게 유족연금을 지급한다(동법 제72조 제1항 제2호).

② 유족연금을 지급받을 수 있는 유족의 범위에 가입자 또는 가입자였던 자에 의하여 생계를 유지하고 있던 부모는 물론 배우자의 부모도 포함된다(동법 제73조 제1항 참조).

③ 유족연금액은 가입기간에 따라 법령에서 정한 금액에 부양가족연금액을 더한 금액으로 한다(동법 제74조 참조).

⑤ 유족연금의 수급권자가 국민연금법에 따른 유족연금의 지급 사유와 같은 사유로 산업재해보상보험법에 따른 유족급여를 받을 수 있는 경우에는 국민연금법에 따른 유족연금액은 그 2분의 1에 해당하는 금액을 지급한다(동법 제113조 제2호 참조).

20 **장애인복지전문인력의 범위(장애인복지법 시행규칙 제55조 참조)**

- 의지 · 보조기 기사
- 언어재활사
- 장애인재활상담사
- 한국수어통역사
- 점역사 · 교정사

21 배우자가 있는 노인가구의 선정기준액 및 저소득자 선정기준액은 배우자가 없는 노인가구의 선정기준액 및 저소득자 선정기준액에 100분의 160을 곱한 금액으로 한다(기초연금법 시행령 제4조 제2항).

22 ② 양친이 될 사람이 대한민국 국민이 아닌 경우 해당 국가의 법에 따라 양친이 될 수 있는 자격이 있을 것(입양특례법 제10조 제1항 제4호)

① 동법 제10조 제1항 제3호

③ 동법 제10조 제1항 제1호

④ 동법 제10조 제1항 제2호

⑤ 동법 시행규칙 제4조

23 ④ 차상위계층은 소득인정액이 기준 중위소득의 100분의 50 이하인 사람을 말한다(국민기초생활 보장법 시행령 제3조).

24 ③ 보장시설의 장의 의무가 아닌 보장기관의 재량권에 해당한다. 보장기관은 수급자 및 차상위자의 자활 촉진에 필요한 사업을 수행하게 하기 위하여 사회복지법인, 사회적협동조합 등 비영리법인과 단체를 법인 등의 신청을 받아 지역자활센터로 지정할 수 있다(국민기초생활 보장법 제16조 제1항 참조). 보장기관은 지정을 받은 지역자활센터에 대하여 지역자활센터의 설립 · 운영 비용 또는 사업수행 비용의 전부 또는 일부, 국유 · 공유 재산의 무상임대, 보장기관이 실시하는 사업의 우선 위탁 등의 지원을 할 수 있다(동법 제16조 제2항 참조).

① 동법 제33조 제3항

② 동법 제33조 제4항

④ 동법 제33조 제2항

⑤ 동법 제33조 제5항

25 장애인연금의 종류(장애인연금법 제5조 참조)
- 기초급여 : 근로능력의 상실 또는 현저한 감소로 인하여 줄어드는 소득을 보전(補塡)하여 주기 위하여 지급하는 급여
- 부가급여 : 장애로 인하여 추가로 드는 비용의 전부 또는 일부를 보전하여 주기 위하여 지급하는 급여

좋은 책을 만드는 길, 독자님과 함께하겠습니다.

사회복지사 1급 핵심노트 + 실전동형모의고사

개정19판1쇄 발행	2024년 07월 15일 (인쇄 2024년 05월 13일)
초 판 발 행	2006년 01월 31일 (인쇄 2006년 01월 13일)
발 행 인	박영일
책 임 편 집	이해욱
편 저 자	사회복지사 수험연구소
편 집 진 행	노윤재 · 장다원
표지디자인	박수영
편집디자인	박지은 · 채현주
발 행 처	(주)시대고시기획
출 판 등 록	제10-1521호
주 소	서울시 마포구 큰우물로 75 [도화동 538 성지 B/D] 9F
전 화	1600-3600
팩 스	02-701-8823
홈 페 이 지	www.sdedu.co.kr
I S B N	979-11-383-7145-2 (13330)
정 가	27,000원

※ 이 책은 저작권법의 보호를 받는 저작물이므로 동영상 제작 및 무단전재와 배포를 금합니다.
※ 잘못된 책은 구입하신 서점에서 바꾸어 드립니다.

SOCIAL WORKER

사회복지사 1급

핵심노트+실전동형모의고사

정답 및
해설

사회복지사 1급 시험 어떻게 준비하세요?

핵심만 쏙쏙 담은 알찬 교재!
SD에듀의 사회복지사 1급 기본서와 문제집 시리즈,
최종 마무리 시리즈로 합격을 준비하세요.

기출문제를 풀어야
합격이 풀린다!

더없이 상세하고 꼼꼼한 해설과 최근 6년 동안의 기출문제를 통해 반복해서 출제되는 핵심 내용들을 반드시 짚고 넘어 가세요!

실전감각
200% 충전하기!

최신 출제경향을 반영하여 실제 시험과 유사하게 구성한 실전동형모의고사와 핵심이론만을 넣어 구성한 핵심암기노트도 놓치지 마세요.

※ 본 도서의 세부구성 및 이미지는 변동될 수 있습니다.

모든 자격증 · 공무원 · 취업의 합격정보

합격을 구독 하세요!

▶ YouTube　합격의 공식　SD에듀

SD에듀　합격의 공식!　　합격 구독 과 👍 좋아요! 정보 🔔 알림설정까지!